아르케
북스

008

민속원 아르케북스 008 minsokwon archebooks

중국의 삼백신
全像中國三百神

| 마서전馬書田 지음 |

| 윤천근 옮김 |

민 속 원

서문

　나는 신에 대해서는 별로 연구한 바가 없다. 그렇기 때문에 신에 대해서는 알고 있는 것이 하나도 없으나, 몇 가지 종교 연구 사업에 참여하였던 덕에 얼마쯤 신에 대하여 접해본 경험은 가지고 있다. 이제 마서전 동지가 신에 대한 책을 출간하게 되어 내게 한마디 해 줄 것을 요청하므로 나는 내 감상의 일단을 바탕으로 하는 생각을 간략하게 몇 마디 적어서 논의의 대상으로 삼고자 한다.

　나는 신의 문제는 우선 사회학적 관점이나 민속학적 관점을 바탕으로 하여 연구하여야 한다고 본다. 그렇지 않으면 기초를 마련할 수 없기 때문이다. 만약 단지 신만을 가져다 놓고 이야기하는 데에서 그친다면 필연적으로 민간의 고사나 전설을 나열하는 것일 뿐, 신을 탄생시킨 본래의 의도를 점검하는 데에까지 이르지는 못할 것이다. 그렇게 된다면 그것은 고대의 신화와 고사를 기록한 『수신기』와 같이 어떤 시대에 어떤 신이 유행하였다는 등의 설명만을 늘어놓는 책에 불과하게 되어, 어떤 한 신의 탄생이 어떤 사회적 요구를 반영하여 있게 되었는지를 인식할 수 없게 되고, 사회적인 문제를 해결할 수도 없게 될 것이다.

　신의 기원에 대해서는 우리가 오늘날 그 사실성 여부를 고증할 수 있는 방법도 가지고 못하다. 그러나 추측하여 보건데, 대개 실재하는 인류의 모습에 바탕하여 신의 형상이 만들어져 나왔다고 할 수 있을 것이다. 그것은 인류의 사회 발전상에서 나타난 어떤 요구에 대응하여 나온 것이다. 예를 들어 자연 현상에 대한 인식이나 해석, 인간적 품성의 신화화, 자연과 투쟁하여 이긴 인간의 믿음이나 용기 같은 것들에 바탕하여 만들어진 것이다. 그러므로 일정한 역사적 시간 동안에서는, 신이 사회적 공헌을 하였다는 점은 부정할 수 없는 객관적인 사실이다. 그렇기 때문에 우리는 신의 계속적인 증가와 발전 과정을 통해 서로 다른 역사시기 속에서 나타나는 사회적인 양상들을 살펴볼 수 있을 것이다. 중국의 신은 크게 4종류로 나뉘는데, 현존하는 신들도 여기에 포함시켜 말할 수 있다.

원시적인 여러 신들　이것은 마땅히 원시 사회 속에 실재하였던 여러 신들이다. 그들은 원시시대 사람들이 가지고 있었던 문제, 사람들의 숭배를 받는 것으로부터 생활의 요구에 대응하는 것에 이르는 모든 문제를 해결하여 주었다. 자연적 측면에서는 천신天神, 지지地祇, 일日, 월月, 수水, 토土, 풍風, 우雨 등이 여기 속한다. 생활의 측면에서는 문신門神, 조신灶神, 방신房神, 정신井神, 잠신蠶神 등이 있다. 모계사회의 상징으로는 서왕모西王母 같은 것이 있다. 이러한 신들은 모두 가장 오랜 것에 속하며, 끝없이 의미가 보충되고 성격이 변하여 후대에까지 전하여진 것들이다.

종교적인 여러 신들　종교가 아직 나타나기 전, 사회적 필요에 의하여 무당, 의원 등이 출현하게 된다. 이들은 인생의 실제적인 필요에 의하여 나타난 존재들이다. 무당은 종교의 전신이라는 오래된 학설이 있다. 그들은 필연적으로 신적 숭배를 필요로 한다. 그렇지 않으면 무당의 법술은 어떤 영험도 드러내지 못한다. 오늘날에는 가장 이른 시기에 행하여졌던 무당의 법술에서 신봉되었던 신이 누구인지 추적해 볼 방법이 없다. 그것들은 당연히 원시시대에 유행하였던 신에 흡수되어 새로운 성격을 덧붙여 발전하여 나갔을 것이다. 그렇지만 뒷날의 종교에 흡수되어 버린 것을 분별하여 원형을 드러낼 수는 없는 일이다. 중국의 종교 중 가장 이른 시기에 나타나는 것은 5두미교인데, 이것은 후에 도교로 변화 발전한다. 그들이 모셨던 신은 원시사회에서 모셔졌던 신들을 포함한다. 이를테면 3청淸[옥청玉淸, 상청上淸, 태청太淸] 같은 것은 분명히 천신숭배에서 전래한 것이다. 3관官, 뇌왕雷王, 후토后土, 성신星君 등에도 모두 원시신격의 흔적이 깃들어 있다. 그 외에도 무속에서 모셔졌던 여러 신들이 도교의 기본적 신성들을 이루게 된다. 나는 노자가 도교의 조사가 되는 것은 응당 도교가 형성된 후에 새로운 성격을 덧붙여 발전한 것이라고 믿는데, 이것은 비교적 훗날에 일어나는 일이다.

　도교의 중심사상은 장생수련과 불사의 비방을 찾는 것을 중심으로 한다. 그들은 여러 신을 받들어 모신다. 그렇지만 신들은 그들에게 외면적인 것에 불과할 뿐, 수련 과정에서는 아무 작용도 하지 못한다. 자신들이 창조해낸 여러 신들 외에 계속하여 조왕灶王, 동악대제東岳大帝, 태산노모泰山老母, 안광낭낭眼光娘娘, 송자낭낭送子娘娘 등, 민간에서 모시는 신을 계속하여 흡수하는데, 이러한 신들은 모두 기본적인 무리를 이루고 있으므로 도교에 받아들여지는 것이 분명하다. 그 외에 민간에서 신봉되던 인물로 황제皇帝가 어렵게 도교의 여러 신 중에 포함되는데, 이를테면 청원제군淸源帝君(이빙李冰), 복마대제伏魔大帝(관우關羽), 2서진군二徐眞君 등이다. 사실 그들은 아직 신선이 되지 못한 존재들로 다만 칙명에 의해 신으로 봉해졌고, 그리하여 도교의 세상 속으로 들어서게 되는 것이다. 이것들이 모두 도교와 관계가 없다는 것은 오래 전부터 알려져 온 사실이다. 또 사업을 주관하는 조사들이 있는데, 그들은 모두 신이 아니고, 같은 업종에 종사하는 사람들에 의해 전승되어 모셔져 오다가 사람들이 받들어 모시게 되고, 어쩌다가 슬그머니 도교의 신으로까지 된 존재들인데, 노반魯班, 두강杜康, 육우陸羽 같은 이들이다.

불교의 측면에 이르면, 이것은 외국에서 중국으로 들어온 것이고, 그 신들은 부처, 보살, 나한 등으로 이루어져 있으니, 사실상 인도의 신들이라 하겠다.

사업을 이루게 하는 조사들 각각의 사업 영역에서 업무를 익히는 일은 과거에는 스승과 제자 사이에서 전승방법이 강구되어 왔던 것이기 때문에 일정하게 조사신이 요청되게 마련이다. 목공들이 모신 노반, 양조업계에서 모신 의적儀狄과 두강杜康, 약제상들이 모신 손사모孫思邈, 의생들이 모신 화타華陀, 차를 취급하는 업자들이 모신 육우陸羽, 글을 가르치는 이들(사숙私塾)이 모신 공구孔丘 등이 그런 존재들이다. 사실 그들은 신이 아니다. 그들은 재신財神, 조왕灶王, 옥신獄神 등과는 구별되어야 하는 것이다.

민간에서 모시는 여러 신들 중요한 것은 사회 속의 어떤 사업을 보호하는 신들이니,

예를 들면 복희伏羲, 신농神農, 황제黃帝, 화신火神, 화신花神 등과 같은 존재들이며, 가장 보편적으로 말할 수 있는 것은 천비천후天妃天后(마조)이다. 그녀는 항해업을 보호하는 기능으로 사람들이 받들어 모시게 되었다. 가족생활과 관계되는 부분에서는 선인들이 토지를 마련하고 묘당을 지어 보호신으로 만들어 모시기 시작한 것이 오화팔문五華八門 [각양각색]으로 각각 다르다.

대체적으로 이러한 네 가지 항목으로 귀속될 수 있는 것이 모두 신이다. 오늘날에는 그들을 미신의 산물로 보는 사람들도 있지만, 아마도 모든 것이 다 그렇다고 할 수는 없는 일일 것이다. 이러한 신들은 무엇보다도 먼저 사람들이 진실한 마음을 닦고 계율을 지켜서 선을 행하도록 가르치며, 선한 행위에는 선한 응답이 따름을 믿게 하고, 악한 행위는 해서는 안된다는 것을 알게 한다. 그리하여 행복한 사회를 구성하는데 있어서나, 진충보국을 하도록 사람들을 이끌어 감에 있어서 각각 공헌한 측면도 없지 않다. 우리가 만약 이러한 신이 탄생한 이유로부터 생각하여 나아간다면 무수한 세월 속에서 사람들이 그들을 서로 믿고 공양하여 내려온 것이 일정한 사회적 의미를 갖고 있는 것임을 확인할 수 있을 것이다.

이것이 바로 내가 신에 대해서 갖는 대체적인 생각인데 혹시 잘못 생각한 부분이 있다면 양해를 바란다. 마서전 동지가 쓴 이 『全像中國三百神』이라는 책은 현재 민간에 유전되고 있는 신들을 총체적으로 파악하여 소개하고 고증을 덧붙인 것으로, 아주 상세하게 기술되어 있어서 중국의 신성문화를 연구하는데 유익한 자료가 될 수 있을 것이다. 나에게 서문을 요청하였으므로 나의 개인적인 견해를 이상과 같이 피력하여 보았다.

1991년 8월 4일
주소량

전언前言

　중국은 오래된 나라이고, 유구한 역사를 갖는 나라이므로 넓고 깊은 전통문화를 갖고 있다. 황하문명은 6천여 년을 면면히 이어내려 왔으며, 아직도 중단되지 않고 흘러 내려가고 있다. 이것은 세계 각국, 각 민족 중 어디에서도 보기 어려운 것이니, 진실로 중화민족이 자랑으로 삼고 영광으로 여길만한 것이다. 화하문명은 어떻게 이와 같이 강한 생명력을 갖추어낼 수 있었던 것인가?

　그 원인을 살펴본다면 여러 가지가 있을 것이다. 그 중 의심할 수 없이 확실한 것으로는 중화민족이 수천 년에 걸쳐 형성하여 낸 전통문화가 강력한 응집력과 생명력을 갖는 것이라는 점을 들 수 있을 것이다. 이것이야말로 그 가장 중요한 이유 중의 하나인 것이다.

　전통문화는 민족 구성원 전체가 숭상하고, 신앙하고, 사랑하고, 인식한 것들을 집대성한 것이므로 아주 완강한 생명력을 가질 수밖에 없다. '문혁文革' 기간 동안, 과거에 민간에서 쇠었던 명절들은 모두 '4구舊'로 지목되어 일소되었다. 그러나 저 광란의 시기가 지나가자 각종 민속 명절들은 비단 '동산재기東山再起'[東쪽의 謝安이 벼슬에서 물러난 후 東山에서 은거하다가 훗날 요직에 등용된 일에서 유래하는 말. '재기하다.', '권토중래하다.'는 의미]하게 되었을 뿐만 아니라 공전에 없던 성황을 구가하게 되었다. 민속명절은 전 민족의 명절이다. 민족이 아름다운 생활을 열렬하게 추구하였던 마음을 반영하고 있는 춘절, 단오, 중추절과 같은 과거의 명절들을 어떻게 모두 쓸어낼 수 있을 것인가? 이것은 인생의 커다란 문제들과 밀접하게 연결되어 있는 문화현상이므로 모두 최상의 생명력을 지니는 것들이다. 이것이야 말로 바로 인생의 아름다운 의미를 담고 있는 문학작품들에 담겨져 세상에 전해지고 있는 것이고, 무수한 세월에 걸친 상호작용의 결과 만들어진 알 수 없는 여러 원인들에 바탕하여 만들어진 것들이다.

　사람들이 세상을 살다보면 하나하나의 사람마다 모두 어떤 인생의 문제를 갖게 마련이다. 도대체 사람은 왜 사는 것일까? 어떻게 하여 사람이 생겨난 것일까? 이것들은 가장 보편적이고 가장 오래 된 고민의 주제이다. 인류는 이미 수 천년동안 이 문제를 가지고 씨름 해 왔으며, 앞으로도 영원토록 이 문제를 탐구하여 나아갈 것이다. 인류의 모든 문화적 결과물들과 모든 학설들은 다 인생에 대해 탐구한 것들이다. 도교는 수련과 장생에 대해서 말하는데, 이것은 도교에서 인생을 탐구한 결과물이다. 불교에서는 공덕을 쌓을 것과 인과응보를 말하는데, 이것도 인생에 대해 탐구한 결과물이다. 민간신앙에서는 3성을 숭배하고 재물운이 좋기를 기원하며, 길한 것을 찾고 흉한 것을 없이하려 하는데, 이것 또한 인생에 대해 탐구한 결과물이다. 이렇게 하여 불교와 도교, 민간에서는 세속적인 인생을 주재하고 혹은 인생의 모범이 되는 여러 신을 만들어 우상으로 숭배하였다.

그렇기 때문에 중국의 신문화는 자못 가치 있는 커다란 주제라고 하겠다. 만약 중국의 신문화를 이해하지 못한다면, 진정으로 중국이나 중국인을 안다고 이야기 할 수 없을 것이다. 그리고 중국 신문화 속의 중국인을 이해하지 못한다면 아주 커다란 결함이라 이야기하지 않을 수 없을 것이다.

나는 옛날 문화가 흘러넘치는 거리인 유리창 부근 동북원에서 출생하였다. 후에 전가족이 다 유리창으로 이사하여 살기도 하였다. 이 거리 안에는 오래 된 골동품점이 밀집하여 있었고, 이것은 나의 어린아이시절이나 소년시절에 언제나 신과 대면할 수 있는 기회를 제공하였다. 넘치는 흥미와 지식에 대한 욕망은 나로 하여금 문혁 후에 묘당을 친구로 삼고 부처를 올려다보고, 신선에 예배를 올리며 성품을 도야하도록 만들어 주었다. 동시에 나는 여러 선배 학자들의 거듭되는 깨우침과 넘치는 가르침으로 나름의 지식을 획득하는 행운을 가질 수 있었다. 몇 년의 준비과정을 거친 후에 나는 『진가대사전眞可大師傳』, 『화하제신華夏諸神』, 『초범세계超凡世界』 등을 연속 출간하여 많은 독자들의 관심과 환영을 받을 수 있었다. 이어서 강서미술출판사의 여러분들의 사랑을 받아 나는 도판을 풍부하게 넣은 신에 대한 책을 쓰기로 하였고, 그리하여 이 책 『全像中國三百神』이 나오게 되었다.

중국의 신문화는 경서經書, 보권寶卷, 권선서勸善書, 신괴소설神怪小說, 화본話本 등의 문자기록에 의존하는 방식 외에도 대중들이 보고 듣는 것을 좋아하는 희극戱劇, 설창說唱, 조소彫塑, 회화繪畵 등의 형상예술 형식이나 간편하게 바꿀 수 있고, 가격도 싸며, 대량 인쇄가 가능하고, 광범하게 유포될 수 있는 목판신화를 통해서도 전파되어 나가는데, 이것은 그 정도를 헤아려 보기도 어려울 정도의 작용을 하였다. 이 책 속에 수집되어 있는 고대의 목판신화木版神畵, 회화, 조소 등은 300장帳(건件)에 이른다. 이것은 무수한 자료 중에서 정선한 것으로, 역대 신화의 서로 다른 품격과 면모를 반영하여 주는 것이며, 각 시대의 예술 수준을 대표하는 것들이다. 주목하여 보아야할 할 점은, 대량으로 찍어낸 목판화 중에서는 그림을 파낸 이의 치밀성은 말할 것도 없고, 그것이 조잡한 것이든 질박한 것이든, 우리가 향불 연기 그윽하게 번지는 신비스런 분위기를 뚫고, 그 너머에 있는 살아 움직이는 인간의 모습을 느낄 수 있는 것이니, 어떤 신상이라도 인간적인 정조를 품고 있지 않은 것이 없다는 점이다. 본래 신의 세계는 인간세계를 반영하거나 승화시킨 것이다. 신의 세계 속에서, 사람들이 묘사하여 낸 기이한 신의 그림 속에서, 우리는 세속의 희노애락을 분명하게 투시하여 낼 수 있고, 중국인이 인생을 살면서 애써 추구하는 것이 무엇인지를 분명하고도 절실하게 감지할 수 있다.

이 책에 포함되어 있는 300여 신들은 민간의 세속신, 신선 세계의 여러 신, 불교 세상의 여러 신과 명계의 귀신들로 나뉜다. 본래 불교와 도교 속에는 모두 일정한 명계의 신이 있어서 민간 신앙 속에 깊은 영향을 끼쳤었다. 그러나 그것들은 불교와 도교 부분으로 나누어 귀속시켜야지 전부를 다 민간의 세속신으로 집어넣는 것은 불합리한 일이다. 전문적으로는 독립적으로 나오는 것들이지만 세속신으로 이해하는 습관이 있는 것들과는 경우가 다르다. 중국인들의 전통적인 신앙관에 의하면 세계는 천상天上(천국天國), 인간人間(양간陽間), 그리고 지하地下(음간陰間)의 3개 공간으로 나뉜다. 천상에는 불국과 선국이 있는데, 이곳은 부처와 보살, 신선들의 천당이고, 소수의 원만한 공덕을 쌓은 사람들이 사후에 이곳에 이르러 즐기는 곳이다. 인간세계는 인간이 대지에 발을 디디고 생활하는 외에 조군灶君, 문신門神, 송자낭낭 등의 적지 않은 속신들이 인간들과 섞여 사는 곳이다. 지하의 음간은 대다수의 사람들이 죽은 다음에 가는 곳이다. 그렇기 때문에 여러 신들을 민간, 선계, 불국과 명계로 나누어 소속시키는 것은 중국의 세속적 전통 속의 신앙관념과도 부합된다고 하겠다.

중국 민속문화의 주류는 건강하고 적극적이고 행복과 행운, 우정, 길상, 진실, 소박 등의 덕목으로 충만한 것이다. 그렇긴 하지만, 그 중에는 일정한 종교적 색채, 혹은 어느 정도 낙후되고 미신적인 성분도 섞여 있다. 그렇지만 시대적 진보의 과정을 따라 그 본래의 특성은 부단하게 변화하면서 새로운 의미를 부가하여 나아가게 마련이다. 오늘날의 단오절端午節, 납팔절臘八節[음력 12월 8일. 석가가 성불한 날] 등은 이미 옛날과 같은 종교적 색채를 잃기는 하였지만 여전히 성대하게 지켜지고 있는 민속 명절이다. 오늘날의 복녹수福祿壽 3성三星, 화합2선和合二仙, 문신 등의 신격들은 신성미는 약하고 인정미는 오히려 강하니, 인간들과 아주 친근한 길상의 신이고, 심지어는 가정의 일원으로까지 받아들여진다.

중국인들은 자신의 민속문화를 열렬하게 사랑한다. 중국의 민속문화는 반드시 계속하여 아름다운 빛을 더하여 나갈 것이다. 나는 중국 전통 속의 민속문화[당연히 신 문화를 포함해서]가 반드시 세계를 향하여 전개되어 나아가고, 세계인의 환영과 사랑을 광범하게 받게 되리라는 것을 확신한다.

1991년 무더운 여름
북경 양교 서리 정심재에서
마서전

지은이 후기

완벽하게 청정할 수 없는 환경 속에서는 도리어 청정함을 필요로 하는 상황이 제기될 수밖에 없다. 책을 보고, 생각을 하고, 글을 쓰는 것들은 일종의 아주 성취하기 어려운 '수행'이라 할 수 있다. 그러나 이러한 어려운 수행의 과정을 통과하였는데도 불구하고 '본래의 마음 속 평정, 한 몸에 조금의 티끌도 앉지 않은 고도의 경지'에 도달하지 못하였으며, 하나의 생각이나 한 줄기 의식까지 학문에 쏟아 붓지 못하여 여러 군데가 빠져나가고 깊이가 얕은 책이 되어 버렸으니, 훗날의 '수행'에서는 부단히 노력하여 깊이를 더하고 높이를 제고하여야 할 일이다.

이 책을 세상에 내놓을 수 있기까지는 벗들의 도움이 많이 있었다. 이 책의 여러 부분에서 글을 다듬고 그림을 배치한 일에는 위정천魏靜泉, 장신응張新鷹, 이빈李斌, 남영藍英, 서증舒增, 보주寶珠, 종운鍾云, 해성海成 등의 도움이 있었다. 중국불교문화연구소中國佛敎文化硏究所 소장所長 주소량周紹良 선생은 서문을 써 주었고, 저명한 서예가 대강선생大康先生은 책의 제목을 써 주었다. 이 모든 이들의 도움에 나는 감격을 금할 수가 없다.

　마서전 선생의 이 『중국의 삼백신』이라는 책이 가지고 있는 가장 큰 장점은 풍부한 이야기의 세계를 제출하여 준다는 점이다. 아주 매력적이고, 놀라운 이야기의 세상이다.

　오늘날 우리 현대인들을 열광시키고 있는 것이 공상과학과 컴퓨터 그래픽이 교묘하게 결합한 시각적 판타지의 세상이라면, 이 책 속에서 우리가 만나게 되는 것은 고전적 판타지의 세계이다. 이것들은 신화와 역사, 진실과 환상, 제왕들과 민초들, 성인군자와 사기꾼들이 뒤섞여서 만들어내는 오묘하고 복잡한 이야기의 묶음이다. 이 이야기의 묶음을 고대인들은 신의 역사로 유통하였을 것이지만, 오늘의 우리에게 있어서는 그런 정도의 중량감을 여전히 유지할 수는 없는 일이고, 역사 속의 신 이야기 정도로 감량되어 받아들여지는 것이라고 할 수 있을 것이다.

　마치 은하수나 황하 물처럼 다양한 지류들을 포함하여 오늘의 우리들에게까지 쏟아져 내리는 이 이야기의 홍수를 앞에 두고, 이것은 신 이야기이고 이것은 인간 이야기이며, 이것은 역사 속 이야기고 이것은 꾸며낸 이야기라고 애써 분별하는 수고를 하여 보는 것은 지난한 일이기도 하거니와 공연한 헛수고에 지나지 않는다. 설령 그것을 꾸며낸 이야기라고 판정한다고 하여도 그것이 지난 역사 속을 살았던 사람들의 실제 생활과 하나로 뒤엉켜서 그 문화와 의식을 만들어 나가는 중요한 기제로 사용되었다는 점만은 부인될 수 없는 노릇이기 때문이다.

　만약 우리가 중국문화의 고전적인 이미지를 알아보고자 한다면, 우리는 필연적으로 이 책이 제출하여 주는 광막한 이야기의 숲 속을 더듬어 가는 수고를 마다하여서는 제대로 된 목적을 이루어낼 수 없을 것이다. 이 이야기의 숲이야말로 저 드넓은 중국대륙을 종횡으로 치달리며 무수한 역사기간 동안을 살아냈던 하나하나의 민중들이 한 덩어리로 참여하여 만들어내고 진화시켜 나간 것이기 때문이다. 그러므로 이 이야기들 속에서 우리는 하나하나의 사람들을 만나기보다는 한 덩어리의 중국민중이 살아 움직이는 것을 보게 되는 것이다. 대저 문화적 이미지는 개인을 출발지점으로 하지만 개인의 생각으로 움직이는 것이 아니다. 그것은 집단의 생각으로 움직이고, 집단의 수족으로 활동한다. 그렇기 때문에 우리는 한 사람 한 사람의 흩어진 생각과 의식 속에서는 제대로 알아볼 수 없는 문화적 이미지를 이런 이야기들 속에서는 실제적인 것으로 접할 수 있게 되는 것이다. 이것은 중국인들, 중국문화의 독특한 지형, 중국적 이미지 등을 살아 움직이는 생물처럼 만날 수 있게 하는 하나의 유력한 계기가 될 수 있는 것이라는 말이다.

중국인이 아닌 옮긴이의 입장에서 말 할 때, 이 책은 우리문화의 상징성 중 어떤 부분을 명료하게 이해할 수 있게 하는 단서로서의 작용을 할 수 있다는 점도 지적하여 두지 않을 수 없다. 나라와 민족은 일정한 경계를 갖는 것이지만 문화나 이야기는 그러한 경계를 뛰어넘어 자유롭게 움직이는 것이다. 우리는 이 책에 담긴 이야기들 속에서 우리 문화 속으로 들어와 기능하였던 이미지들을 어렵지 않게 만날 수 있다. 그만큼 우리 문화는 중국문화와 완벽하게 둘로 나누어질 수 없는 과거의 이력을 갖는 것이다.

마서전 선생의 이 책은 이미지와 이야기를 한데 묶어서 보여주는 체제를 갖추고 있다. 이 점은 이야기를 구체적으로 접근하여 감에 있어서 상당히 중요한 단서를 제공한다는 가치를 갖는다. 그런 점에서 이야기뿐만 아니라 그림에도 관심을 두고 살펴본다면 중국 문화에 접근할 수 있는 다양한 이미지들을 찾아낼 수 있을 것이다.

번역은 다른 이가 다른 언어로 기술한 연구결과를 또 다른 언어로 옮기는 것이라서 무엇보다도 원저자의 연구가 갖는 가치를 떨어뜨리지 않는 것이어야 좋은 평가를 받을 수 있을 것이다. 그러나 번역은 또한 서로 다른 언어의 체계가 만나는 부분이므로, 표현방식의 차이가 갖는 난점을 극복하지 못하면 격과 질이 떨어지지 않을 수 없는 문제이기도 하다. 이 점에서 한자문화의 유산을 많이 갖고 있는 우리말의 구조 속에서 한자로 표현되어 있는 원서 내용을 우리말화 시켜 서술한다는 것은 더욱 곤란한 문제를 갖는 것이라고 할 수도 있다. 한자어를 그대로 가져다 놓을 수밖에 없기도 하고, 그렇게 했을 때 이해가 어려워지는 문제가 생긴다는 점이 제일 고민스러운 것이었다. 모든 경우에 있어서 완벽한 우리말로 쉽게 풀어 쓰는 것이 최상의 선택일 것이겠지만, 아직 나의 표현력이 그런 경지에 까지는 이르지 못하여 많은 부분 한자 발음을 그대로 두고, 필요한 것들은 주에서 한자로 밝혀두는 방식을 택하였다. 혹시 이러한 방식 때문에 읽기에 더 불편하여진 측면이 있다면 읽는 이의 양해를 바란다.

　이 책은 사상, 종교, 문학, 사회, 역사, 민속 영역을 아우르는 것이다. 그러므로 번역을 하면서도 맡아서 출간하여 줄 곳을 찾기 어렵지 않을까 하는 걱정이 없지 않았다. 원고를 보고 민속원에서 쾌히 출간을 결정하여 주었던 탓에 걱정을 덜 수 있었다. 감사를 드린다. 편집을 맡아 수고하여 주신 분에게도 고맙다는 마음을 전한다.

2013년

풀뫼 윤천근

1. 대조전왜왜大祖拎娃娃
2. 송자낭낭送子娘娘 아이를 원하는 여인이 사당에
   가서 빌고 아이소상을 골라 붉은실로 묶어 옴.
3. 약사불동상 8위

1. **요전수**搖錢樹 흔들면 돈이 떨어진다는 신화 속 나무.
   섣달그믐에 이것을 병에 꽂아 장식
2. **천수천발천석가문수보살**千手千鉢千釋迦文殊菩薩 천개
   의 손, 천개의 바릿대, 천 명의 석가를 담고 있는 문수
   보살 상
3. **군선축해헌신루**群仙祝瑞海獻蜃樓 여러 신선들이 바
   다의 상서로운 기운을 축하하여 '신루'를 헌상하는 그림.

1. 석가응화시적도釋迦應化示迹圖(太原崇善寺)
   석가탄생그림
2. 보타산관음보살普陀山觀音菩薩
3. 석가불조열반도釋迦佛祖涅槃圖 석가의 죽을 때
   모습

1. 지장보살과 10전염왕地藏菩薩與十殿閻王

2. 도교진여오인출가度憍陳如五人出家 석가모니가 녹야원 초전설법지에서 콘단냐(憍陳如) 등 다섯 사람을 받아들이는 그림

3. 서태書駄

1. 10전 염왕十殿閻王(第六―十殿)
2. 10전 염왕十殿閻王(第一一五殿)
3. 10전 전륜왕十殿轉輪王   전륜왕은 불교를 수호하는 임금
4. 지부 5도장군地府五道将軍

1. 제5전 염라왕第五殿閻羅王
2. 동악대제東岳大帝
3. 8한8열제지옥八寒八熱諸地獄
   춥고 뜨거운 여러 지옥
4. 잠관5괴蠶官五鬼 누에의 신

차례

민간속신

01

염제 신농씨

중국은 농업을 기반으로 하여 건립한 오래된 문명국가이다. 지금으로부터 7천년이나 8천 년 전, 중국의 황하와 장강 유역에는 이미 일정한 수준의 원시 농업활동이 행해지고 있었다. 오랜 세월동안 중국의 농업기술은 세계를 앞장서서 이끌어 나가는 지위를 갖추고 있었으며, 인류 문명의 발달에 크게 공헌한 바가 있다. 이러한 주도적인 위치는 근대적 농업이 출현하기 전까지 계속되었다.

중국에서 농업이 시작된 것은 염제 신농씨와 나누어 말할 수 없다. 염제는 중국 농업문화의 창시자로서 중국문명사에 위대한 공헌을 하였으며, 또 한 사람의 위대한 문화적 영웅인 황제 헌원씨와 같은 시기에 태어나 똑같이 중국민족의 시조신으로 높이 추앙되었다.

염제 신농씨는 중국 고대의 신화적이고 전설적인 인물이다. 『국어』[1] 등의 역사책에 기록되어 있는 바에 의하면, 유웅씨[2]의 수령인 소전[3]이 유교씨[4]의 여인을 부인으로 맞아 염제와 황제를 낳았다. 염제는 강수[5] 가에서 자랐고, 황제는 희수[6] 가에서 자랐다. 그래서 염제는 성이 강씨가 되었고, 황제는 성이 희씨가 되었다.

염제는 시조신과 농업신이 된다. 그의 경력은 옛사람들에 의해 신비하고 기이한 이야기로 무수히 윤색되었다. 『3황본기』[7]는 염제의 어머니 여등[8]이 화양 땅을 지나다가 전설상의 고대 중국의 강羌족의 수령이다. 소전少典이 유교씨를 취하여 낳은 자식이라고 전한다. 원래 강수 유역에 거주하였다고 하는데, 후에는 동쪽으로 옮겨 지금의 중원지구中原地區에 자리를 잡았다고 한다. 일설에는 염제가 바로 신농씨라고 한다.

"신룡과 감통하여 염제를 낳았다."고 한다. 신룡과 교접을 하여 염제를 낳았다는 이야기라 하겠다. 이와 같이 신령하고 기이한 것과 감통하여 시조가 탄생하였다는 사실을 노래하는 신화는 고대로부터 이미 있어왔으니, 이는 인류역사의 아주 이른 시기의 산물이다. 이것은 당초에 "사람들이 그 어머니만을 알고 그 아버지는 알지 못하던" 모계 사회의 특징적인 환경을 반영하고 있는 것이다. 원시시대의 사람들은 여인이 임신하고 출산하는 것에 대한 분명한 지식을 가지고 있지 못하여 아이가 씨족의 삶과 가까운 관계에 있던 어떤 외계 사물(토템동물 같은 것)이 여자의 자궁 안으로 들어와 태어나게 된 것이라는 잘못된 믿음을 가지고 있었다. 신룡은 중국민족이 가장 숭배하였던 토템(원시적 종교 숭배의 한 형태)이다. 위의 전설은 염제를 용의 후예나 용의 화신으로 바꾸어 내어 비할 바 없이 존귀한 존재로 만들어 놓고 있는 것이다.[9]

전설은 염제를 "사람의 몸에 소의 머리를 가진 인물"(『역사』[10]는 『제왕세기』를 인용하여 이렇게 적고 있다)이라고 묘사한다. '소의 머리'로 이야기하는 것은 염제 씨족이 소를 그 씨족의 토템의 하나로 삼고 있었기 때문일 것이다. 원시 사회에서는 고기를 잡아 생활하고 사냥을 하여 먹고 살던 시기의 뒤에 농업경제 시기가 출현한다. 농업의 출현과 발전은 고대의 인간들이 대자연을 정복하여 위대한 승리를 거두게 만들어 준다. 인류

藥石權輿農商宗祖
夭札全生飢寒脫苦

神農

역사가 단순하게 자연의 산물을 이용하여 살던 시기로부터 벗어나 자기 스스로가 생산한 물건을 가지고 살아가는 시기로 접어들게 되고, 인류의 삶은 원시 상태를 탈피하여 문명세계의 문턱을 넘어서게 되는 것이다. 어로와 수렵의 시대에는 중요한 가축들 중 하나였던 소가 농업시대로 들어가면 가장 중요한 가축으로 위상이 달라진다. 이것이 그것의 문화적 의미를 다시 두드러지게 드러내는 작용을 하는 것이다. 이로 말미암아 신농이 그 자신의 문화적 의미 위에 소의 형상을 중첩시키기에 이르렀다는 것은 그리 괴이한 이야기라 할 수도 없는 일이다.

옛날 중국 사람들의 마음속에 염제는 민족을 행복으로 이끌어 가는 숭고한 사명을 띠고 있는 인물로 받아들여졌다. 그는 농업을 발전시키는데 커다란 능력을 발휘하였고, 저 높디높은 하늘의 전폭적인 도움까지 이끌어 낼 수 있었다는 이유 때문이다. 전설은 "신농의 시대에는 하늘이 곡식[粟]의 비를 내리고, 신농은 그것에 맞추어 땅을 갈아 곡식을 길렀다."고 한다. 이와 동시에 "아홉 개 우물이 저절로 뚫렸고"(『수경주水經注』「료수漻水」) 무수한 우물과 샘이 흘러넘쳤다고도 한다.

염제 신농씨는 쟁기, 도끼, 호미 등 농업기구를 발명하여 백성들에게 농경을 가르쳤다. 신농은 사람들이 뽕나무를 심고 마를 기르게 하고 잠사와 마 껍질 실로 옷감을 짜도록 가르쳐서 의복을 만들어 내었다. 신농은 또한 도기 그릇을 만들어 사람들이 생활에 편리하게 사용하도록 하였다. 그는 해가 중천에 떠올랐을 때 장을 열도록 하여 처음 시장제도를 만들기도 하였다. 5현금을 제작하여 연주토록 해서 사람들의 문화생활을 활성화시킨 것도 신농이었다.

또 하나, 염제 신농씨의 위대한 공적은 "처음으로 백가지 풀을 먹어보고 약성을 알아내서 의약의 역사를 개시"(『사기史記』「보삼황본기補三皇本紀」) 하여 의약의 신, 중국의약학의 시조가 되었다는 점이다. 그는 백가지 풀을 두루 길러서 중약학을 개창하고 중국의 풀로 약을 삼아 무수한 사람들을 치료하였다. 이 중국에서 최고로 오래 된 약왕 노인을 기념하기 위하여 중국의 가장 오래된 약물학 전문서적은 『신농본초경』[11]으로 명명되었다.

염제의 씨족은 후에 황제의 씨족과 연합하여 남방의 강적인 구여씨족[12]을 탁록[13]의 들판에서 격파하고 치우[14]를 죽인다. 염제와 황제는 강대한 염제황제연맹을 결성하고 황제가 최고 우두머리가 된다. 염제는 만년에 남방을 순수하다가 피로가 누적되어 병을 얻고 도중에 죽는다. 일설에는 백성들의 병을 치료하기 위해 백가지 약초의 맛을 보다가 불행히도 죽게 되었다고도 한다. 염제는 장사長沙 땅 다향茶鄕의 발치에 묻혔으니 이것을 다릉茶陵이라고 한다. 오늘날의 영현酃縣 강락향康樂鄕[장사 다향의 오늘날 지명]이다. 서기 967년 송나라 태조는 사람을 파견하여 전국의 옛 묘지를 돌아보게 하고 염제의 묘에 사당을 지어 제사를 올리게 하였다. 제사는 오늘날까지 천년의 역사를 이어오고 있다. 염제의 룽침은 황궁의 양식을 따라 건조되었는데 기세가 웅대하고 건물들이 한데 어울려 장관을 이루고 있다.

전설 속의 염제 출생지인 섬서陝西성 보안寶媯시 위하渭河의 남쪽 기슭에 있는 곡천촌峪泉村에는 염제신농의 사당이 있다.

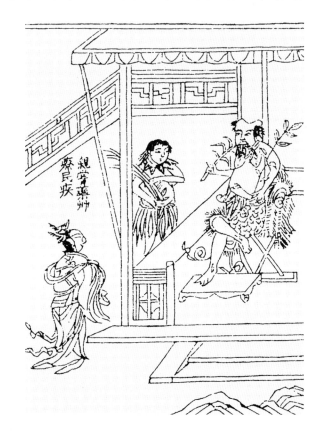

사당은 남쪽으로 진령,[15] 북쪽으로 위수[16]와 접하여 있고 주변 풍치가 유려하다. 염제 릉 신농사와 황제릉은 똑같이 중국민족의 성지이고 매년 뿌리를 찾아 시조를 알현하려 고 하는 국내외의 염제와 황제 후손들이 무수하게 찾아와 엎드려 경배를 드리는 곳이 다.

1_ 國語 : 중국 고대의 사적을 담고 있는 책 이름. 위서僞書라는 평가를 받기도 함.
2_ 有熊氏 : 황제가 유웅有熊에 나라를 열었으므로 유웅씨라고도 칭한다고 함.
3_ 小典(少典) : 염제와 황제의 아버지로 말하여지는 전설적인 인물.
4_ 有嶠氏 : 소전의 부인, 염제와 황제를 낳았다고 함.
5_ 姜水 : 염제의 처음 거주지가 강수 지역이고, 후에 동쪽으로 옮겨와 중원에 거주하게 되었다고 하므로, 강수 지역은 중원의 서쪽지역이라 할 것임.
6_ 姬水 : 황제와 염제가 형제였다면, 사는 지역이 비슷한 곳이었을 것이고, 또 나중에 주周종족의 성씨가 희姬인데, 이들이 처음 서쪽 지역에서 종족의 삶을 시작하는 것으로 보아, 희수 역시 서쪽 지역에 있었다고 보아야 할 것임.
7_ 三皇本紀 : 3황은 중국 전설상의 세 황제인데, 공안국孔安國은 복희, 신농, 황제라 하였고, 성현영은 복희, 신농, 황제라는 설과 복희, 신농, 여와라는 설을 소개하고 있음. 복희, 신농, 수인이라는 설도 있고, 복희, 신농, 축융이라는 설, 천황天皇, 지황地皇, 태황泰皇이라는 설도 있음. 따라서 정확하게 3황이 누구누구라고 말하는 것은 별 의미가 없음. 다만 고대 중국의 전설상의 제왕을 세 명으로 말하고 있다는 사실만 이해하면 될 것임.
8_ 女登 : 앞의 소전, 유교 부모설과는 다른 설에서 말하는 염제의 모친.
9_ 오늘날도 중국민족은 자신들을 용의 후예로 간주하는 사례가 빈번히 나타남.
10_ 『繹史』 : 160권 규모. 청나라 마숙馬驌 찬술. 개벽으로부터 시작하여 진秦나라 말기에 이르기까지를 취급하고 있음.
11_ 『神農本草經』 : 서한 초기에 만들어진 책으로 작자 미상.
12_ 九黎 : 소호少昊시대의 제후. 후의 삼묘三苗씨.
13_ 涿鹿 : 직예성直隸省에 있는 산 이름. 지금의 하북성에 속함.
14_ 蚩尤 : 전설 속의 흉신凶神. 한 나라 무제武帝 때 태원太原 땅에 치우신이 나타나서 역병을 퍼트렸으므로 사당을 지어 모시게 되었다고 함. 이 치우신은 사람 몸에 소의 다리를 하고, 눈이 네 개, 손이 달려 있었다고도 함. 그러므로 태원의 치우 제사에서는 소머리를 쓰지 않았다고 전해짐.
15_ 秦嶺 : 감숙성 고란현에서 시작하여 섬서성 남부를 휘돌아 하남성 합현陜縣에 이르는 산맥.
16_ 渭水 : 감숙성 남주부 위원현渭源縣 서쪽 조서산鳥鼠山에서 발원, 동남향으로 흐르며 여러 물길을 받아들여서 동관潼關에 이르러 황하로 유입되는 강.

황제 헌원씨

　　옛날부터 중국 대륙은 염황의 땅으로 불려 왔고, 중국민족은 염황의 자손으로 말하여져 왔다. 이 염황이라는 것은 염제와 황제를 가리키는 것으로, 그들은 중국민족의 시조이고, 황하문명과 장강유역의 문명을 연 시조이다.

　　염제와 황제 시대로부터 상당한 세월이 흐른 후인 춘추시대에 중국민족은 스스로를 '제하',[1] 또는 '화하'[2]라고 불렀다. '하'라고 하는 것은 '크다'는 뜻이니, "큰 나라를 하라고 한다."(『상서[3]』「무성武成」「소疏」) 또 "하는 중국(중원지구) 사람을 지칭한다."(『설문』「문부」) '화'라는 것은 영화롭다, 아름답다는 것이다. '화하'는 번영되고 아름다운 중원지구와 그곳에서 번영하여 강대하게 자라나는 국가와 민족을 뜻한다. '화하'는 한족의 전신이다. 화하족은 중원을 사방의 중앙에 있는 것으로 간주하여 거주지구를 '중화'[4]라고 지칭하였는데, 원래는 다만 황하유역만을 가리켜 말한 것이지만, 나중에는 여기에서 발상한 역사 속에 통합된 지역까지를 포함하여 다 중화라고 불렀으니, 중국에 대한 또 다른 칭호이다. '중화민족'이라는 것은 바로 중국민족의 총칭인 것이다.

　　중국민족의 시조인 신농과 황제는 전설상의 인물이다. 그들은 전설 속 중국 원시시대 말기의 위대한 부족장이었다. 황제는 유웅씨의 우두머리였던 소전의 자식이다. 희수 가에서 성장하였으므로 성을 희씨로 하였다. 일찍이 헌원의 구릉(지금 하남 신정현 헌원

黃帝 軒轅氏

삼황오제三皇五帝 중의 하나. 황제黃帝는 황제皇帝로 통칭되었다고 한다. 『莊子‧齊物論』에는 "是皇帝之所聽熒也, 而丘也何足以知之"라 하여 현명한 제왕의 상징으로 나온다. 성현영成玄英의 「疏」에는 이 부분의 황제皇帝가 바로 황제黃帝라고 본다. 황제黃帝는 한나라 시대 이래 노자와 병칭되어 황노학黃老學을 이루었다. 고대 전설적 제왕들의 신분에 대해서는 이설들이 많은데, 신농씨가 소전의 아들로 말하여지듯이 황제 헌원씨도 그러하다고도 한다. 성姓은 공손公孫이고, 헌원의 구릉에서 살았으므로 헌원씨라고 부른다고 한다. 또 희수姬水에 살았으므로 성을 희姬로 바꾸었다고도 하는데, 토덕土德의 왕으로, 토색土色이 황黃이기 때문에 황제黃帝라고 한다는 이야기도 있다.

구릉)에 살았으므로 지명을 취하여 헌원을 이름으로 삼았다. 조상이 유웅씨에 속하여 있었으므로 또 '유웅'이라고도 부른다. 흙(토)의 덕성을 숭상하는데, 흙은 황색을 띠므로 '황제'라고도 부른다. 그들 부족이 살던 부락은 원래 서북고원 지대였다.

황제는 사악한 적을 징벌하고 처음으로 중국민족을 통일한 위대한 업적을 남겨 역사책에 기록되었고, 후대인들의 존경을 받게 되었다. 아주 먼 고대에는 중국 강역에 많은 민족이 살았다. 당시 제하⁵-는 하나의 민족이었는데 주된 세력은 둘로 나뉘었다. 하나는 강을 성으로 한 염제 세력, 하나는 희를 성으로 하는 황제 세력이다. 황제의 부족과 염제의 부족은 형제부족이며, 모두 유웅씨의 우두머리인 소전의 후예이다.

전설은 당시 남방 구여족의 족장인 치우가 강력하고 흉맹한 사람이었으며 항상 다른 부족을 침범하곤 하였다고 전한다. 염제의 부족은 치우의 공격을 받고 패하였는데 황제가 구원하였다. 또 다른 전설은 이러하다. "황제가 올바른 길로 나아가려 하는데 염제가 듣지 않으므로 탁록의 들판에서 전쟁을 벌였다."(『역사』 5권) 결국 황제는 염제에게 승리를 하여 염제 부족을 합병하였다. 황제는 모든 부족을 이끌고 탁록으로 나아가 치우를 맞아 싸웠다. 쌍방은 아주 격렬한 전투를 치렀고, 치우는 패퇴하여 살해되었다. 황제부족과 염제부족은 하나로 합쳐진 후에 화하족이라고 불렀다. 황제는 염제 부락연

맹의 우두머리로 추대되었다. 이로 말미암아 위대하고 찬란한 화하문화가 출현하기에
이른다.

전설은 황제가 여러 대신들과 천문역법을 연구 제정하였다고 전한다. 황제의 사신인
창힐[6]은 문자를 창제하였다. 황제의 부인 나조螺祖는 사람들에게 누에를 쳐서 실을 짜
는 법을 가르쳤다. 황제는 또 수레를 발명하였다. 헌원이라고 하는 그의 이름은 수레
만드는 것과 관계가 있는 것이다. 황제는 또한 궁실, 산수, 음률 등의 제도를 만들어
내었다. 실로 이러한 발명과 창제는 한 사람이 일시에 이룰 수 있는 공적이 아니다. 중
국은 공적을 성인에게 돌리는 전통을 가지고 있다. 황제는 이미 화하민족의 시조신이
되어 있으니 고대문명이 발명해낸 모든 것에 대한 공이 황제에게 귀속되는 것은 자연스
러운 일일 것이다.

황제는 중화민족의 시조가 되어 옛 사람들의 첫 번째 신격화 대상으로 떠오른다. 황
제의 모친이라고 말하여지는 원천대성후元天大聖后는 '거대한 뇌룡이 북두칠성의 뼈대
를 흔드는 것'에 감응하여 황제를 낳았는데, 황제는 태어날 때 '황룡의 몸체'와 네 개의
얼굴을 갖추었으며, 타고난 신명으로 모든 신을 어거하고 사방을 통제하였고, 비와 구

름, 바람과 번개를 주관하였으며, 나아
가서 천지만물을 창조하는 신, 중국식
으로 말하면 '상제'[7]가 되었다고 한다.

전설은 황제가 110년을 살았으며
100년 동안 재위에 있었다고 전한다.
만년에 이르러 그는 스스로 신선이 되
어 날아갈 날짜를 정해놓고 그 날이 되
자 신하들과 작별하고 세상을 떠나갔으
며, 남긴 육신은 교산[8]에 묻혔다. 황제
의 묘는 섬서, 감숙, 하남, 하북에 각각
하나씩 있는데, 섬서성 교산의 묘가 가
장 널리 알려졌다.

『사기』「5제9_본기」에는 "황제가 붕어하여 교산에 장례하였다."고 적혀 있다. 교산의 황제 묘는 섬서성陝西省 황릉현黃陵縣의 성 북쪽 1키로 쯤 되는 교산 위에 위치한다. 교산은 다리를 손으로 맞잡고 있는 것과 같은 모양을 하고 있어서 얻어진 이름이다. 산 아래에는 저수지가 띠를 이루듯 돌아가고, 산 위에는 오래된 측백나무가 하늘을 떠받치듯이 빽빽이 들어차 있다. 황제의 묘는 산꼭대기의 정중앙에 있는데, 꽃처럼 꾸며진 벽돌담으로 둘러쳐져 있고, 장엄하고 엄숙한 분위기를 연출한다.

교산의 동남쪽 산기슭에는 유명한 황제 사당이 있는데, 이 사당 또한 헌원묘軒轅廟라는 이름으로 불려진다. 한나라 때 처음 건립되어 대대로 중수되었다. 큰 전각은 웅장하고 위엄 있는 모습이고 문루에 높이 달린 현판에는 "사람과 문명의 첫 번째 시조[人文初祖]"라는 글자가 새겨져 있다. 전각 안 정 중앙에는 당당하고 화려하게 수식된 거대한 황제의 위패가 모셔져 있는데, 그 위에는 '헌원황제의 신위軒轅黃帝之位'라고 쓰여 있다.

항일전쟁이 고조되었을 때 각계의 유력한 인사들은 청명淸明절을 '민족이 성묘하는 명절'로 정하자고 주창하였다. 이날에는 모두 황제의 묘에 제를 올리는 관습이 전해져 내려온다. 1937년의 청명절은 제2차 국공합작10_시기인데, 양 당에서는 똑같이 중요한 인물을 황제 묘에 파견하여 함께 민족시조에게 제를 올리게 하였다. 해방 이후 황제 묘는 다시 수리되어 새로운 모습을 갖추었고, 중국은 물론 해외에 나가 사는 염제와 황제 자손들의 참배를 받을 수 있게 하였다.

중화민족의 위대한 시조인 염제와 황제 두 제왕을 영구히 기념하기 위해 최근에는 황하 남쪽 언덕 경광철로11_가 지나는 대교 부근에 있는 시조산12_ 위에 염제와 황제 두 제왕의 거대한 소상을 깎아 놓았다. 이 거상은 높이가 150미터에 이르는데, 세계 최대의 석조상이다. 거상은 남쪽을 뒤에 두고 북쪽을 향하여 황하를 바라본다. 사람들은 오고 가는 열차 안에서 염제와 황제 두 시조의 웅대한 형상을 접할 수 있다. 거상의 앞 3백 미터 되는 곳에는 13미터 높이의 거대한 청석 제단이 만들어지고 있다. 제단에 이르는 신로13_를 중심선으로 하여 양쪽으로 7미터 높이의 커다란 청동 솥 9개를 배치하였는데 구주사방14_의 강산이 영원하라는 의미를 담고 있는 것이다. 제단에서 황하에 이르는 사이에는 길이 200여 미터, 너비 17미터 정도의 광장도로를 개설하고, 이 탄탄대로의 양쪽으로는 소나무와 측백나무를 심었으며, 아울러 편종과 경석 등 예법에 쓰는 기구를 배치하였는데, 화하족의 국태민안과 천지자연이 보우하여 주기를 비는 상징이다.

이곳은 나라 안과 바다 건너에 사는 황제와 염제 자손들이 그 뿌리를 찾고 조상을 배알하며 시조에게 예배를 드리는 하나의 성지가 될 것이다.

역주 _____

1_ 諸夏 : 중국의 별칭. 여러 부족, 또는 '여러 영역을 포용한 큰 나라'라는 의미.

2_ 華夏 : 중국의 별칭. 번영된 큰 나라의 의미.

3_ 尙書 : 3경 중의 하나로 『書經』이라고도 함.

4_ 中華 : 이 두 글자는 오늘날 중화민국, 또는 중화인민공화국이라는 나라 이름에 쓰이는 것을 통해서도 중국 민족이 이 말을 얼마나 좋아하는지 알 수 있을 것임. 중화란 민족개념이기도 하고 문화개념이기도 함. 조선 시대 선비들이 명나라 멸망 이후에 우리나라를 소중화小中華라고 자칭하였을 때의 중화는 문화개념이라 할 수 있음.

5_ 諸夏 : 여기서는 초기의 중국민족을 의미함. 유웅씨의 우두머리인 소전의 두 아들, 염제세력과 황제세력의 총합을 뜻함.

6_ 蒼頡 : 『사기』는 창힐이 황제 시대의 사관史官이라고 전함.

7_ 上帝 : 은殷나라의 최고신격. 은나라는 상제에게 천제薦祭를 지냈고, 조상신들은 배천配天(하늘로 올라가 상 제의 옆에 위치함)된다고 믿었음.

8_ 橋山 : 산명山名. 오늘의 섬서성 황릉현 서북쪽에 있는데 황제의 묘가 있는 곳이라고 전해짐.

9_ 五帝 : 당나라 고언賈彦에 의하면 동방 청제靑帝 령위앙靈威仰, 남방 적제赤帝 적표노赤熛怒, 중앙 황제黃帝 함 추뉴含樞紐, 서방 백제 백초거白招拒, 북방 흑제黑帝 즙광기汁光紀 등을 5제라 함. 한나라 반고班固는 이와 달 리 황제, 전욱顓頊, 제곡帝嚳, 제요帝堯, 제순帝舜을 5제로 들기도 하고 또 태호太昊(伏羲), 염제炎帝(神農), 황제, 소호少昊(摯), 전욱 등을 5제로 들기도 함. 『예기』 「月令」에는 소호, 전욱, 고신高辛, 당요唐堯, 우순虞 舜을 5제라 하였음. 진나라 황보밀皇甫謐은 『帝王世紀』에서 복희, 신농, 황제를 3황이라 하고, 소호, 고양高 陽, 고신, 당, 우虞를 5제라고 하였음. 복희, 신농, 황제, 당요唐堯, 우순을 5제라 하는 경우도 있음.

10_ 國共合作 : 국민당과 공산당이 손을 잡고 항일전쟁을 치른 일.

11_ 京廣鐵路 : 중국 철도 노선 중 하나. 북경과 광주廣州 사이를 운행.

12_ 始祖山 : 원래 이름은 소정산小頂山이다. 황제, 염제의 거상이 만들어져 있는 산.

13_ 神路 : 신령이 다니는 용도로 만들어 놓은 길.

14_ 九州四方 : 옛날에는 중국을 구주九州로 나누어 보았음. 이때 구주는 중국을 뜻함. 오늘날에는 아홉 대륙, 즉 세상 전체를 뜻함.

여와낭낭

중국의 옛 신의 계보 중에는 이름이 가장 높은 여성신이 하나 있는데, 바로 여와낭낭이다. 여와는 민간에 광범하게 알려져 있고 가장 오랫동안 숭배되었던 신이다. 신화와 전설 속에서 여와는 창조신, 시조신으로 간주되었고, 신통력이 대단하였던 여신으로 믿어졌다.

전설은 여와가 만물을 만들어 내는 능력이 있었고 매일 조금씩 창조능력을 발휘하였는데, 70여 개의 사물을 만들어내 길렀으며, 그녀의 창자는 10명의 신으로 변하였다고 한다. 흙을 모아서 인간을 빚고 돌을 녹여 하늘을 덮은 것이 여와의 가장 위대한 창세 업적으로 말하여진다.

여와는 인간을 만들기 전 먼저 정월 초하루에 닭, 초이틀에 개, 초사흘에 양, 초나흘에 돼지, 초닷새 날에 소, 초엿새 날에 말을 창조하였다. 초이레 날이 되자 여와는 황토와 물을 이용하여 자신의 모양을 본떠서 하나하나 작은 사람을 만들어 나갔다. 그녀가 하나하나 만들어 나감에 따라 속도는 점점 느려지게 되었지만, 그 발에서는 등나무 뿌리가 뻗어 내리고, 물을 잔뜩 머금은 진흙은 점점이 춤을 추듯 솟아 일어났고, 점점이 땅으로 흘러내려 방울마다 사람으로 변했다.[1]

인류는 영원히 살 수 없는 것인가? 하나가 죽으면 다시 한 사람을 만드는 방식은 복희와 더불어 중국민족의 시조신으로 숭상되는 여신. 중국의 옛 신의 계보 중에는 이름이 가장 높은 여성신이 하나 있는데, 바로 여와낭낭이다. 여와는 민간에 광범하게 알려져 있고 가장 오랫동안 숭배되었던 신이다. 신화와 전설 속에서 여와는 창조신, 시조신으로 간주되었고, 신통력이 대단하였던 여신으로 믿어졌다.

아주 번거로운 것이다. 그래서 그녀는 혼인제도를 창제하였고, 자신은 인류를 중매하여 주는 사람의 역할을 맡아 남자와 여자를 결합하게 하고, 사람들이 사람을 만드는 방법을 깨닫게 해서 그녀 자신의 역량을 인간들이 대를 이어 그 종족에게 전해가면서 번성시켜 나가게 하였다.

이렇게 하여 이 중국 제일의 매파는 후세인들에게 중매신으로 존숭되었고, '고매高媒'[위대한 매파]로 불려졌다. 바로 혼인의 신이고, 매파의 비조이다. 사람들이 이 혼인의 신을 제사지낼 때는 의례가 아주 장중하다. 여와낭낭의 묘당을 지어 모시는데 고매묘라고도 하며, '태뢰'[2]의 법을 쓰는 최고의 의례로 제사를 올린다. 매년 봄 2월에는 남녀 젊은이들이 여와묘 앞에 모여 즐겁게 놀면서 음악을 바친다. 『주례』[3]에는 "시간제한이 없으며, 야합하는 것을 금하지 않는다."고 하였다. 이것은 정분이 난 처자들이 자유로이 그윽한 만남을 가져 하늘을 지붕 삼고 땅을 침상삼아 자유롭게 결합하게 하고 아무런 간섭도 하지 않았음을 말해주는 것이 아닌가! 이것을 '하늘이 결합하게 만든 것'이라고 한다. 저렇게 결혼하여 자녀를 갖지 못한 사람들은 후에 다투어 여와 묘당에 와서 자식을 기원하기에 이르렀으니, 이래서 이 중매신은 또한 자식을 가져다주는 할미의 역할까지 수행하게 되었다.

여와낭낭이 처음 혼인제도를 만들고 최초의 중매인을 담당하였다고 말하는 것은, 그녀를 인류의 최초 할머니 신분이라는 것과 일치시켜 보는 것이다. 이와 같은 모습은 모계 씨족사회의 실제 모습을 반영한다. 혼인은 여인의 가장 중요한 일이었으며, 여족장이 일족의 모든 혼인을 관장하는 것을 가장 큰 일로 받아들였던 것이 모계사회의 모습이다.

사람들은 생황을 발명한 공을 여와에게 돌린다. 『세본世本』은 "여와가 생황을 만들었다."고 기록한다. 남방의 여러 민족들은 젊은 사람들이 생황을 불면서 처자들에게 구애를 하는데, 생황이 연정을 불러일으키는 일종의 매개물로 쓰이는 것이다. 이러한 풍속은 지금까지 이어 내려오고 있다.

여와낭낭의 신화가 사람들의 마음속에 깊이 각인되어서, 그녀가 이루어 놓은 위대한 창조의 업적은 후대인들에게 더할 나위 없는 존숭을 받기에 이른다.

여와가 뚜껑을 만들어 하늘을 덮었다는 신화는 중국의 여러 신화 중에서 가장 기이하고 아름다우며 감동적인 것 중 하나이다. 하늘을 덮는 신화의 이미지는 세계 어떤

민족에게서도 보이지 않는다. 중국에서만 나타나는 특징적인 것이다. 여와는 엄청난 재앙 속에서도 사람들을 의연하게 구해내어 물과 불의 화로부터 벗어나게 하는 보호신이다.

여와가 흙으로 사람을 빚어 인류가 번성하게 하여 주었다는 신화 전설 외에 여와와 관련된 또 다른 이야기가 있다. 여와는 또 하나의 이름 높은 고대의 신인 복희의 누이동생으로, 이 오누이가 결혼하여 인류를 번성시켰다는 것이다. 당나라 이용은 『독이지』4-하권에서 이러한 전설을 소개하고 있다.

옛날, 우주가 처음 열렸을 때, 곤륜산 아래 여와의 오누이 둘만이 살았고, 온 천지에 다른 사람은 하나도 없었다. 당연히 부부가 되어야 했으나 또한 부끄러움이 아주 없지도 않았다. 오빠는 누이동생을 데리고 곤륜산 위로 올라가 주문을 외어 말했다. "하늘이 만약 우리 오누이 둘을 부부로 맺어주려 한다면 두 줄기 연기가 위에서 합해질 것이고 하늘이 만약 그럴 생각이 없다면 연기는 두 줄기로 흩어질 것이다." 두 줄기 연기는 하나로 합해졌고 누이동생은 오빠에게 시집을 오게 되었다.

한나라 시대의 돌에 새긴 그림 중에는 사람 머리에 뱀의 몸을 한 복희와 여와의 그림이 적지 않다. 허리 위쪽으로는 사람이고, 도포를 걸치고 모자를 썼다. 허리 아래로는 뱀의 몸인데 두 개의 꼬리가 서로 긴밀하게 뒤엉켜 하나로 되어 있는 모습이다. 복희는 손으로 태양을 받들어 올렸고, 태양 속에는 한 마리 금색 까마귀가 있다. 여와는 손으로 달을 받들어 올렸는데, 달 속에는 한 마리 두꺼비가 들어 있다.

복희와 여와 두 사람의 오누이가 결혼하여 인류를 번성시켰다는 전설 속에는 원시시대 초기의 근친혼 제도가 반영되어 있다.

역주 _____

1_ 『태평어람』의 『풍속통』 인용 부분.
2_ 太牢 : 소, 양, 돼지의 세 가지 희생을 준비하는 큰 제사. 『大戴禮記』에는 "諸侯의 제사는 牛를 쓰니 太牢라고 한다."고 함.
3_ 『周禮』 : 주나라의 예법제도. 공자가 주나라 예법을 따를 것을 선언함으로서 유학의 예법이 되었음.
4_ 『獨異志』 : 당나라 때 이용 찬술. 기이한 이야기를 모아 놓은 책.

우랑과 직녀

옛사람은 말하였다. "먹는 것과 여색을 즐기는 것은 인간 고유의 성품이대食色, 性也]."(『맹자孟子』「진심盡心, 상上」) 이 말은 먹고 마시는 것을 좋아하는 것과 남녀가 사랑을 나누는 것은 사람의 본래의 마음이라는 의미이다. 옛사람은 또 "음식과 남녀의 일 사이에는 인간의 커다란 욕망이 놓여 있대飮食男女, 人之大欲存焉]."(『예기禮記』「예운禮運」)고도 하였다. 음식을 먹는 것과 남자와 여자가 애정생활을 하는 것은 사람의 가장 기본적인 욕망이라는 점을 강조하고 있는 이야기이다.

인류가 처음 생겨났을 때부터 사람들은 자유롭고 행복한 애정생활을 영위하기 시작했다고 할 수 있다. 이것은 단지 사람들이 스스로의 번영을 목적으로 하여 동물적인 생식행위를 필요로 하였다는 점에서 그 의미가 한정되는 것이 아니라, 고상한 정감을 추구하는 인류의 정신적 요구와도 연관되는 문제이다. 애정은 인류가 사회생활을 영위하면서 진화 발전시키고, 승화시켜 낸 아름다운 결과물이다. 성문화라고 하는 것은 인류의 문화유산 중 가장 소중한 부분에 속하는 것 중 하나이다. 중국의 기나긴 봉건적 전통 속에서 성은 끊임없이 금고와 압제를 받아왔다. 그럼에도 불구하고 역사 속에는 자유로운 연애를 추구하였던 무수한 치한과 색녀들이 출현하여 그 억압의 전통에 대해 영웅적인 항거를 계속하였다. 한나라 시대에 탁문군[1]과 사마상여[2]가 서로를 사랑하였던 것은 그 대

『文選』에 수록된 조식曹植의 「洛神賦」에는 "포조의 짝 없음을 탄식하고, 견우의 홀로 삶을 노래함[歎匏瓜之無匹兮, 詠牽牛之獨處]"이라는 구절이 있다. 이선李善은 이 부분의 주注에서 조식의 『九詠』 주注를 끌어다 쓰고 있는데, "견우는 지아비가 되고 직녀는 지어미가 되는데, 견우와 직녀의 별은 하고성좌의 가장자리에 각각 떨어져 있으며, 7월7일이 되어야 한 번 만난다고 함[牽牛爲夫, 織女爲婦, 織女牽牛之星, 各處河鼓之旁, 七月七日, 乃得一會]."

표적인 사례에 속한다. 그러나 사람들에게 가장 크게 영향을 끼치고 신화화되기까지 한 것은 우랑과 직녀이다. 그들은 자유로운 사랑을 수호하는 중국의 사랑신이다.

우랑과 직녀의 고사는 중국의 4대 사랑이야기 중에서도 으뜸이 되는 것이다.[3] 우랑과 직녀 이야기는 처음에는 원시신앙 속의 성신숭배에 기원하는 것이다. 이 둘은 별자리의 신격화 또는 인격화인 것이다. 중국에는 이러한 과정을 거쳐서 등장하는 신들이 적지 않다. 28숙[4]에 속하는 청룡, 백호, 주작, 현무, 괴성,[5] 남극노인성(수성)[6] 등이 이것이다.

우랑성은 소의 별이니, 견우성이라고도 불리는데, 이것은 28숙의 하나로 북방의 현무 7숙[7] 중 제2숙이다. 모두 6개 덩어리를 가지고 있는데 그 중 세 덩어리는 '*-*-*'와 같은 모양을 갖추고 있다. 완연히 한 사람이 짐 지는 막대를 메고 대로 위에 서 있는 모습이다. 그것은 가을 날 밤하늘에서 가장 반짝이는 별인데, 직녀성과는 은하수를 사이에 두고 서로 바라보고 있다. 직녀성은 또 '천손', 천제의 손녀라고도 불린다.

세 개의 별이 이등변 삼각형을 이루며, 은하수의 서쪽에서 은하수 동쪽에 있는 견우성을 건너다보고 있다.

일찍이 춘추시대에 만들어진 『시경』[8] 속에는 견우와 직녀라는 두 별의 기록이 나온다. 그러나 거기에는 아직 정절의 고사는 보이지 않는다. 한나라 시대에 이르러서야 인격화되는 것이다. 『고시19수』[9]의 〈멀고 먼 견우성〉은 다음과 같이 노래한다.

> 멀고 먼 견우성
> 밝고도 밝은 은하수의 여인
> 옥수를 이끌어 은하 물에 씻고
> 목편에 글을 적어 베틀 너머로 보내누나
> … 정한은 은하물 사이에 가득하고
> 피 끓는 속마음 표현할 길이 없네

동한시대 이후 우랑과 직녀의 사랑 이야기는 민간에 광범하게 유포되어 전해진다.

그 이야기의 대체적인 내용은 이러하다.

직녀는 옥황상제의 손녀이다. 구름같이 쌓인 목화로 하늘 옷을 짤 수 있는 능력을 가지고 있었다. 그때 인간세상에는 우랑이라고 불렸던 불행한 고아가 있었다. 형수가 함께 데리고 살았는데, 형수는 마음이 너그럽지 못하여 단지 한 마리 늙은 소만을 주고 우랑을 밖으로 내쫓았다. 어느 날 직녀는 선녀들을 대동하고 인간 세상으로 놀러 내려와서 황하 물에 목욕을 하였다. 우랑은 늙은 소가 이끄는 대로 가다가 직녀의 옷을 집어 들고 도망하였다. 직녀는 이 젊은이가 아주 마음에 들었고, 두 사람은 결혼을 하여 부부가 되었다.

결혼을 한 후 어린 두 사람은 남자는 밭을 갈고 여자는 옷감을 짜며 서로 살뜰히 사랑하였다. 1남 1녀를 낳았는데, 시간이 지날수록 예쁘게 자라갔다. 어느덧 이 일은 옥황상제에게 알려졌다. 옥황상제는 왕모낭낭을 보내 직녀를 하늘로 붙들어 올려 심문하였다. 서로 끔찍이도 사랑하던 두 부부는 결국 떨어져 살게 되었다.

우랑의 마음은 비통함으로 가득 찼다. 죽음에 이른 늙은 소는 우랑에게 자신이 죽은 후 가죽을 벗겨 입으면 바로 등천할 수 있다고 알려 주었다. 우랑은 알려준 대로 하고 자신이 두 자식들을 광주리에 담아 지고는 사랑하는 부인을 찾아 하늘나라로 올라갔

다. 우랑이 직녀를 눈으로 식별할 수 있는 데까지 이르렀을 때 왕모는 머리에 꽂았던 금비녀를 뽑아 허공을 갈랐다. 그러자 파도가 넘실대는 한줄기 은하수가 두 사람 사이를 막아섰다. 두 젊은 사람은 은하수를 건널 방도가 없었다. 다만 양쪽에서 서로 바라보고 서서 눈물을 뿌릴 따름이었다. 결국 두 사람의 사랑에 감동한 상제는 그들이 매년 7월 7일 날 까치가 만들어 주는 다리를 건너 은하수 위에서 만날 수 있도록 허락하였다. 전설은 그날 밤 인적이 끊어진 한밤중에 다리 아래 엎드려서 귀를 기울이면 우랑과 직녀가 도란도란 주고받는 밀어를 들을 수 있다고 전한다. 요컨대 하늘에서 내리는 빗방울은 그들이 상심해서 흘리는 눈물이라는 것이다.

우리를 감동시키는 이 아름다운 이야기는 사람들이 서로서로(세속적인 계급관념을 완전히 벗어버리고) 진실하게 사랑하는 연인의 절실한 마음을 동정하고 칭송한다는 점을 알려준다. 남자는 밭 갈고 여자는 실을 짜면서 서로 절실히 사랑하고 행복으로 가득한 가정생활을 영위하는 그들의 모습은 역사 속을 살던 무수한 민중들, 특히 여성들이 이렇게 아름다운 가정생활을 동경하고 그렇게 살 수 있기를 원한다는 사실을 반영하여 준다.

과학적 입장에서 보았을 때 우랑이 매년 7월 7일에 직녀를 만난다는 것은 완전히

실현 불가능한 일이다. 우랑성과 직녀성은 서로 16.4광년이나 떨어져 있다. 우랑이 아주 빠르게 달려서 가령 매일 100킬로미터를 갈 수 있다고 하여도, 직녀성이 있는 곳까지 가기 위해서는 43억년이 소요된다. 전화선을 통해 서로 목소리를 전해 '잘 있나' 하고 묻는다 하여도 상대방이 듣기까지에는 33년의 세월이 필요하지 않는가.

사람들은 우랑과 직녀에게 제향을 올려 민속절 날에 결합시켜 주는 풍습을 아직까지 이어내려 오고 있다. 농사일에 적용하는 절기상에서 7월 7일은 우랑과 직녀가 오작교 위에서 서로 만나는 날이다. 민간에서는 이 날을 '칠교절七巧節'[7월 7일]이라고도 하고 '걸교절'10_이라고도 한다. 처녀들과 부인들은 이 날 바디와 직기를 가져다 놓고 직녀에게 재주가 좋아지게 해 달라고 기원한다. 당나라 사람이 쓴 〈칠석〉이라는 시는 이렇게 되어 있다.

달빛 즐기며 바디 놀리기는 쉬운 일이지만	向月穿針易
새벽까지 옷감 짜는 일은 어렵다네	臨夙整織難
누구 기술이 더 나은지를 알 길이 없어라	不知誰得巧
밝은 달에게 살펴 달라 청해 볼까나	明月試看看

'걸교'의 풍습에 덧붙여져서 '걸총명', '걸부귀', '걸미모', '걸장수' 하는 풍습이 생겨났는데, 그 중에 '걸양연'[11]_ 하는 사람들이 적지 않은 것은 자연스러운 일이다.

과거에는 그 날 밤이 되면 위로 왕공과 귀족으로부터 아래로 평민과 백성에 이르기까지 모두가 다 하늘의 별을 향해 자신에게 아름다운 인연이 가득하기를 기도하는 풍속이 행해져 내려왔다. 어떤 지방에서는 아직도 7명의 처녀가 함께 모여 '걸교회'를 조직하고, 마로 짠 7척의 긴 천을 한 폭씩 잘라 갖고 잘라진 1척 길이의 옷감으로 눈을 가린 후 우랑성과 직녀성을 올려다보아서 눈에 보이는 형상을 가지고 평생의 좋고 나쁜 운명을 점치는 풍습이 있다.

옛날에는 각 지방마다 한군데씩 직녀 사당이 있어서, 거기서 이 자유연애의 신을 제향하였다. 그 중에서 강소성 태창[12]_에 있던 직녀묘는 가장 유명하다. 지금도 대만 대북시의 북쪽 편으로는 여전히 이름높은 '정인묘'[13]_가 있다. 그 묘당 안에는 우랑과 직녀가 같이 모셔져 있고, 묘당의 주련에는 다음과 같은 구절이 쓰여 있다.

진실한 정인은 사람이 볼 수 없고   眞情無人見

거짓된 정인은 하늘이 이미 아네   假情天有知

역주

1_ 卓文君 : 한漢나라 림공臨邛의 부유한 상인이었던 탁왕손卓王孫의 녀女. 음률을 좋아하였는데, 시집갔다가 과부가 되어 집에 돌아와 있다가 사마상여와 정분이 나게 되었음.

2_ 司馬相如 : 사마상여는 탁씨 가에서 거문고 가락으로 탁문군을 유혹하여 성도成都로 데려갔으나 집안이 가난하여 다시 탁씨가가 있는 림공으로 돌아와 주점을 내었음. 탁씨 가에서는 수치스럽게 여겨 재산을 떼어주어 다시 성도로 돌아가 살게 하였다고 함.

3_ 중국의 4대 사랑이야기는 『우랑과 직녀』, 『맹강전』,[1] 『양산박과 축영대』,[2] 『백사전』[3]이다.

　1) 『孟姜傳』 : 맹강녀孟姜女는 민간 전설 속의 인물임. 진시황 시대에 범희량范喜良이 장성 축조에 동원되어 나갔을 때 맹강녀가 지아비의 겨울옷을 지어 장성에까지 가지고 갔는데 범희량은 이미 죽었으므로 성 아래서 통곡을 하자 성이 무너져서 시체가 드러났다고 함. 그 후 그녀는 바다에 투신하여 죽고 만다는 전설.

　2) 『梁山伯 祝英台』 : 축영대라는 여인이 남장을 하고 양산박과 같은 스승을 모시고 공부를 했는데, 3년 뒤에 축영대는 먼저 스승의 문하를 떠나 돌아오고 그로부터 2년 뒤에 양산박 역시 공부를 마치고 돌아왔음. 돌아와서 축영대를 방문하고서야 양산박은 축영대가 여인인 것을 알게 되어 연정을 품으나 축영대는 이미 마씨와 혼약이 되어 있었음. 훗날 양산박은 마씨가 사는 고향에 원으로 갔다가 병들어 죽고, 그 다음 해에 축영대는 마씨 가에 출가하였는데, 그녀가 양산박의 묘 앞을 지나자 풍우가 몰아쳤음. 그녀는 묘 앞에서 애절하게 울자 땅이 갈라지면서 그녀를 파묻어버렸다는 이야기.

　3) 『白蛇傳』 : 중국 4대 사랑 이야기책 중 하나. 항주西湖에 있는 뇌봉탑雷峯塔에서 맺는 인연으로부터 시작되는 이야기. 임안 사는 청년 해선찬奚宣贊이 길을 잃었다가 백묘노白卯奴라는 소녀를 구하게 되고, 소녀의 모친인 백의의 요부, 소녀의 조모인 흑의의 노파를 알게 된다. 해선찬은 백의의 요부에게 빠져 동거를 하게 되고, 백의의 요부가 죽이려 하는 것을 백묘노가 구해낸다. 소녀의 정체는 계요雞妖, 백의의 요부 정체는 백사白蛇, 흑의의 노파 정체는 달요獺夭였음. 후에 도사에 의해 이 세 요물은 붙잡혀 삼담인월三潭印月의 삼백탑三白塔 아래 봉하여진다. 이 설화는 남송시대가 되면 이미 유행하게 된다.

4_ 二十八宿 : 『淮南子·天文訓』의 고유高誘 주注 : "二十八宿, 東方 : 角, 亢, 氐, 房, 心, 尾, 箕; 方 : 斗, 牛, 女, 虛, 危, 室, 壁; 西方 : 奎, 婁, 胃, 昴, 畢, 觜, 參; 南方 : 井, 鬼, 柳, 星, 張, 翼, 軫也."

5_ 魁星 : 북두칠성北斗七星의 제일성第一星인 천추天樞. 또는 북두칠성 중 앞의 네 덩이 별, 즉 천추天樞, 천선天璇, 천기天璣, 천권天權의 총칭.

6_ 南極老人星(壽星) : 남쪽 하늘에 뜨는 비교적 밝은 2등성. 『史記·封禪書』의 수성사壽星祠 부분에 대한 사마정司馬貞의 「索隱」에는 "壽星은 南極老人星임. 이것이 보이면 천하가 안정된다고 하여 사당을 세워 복과 수명을 빌었음. 자고이래로 장수의 상징. 민간에서는 정수리가 튀어나오고 이마가 넓으며 백발에 지팡이를 든 노인의 모습으로 조각을 만들어 모셨음"이라는 설명이 보임.

7_ 玄武七宿 : 현무는 북방을 뜻함. 북쪽 하늘에 뜨는 일곱 별자리.

8_ 『詩經』 : 3경 중의 하나. 공자가 주나라 시대의 노래 중 3백수를 가려 뽑아 오늘의 책으로 완성시켰다고 함.

9_ 『古詩19首』 : 옛날의 시 19수를 선별해 놓은 것.

10_ 乞巧節 : '걸교'란 음력 7월 7일 밤 부녀들이 직녀성에 기도하고 제물을 올리면서 자신들의 옷감 짜고 바느질 하는 기술이 숙련되게 해 달라고 기원하는 것을 의미한다.

11_ 乞良緣 : 좋은 인연 있기를 소망하는 것. 위의 모든 것들 역시 뒤의 것을 소망하는 마음, 기원의 내용을 의미함.

12_ 江蘇 太倉 : 유명한 직녀묘가 있는 지역.

13_ 情人廟 : 대만 대북시의 직녀 묘당.

사주대성

봉건시대에는 전체적으로 연애와 결혼은 자유롭지 못하였다. 그러나 어떤 대담한 남자와 여자가 나타나 질곡과 족쇄를 깨쳐 버리고 은밀히 사랑하는 사람을 만나 절실하게 서로를 아껴주면서 서로 사사롭게 정한 마음을 죽을 때 까지 바꾸지 않는 경우가 아주 없지는 않았다. 고전문학 작품 속에는 이러한 이야기가 많이 반영되어 있다. 이름 높은 명나라 시대의 단편소설집 『삼언¹─이박二拍』, 『환희원가』,²─『정사』³─ 속에는 많은 부분이 이런 이야기로 채워져 있다.

현실 속에서는, 이러한 자유연애는 순탄하게 이루어질 수 없다. 사회 각 방면으로부터 주어지는 불이익으로 이런 사람들은 결국 남녀 간의 치정 사건으로 치부되어 죽음으로 끝나게 마련이다. 이러한 상황 속에서 서로 지극히 사랑하는 남녀는 신명에 의해 보호 받기를 꿈꾸게 된다. 석가불, 관음보살 같은 명망 높은 신들을 향해 기도하였던 사례를 제외하더라도 광동이나 복건 등지에서는 옛날에 이런 남녀들이 사주대성에게 예배를 올리며 기원하던 풍속이 있었다.

사주대성은 사주부처라고 불리기도 한다. 전하는 바에 의하면 그는 본래 서역의 승려였는데 당나라 고종 때 장안으로 와서 낙양 등지에서 불법을 펼쳤고, 나중에는 강남 땅으로 내려가 사주 지역(지금의 강소성 사현)에 자리를 잡았다고 한다. 그는 언제나 손

四州大聖

에 버드나무 가지를 들고서 네 군데서 설법을 하였다. 사람들이 그런 그에게 질문하였다. "스님의 성은 무엇입니까?" 그는 대답하였다. "성은 하何[서역의 나라 이름]입니다." 사람들이 또 질문하였다. "스님은 어느 나라 사람입니까?" 그는 대답하였다. "나는 하국 사람입니다." 그가 말한 '하국'이라는 나라는 서역 쇄협국碎叶國 북쪽에 있다.

그는 사주에 내려와서 앉은자리에 뚜껑을 올려 덮는 묘당을 지을 생각을 하였다. 그는 가賈라는 성을 쓰는 사람의 개인 집에 자리 잡고 앉아서 이 지역의 형세를 가리키며 말하였다. "여기에는 본래 불사佛寺가 있었습니다." 사람들은 그의 설명에 따라 땅을 3척 깊이로 파 들어가서 결국 옛날 비석 하나를 찾아냈다. 비면에 '향적사'4 라는 세 글자가 크게 쓰여 있는 것이었다. 또 금불상 하나도 발굴하였다. 당나라 중종5 은 그런 소문을 전해 듣고는 바로 그를 청진궁清進宮[당나라 중종의 궁전]으로 불러 자신을 위한 설법을 하기를 청하였다. 이 고승은 입적한 후에 사주 땅으로 옮겨져 옻을 칠한 신기탑6 과 함께 묻혔다. 전설에 의하면 사람들은 단정해 보이는 소화상이 항상 보탑 꼭대기에 앉아 하늘을 올려다보는 모습을 접할 수 있었다고 한다. 사람들은 그를 사주불의 현신이라고 여겼고, 아침마다 예배를 올리는 사람이 줄을 이었다. 그에게 빌며 재물을 원하는 사람은 재물을 얻었고, 자식을 바라는 사람은 자식을 얻었다. 전설에 의하면 당나라 중종이 하루에 만리를 왕래할 수 있는 '나르는 털다리[飛毛腿]'의 주인공 만회[7]-에게 다음과 같이 물은 적이 있다고 한다. "이 대사님은 도대체 어떤 사람인가?" 나르는 털다리 만회는 대답하였다. "그는 관음보살의 현신입니다." 이리하여 세상 사람들은 모두 사주부처가 관음보살이 현신한 것이라고 말하게 되었다. 사주 땅의 보조사[8]-는 이 승려 대성인의 도장으로 지어졌다.

　사주대성이 정인들의 기도와 예배의 대상으로 된 데에는 또 다른 이유가 있다. 복건성 혜안과 진강의 두 현이 만나는 곳에는 낙양강[9]-이 흐른다. 이 지역은 물의 흐름이 급하여서 아주 위험하다. 전하는 바에 의하면 송나라 때 채양의 모친은 그를 태중에 갖고 있을 때 이 강을 건넌 일이 있는데, 배를 타고 건너면서 아주 춥고 두려워서 고통스럽기가 이만저만이 아니었다고 한다. 건너편 강기슭에 이른 다음 그녀는 말하였다. "내 아이가 태어나서 만약에 관리가 된다면 여기에 다리 하나를 만들어서 편하게 오가게 하리라." 나중에 채양은 천주태수泉州太守가 된다. 그는 바로 여기에 다리를 놓는다. 그런데 강물이 너무 급하게 흘러 다리의 기초로 사용하려고 물속에 넣은 거대한 돌들이 모두 떠내려가려 하였다. 급하기 이를 데 없는 상황이었으나 채양으로서는 속수무책이었다. 그때 어떤 백발노인이 작은 배를 타고 물결에 흔들리며 내려왔다. 배 위에는 절세의 미녀도 하나 앉아 있었다. 배는 강의 한가운데에 멈추었다. 노인은 제방 위의 사람들에게 말하였다. 누가 저 여인을 위해 동전을 던져 저 여인과 결혼할 자금으로 쓰겠는가? 무리를 이루고 있던 사람들은 강변으로 달려 내려가 동전을 던졌으나 거기에서 던져가지고 배 위에 떨어지게 할 수 있을 것인가? 한바탕 던지고 나니 동전은 모두 강물 속으로 떨어져 내렸다. 원래 노인은 토지신의 현신이고, 처녀는 관세음보살의 현신이었다. 그들은 매일 이른 아침에 나와서 강 한가운데 나타났고, 밤이 되면 돌아갔다. 몇 개월이 이렇게 지나자 강물 속에 떨어져 쌓인 은자와 동전이 수를 헤아릴 수 없을 지경으로 많았고, 그것은 낙양교의 기초석이 되었다.

　관음보살의 공으로 다리가 다 완성되자 한 총명한 사주 사람이 시험 삼아 용기를 내었다. 그는 조금씩 처자의 뒤로 돌아 들어가 부서진 은자 덩어리를 들고 일어났다. 그녀의 머리 위로 부서진 은자 덩어리를 던지자 부서진 은덩이들이 하늘을 가득 채우며 낭랑의 머리 위로 쏟아져 내렸다. 그것을 본 사람들은 일제히 갈채를 보냈다.

　노옹은 곧 이 행운아를 불러 량정[10]으로 데려가서 혼인 일을 의논하였다. 이 사주 사람은 량정 위에 한번 앉게 되자 일어날 줄을 몰랐다. 원래의 그의 영혼은 관음보살의 감화를 입어서 서천축으로 성불하러 떠나갔고, 육신만 정자 안에 남아 민간에서 숭상 하는 사주대성이 되었다.

　이 민간전설은 세상 사람들의 큰 호응을 불러 일으켰다. 그래서 혜안과 진강 지역의 사람들은 사주불을 모시는 량정을 무수히 건립하였다. 사람들은 혼인을 하러 갔다가 운명이 바뀌어 부처로 눌러앉게 된 사주불이 인간 세상의 치정에 뒤엉킨 남자와 여자 에게 아주 동정적인 마음을 가지고 있으리라고 말한다. 혼인하려고 했던 사람이 혼인 하려고 하는 사람의 마음을 알아준다는 것이다. 열애에 빠진 정인들이 번거로운 일을 만나 혼인하기 어렵게 되면, 이러한 실연자들은 다만 사주부처의 머리 뒤쪽에 진흙 한 덩이를 붙여 놓고 슬그머니 사랑하는 사람이 있는 곳에 가 있기만 하면, 애정문제 든 혼인 문제든 원만한 결과가 이루어지게 되는 것이다. 가련함을 느낀 당지의 사주부 처들은 결국 자기 자신의 머리속에만 안주하지 못하고, 후뇌의 반 정도는 거의 대부분 정이 많은 여인과 마음을 빼앗긴 사내들에게 영향을 받아서 나누어 주게 되는 것이다.

역주 _____

1_ 『三言』: 명明나라 풍몽룡馮夢龍이 편집한 3종의 단편 소설집. 노신魯迅은 『中國小說史略』 제이일편第二一篇 에서 『喩世明言』, 『警世通言』, 『醒世恒言』을 3언으로 제시함.

2_ 『歡喜冤家』: 환희원가는 표면상으로는 원망을 토로한 듯 보이지만 실질적으로는 연인이나 부부 사이의 사 랑을 절절히 노래하는 것.

3_ 『情史』: 사랑이야기를 담은 단편 소설집 이름.

4_ 香積寺: 사찰이름.

5_ 唐 中宗: 656~710. 당 고종高宗의 일곱 번째 아들. 이름은 현顯이고, 어머니는 무후武后임. 홍도弘道 원년(683) 에 고종이 붕어하며 유조遺詔에 의해 관 앞에서 즉위하였음. 무후武后에 의해 폐위되어 려릉왕廬陵王으로 강등 되었다가, 무후武后 장안長安 말년末年에 장간지張柬之가 거병擧兵하여 무후를 축출하고 중종을 복위시켰음.

6_ 身起塔: 옻을 칠한 신기탑과 함께 묻혔다는 것인지 시신에 옻칠이 되어 신기탑에 묻혔다는 것인지 정확하 지 않음.

7_ 万回: '나르는 털다리' 별명을 가졌던 사람의 이름.

8_ 普照寺: 사주에 있는 사찰 이름. 사주대성을 위해 지어졌다고 함.

9_ 洛陽江: 복건성 혜안현惠安縣과 진강현晉江縣 사이를 흐르는 강.

10_ 凉亭: 행인들이 비를 피하며 쉬어가던 시원한 정자.

월광보살

　　중국 고대의 정인들은 열렬한 연애에 빠져들었을 때 달빛 아래에서 서로의 사랑을 약속하는 맹서를 하며 달의 신에게 기도하고 경배하는 풍속을 가지고 있다. 서로를 잃거나 흩어져 사는 정인들도 월신에게 경배하며 다시 서로 합쳐지기를 기원한다.

　　원나라 시대에 악극의 대가 관한경關漢卿은 『배월정』[1]이라는 작품을 내 놓았는데, 극 속에서는 상서의 딸 왕서란王瑞蘭[악극 『배월정』의 여주인공]과 서생書生 장세륭蔣世隆이 병란 중에 해후하게 된다. 그들 사이에는 환란 속에서 애정이 싹트고, 부부로 맺어진다. 뒤에 왕서란과 장세륭 두 사람은 왕상서의 강박으로 서로 헤어진다. 밤중에 서란은 정원에서 달을 보고 절하며 월신에게 자신을 보우하여 남편 장세륭과 다시 결합할 수 있게 해달라고 기원한다. 결국 두 사람은 다시 결합하게 된다. 『서상기』[2] 속의 최조조[3]는 경건하고 성실하게 달을 향해 의중에 있는 사람의 속마음을 알 수 있게 되기를 소망한다.

　　월신은 중국 민간에서 가장 인기가 있는 민속신 중 하나이다. 월신은 태양성주, 월고, 월궁낭낭, 월랑, 월광보살 등의 이름[4]으로 불린다.

　　중국에서 월신을 숭배해 온 역사는 오래이다. 세계 각국에서 월신 숭배는 보편적으로 나타난다. 이것은 원시신앙 중의 천체숭배와 관련이 있다. 옛 사람들은 달의 형상이

月光菩薩

달의 신, 월신은 중국 민간에서 가장 인기가 있는 민속신 중 하나이다. 월신은 태양성주, 월고, 월궁낭낭, 월랑, 월광보살 등의 이름으로 불린다. 중국에서 월신을 숭배해 온 역사는 오래이다. 세계 각국에서 월신 숭배는 보편적으로 나타난다. 이것은 원시신앙 중의 천체숭배와 관련이 있다. 옛 사람들은 달의 형상이 찼다 기울고 하는 것에 대해 대단한 신비감을 느끼고 있었다. 달 표면의 흑점도 또한 인간의 상상력을 다양하게 부추겼다. 고대의 길고 긴 밤 동안 빛나는 달빛은 사람들에게 광명을 선사하였다. 한 밤의 하늘에서 가장 빛나는 것은 달이었다. 그래서 달은 또한 '대명大明'이라 불리기도 하며, 항상 태양과 병칭되었다.

찼다 기울고 하는 것에 대해 대단한 신비감을 느끼고 있었다. 달 표면의 흑점도 또한 인간의 상상력을 다양하게 부추겼다. 고대의 길고 긴 밤 동안 빛나는 달빛은 사람들에게 광명을 선사하였다. 한 밤의 하늘에서 가장 빛나는 것은 달이었다. 그래서 달은 또한 '대명大明'(아주 밝은 것)이라 불리기도 하며, 항상 태양과 병칭되었다. 한자의 '명'이라는 글자의 뜻에 담긴 것은 바로 '일과 월은 밝아진다.'[5]는 것이다. 달은 인류의 생산활동과 문화생활에 많은 편리함을 부여하였다. 그러니 그것에 대한 즐거움과 사랑, 그리고 숭배가 뒤따르는 것은 당연한 일이다. 중국의 달에 대한 신화 중 가장 유명한 것은 "상아가 딜 위를 달린다."[6]는 이야기이다.

상아는 또한 상희, 상의, 상아[7] 같은 것으로도 불린다. 전설에 의하면 그녀는 예[8]의 부인이다. 『회남자』[9]의 기록에 의하면 예는 본래 천신 중의 하나였다. 요임금 시절에 하늘에 열 개의 태양이 떠올라 초목을 말리고, 농장을 태우고, 백성들을 시름시름 죽어가게 하였다. 요는 예를 인간세상으로 내려 보내 백성들을 구하게 하였다. 예는 화살을 날려 한 대에 9개 태양을 맞추어 떨어뜨렸다. 그래서 백성들은 평안하게 살면서 즐겨 생업에 힘쓸 수 있게 되었다. 그가 미처 생각지 못하였던 것은 화살에 맞고 떨어진 9개 태양이 모두 천제의 아들이라는 점이었다. 천제는 한없이 분노하였고, 예와 그 부인

중국의 사랑신과 혼인신 57

상아를 모두 인간으로 떨어뜨려서 하늘로 오를 수 없게 만들어 버렸다. 그러나 그들은 하늘로 돌아가겠다는 생각을 버리지 않았다. 서왕모[10]에게 불사약이 있다는 소문을 듣고 예는 바로 서왕모를 찾았다. 서왕모는 예의 신세를 동정하여 약을 주면서 말하였다. "이 약을 너희 부부가 나누어 먹으면 죽지 않고 살 수 있지만 한 사람이 다 먹는다면 능히 승천하여 신이 될 것이다." 가만히 생각해 보고 상아는 사심이 생겼다. 혼자서 슬쩍 약을 털어 먹어 버리니 과연 몸이 가벼워지고 회오리바람처럼 날아서 하늘로 올라갔다. 그녀는 하늘에 오르자 모든 신선들의 조롱거리가 될 것이 두려워서 혼자서 달 표면을 달리는 일만을 즐겨 하였다. 이것이 널리 유포되어 있는 '상아는 달 표면을 달린다.'는 이야기의 내용이다. 『산해경』,[11] 『수신기』[12] 등 옛 책에도 이와 유사한 이야기가 기록되어 있다. 상아는 달 표면을 달린 후 달의 주인, 즉 월신낭낭이 되었다.

달 표면의 어둑한 부분을 옛사람들은 두꺼비, 토끼, 계수나무 등으로 묘사하였다. 토끼는 사람들이 아주 사랑스럽게 여기는 작은 동물이므로, '백토끼가 약재를 빻고 있다.'는 이야기로 발전하였고, 달의 토끼는 장생불사를 의미하는 상징물이 되었다. 고대 인도에도 달 속에 토기가 있다는 이야기가 있다. 이것은 불교에 받아들여져서 이용되었다.

민간전설 속에서 월신은 항상 달의 꽃으로 변하는데, 인간 세상에 내려왔을 때 만난 사람이 절을 하면서 복을 구한다면 소원을 이루어 준다. 그러나 일반적으로 행하여지는 습속은 월광보살을 향하여 아름다운 혼인의 인연을 만나게 해달라고 비는 것인데, 이것은 앞에서 이야기 하였다. 심지어 단지 혼자서만 연모하는 연인을 월신에게 보아 달라고 청하기까지 한다. 명나라 때에는 〈계지아〉[13]라는 아주 흥취 있는 노래 한 곡이 불려졌다.

마음 울적할 때면 홀로 달빛 속에 서서	悶來時獨自在月光下
내 어여쁜 사람, 내 원망스런 사람을 생각하네	想我親親想我寃家
월광보살이시여	月光菩薩
그대 내게로 와서 나와 같이 살펴주오	你與我鑒察
나는 그 사람 진정을 바란다네	我待他的眞情
나는 그 사람 진정을 바란다네, 그대여!	我待他的眞情, 哥!
나를 향하는 그 사람 마음 진정이던가?	他待我是假!

〈월月〉이라는 노래도 불렸다.

답답한 마음 공허하기만 해서 홀로 포도덩굴 아래 앉았어라	悶恢恢獨坐葡萄架下
홀연히 고개 돌려 월광보살을 올려다보네.	猛拾頭見一個月光菩薩
보살이시여, 신령하고 성스러운 그대	菩薩你有靈有聖
내 마음 담은 이야기를 들어주오	與我說句知心話
월광의 꽃 같은 보살이시여	月光華菩薩
그대 나와 같이 그 사람 살피러 가세	你與我去照察他
그를 향하는 내 마음 이렇게 진실한데	我待他是眞心
보살이시여	菩薩
나를 향하는 그의 마음도 진실한 것이던가!	他倒待我是假!

　남녀의 애정이 담긴 이야기는 종종 꽃밭이나 달빛 아래서 진행된다. 월광보살은 자비로운 마음이 가득한 여신이다. 정인들은 그 앞에 서면 자연히 맹세를 하게 되고, 그를 청하여 정인의 마음을 살펴보려는 마음을 갖게 마련이다.
　달빛 아래엔 정취가 이렇게 그윽하므로, 중국의 여러 소수민족들에게서는 달을 숭배

일광보살日光菩薩(左)
월광보살月光菩薩(右)

하는 민속이 많이 행해진다. 그 중에는 연애와 관련된 민속도 적지 않다. 묘족[14]_의 '달 넘기[跳月]'같은 것이 그것이다. 그들은 매년 중추절 밤, 달빛이 온 천하를 비춰 줄 때, 모든 촌민들이 다함께 산림 속 빈 터에 모여 춤추고 노래하면서 '도월跳月'풍속을 시행한다. 청년남녀는 이때 서로 마음속에 담아 두었던 상대를 찾으며, 애모의 마음을 표현하고, 즐겁게 영원히 함께 할 약속을 한다.

'투월량채偸月亮菜'풍속을 여전히 행하고 있는 지역도 있다. 충추절 밤, 처녀들이 마음속에 품어둔 사람의 밭에 들어가 오이 잎을 따고, 특별한 사람 집의 채소나 파를 훔쳐(투) 장차 마음속의 낭군을 만나기를 기다리고 있다는 암시를 보내는 것이다. 전하는 바에 의하면 "파를 훔치면 좋은 신랑을 만나고, 채소를 훔치면 좋은 사위를 만난다."는 민담이 있다.

고아하고 질박한 달 숭배 풍속은 순수하고 심미적인 아취를 가득 담고 있다.

역주

1_ 拜月亭 : 달맞이를 하는 정자. 여기서는 관한경이 만든 악극의 이름.

2_ 『西廂記』: 원 나라 악극 이름. 왕실보王實甫 찬술이라고도 하고 관한경 찬술이라고도 함. 둘이 서로 이어서 완성했다는 설도 있음. 북곡北曲의 비조라는 평가가 있음.

3_ 崔鴛鴦 : 『서상기』는 재사 장군서張君瑞와 미인 최조조 사이의 사랑 이야기를 각색한 것임.

4_ 月神, 太陽星主, 月姑, 月宮娘娘, 月郎 : 월신의 여러 이름.

5_ 日月爲明 : 해와 달이 합해져 밝을 명이 됨.

6_ 嫦娥奔月 : 항아嫦娥는 상아常娥와 같음. 『文選·謝莊』「月賦」에 대한 당唐나라 이선李善의 주注에는 『淮南子』의 말을 인용하여 "羿가 西王母에게 불사약을 부탁하였는데 常娥가 훔쳐서 달로 도망하였다."는 이야기를 하고 있음.

7_ 常羲, 常儀, 常娥 : 월궁 상아의 여러 이름.

8_ 羿 : 후예后羿를 말함. 상고시대 이족夷族의 수령首領, 활을 잘 쏘았음. 하夏나라 태강太康이 놀이에 빠져 정치를 잘 하지 못하자 예羿가 통치자統治者로 나서, 스스로 임금이 되고 유궁씨有窮氏로 불렸다고 함. 그도 오래지 않아 수렵에 빠져 백성들을 돌보지 않게 되자 그의 신하 한착寒浞이 시해하였다고 함. 고대의 신화는 또 요임금 시대에 10개의 태양이 다투어 떠올라 모든 식물들이 타들어 갔는데 예羿가 활을 쏘아 그 중 아홉을 떨어뜨려 백성들이 믿고 따랐다고도 함.

9_ 『淮南子』: 회남왕淮南王의 봉호는 한漢 고조高祖의 류장劉長에게서 시작돼. 고조 11년에 유장劉長은 회남왕으로 봉해짐. 후에 모반하여 촉군蜀郡으로 귀양을 가다 죽음. 그의 봉호는 그 아들 류안劉安에게 세습됨. 유안은 문학을 좋아하고 신선술에 빠졌으며, 많은 전설적 이야기의 주인공임. 일반적으로 회남왕을 이야기할 때면 이 유안을 가리킴.

10_ 西王母 : 중국 고대 신화속의 여선女仙. 장생불사의 상징이었음. 『山海經·西山經』: "西王母는 그 모습이 인간과 같은데 豹尾虎齒를 하였고 嘯를 잘 불었다."

11_ 『山海經』: 중국 고대의 지리서. 작자 미상으로 대략 전국시대 쯤에 만들어지고, 서한西漢 초기에 증편됨. 민간전설民間傳說 중의 지리지식을 주로 기술하였고, 산천山川, 도리道里, 부족部族, 물산物産, 초목草木, 조수鳥獸, 제사祭祀, 의무醫巫, 풍속風俗 등의 이야기를 담고 있는데, 대부분 괴이한 이야기임.

12_ 『搜神記』: 20권으로 이루어짐. 진晉나라 간보干寶 찬술. 많이 산실되어 8권만이 전함. 여러 책들에 흩어져 전하는 것을 모아 20권으로 다시 만들어져 있음. 귀신과 요괴의 이야기를 불교의 인과응보설과 연결시켜 놓고 있음.

13_ 〈桂枝儿〉: 인儿이라는 글자는 현대 중국어 속에 나타나는 명사의 후철음으로 보아야 할 것.

14_ 苗族 : 중국 소수민족 중 하나. 대부분이 귀주에 살고, 운남, 사천, 호남, 광서, 광동 등지에도 분포.

칠성낭낭

대만을 포함하여 중국의 여러 지역에서는 칠낭마七娘媽를 숭배하는 민속이 광범하게 행하여진다. 칠낭마는 칠낭부인七娘夫人, 칠성마七星媽, 칠성부인七星夫人 등으로도 불린다. 이들의 소상이나 화상에는 단정하게 차려입은 온화해 보이는 부인들이 일곱 명 자리잡고 있다.

칠성낭낭은 자식들의 평안과 건강을 돌보아주는 신으로 모셔진다. 고대의 의학은 오늘날처럼 발달하지 못하였다. 아이들은 저항력이 약하여 항상 각종 질병에 노출되어 있었으며, 유아 사망률도 아주 높았다. 민간에서는 아이들의 운명을 신명에게 맡겨놓곤 하였는데, 칠성낭낭은 자식들을 보호하는 신 중 하나로 크게 숭배되었다. 아이들이 병을 앓을 때면 바로 칠낭의 묘당에 가서 빌었는데, 아이들은 칠낭낭이 담당한다고 믿고 있었다. 이것은 신의 도움을 빌린다는 환상에 불과한 것이지만, 이것의 도움으로 아이들을 평안하고 무사하게 기를 수 있다고 생각했던 것이다. 어떤 집에서는 아동에게 칠낭낭의 이름으로 '장명쇄'[1]를 주조하여 주기도 하고, '간마'[2]라고 크게 쓴 호신부를 써서 주기도 한다. 이것은 고대의 미신적인 무속의 흔적이다.

대만의 민속에서는 일종의 '성정찰'[3]이 아직도 유행하고 있다. 남자아이가 16세에 이르면 음력 7월 7일날 부모는 젊은이를 데리고 제물을 받들고 칠낭묘에 가서 신에게 자식을 보호하여 주는 신. 칠성낭낭은 자식들을 보호하는 신 중 하나로 크게 숭배되었다. 아이들이 병을 앓을 때면 바로 칠낭의 묘당에 가서 빌었는데, 아이들은 칠낭낭이 담당한다고 믿고 있었다. 이것은 신의 도움을 빌린다는 환상에 불과한 것이지만, 이것의 도움으로 아이들을 평안하고 무사하게 기를 수 있다고 생각했던 것이다.

제물을 바치면서 칠낭마가 유년 시대를 지나고, 어린아이 시기를 거치고, 소년 시대를 지나 마침내 장대한 성인의 나이에 이르기까지 자기 자식을 보호하여준 것에 대한 감사를 드리는 것이다. 처녀 아이가 16세에 이르면 칠낭마에게 제사를 드리는데, 연회를 열고 가까운 친구를 불러 떠들고 노래하며 즐기기도 한다.

대개 민간에서 칠낭낭에게 감사를 드리는 것은 부모님이 아이를 기르면서 심혈을 다 쏟고서도 여전히 안심하지 못하며 모든 인생의 큰일을 다 도와 준 다음에야 겨우 자녀에 대한 근심을 다 해소하는 것과 같은 이치이다. 그러므로 민간에서는 또 칠낭마가 속세의 성년이 된 모든 미혼 남녀를 따로 구분하여 하늘나라에 보고를 드린다고도 생각한다. 매년 7월 7일이 지난 후에 칠낭마는 훌륭한 미혼 남녀의 이름을 적은 장부를 월하노인에게 올린다고 한다. 월하노인은 그 명단을 점검한 후에 모든 사람의 용모, 품성 또 세상에서의 연분 같은 것을 자세히 살펴보고, 미혼남녀를 최선의 배우자와 만나게 하는 가장 좋은 배열을 한 다음 혼서에 기록한다. 월하노인은 점토로 모든 정인과 반려의 소상을 만들고 붉은 천으로 그들의 다리를 감싸서 서늘한 곳에서 말린 다음 배우당⁴-에 넣는 것으로 자신에게 주어진 모든 임무를 끝마친다고 한다.

그런데 세상에는 어떻게 배우자끼리 서로 맞지 않는 결혼을 하고 또 이혼하는 현상

이 있게 되는 것일까? 그것에 대한 대답은 아주 재미있다. 점토로 만든 사람을 말릴 때 갑자기 하늘에서 큰 비가 내려서 점토인간의 형상이 빗물로 망가지고 얼굴과 이목구비가 다 본래의 모습을 잃게 되자 월하노인은 그들을 다시 빚었는데 그 과정에서 순서가 뒤바뀌었으므로 부득불 원앙보5_에 혼란이 생긴 탓이라는 것이다. 이런 사람들은 혼인한 후 적지 않은 마찰을 일으키게 된다. 이런 전설은 숙명론적 관점을 바탕에 깔고 있는 것으로, 믿을 수 없는 것들이다.

칠낭마의 내력은 아주 미묘한 측면을 갖는다. 원래 칠낭마는 칠성낭낭으로, 본래 직녀성이었다. 직녀는 천제의 따님, 혹은 천제의 손녀라고 말하여진다. 그녀는 뽕나무와 직물 일을 수호하는 여신이다. 직녀성은 신격화, 그리고 인격화를 거치는데, 후에 우랑(견우성이 신격화, 인격화 된 것)과 서로 사랑하게 된다는 옛이야기는 중국 사람이라면 누구나 다 아는 것이다.

그런데 직녀성이 어떻게 하여 일곱으로 나뉘어 칠성낭낭이 되는 것인가? 직녀성이 천금좌天琴座[별자리]에 있을 때에는 3덩이의 별이었지 일곱 덩이의 별은 아니었다. 직녀성이 칠성낭으로 변해가는 데에는 대개 민간에 유전하던 7선녀의 고사가 덧붙여진다. 7선녀는 본래 모두 직녀였다. 이들이 옛날 노인들의 마음속이나 이야기 속에서 칠성낭으로 변해 간 것은 아주 어려울 것 없는 자연스러운 일이다. 사람들이 받아들이기만 하면 그렇게 되는 것이다.

역주 _____

1_ 長命鎖 : 아이들 목에 걸어주었던 목걸이. 상스러운 일을 불러들이고 수명을 길게 하는 목적으로 쓰였음.
2_ 干媽 : 수양어미라는 의미. 여기서는 아이의 운명을 맡기니 잘 돌봐달라는 뜻을 담고 있음.
3_ 成丁札 : 일종의 성인식. 여기서는 7세에 행해지는 민속.
4_ 配偶堂 : 배우자의 모습을 만들어 두고 있는 곳.
5_ 鴛鴦譜 : 배우자의 정보를 기록해 놓은 장부.

월하노인

바라건대 천하의 모든 정인	願天下有情人
모두 한 가정을 이루어라	都成了眷屬
이것은 전생이 정해놓은 일	是前生注定事
혼인의 인연을 그르치진 말아라	莫錯過姻緣.

　이것은 아주 유명한 묘당에 걸린 주련의 내용이다. 서호西湖 백운암白雲庵 월하노인月下老人 사당祠堂에 걸린 것인데, 사당 안에는 월하노인상이 있다. 이 시구의 위쪽부분에 담긴 내용에는 유명한 고사가 내포되어 있다.

　월하노인은 간략하게 '월노月老'라고 불리는데, 고대의 혼인신이다. 월하노인이 중매신의 성격을 갖춘 데에는 재미있는 이야기가 전해지고 있다. 전하는 바에 의하면 당나라 시대에 서고書固라고 불렸던 사람이 있었는데, 이 사람은 고아였다. 이 사람이 장성한 후에 송성宋城[성 이름]의 관문을 통과하여 성안의 남쪽 객점에 이르렀다. 저녁때였다. 서고는 객점 앞에 이르러 천천히 걷다가 기이한 노인을 보게 된다. 노인은 상의를 깔고 앉아 달빛 아래서 책을 펼쳐 읽고 있었다. 무엇인가를 찾고 있는 것과 같은 모습이었다. 서고는 노인에게 무슨 책을 보고 있는가 물었다. 노인이 말하였다. "세상 사람들

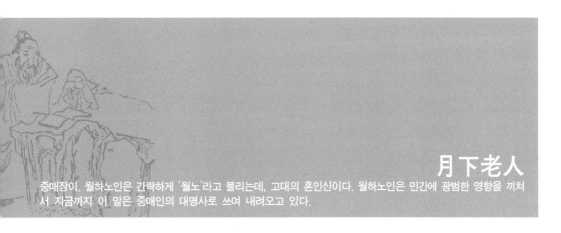

중매장이. 월하노인은 간략하게 '월노'라고 불리는데, 고대의 혼인신이다. 월하노인은 민간에 광범한 영향을 끼쳐서 지금까지 이 말은 중매인의 대명사로 쓰여 내려오고 있다.

의 혼서라네." 서고는 또 옷 속에 있는 것이 무엇이냐고 물었다. 노인은 말하였다. "옷 속에는 모두 붉은 줄이라네. 부부의 발을 묶는 것이지. 비록 원수의 가문이라고 하여도, 빈부의 차가 아주 심하다고 해도, 하늘 끝이나 바다 모퉁이에 서로 숨어 있다 하여도, 오나라 월나라로 고향이 다르다고 하여도, 이 실로 한 번 묶이면 종신토록 부부로 정해지는 것이라네." 이것이 천 년 동안 민간에 전해져 내려온 '천리 밖의 혼인 인연이 실 하나로 묶여 진다.'는 이야기의 내력이다.

서고는 아주 쾌활하고 기발한 사람으로, 황망 중에도 자신의 혼인에 대한 이야기를 듣기를 원했다. 월하노인은 책을 훑어보면서 그에 웃음 섞어 말한다. "그대와 혼인할 처는 객점 북쪽머리에서 나물 파는 눈 먼 노파의 세 살 먹은 여자아이외다." 서고는 듣자마자 크게 화를 내며 황급히 객점 안으로 들어갔다. 그는 바로 심부름꾼을 사들여 쥐도 새도 모르게 저 세 살짜리 여자 아이를 살해하도록 지시한다. 자객은 상대가 방심한 틈을 노리지 못하고 당황해서 이 어린 여자아이를 살해하지는 못하고 그녀의 미간을 찌르는 것에서 그치게 된다. 서고는 자객과 함께 밤을 틈타서 도망한다.

10여년 후, 서고는 군대에 있었는데, 무용이 대단히 높았다. 자사 왕태王泰는 그를 아주 중용하여 자신의 딸을 배필로 주려 하였다. 처녀는 빼어나게 예뻤는데 미간에 꽃

모양의 오래된 흔적이 남아 있었
다. 서고는 그녀에게 무슨 일이 있
었는지 물어 보았다. 부인의 모친
은 일의 전말을 설명해 주었다. 서
고는 비로소 그녀가 전에 자신이
자객을 보냈던 어린여자아이였음
을 알게 되었다. 그녀는 후에 왕자
사의 수양딸로 거두어 길러졌고,
이미 가지고 태어난 운명과 같이
서고의 앞에 나타난 것이다. 서고
는 하늘의 뜻을 거스를 수 없음을
알게 되었다. 죽이려했던 마음을
내던져 버리고 이 나물 팔던 이의
어린 따님을 맞아 서로 사랑하며
살았다. 두 사람의 소생들은 모두
출중하여, 자손이 번성하고, 그지
없는 행복을 즐겼다. 이 옛 이야기
는 당나라 시대의 『속현괴록續玄怪錄』「정혼점定婚店」에 실려 있다. 훗날 사람들은 이 전
설에 근거해서 희극을 하나 만들어 무대에 올렸다.

월하노인은 민간에 광범한 영향을 끼쳐서 지금까지 이 말은 중매인의 대명사로 쓰여
내려오고 있다.

화합2선

달이 지니 새는 우짖고 온 세상 서리로 뒤덮이네	月落鳥啼霜滿天
강가의 붉은 단풍, 붉어진 물고기는 고요한 물속에 마주해 있구나	江楓漁火對水眠
고소성 밖 한산사여 한밤에 울리는 종소리	姑蘇城外寒山寺
객의 뱃전에 울려 퍼지는구나	夜牛鐘聲到客船

당나라시대 시인 장계¹⁻의 이 〈풍교야박楓橋夜泊〉이라는 시는 한산사의 천고 절경을 소재로 삼아 지은 것이다. 한산사는 소주(옛날에는 고소라 하였다)성 서쪽 10리쯤에 있는 풍교진楓橋鎭 위에 자리 잡은 옛 절이다. 남조불교 전성시대인 양나라 무제 때 창건되었으니 지금까지 1500년의 역사를 가지고 있다. 처음에는 '묘리보명탑원妙利普明塔院'이라 불렸다가 당나라 때 '한산사寒山寺'로 이름이 바뀌었다.

사람들은 글자를 보고 뜻을 떠올리는 경우가 많다. 그래서 이 절은 그 산으로부터 뜻을 가져온 것이라고 생각하곤 한다. 그러나 실제로는 여기에는 단지 풍교라는 이름 높은 명소가 있을 뿐이다. 근거가 될 수 있을 만한 이름 높은 산은 없다. 한산사는 당나라 시대에 이름 높은 승려 한산이 정관년간²⁻에 주지로 와서 있었던 것이 원인이 되어 한산사로 이름을 바꾸게 된 것이다.

화신과 합신. 흔히 한산과 습득으로 대표된다. 한산사는 당나라 시대에 이름 높은 승려 한산이 정관년간에 주지로 와서 있었던 것이 원인이 되어 한산사로 이름을 바꾸게 된 것이다. 한산과 보다 연상이었던 그의 동반자 습득拾得은 민간에 광대한 영향을 끼쳤다. 그러나 이 두 사람이 두드러진 이름을 얻게 된 것은 그들이 얼마나 고승이었나 하는 데서 오는 것이라기보다는 저 두 사람이 뒤에 좋은 '화합신'의 인연을 얻어 이룬 데에서 기인하는 것이다. '화합'이라는 말이 쓰이기 시작한 것은 바로 이 두 사람의 전신인 만회가가에서부터라고 하지 않을 수 없다.

한산[3]과 보다 연상이었던 그의 동반자 습득拾得은 민간에 광대한 영향을 끼쳤다. 그러나 이 두 사람이 두드러진 이름을 얻게 된 것은 그들이 얼마나 고승이었나 하는 데서 오는 것이라기보다는 저 두 사람이 뒤에 좋은 '화합신'의 인연을 얻어 이룬 데에서 기인하는 것이다. '화합'이라는 말이 쓰이기 시작한 것은 바로 이 두 사람의 전신인 만회가가[4]에서부터라고 하지 않을 수 없다.

만회는 어떤 사람의 별명인데, 전설시대의 인물이었다. 그는 장씨 성을 가졌는데 하남사람이었고, 당나라 정관시대를 살았다. 이 사람은 나면서 남보다 늦되어서 20세에 이르도록 아직 천성의 발현이 막혀서 드러나지 않았으며, 말을 하기를 즐겨하지 않았다. 그에게는 요동의 병역에 나간 형이 하나 있었는데 오래도록 소식이 없어 부모들은 걱정이 자심하였다. 어느 날 그는 몇 장의 구운 전병을 끌어안고 두 노부부에게 말했다. "형에게 보낼거야." 말을 마치고는 문을 나가 나르듯 달려가는데 빠른 말을 연달아 놓아 뒤따랐어도 따라갈 수 없을 정도였다. 저녁때가 되자 그는 전신이 땀투성이가 되어서 돌아왔다. 형의 서신까지 가지고 왔는데 편지 봉투 주둥이에 바른 풀이 아직 마르기도 전이었다. 계산하여 보면 그는 하루에 만리를 오간 것이다. 오늘날의 대륙횡단 열차와 맞먹는 속도이다. 당시 사람들은 감복하여 그에게 최대의 경배를 올리고 '만회'라는 이름을 붙여 주었다.

만회는 이와 같은 신통력을 갖고 있었으니 당연히 보통 사람이라 할 수 없다. 당시 사람들의 입장에서 말해 본다면, 이 사람은 보살의 화신이다. 다른 이야기에 의하면, 당 고종과 무측천이 이야기[5]를 듣고 그를 불러 보았고, 그 후로 민간에서는 만회가 를 제사하는 풍습이 생겼다. 그의 화상은 아주 재미있는 모습이다. 몸 전체에 녹색옷을 걸치고, 왼손에는 북, 오른손에는 지팡이를 들었으며, 봉두난발을 하고, 좀 모자라는 듯한 웃음을 띠고 있는 모습이다. 이러한 만회가의 모습은 보는 사람을 즐겁게 만들어 준다. 사람들은 그를 제사지내고, 이 사람이 만 리 밖에 갔던 피붙이가 하루아침에 돌아오게 할 수 있다고 믿었다. '만회'인 것이다. 만회는 '화합의 신'이 되었으니, 단체의 신과 경축의 신이 합해진 것이다.

명말청조에 이르면 화합은 둘로 나뉜다. 한산과 습득이 덧붙여져 화합2선을 이루는 것이다.

한산은 일찍이 천태산天台山 한암寒岩에 은거했으므로 한산자寒山子라고 스스로 호를 지어 썼다. 한산은 괴승이다. 그는 항상 전국의 묘당들을 찾아다니며 허공을 보고 크게 외치곤 하였다. 화상들이 그를 부르면 한산은 역시 크게 웃으며 떠나갔다. 그가 국청사[6]에 있을 때 한 무리 화적떼가 지나간다. 같은 절에 있던 습득과 정이 돈독하여 수족과 같이 가깝게 지냈다.

습득은 고아 출신이다. 그는 이 세상에 나오자마자 부모에게 버림을 받았다. 천태산의 봉간화상封干和尙이 그를 거두어서 절로 데리고 와서 길렀고, 습득이라는 이름으로 불렀다. 그는 천태산 국청사의 소화상이 되어 주방에서 허드렛일을 하였다. 한산이 국청사로 오기 전 습득은 항상 남는 밥이나 음식을 죽통에 담아 두었다가 자신의 좋은 친구 한산이 오면 그에게 먹으라고 주곤 하였다. 두 사람은 가히 궁핍하고 하천할 때 친교를 맺은 사이라 할 수 있다.

두 사람은 같이 항상 시를 주고받거나 숲속에서 시를 짓곤 하였다. 뒷날 사람들은 한산의 시편을 『한산자시집』으로 모았다. 300여 수가 여기 수록되었다. 습득의 시는 그 뒤에 덧붙여져 있다. 한산의 시편들은 세상의 폐단에 일침을 가하는 것들이다. 세태를 냉엄한 눈으로 바라보는 것인데, 평이한 문자로 되어 있어서 이해하기 쉬우며, 엄숙하면서도 동시에 해학적이다.

한산과 습득은 사후 1천년 뒤에 만회를 대신하는 신이 된다. 다시는 화상 모습을 하지 못하고 이 두 사람은 봉두난발에 웃는 얼굴, 사랑스럽게 웃는 얼굴로 사람들을 끄는 아이의 형상으로 표현된다. 청나라 시대에 이르러 옹정황제[7]는 정식으로 한산을 '화성和聖[화신]'으로, 습득을 '합성合聖[합신]'으로 봉한다.

한산사는 소주 영문 밖 풍교진에 있다. 이 절은 역사 속에서 여러 번 무너지고 여러 번 중수 되었다. 현재의 주요한 사원 건물들은 청나라 말기에 중수된 것이다. 묘우 앞의 황색 담장은 청색기와를 얹었고, 벽체엔 그림이 그려져 있는 것인데 빼어나게 아름답다. 절의 문루에는 '고한산사'[8]라는 글자가 횡으로 쓰여 있다. 대전 뒷벽 깊은 곳에

和氣乃衆合合心則亨和世人能和合快活樂如何 馬齒題

는 청나라 시대 이름 높은 화가 나빙羅聘[청나라 시대 화개이 그린 한산과 습득의 상상화가 석판에 새겨져 있다. 인물에 생동감이 있고 그 정신적 분위기 까지 전하고 있는 것으로, 이 두 선인을 그린 그림 중 가장 뛰어난 것에 속한다. 대웅전 옆에는 한산, 습득 두 불상을 모신 집이 있다. 두 사람의 신상은 나무로 깎아 금을 입힌 것으로, 한산은 손에 그릇 하나를 들고 있고, 습득은 손에 연꽃 한 송이를 들고 있는데, 두 사람은 서로를 보며 웃고 있다. 조상은 아주 고풍스럽고 질박한 것인데, 마치 살아있는 사람 같이 여겨진다.

중국 민속 중에는 항상 상징적인 의미부여를 하는 수법과 글자와 소리를 하나로 묶어서 어떤 속뜻을 전하는 방식이 쓰인다. 두 선인이 손에 들고 있는 '합'[그릇]과 '하'[연꽃]는 '화'나 '합'과 소리가 비슷한 글자들이다. 그런 것들을 통해 '화합'의 의미를 드러낸 것이다. '화합'은 하나의 단어로서 '동심협력', '상대방의 기분에 따름' 등의 의미를 갖는다. 『주례周禮』「지관」[9]의 「매씨媒氏」에 관한 해설에서는 다음과 같이 말한다. "매파를 보내 부인을 구하고, 두 성씨가 화합한다." 그러니 원래 집안사람들의 화합과 화목을 주관하던 화합신이 점차적으로 혼인의 화합을 주관하여 즐거움을 주는 신을 겸하게 된 것이다. 이것이 중국의 사랑신이다.

역주 ───────

1_ 張繼 : 장계는 당나라시대의 시인. 위의 〈풍교야박〉이라는 제목의 시를 썼음.

2_ 貞觀年間 : 당 태종 시대. 태종은 고조의 제2자로 무덕 9년(626) 즉위하여 정관 2년(628) 양나라 수도를 점령, 전국통일을 이루었음. 당 태종의 통치를 정관지치貞觀之治라고 부름. 태종은 정관 23년에 붕어하는데, 향년 52세였음.

3_ 寒山 : 한산은 절강浙江 천태天台 시풍현始豊縣 서쪽 40리 쯤 떨어진 한암寒巖의 깊은 굴속에 살았는데, 성명 미상의 은자임. 한산자寒山子, 또는 빈자貧子라고도 불림. 한산은 항상 국청사國淸寺에 가서 노닐었는데, 이 절에서 식사 일을 맡고 있던 습득이라는 승려와 교분이 깊었음.

4_ 万回哥哥 : 만회萬迴(9632~9711)라고도 함. 당나라 때의 승려. 하남 문향閿鄕 사람. 속성은 장張. 고종 때에 승려가 되었음.

5_ 무후武后가 만회를 궁 안의 도장道場에 불러들여 금의錦衣를 내려주고 법운공法雲公이라 불렀음.

6_ 國淸寺 : 절강천태현浙江天台縣 북쪽 천태산 불롱봉佛隴峰 남쪽 기슭에 있음. 천태종의 발원지. 수隋나라 개황십팔년開皇十八年(596) 진왕晉王 양광楊廣(煬帝)이 지의智顗를 위하여 창건創建.

7_ 雍正皇帝 : 옹정은 1687년에 낳아서 1735년에 타계하는 사람으로 청나라 제5대 황제임. 성은 애신각라愛新覺羅, 이름은 윤정胤禎, 시호諡號는 헌황제憲皇帝, 묘호廟號는 세종世宗이다. 강희황제康熙皇帝의 제 사자四子. 재위기간은 1723~1735이다. 엄격한 독재정책을 펼쳐서 그를 뒤이은 고종, 건륭년간乾隆年間의 번영을 위한 초석을 마련한다.

8_ 古寒山寺 : 옛날의 한산사, 또는 오래된 한산사라는 의미를 지님.

9_ 「地官」 : 주나라 시대의 제도에는 6관官을 두었다. 그 중 「지관」 부분에는 교육, 인사, 토지 등의 영역을 주관하는 사도司徒가 배치된다. 「매씨」, 즉 '중매의 일'도 여기 해당된다.

유해

    중국의 민간에서 숭상되는 여러 신 중에서 유해의 지명도는 아주 높다. 지방 희극 중 호남의 화고전[1]-에는 『유해전섬劉海戰蟾』, 『유해감초劉海砍樵』라는 것이 있다. 민간에서 해마다 그려 붙이는 그림 중에는 이런 제목을 갖는 길상화[2]-가 있다. 그 외에도 이와 비슷한 것들은 많이 있다. 유해는 어떤 사람인가? 그는 어떻게 하여 신선이 된 것인가?

    유해는 5대시대, 송나라[3]- 초기를 살았던 도사이다. 본명은 유조, 자는 소원, 또 다른 자는 종성이다.[4]- 또 이름은 유철,[5]- 자는 원영이라고도 한다. 연산燕山(지금은 북경에 속함) 사람인데, 일찍이 요遼나라 조정의 진사가 되었고, 나중에는 연燕나라 임금 유수광[6]-의 승상이 된다. 평소 "주어진 성품과 운명에 관해 이야기하기를 좋아했고 황제와 노자를 숭상하였다."고 한다. 하루는 자칭 정양자[7]-라고 하는 도사가 와서 뵌 적이 있었다. 유조는 빈객으로 예우하였다. 도사는 그를 위하여 '청정무위의 종지와 금액환단의 요의[淸靜無爲之宗, 金液還丹之要]'를 강설하였다. 후에 새알 10개, 금전 열 닢을 찾았는데, 금전 한 닢이 놓일 수 있는 공간에 새알들이 층층이 쌓여서 부도탑(첨성탑의 모습)과 같았다. 유조는 깜짝 놀라 일어나며 소리쳤다. "위태롭구나!" 도사가 그를 향해 말하였다. "영예와 복록을 얻는 자리에 있는 것은 걱정과 환난을 깔고 앉아 있는 것이니 승상에게 닥쳐올 위험은 이보다 심할 겁니다." 그 말을 듣는 순간 유조는 갑자기 정신이 밝아지

길상신. 유해는 5대시대, 송나라 초기를 살았던 도사이다. 본명은 유조, 자는 소원, 또 다른 자는 종성이다. 또 이름은 유철, 자는 원영이라고도 한다. 연산燕山 사람인데, 일찍이 요遼나라 조정의 진사가 되었고, 나중에는 연燕나라 임금 유수광의 승상이 된다.

며 커다란 깨달음을 얻게 되었다. 이 정양자는 전하는 말에 의하면 종리권8-이었는데 특별히 그에게 나타나 깨달음으로 인도해준 것이라고 한다.

훗날 태조太祖 주온9-은 개평開平 3년(서기 909)에 유수광을 연왕으로 봉한다. 2년 후 건화원년(서기 911) 유수광은 연제를 참칭한다. 유조10-는 부당함을 아뢰나 유수광은 듣지 않았으므로 유조는 질병을 핑계 삼아 관직을 버리고 떠난다. 그는 유현영으로 이름을 바꾸고, 해섬자라는 도호를 사용한다. 그는 전국을 편력하며 도관을 방문하는데, 훗날 여순양11-을 만나 비법을 전하기도 한다. 그는 진실한 도를 닦아 얻어서 신선이 되었고, 그 족적이 종남산,12- 태화산13-까지 이르렀다. 도교의 전진도全眞道는 그를 북쪽지역 5조의 하나로 받든다. 전진도는 금나라 시대 도사 왕중양王重陽이 창설하였는데, 그 도통이 오랜 옛날부터 이어져 내려왔음을 표방하여 왕현보王玄甫(동화제군東華帝君), 종리권, 여암呂岩(여동빈呂洞賓), 유조(유해섬) 네 사람을 조사로 받들고, 왕중양과 합하여 북방 5조라고 하였다. 원나라 시대에 세조 홀필열14-은 유해섬을 '명오홍도진군明悟弘道眞君'으로 봉하였고, 원나라 무종 때에는 또 제군帝君으로 올려 봉했다.

유조는 출가한 후 현영으로 개명하고 도호를 유섬자라 하였는데, 이 이름이 시간이 갈수록 널리 받아들여졌다. 그러나 훗날에 이르면 유해섬이라는 이름도 해체되어 유해라는 이름으로 불리게 된다. 아래에 붙은 '섬'이라는 글자는 '섬여'라는 말의 '섬'인데, 이것이 점차 진화해서 '유해전섬[유해가 두꺼비와 싸운다]'이 되었다. 유해가 금두꺼비와 싸운 이야기는 광범하게 전해진다. 청나라 시대에는 어떤 사람이 유해가 인간으로 현신하여 금도깨비와 싸운 '신선 이야기'를 편찬한다.

청나라 사람 맹뢰포는 『풍가필담豊暇筆談』[풍가豊暇는 아주 한가하다는 의미] 속에서 다음과 같이 말한다. 소주에 패굉문[15]-이라는 큰 상인이 살았다. 그는 대대로 영문 남쪽의 호숫가에 살면서 선행을 계속하였다. 강희 시대에 자칭 아보[16]-라고 하는 이상한 사람이 있었는데 영문 안에서 내려와 일거리를 찾았다. 패굉문이 그를 고용하였다. 아보는 쾌활하였고, 힘쓰는 일을 하는 사람이었는데, 그에게 임금을 지불하면 사양하고 받지 않았으며, 어떤 때는 계속하여 며칠씩 밥을 먹지 않았는데도 굶어죽지 않았다. 패굉문 가에서는 그를 이상한 사람으로 여겼다. 그가 오줌 그릇을 수리할 때에는 결국 그 동네의 수리체계를 바꾸어서, 과거와는 아주 다른 것으로 만들었다. 도기나 자기 그릇도 그의 손에서는 양의 내장풍선이나 진흙덩이 같이 유연하게 다루어졌다. 패씨 가문에서는 그를 더욱 기이하게 보았다. 원소절[17]-에 아보는 패씨가문의 어린 아들을 데리고 등불놀이 구경을 갔다. 시간이 한밤중에 이르렀는데도 돌아오지 않아서 집안사람들은 걱

유해희섬劉海戲蟾　유해가 두꺼비를 가지고 노는 그림

정이 컸다. 북이 3점을 알렸을 때 돌아왔으므로 주인은 크게 나무랐다. 아보가 말하였다. "이곳의 등불놀이는 재미가 없어서 나는 소공자를 데리고 막바로 복건성으로 갔습니다. 그곳의 등불놀이는 얼마나 멋지던지! 주인께선 어찌 그리 급히 찾았던 것인지요?" 패씨 가문 사람들이 이 말을 어찌 믿을 수 있었겠는가? 소공자가 불쑥 품 안에서 새파란 나뭇가지를 하나 꺼내 부모에게 먹어보라고 건넸다. 모두들 비로소 아보가 이인임을 알게 되었다.

몇 개월이 지난 후, 아보는 우물을 퍼내고 세발 달린 두꺼비를 한 마리 잡아서 길다란 끈으로 묶어들고 즐거워 깡충대며 사람들에게 말하였다. "이 놈이 도망가서 한 해가 지나도록 잡지 못했었는데 지금에서야 잡았습니다." 이 지역에서는 유해섬이 패씨집에 있을 때 사람들이 다투어 가 보려 했는데 너무 번잡하여서 그렇게 못할 정도였다고 전한다. 이때 사람들은 '두꺼비를 등에 진 사람이 손을 들어 주인에게 절하고 정원 한 가운데서 천천히 하늘로 올라가서 사라지는 것'을 볼 수 있었을 따름이다.

유해가 가지고 놀았던 금두꺼비는 다리 세 개가 달린 것으로 영물이라 한다. 속설에서는 다음과 같이 말한다. "세 발 두꺼비는 찾기 어렵다. 두 발 달린 두꺼비는 사람들이 많이 가지고 있다." 세 발 달린 두꺼비는 사람들이 쉽게 찾을 수 없는 희귀한 것이다. 그러나 세 발 달린 두꺼비가 있는 것은 사실이다. 최근 중국에서 세발 두꺼비를 찾은 사람이 있었다(이런 것들은 대체로 기형으로 태어나 요행히 죽지 않은 것들이다).

청나라 초기에는 유해가 두꺼비를 가지고 노는 길상화가 유행하였다. 저인유는 『견호 5집』[18]에서 다음과 같이 말한다. "지금 쑥대머리를 하고 서서 웃으며 세 발 두꺼비를 희롱하는 그림을 그리는데 이것은 유해가 두꺼비를 가지고 노는 것이라고 한다. 유해라는 사람 본인에 이르면 세상에 이 이름을 가지고 있는 사람은 없다."

실제로 유해가 두꺼비를 가지고 노는 그림은 명나라 시대에도 이미 있다. 명나라 이일화李日華[명나라시대 사람]의 『6석제필기六碩齊筆記』는 다음과 같이 말한다.

> 황월석[19]은 네 신선의 오래된 소상을 가지고 왔다. 하나는 해섬자이다. 입에는 웃음이 번져나고, 쑥대머리를 하고 있으며, 옥색의 두꺼비 머리에 발을 올려놓은 모습이다.

海 蟾 子

손에는 복숭아가지 하나, 연꽃 한 줄기를 들었는데, 살아 움직이는 것과 같은 형상이다.

이러한 것들을 가지고 생각하여 보면, 유해섬은 16살에 급제하여 50세에 승상의 지위에 올랐으니, 출가할 때는 백발노인의 나이였다. 그는 청수한 외모이고 옷차림에는 무신경하였다. 그러나 민간 판화 속에서 유해섬은 완전히 반노환동返老還童하여 살집이 많고 사랑스러운 어린아이의 모습으로 나타난다. 그는 두 사람으로 짝을 이루는데, 붉은 옷을 걸치고는 파안대소하는 얼굴로, 양손에는 각각 금전꿰미를 들었다. 화면에는 또한 금두꺼비, 기쁨을 주는 거미, 연꽃, 매화 등 온갖 즐거움을 주고 부유한 생활을 상징하는 것들이 배치된다.

민간에서는 아직도 "유해는 금두꺼비와 놀며 발걸음마다 금전을 남긴다."는 속설이 전해진다. 그리고 "유해는 금전을 가지고 논다."는 이야기도 있다. 송나라 시대 유영사柳永詞의 『무산20_일단운巫山一段雲』에는 "해섬이 너무도 즐겁게 노는 것을 보느라 모든 도로가 막혔다."는 구절이 있다. 바로 유해가 금전을 가지고 노는 것을 두고 하는 말이다. 이렇게 유해는 돈을 쌓아 재부를 나누어 주는 신으로 받아들여진다. 옛날에는 결혼식에 사람들이 이런 종류의 그림들을 걸어놓고 길상과 이익을 불러들였다. 날마다 좋아져서 재부가 가득하기를 바랐던 것이다. 전통적으로 해마다 그려 붙였던 〈길상도〉 중에는 유해가 금두꺼비를 희롱하면서 화합2선, 천관, 재신, 기린송자21_의 신, 장원급제의 신 등과 같이 그려진다. 이렇게 길상의 의미가 가득하고 즐겁게 경축하는 뜻이 충만되어 있으므로 사람들의 환영을 받았던 것이다.

역주 _____

1_ 花鼓戰 : 화고전은 화고희花鼓戲라고도 하는데, 호북, 호남, 강서, 안휘安徽 등지에서 유행하였던 지방극임. 화고로 반주를 함.

2_ 吉祥畵 : 좋은 운을 불러 온다는 믿음으로 그렸던 상징적인 그림.

3_ 宋 : 오대五代 말末 서기 960년, 송 태조 조광윤趙匡胤이 후주後周를 기반으로 하여 황제를 자칭하고 국호를 송宋이라고 하며 변량汴梁(지금의 하남河南 개봉開封)을 수도로 하여 세운 나라. 당나라가 멸망하고 송나라가 열리기까지의 시기가 5대시대임.

4_ 劉操, 昭遠, 宗成 : 본명은 유조, 자는 소원, 또 다른 자는 종성이다. 또 이름은 유철, 자는 원영이라고도 한다.

5_ 劉哲 : 유철은 후량後梁 시대 섬서 사람이다. 자字가 원영元英, 호는 해섬자海蟾子. 연왕燕王 유수광을 모셔서 승상이 된다. 황노학을 좋아하여 종남산 아래 은거하여 단丹을 완성시켜 학이 되어 날아갔다고 한다.

6_ 劉守光 : 유수광은 연왕이었다가 연제를 참칭하는 인물.

7_ 正陽子 : 정양자는 당나라 종리권鍾離權. 함양 사람. 호는 화곡자和谷子. 또는 진양자眞陽子, 정양자. 운방雲房 선생이라는 호를 쓰기도 함. 노인에게 선결仙訣을 받았고, 또 화양진인華陽眞人, 상선上仙 왕현보王玄甫에게 도를 전하고, 공동산峒崎山으로 들어가 신선이 되었음.

8_ 鍾離權 : 당나라 때 사람이라는 설도 있고, 송나라 때 사람이라는 설도 있음. 8선仙 중의 하나.

9_ 朱溫 : 후량後梁의 태조 주전충朱全忠. 이름은 황晃, 본명은 온溫. 시호는 신무제神武帝. 당나라 희종僖宗이 전충全忠이라는 이름을 내림. 처음에는 황소黃巢에게 속했던 장수였으나 당나라에 항복하여 진秦의 종권宗權을 깨뜨리고 이극용李克用을 물리치는 공을 세워 벼슬이 거듭 승진, 양왕梁王에 봉해지게까지 되었음. 천우天佑 말에 제위를 찬탈, 소종昭宗과 애제哀帝를 시해하고 나라 이름을 양梁으로 바꾸고, 자신의 이름을 황晃으로 개명하였으며, 변주汴州에 도읍하였다. 개평 중에는 수도를 낙양으로 옮겼는데, 78주를 관장하였다. 건화乾化 말에 아들 우규友珪에게 시해 당한다. 재위 6년.

10_ 유조 : 모시던 연왕 유수광이 연제를 참칭. 유조는 부당함을 아뢰나 유수광은 듣지 않았으므로 유조는 질병을 핑계 삼아 관직을 버리고 떠나며, 그는 유현영劉玄英으로 이름을 바꾸고, 해섬자海蟾子라는 도호를 사용한다.

11_ 呂純陽 : 여동빈呂洞賓. 당나라 경조京兆 사람. 이름은 암嵒. 암巖이라고도 적는다. 자字가 동빈, 호는 순양자純陽子 또는 회도인回道人. 여조呂祖라고도 불린다. 황소의 난에 집을 종남終南에 옮겼는데 사는 곳을 아는 사람이 없었다. 세상에서는 8선의 하나라고 한다. 『呂祖全書』를 지었다.

12_ 終南山 : 종남산은 섬서성 장안현長安縣 서쪽 약 29키로 지점에 위치. 약 8백여 리에 이름. 진령산맥秦嶺山脈의 일부분. 중남산中南山이라고도 하는데 약칭하여 남산南山이라고도 부름.

13_ 太華山 : 서악西岳 즉 화산華山임. 섬서성 화음현華陰縣 남쪽에 있음. 주변에 소화산少華山이 있으므로 그것에 대응하여 태화산이라고도 불림.

14_ 忽必烈 : 쿠빌라이(1215~1294)인데, 원 제국 1대 황제, 몽고제국 5대 황제 임. 묘호가 세조.

15_ 貝宏文 : 청나라 시대 소주의 상인. 맹뢰포의 『풍가필담』에 나옴.

16_ 阿保 : 맹뢰포의 『풍가필담』에 나옴. 유해섬이 소주 패굉문 가에 변신하여 머물 때의 이름.

17_ 原宵節 : 음력 정월십오일을 상원절上元節이라 하는데, 이날 밤을 원소元宵, 또는 원야元夜, 원석元夕이라 부름. 당 나라 이래로 이날은 관등觀燈하는 풍속이 있어서 등절燈節이라고도 불렀음.

18_ 褚人獲, 『堅瓠五集』 : 견호堅瓠는 단단한 박을 말하는데, 무용지물을 의미함. 청나라 시대의 저인유는 자신의 글씨 선집에 『견호집』이라는 이름을 붙였는데, 스스로 자신의 글씨가 무용의 경지를 담고 있는 것임을 암시하는 것.

19_ 黃越石 : 명나라 시대 이일화의 『六硯齊筆記』에 나오는 사람.

20_ 巫山 : 무산은 사천성과 호북성에 걸쳐있는 산, 북으로 대파산과 연결됨. 모양이 무巫라는 글자를 닮아서 무산이라고 불림. 장강長江이 이 산의 품속으로 파고들어 삼협三峽을 형성함.

21_ 麒麟送子 : 기린은 고대의 전설 속의 동물. 모습은 사슴과 같은데 머리 위에 뿔이 있고, 전신에는 비늘이 덮였으며, 소의 꼬리를 하고 있음. 옛 사람들은 이것을 인수仁獸, 상서로운 동물로 보았음.

희신

옛날 북경의 기생집에서는 하나의 습속이 행하여졌다. 매년 초 날씨가 좋을 때를 택하여 일반인들을 부르고 길 위에 일정한 준비를 갖추어 놓고 서로 '배년拜年'[한 해를 절하며 맞음]하는 예를 베푼 것이다. 그러나 문 안에서 '배년'하는 것은 기녀들에게는 없는 습속이다. 이때 그녀들은 서로 좋아하는 사람에게 이끌려 '희신방喜神方'[희신이 있는 방향] 쪽으로 나아가야 한다. 희신을 맞아들이면 한 해 동안 건강하고, 백가지 일에 탈이 없을 것이며, 한 푼이라도 얻을 수 있는 방향으로 나아가서 끝내는 크게 재운이 열릴 것이라고 믿기 때문이다. 이른바 '희신방'이라고 하는 것은 '희신'이 거주하고 있는 방향이다. 어디가 '희신방'이라고 확신할 수 있을 것인가? 일설에 의하면 '희신방'은 모든 닭들이 울며 바라보는 방향이라고 한다.

"정월 초하룻날 닭이 처음 울 때 희신은 그 방향에 있다. 그때 하늘의 거처를 나와 움직이기 시작한다고 한다."

닭이 우는 방향을 향해서 희신을 맞아들이는 것은 건강한 한 해를 희망하고 재산이 크게 일기를 바라는 것이다. 이것은 인간의 안녕을 바라고 재물을 원하는 심리에 바탕하는 것으로 일종의 정신적 의미를 부여하는 것이다. 희신은 이렇게 하나의 추상적 신성, 또는 정신적으로 만들어낸 신성이므로, 특별한 조상이 따로 없다. 그렇기 때문에 그

기쁨을 주는 신. 희신은 하나의 추상적 신성, 또는 정신적으로 만들어낸 신성이므로, 특별한 조상이 따로 없다. 그렇기 때문에 그 희신을 맞아들였느냐 아니냐 하는 것은 완전히 자신의 감상에 맡겨져 있는 문제이다. 희신이라고 하는 것은 길상신이다. 모든 사람들은 길한 것을 받아들이고 흉한 것을 멀리하기를 희망하며, 즐겁고 행복한 것을 추구하고 비애와 번뇌를 싫어한다. 그러므로 하나의 희신이 만들어져 나오게 되는 것이다. 최초의 희신은 아주 추상적인 것이어서 구체적 형상이 없었다.

희신을 맞아들였느냐 아니냐 하는 것은 완전히 자신의 감상에 맡겨져 있는 문제이다.

희신이라고 하는 것은 길상신이다. 모든 사람들은 길한 것을 받아들이고 흉한 것을 멀리하기를 희망하며, 즐겁고 행복한 것을 추구하고 비애와 번뇌를 싫어한다. 그러므로 하나의 희신이 만들어져 나오게 되는 것이다. 최초의 희신은 아주 추상적인 것이어서 구체적 형상이 없었다. 대체적으로 이것은 음양가[1]들이 만들어낸 작품이라 할 수 있다. 음양의 술사들은 이러한 즐거움을 갖추고 있는 신격을 만들어 내어 일반인의 즐겁고 경사스런 일을 맞고자 하는 수요를 충족시켰을 뿐만 아니라 특별히 세속의 혼인식에서 환영받는 신격이 되게 한 것이다.

결혼은 인생에서 가장 즐거운 일에 속한다. 그러므로 혼례를 거행하는 것을 세속에서는 기쁜 일이라고 한다. 옛사람들은 혼사를 '크게 기쁜 일'이라고 하였을 뿐만 아니라 심지어 '통방화촉'[2]하는 밤을 '소등과'[3]하는 것이라고 부르기까지 하였다. 즐거운 일에 희신이 관계되는 것은 당연한 일이다. 옛 습속에 신랑이 앉는 곳은 바로 희신이 있는 방위라고 한다. 이렇게 인간의 일생은 즐겁고 기쁜 일과 연결되어 있는 부분이 많은 것이다. 술사들은 재물을 얻는 데에는 일정한 방법이 있는 것인데, 희신이 있는 방위와 관계가 있는 일이라고 말한다. 음양가들은 재물을 얻기 위해 노력하려는 사람

들의 요구에 대응하여 한 가지 이론을 만들어 내었다. 이런 것들은 청나라 건륭제 시대에 만들어진 『협기변방서協紀辨方書』「의례義例」「희신」 중에 수록되었다. 몇 조목의 기록을 여기 초록하여 희신에 대해 조금 알아보도록 하자.

희신은 갑사일에는 간방에 있으니, 이것은 인시에 있는 것이다. 을경일에는 건방에 있으니, 이것은 술시에 있는 것이다. 병신일에는 곤방에 있으니, 이것은 신시에 있는 것이다. 정임일에는 이방에 있으니, 이것은 오시에 있는 것이다. 무계일에는 선방에 있으니, 이것은 진시에 있는 것이대[喜神于甲巳日居艮方, 是在寅時. 乙庚日則居乾方, 是在戌時. 丙辛日居坤方, 是在申時. 丁壬日居離方, 是在午時. 戊癸日居巽方, 是在辰時].

음양가가 희신의 방위를 추산하여 낸 후에 교자는 반드시 그 방향으로 머리를 두고, 신랑이 교자에 탄 후에 잠시 머물러 있다가 '희신을 맞습니다.'라고 말하고는 교자가 출발하게 된다.

최초의 희신은 모습을 말할 수 없는 것이었다. 다른 신명들과 비교할 때 부족한 부분이 많은 것이다. 그러므로 사람들은 그것의 인격화를 추구하게 된다. 그러나 희신의 모양에는 어떤 특징이 없다. 이것은 완전히 복신, 천관이 변용된 모습이다.

화합2선은 희신이다. 옛날 민간에서 혼례를 거행할 때면 항상 화합신선의 형상을 내걸어서 '화해하여 같이 즐겁게 살라'는 의미를 드러냈다. 길상과 경축을 부르는 일종의 주술인 것이다.

역주 _____

1_ 陰陽家 : 전국시대의 음양오행을 주장하던 학파. 택일, 풍수 등을 행하는 법술가.
2_ 洞房花燭 : 동방洞房은 깊은 내실內室을 뜻하는데, 규방, 또는 침실을 말함. 특별히 신혼부부의 침실을 의미하기도 함.
3_ 小登科 : 옛날에 선비가 행복한 결혼을 하는 것을 뜻함. 이것과 짝을 이루어 과거급제는 대등과大登科라고도 함. 결혼의 의미가 인생에서 중대한 것임을 상징하는 것이라 여겨짐.

상신

인간의 일상적인 생활은 상床, 또는 화로와 떨어질 수 없다. 안정되고 평화롭게 살고자 하는 사람이라면 자연히 제상과 화로에 제를 올리게 마련이다. 이것은 민간 신앙 중 우물신, 부엌신, 문신 등을 숭배하는 것과 마찬가지이다.

상신에게 제사하는 것은 유래가 오래 되었다. 천 년 전 송나라 시대에 이미 이러한 풍속이 유행하였다. 시인 양순길의 〈제야잡영除夜雜詠〉[除夜 : 12월 30일의 밤]이라는 시 속에는 다음과 같은 구절이 보인다. "단 것을 사서 부엌신을 맞고/ 물을 길어 상공을 제사하네[賣糖迎竈帝, 酌水祀床公]." 상공은 바로 상신이다. 이것은 다음 두 가지로 설명된다. 첫째, 상신을 제사하는 것과 부엌신을 영접하는 것은 서로 앞뒤를 이루는 것으로 모두 음력 12월에 행한다. 둘째, 상신은 급수가 아주 낮아서 본래 큰 생선이나 큰 고기를 사용하지 않으며, 차 한 잔을 올리는 것으로 족하다. 상신에도 부부 양위가 있으니, 부엌신에 부부 양위가 있는 것과 같다.

상신을 제사 하는 것은 민간에서 유행하였을 뿐만 아니라 황궁의 내정에서도 똑같이 행하였다. 송나라 사람 증삼이曾三異의 『동화록同話彔』에는 다음과 같은 이야기가 있다. 한림 최대아崔大雅가 늦은 밤에 한림원에서 수직하는데 홀연히 황상으로부터 그에게 〈제상파자문祭床婆子文〉[婆子 : 나이 많은 부인, 처자]을 써서 올리라는 명령이 내려온다.

床神

인간의 일상적인 생활은 상, 또는 화로와 떨어질 수 없다. 안정되고 평화롭게 살고자 하는 사람이라면 자연히 제상과 화로에 제를 올리게 마련이다. 이것은 민간 신앙 중 우물신, 부엌신, 문신 등을 숭배하는 것과 마찬가지이다. 상신에게 제사하는 것은 유래가 오래 되었다. 천 년 전 송나라 시대에 이미 이러한 풍속이 유행하였다. 상신을 제사 하는 것은 민간에서 유행하였을 뿐만 아니라 황궁의 내정에서도 똑같이 행하였다.

당당한 '금구옥언'¹⁻으로 대놓고 '상신'을 '상파자床婆子'라 칭한 것은 나름의 의미를 갖는 것이다. 최한림은 명령을 받고 '그 격식을 알 수 없어 망연히 있을 수밖에 없었다.' 과거에 이런 문장을 썼던 예가 없지 않던가! 그는 매일 밤 주승상 집에 가서 토의를 거듭하였다. 주승상이 그에게 말하였다. 민간에서 쓰는 격식을 빌려서 쓴다면, 그대는 이렇게 쓸 수 있을 것이네. '황상께서 모인을 보내 상파자의 신에게 말하노니, 너 상석을 맡은 신은 운운.' 최대아는 중압감을 벗고 막바로 고양이를 보고 호랑이를 그리는 것과 같은 방식으로 제문을 기초하여 올렸다.

세속에서 전하기를, 상신 부인은 술을 즐기고, 상신은 차를 즐긴다고 한다. '술을 올려 상모를 제사하고, 차를 올려 상공을 제사'하는 이유이다. 이것은 '남다여주男茶女酒'라고 한다(『청가록』).²⁻ 상신을 제사할 때는 침실에 차, 술, 떡, 과일을 진설하고 '한 해 동안 잠자리가 평안하기'를 기원한다. 제사 지내는 시기는 지역마다 다르다. 한 해의 마지막 날 밤 부엌신을 제사한 후 상신을 제사하는 지역도 있다. 어떤 지역에서는 상원일 다음날, 즉 음력 정월 16일에 상신을 제사한다.

옛날에 어떤 지역에서는 '안상安床'[새로운 상을 들여놓음] 풍습이 있었다. 즉, 혼례를 거행하기 며칠 전 신방 안에 새로운 상을 들여놓고 남녀 쌍방의 사주 8자를 늘어놓은 후 창의 방향, 신주의 위치 등, 혼례상의 위치를 정하는 것이니 탁자, 가구, 옷장 등이 서로 어울리지 않을 것을 꺼려하기 때문이다. '안상'은 길일의 좋은 시간을 택해 진행하며, 안상 뒤에는 저녁에 상모에게 제배한다.

일찍이 명나라 청나라 시기에는 신랑 신부가 신방에서 상모에게 같이 절하는 습속이 있었다. 청나라 시대의 장편소설인『성세인연전醒世姻緣傳』에는 이것에 대한 묘사가 보인다. 혼례에서 상신에게 절하는 것은 상신이 신혼부부를 보우하여 물고기가 물과 어울리듯이, 단 것이 꿀과 합해지듯이, 되도록 도와주어서 인연이 행복으로 충만하고 날마다 화목할 수 있기를 바라는 것이다.

상신을 제사하는 풍습은 북방보다 남방에서 많이 보이는데, 근대에 이르러서는 조금씩 사라져 가고 있다.

상공과 상모는 어떤 사람인가?

일설에 의하면 이들은 주나라 문왕 부부라고 한다. 상공과 상모에게는 '관명官名'[벼슬 이름]이 있는가? 북경 조양문朝陽門 밖 동악묘東岳廟 정전 옆에 있는 건물은 광사전廣嗣殿이다. 그 안에서 모시는 것은 송자낭낭과 자손야³-다. 주신은 9천감생명소진군과 9천위방성모원군⁴-이다. 이들 남녀 두 신이 상공과 상모라고 한다. 그들의 이 긴 이름이 바로 상공 상모의 '관명'이다.

"많은 자식 많은 복", "자손 만당"은 수천 년 이어온 중국인의 행복관이다. 사람들이 가장 중요하게 여기는 것은 후손을 낳아 대를 잇는 문제이기 때문이다. 과거의 자식을 구하였던 풍습은, 보다 분명하게 말하자면 많은 자식을 얻기를 기원하는 것이었다. 그들은 항상 상공과 상모, 주 문왕 부부에게 기도하여 구하였다. 이것은 무슨 이야기인가?

주 문왕은 희창⁵-이다. 주나라 족장이 되어 50년을 이끌었으니, 이 사람이 서주왕조의 틀을 잡았다. 그는 97세를 살 았다. 『봉신연의封神演義』 제14회에서는 말한다. 희 창은 본래 99명의 아들이 있었다. 왕후는 또 연산燕 山[지명]에서 뇌진자6-를 양 자로 맞아들여 아들 1백 명의 숫자를 채운다. 민 간에서 주문왕 부부가 1 백 명 아들을 두었다고 말 하는 이유이다. 그들 부부 는 "다자다복"의 모범을

갖추었고, 자연히 민간에서 자식 얻기를 기원하는 사람들의 예배를 받기에 이르렀다.

역주 _____

1_ 金口玉言 : 천자의 말씀을 뜻함. 후에는 변경할 수 없는 정확한 이야기를 뜻하는 말로 쓰이게 됨.
2_ 『淸嘉彔』 : 청가淸嘉는 미호美好를 의미. 청가록은 아름다운 이야기를 담은 책이라는 뜻을 지님.
3_ 送子娘浪, 子孫爺 : 자식을 주는 여성신과 남성신.
4_ 九天監生明素眞君, 九天衛房聖母元君 : 광사전 안에 모셔진 상공, 상모의 벼슬 이름.
5_ 姬昌 : 주 왕실의 성씨가 희姬이고, 무왕의 이름이 창昌임.
6_ 雷震子 : 주 무왕에게 양자로 받아들여져서 1백 번째 아들이 되는 사람.

벽하원군

　많고 많은 부인들이 특별하게 갖고 있는 아들 낳기 바라는 욕망을 만족시켜 주기 위하여 사람들은 천군데 만군데의 낭낭묘를 만들어 내었다. 북경을 예로 들어 보면, 옛날에 낭낭묘는 40여개 소에 이르렀다. 숫자만을 따져 말하자면 관제묘, 관음묘, 토지묘, 진무묘에 이어 제 4위이다(관제묘와 관음묘는 숫자가 막상막하하여서, 같이 1위로 분류될 수 있을 정도이다).[1]

　낭낭묘에서는 많은 낭낭들이 모셔진다. 주요한 것만을 들어 보면, 왕모낭낭, 천비낭낭(마조), 구천현녀낭낭, 태산낭낭[2] 등이다. 태산낭낭은 또 벽하원군이라고도 불리는데, 생략하지 않고 말해보면 천선성모벽하원군天仙聖母碧霞元君이다. '원군'은 도교에서 여자 신선을 높여 부르는 말이다. 벽하원군은 북방에 있는데, 화북지방에서 가장 숭배된다. 그녀의 고향이 산동의 태산이기 때문이다.

　벽하원군의 내력은 다음과 같이 말하여진다.

　　(1) 그녀의 전신은 옥녀였다. 전하는 이야기에 의하면 한나라 시대에 궁중의 한 전각에 금동옥녀상[3]이 있었다. 5대 시대에 이르러 전각은 무너지고, 금동상은 풍화하고, 옥녀상은 못 속에 던져졌다. 송나라 시대에 진종이 태산에 이르러 봉선[4]을 할 때 못 가에서 손을 씻는데 홀연히 돌인형이 출현하였다. 진종은 사람을 시켜 끌어내게 하여

碧霞元君

태산낭낭의 다른 이름. 원군元君은 도교에서 여자 신선을 의미한다. 고향이 태산이므로, 화북지방에서 주로 숭배된다. 벽하원군은 북방에 있는데, 화북지방에서 가장 숭배된다. 그녀의 고향이 산동의 태산이기 때문이다.

맑은 물고 잘 닦게 하고 보니 바로 옥녀상이었다. 그래서 진종은 태산에 사당을 짓고 모시도록 하였고, 그것이 성제聖帝[천제天帝]의 따님이라 하여 '천선옥녀벽하원군'으로 봉하였다. 명나라 시대에는 벽하원군의 사당을 확충하여 벽하령우궁5-으로 승격시켰고, 청나라 시대에도 개수하였다.

  (2) 벽하원군은 본래 황제 수하의 선녀였다. 황제가 대악관岱岳觀[대악은 태산의 별칭]을 지을 때 구름관을 쓰고 깃털 옷을 입은 7명의 선녀를 파견하였는데 서곤타진인이 영접하였다. 그 7선녀 중의 하나가 진인을 따라 엄청난 노력을 하였고, 마침내 득도를 하여 벽하원군이 되었다.6-

  (3) 『옥녀권玉女卷』에는 한나라 명제明帝 때 석수도라고 하는 이름의 착한 사람이 나오는데, 그의 부인 김씨가 지혜를 가늠할 수 없이 신령한 여자아이를 낳았다. 아이는 3세에 인륜을 깨쳤고, 7세에 모든 이치에 통달하였으며 매일 밤 서왕모에게 예배를 올렸고, 14세에 신선 우두머리의 점지를 받고 태산 황화동黃花洞으로 들어가 수련을 해서 도를 이룬 후 승천하였으니 벽하원군이 된 것이다.7-

자손낭낭 91

(4) 도교에 벽하원군이 있는데 9기九氣[9가지 기운]에 응하여서 탄생하였다. 옥제의 명을 받고 하늘의 선인이 되었으며 악부岳府의 신병을 거느리고 인간의 선악을 살폈다. 도교에서 이 여자 신선에게 나라를 수호하고 백성을 돕는 지위를 부여한 것이다.

(5) 벽하원군은 동악대제의 따님이다.

이상의 제설에서는 벽하원군을 동악대제의 따님으로 보는 것이 가장 유력하게 나타난다. 실제로는 벽하원군과 동악대제는 전적으로 산신이 인격화한 것이다. 이것들은 모두 옛날 원시시대 신앙 중의 산악숭배에 연원을 둔다. 태산의 산신은 중국의 산신 중 가장 유명하다. 훗날 이것은 전국에서 가장 영향력이 큰 산악신이 된다.

태산의 산신은 인격화 되어 동악대제東岳大帝, 천제왕天帝王이 된다. 후에 사람들은 이 신이 자녀를 갖도록 만든다(부인은 부여되지 않는다). 부친은 고귀하고, 자녀는 영광스런 대접을 받는다. 동악대제의 여러 아들(태산泰山3랑郞인 병령공⁸⁻ 같은 아들)과 벽하원군 같은 딸들은 그 영향력의 정도가 같지 않다. 태산신에 덧붙여진 그 일가족을 숭배하는 의식은 점점 높아져서 그들의 사회적 영향력은 점점 확장되었고 일반 산신의 범주를 크게 뛰어넘기에 이른다.

전설은 그들 부녀는 모두 태산 꼭대기에 산다고 한다. 그러므로 벽하원군은 또 태산낭낭이라고도 불린다. 『역경易經』「태괘泰卦」에 의하면 '태라는 글자 속에는 하늘과 땅이 교류하고 만물이 하나로 통섭된다는 의미가 내포[泰, 天地交而萬物通]'되어 있다고 한다. 사람들은 거기에 부인이 자식을 낳는다는 의미를 덧붙인 것이다. 또한 그녀에 대해서는 '태산은 모든 산의 근본이 되는 자리에 있으며, 색깔로는 벽옥색이다. 동방은 생명을 주관하는 방위인데, 한가지로 곤원의 자리에 있으면서 만물을 생성하는 자산이 된다.'는 설명도 뒤따른다. 이것은 이 여신이 만물을 생성하는 자량이 되며, 생명을 주관한다는 이야기라고 하겠다. 민간에서 그녀를 '송자낭낭'으로 받아들이는 것은 이러한 이유 때문이다.

태산의 벽하원군 사당은 꼭대기에 남쪽을 향해 서 있다. 송나라 시대에 건립하였으며 명나라, 청나라 시대에 증축하고 수리하였다. 산문 안의 정전은 5간이다. 기와, 치미 등은 동으로 주조하여 썼다. 정전 안 정중앙에는 벽하원군의 동상을 모셨는데, 명나라 시대에 주조한 것이다. 동 서로 벌려 세운 전각에는 철기와를 덮었고, 전각 안에는 송생送生[부녀의 순산을 촉진시켜 주는 사재], 안광眼光 두 신의 동상을 모셨다. 사당에는 명나라 시대에 세운 청동 비석이 아직 남아 있다. 이러한 식으로 높은 산 위에 동과 철을 써서 만들어 놓았으면서 정교하고 아름답기 그지없는 건물은 중국 어디에서도 만나보기 어려운 것이다.

북경에는 사방으로 벽하원군의 사당이 건립되어 있다. 그것들은 '동정東頂', '남정南頂', '서정西頂', '북정北頂' 등으로 불린다. 묘봉산9_의 벽하원군 사당이 제일 유명한데 '금정金頂'이라고 불린다. '금정'은 4월 1일에 사당 문을 열 때 사람들로 붐비고 열기가 보통이 아니다. 옛날 자희태후慈禧太后는 그 아드님이신 동치황제 대순戴淳이 마마가 낫고 평안하여지기를 기도하기 위해 먼저 그녀가 향을 올린 다음에 다시 사당 문을 열게 하였는데, 이것을 '소두향燒頭香'이라고 한다. 이와 같이 하였지만, 벽하원군은 결국 대순의 목숨을 구하지 못하였다. 그는 결국 마마로 인하여 죽는 것이다.

역주 _____

1_ 關帝廟, 觀音廟, 土地廟, 眞武廟 : 관제묘는 관우, 관음묘는 관음보살, 토지묘는 토지신, 진무묘는 북방신 현무를 모신 사당.
2_ 王母娘娘, 天妃娘娘(媽祖), 九天玄女娘娘, 泰山娘娘 : 자손낭낭, 송자낭낭의 여러 이름.
3_ 金童玉女像 : 도교에서 신선으로 활약을 하는 남자아이와 여자아이.
4_ 封禪 : 제왕帝王이 천지에 제사 드리는 것. 태산泰山 위에는 흙을 쌓아 단을 만들었는데 여기서 하늘에 제를 올렸음. 이것을 봉封이라 함. 태산 아래에서는 땅에 제를 지냈는데 이것을 선禪이라 함.
5_ 碧霞靈佑宮 : 명나라 때 벽하원군 사당에 붙여진 이름.
6_ 西昆它眞人 : 진인은 도교에서 득도하여 신선이 된 사람. 서곤타의 서곤西昆은 곤륜산을 의미함. 대악관의 임.
7_ 石守道 : 『玉女卷』에 한 나라 명제 때 사람으로 나옴. 『옥녀권』에서는 석수도와 부인 김씨 사이에서 탄생한 따님이 벽하원군이라고 함.
8_ 炳靈公 : 태산신의 셋째 아들이라고 하는데, 일설에는 3산山을 관장하는 신이라고도 함. 태산신은 동악대제東岳大帝라고도 함.
9_ 妙峰山 : 묘봉산의 묘봉妙峰은 불교에서는 수미산을 의미.

송자관음

관음보살은 불교의 여러 보살 중에서 첫 번째로 꼽힌다. 그의 영향력과 성가는 결코 불교의 교조인 석가모니보다 못하지 않다. 여성 불교 신자들의 마음속에서 관음에 대한 숭배의 정도는 석가를 뛰어넘기까지 한다.

관세음보살은 중국에 받아들여져서 중국대륙 위에 자리 잡은 후에 무수한 우여곡절을 거치고 수많은 재미있는 변화과정을 걸어 나간다. 그는 철저하게 중국화의 과정을 겪어 한나라의 공주로 되기까지 한다. 묘장왕[1]의 셋째 공주가 되고, 성별도 남성에서 여성으로 완전히 바뀌며, 최종적으로는 단정하고 엄숙한 용모, 자비롭고 편안한 인상을 갖추어서 중국 고대 귀부인의 모습으로 완성되는 것이다.

불교에서는 관음이 자비로운 마음을 품어서 중생을 구제한다고 말한다. 사람들은 그녀의 여러 능력 위에 '송자'[자식을 준다]의 덕목을 덧붙여 놓는다. 이것은 완전히 세속적인 능력으로 불교경전에서 나오는 능력이 아닌 것이다. 이것은 외국으로부터 들어온 신성은 중국에 토착화 되면서 필수적으로 중국화, 세속화의 길을 걷게 된다는 사실을 알려준다.

불교에는 6관음, 7관음, 33응현신, 33관음[2] 등에 대한 이야기가 있다. 그 속에 '송자관음'은 없다. '송자관음'은 완전히 민간에서 만들어낸 것이다. 민간에서 송자관음을 보살은 자비의 화신이므로 여성적인 모습으로 부드럽게 표현되지만 원래 여성은 아니다. 관음보살은 불교의 여러 보살 중에서 첫 번째로 꼽힌다. 그의 영향력과 성가는 결코 불교의 교조인 석가모니보다 못하지 않다. 여성 불교 신자들의 마음속에서 관음에 대한 숭배의 정도는 석가를 뛰어넘기까지 한다.

만들어낸 이후, 자연히 '기도에 응해 자식을 주는' 영험이 있게 되었다. 청나라 사람 조익[3]의 『해여종고陔余從考』에는 다음과 같은 이야기가 있다.

"허회許洄의 처 손씨孫氏는 출산에 임하여 여러 가지 위태롭고 고통스러운 일을 겪으면서 내밀히 관세음에게 기도하였다. 황홀한 가운데 흰 옷을 입은 부인이 금색 목룡을 타고 나타나는 것을 보고 남자아이를 순산하였다."

임산부가 자식을 낳을 때에는 고통스런 일이 한 두 가지가 아니다. 도와달라고 하여도 도움이 주어질 수 없는 처지는 어떤 목소리를 들을만한 상황이고, 관음보살을 믿는 사람이라면 그것을 '관음보살이 왔다.'고 말하게 되는 것이 자연스러운 일이다. '관세음'[4]이라는 것은 어떤 의미인가? 불교에서는 "세상이 위난에 빠졌을 때 이름을 부르면 스스로 돌아온다. 보살이 그를 부르는 목소리를 들으면 바로 해탈을 하게 된다[世有危難, 稱名自歸. 菩薩觀其音聲, 卽得解脫]."(『유마힐경維摩詰經』 주注)고 한다. 이 이야기는 신통하기 이를 데 없는 관세음은 중생이 고통을 당할 때 그 이름을 부르기만 하여도 그 상황을 보고(관 : 듣는 것이 아님), 저 소리가 있는 곳에 나타나, 바로 해탈시키고 구원한다는 것을 말하여 준다.

다시 말하면, 산모는 혼미하고 황홀한 중에 눈앞에 각종의 영상과 환각이 왔다갔다

할 수 있다. 관음보살이 와서 자식을 주는 장면은 경건하고 성실한 불자의 환각 속에 나타날 수 있는 것이다. '낮에는 생각 속에서 보고, 밤에는 꿈속에서 보았다는 것'이 괴이한 일은 아닌 것이다.

이 외에, 산모가 관음보살이 눈앞에 나타난 것을 '보고' '자식을 받았다.'고 한다면, 그것은 자신이 낳은 자식이 그만큼 평범하지 않다고 하는 것이며, 당연히 자식의 신분에 백배는 더 광채를 부여하는 일이 된다. 이런 것을 통해 모친은 자식을 귀하게 만들 수 있었고, 산모는 가족 중에서 지위가 제고되는 경우가 허다하였다. 그런 이야기가 있으면 귀하여지고, 그런 이야기가 없으면 귀해지지 않을 때, 임산부가 어찌 즐거이 그런 이야기를 하지 않을 수 있겠는가?

사람들이 송자관음을 숭배한 후부터 자식이 없는 부인들은 관음묘로 가서 보살을 모신 탁상의 연등을 훔쳐가는 일이 생겨났다. 등의 '정灯'이라는 글자와 '장정의 정丁'[5]이라는 글자는 소리가 같으므로, 관음의 '신정神灯'을 훔쳐 오면 집 안에는 자연히 '장정이 늘어난다[添丁].'는 생각인 것이다. 자녀가 크지 않고 기력이 약한 것을 걱정하여 관음묘로 보내서 '이름을 기탁[寄名]'하는 집안도 있었다. 자식들이 관음보살의 보살핌을 받아 만에 하나 잘못되는 일이 없게 하려는 것이었다.

역주 _____

1_ 妙庄王 : 관세음보살이 중국에서 중국인으로 변용되면서 성별도 여성화 되고, 묘장왕의 셋째 딸로 태어나는
   것으로 말하여지게 됨.
2_ 六觀音, 觀音, 三十三應現身, 三十三觀音 : 관음의 여러 가지 변용.
3_ 趙翼 : 청나라 때 사람. 『陔余從考』를 씀.
4_ 觀世音 : 유마힐은 부처 당시 재가신자를 대표함. 변설에 능하였다고 함.
5_ 灯, 丁 : 정灯은 등이고, 정丁은 장정임. 음이 같으므로 같은 의미를 이끌어내는 주술적 기제로 쓰임.

송자장선

옛날에는 적지 않은 지방에 장선사,[1]— 장선묘張仙廟가 있어서 송자장선 노인을 제사지 냈다. 천진天津의 장선각張仙閣은 가장 유명한 곳이다. 장선각은 그 이름도 쟁쟁한 천후 궁天后宮의 북쪽 큰 길 남쪽 끝 부분의 과가루過街樓 위에 있다. 누각은 3간의 크기인데 창과 기둥이 다 붉은 색으로 칠해졌고 길 위에 걸터앉아 있다. 과가루의 중앙칸에는 현판 하나가 횡으로 내걸렸다. 흑색 바탕에 흑색으로 '장선각'이라는 큰 글자가 쓰인 현판이다. 누각 계단을 통해 위층으로 올라가면 중간의 감실 속에 장선의 상이 모셔져 있다. 그는 남색 도포를 걸쳐 입고 한 묶음이나 되는 긴 수염을 하고, 활을 옆에 낀 모습이다. 그는 전적으로 유아와 아동을 보호하는 역할을 한다. 비록 남자신선이지만 도리어 '송자'의 기능을 갖추고 있는 것이다.

장선이 등장하게 된 내력은 아주 재미있다. 전해오는 이야기에 의하면 장선의 전신 은 화예부인花蕊夫人의 사랑하는 남편, 5대시대 후촉后蜀의 황제 맹창孟昶이다. 후촉은 송 태조인 조광윤趙匡胤에 의해 멸망한다. 맹창의 사랑하는 왕비 화예부인은 변경汴京 [개봉의 다른 이름]황궁으로 보내졌다. 화예부인은 옛 남편을 잊지 못하여 순간순간 옛 남편의 사랑을 회상하였고, 맹창이 활을 끼고 사냥하는 그림 한 장을 그려 침실에 걸었 다. 하루는 조광윤이 와서 이 그림을 보았다. 그는 그림에 대해 물었다. 화예부인은 송자낭낭이 여신이라면, 송자장선은 남신이다. 옛날에는 적지 않은 지방에 장선사, 장선묘張仙廟가 있어서 송자장선 노인을 제사지냈다. 장선은 단독으로 사당에 모셔져 있는 경우가 드물다. 항상 다른 신의 후광을 빌려 하나의 사당에 같이 모셔지곤 하는 것이다. 가장 웃기는 것은 장선사 속에 있던 장선이 화예부인이 소상으로 빚어 모셔지면서 낭낭묘를 이루기도 한 것이다.

거짓말로 아뢰었다. "이것은 우리 촉나라의 송자장선 신입니다." 그녀의 입을 빠져 나온 말은 발 없이도 달려 나가 민간에 널리 전해졌다. 부인들이 자식 얻고자 하는 마음은 절실한 것이어서 그녀들은 다투어 송자장선 그림을 걸게 되었다. 실제로 이것은 맹창의 화상이었지만 말이다. 맹창은 이렇게 황음방탕한 생활을 즐기던 황제였지만, 죽은 다음에 도리어 신선으로 받아들여졌다. 이것은 그의 다정하였던 첩의 덕이 아닐 수 없었다. 장선의 화상은 자못 신의 풍모를 갖추었다. 일신에 화려한 의복을 걸치고, 얼굴에는 분칠을 하였으며, 입술은 붉게 칠하였고, 한 움큼 되는 풍염한 수염은 가슴 앞에서 하늘거린다. 과연 미장부의 모습이 아닌가. 좌측 손에는 큰 활을 들고, 우측 손에는 화살을 쥐고, 앞을 굽어보는 것이 바로 활을 쏘려는 듯한 자세이다. 우측 위쪽에는 천구가 그려져 있기도 하다. 이 그림은 연통 옆에 게시된다. 민간의 전설에 의하면 천구는 연통을 따라 실내로 들어와서 어린아이들에게 해코지를 하고 전염병을 퍼트린다고 한다. 그러므로 그림의 양쪽 편으로는 다음과 같은 짧은 대귀가 적혀있는 것이다. "천구天狗[혜성 또는 유성]를 쫓아내고, 슬하의 어린아이를 보호하자[打出天拘去, 保護膝下兒]." 횡으로 쓰여 있는 것은 '자손의 번성'이다.

민간에서는 여기 이야기가 덧붙여진다. 장선이 손에 쥐고 있는 '화살(탄彈)'과 '태어남

(誕)[2]이 음이 같으므로 이것은 은연중 탄생의 의미를 함유하고 있는 것이라고 본다. 그러므로 장선은 자식을 보호하는 의미를 넘어서서 자식을 보내준다는 능력까지 갖는다는 이야기이다. 송나라 시대 문인인 소노천[3]은 사람들에게 자신이 일찍이 꿈에 장선이 두 개의 화살을 합해 쥔 모습을 본적이 있다고 말한 적이 있다. 이는 자식을 낳는다는 길몽인데 후에 그는 과연 소식, 소철 형제를 낳았다. 노천선생은 특히 「장선찬」에서 이 점을 밝혀 감사의 마음을 표하였다. 그러나 소노천이 말하는 장선은 촉나라에서 점술과 법술을 행하였던 노도사 장원소張遠霄를 의미한다. 그러나 민간에서 모셔지는 장선의 신상을 가지고 보면 대부분이 다귀한 옷을 차려입고 용모가 수려한 맹창의 모습이지 팔괘의[4]를 떨쳐입은 노도사의 모습은 아니다.

장선은 단독으로 사당에 모셔져 있는 경우가 드물다. 항상 다른 신의 후광을 빌려 하나의 사당에 같이 모셔지곤 하는 것이다. 가장 웃기는 것은 장선사 속에 있던 장선이 화예부인이 소상으로 빚어 모셔지면서 낭낭묘를 이루기도 한 것이다. 사당의 향탁 위에는 항상 도사들이 진흙을 사용해 만든 '와와대가'[5]가 놓여진다. 허다한 부녀들이 빨리 귀한 자식을 낳기를 바라서 여기 와서 '전가가'[6]하는 것이다. 만든 돈 1백문을 가지고 와서 길한 일, 이른바 '오래 백세까지 사는 운명'을 불러들이려 하는 것이다.

역주 _____

1_ 張仙祠 : 장선張仙은 오대시대 후촉의 황제 맹창이 전신. 죽은 후 장선으로 모셔지게 된 것.
2_ 彈, 誕 : 탄彈은 화살이고, 탄誕은 탄생인데, 발음은 '탄'으로 서로 같지만 뜻은 다름. 역시 같은 음을 갖는 글자를 써서 같은 의미를 불러오는 주술로 사용되고 있음.
3_ 蘇老泉 : 소식蘇軾과 소철蘇轍의 부친임. 소식은 당송팔대가에 속하는 소동파.
4_ 八卦衣 : 8괘 그림이 그려진 옷으로, 흔히 도교의 도사들이 입음.
5_ 娃蛙大哥 : '와와'는 어린아이를 뜻한다. 그러므로 '와와대가'라는 것은 '어린아이의 큰형님'이라는 의미, '어린아이를 수호하는 사람'이라는 의미를 담고 있는 것이라 볼 수 있음.
6_ 拴哥哥 : '전'은 '매듭'의 의미. 그러므로 이것은 '아이를 맺어 주십시오.'의 의미를 갖는 것이 아닌가 한다.

구천현녀낭낭

과거 중국 각지에는 현녀묘, 구천낭낭묘가 있었다. 북경에는 세 군데나 있다. 묘당 안의 주신은 구천현녀낭낭이다. 구천현녀는 항상 다른 선녀들과 함께 사당에 모셔진다.

구천현녀는 또 그냥 현녀라고도 불린다. 현녀는 바로 중국 고대 신화와 전설 속의 여신이다. 후에 도교에 의해 신봉되어서 중국의 선녀 중 가장 유명한 존재가 되었다. 『수호전』[1]에는 송강宋江이 양산梁山의 도적으로 겁박을 당하여 강주江州의 형장에서 목숨을 구해 산 위로 도망했다가 후에 하산하여 늙은 부친을 만나는 이야기가 있다. 이때 갑자기 관병이 출현하여 그는 황망 중에 도촌道村의 현녀묘玄女廟로 숨어들게 된다. 현녀낭낭은 신명을 드러내 송강을 구하고 아울러 3권의 천서까지 송강에게 주면서 하늘을 대리하여 도리를 행하라고 권한다. 이후에 송강은 조정에 귀순하여 군사를 이끌고 요나라를 치러 간다. 요나라 군대의 '태을혼천상진太乙混天象陣'을 깨트릴 방법을 찾을 수 없었던 송강은 꿈에 구천현녀에게 진법을 깨칠 방법을 가르침 받아 이 진을 깨트렸고, 요나라 군대를 대패시킨다.

책 속의 구천현녀낭낭은 용모가 출중하고 귀부인처럼 화려한 차림이며 아주 어여쁜 여신의 모습이다. 그러나 그녀의 원래 모습은 새의 몸을 갖고 커다란 사람 머리가 위에 달린 괴물이다. 이것이 현조玄鳥인데, 그녀는 은상의 조상이다.[2]

구천현녀는 현녀라고도 하며, 중국 선녀 중 첫손가락으로 꼽힌다. 현녀玄女는 바로 중국 고대 신화와 전설 속의 여신이다. 후에 도교에 의해 신봉되어서 중국의 선녀 중 가장 유명한 존재가 되었다.

『시경詩經』「상송商頌」「현조玄鳥」 부분에는 현조가 상 왕조의 시조라는 이야기가 실려 있다. 『사기』「은 본기殷本紀」에도 은상의 시조는 그 모친이 현조의 알을 먹고 잉태하여 출생하였다고 되어 있다. 이것은 상 혈족이 현조를 숭배하는 토템을 가지고 있었다는 사실을 반영한다.

이 현조는 나중에 현녀로 변화한다. 그녀는 황제의 신화 속에 편입되어 황제의 스승이 된다. 전해 오는 바에 의하면 황제는 치우蚩尤와 대전을 치뤘는데 치우는 바람과 비를 부렸으므로 황제로서는 쉽게 이기기 어려웠다. 그가 슬픔에 젖어 있을 때 어떤 부인이 찾아온다. 인간의 머리에 새의 몸체를 한 그녀는 황제를 향하여 말한다. "나는 구천현녀이다. 왕모께서 특별히 나를 보내 그대에게 전법을 전수하라 하였다." 그래서 황제는 치우를 크게 이기게 된다. 이때의 현녀는 새의 몸체를 벗어버리지 못한 상태였다. 그러나 점점 진화하여 인간의 위난을 구제하여 주고 인간에게 병법을 가르치는 반인반금半人半禽의 여신이 된다.

송나라 시대의 『운적칠섬雲籍七籤』 속에서 구천현녀는 철저하게 인격화된 모습으로 나타난다. 동물의 모습을 완전히 벗어 버리는 것이다. 그녀는 봉황을 타고 빛깔 고운 구름을 부리며 9가지 색깔의 비취로 이루어진 화려한 의복을 걸친다. 전문적으로 사람의 운명에 도움을 주는 영웅의 모습을 갖추고, 천서와 병법을 사람에게 전하는 천상의 선녀, 바로 현녀낭낭이 되는 것이다.

구천현녀의 이러한 면모는 고전소설 중에 많이 보인다. 송나라와 원나라 사이의 시대에 편찬된 『대송선화유적』, 명나라 시대에 44번째 편찬본인 『3수평오전』, 청나라 시대의 『여선외사』와 『설인귀정동』 등의 책은 넓게 읽혀졌고, 커다란 영향을 끼친 것들이다. 이런 책들은 모두 구천현녀에 대하여 그 음성과 용모에 이르기까지 세세한 묘사를 하고 있는 것을 볼 수 있다.[3]

상 혈족의 시조였던 현녀玄女鳥[새의 모습을 하고 있는 현녀]는 천제(또는 왕모)의 뜻을 받들고, 천서와 병법을 위대한 역사적 인물에게 전해주어 그 성공을 돕는 천상세계의 큰 신으로 변모한다. 이것은 민간의 종교신앙과 농민봉기가 요청한 결과이다. 중국의 봉건시대는 소농경제가 중심이었던 사회이다. 농민은 광활한 대지 위에 흩어져 살며

자유롭게 이합집산을 하였으며, 단결하기가 쉽지 않은 조건이었다. 반면에 종교 미신[4]은 광대한 지역의 농민들의 입을 통하여 말하여졌으므로 대단한 응집력과 호소력을 행사할 수 있었다. 이러한 종교 미신을 이용하는 것은 역대 농민 봉기 주인공들의 관용적 수법이었다. 『여선외사』 속에 나오는 불모 당새아[5]는 하늘이 내려준 병서(천서)를 얻었다고 하여 대중을 미혹시키고 반란을 '천명이 돌아오는 것'[6]이라는 신성한 의미로 윤색하는 수단으로 사용하였다. 당새아는 역사상 실존인물이다. 그가 천서를 얻었다는 전설은 역사에 보인다. 소설가는 그러한 역사를 가져다 첨삭을 가하고 과장을 해놓은 것에 불과하다. 이 책 속에서 구천현

녀낭낭은 천계여왕天界女王[하늘나라에 사는 여왕]의 신분으로 그려지기까지 한다.

그러나 후세에 이르면 민간에서 구천현녀의 도움을 받아 반역을 일으키는 영웅 이야기, 병서를 전하여 주는 구천현녀 이야기는 점점 사라져가고, 구천현녀에게는 보다 실제적인 기능, 즉 자식을 내려 주는 기능이 덧붙여진다. 그리하여 현녀낭낭은 하나의 송자낭낭으로 신분이 바뀌는 것이다. 북경 교외의 구천현녀묘는 철저하게 송자낭낭묘로 바뀐다. 옛날에는 여기에 자식을 얻고자 하는 사람들의 출입이 끊이지 않고 이어졌으며 향화를 올리는 일이 아주 왕성하게 행해졌다.

구천현녀와 기타 다른 낭낭을 함께 한 묘당에 모시는 경우에는 왕모낭낭의 특사라는 고급스러운 신분은 박탈되고 사람들에게 복과 자식을 내리는 기능이 부여된 것이라 할 수 있다. 그 급수가 낮아진 사례는 허다하다. 그러나 그럴수록 구천현녀는 선남선녀의 마음속에 보다 친절하고 보다 숭고한 모습으로 들어앉게 된다.

구천현녀의 오랜 역사 기간에 걸친 다양한 모습의 변화는 수요에 응하여 사람들이 각종의 신성을 만들어 낼 수 있으며, 또 수요에 근거하여 사람들은 제신의 성격을 개조할 수 있다는 것을 가지고 설명할 수 있을 것이다.

역주 _____

1_ 『水滸傳』: 송강 등이 활동하는 영웅소설. 중국 3대 기서 중의 하나임.
2_ 殷商: 은나라를 상나라라고도 한다. 은상이라고도 붙여 씀. 은나라의 시조설화에는 '검은 새'(현조)가 등장함. '검은 새'의 알을 먹고 은나라의 시조를 잉태하게 되었다는 것이다.
3_ 『大宋宣和遺事』, 『三遂平妖傳』, 『女仙外史』, 『薛仁貴東征』: 구천현녀의 모습을 담고 있는 고전소설들.
4_ 종교 미신: 현대 중국의 공산주의적 의식을 통해서 원시 종교를 파악한 결과 나타나는 표현이라고 이야기할 수 있을 것이다.
5_ 佛母 唐賽兒: 『女仙外史』 속에서 불모 당새아는 천벌을 받아 반란을 일으킴.
6_ 天命所歸: 중국 역사상 대부분의 반란은 천명을 명분으로 내건다. 왕조 성립을 목적으로 전제하는 반란의 경우에는 이런 명분은 절대적인 것이었다.

순천성모

옛날에 사람들은 임산부가 아이를 생산하는 일, 즉 분만을 '하지옥', '귀신 사는 곳 문지방을 넘어가는 일[過鬼門關]'로 받아들였다.[1] 이것은 여인의 출산이 아주 고통스러운 일일 뿐만 아니라 또 그만큼 위험한 일이었다는 점을 암시한다. 산부인과 일이 아주 원시적이고 낙후되어 있던 고대에 있어서는 바로 이러하였다.

아주 먼 고대에는 전문적인 산부인과 의사나 조산원이 없었다. '산파'(아이를 받는 노파)가 출현하는 것은 후대의 일이다. 이런 산파는 전문적인 것이 아니라 겸직으로 하는 것이었다. 산파는 전통시대의 '3고6파'[2] 중 하나이며 '3교9류'[3] 중 '하9류下九流[9류에 포함되지 않는 학술]'에 속한다. 아주 낮은 신분이었던 것이다. 유구한 역사 속에서 여성의 출산은 불결한 것으로 받아들여졌다. 이른바 '남자아이를 낳고 여자 아이를 기르는 것은 천지를 더럽히는 일'이라 하였다(『유향보권劉香寶卷』). 그래서 측간 안이나 들판, 삼림 속으로 가서 분만하여야만 했다. 산부의 고통은 말로 형언할 수 없는 것이다. 그래서 무수한 부인병이 생겨나기 용이한 것이다. 엄청난 출혈, 자궁 파열, 산욕열, 자궁간질 같은 것들이다. 심지어 난산으로 생명을 잃기까지 한다.

전통적으로 부인이 분만하는 일은 불결한 것에 속하였고, 난산으로 죽은 산모는 더욱 백안시 되어 '상스럽지 못한 것'으로 간주되기까지 하였다. 그녀는 지옥의 더러운 피가

順天聖母

출산을 도와주는 여성 신이다. 순천성모는 진정고陳靖姑, 또는 진진고陳進姑로 불리고, 또 임수부인臨水夫人, 순의부인
順懿夫人이라고 호칭되기도 한다. 이 사람은 민간의 전설 속에 나오는 인물이다. 그녀의 이야기는 민간에서 전해져온
필사본 이야기책이나 지방지 등에 보인다.

모인 웅덩이에 빠져들어 다시 환생할 수 없고, 수륙도장4-이 와서 제도하지 않으면 안
되는 혼령으로 간주되었다. 그녀의 주검은 가족 묘지로 들어갈 수 없으며, 심지어는 땅속
에 매장할 수 없어서 화장하지 않을 수 없다고 하기까지 한다. 이러한 대우를 받으므로
무수한 임산부들은 공포에 떨지 않을 수 없었다. 훗날 분만 조건이 개선된 후에도, 난산
을 두려워하는 마음은 모든 산모들의 주변에 여전히 남아 있을 수밖에 없는 일이었다.

중국 밖의 다른 민족에게 있어서는 분만이 순조롭지 않은 난산의 경우 고대에 원시
적 조산술이 유행하기도 하였는데, 이것은 실제로는 '마술조산'5-이라 할 수 있는 성질
의 것이었다. 어떤 민족은 도끼머리를 산모의 침상 아래 가져다 두거나, 철추로 침상
기둥을 치는 주술을 행하였다. 도끼나 철추는 북유럽 신화 속에서 '뇌신'의 무기였다.
위의 주술은 그렇게 하여 '악마'를 구축하고자 하는 것으로 설명된다. 수리부엉이를 한
마리 잡아 산모의 방에 집어넣는 민족도 있다. 그것이 큰 소리로 울면, 그 우는 소리가
참고 듣기에 아주 공포스럽기 때문에 '악마'가 놀라 도망갈 것이라고 생각한 때문이다.
검을 움켜쥐고 산모의 방으로 들어가 공중에 대고 한바탕 검무를 춘 후에 그 검은 산모
의 옆에 두는 방법도 사용하였다. 아주 심한 것으로는 산모 옆에서 총을 쏘아 소리를
내는 민족까지 있다. 이런 습속은 장기간 행하여졌다. 두말할 나위 없이 위에서 열거한
모든 조산술들은 산모가 순산을 하도록 하기 위한 것이었다.

이러한 것들을 통해 보면 여인들이 자기가 자식을 낳는 일을 '귀신 사는 곳 문지방을 넘어가는 일'이라고 말하게 된 것은 자연스러운 일이다. 그리고 임산부를 둔 집이라면 어떤 신성이 순조로운 출산을 도와주기를 희망하게 되는 것 또한 당연한 일일 것이다. 신성은 사람으로 인하여 흥성하고, 사람으로 인하여 조형된다. 여기에서 조산을 하는 신은 생겨나게 되는 것이다. 중국 고대의 조산의 신으로는 송자낭낭 이외에 남방에서는 아직 모셔지고 있는 조산 전문의 신, 순천성모가 있다.

순천성모는 진정고陳靖姑, 또는 진진고陳進姑로 불리고, 또 임수부인臨水夫人, 순의부인順懿夫人이라고 호칭되기도 한다. 이 사람은 민간의 전설 속에 나오는 인물이다. 그녀의 이야기는 민간에서 전해져온 필사본 이야기책이나 지방지 등에 보인다. 중요한 이야기의 골조는 다음과 같다.

진정고는 5대 시대, 혹은 당나라 시대의 복건성福建省 고전현古田縣 임수 지역 사람[臨水鄕]이라고 전하여진다. 부친은 진창陳昌인데 호부낭중戶部郎中을 지냈다고 하며, 모친은 갈 씨葛氏이다. 그녀에게는 도교를 배우던 오빠가 있었는데 이름은 진수원陳守元이다. 진수 원은 산 속에 은거하며 도교를 공부하였다. 하루는 진정고가 오빠에게 음식을 가져다주러 가는데 중도에서 아사 직전의 노인이 길 가에 쓰러져 있는 것을 보게 된다. 측은한 마음을 금할 수 없었던 그녀는 노인에게 음식을 먹인다. 이 노인은 신선이었다. 진씨 소저가 이렇게 선한 것에 감복하여 "부적을 주어 5정을 부리게 하였다[授以符籙, 驅使五丁¹]." 후에 그 지역에 백사가 나타나 사람을 죽였다. 민혜종閩惠宗 왕연균王延鈞은 진정고의 이야기를 듣고 그녀에게 해악을 제거하라는 명을 내린다. 진정고는 검을 들고 동굴로 들어가서 요망한 뱀 셋을 죽이고 백성들의 해악을 제거한다. 이 사실이 조정에 알려지자 혜제는 진정고를 '순의부인'으로 봉하였다(『광서처주부지光緒處州府志』의 『7국춘추七國春秋』 인용 부분).

진정고가 뱀을 참살해서 백성의 위해를 제거한 사실은 『삼교수신대전三敎搜神大全』 4권, 『민잡기閩雜記』, 『대만현지臺灣縣志』 등의 책에 기록되어 있다. 중국 고대에 뱀(특히 독사)은 사람들의 생명과 안전을 심각하게 위협하는 동물이었다. 그것은 특별히 악독하고 잔인한 느낌을 주는 형태와 행동습관을 가지고 있어서 사람들의 모골을 송연하게 하고 아주 공포스러운 분위기에 빠져들게 한다. 옛날 사람들은 뱀을 흉한 신, 악한 신이라고 여겼다. 뱀이 출현하는 것은 흉조라고 하는 미신은 아주 연원이 오래된 믿음이다. 『좌전』속에 이미 뱀을 흉조로 보는 미신이 나타나는 것이다.[7] 그러므로 뱀을 참살하고 요괴를 제거한 것은 백성을 위해 해악을 제거한 영웅의 행위로 받아들여졌고, 뱀을 참살한 사람은 당연히 사람들의 존경과 숭배를 받게 되었던 것이다. 유방劉邦[한나라 고조]은 백사를 참살하고 정의로운 군사를 일으키고, 손숙오孫叔敖는 머리 두 개 달린 뱀을 죽였으며, 소녀少女 이기李寄는 뱀을 죽여 백성들의 해악을 제거하였다. 이런 것들은 역사상 아주 유명한 이야기들이다. 진정고에게는 뱀을 참살하여 해악을 제거하는 능력이 있었으므로 자연히 백성들의 사랑을 한 몸에 받게 되었다. 그러나 뱀을 죽인 일은 진정고가 신격을 이루도록 만들어주지는 않았다. 그녀의 신격은 주로 임산부의 위난을 구제하여 주는 것을 통하여 갖추어진다.

청나라 사람 사금란謝金鑾의 『대만현지』[대만의 지방지]에는 다음의 이야기가 실려 있다.

> 부인의 이름은 진고進姑인데 복주福州 진창陳昌의 딸이다. 당나라 대력大曆 2년(767)에 출생하여 유기劉杞에게 시집갔다. 임신 한 후 몇 달 뒤에 큰 가뭄을 만나 태를 쏟아내고는 자리를 떨치고 일어나 기우제를 드리다가 죽게 되었다. 나이는 24세였다. 그녀는 임종 시에 다짐하였다. "나는 죽어서 반드시 신이 되어 임산부를 도울 것이다." 건령建寧 서청수徐淸叟의 자부는 임신 17개월이었지만 분만하지 못하고 있었다. 신이 나타나 치유를 히여 주니 여러 개 머리가 달린 뱀을 낳았다. 고전 임수 땅에는 백사동白蛇洞이 있었는데, 독기를 뿜어내어 역병을 퍼트렸다. 하루는 마을 사람이 보니 붉은 옷을 입은 여인이 검을 들고 뱀을 죽이는 것이었다. 그녀는 말하였다. "나는 강의 남쪽 아래 있는 나루에 사는 진창의 딸이다." 그녀는 말을 마치고 사라져 버렸다. 사람들은 백사동의 한 켠에 묘당을 지었다. 그 후 그녀는 자주 모습을 드러냈다.

진정고는 태를 버리고 기우제를 드리다 죽었다. 나이는 고작 24세, 죽음에 임해 서원을 하여서 조산의 신이 되니, 전문적으로 임산부를 구원하는 신격이다. 이 이야기는 비록 허황한 것 같으나 저토록 자기를 희생하며 세상 사람들을 구원하고자 하였던 정신은 사람들을 감동시키기에 충분하다.

건령 서청수의 며느리는 17개월 동안 분만하지 못하고 있었는데 진정고가 모습을 바꾸어 나타나 그녀를 치료한 후 머리가 여럿 달린 뱀을 낳았다는 이야기는 황당하기 그지없다. 『건령현지』의 이야기는 도리어 합리적이다. 송나라 시대에 포성 서청수[8]라는 사람의 자부가 난산이었다. 그는 꿈에 진부인이 와서 도와주는 것을 보게 되었고, 산모와 아이의 생명은 보전되었다. 그 이름과 사는 곳을 물어보니 "고전 사람이며 성은 진"이라 하였다. 훗날 서청수는 복주의 수령으로 와서 사람을 보내 고전 지역을 살펴보게 하였다. 그는 묘당 안에 모셔진 신상을 보고 바로 이 부인이 몸을 바꿔 나타나 구해 줬던 것을 알게 되었다. 그는 조정에 주청을 드려 묘당의 주인에게 봉호를 덧붙여 주게 하였다.

서청수는 역사상 실존 인물이다. 그는 남송南宋 영종寧宗 가정嘉定 때의 진사進士이다. 그는 청렴한 관리였고, 벼슬이 참지정사參知政事(부재상副宰相) 자정전대학사資政殿大學士에 이르렀다.

전하는 바에 의하면 후당의 황후가 난산을 하여 목숨이 경각에 달려 있었는데 진부인이 이 소식을 듣고 법술을 사용하여 모습을 바꿔서 황후궁에 나타나 황후를 도와 태자를 생산하도록 하였다고 한다. 황후궁의 궁녀가 황제에게 주달하자 황제는 그지없이 기꺼워하며 진정고를 '도천진국현응숭복순의대내부인'[9]으로 봉하였으며, 고전에 묘당을 짓게 하였다. 이로써 대내부인 진정고의 명성은 천하에 떨쳐졌으며, "그녀는 자신의 법을 세상에서 크게 행하고, 전적으로 남녀 어린아이들을 보우하였으며, 태아는 잘 낳을 수 있게 하고 유아는 잘 자랄 수 있게 수호하여 요사스러운 것들이 재앙을 내리지 않게 하였으므로", 세상에서는 여기저기 묘당을 세워 제사를 드리는 곳이 많아졌다(『삼교원류수신대전』 4권).

진정고가 또 진진고라고 불리게 된 것은 민간에서 진정고에 대한 신화화가 거듭되고 그녀에게 다른 신선 이야기가 덧붙여진 탓이다. 어떤 이야기인가? 관음보살이 남해로 돌아갈 때 얼핏 복주에 악의 기운이 충천한 것을 보게 되었다. 요사스러운 뱀이 재앙을 내리고 백성들을 해치고 있었다. 관음보살은 손가락 하나를 잘라서 갑병으로 만들고 그것을 금광일도金光一道[10]로 삼아 막바로 진장자陳長者를 갈씨의 태내에 투입하였다. 이 일이 일어난 때는 대력원년大歷元年 갑인년甲寅年이었고, 성인이 태어난 날은 정월 15일이었다. 서기와 상서로운 빛이 성인의 몸을 둘러쌌고 기이한 향기가 집을 뒤덮었다. 쇠소리 북소리는 마치 여러 신선들이 호위하여 아이를 세상으로 내보내는 것처럼 울려 퍼졌다. 이것으로 인하여 성인은 '진고進姑'라는 이름을 갖게 되었다(『삼교수신대전』 4권). 진정고는 관세음보살이 본모습을 감추고 변화한 사람으로 이야기된다. 본래는 신선의 몸이었는데, 관음보살이 세상으로 내려와 해악을 제거하고 사람을 구하는 것, 특히 임산부를 구하는 기능을 대표하게 되었다는 것이다.

　백성들을 위해 특별한 공을 세운 사람을 많은 사람들이 신도가 되어 추종하는 신격화를 이룬 후, 흔히 고급신격과 발생관계가 서로 겹쳐지게 되는 것은, 대중이 친숙하게 여기게 되는 데 아주 유리한 조건이다. 이것은 민간에서 신을 만들어내는데 가장 빈번하게 사용하는 것으로써 그 사례는 하나하나 열거할 수 없을 정도로 많다. 『북유기北游記』속의 현무玄武는 옥황상제玉皇上帝[11]의 화신으로 이야기된다. 또 『설악금전說岳金傳』의 악비岳飛는 석가여래 부처의 머리 위에 있던 대붕금시조[12]의 화신으로 이야기된다. 이런 것들이 그 예이다.

　역대 통치자들은 민간에서 모시는 신격에 대해 간섭하지 않는 것이 일반적 관행이었다. 그리고 저렇게 복을 주고, 녹을 내리고, 수명에 관계하고, 즐거운 일을 주관하고, 재물을 얻을 수 있게 돕는 신들 같이 백성들에게 비교적 은혜를 베풀어주는 신격에 대해서는 대대적으로 선양하기도 하였다. 황실에 대해 많은 공덕을 베푼 해신낭낭마조,[13] 보생대제오본保生大帝吳本, 그리고 순천성모진정고順天聖母陳靖姑 등의 경우에는 황실 차원에서 더욱 추숭하고 더욱 많은 이들이 섬길 수 있게 이끌었다. 진정고는 역대 통치자들의 비호를 받아 순천성모, 순의부인, 대내부인 등으로 봉하여졌다.

순천성모 진정고는 복건 사람이었다. 그러므로 남방에 널리 영향력을 행사할 수 있었다. 옛날에는 각 지역마다 한 군데씩 순의부인묘(주생낭낭묘14_라고 불린 것도 있다), 임수부인묘가 건립되어 있었다. 대만에는 아직도 많이 남아 있다. 전국에서 제일 유명했던 순의부인묘는 물론 복건福建 고전현古田縣의 임수궁臨水宮이다. 이 묘는 고전현 동대교진東大橋鎭 중촌中村에 있다. 당나라 덕종德宗 정원貞元 6년(790)에 창건되었으며 원나라 시대에 대문, 앞 건물을 중수하고 소장루梳妝樓, 음복정飮福亭 등을 증축하였다. 청나라 말기에 중수하면서 규모는 더욱 웅장하여졌다. 이 묘당은 조산신助産神 진정고의 조묘祖廟로써 어떤 다른 것보다 높은 지위를 갖는 것이다.

진부인은 아주 영험하였으므로 민간에서 특히 부인들에 의해 높이 숭배되었다. 음력 정월 15일 상원절은 진정고의 탄생일이다. 그날이 되면 민간에서는 성대한 제사를 지낸다. 청나라 동치15_ 시대에 씌여진 『여수현(절강성에 속함)지麗水縣志』[여수현의 지방지] 12권에는 다음과 같은 기록이 보인다.

매년 상원 전 2일, 부인 중에 복이 많은 사람 몇을 가려 뽑아 진부인을 목욕시키고 옷을 갈아입힌다. 다음 날 날씨가 좋아졌을 때 자리에 올려 앉히고 각각의 관리들이 행차하여 예를 올리고 미혼의 남녀들은 분향하고 절을 올리는데, 사람들이 연락부절할 정도이다. 밤이 되면 부인상을 모셔들고 시가지를 행진하는데 등불의 행렬이 찬란한 띠를 이루고 북소리와 피리 소리가 분위기를 들뜨게 하였다. 수 백 명의 어린아이들은 모두들 꽃 등불을 들고 말 위에 걸터앉아 열을 지었고, 구경꾼은 도로를 가득 메웠다.

그 열기 가득한 정경은 완전히 성황이나 천후16_가 모셔져 나왔을 때와 짝을 이룰 만한 것이었다.

평일에 자식을 비는 선남선녀[원문에는 선남신녀善男信女라는 표현을 썼다]들은 항상 순의

부인 묘당에 이르러 향을 사르며 경건하게 기도를 올린다. 염험이 있는 부인이 잉태를 하면 아이를 출생하기 전에 반드시 방 안에 진부인상을 모신다. 모셔진 진부인상은 '세 아일洗兒日[아이를 씻는 날]'에 한 번 예배와 감사를 드린 후 불에 태워 버린다. 아이가 출생한지 달이 꽉 차게 되거나 한 해가 되는 때에는 다시 진부인 상을 방 안에 모시고 촛불을 켜고 향을 사르며 제물을 올린다. 어떤 집에서는 길거리에서 노래하는 맹인예술가를 초청하여 진부인의 공적을 노래하게 하는 경우도 있었는데 '창부인唱夫人[노래하는 사람]'이라고 불렀다.

진부인이 산파 역할을 하였다는 이야기는 많이 있지만 모두가 다 전설이다. 엄밀하게 살펴보자면 이 순천성모조산신順天聖母助産神[순천성모라고 불리던 산파의 신]은 대개 산파나 여무[17]-같은 사람들이다. 이들은 향리에서 임산부들을 돕는 일을 한다. 이들의 이야기가 사람들에 의하여 덧붙여지고 윤색되어 허다한 조산신의 신이한 위업으로 만들어지고, 천년의 제사를 받게 하며, 백세 뒤까지 그 은택이 미치는 임산부의 구세주가 되는 것이다.

사실 진정한 임산부의 구원자는 역사상 실재한다. 죽은 이를 살리고 상처 난 이를 고쳐준 산부인과의 명의들이 바로 그들이다. 그 중 가장 두드러진 인물로는 손사막이 있다.

손사막孫思邈은 당나라 시대의 경조京兆 땅 화원華原(지금 섬서성 요현耀縣) 사람이다. 의술神醫에 뛰어나서 무수한 사람을 구하였으며 사람들에게서 '신의'라는 명예를 얻었다. 그는 산부인과와 소아과에 특히 중점을 두었다. 그는 훗날 『천금요방千金要方』(총 30권으로 이루어짐)으로 편찬되는 책 중 앞의 5권, 즉 『부녀방婦女方』과 『소아영류방小兒嬰孺方』의 저자이다. 손사막은 중국의 고대에 있어서 산부인과와 소아과의 발전에 지대한 공을 세웠다. 하루는 손사막이 밖으로 왕진을 나갔는데 길에서 어떤 사람이 관을 끌고 교외로 나가는 것을 보게 된다. 그 뒤에는 통곡하고 눈물을 흘리며 한 명의 노부인이 따르고 있었다. 의사로서의 직감이 발동하여 그는 관 속에서 흘러나오는 핏물을 간파하게 되고, 황망히 달려가서 관을 끌고 가는 사람에게 묻게 된다. "관 속에는 누가 있는 것이요? 죽은 지 오래되었소?" 관을 끌고 가던 사람이 말에 의하면 죽은 사람은 노부인의 따님인데, 난산으로 금방 죽었다고 하였다. 손사막이 말한다. "나는 의사요. 관을 열고 보여 주시오. 내가 그녀를 구할 수 있게 해 주시오."

노부인은 손사막이 의사라는 말을 듣고 그녀의 딸을 구해달라고 간청을 한다. 관 뚜껑이 열렸다. 안에는 겨우 20여살 쯤 된 여인이 누워 있었다. 여인의 낯빛은 황색의 밀랍 같고 공포스러운 느낌을 주었다. 정말로 금방 죽은 사람의 모습이었다. 손사막은 황급히 맥을 짚어 보았다. 맥은 아주 미약하게 움직이고 있었다. 그는 죽은 사람의 몸에서 적절한 혈처를 찾아서 과감하게 3침을 찔렀다. 별로 크게 노력하지도 않았는데 죽었던 여인은 소생하였고, 잠시 후 관 안에서는 '응앵 - 응앵 -'하는 어린아이의 울음소리가 퍼져 나왔다. 아이를 출생한 것이다. 사람들은 모두 놀라움을 금할 수 없었다. 하나의 은침이 두 생명을 구한 것이었다. 죽은 사람을 살려 냈으니 신의라 해도 부끄럽지 않을 일이다.

손사막은 비록 난산하는 임산부를 도와주는 신의 자리로 올라가지는 못하였지만 사람들에게 의성, 또는 약왕으로 받아들여져서 높이 떠받들어졌다.

역주 _____

1_ 下地獄 : 옛날에는 많은 부인들이 출산 시에 죽어갔음. '하지옥'은 여성에게 출산은 지옥에 버금가는 고통스러운 일임을 의미.

2_ 三姑六婆 : 전통시대 여성의 직업군. 삼고三姑는 니고尼姑(여승), 도고道姑(여자 도사), 괘고卦姑(점치는 여인). 육파六婆는 아파牙婆(남의 일을 돌봐주고 구전 받는 사람), 매파媒婆, 사파師婆(女巫), 건파虔婆(남의 것을 빼앗는 사람), 약파藥婆, 온파穩婆(産婆).

3_ 三教九流 : 삼교三教(유儒, 불佛, 도道). 구류九流(유가儒家, 도가道家, 음양가陰陽家, 법가法家, 명가名家, 묵가墨家, 종횡가縱橫家, 잡가雜家, 농가農家). 3교는 전통시대 중국의 대표적 종교, 9류는 전통시대 중국의 대표적 학술.

4_ 水陸道場 : 지상과 수중의 모든 귀령을 제사하는 불교 법회. 양무제梁武帝가 금산사金山寺에서 처음 시행. 『釋門正統』사四에서는 曰 : "又有所謂水陸者 : 取諸仙致食於流水,鬼致食於淨地之義"라고 함. 무제武帝가 꿈에 신승神僧을 보았는데, 그 신승이 "六道四生受苦無量, 何不作水陸普濟群靈,諸功德中最為第一"이라고 하여 수륙제를 처음으로 올리게 되었다는 것.

5_ 魔術助産 : 여기서 마술은 우리말로는 주술이 더 적절할 것이다.

6_ 驅使五丁 : 문맥상 다섯 명이 쓸 수 있는 힘을 가짐을 의미함.

7_ 원주)『좌전』장공 14년, 문공 16년 조를 볼 것.

8_ 浦城 徐淸叟 : 서청수는 여러 이야기 속에서 다른 지역 사람, 다른 신분으로 모습을 드러낸다.

9_ 都天鎮國顯應崇福順意大奶夫人 : 후당시대에 진정고에게 내려진 벼슬.

10_ 金光一道 : 내용으로 보아 '한줄기 금빛 광채'를 의미.

11_ 玉皇上帝 : 원문에는 옥황대제玉皇大帝로 되어 있음.

12_ 大鵬金翅鳥 : 금시조金翅鳥는 묘시조妙翅鳥라고도 하는데 범어梵語로는 가루라迦樓羅, 벽로나蘗嚕拏, 갈로도羯路茶(Garuḍa) 등等으로 부른다. 불교에서 팔부중八部眾의 하나인데 수미산須彌山의 하층에 살고, 용을 잡아먹는다.

13_ 海神娘娘媽祖 : 媽祖의 정식명칭은 天上聖母. 송나라 이래 역대 제왕들은 '천비天妃', '천후天候', '천상성모天上聖母' 등의 이름으로 봉하였다.

14_ 注生娘娘廟 : 생명력을 부어주는 낭낭의 의미.

15_ 同治 : 동치황제. 동치는 청나라 목종穆宗의 연호임(1682~1874).

16_ 城隍, 天后 : 여성신격 중 가장 높은 존재들을 의미.

17_ 女巫 : 무녀들도 때로는 산파의 일을 하였다고 볼 수 있는 일이다.

문신

    오늘날 대만의 어떤 묘당에는 문간에 두 명의 고대 무장들이 좌우로 채색되어 벌려 세워져 있다. 커다란 무장의 상인데 산과 땅을 움직일만한 힘을 갖추고 있는 것이다. 이것들은 그 연원이 아주 오래인 두 명의 대문신인데, 진경秦瓊과 위지공尉遲恭이다.

    문신은 중국의 민간에서 가장 폭 넓게 나타나는 신 중의 하나이다. 역사도 오래이고, 영향권도 넓고, 종류도 다양하다. 어떤 신성보다 두드러진 지위를 갖고 있는 것이다. 문신의 출발점이 어디인가 말하고자 한다면 불가불 상고시대 사람들이 문을 향해 제사하고 문에 복숭아나무 가지를 걸어놓았던 풍속으로부터 시작된다고 말할 수 있을 것이다.

    고대의 원시시대 사람들은 최초에는 '소거'생활로부터 시작하여 '혈거'생활로, 그러다가 점차 가옥생활로 진화하여 나갔다.[1] 띠풀과 쑥대를 이용하여 집을 짓는 방법을 배운 것은 인류의 거대한 진보를 이룩한 사건이었다. 가옥은 바람과 비를 막을 수 있을 뿐만 아니라 야수나 사람의 침범을 막을 수 있고, 음식이나 재산을 보호할 수 있게 하여 주며, 사람들이 편안하게 안식할 수 있게 한다. 이리하여 사람들은 문을 신으로 받아들여 열광적으로 모시게 된다. 일찍이 주나라 시대에 벌써 문에 제를 올리는 풍습이 나타난다. 주방이나 사직(토지)에 제사를 드렸던 것과 같은 의식이 움직인 결과물이다.

    문신의 등장과 고대인의 귀신숭배는 서로 관련되어 있는 의식이다. 은나라나 주나라

문신은 중국의 민간에서 가장 폭 넓게 나타나는 신 중의 하나이다. 역사도 오래이고, 영향권도 넓고, 종류도 다양하다. 어떤 신성보다 두드러진 지위를 갖고 있는 것이다. 문신의 출발점이 어디인가 말하고자 한다면 불가불 상고시대 사람들이 문을 향해 제사하고 문에 복숭아나무 가지를 걸어놓았던 풍속으로부터 시작된다고 말할 수 있을 것이다.

에서는 귀신을 숭상하였다. 사람들은 엄청난 사건이나 괴이한 이야기 등의 배후에 귀신이 있다고 생각하고 그 귀신을 숭배하였다. 이것은 귀신에 대한 심리적 공포감을 갖도록 이끌어 주었다. 방과 문을 만들 수 있게 되어 적들이 침입하여 들어오는 것을 어느 정도 막을 수 있게 되었지만, 옛 사람들은 그것만으로는 아주 안전하다는 생각을 할 수가 없었다. 귀신과 신성을 불러들여 자기 집을 안전하게 지키게 하고자 하는 요구는 여전할 수 밖에 없었던 것이다. 사람들은 문신을 만들어내어 자신의 집과 집 안에서 사는 그들의 생명, 집 안에 간직한 자신들의 재산을 지키게 하였다. 『백모녀白毛女』속에서 희아喜兒가 부르는 노래, "문신, 문신, 홍마를 탄 문신, 문 위에 눌러 살며 집을 지키네. 문신, 문신, 대도를 비껴드니, 큰 귀신, 작은 귀신, 누구도 들어오지 못하네[門神門神騎紅馬, 貼在門上守住家 : 門神門神扛大刀, 大鬼小鬼進不來]."라는 것은 바로 이런 심리상태를 표현하고 있는 가사이다.

최초로 등장하는 문신은 두 명의 '도인桃人'이다. 이것은 복숭아나무를 이용하여 신상을 깎은 것으로 문 위에 걸어 놓는다. 그들은 사실 신다神茶와 욱루郁壘, 두 신장神將의 화신이다. 전설에 의하면 그 두 명은 황제皇帝의 명을 받아 '귀문鬼門'을 지키는 역할을 수행한다. 사람을 해치는 악귀가 출현하면 그들은 무슨 말을 할 필요도 없이 막바로

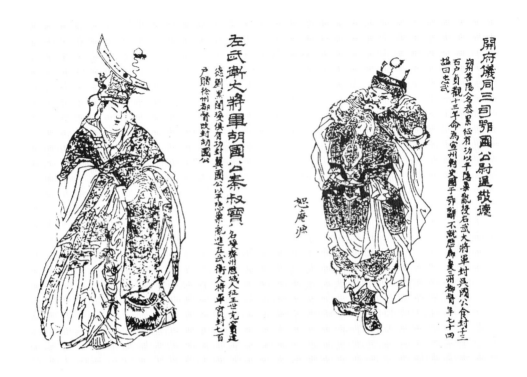

떨치고 일어나 악귀가 나타난 뒷산으로 달려가 노호하며, 요괴들은 그 모습을 보기만
하여도 소리소문 없이 사라져 버리게 마련이다. 사람들은 복숭아나무를 써서 두 신상
을 만든 후 춘절春節에 문 위에 건다. 그렇게 하면 악귀가 들어오지 못하고 집 안이
1년 동안 평안할 수 있다는 것이다. 복숭아나무 인형을 깎는 것은 조금은 성가신 일이
다. 따라서 점차 간소화 되어 두 개의 복숭아나무 판자를 문 위 좌 우에 박아놓는 방식
으로 바뀌었다. 나무판 위에는 두 신의 초상을 그려 두거나 두 신의 이름을 써 놓기도
하고, 또 부적을 그려 두기도 한다. 이것이 바로 '도부桃符'인데 후세의 '영연楹聯'(대련對
聯)의 선하가 된다.

　　호랑이 소리를 내질러 귀신을 쫓는 신다와 욱루 다음으로 출현하는 전문적인 귀신
쫓기 문신은 그 이름도 빛나는 종욱鍾旭이다. 그 이후에는 역사상 이름 높았던 무장武將
들이 문신으로 숭배되는 사례가 나타난다. 무장 출신 문신들은 비록 신격을 갖추기는
하였지만 신다, 욱루, 종욱 등의 문신 등과 비교해 보면 '신성'의 요소는 약하고 '인간

편간문신鞭鐧門神 채찍과 쇳대를 든 문신

성'의 요소가 강하게 엿보인다.

당 나라 시대 이후에 출현하는 무장 문신 중에서 가장 높은 이름을 갖고 있는 사람으로는 무엇보다도 먼저 진경秦瓊과 위지공尉遲恭을 꼽을 수 있을 것이다. 진경과 위지공은 당나라 초기의 유명한 무장이다. 그들은 이세민2_을 도와 천하를 이씨의 당나라로 만들었으니, 당나라의 개국공신인 것이다. 그 두 사람이 어떻게 신으로 변하는 것인가?

『3교수신원류대전三教搜神源流大全』과 『역대신선통감歷代神仙通鑑』에 의하면 이세민은 어린 나이부터 나라를 창립하느라 무수한 사람을 죽였으므로 꿈속에서 항상 악귀에 시달리곤 하여 편안하게 잠을 자는 날이 없었다. 태종은 그것을 두려워하여 군신들에게 이야기를 한다. 대장 진경과 위지공이 늦은 밤 전투복 차림으로 궁문을 양 쪽에서 지키기를 청하였다. 그 밤에 태종은 편안하게 잠을 이룰 수 있었다. 태종은 크게 기뻐하였으나 두 사람이 노고가 너무 큰 것을 염려하여 화공에게 갑주를 떨쳐입고 눈을 부릅뜬 두 사람의 모습을 그리게 하여 궁문 양측에 걸었다. 이 후 사악한 신성들을 숭배하는 습속은 완전히 사라졌다. 후세 사람들은 이러한 태종의 방식을 계속 이어나가서 두 사람은 영원한 문신이 되었다.

두 명의 문신 그림은 통상 길쪽으로 면한 대문 위에 붙인다. 사납고 위엄있는 모습으로

그려 귀신들이 제압당할 수 있도록 하였다. 진경과 위지공 외의 무장 문신으로는 조운趙雲, 설인귀薛仁貴, 개소문盖蘇文, 손빈孫臏, 방연龐涓, 황삼태黃三太, 양향무楊香武, 연정도인燃灯道人, 조공명趙公明, 마무馬武, 요기姚期, 소하蕭何, 한신韓信, 형합2장哼哈二將 등이 있다. 북방에서는 아직 맹량孟良, 초찬焦贊을 문신으로 모신다. 이 두 명의 출신이 별로 좋지 못하고 일찍이 타락하여 강도를 하기도 하였으므로 그럴듯한 묘당 안에 모시는 것은 어렵기 때문이다. 이 두 두 문신은 존귀한 것으로부터 벗어나기를 좋아하여 외양간, 마굿간 등 바깥을 수호하는 위치에 자리 잡는다. 그들은 그렇게 소나 말로부터 떠날 수 없는 작은 도둑들과 연결된다.

훗날에는 다만 귀신과 요괴를 쫓아내는 한 가지 기능을 행사하는 무장 문신만으로는 사람들의 다양한 수요를 충족시킬 수 없게 되어 문관 문신文官門神, 기복 문신祈福門神 등이 등장하게 된다. 기복 문신에게는 사람들의 관운, 재산 증식, 수복, 장생 등에 대한 원망과 기원이 덧붙여진다.

문관 문신 중에는 사복천관賜福天官[복을 내려주는 하늘의 신관]으로서의 신격을 갖추고 있는 경우가 많으므로 대부분 집 안이나 사원 안의 문 위에 자리 잡는다. 그런 점에서 그들은 길 가 문 위에 자리잡고 귀신과 요괴 등을 쫓아내는 무장문신과 달리 복을 불러들이고 재산을 내리는 기능까지를 함유한다.

문관 문신은 대부분 승진이나 재산 증식과 관계가 있다. 그리고 기복문신은 도리어 많은 자식, 많은 복, 운명, 장수 등과 연결된다. 두 문신은 때에 따라서는 천관(장원壯元) 문신天官門神이 그러하고, 송자낭낭이 언제나 짝을 이루고 있듯이 쌍을 이루고 모셔지기도 한다. 이 밖에 희신喜神, 화합2선和合二仙, 유해劉海, 초재동자招財童子[부유하게 만들어주는 동자신] 등의 문신도 있다.

기복문신의 몸체 위에는 항상 상서로운 것들이 한 가지씩 그려져 있다. 그 길한 것을 불러들이기 위함인데, 대부분 발음상의 유사점을 이용하여 둘을 서로 연관시키고자 하는 의도이다. 작, 녹, 복[박쥐], 희, 마, 보, 병, 안 같은 것들은 "작록복희, 마보평안"이라는 구절에서 취한 것이다.[3]

이와 같이 문신은 사악한 악마를 구축하고, 가옥을 수호하고, 평안을 보장하고, 이익을 얻도록 도와주고, 상스런 일들을 불러오는 등의

여러 기능을 수행하는 보호신으로 민간에서 모셔 지는 여러 신들 중에서 가장 환영받는 신 중의 하나가 되어 있고, 오늘날에 이르기까지 그 성가가 흔들림 없이 유지되고 있다.

역주 _____

1_ 巢居－穴居－家屋으로 주거생활이 진화한다는 것이다. 소거는 새집과 같은 나뭇가지 집을 말하고, 혈거는 굴을 말하고, 가옥은 지상거주를 위해 흙과 나무, 돌을 이용해 만든 집을 말한다.

2_ 李世民 : 당나라 태종. 아버지 이연은 초대황제. 이세민은 형과 아우를 죽이고 2대황제로 등극한다. 재위는 626~649.

3_ 爵, 鹿, 蝠, 喜, 馬, 寶, 甁, 鞍 같은 것들은 "爵祿福喜, 馬報平安"이라도 구절 속 단어들과 글자의 음이 흡사한 것들이다. 이 3절은 '작위, 복록, 복락, 기쁨이 찾아와 바로 평안하게 되게 해달라.'는 의미를 담고 있는 것이다.

조군

    북경北京 숭문문崇文門 밖 화시花市 서쪽 대로의 북쪽 방향으로 조군묘灶君廟 하나가 서 있다. 묘당 안에 모셔진 것은 조왕야灶王爺이다. 이 묘당은 다층의 전당을 갖추고 있으며, 규모가 작다고 할 수 없다. 전국 최대의 조왕묘라고 하겠다.

    상고시대에 사람들은 자연현상을 숭배하여 그것을 인격화하고 신령으로 만들곤 하였다. 조신도 그 중 하나이다. 조신은 민간에서 조군灶君, 조왕灶王, 조왕야灶王爺, 조군보살灶君菩薩 등으로 불린다. 인류의 문명사 속에서 불의 발명은 획기적인 의미를 지닌다. 원시시대 사람들은 집 안에 꺼지지 않는 불씨를 만들어 놓고 난방, 조명, 음식 조리, 못 쓰는 기물들의 소각, 야수의 방어 등에 사용하였다. 이것은 인류의 역사 속에 나오는 가장 이른 시기의 주방이다. 모계사회인 당시에 있어서 주방은 씨족 내에서 가장 존경을 받고 있던 부인이 관리하는 것이었다. 오늘날 중국의 민간에서는 화로를 둘러싸고 제석을 맞는 풍속이 있는데, 이것은 원시시대의 유풍이다. 중국 최초의 주방신은 여성이다. 『장자莊子』는 그녀에 대해 "적의를 입고 있는데 미녀의 모습이다着赤衣, 狀如美女"라고 하였다. 그녀의 형상은 어여쁜 홍의여랑紅衣女娘이다. 훗날의 도교 서적 중에는 주방의 신을 곤륜산崑崙山 꼭대기에 사는 노모老母라고 설명하는 경우가 있다. 그녀는 '종화노모마님種火老母之君'이라고 불린다. 그녀의 수하로는 5방5제조군五方五帝灶君,

灶君

부엌신. 상고시대에 사람들은 자연현상을 숭배하여 그것을 인격화하고 신령으로 만들곤 하였다. 조신도 그 중 하나이다. 조신은 민간에서 조군, 조왕, 조왕야, 조군보살 등으로 불린다.

증조조조조曾灶祖灶, 조자조손竈子竈孫, 운화장군運火將軍, 진화신모進火神母 등 36위의 신神이 있다. 그녀는 인간의 주택을 전문적으로 관리하여 집집마다 사람들의 선악을 기록하며, 한밤중에 천정으로 나아가 상제에게 아뢴다. 사람들은 대부분 홍의여랑이 진중하지 못하지 않나 생각한다. 그녀는 그 조신내내灶神奶奶의 능력을 대신 사용하며 항상 조왕공공灶王公公과 어깨를 나란히 하여 앉아서 똑같이 사탕과자를 제물로 받는다.

한 나라 시대 이후에 이르면 남자 조신이 등장한다. 당시 조신은 사람들에게 많은 존경을 받았는데 제물의 품격이 사직신과 같은 등급이었다. 조왕야로 모셔지게 된 사람들도 모두 큰 인물들이다. 『회남자淮南子』는 말한다. "황제가 주방을 만들었으며, 죽어서 주방신이 되었다[黃帝作灶, 死爲灶神]." 『회남자』는 또 말한다. "염제는 불에서 나왔으며 죽어서 주방신이 되었다[炎帝于火, 死而爲灶]." 『5경이의五經異議』는 말한다. "화는 바로 축융이니 조신이 되었다[火正祝融, 爲灶神]." 사람들이 가장 존경하여 마지않는 황제, 염제, 그리고 화신인 축융이 조신으로 받아들여졌고, 조신이 담당하는 역할은 사람들의 음식을 관장하는 것으로 받아들여졌다. 사람에게는 음식이 가장 중요하다. 당시에 사람들이 부엌에 제를 올리는 것을 중요하게 간주하였다는 것은 주방신의 공덕에 감사하고 그것을 찬양하고자 한 까닭이리 하겠다.

훗날 조신과 관계된 전설은 날이 갈수록 많아졌다. 그 속에는 성명이 같지 않은 조왕야들이 출현하곤 한다. 그 중에서 비교적 많이 알려진 것은 장단張單이다. 장단은 자字가 자곽子郭이다. 그의 부인은 여섯 따님을 낳았다. 후에 장단은 전문적으로 집집마다

의 은밀한 가정사를 수집하여 옥황상제에게 세세하게 보고하는 집안의 작은 화신이 된다. 그에게는 집안에 거주하면서 특별한 임무에 봉사하는, 사람들이 조금은 업신여기는 직책이 주어지는 것이다. 역사를 돌아볼 때 전적으로 다른 사람들의 개인적인 비밀을 찾아내고, 친구를 팔아서 주인의 총애를 받고자 하는 경우는, 중국인의 전통 중에서 많이 찾아볼 수 있는 일 중의 하나이고, 오랜 옛날부터 이미 있어왔던 것

이다. 사람들은 이런 일에 종사하는 자들을 소인으로 간주하곤 하며, 비록 그들의 고발로 목숨을 앗기는 것을 한스럽게 생각하기는 하지만, 또한 그런 일을 하여 목숨을 연명하게 되는 것을 두려워하기도 한다. 심리적 측면에서 보자면 이것은 아주 마음 아픈 일이 아닐 수 없으나, 행위론적 측면에서는 감히 죄를 물을 수 있는 것이 아니고, 심지어 어떤 다른 이들에게서 좋은 평가를 받을 수 있는 일이기도 하다. 사람들이 조신에게 좋아하는 것을 바치는 것은 이렇게 마음속으로는 내밀하게 아파하는 심적 태도를 반영하는 것이다.

『경조전서敬灶全書』「진군권선문眞君勸善文」에서는 다음과 같이 말한다. 조왕은 "한 집안의 향화를 받아 한 가정이 건강을 지키고 한 집안의 선악을 살펴서 그 한 가정의 공과를 보고한다[受一家香火, 保一家康泰, 察一家善惡, 奏一家功過]." 고발된 사람은 크게 그릇된 일을 한 경우에는 300일, 조금 잘못을 범한 경우에는 100일의 수명을 줄였다. 많은 손해가 있는 것이 아니겠는가?

사람들은 잘못을 숨겨서 그가 일어나지 않도록 하고, 또 교묘하게 피해서 그가 일어나지 못하게 하고, 다만 제물을 올릴 때의 마음만 가지고 일을 처리하여 줄 것을 바란다. 이에 매년 납월臘月 23일[납월은 음력 12월. 원문에는 농력이라는 표현을 썼다] 부엌신을 제사지낼 때에는 많은 사탕과자를 바친다. 그것은 조왕야에게만 올리도록 전문적으로 만든 것이다. 사탕과자를 조왕야의 입에 붙여 놓으면 그는 사람들의 허물을 말할 수

없게 된다. 다만 이와 같이 달고 꿀같이 감미로운 이야기만 할 수 있게 되는 것이다. 사람들은 여전히 그의 초상의 옆에 이와 같은 한 줄의 대련을 붙여놓고 있다.

상천에는 좋은 일만을 말하고, 하계에는 길상만을 내리시래[上天言好事, 下界降吉祥].

조왕야는 집안 신의 성격을 갖춘 후에 주로 각 집안 안에서 향화를 받게 되었으므로 사회적으로 제향을 올리는 조왕묘는 많지 않다.

정신

    중국의 민간신앙은 정통 교파의 영향을 받는 것에 국한되지 않으며, 만물은 영혼을 갖는다는 것과 같은 관념에 의해서도 많은 영향을 받았다. 대부분의 신앙형태 속에는 원시 종교로부터 주어진 관념이 농후하게 남아 있다. 사람들은 그것들을 필요한 대로 받아들여 의도에 맞추어 사용하는 것이다. 원시신앙에서 그윽하고 아득한 천계, 크고 작은 강과 호수나 바다, 땅과 바위나 크고 작은 산들, 문호나 우물과 부엌 등에는 어느 곳 하나 신이 없는 곳이 없다. 그 중에서 인간생활과 밀접한 관계를 맺고 있는 부분들은 가신家神의 영역에 속한다. 물이 나오는 우물 역시 그 중 하나이다.

    먹는 물이나 생활용수는 인간생활 속에서 가장 중요한 문제이다. 크고 작은 강의 물을 이용한 것을 제외하고, 대부분의 도시나 촌락에서는 장구한 역사 기간 동안 먹는 물과 쓰는 물을 우물물에 의존하였다. 북경을 예로 들어 볼 때, 청나라 시대 북경의 거리 이름 중 태반이 '수정水井'이라는 글자가 들어 있는 것이었고, '양삼안정兩三眼井'이라는 거리이름까지 있었다. 우물이 아주 많았기 때문에 그것은 또한 아주 중요한 것이기도 하였다. 북경에서 '정井'이라는 글자를 써서 이름으로 삼은 거리가 많으므로, 결국 경성에서 가장 많은 지명은 정아호동井兒胡同, 이안정二眼井, 삼안정三眼井, 유수정柳樹井, 감수정甜水井, 습정호동濕井胡同, 우정호동于井胡同, 왕부정王府井 등 60여 군데나 되었다.

井神

먹는 물이나 생활용수는 인간생활 속에서 가장 중요한 문제이다. 크고 작은 강의 물을 이용한 것을 제외하고, 대부분의 도시나 촌락에서는 장구한 역사 기간 동안 먹는 물과 쓰는 물을 우물물에 의존하였다. 우물은 사람들에게 복을 준다. 옛 사람들은 우물의 이런 기능에 감복하여 '정신井神'을 제사지내게 되었다.

우물은 사람들에게 복을 준다. 옛 사람들은 우물의 이런 기능에 감복하여 '정신井神'을 제사지내게 되었다.

우물에 제사를 드리는 전통은 아주 오랜 것이다. 이것은 상고시대의 '5사' 중 하나이다. 이른바 '5사五祀'라고 하는 것은 고대에 제사를 받은 다섯 신성인데, 포괄적으로 말해서 문門, 호戸, 정井, 조灶, 중류中霤(토신土神)이다. 『백호통白虎通』「5사」부분에서는 다음과 같이 말한다. "5사라고 하는 것은 무엇을 일컫는 것인가? 문, 호, 정, 조. 중류이다."

정신에게 제사를 올리는 풍습의 구체적인 내용은 지역마다 서로 다르다. 일반적인 부분은 매년 음력 제석 때 우물을 봉하고, 춘절 후 처음으로 물을 길 때 소지하며 우물에 제를 올리는 것이다. 절일마다 우물가에서 정신을 받드는데, 밀과를 준비하고 제사를 드리면서 우물에 나쁜 것이 스며들지 않고 물맛이 언제나 깨끗하고 달게 유지되며 수원이 막히지 않고 언제나 물이 흘러넘치기를 기도한다. 어떤 지역에서는 새 우물을 뚫었을 때 홍백의 천으로 만든 깃발을 세우고 우물물이 충만하게 되는 것, 처를 얻어 자식을 낳는 것, 사람들의 숫자가 늘어나는 것 등에 대한 증거로 삼고자 하는데, 요점은 우물 턱 위에서 명저冥楮(수금지壽金紙)를 불사르는 것이다. 어떤 지방에서는 아이를 낳은 후 3일 째 되는 날에 '희면熹面'을 나누어 보낼 때 한 그릇을 우물 안에 쏟아 붓는다. 산부는 출산 후 처음으로 우물에 올라와 물을 길을 때 일정한 방식으로 정신을 경배한다. 기우제를 지낼 때 사람들은 왕왕 오래된 우물 속으로 들어가 물속에 버드나무 가지를 꽂아 넣고 맑은 우물의 신이 용왕을 도와 비를 내려주기를 바란다.

민간의 전설에는 음력 12월 30일에 정신이 동해로 나아가 용왕에게 1년 동안의 물을 받든 정황을 보고한다. 초 2일에 우물로 되돌아와서 정신은 옥황대제玉皇大帝가 시찰할 때를 공손하게 기다린다. 사람들은 초 1일에는 물을 긷지 않기 때문이다. 초 2일에 아주 이른 시간에 다시 우물로 나아가 물을 긷는데, 이것을 '창재'[1]라고 부른다. 그러나 어떤 지방에서는 도리어 정월 초하룻날 우물로 나아가 물을 긷는 '창재'를 행한다. 일찍 물을 길러 가면 갈수록 '재물'을 쌓을 것이 더욱 많아진다고 한다.

남방의 어떤 지방에서는 민간에 '정마조경'[2]에 대한 이야기가 유포되어 있다. 정월 초하룻날 하루는 '정마'가 머리를 감고 얼굴을 가꾸는 날이라고 전해져 오는 것이다.

사람들은 하루를 하루로 살지만, 정마는 1년을 하루로 산다. 정월 초하루는 그녀에게 있어서 신새벽에 속한다. 그러므로 그 하루 동안은 우물물을 길어 쓰는 것이 금지된다. 우물 안의 수면이 바로 정마의 거울이기 때문이다. 만약 수면을 흩트려 놓으면 정마는 당연히 자신을 비추어 볼 수 있는 거울을 가질 수 없게 될 것이다. 그리되면 마음이 상한 정마는 1년 동안 그집 사람들에게 은혜와 복락을 베풀어 주지 않을 것이다.

이렇게 서로 같지 않은 전설과 습속은 인간이 신을 섬기고 복을 구하는 절실한 심정을 반영한다.

정신에게는 일반적으로 독자적인 묘당이 주어지지 않으며, 그 모습을 만든 소상도 거의 없다. 그러나 몇몇 우물의 옆에는 신의 감실이 만들어져서 정신을 받들어 모시는 사례가 있다. 그 속에 모셔진 정신은 두 분의 석상인데, 어깨를 같이하여 앉아 있으며, 1남 1녀이다. 이것은 정신 부부이니, '수정공水井公', '수정마水井媽'라고 불린다. 토지공 공土地公公, 토지내내土地奶奶와 같은 경우이다. 민간에서는 항용 사람과 사물을 신격화하며, 그런 연후에 또 신명을 세속화하니, 민간에서 신을 조형하는 특별한 방식을 알 수 있을 것이다.

역주 _____

1_ 搶財 : 일 년이 시작되는 때 처음으로 우물에서 새 물을 뜨는 것.
2_ 井媽照鏡 : 우물신이 새해 첫날 거울같이 밝은 수면에 자기모습을 비춰보는 것.

측신

　과거에는 불교와 도교가 합하여지고, 백가지 신격이 혼합되는 등의 사례가 있었다. 그런 것들 중에 3소낭낭三霄娘娘을 모시는 것이 있다. '3소'는 세 분의 여성신격이다. 나누어서 말하면 운소雲霄, 경소瓊霄, 벽소碧霄인데, 그녀들 셋은 다 측신이다. '3소'의 전신은 '자고신紫姑神'이다.

　'자고'는 당나라 때 사람으로 전해 내려오는데, 성은 하, 이름은 미, 자字는 여경麗卿이며, 산동山東 내양萊陽사람이다. 무측천武則天 시대에 산서 수양자사壽陽刺史였던 이경李景은 하미何媚의 남편을 죽이고 그녀를 데려다 작은 부인으로 삼았다. 이경의 큰부인은 독한 품성을 가지고 있었는데, 하미가 나이도 어리고 예쁘기도 한 것을 보고 질투심에 사로잡혀 원망을 품었다. 그런 그녀가 하미를 용납할 수 있었겠는가? 큰 부인은 정월 보름, 원소절元霄節 날 밤에 하미가 변소에 가는 것을 보고, 쫓아가서 변소 안에서 하미를 죽였다.

　그러나 하미의 원혼은 흩어지지 않았다. 나중에 이경은 측소에 들어갔을 때 "홀연 곡성이 들리고 흐릿하게 어떤 모습이 나타났고, 또 칼을 쥔 병사가 호통치는 것 같기도 하여 아주 기이한 느낌이었다."고 한다(『역대신선통감歷代神仙通鑑』). 이러한 이야기는 무측천의 귀에 까지 들어갔다. 무측천은 하미를 동정하여 그녀를 측신으로 봉하였다. 훗날 하미의

厕神

과거에는 불교와 도교가 합하여지고, 백가지 신격이 혼합되는 등의 사례가 있었다. 그런 것들 중에 3소낭낭三霄娘娘을 모시는 것이 있다. '3소'는 세 분의 여성신격이다. 나누어서 말하면 운소, 경소, 벽소인데, 그녀들 셋은 다 측신이다.

이름을 거론 하는 사람들은 그녀가 옥황대제에 의해 측신으로 봉해졌다고 말하기도 하였다. 옥황대제야 진실로 많은 경우와 연결되지만, 변소의 일과 연결된 경우는 들어본 적이 없다.

자고는 신격을 이룬 후 자연히 많은 사람들, 특히 여성들의 숭배를 받게 된다. 그러나 그녀는 자신만의 묘당을 갖지는 못한다. 여성들은 종이를 사용하거나 나무로 깎아서 자고신의 형상을 만들고 원소절 밤에 변소로 가지고 가 제사를 올린다. 제사를 드리는 중에 마음속으로 하는 말은 다음과 같다. "자서는 부재중이고 조부 역시 갔으니 소고는 나오셔도 좋을 것입니다[子胥不在, 曹夫亦去, 小姑可出]." '조부'는 '대부'이니 저 늙은 큰 부인을 말하고, '자서'는 그 남편인 이경을 말한다. 좋은 사람들을 지칭하는 것이 아닌 것이다. 이 말이 의미하는 바는, 저 개 같은 남자와 여자 두 사람이 다 집 안에 없으니 자고께서는 마음을 놓고 나오시라는 이야기이다. 이것에 근거하여 보면 결국 이 시기의 우상숭배는 이렇게 신을 모셔들이고, 신을 이용하여 길하고 흉한 것을 점쳐서 화와 복을 알 수 있다는 것이다. 자고신을 부르는 의식은 훗날에 이르면 점점 발전하여 '부기扶箕'[扶亂, 길흉을 점치는 술법의 일종, 부란이라고도 한대미신이 되었다. 이것은 후세에 아주 유행하였던 미신활동의 전성시기를 이끌어 내는 것이다.

이야기는 아직 남아 있다. 자고는 척고이다. 척고戚姑는 한漢 나라 고조高祖인 유방劉邦의 비였다. 훗날 여태후呂太后에 의해 팔 다리가 잘려지고 '인저人猪'[돼지같이 된 사람, 처참한 처지를 상징한대로 변해 변소 안에서 죽었다. 척부인의 참상을 전해 듣는 후대인들은 동정을 느끼지 않을 수 없었다. '척'이라는 글자와 '칠'이라는 글자는 음이 같다. 그러므로 어떤 지방에서는 '측신'을 '칠고'라고도 부른다. '삼고'라고 부르는 지역은 아직도 있다. '삼고'는 '세 사람의 고랑'으로 변하여 '갱삼고낭'이라고 불린다.[1] '갱'은 바로 북방의 '모갱', '분갱'이다.[2]

'갱삼고낭'은 『봉신연의』[3]에 이르면 세 개의 신선 섬에 사는 세 명의 선고, 즉 운소, 경소, 벽소 3자매가 된다. 그녀들에게는 재물의 신이 된 오빠 조공명을 위한 희생이 덧붙여진다. 조공명은 상나라 임금을 도와 주나라 임금과 싸우다가 주나라 장군에 의해 죽는다. 운소 3자매는 분노하여 일제히 오빠의 복수를 위해 나선다. 처음에 그녀들은 혼원금두混元金斗와 금교전金餃剪을 사용하여 연전연승을 한다. 그러나 최후에는 모두 죽임을 당한다. 강자아姜子牙가 원시천존元始天尊의 뜻을 받들어 신을 봉할 때, 3소낭낭은 감응수세선고感應隨世仙姑로 봉해진다. 혼원금두를 들고 선천先天과 후천後天을 마음대로 부리며, 선仙, 범凡, 인人, 성聖, 제후諸侯, 천자天子, 귀貴, 천賤, 현賢, 우愚를 가릴 것 없이 똑같이 응해 가고, 땅에 내려설 때는 먼저 금두를 쫓아 움직인다. 이 보다 더 넓은 범위를 갖는 신선이 있겠는가. 책 속에는 다음과 같은 설명이 붙어 있다. "이상의 3고는 바로 갱삼고낭이다[以上三姑, 正是坑三姑娘]." 과거에는 어린아이가 인간세상에 내려올 때 먼저 변기통 안에 떨어진다고 하였다. 비록 천자나 성현의 출생이라고 하더라도 예외가 아니었다. 측신의 위풍이 당당할 수밖에 없는 일이다.

3소낭낭, 자고 같은 존재들은 비록 측신이라는 이름을 갖기는 하지만 그녀들을 사람들이 숭배하는 것은 그녀들이 변소의 일을 주관한다는 것을 중요하게 생각하였기 때문이 아니라, 길흉과 화복 등을 묻고, 모든 일에 대해 점쳐서 답을 얻을 수 있기 때문이다.

사천四川의 아미산峨眉山에는 저명한 3소낭낭 묘당(삼소동三霄洞)이 있다. 1937년 가을, 70 이상의 배향객이 북을 두드리고 노래를 하며 모여 있었다. 이것이 '3소낭낭대파황하진'4_이다. 시끄러운 북소리와 노랫소리는 동굴 안의 독기를 뒤집어 놓았다. 동굴 안에서 향을 올리던 사람, 묘당 내에 머물던 화상和尙 등은 모두 질식하여 죽었다. 이것은 한 시대를 진동시킨 소식이 되었다. 옛날에는 항상 자고와 3소의 '신마'5_를 사서 제향 때 불살랐다. 3소낭낭과 갱3고낭의 신마는 홍색 종이 위에 세 사람을 새겨 넣은 것이다. 민간에서 목판으로 인쇄한 물건이다. 3소의 조각상은 낭낭의 모양으로 만들어져 셋이 합사되어 있다. '백자당百子堂'이라는 묘당에는 그녀들의 초상을 모셔 놓았었다. 오늘날 무당산武當山의 금전金殿과 남암南岩, 그리고 자소궁紫霄宮 안에는 그녀들의 신상이 아직도 남아 있다.

역주 _____

1_ '威'과 '七', '七姑', '三姑', '三霄', '三個姑娘', '坑三姑娘' : 척고가 칠고로, 칠고가 삼고로, 삼고가 3개 고낭으로 변화하여 나간 것이라고 하겠다.
2_ '坑', '茅坑', '粉坑' : 갱은 '똥구덩이', 바로 변소를 의미한다.
3_ 『封神演義』, 今當財神爺的哥哥趙公明 : 지금은 재신을 담당하고 있는 오빠 조공명.
4_ 三霄娘娘大擺黃河陳 : 3소낭낭에게 제향하기 위해 사람들이 장사진을 친 것을 두고 이르는 말이다.
5_ 神碼 : 제의에 쓰기 위해 종이로 만든 물건을 의미한다. 여기서는 종이 위에 모시는 신의 그림이 그려져 있고, 제의에서 불사르는 것으로 설명된다.

약왕

사람의 일생은 의원이나 약과 떨어질 수 없다. 사람들은 의약을 발명한 사람과 명의에 대해 한 없는 감사의 마음을 갖는다. 그리고 그들을 신명처럼 섬긴다. 이리하여 약왕묘藥王廟와 의왕묘医王廟는 각지에 건립되게 되었다. 북경 안에도 과거에는 10여 군데의 약왕묘가 있었다. 그 중 천단天壇 북쪽에 있는 약왕묘가 가장 유명하였다. 그러나 그것도 하북河北 안국安國에 있는 약왕묘와 비교하여 보면 상대조차 되지 않는다.

하북성의 안국은 옛날에 기주祁州라고 불렸던 곳인데, 중국 역사상 가장 오래 되었고, 또 가장 규모가 큰 약재시장이 있는 곳이다. 지금으로부터 9백 년 전인 송나라 초기에 여기는 이미 대강 남북과 중앙 지역의 약재 집산지였다. 그래서 '약도藥都'라는 이름으로 지칭되었는데, 이 약도의 가장 유명한 고적이라면 당연히 약왕묘를 꼽을 수 있을 것이다. 안국 약왕묘의 오랜 역사와 웅대한 규모, 넓은 영향력은 가히 전국에서 으뜸이라고 하겠다.

안국의 약왕묘는 현성의 남쪽 관문에 있는데 900년 전 북송 초기에 건립되었고, 명나라 시대에 중수되었다. 전에는 패루牌樓, 산문山門, 석사자[石獅] 등과 더불어 27미터 높이로 우뚝 선 철기둥 두 개가 서 있었는데, 철기둥鐵旗杆에는 상단에 두조령斗弔鈴이 걸려 있고, 하부에 하나의 철제 부제에 다음과 같은 대련의 글귀가 쓰여 있었다.

사람의 일생은 의원이나 약과 떨어질 수 없다. 사람들은 의약을 발명한 사람과 명의에 대해 한 없는 감사의 마음을 갖는다. 그리고 그들을 신명처럼 섬긴다. 이리하여 약왕묘와 의왕묘는 각지에 건립되게 되었다. 북경 안에도 과거에는 10여 군데의 약왕묘가 있었다. 그 중 천단天壇 북쪽에 있는 약왕묘가 가장 유명하였다. 그러나 그것도 하북 안국에 있는 약왕묘와 비교하여 보면 상대조차 되지 않는다.

| 쇠기둥은 쌍 깃발처럼 우뚝 서고, 그 머리 위에 빛살은 쏟아지네. | 鐵樹双旗光射斗 |
| 신령스러운 마와 창포가 끼친 음덕, 하늘과 짝을 이루네. | 神麻蒲陰德參天 |

산문 앞의 기둥 문[1]에는 용과 봉황의 문양이 새겨졌고, 원래의 현판에 쓰인 글자는 "봉가남송, 현령하북"[2]이었다. 그러나 이렇게 그 이름이 천하에 떠르르한 약왕묘의 대전에서 모시고 있는 주신은 통상의 3황이 아니고, 편작扁鵲이나 손사막孫思邈, 이시진李時珍도 아니다. 동한東漢 시대의 태수인 비동邳彤이다.

비동은 안국安國 사람이며, 동한의 개국공신이다. 그는 원래 유수劉秀의 부장으로 왕망王莽을 물리치고 동한을 건립하는 전투 중에서 탁월한 공을 세웠고, 후에 곡양태수曲陽太守로 임명되었다. 비동은 문무를 겸전하였고 의학의 이치에 정통하였다. 그는 민간에 의약이 성행할 수 있게 하려고 노력하였다. 이러한 노력에 의하여 안국은 종약種藥, 제약製藥, 중의重醫의 전통이 갖추어졌고, 이것은 후대에 약의 도시로 개척하여 나갈 수 있었던 밑거름이 되었다. 비동이 죽은 후 그의 무덤은 안국의 현성 남문 밖에 만들어졌고, 비동의 무덤 부근에는 비왕묘邳王廟가 건립되었다. 훗날 이 지역에는 비왕의 영혼이 나타나 사람들의 병을 치료하여 주었다는 전설이 유포되었다. 관부에서는 조정에

보고를 올렸고, 송나라 휘종徽宗은 특별히 비동에게 '령황공靈貺公'이라는 봉작을 내렸으며, 아울러 묘우를 중건하여 제사를 올리게 하였다. 이것으로 안국의 명성은 전국에 떨쳐졌고 비동은 약왕으로 받들어 졌으며, 이 지역은 점차적으로 전국 약재교역의 중심지로 자리매김 되었다. 명나라, 청나라에는 안국 약재 시장이 아주 흥성하여, 안국에서 교역되는 약재들이 정품이라는 인식이 갖추어졌다.

재미있는 것은 약왕묘 앞에 홍백의 두 필 전마와 두 사람의 전복을 차려입은 마동馬童이 조각으로 세워져 비동장군의 무용을 상징하고 있다는 점이다. 이것은 한편으로는 그의 의약에 끼친 공적을 찬양하는 것이고, 다른 한편으로는 전공을 과시하는 것이니, 전국의 약왕묘 중에서 따로 그 예를 찾아볼 수 없는 것이라고 하겠다. 묘당 안에는 많은 비갈이 세워져 있는데, 비석 위에는 고대의 약방藥方과 약재藥材에 대한 지식이 새겨져 있어서 자못 이채를 띤다. 대전 정 중앙에는 양왕 비동의 채색 소상이 있다. 남북으로 선 두 개의 건물 속에는 중국 10대 명의의 소상이 배치되어 있다. 좌측으로는 화타華陀, 손림孫林, 장자화張子和, 장개빈張介賓, 유하간劉河間이 우측으로는 편작扁鵲, 장중경張仲景, 손사막孫思邈, 서문백徐文伯, 황보사안皇甫士安의 소상이 앉아 있다.

옛날에 안국에서는 매년마다 성대한 규모의 약왕묘회藥王廟會를 열어서 비동을 제사 지내고 동시에 약재를 교역하였다. 묘회廟會는 봄가을 각 1회 거행하였는데, 속칭 춘묘春廟, 동묘冬廟라고 하였다. 묘회 때에는 전국에서 약재상들이 몰려들어 먼저 약왕묘에서 약왕을 제사 지내고, 약왕신을 즐겁게 하기 위한 연회를 벌리고 나서 다시 생업과 관계된 일을 하였다. 약재상들은 비동을 아주 숭배하였다. 그들은 비동이 안국(기주)사람이기 때문에 약재가 기주를 거치지 않으면 약효가 없으며, 약효가 떨어지는 약재라도 일단 기주를 거리면 약효가 증진된다고 공언하기까지 한다. 각지의 약재상들이 묘제 시에 안국에 운집하는 이유는 바로 여기에 있다. 지금도 약재의 도시 안국의 약재시장은 번영을 구가한다. 만약 약왕 비동이 지하에서 이 사실을 안다면 분명히 아주 흐뭇해 할 일이리라!

역주 _____

1_ 기둥 문(원문은 牌坊) : 무엇인가를 기리기 위해 세운 문짝 없는 기둥을 의미한다.
2_ 封加南宋, 顯靈河北 : 남송에서 봉작이 덧붙여졌고 영험함은 하북에서 드러났다.

보생대제

　　고대에는 생활 여건이 아주 제한되어 있으므로 질병이 사람들의 생존을 위협하는 정도가 심각하였다. 그러므로 백성들은 죽음으로부터 구해주고 상처를 치료하여 주는 의원들의 활동에 감동하고, 그들을 아주 숭배하여 재생의 부모처럼 바라보곤 하였다. 그리하여 의술이 고명하였던 명의는 다시 신명과 같이 받들어졌다. 그들은 이 세상을 하직한 후 바로 의왕, 의신으로 존숭되어, 세상 사람들의 제사를 받았다. 중국의 신의로는 편작, 손사막 같은 사람들이 일컬어진다. 그러나 그들은 모두 북방지역의 신의이다. 남방지역에서 그 대명을 떨쳤던 최고의 신의는 보생대제保生大帝 오본[1]이다.

　　보생대제 오본의 조묘祖墓는 복건福建의 자제궁慈濟宮이다. 자제궁은 또 백초고궁白礁古宮이라고 불린다. 복건 용해현龍海縣 백초촌白礁村에 있다. 구룡강九龍江 북쪽 기슭이 바다로 빠져드는 부분이다. 배산 임수하고 있으며, 풍광이 아주 좋은 곳이다. 자제궁은 남송 초기에 건립되었다. 지금부터 800년 전이다. 궁궐식 건축인데, 대대로 증축되었다. 묘우는 산에 의지하여 건립되었는데, 2층짜리 3동이다. 조각된 대들보에 그림이 그려진 기둥, 장엄하고 화려하게 꾸며진 건물이다. 송, 원, 명, 청 시대 건축미학이 총집결하고 있는 건물인데 이 지역 사람들은 이 건물이 자기 지역에 있는 것을 명예롭게 생각하여 '민남고궁閩南古宮'이라는 이름을 붙여 주었다. 건물 안과 밖에는 또 멀리 대만

保生大帝

고대에는 생활 여건이 아주 제한되어 있으므로 질병이 사람들의 생존을 위협하는 정도가 심각하였다. 그러므로 백성들은 죽음으로부터 구해주고 상처를 치료하여 주는 의원들의 활동에 감동하고, 그들을 아주 숭배하여 재생의 부모처럼 바라보곤 하였다. 그리하여 의술이 고명하였던 명의는 다시 신명과 같이 받들어졌다. 그들은 이 세상을 하직한 후 바로 의왕, 의신으로 존숭되어, 세상 사람들의 제사를 받았다. 중국의 신의로는 편작, 손사막 같은 사람들이 일컬어진다. 그러나 그들은 모두 북방지역의 신의이다. 남방지역에서 그 대명을 떨쳤던 최고의 신의는 보생대제 오본이다.

에서 옮겨 온 10개의 '웅크리고 있는 용이 채색으로 그려져 있는 석주'가 있다. 가운데 전각에서 제사되고 있는 것은 의신인 보생대제이다.

보생대제는 대도공大道公, 오진군吳眞君이라고도 불린다. 본래는 복건의 가장 고명한 의원이었다. 그의 성은 오, 이름은 본이다. 송나라 시대 용해현 백초 사람이다. 한미한 출신인데 어려서부터 자질이 보통 사람보다 뛰어났었다. 널리 모든 책을 두루 읽었으며, 채약采藥, 연단煉丹, 침자針灸에 정통하였다. 그는 사방을 돌아다니며 의료행위를 하였다. 의술이 고명하여 많은 사람들이 그를 선생으로 받들었다. 당시에 이름이 높았던 황의관黃醫官, 정진인程眞人, 은선고鄞仙姑 같은 사람들은 모두 그의 제자이다.

전하는 바에 의하면 송나라 인종仁宗의 모친께서 유방에 병이 났는데 궁중의 의원[御醫]들이 치료하지를 못하여 오본을 불러 들여 치료하게 했는데, 오본이 약으로 병을 다스렸다고 한다. 인종이 크게 기뻐하여 그를 궁중에 머물며 어의 역할을 하게 하였으나 오본은 민간으로 돌아가기를 고집하였다. 그는 황상에게 다음과 같이 아뢰었다. "나는 진인 공부를 하여 자비로운 마음으로 세상을 구제하고, 죽은 이를 살리고 상처 입은 이들을 고쳐주는 일에 뜻을 두었습니다. 부귀영화는 내가 원하는 것이 아닙니다[我志在修眞, 慈悲濟世, 救死扶傷. 榮華富貴非我所願]." 송나라 인종은 이 말을 듣고 아주 감동하여

보생대제의 신마
保生大帝神馬

그에게 다시는 머물기를 강요하지 않았다. 오본은 민간으로 돌아와 뛰어난 침술로 많은 사람들을 구하였다. 그가 죽은 후에 백초촌의 친지들은 추룡암秋龍庵이라는 사당을 지어 그를 기념하였다. 훗날 송나라 고종은 이 민간 의원이 옛날에 황실의 조상을 치료하였다는 이야기를 듣곤 추룡암이 있던 자리에 화려한 궁궐실 묘우를 중건하도록 명하였다. 이것이 백초자제궁白礁慈濟宮이다.

명나라 시대에 이르러 오본의 재전제자가 또 영락 황후의 유방 질환을 치료한다. 영락대제永樂大帝는 특별히 명인을 시켜 석사자 하나를 조각하게 하여 '국모사國母獅'라는 이름을 붙이고 멀리 복건의 자제궁으로, 이미 신격을 이룬 보생대제에게 보내게 하였다. 이 기이한 '국모사'는 지금도 묘우 안에 남아 있다. 석사자는 우측 발을 높이 들고 있는데, 발바닥에는 '오본'의 '본'자가 찍혀 있다.

명나라 시기 말년에 정성공鄭成功은 백초 일대에서 청나라에 대한 저항투쟁을 이끌었다. 많은 백초 지방의 자제들은 이 운동에 선봉으로 참여한다. 그들은 출정 전에 하나둘 자제궁으로 와서 보생대제의 신상 앞에 있는 향을 사른 재를 한 주먹 집어 몸에 지니고 나갔다. 신령의 보우를 입고, 동시에 옛 땅을 수복하자는 염원을 잊지 않기 위한 의도였다. 명나라 영력永歷 15년(1661) 음력 3월 11일, 선봉군은 대만 남쪽 학갑學甲에서 육지에 상륙하였다. 이 일을 기려서 이 날은 백초 지역 출신의 후예들이 대륙을 향해 절을 올리는 기념일이 되었다. 훗날 그들은 또한 백초궁의 규모와 양식을 쫓아서 대만 학갑에 또 하나의 자제궁을 짓는다.

청나라 초기에 대만에 염병(온역瘟疫)이 창궐한 해가 있었다. 의원들은 속수무책이었다. 복건의 이민들은 바다를 건너 백초자제궁의 보생대제 신령을 모셔 들여 남군南郡에 좌정시키고 받들었다. 그것으로 온역은 씻은 듯이 사라졌고 보생대제는 대만 사람들이 널리 신봉하는 신격이 되었다. 이 후 보생대제의 묘당은 대만 전체에 지어졌다. 지금은 160여 군데에 이른다. 이들은 똑같이 대륙 자제궁을 자제궁의 기초를 연 조묘[開基祖廟]로 존숭한다. 매년 음력 3월 11일에는 대륙의 백초와 대만 학갑의 두 군데 자제궁에서 대규모의 제례행위가 이루어진다. 학갑 자제궁에서는 아직도 '상백초上白礁'를 거행한다. 조상을 알현하고 제사를 올리는 의식이다. 사람들은 목탁을 두드리고 북을 치며 노래하고 춤을 춘다. 폭죽을 터트리고 한꺼번에 소리치기도 한다. 많은 사람들은 한 그릇 물을 떠다 재단 앞에 이르러서 한 모금 마시곤 한다. 물을 마시는 것으로 근원을 생각하고 옛 고향을 잊지 않을 것을 다짐하는 것이다. 이런 제의에 참가하는 사람들은 10여만 명에 이른다.

역주 _____

1_ 吳夲(원주 : 음을 '타오'로 읽어야 한다. '본本'이 아니다) : 아마도 이 이름은 '오타오'로 발음되는 모양이다. 그러나 '吳本'의 '本'을 '本'으로 적든, '夲'으로 적든, 우리말로 '타오' 음이 나지는 않는다. 따라서 그냥 본으로 읽고, 저자의 주를 분명히 해 두는 것으로 처리하고자 한다.

마조(천후)

해양을 이웃에 둔 모든 나라들은 예외 없이 해신을 숭배한다. 중국도 스스로의 해신을 갖고 있다. 그녀의 이름은 천후낭낭天后娘娘이다.

천후는 마조라고도 한다. 그녀를 모신 묘당은 천후궁天后宮, 또는 마조묘媽祖廟인데, 중국의 연해 각 지역과, 동남아 지역까지 분포한다. 대만 한 지역에서만 500여 군데나 발견된다. 그 영향력의 막대함을 알 수 있을 것이다.

해신낭낭인 마조의 전신은 어가고낭漁家姑娘이다. 그녀는 임묵이라고 불리며, 1천년 전인 북송 초기 복건福建 포전蒲田 미주서湄州嶼에서 살았다. 그녀의 부친 임원林愿은 순검 계열의 하급관리였다. 임묵林黙은 태어난 후 울지를 않았으므로 '묵黙'이라는 이름을 갖게 되었고, 장성한 후에는 또 '묵랑黙娘'이라고 불렸다. 해변에서 성장한 임묵은 물질에 익숙하였고, 그녀는 항상 해

媽祖(天后)

해양을 이웃에 둔 모든 나라들은 예외 없이 해신을 숭배한다. 중국도 스스로의 해신을 갖고 있다. 그녀의 이름은 천후낭낭이다. 천후는 마조라고도 한다. 그녀를 모신 묘당은 천후궁, 또는 마조묘인데, 중국의 연해 각 지역과, 동남아 지역까지 분포한다. 대만 한 지역에서만 500여 군데나 발견된다. 그 영향력의 막대함을 알 수 있을 것이다.

상에서 조난을 당한 상인, 어민 등을 구조하였다. 묵낭은 또한 천기를 읽을 줄 알았고, 의약에 조예를 갖추어서 사람들을 간병하고 치료하는 일을 하였으며, 화복을 예언할 수 있었으므로 많은 사람들의 사랑을 받았다. 아마 묵낭은 젊은 여무와 같은 사람이었을 것이다. 20세가 넘은 후에도 묵낭은 가정을 이룰 생각은 하지 않고 백성들을 구해주는 일에만 전력을 기울였다. 그녀는 사람들을 구하다가 불행히도 죽음을 맞게 되었으니, 당시의 나이가 28세였다. 그 지역 사람들은 '신녀' 임묵이 죽었다는 사실을 받아들일 수 없었다. 그래서 그녀가 '신선이 되어 하늘로 올라갔다.'고 하였고, '임씨 여인이 신선이 되어 하늘로 올라간 이적'이라는 이야기의 골조를 만들어 내었다. 포전 사람들은 사당을 지어 그녀를 기념하였다. 그것은 최초의 해신묘海神廟였다.

이 후 관의 배이든 민간의 배이든 해상에서 위험을 맞은 배들은 임묵낭林黙娘의 혼령이 나타나 도와주어 무사할 수 있었다. 심지어 해녀가 바람을 타고 나타나 관병이 해적을 소탕하는 일을 도왔다는 전설까지 생겨났다. 조정에까지 이 소문은 들어갔다. 조정에서는 이 일을 중시하여 황제로부터 신으로 책봉한다는 명령이 내려왔다. 송나라에서 청나라에 이르기까지, 7~8백년에 이르는 세월 동안 역대의 제왕들은 40여 차례 이상 신녀를 책봉하였다. 신녀에게 내려진 이름에 쓰이는 글자는 '보국호성輔國護聖', '호국비

천후天后(媽祖)

민護國庇民', '굉인선제宏仁善濟' 등과 같은 것을 포함하여 총 5~6십자에 이를 정도이다. 임묵의 지위는 당초의 임고낭林姑娘에서 시작하여, 부인夫人, 비妃, 천비天妃, 성비聖妃 등을 거쳐 천후天后에까지 이른다. 그녀에 대해 백성들이 제사를 올릴 때 조정에서는 대신을 파견하여 예를 표하고, 국가제례를 사용하게 하였다.

해신海神 천후의 혁혁한 위명은 고대의 해운이나 어업과 밀접하게 연관되어 있다. 자연은 바람이 불지 구름이 하늘을 뒤덮을지 예측하기 어렵다. 당시의 조건 아래에서 바다에서 배를 움직인다는 것은 아주 위험한 일이었다. 뱃길의 안전은 누구도 보장할 수 없었다. 선원들과 어민들은 죽어서 수장되어 모든 집안에서 항상 음식으로 삼는 물고기의 밥이 되었다. 조정이나 백성이나 해상의 보호신을 두어 뱃길의 안전을 확대하는 것은 소망스러운 일이었다. 그래서 임묵은 사람들이 가장 즐겨 선택하는 해신이 되었다. 천후궁天后宮과 마조묘媽祖廟는 중국의 바다에 인접한 지역에서 광범하게 분포한다.

천후궁의 숫자는 1천을 헤아린다. 그러나 상천후궁上天后宮 중의 으뜸이라는 이름을 얻은 것은 천후의 고향인 복건 포전 미주湄州의 조묘이다. 이 묘는 북송 옹희雍熙 4년(987)에 창건되었으니, 1천년의 역사를 갖는 것이다. 조묘의 규모는 웅장하며 아주 화려하게 치장되어있다. 묘우는 앞으로 바다를 접하고 있다. 밀물 썰물로 바닷물이 들고 나며 격렬한 화음을 만들어내는데, 이 소리는 '미서조음湄嶼潮音'이라는 명예로운 이름을 얻었다. 음력 3월 23일은 마조의 탄신일이다. 아침나절에는 참배하려는 사람들이 인산인해를 이루는데, 대만 '미주마조진향단湄州媽祖進香團'도 아직 여기 와서 향을 올린다. 향을 올리는 사람들의 숫자는 수십만을 헤아린다.

대만의 천후궁, 마조묘도 510군데에 이르는데, 유명한 것은 10곳이다. 그 중에서 북항北港의 조천궁朝天宮이 최고의 성가를 구가한다. 북항 조천궁은 대만에서 가장 오래된 것으로 청나라 강희시대에 건립되었다. 300년의 역사를 갖는 것이다. 이곳의 마조상은 미주에서 가져온 것이므로 포전 미주 마조묘의 신령을 나누어 놓은 것으로 받아들여진다. 그러므로 몇 년마다 한 번씩 마조의 신상을 들고 미주에 가서 향을 올린다. 마조를 숭배한다는 것과 미주의 마조묘가 조종의 위치를 점한다는 생각을 표현하는 것이다. 조천궁은 대만 전역에서 가장 많은 사람이 와서 향을 올리는 곳이다. 매년 마조의 탄신일이 되면 와서 향을 올리는 사람들의 숫자가 백만을 넘는다. 북항 부두 위에 쌓이는 폭죽 터트리고 남은 종이만 하더라도 몇 층 높이에 이를 정도이다.

개장성왕

옛날 중국 사람들은 은덕을 입은 것이 있으면 감사하면서 은덕을 끼친 사람을 좋은 일을 가져다주는 부모궁父母宮으로 간주하여 감격에 겨워 눈물을 흘리기도 하고 머리를 조아려 배알하기도 하였다. 그런 사람들 중에서도 특히 크게 공덕을 끼친 사람은 신단의 보좌에 모셔지고 중국의 존귀한 신성 중의 하나로 편입된다. 본디 여러 신성 중에는 그럴만한 자격이 없는데 잘못 섞여 들어간 가품이 있을 수도 있다. 2서진군二徐眞君 같은 부류는 아무 공덕도 끼치지 못한 '위조품'이다(2서진군 조를 참조 바람). 그러나 사람으로 살다가 신성으로 변한 경우 중 다수는 생전에 확실히 백성들에게 공덕을 끼친 경우이다. 그중 가장 이름 높은 경우는 중국의 염왕인 포공과 범중엄范仲淹, 상해의 성황上海城隍인 진유백秦裕伯, 북경의 성황北京城隍인 문천양文天祥, 양계성楊繼盛 등이다. 개장성왕 진지광陳之光도 그런 경우 중의 하나이다.

개장성왕 진지광을 부르는 이름은 많다. 위혜성왕威惠聖王, 성왕공聖王公, 진성왕陳聖王, 진성공陳聖公, 진부장군陳府將軍 등이 그것이다. 그는 지방에서 모시는 큰 신이다. 이름에 담겨져 있는 의미처럼, 그는 장주를 개발하는 데 큰 공을 세워 모셔진 신성이다.

진지광은 실존 인물이다. 진지광(657~711), 또는 진원화陳元華라는 이름의 사람이며, 광

開漳聖王

개장성왕 진지광을 부르는 이름은 많다. 그는 지방에서 모시는 큰 신이다. 이름에 담겨져 있는 의미처럼, 그는
장주를 개발하는 데 큰 공을 세워 모셔진 신성이다.

주光州 고시固始(지금 하남에 속함) 사람이다. 그는 어려서부터 경, 사, 병법에 능하여서 13세에 이미 고장에서 가장 해박한 사람으로 천거될 정도였다. 당나라 말기인 희종僖宗시대에 그는 중무진사中武進士에 합격하였다. 당시 복건 일대는 남만南蠻이라 하여 칠민七閩의 미개척지대였다. 진지광은 천자의 명을 받들어 군대를 이끌고 가서 장주 일대를 평정한다. 그는 이 지역을 경영하고 관리하는 데 크게 힘을 기울이고, 적극적으로 개발한다. 백성들에 대해서는 안무정책을 써서 교화를 베풀었다. 그리하여 장주지구는 공전의 대 번영을 구가한다. 백성들은 편안히 생업에 종사하고, 민간 생활은 크게 개선되었다. 진지광은 죽은 후에 위혜성왕으로 봉하여지고, 장주 백성들의 존경과 제사를 받았다. 지방의 보호신으로 받들어진 것이다.

『용계현지龍溪縣志』 등의 역사책에 기록되어 있는 바에 의하면 진지광은 복건 수비 장군이던 진정陳政의 아들이다. 당나라 의봉儀鳳 2년(677)에 진정은 임지에서 병으로 사망하고, 진지광은 부친의 직위를 세습하였다. 조주 지역 도적패들의 난리를 해결하고, '수안지란綏安之亂'을 평정하여 '응양장군鷹揚將軍'으로 봉하여졌다. 진지광은 후에 〈청건주현표請建州縣表〉를 올려 조주潮州와 천주泉州 사이에 장주漳州를 설치할 것을 건의하였다. 조정의 비준을 얻어 설치된 장주에 진지광은 첫 번째 자사로 임명되었다. 진지광은

임기 중 덕있는 정사를 펼치고, 정성스럽게 백성들을 구휼하고, 수리시설을 갖추었다. 진지광의 개발 노력에 힘입어 장주 백성들의 생활은 안정되었고, 백성들은 그 은덕에 감읍하였다. 진지광이 세상을 떠난 후 백성들은 장주에 장군묘將軍廟를 세운 후 진지광의 형상을 깎아 모시고 제를 올렸다.

　당 말 왕심지王審知라는 사람이 사회의 혼란을 틈타 복건에 민국閩國이라고 하는 독립정권을 세우고 민왕閩王을 자칭하였다는 이야기도 있다. 진지광은 왕심지의 대장 중 하나였다. 당시 복건지역은 미개발 지대라서 여기 근거를 두고 생활하는 소수민족이 한둘이 아니었다. 한인 관리들은 이들 지역민들을 진압하는 정책을 폈다. 그러므로 당지의 백성들과 한인관리 사이에는 아주 긴장된 관계가 유지되었다. 진지광은 명을 받들어 용계龍溪(훗날의 장주漳州)에 이르러서 널리 인자한 정책을 펴서 백성들을 안정시켰고, 백성들의 도움을 받아 장주부를 성공적으로 설치했으며, 장주 최고의 장관으로 임명되었다. 대륙의 많은 사람들은 진지광이 장주에서 많은 공덕을 베풀었다는 점을 알고 있었다. 그들은 다투어 장주로 이주하였고, 개척사업은 일대 진전을 이룩하게 되었다. 진지광은 죽은 다음에 개장성왕開漳聖王으로 받들어졌다.

　이후, 복건과 장주 일대에 거주하던 백성들이 대만으로 이주하여 삶에 따라 장주의 보호신인 개장성왕 진지광은 이민들에 의해 대만으로 옮겨졌다. 대만의 장주 백성 이민지구에는 개장성왕묘를 세워 받드는 곳이 많다. 북으로 기륭基隆에서 시작하여 남으로 평동平東에 이르기까지, 진지광의 묘당은 대만 전역에 60여 군데에 이른다. 전하는 바에 의하면 진지광은 장주 지역에 살게 된 첫 번째 진씨이기 때문에 장주와 대만의 진씨들은 진지광을 더욱 숭배하였다고 한다.

광택존왕

복건福建 천주泉州 남쪽에 있는 안현安縣의 봉산 위에는 국제적으로 그 이름을 떨치는 봉산사鳳山寺가 있다. 이 묘당은 5대10국시대五代十國時代에 건립되었으니 지금까지 이미 1천년의 역사가 흐른 것이다. 묘당 안에 모셔진 주신은 광택존왕이다. 대전에는 '부신副身'이 모셔져 있다. 북쪽의 전각은 '봉안鳳眼'이라는 곳인데, 광택존왕의 '정신正身'과 그 왕비상을 모시고 제사하는 곳이다. 전각 안에는 금으로 단장하고 옻칠을 하였으며, 정밀하게 조각까지 한 침상이 놓여 있는데, 존왕 부처에게 '즐거움'을 제공하는 곳이다. 존왕의 신상은 아주 특이하여 일반적인 것과는 같지 않다. 의상은 불교식 옷도 아니고 도교식 옷도 아니다. 눈은 둥글고 입은 널찍하다. 한발은 굽혔다 일어서는 모습이고 다른 한 발은 아래로 내려져 있다. 이런 모습들을 갖춘 데에는 일정한 내력이 있다.

광택존왕은 곽성왕郭聖王, 성왕공聖王公, 보안존왕保安尊王이라고도 불린다. 이 사람은 당 지역에서 신화화된 전설적인 인물이다. 전하는 바에 의하면 성왕은 곽충복郭忠福, 또는 곽홍복郭洪福이나 곽건郭乾이라는 이름으로 불리는 사람이었다. 남안의 봉산 아래 살았으며, 원래 당나라 시대의 명장名將 곽자의郭子儀의 후손이다. 곽홍복이 신으로 받들어지게 되는 과정에 대해서는 몇 가지 서로 다른 이야기가 전하여 진다. 그 중『천주부지泉州府志』에 기록되어 있는 것은 별로 기이할 것도 없는 이야기이다.

곽성왕, 성왕공, 보안존왕이라고도 불린다. 이 사람은 당 지역에서 신화화된 전설적인 인물이다. 전하는 바에 의하면 성왕은 곽충복, 또는 곽홍복이나 곽건이라는 이름으로 불리는 사람이었다. 남안의 봉산 아래 살았으며, 원래 당나라 시대의 명장 곽자의의 후손이다.

(곽홍복)16세 때 홀연히 술 항아리를 들고 소를 끌고서 산으로 올라갔다. 다음날 산 꼭대기의 늙은 등나무 위에 앉아 다리를 늘어뜨린 채 죽어 있었다. 술동이는 비어 있고, 소는 해골만 남았다. 그의 모습을 꿈에서 본 마을 사람들이 묘당을 세우고 장군 묘라고 이름하였다.

또 다른 이야기는 널리 퍼져있는 전설인데, 아주 재미가 있다.

곽홍복은 어려서 부모를 잃고 숙부의 손에 길러졌는데 생활이 아주 곤궁하였다. 그는 진씨陳氏 성을 쓰는 지주 집에서 목동을 하면서 매일같이 양을 방목하는 일에 종사하였다. 하루는 주인이 눈이 하나뿐인 봉수선생鳳水先生이라는 사람을 청하여 조상들의 묘를 쓰기 위해 '용혈龍穴'을 찾고자 하였다. 그러나 이 진씨 성을 가진 지주는 수전노여서 봉수선생에 대한 대우가 시원치 않았다. 곽홍복은 그에 대해 아주 세심한 데까지다 신경을 써서 모셨다. 한번은 지주가 양고기 한 솥을 끓여 봉수선생을 대접하였다. 그것을 먹고 난 봉수선생은 기분이 아주 좋아졌다. 곽홍복은 슬며시 그에게 이야기를 하였다. "선생이 드신 양고기는 어제 똥통에 빠져 죽은 겁니다." 선생은 그 이야기를 듣고 크게 노하여 지주에게 '용혈'의 위치를 알려주지 않기로 작정을 하였다.

봉수선생은 곽홍복에게 호감을 가졌다. 그는 곽홍복에게 물었다. "너는 황상이 된다면 좋겠느냐? 아니면 신선이 된다면 좋겠느냐? 황상皇上은 한 세상의 복을 누리는 것이다. 그러나 신선神仙은 대대로 모든 세상의 경배를 받는 것이다." 젊은 목동은 대답하였다. "저는 신선이 됐으면 좋겠습니다." 선생이 말하였다. "양의 우리 안에 '용혈'이 있다. 네가 양친의 유골을 수습하여 이곳에 묻으면 좋을 것이다." 선생은 또 말하였다. "네가 이장을 하면 검은 벌의 무리가 너를 쫓을 것이다. 너는 빨리 도망하여라. 도중에 길에서 머리에 동으로 만든 삿갓을 쓰고 있는 사람, 사람을 타고 있는 소를 만날 것이다. 물고기가 나무 위로 올라가는 것을 보았을 때 너는 바로 자리를 잡고 앉거라. 금방 성불을 할 수 있을 것이다."

곽홍복이 시키는 대로 부모의 유골을 이장하니 과연 한 무리 검은 벌의 무리가 나왔다. 원래 이곳에는 벌의 집이 있었던 것이다. 곽홍복은 한달음에 달려서 도망하였다. 도중에 큰 비를 만났다. 인가를 찾아 올라가니 상사를 치르고 있었다. 그는 스님 한 분이 비를 가리려고 동발을 쓰고 일어나는 것을 보았다. "옳다. 이것이 머리에 동으로 만든 삿갓을 쓴 것이로구나." 한 목동이 소의 다리 아래서 비를 피하고 있었다. "사람을 타고 있는 소!" 어부 한 사람이 나무 위에 올라가 비를 피하고 있었다. 어부의 낚시에 걸린 작은 물고기 한 마리가 나뭇가지 위에서 파닥거렸다. "나무에 오른 물고기!"

곽홍복은 그것을 보자마자 반석을 찾아 그 위에 올라앉았다. 숙부가 이야기를 듣고 잰걸음으로 달려 내려와 그의 왼쪽 다리를 잡고 바위에서 끌어내리려 하였다. 그러나 곽홍복은 이미 "하늘로 올라가 성불을 한" 뒤였다. 사람들이 여기에 묘당을 짓고 소상을 만들어 세웠으며, 봉산사를 건립하였다. 곽성황은 시시 때때로 영혼의 모습으로 나타나 재해를 막고 사람들을 구원해 주었다는 이야기도 전하여진다.

전하는 바에 의하면, 청나라 옹정雍正황제인 윤진胤禛이 소시 적에 전신에 꽃이 피어 오래 사라지지 않는 천연두에 걸려 생명이 위독하였던 적이 있었다고 한다. 어느 날 밤 꿈에 한 소년이 나타나 약을 주었다. 윤진이 물었다. "이게 무슨 약이냐?" 소년이 말하였다. "이것은 천연두를 없애는 약이요." 윤진이 또 물었다. "너는 누구인가?" 소년이 말하였다. "천주의 곽건郭乾이요." 말을 마치고 소년은 사라졌다. 윤진이 잠에서 깨어나니 병이 나아 있었다. 그는 황상의 자리에 오른 후 사람을 천주로 보내 소년의 흔적을 찾게 하였다. 봉산사를 찾아서는 확장 중건 하도록 명을 내렸다. 동치황제同治皇帝 시기에는 또 광택존자로 봉한다는 칙령이 내려왔다. 이런 까닭에 민 땅 사람들과 대만 사람들은 여전히 광택존왕을 천연두의 신으로 삼아 기도를 올리곤 한다.

화신

불의 발명은 인류 역사상 획기적인 의미를 갖는다. 그것은 인류가 동물의 범주를 벗어났다는 표식 중의 하나라 할 수 있다. 인류는 영원히 불의 발명자와 불의 관리자를 숭배할 것이다. 세계 각국의 모든 민족들은 각각 자신들의 화신과 불에 관련된 신화를 갖는다. 중국의 화신은 축융祝融, 염제炎帝, 회록回祿(오회吳回라고도 불림)이다. 이들 세 신은 가장 유명한 것들이다. 이 외에 불씨를 관리하는 소화신으로 알백閼伯이 있다.

하남성 상구현商丘縣에는 화신대火神臺라는 유명한 유적이 있다. 알백을 제사지내는 곳이다. 그러므로 알백대閼伯臺라고도 하고, 화성대火星臺라는 이름으로도 불린다. 알백은 전설에 의하면 원시사회의 5제 중, 제곡의 장자라고 한다. 제곡帝嚳은 고양씨高陽氏 전욱顓頊을 대신하여 제왕이 된 후 아들 알백을 상구에 봉하여 불씨를 관리하게 하였다. 그래서 '화정火正'이라고 불렸다. 알백은 사후에 대를 쌓고 여기에 매장되었다. 알백이 불을 관리하는데 공을 세웠으므로 후인들을 그를 화신으로 오인하여, 그가 묻힌 대 위에 알백묘, 또 다른 이름으로는 화신묘를 건립하고 알백의 신상을 모셨다. 알백은 상불의 발명은 인류 역사상 획기적인 의미를 갖는다. 그것은 인류가 동물의 범주를 벗어났다는 표식 중의 하나라 할 수 있다. 인류는 영원히 불의 발명자와 불의 관리자를 숭배할 것이다. 세계 각국의 모든 민족들은 각각 자신들의 화신과 불에 관련된 신화를 갖는다. 중국의 화신은 축융, 염제, 회록이다.

구에서 별을 제사하는 일을 주관하였다. 훗날 여러 왕조들은 여기에서 천문을 연구하고 화성火星(상성商星)을 관찰하였다. 그러므로 이 대는 또 화성대라고도 한다.

화성대는 분묘 모양인데 높이가 10장에 이른다. 이 대의 위에는 화신묘 외에도 대전, 배청拜廳, 종고루鐘鼓樓가 있고, 대 아래에는 희루戱樓, 대선문大禪門 등의 건축물이 있다. 묘당 안에는 명 청 시대의 채색벽화가 아직 남아있는데, 자못 문화재로서의 가치가 있는 것이다.

길고 긴 원시시대의 역사 속에서 평야는 홍수로 휩쓸려 가기 일쑤였고, 모래바람은 하늘을 꽉 채워 햇빛을 차단하기 일쑤였을 것이다. 그런 자연 현상 속에서 귀하디 귀한 불씨를 지켜 후대로 전할 수 있었던 알백의 공적은 막대한 것이라고 하겠다. 오늘날에도 매년 정월 초7일에는 전국 각지에서 사람들이 이곳을 찾아 몰려와 향을 사르며 절을 올린다. '조대朝臺'라는 이름으로 불리는 성대한 제례행사이다.

후토낭낭

산서 개휴현介休縣 성 안에는 이름 높은 후토묘后土廟가 한 군데 있다. 북위 시대에 지어진 것으로, 지금까지 1500년의 역사를 자랑하는 묘당이다. 묘당에는 다섯 채 건물이 지어져 있다. 다들 웅장하고 광대하며 장엄하고 엄숙한 느낌이 들게 하는 것이다. 그 중 중심건물인 3청전三淸殿과 후토전은 가장 장엄한 모습이다. 후토전은 북경의 황궁에 있는 태화전과 비슷하다. 그것보다 규모만 조금 작을 따름이다. 이 전각의 지붕은 모두 황색의 유리로 되어 있는데, 눈을 비비고 보아야 할 정도로 휘황찬란하다. 고건축 중에서 완전히 황색유리 기와를 쓴 것으로는 황제의 궁궐이 있을 뿐이다. 이와 같이 보면 후토묘와 왕궁의 수준이 같아서 이렇게 특별히 호화롭게 장식할 수 있는 것이기는 하지만, 이것이 보통 일은 아닌 것이다. 이렇게 호화로운 건물 속에서 모셔지는 그녀는 4천제四天帝 중의 하나인 후토낭낭이다.

후토는 도교에서 높이 받드는 신인 '4어四御' 중의 하나이다. '4어'는 3청三淸을 보좌하는 천제 넷인데, 다른 셋은 옥황대제玉皇大帝, 북극대제北極大帝와 남극대제南極大帝이다. 천계를 주재하는 옥황대제와 짝을 이루어, 여신 후토는 땅과 산천을 주재한다. 이른바 '천공天公'(옥제玉帝)과 '지모地母'가 이들이다. 후토신앙은 원시종교 중의 토지숭배에서 기원한다. 토지는 사람들이 그 생을 의지하고 있는 물질적 기초이다. 의, 식, 주와

행위는 모두 땅과 분리될 수 없다. 그래서 사람들은 이 대지를 '인류의 모친人類的母親'
이라고 하는 것이다.

후토의 내력에 대한 이야기는 상당히 혼란스럽다. 후토를 지칭할 때에도 인명을 가
지고 이야기하는 경우도 있고, 신명을 가지고 이야기하는 경우도 있고, 관명을 가지고
이야기하는 경우도 있다. 이러한 모습은 자연신이 인격신으로 변화한 경우에 필연적으
로 나타나는 현상으로 특별히 신기할 것도 없다. 후토는 인간적으로 아주 쟁쟁한 존재
들로 이루어진 가족구성원중 하나로 배치된다. 그의 부친은 수신水神 공공共共이다. 할
아버지는 화신火神 축융祝融이다. 그는 또 호남형의 조카도 가지고 있다. 태양을 좇나가
죽은 '과부'1이다.

갑골문과 금문 속에는 '후后'와 '사司'가 같은 글자로 쓰인다. '후'를 '사'로도 쓰는 것
이다. 그러므로 '후토后土'는 바로 '사토司土'이며, 토지를 관장하는 것이다. 토지를 관장
하는 '토백土伯'이 따로 있기도 하다. 말하자면 '후토의 후백后土之后伯'이라 하는 것이다.
이 토백은 아주 괴이하여서, 눈이 셋이고, 넓은 어깨에 두터운 등을 하고 있으며, 소의
머리를 하였다. 어떤 사람은 이것이 동물에서 시작하여 인격화를 이루어낸 후토라고
말한다.

후토는 처음에는 남성신이었다. 중국 고대의 음양철학에 의하면 '천양지음天陽地陰'이라고 한다. 그러므로 '후토'는 점차 여성신으로 변하여 갔고 민간에서는 '후토낭낭后土娘娘'이라고 부르게 되었다. 후토가 여성신인 것은 비교적 합리적이다. 그녀는 초기 원시사회에서 제사를 드리던 '지모신地母神'이 변해 된 것이기 때문이다. '지모신'은 5곡을 생겨나게 하였다. 5곡은 야생상태에서 인공생산하는 쪽으로 변해 갔는데, 주로 모계사회에서 여성들에 의해 생산되던 것이었으니, 여성의 공이 막대하다고 하겠다.

후토낭낭은 높고 높은 하늘나라에 있는 때를 제외하고는 길에서 사방을 제어하며 대전 속에 앉아 사람들의 제사를 받고, 또 아래로 '기층基層'으로 내려가서 땅 아래를 보살피는 일, 즉 수묘신守墓神으로서의 역할을 수행하기도 한다.

당나라 시대에 이르러 사람들은 묘지를 만들고, 묘지를 이장할 때 묘지의 우측 방향에서 후토신에게 제사를 올려 공사를 개시하는 것을 윤허 받고 공사가 무사히 진행되도록 보우하여 주고 묘지가 잘 이루어지도록 수호하여 달라고 기원하였다. 송나라 시대에 이르러서는 청명절에 묘에 가서 주변을 깨끗하게 하기 전에 반드시 먼저 후토신에게 절을 올렸다. 묘에 올라간 날, 망자의 가족들이 모두 묘에 이르면, 먼저 묘지의 수호신인 '후토'에 대해 제사를 올린 것이다.

후토신은 일반적으로 묘지의 좌측에 머무른다고 한다. 그곳에는 '사신소祀神所'라는 세 글자를 새긴 돌을 세워 둔다. 비석은 2척 높이이고, 상면에 후토, 산신, 용신, 복신 등의 글자를 새긴다. 묘지 좌우 양측으로 모두 후토의 비석을 세운 경우도 있다.

후토에 제사를 올릴 때엔 제물을 올림, 꿇어앉아 절함, 제사를 마침, 제문과 지전을 불사름, 그 제물(고기요리, 야채요리 등의 음식)을 그대로 사용하여 조상을 제사지냄 등의 과정을 거친다. 조상에 대한 제사가 끝난 뒤에는 제물들은 묘에 제사 지내러 온 사람들의 음식으로 쓰이는 것으로 모든 일이 완결된다.

역주 _____

1_ 측父 : 중국 고대 신화에 과부라는 사람이 태양을 좇다가 목이 말라 황하와 위수 물을 다 마셨는데, 그래도 갈증이 풀리지 않아 다른 물을 찾으러 가다가 도중에 목이 말라서 죽었다는 이야기가 있다.

충왕

북경 교외에는 팔사묘八蜡廟가 있다. 그 곳에서 제사 지내는 것은 충왕신虫王神 유맹장군劉猛將軍이다. 팔사묘는 충왕묘라고도 하고, 유맹장군묘라고도 한다.

'팔사'는 중국 상고시대 사람들이 납월(음력 12월)에 거행하던 농사와 관련된 제사의 이름이다. '팔사'는 바로 농사와 연관된 여덟 가지의 사람과 일이니, 신농神農, 후직后稷, 전간방사소도田間房舍小道[전답에 있는 창고와 전답 사이의 좁은 길], 수용水庸(수고水沟), 곤충昆蟲 등을 포함하는 것이다. 훗날 민간에서는 '팔사'를 전문적으로 해충을 구제하고, 흉년과 재이를 물리치는 신격, 바로 '충왕'으로 만들어 버렸다. 이 충왕이 누구인지에 대해서 민간에서는 여러 가지 이야기가 전한다.

충왕을 무수리[鷲],[1] 즉 일종의 물새로 보는 설이 있다. 금나라 시대에 한 해 농사가 잘 되어 눈짐작으로 추수할 때가 되었나 싶을 때 갑자기 황충[2]의 대재앙이 발생한 적이 있다. 황충이 천지를 뒤덮고 날아와 추수할 식량을 모조리 갉아먹어서 백성들의 삶을 위태롭게 만들려고 하였다. 이 위기의 순간에 하늘에서 천 마리도 넘는 무수리가 날아와 황충을 재빠르게 쪼아 먹어서 다 없앴다. 이 해에 추수한 곡식은 아주 풍성하였다. 조정에서는 이 이야기를 듣고 무수리를 '호국대장군護國大將軍'으로 봉하였다. 이것은 황충의 천적으로, 황충의 재앙을 막아주는 공이 현저하였으므로, 사람들이 이것에

虫王

'팔사'는 중국 상고시대 사람들이 납월에 거행하던 농사와 관련된 제사의 이름이다. '팔사'는 바로 농사와 연관된 여덟 가지의 사람과 일이니, 신농, 후직, 전간방사소도, 수용, 곤충 등을 포함하는 것이다. 훗날 민간에서는 '팔사'를 전문적으로 해충을 구제하고, 흉년과 재이를 물리치는 신격, 바로 '충왕'으로 만들어 버렸다. 이 충왕이 누구인지에 대해서 민간에서는 여러 가지 이야기가 전한다.

감격하고 이것을 숭배하는 것은 당연한 일이라 하겠다. 황충의 재해가 발생할 때마다 농민들은 '충왕야虫王爺'에게 신속히 날아와서 논밭의 곡식을 구해주기를 기도하곤 한다.

　그러나 많은 경우에 있어서 '충왕야'는 용맹한 무장, 즉 유맹장군이라고 말하여진다.

'유맹'이라는 것은 어떤 유 장군이라는 사람의 이름이 아니라, 유씨 성의 용맹한 장군을 뜻하는 것이다. 충왕으로 모셔진 이 유장군이 과연 누구인가? 모두 5명의 후보가 거론된다. 그 중에서 가장 커다란 영향력을 갖고 있는 사람은 유기劉錡이다.

　유기는 남송시대에 금나라에 저항하였던 명장이다. 감숙甘肅 정령靜寧에 살았다. 그는 이름높은 '팔자군'[3]－(모든 병사들이 얼굴에 '적심보국赤心報國, 서살금적誓殺金賊'이라는 글자를 새겨 넣었다)의 총사였다. 유장군은 금나라 원술元術의 '철부도鐵浮圖'를 대파하고 그 연락병을 사로잡아 혁혁한 전공을 거두었다.

유기는 훗날 간교한 재상 진회秦檜의 배척을 받아 군권을 박탈당하고 지방관으로 좌천되었다. 그는 임지에서 논밭을 정돈하고 물길을 다스려서 수해를 막았으며, 백성들을 위해 적지 않은 일을 행하였다. 뒷날 황충을 구축한 공으로 유장군은 송나라 이종에 의해 양위후揚威候, 천조맹장天曹猛將으로 봉하여졌다. 옛사람들은 유장군을 두고 '살아서는 적에 맞서서 충성을 다하였고, 죽어서는 재앙을 막아서 환난을 다스렸으니, 대대로 제사하는 것은 마땅한 일이다.'라고 하였다. 그가 사후에 충왕야가 된 것은 괴이할 것이 없다는 이야기라고 하겠다.

무석無錫에는 일찍이 유맹장군의 묘당이 있었다. 묘당의 주련에는 그에 대해 찬양하는 글귀가 쓰여 있었다.

움추린 호랑이, 바위의 강건함을 갖추었네	臥虎保岩疆
미친 적을 가르치지 못하여 필마로 돌아섰어라	狂寇不教匹馬返
황충을 구축하여 풍년을 이루었네	驅蝗成稔歲
장군이 힘을 모아 부르니 온갖 곤충이 다 오는구나	將軍合號百虫來

중국은 농업대국이다. 하늘에 기대서 먹고 살던 시대에 황충은 천재 중 하나였다. 사람들은 그것을 제거하기 아주 어려운 일이었으며, 다만 충왕야인 유맹장군의 영혼에 기도를 하면서 충해를 떨쳐내고 백성들의 생계를 보호하고자 할 뿐이었다.

전해오는 바에 의하면 정월 13일은 유맹장군의 탄신일이다. 이날 관에서는 제사를 올린다. 민간에서도 아직 열광적으로 유맹장군 신을 맞는 행사를 벌이는데, 유맹장군의 신상을 떠메고 시내를 도는 것이다.

역주 _____

1_ 무수리[鷲] : 물새의 일종으로 머리에 털이 없고 성질이 사나우며 뱀을 즐겨 잡아먹음.
2_ 蝗虫 : 메뚜기의 일종으로, 우리말로는 '누리'라고 한다. 무리를 지어 날아다니는 습성이 있어서, 농작물에
   큰 해를 끼친다.
3_ 八字軍 : 팔자군이란 이런 여덟 글자를 얼굴에 새겨 넣어서 얻어진 이름이라고 하겠다.

주공 도화녀

무당산武當山에 있는 무수한 전각 중 진무대제眞武大帝의 양 옆으로는 금동金童과 옥녀玉女의 소상이 모셔져 있다. 두 사람은 책을 받들었으며, 보화로 장식되었다. 두 사람의 신분은 종자에 비서가 가미된 것이다. 직책은 높지 않지만 역할은 중요하다. 『진무본전묘경眞武本傳妙經』에 의하면 금동과 옥녀는 의전을 나누어 맡는데, 3계三界 중에서 선악공과를 빠짐없이 기록하는 작은 신으로 그 권력이 작다고 할 수 없다고 하였다. 이 두 사람을 민간에서는 속칭 주공과 도화녀라고 한다.

금동과 옥녀, 또는 주공과 도화녀에 대한 이야기는 원나라나 명나라 시대의 희곡과 소설에 기원한다. 도화녀의 고사가 민간에서 유전되어 내려온 역사는 오래이다. 원나라 시대에 이미 도화녀파법가주공桃花女破法嫁周公이라는 잡극이 있다. 이 연극은 또 지렴도화녀智賺桃花女, 파음양팔괘도화녀破陰陽八卦桃花女라고도 불린다. 연극의 내용은 다음과 같다. 인간의 운명을 점치는 주공은 개업 30년을 맞는데 아직 틀린 적이 없다. 어느 날 석씨 가문 할머니의 운명을 점치다가 주공은 그녀의 아들 석류주가 비명횡사할 것이라고 말한다. 노파는 돌아가는 길에 도화녀를 만난다. 도화녀는 그녀에게 횡액을 피할 수 있는 법을 가르쳐 주어 석류주石留柱를 구해낸다. 노파는 주공을 찾아가 복전을 되돌려 받고는 그의 점괘가 영험하지 않다고 말한다. 주공은 또 하인 팽조彭祖

周公 桃花女

무당산에 있는 무수한 전각 중 진무대제의 양 옆으로는 금동과 옥녀의 소상이 모셔져 있다. 두 사람은 책을 받들었으며, 보화로 장식되었다. 두 사람의 신분은 종자에 비서가 가미된 것이다. 직책은 높지 않지만 역할은 중요하다. 『진무본전묘경』에 의하면 금동과 옥녀는 의전을 나누어 맡는데, 3계 중에서 선악공과를 빠짐없이 기록하는 작은 신으로 그 권력이 작다고 할 수 없다고 하였다. 이 두 사람을 민간에서는 속칭 주공과 도화녀라고 한다.

의 운명을 점쳐 주면서 그가 반드시 죽을 것이라고 말한다. 팽조는 길에서 도화녀를 만나는데, 도화녀는 그에게 운명을 피해나갈 수 있는 법을 가르친다. 팽조는 가르쳐 준 대로 북두칠성에 대해 제사와 예배를 올려서 수명의 연장을 얻어낸다. 팽조는 주공을 보고, 주공은 그의 수명이 연장된 원인을 알게 된다. 질시하는 마음이 생겨난 주공은 팽조에게 중매를 청하여 도화녀를 며느리로 맞는다.

도화녀가 집에 들어온 후, 주공은 심력을 다 기울여서 그녀를 죽이려고 한다. 그러나 그의 노력은 모두 그녀에 의하여 파해되고, 일이 잘못되어 도리어 자신의 딸을 죽이게 된다. 주공은 재차 도화녀를 해칠 일을 꾸미고, 그녀는 흉계를 타파하고 주공 일가를 다 죽였다가 다시 살아나게 한다. 주공이 다시 살아난 후 진무대제가 출현하여 주공과 도화녀가 금동과 옥녀의 현신이라고 하면서, 이미 인연의 기간이 꽉 찼으니 응당 하늘의 자리로 복귀하여야 한다고 말한다. 도화녀의 희곡은 아주 유행하였다. 근대에 이르러서도 아직 이러한 제목을 달고 있는 연극이 있기까지 할 정도이다.

도화녀의 고사는 소설 속으로 유입된다. 명나라 시대 오승은吳承恩이 지은 『서유기西遊記』 중 제 35장에서 손오공이 금각대왕, 은각대왕과 싸우는 장면이 있다. 은각대왕에게 잡혀서 표주박 속에 갇혀있을 때 손오공이 입 속으로 '도화녀선생桃花女先生'을 끊임

없이 주문처럼 읊조렸다. 명나라 시대 말기의 소설 『7요평요전七曜平妖傳』 속에서는 서홍요徐洪儒의 처 야소아也巢兒가 법술을 배우면서 '도화녀' 이야기를 제시한다. 청나라 도광시대에 필자 미상의 『도화녀음양투전桃花女陰陽鬪傳』은 모두 16장으로 되어 있다. 그 뒤에 나온 것으로는 『도화녀투법기서桃花女鬪法奇書』, 『도화녀음양투이전기桃花女陰陽鬪異傳奇』가 있다. 소설은 세상 속에 떠도는 이야기를 널리 채록하게 마련인데, 그 중 도화녀가 '사람의 죽고 사는 큰 운수人之死生大數]를 두고 운명에 대항하여 싸우는 이야기가 두드러지게 나타나는 것은 신마소설神魔小說 속의 독특한 한 유형이라고 하겠다.

책 속에서는 도화와 주공이 똑같이 진무를 돕는 존재라는 것을 이야기한다. 진무현천상제眞武玄天上帝는 설산雪山에서 수도할 때 계도를 사용하여 배를 갈라 장을 씻었는데 정신이 혼미하여져서 계도戒刀[승려들이 가지고 다니던 칼]를 버렸다. 훗날 계도는 수련을 하여 양체陽體를 이루었고, 계도의 칼집은 수련을 하여 음체陰體를 이루었다. 수백년이 지난 후 왕모는 계도와 계도의 칼집을 하늘로 불러 도화를 관리하게 하였다. 그리하여 도화선자桃花仙子[계도가 변하여 이루어진 양체와 칼집이 변하여 이루어진 음체가 도원의 복숭아나무를 관리하여 복숭아나무가 도화선자가 되었다는 이야기]가 이루어졌다. 계도는 태상노군太上老君의 동자童子가 되었는데, 후에 몰래 세상으로 내려와 상나라 시대에 주씨 성을 쓰는 제후의 태 속으로 들어갔다. 그래서 태어난 사람은 이름이 주건周乾이었으며, 자라서 부친의 직책을 세습하였다. 사람들은 그를 주공周公이라 불렀다. 이때 도원의 선자桃園仙子는 옥황상제의 명을 받들어 하계로 내려와 임태공任太公의 따님이 되었는데, 이름을 도화녀라 하였다. 책 속에서는 두 사람이 법술을 다투는 일이 상세하게 묘사되어 있다. 그들은 최후에 진무현천상제에 의해 주, 도 2원수二元帥로 등용된다.

소설 속에는 고대 혼인하는 풍속이 적지 않게 묘사되어 있는데, 민속학적인 자료가치를 갖는다. 꽃가마 위에는 8동신선八洞神仙이 수놓아져 있고, 꽃가마는 염색한 주단을 이용하여 만들어져 있다. 빈 보병 한 쌍을 세웠는데, 안에 5곡과 인두 한 개를 넣었다. 꽃가마가 문 앞에 이르면 남자 쪽 사람 하나가 인두를 잡고 가마를 세 바퀴 돈 다음에 가마가 문 안으로 들어간다. 대문과 중문에는 말안장 한 개, 모말 하나를 둔다. 신부는 가마에서 내려 말안장에 걸터앉은 다음 하늘과 땅에 대하여 절을 한다. 대문에서 내당까지는 길에 채색 양탄자를 깔아 신부가 가마에서 내려 걸을 때 흙을 밟지 않도록 한다. 부친은 딸을 잡고 가마에 오르게 하면서 마음속으로 다음과 같이 염원한다. "부부가 백년해로하여 자손이 창성하고 수복이 만당하며 백가지 일에 꺼릴 것이 없게 하소서." 꽃가마가 신랑 집 대문 앞에 이르면 여자쪽의 사람이 버드나무 활 한 개와 복숭아 가지로 만든 화살 하나를 들고, 화살로 두드리며 큰 소리로 염원한다. "버드나무 활, 복숭아나무 화살! 좌측을 쏘고, 우측을 쏜다. 상문, 조객은 그림자도 안비치고, 일체 흉신은 얼굴도 볼 수 없네." 염원이 끝나면 문 위의 한가운데를 향해 화살 한 대를 쏜다. 훗날 어떤 지역에서는 불길한 일이 생긴 해에 대문 위에 버드나무 활, 복숭아나무 화살을 걸어두기도 하였는데, 그 유래는 여기서 시작된다. 도화녀가 흉한 귀신과 악한 살신을 진압하고 파괴하는 방법으로 쓰고 있는 방법과 기물을 후대 사람들이 풍속으로 만들어 오늘까지 전하여 주고 있는 것이다. 이 외에 이 시기 이후의 경극京劇이나 탄사彈詞[현악기에 맞추어 노래하고 이야기하는 민간문예] 등에서 보이는 도화녀의 모습은 이 책으로부터 영향 받은 부분이 많다.

옛날의 방회幇會[옛날 중국의 민간조직. 大刀會(白蓮敎의 일파)]들은 주공과 도화를 아주 신봉하였다. 청나라 시기의 대도회(백년교의 지파)는 전투 전에 회원들에게 '호신부護身符'를 차기를 요구하였는데, 호신부는 백포白布나 홍포紅布로 만든 작은 주머니 안에 넣어 고기를 붙여 몸에 묶었다. 호신부를 황포黃布나 백릉자白綾子로 지어 위에 붉은 색으로 부적을 그리고 정 중앙에 '조사왕祖師王'(무량조왕無量祖王)의 이름을 쓰고, 양 측면으로 '주공조周公祖', '도화선桃花仙'이라고 쓴다. 주머니 위의 정중앙에는 부적을 그리고, 양편으로는 한쪽에 '주공조봉창불발周公祖封槍不發'[주공 조상께서 창을 내밀지 못하게 막아줌]이라는 글씨, 다른 한편으로는 '도화선화탄위니桃花仙化彈爲泥'[도화 선녀께서 화탄을 진흙으로 만들어 줌]라는 글씨를 썼다. 무엇 때문에 저런 주머니를 차는가? '도창불입刀槍不入'[칼과 창이 나를 해치지 못한대하게 하기 위해서이다. 전투시에 대도회의 투사들은 '도창불입'이라는 주문을 외우며 마귀에 쓰인 사람처럼 앞으로 돌진해 들어가 결과적으로 적지 않은 사람들이 도창刀槍[칼과 창], 자탄子彈[화살] 아래 원귀가 되어 갔다.

무속신앙은 왕왕 민간의 비밀 종교결사와 긴밀한 연관을 갖고, 그들이 지키지 않으면 안되는 귀중한 법술의 위치를 차지하곤 한다.

문창제군

사천 재동현梓潼縣의 성 북쪽으로는 7곡산七曲山이 있다. 산 위에는 저명한 문창궁文昌宮이 자리잡고 있다. 당지 사람들은 이곳을 '대묘大廟'라고 부른다. 문창궁은 인간의 공명功名과 작록爵祿을 주관하는 문창제군을 모시는 곳이다.

대묘에는 궁전과 전각이 20여 채에 이른다. 주요한 것으로는 계향전桂香殿, 천존전天尊殿, 관성전關聖殿, 문창전文昌殿, 대비루大悲樓 등이다. 건물들은 산에 의지하여 형세에 맞도록 지어졌고, 높고 낮은 차이가 있어서 그 기복이 상당히 절묘하다. 대묘 안의 철조군상은 아주 이름이 높다. 그 중에서 가장 큰 것은 문창제군의 신상인데 높이가 1장 4척, 무게가 600근이다. 문창제군의 양쪽 옆으로는 8존이 시립하고 있는데, 높이는 6척, 중량은 만근이다. 이 조상들은 얼굴이 아주 풍만하고 체형이 균형 잡혀 있으며, 전신을 채식으로 장식하고 있는 아주 예술성이 높은 공예품이다.

문창궁文昌宮, 문창사文昌祠, 문창각文昌閣 등은 과거에 전국적으로 분포하던 것이다. 이러한 문창궁의 원조가 되는 묘당이 바로 위에서 말한 바 있는 사천 재동현의 문창궁이다. 이 문창궁의 전신은 '아자사亞子祠'이다. 이것은 진나라 시대의 장아자張亞子를 기념하여 세운 것이다.

장아자는 장악자라고도 한다. 그는 모친에게 아주 효성스러운 자식이었다. 진나라

文昌帝君

도교에서 문창성과 재동제군이 똑같이 공명과 이록을 주관하는 것으로 존숭되면서 두 신은 점차 하나로 통합되어 갔다. 원나라 시대에 이르면 인종황제는 재동신을 "輔文開化文昌司祿宏仁帝君"으로 봉하였다. 이것은 간단하게 "문창제군"이라고 지칭된다.

시대에 관리가 되었으나 불행히도 전장에서 사망하였다. 사후에 백성들은 그에게 묘당 하나를 지어 준다. 최후에 그는 뇌신雷神으로 되어 제사를 받는다. 그는 점차적으로 재동지방의 중요한 신격으로 성장하며, '재동신梓潼神'이라고 불린다. 송나라 원나라 시대의 도사들은 재동신을 빌려서 이른바 『청하내전淸河內傳』을 지었다. 그 속에서 그는 주나라 초에 탄생하였다가, 73대 후인 서진西晉 말기에 사천지방에 다시 탄생하여 장아자가 되고, 재동신이 되었다고 설명된다. 옥황대제가 그에게 문창부를 관장하여 인간의 작록을 문적으로 정리하는 책임을 맡겼다고도 말하여진다.

당나라 시대 안사의 난1- 때 당 현종 이융기李隆基는 사천으로 피신을 한다. 전설은 재동신이 만리교萬里橋에서 현종을 영접하였고, 이융기는 그를 좌승상左丞相으로 봉하였다고 한다. 훗날 당 희종僖宗 역시 내란을 피해 촉蜀 땅으로 들어왔는데, 재동신을 제순왕濟順王으로 봉하였다. 재동신은 당나라 군대가 내란을 평정하는데 도움을 주었다고 한다. 그런 까닭에 당나라 제왕들의 적극적인 숭배를 받아 재동신의 지위는 크게 신장되었고, 일개 지방신의 지위를 벗어나 전국적 규모의 큰 신으로 성장하였으며, 점차 문창신과 합하여 하나가 되어 나갔다.

문창은 본래 별자리의 이름이었다. 6개의 별의 모임이다. 바로 두괴斗魁(魁星, 북두칠성

의 첫째별)의 위 여섯별의 총칭이다. 고대의 점성가들은 이 별이 귀천을 결정하는 길성
이라고 해석하였다. 도교에서는 그것을 공명과 작록을 주재하는 신으로 높여 보아서
'문성文星'이라고 불렀다. 수 당 시대에 과거제도가 생겨난 이후 문창성은 문인 학자들
이 아주 숭배하는 별이 되어 문창성은 "문무작록을 주관하는 직책으로 과거의 근본[職
司文武爵祿科擧之本]"이라고 설명되었다. 도교에서 문창성과 재동제군이 똑같이 공명과
이록을 주관하는 것으로 존숭되면서 두 신은 점차 하나로 통합되어 갔다. 원나라 시대
에 이르면 인종황제는 재동신을 "보문개화문창사록굉인제군輔文開化文昌司祿宏仁帝君"으
로 봉하였다. 이것은 간단하게 "문창제군"이라고 지칭된다.

　　남송시대의 도사는 문창제군이 하늘에서 서신을 보내는 것을 가상하여 『문창제군음

즐문文昌帝君陰騭文』[陰騭은 하늘이
사람의 길흉화복을 정하는 것을]
지었다. 이것은 문창제군의 이
름을 빌어 사람들에게 선을 행
하고 덕을 쌓기를 권하는 글이
다. 이 글은 과거에 아주 유행
하여 널리 영향을 끼쳤다. 이것
은 『태상감응편太上感應篇』, 그
리고 관우의 이름을 빌려 지은
『관제각세진경關帝覺世眞經』과
더불어 3대권선서三大勸善書로 평
가된다.

　　명나라 말기에 장헌충張獻忠
은 병사를 이끌고 사천으로 들
어왔다. 그는 이 문창궁 앞을
지나가다가 묘당 내에 모신 것
이 문창군 장아자라는 것을 알

고 말한다. "그대의 성은 장이요, 나라는 사람의 성도 장이니, 나라는 사람과 그대는 같은 종씨이구료." 그는 문창궁을 '태묘太廟'로 개수한다. '태太'와 '대大'는 서로 통하므로, 이것은 또 '대묘大廟'라고도 불리게 된다. 장헌충은 사람들이 묘당 안에 그의 좌상을 만들어 두는 것을 허락한다. 장헌충의 군대가 패퇴한 후 그의 조각상은 금주지부錦州知府에 의해 파괴된다.

어떤 문창사에서는 주신인 문창제군의 양측에 항상 두 개의 동자상을 깎아 모신다. 이 두 분의 시동이 속칭 천롱天聾과 지아地啞인데, 많은 문창제군의 그림 속에도 언제나 이 두 동자는 모습을 보인다.

사람들은 왜 문창군의 옆에 이 하나는 듣지를 못하고 하나는 말을 못하는 시동을 모시고 있는 것일까? 그것에는 나름의 이유가 있다. 『역대신선통감歷代神仙通鑒』 11권에서는 다음과 같이 말한다.

(재동진군梓潼眞君)의 도호道號는 6양六陽으로 매양 하얀 노새를 타고 두 명의 동자, 천롱과 지아를 데리고 다닌다. 진군은 문장을 주관하도록 명을 받고 있어서 귀천과 연관되므로 듣지 못하고 말하지 못하는 아이를 곁에 두어서 그 아는 사람에 대해서는 말하지 못하게 하고, 말한 사람에 대해서는 알지 못하게 하여 천기가 누설되지 않도록 한 것이다.

원래 문인이 관리의 길로 나서는 운명을 관장하고 있는 이 신격의 곁에 듣지 못하는 사람과 말 못하는 사람 둘을 배지한 깃은 세상 시람들을 향하여 비밀을 누설하지 못하도록 한 것이다. 이것은 실제로 선비들이 시험관들을 아주 불신하고 과거장의 흑막에 극심한 분노와 불만을 느끼고 있다는 점을 반영한다.

수나라 당나라에서 과거제도를 시행한 이후로 과거장의 흑막에 대한 이야기는 그친 적이 없다. 청나라 시대의 순치順治 정유과丁酉科, 강희康熙 신묘과辛卯科, 함풍 무오과2등 3대 과거장의 기록만 하더라도 상급의 백명 관원과 관련되어 있는데, 그들은 거짓으로 과장의 진실을 농단하고, 크게 뇌물을 받아 챙기며, 아무 거리낌 없이 사리사욕을 취하는 모습을 보여서 세상의 공분을 불러일으키고 조야에 불만이 비등하였다. 부득불

황상 자신이 친히 나서서 주고관主考官[과거의 주심사관]과 동고관同考官[부심사관], 기타 잘못을 범한 모든 관원들에 이르기까지 확실하게 가리고 가려서, 재산을 몰수할 것은 몰수하고, 유배 보낼 것은 보내기에 이르렀다. 함풍 무오년 과장에서 주고관을 담당했던 것은 대학사大學士 백준柏儁이었다. 이 일품관원一品官員은 결국 육신을 보전하지 못하였다.

　이러한 것들은 전형적인 중앙의 대과의 시안이었다. 지방의 과장에서 있었던 흑막은 수를 헤아릴 수 없을 정도였다.

1_ 安史 亂 : 안록산의 난을 말함. 당현종의 양귀비를 안록산이 사랑하게 되면서 난이 일어남.
2_ 咸豊 戊午科 : 앞의 것은 임금의 년호, 뒤의 것은 과거가 열렸던 해의 간지이다. 예를 들어 '함풍 무오과'라
고 할 때, '함풍'은 청나라 문종(1851~1861)의 년호이고, 무오년은 1858년이므로, 1858년에 이루어진 문종
시대의 과거시험이라고 하겠다.

괴성

    사람들은 고적을 유람하러 다닐 때 괴성루, 괴성각 같은 건축물 앞에 이를 때가 있다. 그런데 이 '괴성'이 어떻게 하여 나타나게 되었는지를 아는 사람은 많지 않다. 다만 '5괴수'를 제기하는 사람이 있는데, 아마 사람들이 알고 있는 바에 의하면 이것은 술을 마실 때 벌주놀이일 것이다. 이 '5괴수五魁首'는 '괴성'과 연관이 있다.

    '5괴五魁'는 바로 '5괴수', '5경괴수五經魁首'이다. 명대에는 5경, 즉 '시詩', '서書', '역易', '예기禮記', '춘추春秋'로 관리를 뽑았다. 매 경전의 시험에서 1등을 한 사람을 '경괴經魁'('괴魁'에는 '수首'의 의미가 있다)라고 하였다. 향시에서도 매 과장에서 5등까지를 반드시 나누었는데, 이들을 어떤 한 경의 '경괴'라고 하였다. 그러므로 다섯 경을 다 합하여 '5경괴'라는 이름이 나왔고, 간략하게 '5괴'라고 하였다. 이 '괴'라고 하는 글자는 옛날 규성숭배에서 나온 것이다.

    규성奎星(숙宿)은 28숙宿의 하나이다. 이것은 서방의 호7숙虎七宿의 머리에 있는 1숙으로, 모두 16개 별에 포함된다. 옛 사람들은 규성이 '문예를 담당하는 신'이라고 생각하였다. 이른바 "규성은 문장을 주관한다[奎主文章]"는 것이다. 그에 대해서는 "굽은 것이 갈고리 모양을 하고 있으니 문자의 그림과 같다[屈曲相鉤, 似文字之畫]."고 말하여진다. '괴魁'와 '규奎'는 음이 같고, 같이 '수首'의 뜻이 있으므로, '규'자를 대신하여 '경괴', '오괴'라

魁星

사람들은 고적을 유람하러 다닐 때 괴성루, 괴성각 같은 건축물 앞에 이를 때가 있다. 그런데 이 '괴성'이 어떻게 하여 나타나게 되었는지를 아는 사람은 많지 않다. 다만 '5괴수'를 제기하는 사람이 있다.

는 말이 나온 것이다. 고대에는 장원을 또 '괴갑魁甲'이라고 하고, '해원解元'[지방 향시의 장원]을 또 '괴해魁解'라고 하였다.

훗날 어떤 사람들은 '괴'라는 글자로부터 의미를 끌어내서 오해를 만들기도 하였다. '귀신과 창으로 싸운다.'라는 것이나 '귀신의 다리가 우측으로 돌아 북두를 쫓아가다.' 라는 등의 이야기가 그것이다. 계속되는 '괴성'에 대한 형상화는 실제로는 '귀신화'라고 할 수 있다. 그것은 '하나의 붉은 것이 남색 얼굴의 악귀를 드러낸다.', '자라 머리 위로 선다.', '다리 한쪽을 뒤로 하고 크게 굽은 갈고리처럼 일어난다.', '한 손으로 봉을 잡고 싸운다.', '다른 한 손은 붓을 잡았다.', '붓으로 중간에 점을 찍어 시험치는 사람의 이름을 표시한다.'는 등으로 묘사되는 것이 그것이다. 이것이 이른바 '괴성은 싸우는 모습이고, 홀로 자라의 머리에 자리잡고 있다.'는 이야기이다. 이것은 글 읽는 사람들이 신성으로 높여 보는 모습을 덧붙여 갖게 되고, 아울러 높이 될 것이라는 조짐으로 읽혀지게 되었다.

'홀로 자라의 머리에 자리 잡고 있다.'는 이야기의 유래는 이러하다. 황궁의 정전이 자리잡고 있는 좌대의 정중앙에 있는 석판 위에는 용과 자라(큰 거북)가 조각되어 있다. 당나라와 송나라 시대에 시험에 합격한 진사들은 이 좌대의 계단 아래서 결과발표를 기다리도록 되어 있었는데, 일등을 한 장원은 영광스럽게도 이 큰 거북의 가슴 위에 설 수 있었다. 그러므로 '홀로 자라 머리에 자리잡고 있다.'는 이야기가 나온 것이다.

배움이 뛰어나면 관리가 된다. 이것은 봉건시대 사람들의 금과옥조였다. 괴성은 문인들의 영광과 오욕, 성공과 패배를 관장한다. 이것은 당연히 이만저만 중대한 일이 아니다. 그것은 귀신과 같은 기운으로 빈틈없이 관장하여 독서인의 깊은 숭배를 받기에 이르렀다. 시험을 칠 때 자리 우측에 괴성의 형상을 놓는 사람도 있고, 웃옷 속에 진흙으로 빚은 작은 괴성을 품고 있는 사람도 있었다. 그것으로 신명의 보호와 문운의 형통을 바라는 것이다.

과거에는 괴성루, 괴성전이 전국 각지에 분포하였다. 지금도 그것들은 부분적으로 보존되어 있다. 그 중에서 가장 특색이 있고, 가장 재미있는 괴성의 형상은 곤명昆明의 용문龍門 위에 있는 돌로 만든 괴성이라고 생각된다. 용문은 진지滇池[昆明池라고도 한다]의 서쪽 산 절벽을 깎아 그 위에 만든 석조 건축물이다. 진중滇中 제일의 절경이다. 용문 위의 괴성 석상은 이 절경에 적지 않은 아름다움을 더하여 준다.

허공에 걸터앉아 뻗어나간 용문의 돌 구조문은 '달천각達天閣'이라는 돌로 지은 건물에 이른다. 이것이 용문에서 제일 높은 곳이다. 전각 앞에는 천연 절벽 끝이 넓게 깎여 있다. 절벽의 끝부분을 다듬어 반원형의 평지를 만들고 돌난간을 두른 절벽누대이다. 안으로는 20여인이 앉을 수 있는 석실을 뚫었다. 문에는 세 개의 기둥이 있고, 석실에서 중심적으로 모시는 신성은 괴성이다. 실로 이 석실은 괴성전인 것이다. 정 중앙에는 손에 특별히 주필을 들고 자라 머리 위에 자리잡은 괴성신성이 있는데, 높이는 3척이 조금 넘는다. 양쪽 옆은 문창제군文昌帝君과 관성제군關聖帝君의 신상이다. 사실 급수를 따져 본다면 괴성은 관제나 문창에 비해 낮다. 그러나 여기서는 2제가 도리어 괴성의 아래에 자리를 잡고 있으니, 여기 괴성의 특수한 지위를 알 수 있을 것이다.

가장 특이한 것은 이 3존 신상과 신상의 뒤에 보이는 바닷물, 파도, 용이 노니는 모습, 암초, 그리고 신상 앞의 향안, 향로 등이 모두 완전히 동굴 내의 암석으로 만들어 놓은 것들이라는 점이다. 그 귀신같은 기교는 사람들의 탄성을 자아낼 정도이다.

진지 연못은 넓고 아득하며, 물결 위에 비치는 햇빛은 물고기 비늘처럼 어른거린다.

용문은 진지보다 300여 미터 위에 솟아 있어, 흡사 허공을 밟고 세상 밖으로 나아가는 것처럼 기세가 범상치가 않다. 용문 남측으로는 토홍색土紅色의 절벽이 '금방金榜'[옛날 과거인 전시의 합격자 명단을 게시하는 벽]처럼 높이 걸려 있다. 사람들은 이것을 '괘방산挂榜山'[방을 거는 산]이라 부른다. 용문은 본래 섬서의 한성현韓城縣과 산서의 하진현河津縣 사이에 있다. 옛날에는 하진을 또 용문이라고 불렀다. 전설에는 천 마리 만 마리의 큰 물고기가 용문에 모여 앞으로 나아가지 못하였는데, 이곳을 뛰어 넘어 앞으로 나간 것은 변해서 용이 되었고, 뛰어넘어 앞으로 나가지 못한 것은 아직 물고기로 남아 있다고 한다. 이른바 '일단 용문에 오르면 신분이 백배 상승된다[一登龍門, 身價百倍].'는 것이다. 옛날의 과거 시험장은 사람들에게 영재를 선발하는 곳으로 인식되었다. 고시장의 정문은 '용문'으로 불린다. 북경의 '공원貢院'은 명나라 청나라 두 왕조의 중앙 고시장이었다. 여기에는 용문을 제외하고도 안에 '내용문內龍門', '제3용문龍門' 등이 있다. 공원과 서로 바라보고 있는 골목 하나는 '리어호동'1-이라고 불린다. '리어가 용문을 뛰어넘는다.'는 의미를 암시하고 있는 것이다. 원래의 '공원' 터는 지금 중앙사회과학원이 되어 있으니, '리어호동'의 의미는 여전히 남아 있는 것이라고 하겠다.

곤명 용문의 궤성이 머리를 끄떡이고 있는 것과 괘방산이나 '한번 용문을 오르면 신분이 백배 상승된다.'는 전설 등은 상호 교묘하게 연결되어서 여기에 신비스런 색채를 부가하여 준다. 당시의 모습을 생각하여 보자. 많은 독서인들이 이곳을 올라와서 궤성에게 절하고, 용문을 예방하고, 괘방을 바라보며 그 아름답고 오묘한 '금방에 자기 이름이 적혀 있는 때'를 꿈꾸어 보지 않았겠는가.

역주 _____

1_ 鯉魚胡同 : '리어'는 잉어, '호동'은 몽고말에 근원을 두고 있는 것으로 골목을 의미한다. 그러므로 '리어호동'은 '잉어 골목'이라는 것인데, '잉어'가 오래되면 '용'이 된다는 것과 연관되는 말이라고 하겠다.

복신

　'복福'이라고 하는 것은 일반인의 마음속에서 다양한 의미를 갖는다. '복'은 '복운福運', '복기福氣', '운기運氣', '행복幸福' 등으로 해석될 수 있다. 자고 이래로 "5복 중에 장수가 최고이다."라는 이야기가 있다. 이른바 '5복'이라는 것은 '첫째, 장수壽', '둘째, 부유[富]', '셋째, 강령康寧', '넷째, 좋은 덕을 갖춤[修好德]', '다섯째, 주어진 명을 다함[考終命]' 등이다(『서書』「홍범洪範」). 사람들은 또 "수壽, 부富, 귀貴, 안락安樂, 자손의 많음[子孫衆多]"이라고도 말한다(환담桓譚, 『신론新論』). 종합하여 보자면, 복은 사람들이 부지런히 구하려는 것이고, 아주 동경하는 인생의 목표라고 하겠다. 그런 까닭에 복신福神은 자연스럽게 생겨나게 되고, 사람들은 경건하게 복신을 예배하며, 가문에 복이 더욱 내려오고, 복의 운명이 더욱 이어져 나가기를 희망하게 되었던 것이다. 복신은 복성福星에 기원한다. 복성이라 하는 것은 바로 세성歲星, 바로 목성木星이다. 술사들은 세성이 사람들을 살펴 복을 내린다고 말한다. 뒷날에 복성은 점차적으로 인격화 하여 나가게 된다. 그러나 복신으로 향해 나아가는 것이 처음에 어떤 사람에게 덧붙여져 시작되는 것인가에 대해서는 여러 가지 서로 다른 이야기가 전한다.

　동한東漢 시대의 장릉張陵이 창립한 도교는 상당히 널리 영향을 끼쳤다. 장릉이 죽은 후 그 아들인 장형張衡은 계속 도교를 전파하여 나가 '3관신앙三官信仰'을 적극적으로 제

福神

복신은 행복의 신이 되어 사람들의 환영을 받았다. 그리하여 일상생활 속에 복운福雲, 복기福氣와 관련된 많은 일상 용어를 파생시켰다. 좋은 땅은 '복지福地'라고 한다. 좋은 소식은 '복음福音'이라고 한다. 길게 복을 불러들일 만한 모습은 '복상福相'이라고 하고, 별로 힘을 쓰지 않고 좋은 일을 할 수 있는 사람을 '복장福將'이라고 하며, 사람들에게 좋은 곳을 주고 희망을 주는 것을 일러 '복성福星'이라고 한다.

창하였다. '3관'은 '천관天官', '지관地官', '수관水官'이다. 신도가 병에 걸렸을 때 장형은 그들에게 낭중을 구할 필요도 없고, 약을 먹을 필요도 없으며, 다만 3관을 향하여 기도하기만 하면 된다고 역설하였다. "병자의 성명을 쓰고, 지은 죄에 대해 벌을 감수하겠다는 것을 적어서 3통을 마련한다. 하나는 하늘에 올리는 것인데 산 위에 붙이고, 다른 하나는 땅 속에 묻고, 마지막 하나는 물속에 담근다. 이것을 3관수서三官手書[3관에게 손으로 쓴 편지 정도의 의미를 갖는 말일 것이다]라고 한다."[1] 그는 아울러 '천관은 복을 내리고, 지관은 죄를 사하고, 수관은 액을 푼다[天官賜福 , 地官赦罪, 水官解厄].'고 선언하였다. 이러한 이야기는 후대에 널리 전하여졌다. 그 중 '천관이 복을 내린다.'는 이야기는 사람들의 가장 열광적인 환영을 받았다. 이리하여 사람들은 천관을 복을 내려주는 복신으로 삼아 신봉하게 되었다.

'천관이 복을 내린다.'는 것은 역사적으로 민간에서 매년 새로 그려 붙이는 민화[2] 속의 중요한 내용 중 하나이다. 천관天官은 복신福神이라고 부르는 것 외에 복성福星, 복판福判이라고도 부른다. 전형적으로 이부吏部[『주례』에 의하면 '이부'는 '천관'에 속한다]의 천관 모양으로 그려진다. '그는 일신에 관복을 차려 입고, 홍색 도포를 걸쳤으며, 손에는 대여의를 들고, 발에는 조정에 나갈 때 신는 신을 신고, 미간에는 자비심의 빛을 띄우고 눈에는 즐겁게 반짝이는 빛을 담고, 다섯 줌 되는 긴 수염을 하고, 만면에 즐거운 빛과 가득한 미소를 띠고, 귀하고 영예로운 기상이 일신에 흘러넘치는 모습'이다. 천관의 옆으로는 1명의 동자가 있다. 손에는 화병을 들었고, 화병 안에는 옥란과 목단 꽃가지가 꽂혔다. 이것은 '옥당에 부귀가 가득함[玉堂富貴]'을 의미한다. 다음과 같은 모습의 천관도天官圖도 있다. 웃음이 얼굴 가득 번져나고, 5명 선동들의 허리띠에 팔을 두르고, 선동들은 선도와 석류, 불수감나무[佛手], 춘매, 길경리어등[잉어 모양으로 생긴 등]3- 같은 것들을 나누어 들고 있는 모습이다. 옛날에 민간에서는 음력으로 새해가 되면 이와 같은 민화를 많이 붙였다. 이것으로 천관이 복을 내리고, 좋은 운이 돌아오기를 바란 탓이다.

복 중에는 '재운財運', '재산을 늘림[發財]' 등을 포함되기 때문에 민속에서 해 마다 갈아 붙이는 그림 중에는 '천관을 복을 내리는 재물신'으로 묘사한 것들도 있다. 그림 속

에서 천관은 여의를 들고 대원보의 위에 앉아 있다. 그 위쪽으로는 금은산金銀山, 아주 큰 복이라는 글자가 그려져 있다. 아래로는 보화를 깔고 앉았고, 양 옆으로는 화합2선, 초재동자招財童子, 이시선관利市仙官 등이 자리 잡았다. 그림의 주제는 선명하고 색채는 화려하다. 복의 운과 재물의 기운을 가득 담고 있으니 옛사람들의 '천관이 복을 내리고, 재신이 복을 보내기'를 바라는 강렬한 갈망을 표현하여 주고 있는 것이다.

어떤 복신은 역사 속 인물이 변해서 되기도 한다. 도주자사道州刺史 양성楊成(陽城)의 경우가 그러하다. 『3교수신원류대전三敎搜神源流大全』에 의하면 한 무제 시대의 도주자사 양성이 황궁에 진공하는 난장이 수를 적게 하여 백성들의 부담을 덜고, 본주백성들을 구원하였으며, 백성들에 의하여 복을 내리고 액을 풀어주는 복신으로 받아들여졌다. 이것은 훗날 여러 지역으로 퍼져 나가 복록신福祿神으로 다투어 모셔지기에 이르렀다.

『삼교원류수신대전』에 수록된 신의 이력은 소설, 민간구전의 전설, 불교나 도교의 책 등에서 두루 뽑은 것이다. 그 중에는 역사인물이 간혹 섞여 있지만, 반드시 정사라고 받아들여 읽을 필요는 없다. 도주자사가 진공하는 품목을 줄여 백성들의 부담을 바로잡는 선정을 펼쳤다는 것은 역사 속에 확실히 실재하는 이야기이다. 그러나 그는 이름의 글자가 다른 양성이다. 양성4은 한나라 무제 때 사람도 아니다. 당나라 중기 때의 사람이다. 양성은 일찍이 도주道州(지금의 호남湖南 도현道縣) 자사를 지냈다. 『신당서新唐書』, 「양성전陽城傳」에는 다음과 같이 기록되어 있다.

(도道)주는 난쟁이의 산지이다. 해마다 조정에 그것을 진공하였다. (양陽)성城은 거기서 태어난 것을 슬퍼하여 진공하지 않았다. 황제는 사신을 보내 난쟁이를 진공하라 하였다. 양성이 주청하였다. '도주의 백성들은 다 작습니다. 만약 작은 사람을 진공하라면 누구를 진공하여야 할런지 알 수 없습니다.' 이로 말미암아 난쟁이 진공은 철회되었다. 도주 사람들은 감동하여 '양'으로 이름을 삼았다.

양성은 이렇게 부모와 같은 마음으로 백성을 대하는 관리였다. 그러므로 감히 황상

에게 항거하고 도주의 백성을 곤경으로부터 구한 것이다. 그가 복신으로 받아들여진 것은 당연한 일로 괴이할 것이 없다. 『삼교원류수신대전』은 역사상의 인물인 양성을 한자가 다른 양성으로 바꾸고, 시대를 그가 살았던 때로부터 900년 전으로 옮겨 놓았다.

복신 또는 복성福星은 수성壽星이라 하는 경우도 있다. 이것이 처음 말해지기 시작한 때는 아주 오래 전이며, 처음에는 셋이 다 다른 존재를 의미하는 것이었다. 훗날 여기에 녹성이라는 이름이 가미되어, 복성과 녹성祿星, 수성이 삼위일체가 되었다. 명청 시대에는 이미 이런 의식이 사회적으로 성행하였다. 3성의 전형적인 형상은 다음과 같다. 중간에는 사복천관賜福天官이 위치하는데 손에 여의주를 들었다. 우측에는 녹성이 자리잡는데 의원의 신분이며, 머리 위에 부귀를 상징하는 목단화를 꽂았고 어린아이를 가슴에 품고 있다. 수성은 좌측에 자리잡고 있는데 남극선옹南極仙翁이다. 넓은 이마, 하얀 수염, 지팡이를 짚었고, 복숭아 가지를 들었으며, 얼굴 가득 웃음을 띠우고 있다.

3성은 각각 행복, 관록, 장수를 상징한다. 녹신은 항상 어린아이를 품고 있거나 슬하에 어린아이를 따르게 하기 때문에 사람들은 '송자장선送子張仙'이라고 부르기도 한다.

복신은 행복의 신이 되어 사람들의 환영을 받았다. 그리하여 일상생활 속에 복운福雲, 복기福氣와 관련된 많은 일상용어를 파생시켰다. 좋은 땅은 '복지福地'라고 한다. 좋은 소식은 '복음福音'이라고 한다. 길게 복을 불러들일 만한 모습은 '복상福相'이라고 하고, 별로 힘을 쓰지 않고 좋은 일을 할 수 있는 사람을 '복장福將'이라고 하며, 사람들에게 좋은 곳을 주고 희망을 주는 것을 일러 '복성福星'이라고 한다. 보아서 좋은 것들은 '안복을 품고 있다[一飽眼福].'고 하고, 자신이 다 먹을 수 없을 정도로 많은 산해진미를 두고는 '진실로 구복을 누린다[眞有口福].'고 하는 등의 말도 있다.

역주 _____

1_ 不必找郎中, 也不用服藥, 只需向三官請禱卽可 : 기도하기만 하면 병이 낫는다는 것인데, 이 중 '找郎中'의 '조'는 구한다는 뜻이고 '낭중'은 원래 의미는 벼슬이지만 방언으로는 '한의사'를 의미한다. 『삼국지三國志』 「장노전張魯傳」 주注.
2_ 민화 : 여기서는 '年畵'라는 표현을 쓰고 있다. 해마다 새로 그려 붙인다는 의미일 것이다.
3_ 仙桃, 石榴, 佛手(불수감나무), 春梅, 吉慶鯉魚灯 : 이것들은 길상도의 소재이다.
4_ 양성楊成이 아니라 양성陽城이다. 한漢 무제武帝 때 사람이 아니라 중당中唐시대 사람이다. 그의 역사상 이름은 양성陽城이고 그가 역사 속에서 실제로 살았던 시기는 당나라 중기인데 『삼교원류수신대전』 속에서는 이름이 양성楊成으로, 생존 년대는 한나라 시기(당나라 중기로부터 900년 전)로 바뀌어서 기술되었다는 이야기이다.

복운지신 4

녹성

　'가관加官'[벼슬이 높아짐]이라는 것은 옛날 연극 무대 위에서 행했던 일종의 전통적인 연기이다. '가관'은 '도가관跳加官'['도'는 뛰어넘다의 의미를 가짐. '가관'을 강조하는 뜻이라고 볼 수 있음]이라고도 한다. 이것은 희곡을 정식으로 막을 올리기 전에 덧붙여서 하는 것인데 많은 경우 1인이 연기한다. 연기자는 몸에 대홍포大紅袍를 입고 얼굴에는 '가관검加官臉'['검'은 얼굴의 뜻을 가짐. '가관가면' 정도의 의미라 하겠음]을 쓴다. '가관검'은 웃는 모양으로 만들어진 일종의 가면이다. 연기자는 손에 조홀을 들고 무대 위를 세 바퀴 돈다. 웃기는 하지만 말은 하지 않는데, 웃지도 이야기하지도 않는다. 무대 뒤로 돌아가 어린 아이를 데리고[어떤 도구를 들고 가기도 한다] 다시 무대 앞으로 나아가 무대를 두 바퀴 돌고 퇴장한다. 마지막으로 무대로 나아가 얼굴 가득 미소를 띠우고 무대 끝으로 돌면서 청중을 향해 손에 들은 폭이 좁은 붉은 종이를 보인다. 종이 위에는 '가관진록加官進祿'[벼슬이 높아지고 녹이 많아짐. =祿星, 司祿星, 祿星高照] 같은 종류의 좋은 말들이 쓰여 있다. 다시 무대를 세 바퀴 돌고 퇴장한다. 그런 다음에야 정식의 연극이 시작된다.

　이 홀로 하는 연기자가 맡고 있는 배역은 붉은 옷을 입은 하얀 얼굴의 관리인데, 바로 녹성이며 '사녹신'이라고 불린다. '도가관'은 명절이나 좋은 일이 있을 때 이용하는데, 녹신이 도래하는 것으로, 연극을 보는 사람들의 '녹성고조祿星高照', '관직이 높아

'녹'은 관직의 녹봉 수위를 말한다. 녹신은 녹성에서 오고, 녹성은 원래 분명히 하나의 별이다. 녹신은 아직까지 민간에서 커다란 환영을 받고 있다. 절대 다수의 사람들이 탈속함의 경지에 들어서 있지 못하기 때문이다. 사람들은 대부분 현실에 갇혀 있다. 관직이 있으면 권능이 있고, 그리고 금전을 갖고 있게 마련인 것이다.

지고 재산이 늘어나며 만사가 뜻한 대로 되는 것'을 표현한 것이다. '가관'이라는 것은 벼슬이 승진하는 것이다. 옛날에는 '가관진록'과 같은 종류의 전통 풍속화가 많이 민간에서 유행하였는데(항상 복이 함께하고 모두가 장수하기를 바람), 녹신이 민심 속에 깊이 파고 들었음을 알려주는 사례이다.

　'녹'은 관직의 녹봉 수위를 말한다. 녹신은 녹성에서 오고, 녹성은 원래 분명히 하나의 별이다. 『사기』「천관서天官書」에서는 다음과 같이 말한다. "문창궁은 …… 여섯 번째는 사록이라 한다[文昌宮, 六曰司祿]." 이것은 문창궁의 제6성이 전적으로 사록을 담당하는 녹성임을 의미한다. 훗날 별에 대한 숭배로부터 점차 신화화 되어 나가 복성이나 수성과 같이 인격이 부여되기에 이르고, 다른 의미가 덧붙여져 장선으로 되었다. 이 장선이라는 인물은 바로 사천 미산眉山의 장원소張遠霄라고 하는 설이 있다. 그는 5대 시대에 청성산靑城山에서 도를 이루어서 "사목노인의 궁탄을 얻어 집안의 재해와 요기를 물리친다[四目老翁之弓彈, 擊散人家灾祲]."는 지위를 얻었다(『집설전진集說詮眞』). 일설에 의하면 이 사람은 후촉後蜀의 황제蜀인 맹영, '송자장선'이다(장선 조항을 볼 것). 그러므로 전통 희곡 중에는 "녹성이 아이를 안고 하계로 내려온다."는 가사가 있고, 또 '복녹수福祿壽'라고 하는 전통적 풍속화 중에는 녹신이 항상 아이 하나를 안고 있거나 데리고 있는 모습이 보이는 것이다.

공명功名과 이록利祿은 옛날 선비들이 목숨을 걸고 추구하던 것이다. 최고통치자들은 고관을 시켜주고 후한 녹봉을 내리는 것을 사용하여 천하의 독서인들을 끌어다 쓰곤 하였다. 일부지식분자들은 이러한 상투적인 상황을 꿰뚫고 있어서 이것을 '녹이祿餌'라고 말하기도 하였다. 이것은 녹봉과 지위를 가지고 사람을 유인하는 것이 미끼를 써서 물고기를 잡는 낚시와 같음을 비유삼은 것이다. 수천 년 동안 관녹의 미끼를 물었던 사람은 헤아릴 수 없이 많다. 그러나 이러한 술수에 눈이 가리워 자신을 팔아버리지 않는 이들도 있었다. 송인宋寅 진중미陳仲微는 이런 사정을 "녹이는 천하의 인재들을 낚을 수는 있었으나 천하의 호걸들을 집어삼킬 수는 없었다."고 하였다.

그러나 녹신은 아직까지 민간에서 커다란 환영을 받고 있다. 절대 다수의 사람들이

탈속함의 경지에 들어서 있지 못하기 때문이다. 사람들은 대부분 현실에 갇혀 있다. 관직이 있으면 권능이 있고, 그리고 금전을 갖고 있게 마련인 것이다. "3년을 청렴한 장관으로 있어도 눈송이 같이 하얀 10만의 은자가 쌓인다[三年淸知府, 十萬雪花銀]."고 하지 않던가. 그렇기 때문에 '가관진록', '복녹수'[복성, 녹성, 수성], '관상가관官上加官'[관이 높아지고 더해짐], '가관진작加官進爵'[관이 높아지고 작이 더해짐], '마상봉후馬上封侯'[금방 제후로 봉해짐], '평승삼급平升三級'[품계가 3급 뛰어오름] 등의 제목을 갖는 민화, 풍속화, 길상도안 등이 아주 유행하여 민중들에게 환영을 받았다. 재미있는 것은 이러한 민화들은 전통적인 음의

유사점을 가지고 상징적으로 이용하는 방법을 쓰고 있다는 점이다. '록鹿(사슴)'으로 '록祿(녹봉)'을 대신하고, '복녹2성도'의 화면에 늙은 수성 한분이 사슴타고 있다[一壽星騎鹿(寓鹿)(녹을 상징함)]거나, 복숭아나무 가지를 하나 들고 따른다[一捧桃侍從(寓壽)(수성을 상징함)], 박쥐(편복)가 하늘에서 내려앉는다[上空飛着蝙蝠(복을 상징함)]거나 하는 것들이다. '가관진녹'(또는 가관수록) 그림 속에서는 하나의 높은 모자를 관원(가관을 상징)이 사슴을 쓰다듬고 있는 모습[一束高冠(寓加官)官員, 正撫摸一鹿(寓受祿或進祿)('수록' 또는 '진록'을 상징함)]으로 그리기도 한다.

수성(남극선옹)

옛 사람들의 별에 대한 숭배는 명목이 번다하며, 지금에 이르기까지 변함없이 이어져 오고 있다. 그 중 민중에게 환영을 받고 있는 정도가 수성보다 더한 것은 없다. 다만 지금의 수성은 신화적 요소가 극히 엷어져 있고 인간적 분위기가 아주 농후해져 있다. 그것은 혹은 벽 위에 걸리기도 하고, 소파 등에 붙여지기도 하고, 책상머리에 세워지기도 하고, 생일용품 상자 위에 붙여지기도 한다. 우스꽝스럽게 생긴 사람이 만면에 웃음을 띠고 있는 모습이다. 신장은 크지 않고, 허리는 잔뜩 굽히고, 한 손에는 용머리를 올린 지팡이를 짚고, 다른 한 손에는 선도복숭아를 들었다. 눈과 미간에 미소가 어려 있고, 웃음은 얼굴 가득 번져나며, 흰 수염은 나부끼고, 등은 길게 뻗었다. 가장 눈에 띄는 것은 크게 돌출되어 있는 머리이다. 사람들의 눈으로 보면 그는 근본적으로 어떤 별의 모습이라 하기 보다는 자상하고 선한 장자이거나 일종의 길상을 상징하는 것으로 받아들여진다. 수성은 또 남극노인南極老人, 남극선옹이라고도 불린다.

수성은 각과 항이다(『미아爾雅』, 「석천釋天」). 각성과 항성 두 별은 28숙 중 동방창룡東方蒼龍 7숙 속의 머리 쪽 두 별이다. 「곽박주석郭璞注釋」에는 다음과 같이 적혀 있다. "(수성은) 여러 번 각성과 항성에서 일어나 여러 별의 장자가 되므로 수성이라고 한다." 사마천司馬遷은 서궁랑西宮狼에서 땅 쪽으로 하나의 큰 별이 있으므로 '남극노인'이라 부

壽星(南極仙翁)

수성은 남극노인, 남극선옹이라고도 불린다. 옛 사람들의 별에 대한 숭배는 명목이 번다하며, 지금에 이르기까지 변함없이 이어져 오고 있다. 그 중 민중에게 환영을 받고 있는 정도가 수성보다 더한 것은 없다. 다만 지금의 수성은 신화적 요소가 극히 엷어져 있고 인간적 분위기가 아주 농후해져 있다.

른다고 생각한다. 노인성이 출현하면 평안한 시대가 되고, 노인성이 보이지 않으면 병화가 일어난다(전쟁 발생). 당나라 시대의 학자인 장수절張守節은 이것에 대해서 이렇게 해석한다. "노인성은 남반구의 하늘(천랑성天狼星의 동남쪽)에 있는데, 남극이라고 불리기도 하고 임금의 수명연장을 하여 주는 역할을 한다. 그것이 나타나면 나라의 운명이 길어지므로 수창壽昌이라고 하는데, 세상의 안녕에 관계한다. 이것이 보이지 않으면 임금은 우환을 겪게 된다." 사마정은 말한다. "수성은 남극노인성이다. 이것이 보이면 천하가 다스려지고 평안하여진다. 그러므로 이것을 제사지내서 수와 복을 기원한다."(『통전通典』「예4禮四」)

28숙 중 동방7숙은 순서대로 각角, 항亢, 저低, 방房, 심心, 미尾, 기箕인데 창룡의 형상을 이룬다. 그 중 각숙角宿은 두 개의 별인데 그 양각羊角과 같은 모습이므로 이름을 '각'이라 하고 동방창룡 7숙 중의 '용각龍角'과 같은 위치를 점한다. 항숙亢宿은 4개의 별인데 막바로 위로 솟구쳐 있으므로 이름을 '항'이라 하고 동방창룡 7숙 중 '용두龍頭'와 같은 위치를 점한다. 현대의 천문학은 이 두 별을 실녀좌室女座로 분류한다. 그 중 각숙은 일등량성一等亮星[별의 밝기]으로 아주 유명하다. 매년 5월 초이면 저녁 무렵에 동방의 낮은 하늘에 나타나서 7시 이후에 아주 밝게 빛을 낸다. 남극노인성은 선저좌船

底座에 있는데 일등 이상의 량성이다. 그것은 남위 50도 이남의 하늘에 있으므로 중국 북방에서는 보기 어렵다. 장강長江 이남以南, 특히 영남嶺南 지역에서는 쉽게 볼 수 있다. 특히 2월이면 저녁 8시 이후 남쪽 하늘에 낮게 뜨는데 주변에는 그것보다 밝게 빛나는 별이 없으므로 아주 분명하게 시야에 들어온다. 전해오는 이야기에 의하면 강희황제康熙皇帝는 북경 자금성紫禁城에서 이 노인성을 볼 수 없기 때문에 어떤 해에는 남경南京에 이르러 특별히 높은 곳에 올라가 조망한 적이 있다고 한다.

특별히 한 가지 이야기할 만한 것은 동한 시대에는 국가에서 노인성을 제사하는 것과 경노행사를 통합운용하였다는 점이다. 충추절이 있는 달(음력 8월)에는 "노인성과 서울의 노인묘에 제사하였다." 이 달에 동시에 전국의 고희古稀(70세)가 된 노인들에게 '왕장王杖을 하사하고 미음을 먹는 행사를 하였다. 80세, 90세 노인에게는 예에 따라 하사품을 부가하였다.' 이른바 '왕장'이라고 하는 것은 9척 길이인데 머리 쪽에 비둘기 문양 장식을 한 것이다. 비둘기는 '목이 메이지 않는 새'라고 옛사람들은 믿었다. 그것은 '노

인들이 목이 메지 않게' 하는 상징으로 쓰인 것이다. 노인을 존숭하고 노인을 공경하는 것은 중국의 전통적 미덕이다. 동한 시대에 노인성 숭배와 경노행사를 결합한 것은 도리를 갖춘 것이라고 말하여졌다. 그때 이후로 노인들을 위한 경노연을 열 때면 항상 노인들에게 수성이 갖추고 있는 물품을 예물로 보내게 되었는데, 이것은 이런 습속이 유전되어 내려온 결과라고 하겠다.

주周나라, 진秦나라 이래로 역대의 왕조는 모두 수성을 국가 전례에 포함시켜 제사를 지냈다. 명대에 이르러 이 제사는 폐하여졌다. 국가 전례 속에서는 수성에 대한 제사가 폐하여 졌다고 하더라도 민간에서는 제사가 폐하여지지 않고 이어져 내려가서 남극선옹의 고사는 광범하게 전파되어 나갔다. 명대의 『백사전白

蛇傳』의 탄사彈詞[현악기에 맞추어 노래하고 이야기 하는 민간문예], 훗날 이것을 개찬한 『뇌봉탑雷峰塔』과 『의요전義妖傳』, 뒷날의 『삼선보전三仙寶傳』의 보권 중에는 남극선옹(수성)이 마음씨 좋은 노신선으로 등장한다. 『백사전』은 희곡으로 개편되었는데, 그 중 『도선초盜仙草』(『도영지盜靈芝』라고도 함)에서는 백사가 웅황주雄黃酒를 마시고 본모습을 드러내니 허선許仙이 놀라서 죽는다. 백사는 곤륜산으로 숨어 들어가 영지초를 훔친다. 학과 사슴 두 동자가 맞서 싸우니, 이기지 못한다. 남극선옹은 그 만남에 대해 십분 동정심을 발휘하여 안타까운 마음에서 영지를 주어 허선을 살려내게 한다. 많은 지방에서는 이 연극을 한다. 명나라 시대의 유명한 단편소설집인 『경세통언警世通言』 제39권 「복녹수3성도세福祿壽三星度世」 중에는 전적으로 남극수성의 고사가 기술되어 있다.

복녹수삼성도福祿壽三星圖

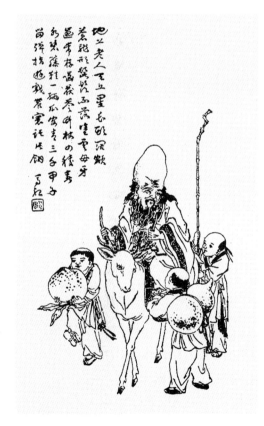

원나라 명나라 시대의 여러 연극 중에는 『남극등선南極登仙』, 『군선축수群仙祝壽』, 또는 『장생회長生會』 같은 것들이 있다. 모두 남극선옹이 나오는 이야기이다. 이런 연극 속에서 수성은 여의연화관을 쓰고, 학창의를 입고, 딸랑이를 들고, 백발을 하고, 하얀 수염을 드리우고, 홀을 손에 쥔 모습이다. 이 이후에 유행하는 수성의 모습은 이것과 같지 않다. 머리 뒤에서 빛나는 광배도 없고, 지팡이에 몸을 의지하는 것도 없다. 길고 긴 머리를 한 수성의 모습은 명나라 말기에 나타나는 정형화된 형상인데, 지금까지도 통용되고 있다.

민간에서는 항상 수성과 복성, 녹성 두 별을 하나의 무리로 하여 합해서 복녹수라고 부른다. 그들은 복운, 관녹, 장수 등을 대표하며, 사람들에게 가장 환영을 받는 세 신선이 되었다. 『서유기』 26장에서 손오공孫悟空은 진원대선鎭元大仙의 인삼과수人蔘果樹를 구하기 위해 특별히 동해의 봉래산으로 가서 이 세 신선을 찾는 것으로 그려진다.

민간에서 장자가 수연을 벌일 때에는 항상 집 안 중앙의 벽 위에 복, 녹, 수의 그림을 걸고, 양 옆으로는 장수에 관련된 다음과 같은 구절을 대련으로 덧붙인다.

복은 동해물과 같고, 수는 남산에 비견된다[福如東海, 壽比南山]. 혹은,
명은 북두와 같이 높고, 수는 남산에 비견된다[名高北斗, 壽比南山].

그렇게 나이가 높은 사람은 또 '수성壽星', '노수성老壽星', '수성노아壽星老兒' 등의 이름으로 불린다. 친근함과 존경의 의미를 담고 있는 것들이다.

마고

　강서 남성현 서쪽에는 마고산麻姑山이 있다. 산의 형상은 기이하고 수려하며 경관은 그윽하고 미려하다. 이 산은 도교 36천 중의 제 28동천으로 정식이름은 '마고산단하원 룽동천麻姑山丹霞苑陵洞天'인데, 또한 72복지福地 중의 제10복지이다. 이 동천의 복지는 본래 여자 신선인 마고의 소유이다. 그녀는 이곳에 은거하여 도를 이루어서 신선이 되 었다고 전하여진다. 이 산은 그런 인연으로 유명해졌다.

　마고는 중국 전설 속에 보이는 유명한 여자 수선壽仙이다. '마고헌수麻姑獻壽'[마고가 장수를 내린다]는 중국 민속화 중의 가장 중요한 소재 중 하나이다. 그러나 마고의 내력 에 대해서는 서로 다른 이야기들이 전한다.

　『신선전神仙傳』속에는 동해 사람 왕방평王方平이 나온다. 그는 관리를 지냈으며 천문 역법에 정통하였다. 후에 그는 관직을 버리고 입산수도하여 신선이 되었다. 왕방평은 누이동생이 있는데 마고라고 한다. 아주 어여쁜 아가씨인데 나이는 18~19세이고 꽃을 수놓은 옷을 입고 눈이 부실 정도로 빛을 낸다. 그녀의 이야기는 사람들을 놀라게 하는 부분이 있다. 하나는 나무신을 신고 물 위를 걷는데, 이것은 달마조사達磨祖師가 갈잎을 밟고 바다를 건넌 것과 쌍벽을 이룰만한 것이다. 다른 하나는 쌀을 뿌려서 단사丹砂를 만들 수 있는 것이다.

麻姑

마고는 중국 전설 속에 보이는 유명한 여자 수선이다. 오늘날의 마고 형상은 회화나 공예품으로 상승하는 구름이나, 나르는 학을 동반하거나, 사슴을 타고 있거나, 푸른 소나무를 끼고 있거나 하는 모습으로 만들어진다. 몸을 바르게 펴고 쟁반에 받친 물건을 올리는 형상이다. 일반적으로는 손 안에, 또는 소반 안에 선도, 미주, 또는 불수 등을 담고 있다. 과거에는 여자의 수명을 빌기 위해서는 마고에게 헌수단을 보냈다.

또 다른 이야기는 이러하다. 마고는 16국國시대 후월後越의 마추麻秋라는 사람의 딸이다. 마추는 역사상 그 잔인함으로 유명하였던 장군이다. 당시의 민간에서는 밤에 어린아이가 울음을 그치지 않을 때 모친이 악마를 불러 어린아이를 으르는 경우가 있었는데, "마호가 왔다[麻胡來了]."고 하였다. "마호"는 바로 마추를 말한다. 그는 호인胡人이었다. 마추는 많은 백성들을 붙들어다 성을 쌓는 일을 하였는데 밤낮으로 그치지를 않았다. 오직 새벽에 닭이 울 때에만 잠시 휴식을 취하게 하였다. 마고는 이런 노역에 시달리는 것을 극히 동정하여 닭 우는 소리를 배웠다. 그녀가 한 번 울면 모든 닭들이 다투어 울었고, 백성들은 일찍 공사를 마칠 수가 있었다. 뒷날 마호는 사실을 알아채고 딸을 찾아 끝장을 내려 하였다. 마고는 재빨리 도망해서 입산수도를 하여 여자 신선이 되었다. 『열선전전列仙全傳』 권4에 실려 있는 이야기이다.

마고는 일찍이 자신을 자랑하며 이미 '동해가 세 번 뽕나무밭으로 바뀌는 것을 보았다[東海三次變爲桑田].'고 하였다. 현재의 봉래산은 옛날과 마찬가지로 물속에 잠겨 있지만, 장래에는 육지로 변하게 될 것이라는 이야기이다. 푸른 바다가 1차로 뽕나무 밭으로 변하는 데에는 몇 천 만년이 경과해야 하는지 알 수 없다. 마고가 이미 3차에 걸친 창해와 상전의 변화를 보았다면, 그녀는 얼마나 오래 살았다는 것이겠는가? 비록 그녀가 18~19세의 나이 든 처녀의 모습을 하고 있긴 하지만 그녀의 실제 나이는 계산할 수 없을 정도인 것이다. 이런 마고가 여자 수성으로 간주되는 것은 괴이할 것이 없는 일이다. 민간에서는 또 다음과 같은 이야기가 전한다. 왕모낭낭王母娘娘이 3월 초사흗날 생일을 보내면서 반도성회蟠桃盛會[반도 복숭아를 먹는 모임]를 열었는데 마고는 특별히 강주하絳珠河[실재하는 강이 아닌 듯함] 기슭에서 영지를 넣어 만든 술을 빚어 왕모에게 올렸다고 한다. 이것이 이른바 '마고헌수麻姑獻壽'이다.

사천의 저명한 '괴성愧城'인 풍도성豊都城 평도산平都山 위에는 마고동麻姑洞이 있다. 전설은 일찍이 마고가 평도산에 와서 선인 왕방평[여기서는 마고가 그의 누이동생이라는 것은 다시 말하지 않는다]을 방문하였는데, 여기 암굴 속에 머물며 시 한 수를 남겼다고 전한다.

오늘날의 마고 형상은 회화나 공예품으로 상승하는 구름이나, 나르는 학을 동반하거나, 사슴을 타고 있거나, 푸른 소나무를 끼고 있거나 하는 모습으로 만들어진다. 몸을 바르게 펴고 쟁반에 받친 물건을 올리는 형상이다. 일반적으로는 손 안에, 또는 소반 안에 선도仙桃, 미주美酒, 또는 불수佛手 등을 담고 있다. 과거에는 여자의 수명을 빌기 위해서는 마고에게 헌수단獻壽團을 보냈고, 남자의 수명을 빌기 위해서는 남극선옹 조각상에 헌수단을 보냈다.

마고의 발상지는 강서 남성현南城縣이다. 마고산의 감천甘泉을 이용해 유명한 '마고주麻姑酒'를 빚어낸다. 이 술은 아주 투명하고 순수하며, 과일 향이 농밀하여 확실히 심신의 안정에 도움을 준다.

오두성군

　저명한 신마소설인 『서유기』 중에는 왕모낭낭이 반도성회를 열면서 각 지역 선인을 초청하는 장면이 나오는데, 그 중에는 '오두성군'이라는 이름도 있다. 후에 손오공 대성이 반도성회蟠桃盛會를 교란시키고 천궁을 시끄럽게 만들 때, 불조佛祖 석가모니의 무한한 법력의 도움을 받아 손오공을 항복시킨다. 옥황상제는 만면에 웃음을 지으며 '안천대회安天大會'를 열고 석가여래를 초청하여 연회를 베푸는데 그 중에는 오두성군이 배석한다. 이러한 것을 통하여 보면 이 오두성군은 결코 낮은 계급의 신이 아니라 상층의 고급신이라고 하겠다.

　오두성군은 도교의 존경받는 제 5위 신격이다. 이것은 별자리숭배가 인격화한 것으로 북두성군北斗聖君, 남두성군南斗聖君, 동두성군東斗聖君, 서두성군西斗聖君과 중두성군中斗聖君의 총칭이다. 오두성군 소속의 각 궁과 그 직책은 다음과 같다.

　북두는 7궁七宮(성星)이 있다. '7원七元'이라고 한다. 액을 풀고 생명을 연장시키는 일을 담당한다. 첫 번째는 '천구성天樞星'이니, 음양탐낭성군陰陽貪娘星君이라 한다. 두 번째는 '천선성天璇星'이니, 음정액문성군陰精厄門星君이라 한다. 세 번째는 '천기성天機星'이니, 진인녹존성군眞人祿存星君이라 한다. 네 번째는 '천권성天權星'이니 현명문곡성군玄明文曲星君이라 한다. 다섯 번째는 '천형성天衡星'이니, 단원렴정성군丹元廉貞星君이라 한다.

五斗星君

오두성군은 도교의 존경받는 제5위 신격이다. 이것은 별자리숭배가 인격화한 것으로 북두성군, 남두성군, 동두성군, 서두성군과 중두성군의 총칭이다. 사실 북두, 남두가 천체 중에 실재하는 별들이라면, 그 밖의 3두는 도교의 5방5행 이론을 바탕으로 하여 만들어진 것에 불과하다.

여섯 번째는 '개양성開陽星'이니, 북극무곡성군北極武曲星君이다. 일곱 번째는 요광성瑤光星이니, 천충파군성군天沖破軍星君이라 한다.

남두에는 6궁六宮(성성)이 있다. '6사六司'라 한다. 수명을 연장시키고 사람들을 제도하는 기능을 수행한다. 첫 번째는 '천부성天府星'이니 사명성군司命星君이라 한다. 두 번째는 '천상성天相星'이니, 사록성군司祿星君이다. 세 번째는 '천량성天梁星'이니, 연수성군延壽星君이라 한다. 네 번째는 '천동성天同星'이니, 익산성군益算星君이라 한다. 다섯 번째는 '천추성天樞星'이니, 도액성군度厄星君이라 한다. 여섯 번째는 '천기성天機星'이니, 상생성군上生星君이라 한다.

동두東斗에는 3궁三宮이 있다. 삶을 살

君星斗北

펴서 기록하고 운명을 수호하는 역할을 한다. 첫 번째는 천동성군天棟星君이고, 두 번째는 천위성군天威星君이고, 세 번째는 천여성군天與星君이다.

서두西斗에는 4궁四宮이 있다. 운명을 관리하고 일신을 수호한다. 첫 번째는 백표성군白標星君이고, 두 번째는 고원성군高元星君이고, 세 번째는 황령성군皇靈星君이고, 네 번째는 거위성군巨威星君이다.

중두中斗는 또한 '대괴大魁'라고도 부르는데 운명을 보호하는 역할을 하며 5궁이 있다. 첫 번째는 천화성군天和星君이라 하고, 두 번째는 천평성군天平星君이라 하며, 세 번째는 천중성군天中星君, 네 번째는 천권성군天權星君, 다섯 번째는 천열성군天烈星君이라 한다.

중국 고대의 별자리숭배 의식 중에는 모든 별들이 북두를 모신다는 이야기가 있다. 도교에서는 이 이야기를 계승하고 부연 증식하여 5두성군 이야기를 만들어 내었다. 5

두는 모두 운명을 수호하고 수명을 연장시키는 역할과 관련이 있다. 도교의 전적인 『도인경度人經』속에는 '북두낙사北斗落死, 남두상생南斗上生, 동두주명東斗主冥, 서두기명西斗記名, 중두대괴中斗大魁는 모두 모든 생령들을 감독한다[總監衆靈]'는 기록이 있다. 세상 사람들이 만약 5두를 예배하고 진군을 섬긴다면 바로 재앙을 씻어내고 액을 물리칠 수 있을 것이며, 복을 증진시키고 수명을 연장시킬 수 있을 터이다.

사실 북두, 남두가 천체 중에 실재하는 별들이라면, 그 밖의 3두는 도교의 5방5행 이론을 바탕으로 하여 만들어진 것에 불과하다. 『영보경靈寶經』은 '하늘에는 5방이 있어서 각각 그곳을 주재하는 신이 있다.'고 말한다. 이런 까닭에 5두성군의 탄생은 5방5제五方五帝, 5방5노五方五老, 5악대제五岳大帝 등과 연관된다고 할 수 있는 것이다.

남두성군

　남두 신앙南斗信仰은 해와 달, 북두 등의 자연숭배와 똑같이 그 연원이 아주 오래다. 진나라 시대 이전에 이미 남두 만을 모시는 묘단에 대한 것이 있었다. 진秦나라가 6국을 멸망시키고 천하를 하나를 통일한 후 진시황秦始皇은 국가 단위의 남두묘南斗廟를 건립하라는 명령을 내렸다.

　남두는 28숙宿 중의 별인데, 바로 북방의 현무칠숙玄武七宿 중 첫 번째 별이다. 숙이라고 하는 것은 열성列星을 의미하는데, 동일한 곳에 쌓여있는 별들의 숙소 같은 것이다. 그러므로 남두는 하나의 별만은 아니라고 하겠다. 모두 6개 별인데, 인마좌人馬座에 있다. 『시경詩經』「대동大東」편에는 "남극에 묶여 있는 것으로는 기가 있고, 북극에 묶여 있는 것으로는 두가 있다[維南有箕, 維北有斗]."는 말이 있다. 이것은 남두를 이야기 하는 것이지 북두를 말하는 것이 아니다. 남두는 6성이고, 북두는 7성이다. 둘은 같은 것이 아니다. 남두는 위치상 북두와 서로 상대된다. 그렇기 때문에 남두라고 부르는 것이다. 옛사람들은 남두가 수명을 주관하고, 작록을 주관한다고 믿었다. 수명을 늘이고 작록을 신장하는 것은 세속의 사람들과 권세나 부귀를 누리는 사람들이 다 같이 소망하는 것이다. 그러므로 이것을 주관하는 남두가 옛사람들의 별자리 신앙 속에서 갖는 지위는 자못 중요한 것이라고 하겠다. 『성경星經』은 "남두의 6성은 천자의 수명을 주관하고 재상과 작록의 지위를 주관하기도 한다."고 말한다. 도교 경전인 『상청경上淸經』은 남두 6성의 직책을 구체적으로 적시하여 준다. 첫 번째인 천부궁天府宮은 사명성군司命星君이고, 두 번째인 천상궁天相宮은 사록성군司祿星君이고, 세 번째인 천량궁天梁宮은 연수성군延壽星君이고, 네 번째인 천동궁天同宮은 익산성군益算星君이고, 다섯 번째인 천추궁天樞宮은 도액성군度厄星君이고, 여섯 번째인 천기궁天機宮은 상생성군上生星君이다. 이렇게 남두 6성은 인신화人神化되어 6사성군司星君이 된다.

훗날 남두는 다시 형상화되어 나갔고, 아울러 '남두는 생을 주관하고 북두는 사를 주관한다[南斗注生, 北斗注死].'는 이야기가 유행하였다. 이런 이야기가 가장 먼저 나오는 곳은 동진의 우보于寶가 찬술한 『수신기搜神記』이다. 여기에는 아주 재미있는 고사가 있다. 삼국시대 위나라에는 관로管輅라고 하는 사람이 살았다. 그는 아주 유명한 술사術士였는데, 관상觀相을 제일 잘 보았다. 어느 날 그는 안초顔超를 보러 갔는데, 첫눈에 그의 얼굴에서 '요절하여 패망할 것이다[主夭亡].'라는 상을 보고, 안초가 오래지 않아 인간세상을 하직할 것이라는 것을 알았다. 안초는 이때 19세의 젊은이였다. 그의 부친은 이 이야기를 듣고 다급하여져서 황망히 관로를 불러 방법을 생각해 보게 하였다. 관로는 안초를 보며 말하였다. "너는 집으로 돌아가서 서둘러 좋은 술 한 항아리와 잘 구운 노루고기를 준비하여라. 묘일卯日 날이 되면 너는 남두南斗의 대상수大桑樹 아래 가서 보리를 베고 있어야 한다. 거기 두 사람이 내려와서 바둑을 둘 것이다. 너는 아무 말도 할 필요가 없다. 다만 그 두 사람에게 술과 고기를 대접하기만 하면 된다. 마시면 다시 올리고, 어두워지기까지 계속 하여라. 너의 이야기를 묻더라도 절대로 한마디도 하여서는 안된다. 나의 이야기대로 잘한다면, 너는 구원될 것이다."

안초는 '일러주는 대로 가서 과연 두 사람이 바둑을 두는 것을 보게 된다.' 안초는 즉시 '술과 안주를 그들 앞에 진설하였다.' 그 두 사람은 한편으로 바둑을 두고, 다른 한편으로는 술을 마시고 안주를 먹었다. 몇 순배 돌아가고 나서 북쪽으로 앉은 사람이 갑자기 안초를 보고는 물었다. "너 여기서 뭐 하고 있니?" 안초는 황망히 무릎을 굽혔으나 말은 하지 않고 다만 머리를 찧을 따름이었다. 두 사람은 서로 상의하였다. "남의 술과 고기를 얻어먹었으니 그의 절실한 문제를 무엇이든 도와줘야지." 진실로 이것은

밥을 얻어먹은 집에서는 심한 말을 할 수 없고, 완력으로 윽박지르는 집에서는 조리에 어긋나는 일도 할 수 있는 것과 같은 사정이 아니겠는가. 북쪽으로 앉은 사람이 말하였다. "문서가 이미 정하여 졌는걸." 남쪽으로 앉은 사람이 말하였다. "문서를 내게 주게. 찬찬히 살펴보지." 살펴보니 안초의 수명은 단지 19세일 따름이었다. 이에 붓을 들어 십구세의 순서를 고치고 안초에게 말하였다. "네가 구십을 살도록 해 놓았다." 안초는 기쁨에 어찌할 줄 모르고 조아려 절하고는 돌아왔다. 생각하여 보면 신선들이 뒷문을 열어준 것이 아니겠는가. 관로는 안초를 향하여 말하였다. "북쪽으로 앉은 사람은 북두이고, 남쪽으

로 앉은 사람은 남두이다. 남두는 생을 주관하고, 북두는 사를 주관한다. 사람이 태를 받으려면 남두를 쫓아서 북두를 향해 나아가게 마련이지만, 기구하는 것이 있다면 다 북두를 향해 빌게 마련이다."(『수신기』 3권)

이것은 오래 전부터 전해 내려온 아주 유명한 고사이다. 관로는 역사상 실존인물이다. 역사는 그에 대해 다음과 같이 전한다. "여덟, 아홉 살 때부터 별자리를 올려다 보기를 즐겨하였다. 장성하여서는 관상 보는 법을 익혔는데, 정미하게 살펴보지 못한 적이 없었다." 그러나 이해하기 어려운 것은 다른 사람의 수명을 연장하고 정해진 운명을 바꾸어주는 방법을 강구하곤 하였던 그가 정작 자신은 겨우 48세를 살았을 뿐이라는 점이다. 그는 남두를 불러 나이가 이미 정해져서 한차례 술과 고기 대접만으로 쉽게 바꿀 수 있는 것이 아니었는데도 안초의 나이를 바꾸게 할 수 있었다. 그런 그가 왜 남두에게 청을 넣어서 자기 수명의 숫자를 서로 바꾸어 84세를 살지는 못하였던가? 관로의 수명은 아무도 주목하지 않는다. 다만 그가 이야기 하였다는 "남두는 생을 주관하고 북두는 사를 주관한다."는 이야기만이 살을 덧붙여서 널리 유전되고 있을 따름이다. 도교는 이런 이야기를 받아들여서 남두6성南斗六星을 사명주수司命注壽의 권능을 지니는 여섯 성군星君으로 바꾸어 낸다.

북두성군

도화낭낭桃花娘娘과 주공周公이 서로 술법을 써서 싸웠다는 고사는 민간에 오래도록 유포되어 왔고, 그 영향력도 막대하다. 이들 두 명의 가공인물은 결국에는 운명을 계산하고 점을 치는 일을 하는 사람들의 조상신이 되었다. 도화낭낭과 주공, 두 사람이 법술을 다투는 고사[祖師爺]는 청나라 도광시대道光年間에 만들어진 『도화녀음양투전桃花女陰陽鬪傳』이라는 책에 실려 있다. 그 중에는 북두성군과 수명에 대해 토론하는 것이 아주 재미있게 묘사되어 있는 부분이 있다.

이 책 속에서는 주나라 시대에 살았던 주건周乾이라는 사람에 대해 이야기를 한다. 그는 본래 환관宦官의 후예後裔이고, 세칭 주공이라고 한다. 8괘八卦에 대한 연구가 뛰어나서 운명을 예측할 수 있는 전문가[算命專家][1]가 되었다. 그는 사람의 운명을 예측하고 바꾸어 주는데 영험한 능력을 발휘하지 못한 적이 없었다. 그에게는 팽전彭剪이라는 노복老僕이 있었는데, 지극히 충성스런 사람이었다. 어느 날 팽전은 주인에게 자신을 대신해서 점괘 하나를 뽑아 달라고 청하였고, 주공은 허락하였다. 팽전은 향을 사른 후 공경스런 자세로 점괘통을 주공에게 건네었다. 주공은 여섯 차례 통을 흔들고 나서 괘상 하나를 뽑아 보았다. 그는 낯빛을 바꾸며 장탄식을 토하였다. "나는 네게 숨길 수가 없다. 3일 안에 너는 귀음歸陰[음으로 돌아간다는 것인데, 죽는다는 뜻이다]할 것이다."

北斗星君

도교는 북두신앙을 받아들이고 그것을 한 단계 더 신격화 하여 북두진군, 혹은 북두성군으로 받든다. 운명을 주관하는 것을 중심으로 하는 신격을 갖추어 주고 북두진군이 3관대제와 함께 명을 받아서 살아있는 사람들과 죽은 이들의 공과와 선악을 살핀다고 하는 것이다. 북두는 중앙에 거주하는데 사방을 순수하면서 세상의 생과 사, 화와 복을 관장한다. 그렇기 때문에 이런 경전들에서는 백가지 사악한 것을 물리치고 흉한 기운을 떨쳐내기 위해서는 북두에게 기원하여야 한다고 말한다.

그 이야기를 들은 팽전은 혼비백산하여 주인에게 구해 주기를 청한다. 주공은 말한다. "이것은 하늘이 정한 운수이니 어떤 사람이 바꿀 수 있을 것인가? 네게 은자 열냥을 줄 것이니 마음껏 먹고 마시어 죽은 귀신이나 배부르게 하여라."

팽전은 마음껏 마셔대어 정신이 나갈 정도로 대취하였고, 길거리를 방황하며 자신이 머지않아 인간세상을 하직 할 것을 생각하며 얼굴이 온통 눈물로 뒤덮이는 것을 어찌 할 도리가 없었다. 갑자기 누군가가 그의 어깨를 쳤을 때, 그는 대경실색하여 무상귀無常鬼가 드디어 그의 운명을 거두려 찾아온 것이라 생각하며 화들짝 술기운에서 깨어났다. 그러나 고개를 돌려 보니, 알고 지내던 석종보石宗輔여서 그는 즐거운 마음이 되었다. 석종보는 팽전이 왜 통곡하며 돌아다니는지를 물었다. 그리고는 자신이 도화고낭桃花姑娘에 의해 구원받았던 일에 대해 낱낱이 들려주었다.

팽전은 곧 도화고낭을 찾아가서 구원을 청하였다. 도화낭자는 측은지심이 발동하여 팽전에게 물었다. "성내에 3관묘三官廟가 있는가?" 팽전이 말하였다. "여기 3관묘는 향화가 그치지 않습니다." 도화가 말하였다. "내 계산으로는 올해 7월 15일 중원승회中元勝會[중원절을 말한다. 백중날이라고도 한대에는 북두성이 옥경玉京에 조회하는 때인데 2경쯤 돌아오다가 여기 묘당에 내려서 인간의 윤회 사무를 돌볼 것이다. 너는 향촉과정한 수 일곱 잔, 작은 등잔 일곱을 준비하여 두었다가 목욕제계하고 깨끗한 옷으로 갈아입은 후 해가 질 때쯤 3관묘 안에 진설하여 놓고 경건한 마음으로 발원하면서 '대성북두진군大聖北斗眞君'이라는 존호를 외우거라. 잠시도 입을 쉬어서는 안 된다. 2경이 되어 네가 제단 앞에 이르면 내가 다시 네게 보패寶貝를 줄 것이다." 말을 마치고 도화는 금실 한 올을 꺼내 팽전 노인에게 주고 다시 그에서 '신광주神光咒' 한 구절을 가르치며 말하였다. "북두성군이 하강하면 너는 두려워할 필요가 없다. 그들은 너의 이름을 물을 것인데, 너는 주문을 외우면서 금실을 가볍게 두드리도록 해라. 이 두 가지는 성군들의 마음을 사로잡을 수 있게 하는 것이다. 네가 한편으로 실을 두드리고 다른 한편으로 주문을 반복하면 그들은 마음도 몸도 놀라 뛸 터이니, 네가 그때 성군들을 향하여 수명을 늘려달라는 이야기를 한다면 반드시 허락을 받을 수 있을 것이다."

팽전 노인은 도화낭낭의 분부를 마음에 새기고 적절하게 준비를 마친 후 은조각 한 움큼을 꺼내 간절한 마음으로 재삼 묘당에 발원하였다. "오늘 밤에는 한가로운 사람들이 들어오지 못하게 하소서." 2경이 되었을 때, 한 줄기 바람이 자나간 후, 기이한 향기가 코 끝에 스쳤다. 잠시 후, 이름들을 하나하나 부르는 소리가 나더니 홀연히 다음과 같은 말이 들려왔다. "팽전! 오늘 밤 4경에 피를 토하고 죽으리라." 팽전 노인은 긴장된 마음으로 주문을 계속하고 금실을 두드리며 탁자 앞으로 나섰다.

겨우 위를 살펴보니 아홉 신성들이 앉아 있는데, 이들이 바로 북두의 7성군과 화신, 토지신土地神 등이었다. 제1위의 성군이 말을 하였다. "팽전! 소리 내는 것을 멈추고 주문을 그치거라. 너는 오늘 목숨을 구하고자 하느냐? 제5위의 성군에게 가서 구하도록 하여라." 제5위의 성군이 말하였다. "우리는 이미 그의 제향을 받았고, 더욱이 그는 평생 충실하고 후덕하게 살아 악업을 짓지 않았으며, 거기다가 도원선자桃園仙子(도화낭낭을 지칭)께서 그에게 생명을 구하는 법까지 가르쳐 행하게 하기까지 했으니, 오늘 저는 그의 이름을 바꾸게 하고 그에게 수명을 더 주어서 선한 업보가 이루어지는 것을 보고자 합니다." 그는 곧 말하였다. "팽전아! 지금부터 너는 팽조彭祖로 이름을 바꾸어라. 나는 네게 양수陽數 1백세를 줄 것이고, 각각의 성군들께서 너에게 1백 세 씩을 줄 것이며, 좌보左輔와 우필右弼의 성군께서는 각각 네게 50세를 내릴 것이다. 너는 전체 양수 팔백

오십 세를 살게 되는 것이다. 매 초삼일과 27일에는 목욕재계하고 경건한 마음으로 머리 숙여 예배를 드릴 것이며, 천기를 누설하지 말도록 하라."

팽조는 중국 고대 전설상의 저명한 장수노인이다. 그러나 그 내력은 『도화녀』서 속에 보이는 것과 같지 않다. 여기서는 그 이름을 차용한 것일 따름이다. 이 책 속에서 보이는 팽씨 노인이 북두성군에게 제향을 올려 수명을 연장받았다는 것과 같은 이야기는 아주 유명한 것이다. 이런 종류의 이야기는 적어도 위진시대에 이미 유행하고 있었다. 동진의 우보도 그가 지은 책 『수신기』의 「관로」편 속에서 다음과 같이 말한다. "남두는 생을 주관하고, 북두는 사를 주관한다. 사람이 수태를 받으려면 남두로부터 시작하여 북두로 나아가며 빌어야 하는 것이다. 기구하는 것이 있을 때에는 북두를 향해 빈다."

북두숭배는 옛 사람의 별자리 숭배 의식 중 지배적 위치를 차지한다. 북두칠성과 사람들의 생산관계가 긴밀하게 연결되어 있기 때문이다. 북두²-칠성은 북쪽 하늘에 바가지(또는 국자) 모습으로 배열되어 있는 일곱덩이의 밝은 별을 총칭한다. 이 일곱 덩이

별은 천추天樞, 천선天璇, 천기天機, 천권天權, 천형天衡, 개양開陽, 요광瑤光 등으로 불린다. 옛 사람들은 이 일곱 덩이 별을 서로 연결지어서 고대에 술을 뜨던 바가지나 국자(작) 모습으로 상상하였다. 이런 까닭에 북두는 민간에서 속칭 '작성勻星'[작은 국자]이라고도 불린다. 천추, 천선, 천기, 천권은 바가지의 몸통부분을 구성한다. 그래서 '두괴斗魁', 또는 '선기璇璣'라고도 불린다. 옥형, 개양, 요광은 바가지의 손잡이를 구성하므로 '표勺'[북두자루 표]라고도 부른다.

북두칠성은 대웅좌大雄座이다. 천선, 천추 두 별은 직선으로 연결된다. 그것을 5배 거리

정도 연장하면 북극성에 이른다. 그러므로 북쪽 두 별은 또한 '지극성指極星'이라고도 불린다. 그것은 북방의 표지가 된다. 북두는 이미 방향을 확정하는 데에 쓰였고, 또 계절을 확정하는 데에도 쓰인다. 그 운행의 질서는 역법을 제정하는 데에도 아주 유용한 부분을 갖는 것이다.

북두성은 계절이 달라지고 시간이 달라지는 것에 따라 서로 다른 하늘에 모습을 보인다. 사람들은 그것의 모습에서 북극성을 호위하여 움직인다는 생각을 한다. 그렇기 때문에 옛날 사람들은 처음 어둑하여 질 때 북두칠성 자루가 가리키는 방향에 근거하여 계절을 확정하였다. 자루가 동쪽에 있으면 세상은 다 봄이고, 자루가 남쪽에 있으면 세상은 다 여름이며, 자루가 서쪽에 있으면 세상은 다 가을이고, 자루가 북쪽에 있으면 세상은 다 겨울이라는 것이다. 여기서 세상이라 하는 것은 중국천하를 말한다.

옛 사람들은 북두에 여러 가지 사회적 공능까지 첨부하였다. 『사기』「천관서天官書」에서는 말한다. "북두칠성은 이른바 선旋, 기機, 옥玉, 형衡으로, 그것으로 7정政을 바르게 한다." 이것은 북두가 인간의 4시時(춘하추동), 천문, 지리, 인도를 관장한다는 이야기이다. 훗날에는 여기다 또 주현과 국가 분야[州國分野], 운명과 나이[年命壽夭], 부귀富貴와 작록爵祿, 세시歲時와 풍흉豊歉까지도 덧붙여 주관한다고 하여 다종의 직능이 갖추어진다.

도교는 북두신앙을 받아들이고 그것을 한 단계 더 신격화 하여 북두진군, 혹은 북두성군으로 받든다. 운명을 주관하는 것을 중심으로 하는 신격을 갖추어 주고 북두진군이 3관대제三官大帝와 함께 명을 받아서 살아있는 사람들과 죽은 이들의 공과와 선악을 살핀다고 하는 것이다. 북두는 중앙에 거주하는데 사방을 순수하면서 세상의 생과 사, 화와 복

北斗星君

을 관장한다. 그렇기 때문에 이런 경전들에서는 백가지 사악한 것을 물리치고 흉한 기운을 떨쳐내기 위해서는 북두에게 기원하여야 한다고 말한다. 능히 8난을 뛰어넘어 장생불노를 얻고자 하는 사람이라면 북두에게 예배할 필요가 있는 것이다. 사람이 죄를 범하면 3관이 북두진군에게 사실을 보고하고 북두는 지옥의 주인에게 범인을 지옥에 영원히 가두어서 고해로부터 벗어나지 못하게 하라고 명령을 내리게 된다.

『삼국지연의三國志演義』 제103장 「상방곡사마수곤, 오장원제갈양성」[3] 중에는 제갈량이 장막 안에서 북두에게 기도하는 이야기가 있다. 북두 주위를 걸어서 돌면서 1주기 (12년) 수명을 연장시켜 주기를 기원하는 장면이 묘사되어 있는 것이다. 『오지吳志』「주유전周瑜傳」에는 주유가 도사에게 명하여 북두에 예배하고 수명의 연장을 꾀하는 이야기가 나온다. 옛사람들의 북두신앙과 그 미신적 양상에 대해서는 여기서 그 한 사례를 볼 수 있을 것이다. 근대에 이르러서도 북두의 묘당에 제를 올리는 사례는 여전히 살펴진다. 우란분회[4] 같은 데에서도 북두의 등을 같이 모시고 재해를 떨쳐내어 복을 획득하며 장생불노에 이르기를 기도하기도 한다. 가소로운 것은 전날 태산묘회에서는 적지 않은 사람들이 등에 여러 사람이 먹을 식량을 지고 와서 신 앞에 '첨두'[5]하는 것으로 자기의 수명 연장을 기원한 경우가 있었으며, 현재에도 여전히 돈으로 바꾸어 '첨두'를 한다는 점이다.

북두에 대한 미신은 인간이 장생을 열심히 구한다는 점을 알려준다.

『봉신연의封神演義』 중에는 북두성관이 무성왕武成王 황비호黃飛虎(后에 동악대제東嶽大帝로 봉하어 진)의 제3공자 황천상黃天祥이 된다는 이야기가 있다. 철저한 인격화라고 하겠다.

역주 _____

1_ 算命專家 : 운명을 계산하는 전문가. 우리식으로 말하자면 천기를 볼 수 있는 사람이라고 하겠다.
2_ 斗 : 두는 모말을 뜻하기도 하나, 여기서는 형상을 통해 볼 때 자루가 있는 바가지로 보는 편이 옳다.
3_ 上方谷司馬受困, 五丈原諸葛禳星 : 상방곡에서 사마씨가 곤욕을 치르고, 오장원에서 제갈량이 별에게 빌다.
4_ 盂蘭盆會 : 범어 우란바나에서 온 말인데 하안거의 끝날인 음력 7월 보름날 행하는 불사이다. 이 날은 여러 음식을 조상의 영전에 바쳐 아귀에 시주하고 조상의 명복을 빈다고 함.
5_ 添斗 : 덤으로 얹어준다는 의미. 기왕의 복전에 첨가한다는 의미를 갖는 것일 것이다.

문재신

봉건시대에 사람들이 아름답고 풍요한 생활을 추구하였던 정도는 그 사람 개인이 얼마나 많은 재부를 소유하고 있는가 하는 점과 직접적으로 연관되어 있는 문제였다. 이와 같은 점에서 재신은 사람들이 숭배하였던 우상 중 하나가 된다. 재신을 받들고 모셨던 재신묘는 전국 각지에 편재한다.

북경에는 과거에 십에서 이십에 이르는 숫자의 재신묘가 있었다. 그 중에서 광안문廣安門 밖에 있었던 재신묘가 가장 유명하다. 매년 정월 초이틀이면 여기는 인파로 흘러넘치고 묘당으로 들어가는 사람들이 개미떼와도 같았다. 재신을 향해 가는 길에 의지해서 능히 원보元寶에 이를 수 있다면 그 해에는 크게 부자가 될 허가를 받은 셈이었다.

재신묘의 한쪽 편으로는 종이 원보를 파는 노점이 줄지어 있었다. 하루의 생계를 목적으로 하는 작은 노점에서 일가족의 반년 생활을 유지할 수 있을 만한 매출을 달성하는 큰 상점까지 있었다. 금종이를 이용하여 '금마구배태취보반金馬駒背駄聚寶盤'[1]-을 만드는 경우도 있었는데, 가격은 놀랄만한 것이었으므로 아무 걱정 없이 선뜻 손에서 내놓을 수 없는 것이었다. '금마태취사방재金馬駄聚四方財'에 대한 미신은 사람들에게 아주 널리 퍼져 있어서 이것을 위해 비용을 제출하는 것을 애석하게 여기지 않았던 것이다.

이 날 성 안의 기녀와 기생어미들, 아직 이원梨圓[2]-에서 배우는 과정에 있는 학생들은

文財神

봉건시대에 사람들이 아름답고 풍요한 생활을 추구하였던 정도는 그 사람 개인이 얼마나 많은 재부를 소유하고 있는가 하는 점과 직접적으로 연관되어 있는 문제였다. 이와 같은 점에서 재신은 사람들이 숭배하였던 우상 중 하나가 된다. 재신을 받들고 모셨던 재신묘는 전국 각지에 편재한다.

모두 무리를 지어 몰려 다녔다. 재신의 자리가 있는 아래에는 은빛도 형형한 종이로 만든 은제기[銀錠]가 놓여 있는데, 이것은 묘당의 제관이 미리 비치하여 둔 것이다. 이 기녀들은 제기 몇 정을 슬그머니 끄집어낼 방도를 강구하여 그것을 들고 청루로 돌아가 자신의 소전함 속에 비장하여 재물이 무궁무궁 늘어나기를 희망하였다. 마음씨 좋은 묘당의 제관들은 미리 잘 계산을 하여, 종이로 만든 은정은 몇 푼 되지 않는 것이고, 줄을 이은 참배객들이 보시하는 잔돈은 다 쓸 곳이 없을 정도였으므로, 보고도 못 본 척 많은 무리들이 종이에 가격만 쓴 돈을 써서 '환희歡喜'를 사 가지고 돌아갈 수 있게 배려하였다.

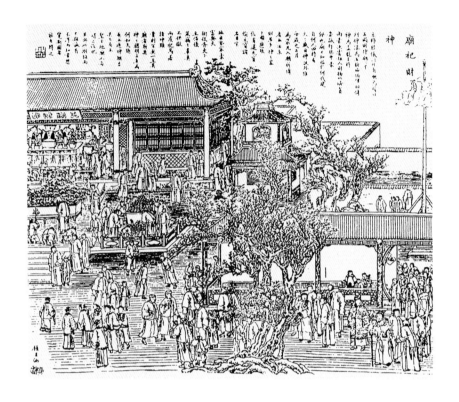

　재신財神은 문재신文財神과 무재신武財神 두 부류로 나누어질 수 있다. 문재신은 비간
과 범려范蠡이다. 비간比干은 은나라 주紂왕의 숙부였는데 품성이 바르고 곧았다. 비간
은 주 임금이 황음에 빠져 실정을 하고 폭악무도한 일을 일삼는 것을 보고 직언으로
충간을 하였다. 결국 주왕은 수치와 분노를 느껴 말한다. "나는 성인의 심장에는 일곱
구멍이 있다고 들었다. 지금 나는 너의 심장에 몇 개 구멍이 있는지 살펴보아야겠다."
말을 마치고 왕은 사람을 시켜 비간의 배를 갈라 심장을 꺼내게 하였다.

　훗날 사람들은 비간을 문재신으로 공경하게 되었다. 그가 솔직하고 순수하며, 공정
하고 무사하였기 때문이다. 민간의 전설에 의하면 주 임금이 비간의 심장을 꺼내라고
하자 비간은 스스로 자신의 심장을 적출하여 두고 궁궐을 나갔다고 한다. 그는 비록 심
장이 없었지만 선인이 보내 준 선단을 먹었으므로 죽지 않을 수 있었다. 진실로 심장이
없었던 탓에 편향되지 않게, 공정하게 행할 수 있었다. 자고로 이런 말이 있다. "무상불간

无商不奸!"[3]_ 아이도 노인도 기만하지 않을 이 비간이라는 정파군자正派君子를 재신으로 삼았으니 사람마다 다 심복하여 딴 소리를 하지 않으리라는 것은 당연한 일이다.

또 하나의 문재신은 일찍이 장사를 하여 큰 재부를 이룬 바 있는 범려이다. 범려는 춘추시기에 월왕越王 구천句踐의 대신이었다. 지모가 뛰어나 월왕을 패자로 이끌었다. 구천이 공신들에게 크게 상을 내리던 시기에 범려는 도리어 성과 이름을 감추고 갑자기 은거를 한다. 그는 군왕 앞에 이르러 말한다. "환난을 같이 나눌 수는 있으나 부귀를 같이 할 수는 없는 일입니다[可以共患難, 不可同富貴]." 훗날 월왕은 공신들을 살해하기에 이른다. 범려의 먼 미래까지 내다보는 탁견이 증명된 것이다.

전하는 바에 의하면 범려는 바다를 떠돌다 제 나라에 이른 후 처음에는 주보珠寶에 뜻을 두었다. 그러나 그는 결국 티끌세상의 허망함을 간파하고 이문으로 남긴 어마어마한 재산을 모두 친척과 친우들에게 흩어 주었으며, 마지막에는 도읍陶邑에 자리잡고 앉아 스스로 도주공陶朱公으로 호를 삼았다. 범려는 능히 재산을 모을 수도 있었고 흩을 수도 있었으니, 이것은 사람이 쉽게 가질 수 없는 귀한 마음이다. 그러므로 그가 문재신이 된 것은 쉽게 이해될 수 있는 일이다.

역주 _____

1_ 金馬駒背馱聚寶盤 : 문자 그대로 말하자면 '금마와 망아지의 등에 보화를 가득 싣는 쟁반그릇'을 의미한다. 금종이를 이용하여 호화롭게 만든 것이고, 보화를 얻기 위한 주술적 용도로 사용된다는 것 외에는 정확하게 말할 수 있는 자료가 없다.
2_ 梨圓 : 당나라 시대에 현종이 악공, 궁녀에게 음악, 무용을 연습시키던 곳.
3_ 无商不奸 : 이익을 바라지 않으면 간사함도 나타나지 않는다.

무재신

무재신 중에서는 조공명趙公明(조공원사趙公元師)의 이름이 가장 유명하다.

조공명은 도교의 신성인데, 실재인물이 아니다. 도교는 그가 성이 조趙이고, 이름이 랑朗이며, 자가 공명公明인데, 종욱鍾旭과 동향이고, 섬서 종남산終南山 사람이라고 말한다. 진나라 시대에 세상을 피해 산 속으로 들어가서는 경건하고 성실하게 수련을 하였다. 한나라 시대에 장천사張天師는 그를 무리로 받아들여서 흑호黑虎를 타고 다니도록 명하고 단로丹爐를 수호하는 임무를 주었다. 조공명은 스승이 보내준 선단을 먹고 무궁한 변화를 할 수 있게 되었다. 천사는 또 그에게 도교의 제단인 현단을 수호하도록 명령을 내렸다. 천제는 그를 '정일현단 조원사正一玄壇趙元師'로 봉하였다. 그러므로 세상에서는 그를 '조현단趙玄壇', '흑호현단黑虎玄丹'이라고 부른다.

조공명의 전설은 유래가 아주 오래 되었다. 진나라 시대 우보于寶가 지은 『수신기搜神記』 속에서는 그는 명신冥神으로 출현한다. 뒷날 그는 다시 '오온五瘟'(다섯 온신瘟神)[온병 염병으로, 급성열병의 총칭이다] 중의 하나가 된다. 명나라 시대에 이르면 그는 '팔부귀사八部鬼師' 중 하나로, '온갖 잡귀신'을 이끌고 인간에게 나쁜 짓을 한다. 조공명은 전문적으로 '하리下痢'(이질痢疾)를 전파한다. '만민을 죽이고 무수한 사람들을 미치게 하여' 태상노군太上老君의 진노를 불러오고, 장천사張天師가 용호신병龍虎神兵을 거느리고 파견되

武財神

무재신 중에서는 조공명의 이름이 가장 유명하다. 조공명은 도교의 신성인데, 실재인물이 아니다. 전설에 의하면 조공명은 일찍이 귀사로서 온병을 제거하고 질병과 재앙을 물리치는 일을 하였으므로, 과거 농촌에서는 돼지 울타리의 문 위에 항상 '타저귀'라고 불리는 일종의 문 그림을 붙였는데, 그것의 위쪽 그림은 남색얼굴에 적색 수염을 하고 쌍검을 손에 든 조공명의 모습이었다고 한다. 조공명을 통해 가축을 평안하게 보호하고자 하는 의도라고 하겠다.

어 모두 멸절시키기에 이른다. 몇 번의 법술을 다투는 과정을 통해 그 마력을 한층 높이고 도력을 더욱 제고하자 조공명 등의 팔부귀사는 모두 항복하게 되는 것이다.

『봉신방封神榜』 속에서 조공명은 하나의 본보기로 제시된다. 그는 아미산峨眉山에서 도선道仙이 되며, 무예가 고강하고 아울러 흑호, 철편鐵鞭, 백발백중百發百中의 정해주定海株, 박룡색縛龍索 등 법보法寶를 갖추고 있다. 조공명은 태사太師의 청을 들어 강자아姜子牙를 무찌른다. 그는 주紂임금이 학정을 하는 것을 도왔으므로 결국에는 죽음을 면치 못한다. 훗날 강자아는

초재진보招財進寶

원시천존元始天尊의 명을 받아 봉신封神을 하는데, 조공명은 '정일용호현단진군正一龍虎玄壇眞君'으로 봉하여지며, 수하로는 여전히 초보招寶, 납진納珍, 초재招財, 이시利市의 네 신四神을 거느리고, '상서로운 것을 받아들이고 복을 수납하는[迎祥納福]'일을 관장한다. 여기에 이르러 조공명은 재신의 모범형을 갖추게 되며, 다시는 전에 그에게 부여되어 있었던 사기邪氣, 귀기鬼氣 또는 온병의 기운[瘟氣] 같은 것은 더 이상 떠올리지 않게 되었다.

원나라 말기 명나라 초기에 조공명의 모습은 다음과 같이 그려진다. 머리에 철관을 쓰고, 손에는 철편을 들었으며, 검은 얼굴에는 수염이 많고, 한 마리 흑호 위에 걸터앉아 있다. 이것이 민간에서 제사지내던 무재신 조원사趙元師의 전형적인 모습이다. 세상 사람 중 팔고 사는 일로 재물을 얻고자 하는 사람이라면 '신(조공명)'을 향해 기도를 한다면 뜻한 바를 이루지 못하는 경우가 없을 것'이다(『삼교수신대전三敎搜神大全』卷3).

민간에서 받드는 재신 조공명의 형상은 모두 검은 얼굴에 짙은 수염을 하고, 머리에는 철모를 쓰고, 보화가 박힌 철편을 잡은 모습이다. 그러나 혹호는 타지 않고 있으니, 그것으로 4대천장四大天將 중 하나인 조공명과는 구분하는 것이다. 조공명의 그림 주위에는 항상 초재동자招財童子, 취보반聚寶盤, 대원보大元寶와 진주珍珠, 산호珊瑚 같은 것들이 그려져 있어서, 재원이 무궁하다는 점을 표현하여 준다.

전설에 의하면 조공명은 일찍이 귀사로서 온병을 제거하고 질병과 재앙을 물리치는 일을 하였으므로, 과거 농촌에서는 돼지 울타리의 문 위에 항상 '타저귀打猪鬼'라고 불리는 일종의 문 그림을 붙였는데, 그것의 위쪽 그림은 남색얼굴에 적색 수염을 하고 쌍검을 손에 든 조공명의 모습이었다고 한다. 조공명을 통해 가축을 평안하게 보호하고자 하는 의도라고 하겠다.

조자신

섬서 백수현白水縣 사관향史官鄕에는 창힐묘蒼詰廟가 있다. 약 2천 년 전의 동한시대東漢時代에 이 묘당은 이미 상당한 규모를 자랑하였었다. 그 후 대대로 증수가 거듭되었다. 대묘大廟는 전전前殿, 정전正殿, 후전後殿, 헌전獻殿, 종루鐘樓 등을 포함하여 구성된다.

후전後殿의 정중앙에는 창힐의 신상이 모셔져 있다. 다른 신성과 같지 않은 점은 이 신이 4개의 눈을 갖고 있다는 점이다. 이것은 고서의 '창힐4목蒼詰四目'이라는 기록에 근거하여 조형된 것이다. 전설에 의하면 창힐은 하늘로부터 내려온 신인이다. 그의 품성은 대성현大聖賢의 차원을 넘어서고 4개의 눈을 갖고 있으며 몸에서는 사방으로 빛이 쏟아져 나왔다. 창힐은 '나면서 글자를 쓸 수 있는 능력[生而能書]'을 갖추어서 문자를 발명하였다. 그가 새나 짐승의 발자국 흔적을 보고 깨달은 바가 있어 중국의 상형문자象形文字를 창조하였다고 전하여진다.

중국의 원시에는 앙소문화仰韶文化 시대가 있다. 이 시기에는 도화문자[1]-가 나타난다. 그것은 역사를 통해 나아가면서 서서히 변화하여 진정한 문자를 만들어내는 데에로 이끌어진다. 은상 시대의 갑골문은 오늘날까지 3500여개의 글자를 전해주고 있다. 갑골의 복사[2]-는 당시 사람들의 다양한 사회생활 활동을 기록한 것이다. 문자의 형성

글자를 만든 신. 문자창조의 신화와 문자 창조신인 창힐. 창힐은 전설상의 인물이다. 창힐은 고대의 문자를 정리한 위대한 공적을 남긴 사람이다. 어떤 사람은 그가 무수한 문자 창제자의 화신이라고 말하기까지 한다.

은 인류가 문명의 문지방을 넘어섰다는 표식이다. 그것은 인류의 사회발전 과정에서 아주 중요한 위치를 점유한다. 인간들은 자연히 문자의 창조자에 대해 무한한 감사와 찬송을 보내게 된다. 이 점에서 문자창조의 신화와 문자 창조신인 창힐에 대한 전설적인 이야기가 출현하게 된다. 창힐은 천신이 하계로 내려온 것이라는 신화적 설명구조를 갖춘다. 그는 보통사람보다 배의 안력을 갖추었고, 이것은 그에게 일상인의 범주를 멀리 뛰어넘는 능력을 갖추게 한다. 보다 많이 보고, 보다 멀리 보고, 보다 밝게 볼 수 있는 능력이 있으며, 그것으로 인하여 창조의 비범한 업적을 남길 수 있었다는 것이다.

사실 문자를 만든다는 것은 인류의 사회활동 역사 속에서 집단이 참여하여 이루어 낸 결과물이라 할 수 있다. 한 사람의 천재가 독창적으로 만들어 낼 수 있는 것이 아니고, 무수한 사람들이 공동의 노력을 통하여 만들어 낼 수 있는 것이라는 말이다. 당연히 그 중에는 특별히 총명하고 지혜로운 사람이 있어서 광대한 군중이 집체적으로 창조하여 낸 것을 종합하고 흩어져 없어지지 않게 정리하여 내며 그 결과물을 가공하고 보다 진일보 시키는 역할을 수행하였을 것이다. 이런 사람은 문자의 형성과정에서 적지 않은 역할을 수행하였다고 할 수 있을 터이다. 창힐은 이런 모든 역사를

대표하는 두드러진 위치를 차지하게
된다.

창힐蒼詰(倉詰)은 전설상의 인물이다.
전설은 그가 황제시대黃帝時代의 사관史
官이라고 말한다. 그의 고향이 사관향
史官鄕이라고 불리는 이유는 여기에 있
다. 그의 이름과 그가 글자를 만들었다
는 공적에 대한 이야기는 일찍이 전국
시대戰國時代의 허다한 고적 중에 나타
난다. 창힐은 고대의 문자를 정리한 위
대한 공적을 남긴 사람이다. 어떤 사람
은 그가 무수한 문자 창제자의 화신化
身이라고 말하기까지 한다.

문자는 인류 문명의 발전 과정상에서 하나의 중요한 표식, 하나의 이정표이다. 그런
데 중국에는 다음과 같은 오래된 옛말이 있다. "창힐이 문자를 만드니 밤에 귀신이 통
곡을 한다[蒼詰造字, 夜有鬼哭]." 문자는 진실로 문명을 대표한다. 문자옥文字獄은 암흑을
대변한다. 사상에 금고를 가하고 금서禁書를 만들어 낸 역사는 신명을 상속하지 못할
뿐만 아니라 조종祖宗(조상)에게도 미안한 일을 한 것이라고 하겠다.

섬서 백수현의 창힐묘蒼詰廟는 지금까지도 비교적 잘 보존되어 있다. 후전에 있는 창
힐 신상蒼詰神像의 아래쪽에는 전각 뒤의 창힐 무덤 안으로 들어가는 길이 만들어져 있
다고 전하여진다. 창힐의 무덤은 원형의 흙무덤이다. 1장—丈 높이이고, 무덤 꼭대기에
는 한그루 측백나무 고목이 자리잡고 있다. 이 나무는 매년 돌아가며 가지 하나씩 잎을
떨군다. 이것은 쉽게 볼 수 없는 기이한 현상이다.

저용을 문자 창제 신으로 보는 전설도 있다. 그것은 다음과 같이 말한다. "저용沮涌,
창힐은 황제의 좌사, 우사이다."(『세본世本』) 그러나 저용의 전설이 유행하는 양상과 그
영향력의 정도는 그 깊이와 넓이에 있어서 창힐에게 미치지 못한다. 지금까지 저용에

대해 알고 있는 사람은 거의 없을 정도이다.

1_ 圖畵文字 : 그림이나 도상으로 이루어진 문자. 이 시대에는 하나하나의 문자가 소량 나타난다고 한다. 은상
    시대殷商時代 : 은나라 시대라고도 하고, 상나라 시대라고도 한다. 은은 혈족의 이름이고, 상은 나라의 이름
    이다.
2_ 甲骨 卜辭 : 갑골문은 주로 점친 결과를 담고 있다. 그 재질이 거북이 등껍질이었으므로 갑골이라고 하고,
    그 내용이 점친 기록이므로 복사라고 한다.

노반

노반은 중국에서 명성이 가장 높고 영향력이 가장 큰 행업신行業神[일을 이루게 하는 신]이다. 나무, 기와, 석재 등을 이용한 토목건축 행위는 그를 조사신祖師神[여기서는 조사 야祖師爺라는 표현을 쓴다]으로 받든다. 인간의 생활은 흙과 기와를 이용한 공사를 하지 않을 수 없다. 노반묘가 널리 분포할 수 있게 하는 이유는 바로 이것이다. 재미있는 것은 북경 조양문朝陽門 밖의 유명한 동악묘東岳廟 안에는 두 개의 노반묘魯班廟가 있다는 점이다.

노반은 역사상의 인물이다. 그는 춘추 말기 노魯나라의 저명한 장인이며, 60~70세를 살았다. 노반魯般(魯班)은 공손반이라고도 하는데, 노나라 사람이므로 노반으로 불려진다. 노반은 당시에 있어서 가장 뛰어난 장인匠人이었다. 뛰어난 기술을 가지고 있었으므로 '천하天下의 교장巧匠'이라는 명예를 얻었다.

노반이라는 사람이 누구인가에 대해서는 완전히 서로 다른 이야기가 전하여진다. 한나라 시대의 조기趙岐는 『맹자』「이루離婁」의 주석을 달면서 '노반이 혹시 노魯나라 소공昭公의 아들'이 아닐까 하는 이야기를 제출하여 준다. 이 이야기는 사람들에게 노반은 노나라 소공의 공자이며 한 사람의 혁혁한 '금지옥규金枝玉叫[신분이 높은 사람]'라는 생각을 갖게 한다. 그러나 많은 옛 책에서 노반은 '교공巧工', '교장', 즉 한사람의 뛰어난

魯班

중국에서 명성이 가장 높고 영향력이 가장 큰 행업신이다. 나무, 기와, 석재 등을 이용한 토목건축 행위는 그를 조사신으로 받든다. 노반은 역사상의 인물이다. 춘추 말기 노나라의 저명한 장인이며, 60~70세를 살았다. 공손반이라고도 하는데, 노나라 사람이므로 노반으로 불린다. 노반은 당시에 있어서 가장 뛰어난 장인이었다. 뛰어난 기술을 가지고 있으므로 '천하의 교장'이라는 명예를 얻었다.

기술을 가진 장인으로 말하여진다. 이것이 비교적 역사적 사실에 부합한 것이라고 하겠다. 그리고 이것은 후세의 많은 노반 전설 속에 보이는 모습과도 일치한다. 노반을 귀공자 출신으로 보는 이야기는 후세에 어떤 영향도 끼치지 못한다.

노반은 춘추시대와 전국시대의 교체기를 살았다. 철기가 광범하게 사용되어 생산력이 크게 제고되던 시기이다. 이것은 수공업의 한 단계 발전을 촉진하였다. 사료의 기록에 의하면 노반은 초나라를 위해 운제云梯[구름사다리], 구강鉤强[갈고리의 일종. 전선 위에서 사용하는 무기] 등의 무기를 제작하였고, 대패, 끌, 송곳, 곡척 등의 무수한 공구를 발명, 제조하였다고 한다. 톱과 먹통 역시 노반의 발명이라고 선하여진다.

전하는 이야기에 의하면 노반은 대나무와 나무를 이용하여 까치, 나는 매 등을 만들었는데, 연속적으로 허공으로 비상하여 3일 동안 내려오지 않았다고 한다. 노반은 자신의 모친을 위해 정력을 기울여 목제마차 한 대를 만들었는데, 목제 연료를 쓰고 기관을 갖춘 하나의 기계사람을 사용하였다. 노반이 모친을 마차 위에 모시고 기관을 작동시키니 목제의 기계사람이 마차를 몰아 나갔는데 한번 몰고 나가서는 돌아오지를 않아 그 종적을 찾을 수 없을 정도였다. 전설은 비록 기이하기 이를 데 없지만 노반의 교묘한 지혜를 세상에 널리 알려주기에는 충분한 것이라고 하겠다.

전설에 의하면 노반은 조주교趙州橋를 지었다고 한다(사실 이것은 수나라 시대의 저명한 장인 이춘李春의 작품이다). 장과노張果老는 이 돌다리가 견고한지 여부를 꼼꼼하게 시험하여 보고 나서 상선인上仙人의 땔나무를 운반하는 통로로 정하였다. 그는 당나귀를 몰고 와서 당나귀 등에 실린 전대 안에 '태양太陽'과 '월량月亮'을 넣어 두었고, 땔나무가 실린 바퀴 하나 달린 마차 안에는 '오악명산五岳名山'을 실었다. 두 사람이 한 조가 되어 다리에 올라섰다. 다리는 무게의 압력으로 흔들렸다. 노반은 긴장하여 다리 아래로 뛰어내려서 두 손으로 교각을 부여잡고 단단하게 버텼다. 두 사람이 가진 일월과 5산은 거뜬히 석교를 통과하였다. 전하는 바에 의하면 지금도 다리 위에는 나귀 발자국과 마차 바퀴자국이 남아 있다고 한다.

이 외에도 노반의 꺾쇠모양 탑, 노반이 보낸 청개구리 우리, 기타 공장에게 보낸 자질구레한 물건들에 대한 설계도면 같은 것들 등, 노반과 연결되어 전해지고 있는 것은 수를 헤아릴 수 없을 정도이다.

노반을 신으로 모시는 노반전魯班殿은 조사전祖師殿이라고도 불린다. 나무와 기와를 사용하는 공사에 대한 논의, 약조를 정하고 규정을 행하는 것, 공사의 가격 산정, 스승에게서 전해 받고 무리를 모으는 것 등 모두를 조사전 안에서 행한다. 홍콩에서는 진흙 공, 목공, 지붕 공 등 3단계 공사의 인부들은 음력 6월 16일을 '노반절魯班節'로 삼는다. 이날 전 항구의 건축 노동자들은 하루의 휴가를 즐긴다. 대낮에는 가장 유명한 청연대靑蓮臺의 노반고묘魯班古廟에 가서 향을 사르며 참배를 하고 융성하게 제사를 지내며, 밤이 되면 크게 연회를 벌여 마음을 열고 마시면서 신과 같이 즐긴다. '3단계' 공사의 인부들은 선사先師의 탄신주誕辰酒를 마시므로 평생 평안 무사 할 것이라고 믿는다.

노반은 비록 행업신으로 받들어지지만, 그는 인간의 불에 익힌 음식을 먹지 않는 신불神佛과는 전혀 다르다. 노반의 전설 중에서 그는 얼굴이 부드럽고 선해 보이며, 헤어져 떨어진 옷을 입고, 사방을 분주하게 돌아다니면서 우환과 환난을 물리치는 일에 매달리는 충실하고 후덕한 장자의 모습이다. 노반 신은 중국의 기술이 뛰어난 공인을 대표한다. 그는 노동인민의 비범하고 총명한 재주와 창조력의 화신이다.

주신

유우석劉禹錫은 『누실명陋室銘』에서 말한다. "산은 높은 데서 이름이 나지 않는다. 신선이 살면 이름을 얻는다. 물은 깊은 데서 영성을 얻지 않는다. 용이 살면 영성을 얻는다." 섬서 고원의 남쪽 끝과 관중 평원이 만나는 지점에 백수현이 있다. 이 백수현은 '신선이 살아서 이름을 얻고 용이 살아서 영성을 얻은' 지방이다. 여기에서는 고대의 세 행업을 보호하는 신이 출현하였다. 하나는 주신酒神 두강杜康이고, 다른 하나는 문자를 지은 창힐蒼詰 선생先生이고, 마지막 하나는 요신窯神 뇌상雷祥이다. 전설은 이 세 신성이 모두 백수현 사람이라고 말한다. 한 현의 세 이름 높은 신성이니, 기이한 일이 아니겠는가?

그러나 이러한 설명에 대해서 대부분의 섬서 사람들은 기뻐할 것이지만, 하남 사람들은 별로 기분 좋아하지 않을 것이다. 하남 사람의 입장에서 본다면 두강 선생이 술을 빚은 곳은 섬서 백수현이 아니라 하남 여양현汝陽縣이나 하남 이천현伊川縣이다. 두강 선생은 원래 '중주의 노인[中州老鄕親]'[중주의 늙은 시골 노인 정도의 의미]이었다. 결국 어떻게 보아야 하는지는 천천히 들어보아야 할 일이다.

섬서 백수현에는 강가위촌康家衛村이 있는데, 마을 주변에는 전장 10킬로미터 정도 되는 큰 도랑이 있다. 두강 도랑[杜康洄]이라고 불린다. 도랑의 원류에는 샘이 하나 있고, 샘주변에는 벽오동 나무와 풀꽃들이 늘어서 있고 나비며 벌 등이 분주히 날아든다. 도랑의 물은 이 두강천杜康泉으로부터 흘러나온다. 전하는 바에 의하면 당시 두강은 이 샘의 물을 이용하여 술을 빚었다고 한다. 수질은 확실히 맑고 달아서 흔히 볼 수 있는 샘이 아니다. 맑은 물은 샘안에서 용출하여 도랑을 따라 유유하게 동쪽으로 흘러나가 백수하로 합류한다. 이런 까닭에 백수하白水河는 두강하杜康河라고 불린다.

두강조주杜康造酒는 자못 두강천의 도움으로 얻어지는 것이고, 두강천은 또 두강조주 덕분에 이름을 얻었다.

어떤 사람이 두강천 가의 흙제방 위에 두강의 무덤을 지었다. 묘의 좌측으로는 두강 묘당을 건립하였고, 묘당 안에는 두강신상을 모셨다. 묘당의 부근에는 6각의 약식 정자 하나가 서 있는데 붉은 기둥에 녹색 기와를 얹었으며 오색으로 단청을 칠하고 날아오르는 듯 처마 귀퉁이를 들어 올렸다. 문미에는 '두강이 유령을 취하게 하다[杜康醉劉伶].', '덥힌 청매 술로 영웅을 논하다[靑梅煮酒論英雄].' 등, 술과 관계가 있는 유명한 전설이나 역사적 고사들을 그림으로 그려 놓았다. 그 곳으로 들어가면 마치 선경으로 들어가는 것과 같은 느낌이다. 혹시 두강미주杜康美酒를 한 모금 마시고 정신이 몽롱하여져서 산 속 정자 근처를 거닐기라도 하면 두강선생이 정자 안에서 술을 마시고 있는 모습이나 두강선생이 샘 가까운 곳에서 향가를 읊고 있는 소리를 들을 수 있을지 모를 일이다.

始釀佳酒杜康仙師

하남 여양현에는 두강촌이 있다. 두강이 술을 빚은 지방이라고 전해져 내려오는 곳이다. 근래에는 또 두강촌에서 삼국시대 양조장 터가 발견되기도 하였다. 전해 내려오는 이야기가 근거가 있는 것이니, 이야기가 그릇되지 않았던 것이다.

그러나 술만을 가지고 말하자면 가장 이름 높은 술에 비견될 만한 것으로 제일 먼저 추천될 수 있는 것은 하남 이천의 두강주이다. 이름 높은 술을 빚기 위해서는 가장 먼저 이름 높은 물이 있어야 한다. 이름 높은 물이 있으려면 이름 높은 샘이 있어야 한다. 이천 샘물이 갖는 특징은 가물면 가물수록 물이 더욱 많이 나고, 날이 추우면 추울수록 물은 따뜻하다는 것이다. 샘의 물이 이와 같은데 어찌 사람들이 기이함을 칭송하는 말들을 늘어놓지 않을 것인가? 샘 안에는 또한 5색을 띠는 새우가 사는데 얼굴색이 홍, 황, 백, 흑, 자 등 다섯 가지를 띤다. 두하리에서 노니는 오리들은 이 새우를 먹기 때문에 그 알의 노른자위가 혈홍색을 띠고 오리의 발꿈치는 빛이 나기까지 한다. 이 오리알은 옛날에는 진공품으로 황상에게 올려졌고, 황상의 발꿈치에서는 빛이 났었다. 현대의 화학 성분실험으로 이 샘 속에는 40여 종의 인체에 유익한 미량원소가 포함되어 있다는 것이 밝혀졌다. 오늘날에도 이천의 두강주는 중국 내외에서 이름을 떨친다. 이천현은 이미 연합국 교과문조직敎科文組織에서 거행한 국제문화교류절國際文化交流節에서 중국 10대 주도酒都 중 하나로 확정되었다.

두강은 어느 시대 사람인가? 이것에 대해서는 서로 다른 이야기가 전하여진다. 두강이 하夏나라 사람이라고 말하는 사람이 있다. 중국의 문자 역사는 하夏, 은殷, 주周에서 시작된다. 중국 역사의 첫머리에 놓이는 왕조가 하나라인 것이다. 두강은 이 시대에 살았으니 명실상부하게 고대의 조상이라고 하겠다. 어떤 사람은 두강이 하나라 6대 국군인 소강小康이라고 말한다. 소강은 양조주의 발명가로, 점질이 높은 양조주를 만드는 방법을 발명하였다. 소강은 술을 빚는 데 뛰어났을 뿐만 아니라 나라를 다스리는 데에도 능력이 있었다. 그가 정사를 담당하는 기간 동안 나라는 크게 나아져서 역사는 이 시기를 '소강 중흥小康中興'[소강 시대의 중흥]이라고 부른다. 이 개명한 임금은 고대의 대 과학자였던 것이다. 중국 고대의 양조업이 역사에 남긴 걸출한 공적은 한 사람의 힘으로 완성시킬 수 있는 것이 아니다. 그러나 두강은 그 대표가 될 만하고, 어떤 점에서 전설 속의 주신인 두강은 중국고대의 인문정신, 과학정신, 창조정신을 대표한다고 할 수 있다.

그렇기 때문에 오늘날에 이르기까지 사람들은 여러 가지 방식을 통해 두강을 기념하는 것이다.

실로 두강은 전설 속의 최초 양조자는 아니다. 의적儀狄이라는 사람이 두강보다 이른 시기 인물인데 명성은 두강에 미치지 못한다.

의적은 전설 속에서 하夏나라 우禹임금(하나라의 첫 번째 임금) 시대의 양조자로 나타난다. 『고사고古史考』는 말한다. "옛날에는 단술이 있었는데 우 임금 시대에 의적이 술을 만들었다." 『전국책戰國策』「위책魏策 2」에서는 이것에 대해 보다 상세한 기록이 보인다.

옛날 제녀帝女는 의적에게 좋은 술을 빚도록 명하여 우임금에게 올렸다. 우는 달게 그것을 마셨다. 마침내 의적을 멀리하고 맛있는 술을 끊고는 말하였다. '훗날 술 때문에 나라를 망치는 자가 반드시 나오리라.'

하나라 우임금이 잘 익은 맛있는 술을 만든 의적을 멀리하였다는 것은 현명한 군주로서 괴이쩍은 일이 아니다. 후세의 군왕들을 위한 모범을 보인 것인데, 애석하게도 역대 통치자들은 이러한 경지에 이른 경우가 몇 되지 않는다.

옥신

　중국은 신을 만드는 법칙을 가지고 있는 나라이기 때문에 각 종류의 신성이 다 갖추어져서 없는 신이 없다. 감옥 안에도 이른바 감옥신이 존재한다. 년대가 이미 오래 되었으므로 고대의 감옥은 오늘날까지 그대로 전해지고 있지는 않다. 그러므로 감옥신도 자연 쉽게 볼 수 없는 것이 되었다. 그러나 한 군데만은 지금까지도 감옥신이 안전하고 별 탈 없이 전하여 지고 있으니, 그 이름도 쟁쟁한 산서山西 홍동현洪洞縣 소삼감옥 안에 있는 감옥신이다.

　이 감옥이 이름을 얻은 것과 경극京劇 『옥당춘玉堂春』이 널리 유전된 것 사이에는 많은 연관이 있다. 극중에 묘사되고 있는 것은 명나라 시대 기녀 소삼蘇三(옥당춘)과 이부상서인 왕금룡王金龍 공자 사이의 곡절 많은 연애사건이다. 그 중의 「여기해女起解」 부분은 소삼이 살인죄로 모함을 받아 홍동현 감옥에 수감되어 있는 이야기이다. 『옥당춘』은 명나라 시대의 소설 『옥당춘낙난봉부玉堂春落難逢夫』를 원본으로 한다. 이 하나의 옛 이야기와 희극이 널리 유전되어 사람들이 습관적으로 '소삼감옥蘇三監獄'으로 부르게 된 홍동현洪洞縣의 대옥大獄을 사해에 이름을 떨치게 만들었다.

　이 감옥은 6백 년 전 명나라 초기에 만들어졌다. 이것은 중국에서 가장 완벽하게 보존되어 있는 것이고, 중국의 현존하는 감옥 중 가장 이른 시기의 유산이다. 애석한 것은 송나라 시대 이후 적지 않은 감옥이 소하를 감옥신으로 모시는 모습이 보인다. 소하가 감옥신으로 받아들여지는 것은 한 나라 고조인 유방을 보좌하여 한나라의 법제를 건립하고 한나라에서 가장 중요한 법전인 『9장률』을 제정하였기 때문이다. 그리하여 소하는 '정률지조'로 받아들여진 것이다. 소하는 일찍이 '소송장을 만드는 관리'를 하였던 적이 있다. 역사가 '소하는 율령을 정하고 형옥을 공평하게 하였다.'고 적고 있기 때문에 그는 감옥신이 된 것이다.

1973년에 한 우둔한 당권파의 준동으로 훼손되었다가 10년 후에 다시 중수되었다는 점이다. 소삼감옥은 감옥 중에서 사형수 감옥인데, 당지 사람들은 속칭 '호두뇌虎斗牢'라고 부른다.

사형수 감옥은 보통 감옥방의 남쪽 머리로 나와 앉아 있는데, 바라다 보이는 담벽에는 위쪽으로 이빨을 드러내고 으르렁거리는 거대한 호랑이 머리가 하나 그려져 있고, 아래쪽으로 아주 작고 협소한 문이 하나 만들어져 있어서 흡사 호랑이 입과도 같은 느낌이다. '호두문虎斗門'은 3척 높이이고, 담벽은 8척 두께이다. 쌍문에 쌍으로 담벽을 둘러 특히 견고하게 지어져 있다. 이 문 안으로 들어가면 비단 허리를 굽혀야 할 뿐만 아니라 무릎을 꿇고 쭈그려 앉아야 한다. 감옥 문의 꼭대기에 그려져 있는 '호랑이 머리'는 그냥 늙은 호랑이가 아니라 전설 속의 맹수 '폐한狴犴'이다. 명나라 시대 학자 양신楊慎은 다음과 같이 말하였다.

세속에서 전하는 말에 용이 아홉 아들을 낳으면 모두가 용이 되는 것은 아니니, 각각 좋아하는 바가 있는 것이라고 한다. …(중략)… 네 번째가 폐한이니, 모양은 호랑이 같고 위력도 갖추었으므로 옥문 앞에 둔 것이다.

옛 사람들은 그것이 평생 쟁송하기를 좋아하였으므로, 그런 까닭에 그 얼굴을 옥문 위에 그린 것이라고 한다.

'호두문'을 마주 보는 지점에는 옥신묘가 있다. 이 묘당은 높은 담의 중간지점에 사암으로 감실을 조각하여 붙이고 감실 안에 벽돌로 조각한 작은 세 신상을 모신 것이다. 중간에 앉은 신상은 노인인데 표정이 온화하며, 좌우에 자리잡은 것은 작은 귀신인데 흉악한 얼굴에 귀신 형상이다. 중간에 앉은 노인이 감옥신이다. 과거의 감옥에는 하나의 원칙이 있어서 범인들은 매일같이 감옥신을 참배하도록 되어 있었다. 「여기해」 중에는 호송인 숭공도가 소삼을 다시 심문하기 위해 압속해 가려 할 때 소삼이 다음과 같이 청원하는 말이 나온다. "아저씨 잠깐만 기다리셨다가 내가 옥신을 참배한 후에 다시 갑시다." 그녀의 창가는 다음 몇 구절로 이루어진다.

고개 숙여 호두뇌를 나아가네
옥신 묘당 앞에 황망히 무릎을 꿇어라
바라건데 감옥의 신이시여, 많이 도와주소서
나 소삼을 데려가는 낭장이여, 하루 빨리 영광을 얻으시라

감옥 안의 범인들은 하늘을 불러도 하늘이 응답하지 않고, 땅을 불러도 땅이 영험을 보여주지 않으니 구하여 고할 곳이 없다. 오직 가련하기 그지없게 모든 희망을 감옥신에게 걸 수 있을 따름이다.

이 감옥신은 진실로 누구인가? 소삼의 감옥이야기는 적지 않은 분량이지만 모든 이야기가 명료하지 않다. 이 감옥신은 요임금 시대의 대신 고도라고 한다. 사서 속에 보이는 고도는 당시의 최고 법관이다. 그는 법전을 만들고 형법에 따른 판결을 하였다. 역사는 다음과 같이 적고 있다. "고도皐陶가 감옥을 지

으니 법률이 있게 되었다."이 이야기에
따르면 그는 뇌옥牢獄을 처음 창제한 사람
이니 아주 오랜 옛날의 명성이 제일 높은
형옥의 신인 것이다. 고도는 맑고 바른
법관의 이미지로 남아 있다. 역사는 그를
칭송한다. "옥사를 명백하게 처결하였고
인정을 빠뜨리지 않고 살폈다."(『백호통白虎
通』「성인聖人」) 고도가 대법관의 직임을 갖
고 있을 때 '천하에 잔학한 형벌이 없었
다.'고 하는데 이것은 사실 이루기 어려운
일이다.

송나라 시대 이후 적지 않은 감옥이 소
하를 감옥신으로 모시는 모습이 보인다.
소하蕭何가 감옥신으로 받아들여지는 것은 한 나라 고조인 유방劉邦을 보좌하여 한나라
의 법제를 건립하고 한나라에서 가장 중요한 법전인 『9장률九章律』을 제정하였기 때문이
다. 그리하여 소하는 '정률지조定律之祖'로 받아들여진 것이다. 소하는 일찍이 '소송장을
만드는 관리'를 하였던 적이 있다. 역사가 '소하는 율령을 정하고 형옥을 공평하게 하였
다.'(『서호유람지西路游覽志』16권)고 적고 있기 때문에 그는 감옥신이 된 것이다. 그러나 소하
의 배분은 고도에 비하면 아주 떨어진다.

다신

　호북 천문현天門縣의 북문 밖에는 유명한 샘이 하나 있다. 사람들은 그것을 '문학천文學泉'이라고 부른다. 샘 뒤에는 비각이 있고 안에 비석이 하나 서 있는데 정면에 쓰인 글자는 '문학천'이고 뒤편에 쓰인 글자는 '품다진적品茶眞迹'이다. 비석 뒷면에는 작은 묘당이 있다. 이 경치 좋은 곳을 차지하고 있는 신주는 '다성 육우陸羽'이다. 석벽에는 육우의 소상이 선각되어 있는데 단정하게 앉아 차를 마시고 있는 것이 아주 풍취가 있는 모습이다. 육우는 역사상 실존인물이다. 일찍이 태자 문학관太子文學官으로 제수(부임하지는 않았다) 되었다. 이 샘은 육우를 기념하여 '문학천'이라는 이름을 얻은 것이다.

　호북 천문현은 육우의 고향이다. 그는 70세를 살았으며 '상장수上長壽'의 이름을 얻었다. 그러나 그의 일생은 도리어 불우한 것이었다. 육우는 세상에 태어나자마자 부모에 의해 강가에 버려졌다. 용개사의 스님 하나가 아이 우는 소리를 듣고 거두어 길렀다. 장성한 육우는 용모는 추레하였으나 천성이 총명하고 배우기를 좋아하였으며 해학에 뛰어나고 말재주가 놀라웠다. 육우는 버려진 아이였으므로 성도 이름도 없었다. 한번은 그가 『역경易經』을 꺼내 놓고 괘를 뽑아 다음과 같은 괘사卦辭 하나를 얻은 적이 있다. "홍로가 땅 위에 점차적으로 내려앉으니 그 깃털은 의식에 쓸 수 있으리래鴻漸于陸,

생활을 영위하는 데에는 일곱 가지가 관계된다. 땔나무, 쌀, 기름, 소금, 장, 식초, 차가 그것이다. 차는 인간의 생활과 밀접하게 연관된다. 육우는 차 마시는 것에 대한 연구에서 커다란 공헌을 하였다. 사람들은 그에게 감사하고 그를 기념하였다. 육우는 죽은 지 얼마 되지 않아서 '다성', '다신'으로 모셔진다.

其羽可用爲儀]." 뜻은 이러하다. "물새가 물 속에 솟은 땅 위에 내려앉으니 그것의 깃털은 문무文舞의 도구로 쓰게 만들 수 있으리라." 이것은 길한 괘사였고 자신의 신세와도 부합되는 점이 있었으므로 그는 십분 감동하여 '육陸'을 성姓으로 삼고 '우羽'를 이름[字]으로 삼았으며, '홍점鴻漸'을 자로 삼았다.

육우는 묘당 안에서 허다한 고통을 당하여 결국 견뎌내지 못하고 떠나가 버렸다. 그는 연극배우가 되어 어릿광대로 분하기까지 한다. 어떤 골계전滑稽戰 속에서는 중요한 배역으로 나타나기도 한다. 육우는 독학을 통해 높은 문학적 성취를 이루었으며 안진경安眞卿, 장지화張志和 등의 명사나 여류시인 이계란李李蘭 등과 교우하였다. 그는 차에 대한 연구도 깊이 행하여 차를 마시는 것을 운명처럼 즐겼다. 육우는 천하를 여행하며 세상의 모든 명차名茶와 명수名水를 두루 찾아다녔다. 조정에서 그를 불러 관직에 임명한 것도 거절하고 그는 강서 상요上饒의 광교사廣敎寺에 오랫동안 은거하며 세계 제일의 전문적 차 연구서인 『다경茶經』을 짓는 일로 평생을 보냈다. 전체 3권 10책으로 이루어진 이 책은 차 맛의 특성, 차 따는 공구, 차 따는 계절, 차의 가공법, 차를 찌거나 차를 마시는 방법, 차의 산지 등에 대해 기술하고 있는데, 가히 다서茶書의 선하라고 할 수 있다. 후세에 출현하는 백여 종의 다서는 다 이것에 연원을 둔다.

생활을 영위하는 데에는 일곱 가지가 관계된다. 땔나무, 쌀, 기름, 소금, 장, 식초, 차가 그것이다. 차는 인간의 생활과 밀접하게 연관된다. 육우는 차 마시는 것에 대한 연구에서 커다란 공헌을 하였다. 사람들은 그에게 감사하고 그를 기념하였다. 육우는 죽은 지 얼마 되지 않아서 '다성茶聖', '다신茶神'으로 모셔진다. 당시의 다신상은 도기나 자기로 빚은 작은 인형이 많았다. 그것은 차를 거래하는 상인이나 작은 차 가게의 주인들에게 모셔졌다. 그것이 차 사업이 흥성하도록 도와준다고 믿었기 때문이다.

육우가 은거한 곳은 강서 상요시 광교사(지금 그곳에는 상요시 제일중학교 건물이 있다) 경내이다. 원래 그곳에는 그가 거주하던 '육홍점댁'[1]이 있었다. 집 주위에는 여러 이랑의 다원이 있고, 샘이 하나 있는데, 샘물은 맑고 달아서 육우에 의하여 '천하 제 14천'으로 품평되었다. 샘가의 바위에는 '원청유결'[2]이라는 글자가 전서체로 쓰여 있다. 청말 지부를 지낸 단대성이 쓴 것인데 지금도 아주 좋아 보인다. 육우는 여기에서 저서에 열중하였다. 그는 스스로 샘을 파고, 자신이 파종해 기른 차를 달여 마시고, 스스로 그 즐거움을 만끽하였다. 당나라 시대 시인 맹교재孟郊在는 〈제육홍점상요신개산사〉[3]라는 시 속에서 육선생의 고결한 삶을 찬미하였다.

중국의 차는 당나라 시대에 일본으로 전래된 후 점차 미학적이고 예술적인 '다도茶道'로 완성되어 오늘날까지도 성가를 유지하고 있다. 17세기 초, 중국의 엽차는 유럽과 기타지역에 유입되어 세계 3대 음료 중 하나의 위치를 장악하였다.

역주 _____

1_ 陸鴻漸宅 : 육은 성, 홍점은 자이니, 육홍점의 집이라는 뜻이다.
2_ 天下第十四泉 : 세상에서 14번째 안에 드는 샘.
3_ 題陸鴻漸上饒新開山舍 : 육홍점이 상요에 새로 산사를 연 것에 대해 쓰다. 시의 제목이다.

요신

강서 경덕진景德鎭은 중국 4대 진 중 하나이다(다른 세 곳의 진은 광동廣東 불산진佛山鎭, 호북湖北 한구진漢口鎭, 하남河南 주선진朱仙鎭이다). 중국의 도자기는 세계에서 유명하며, 본디 '자국瓷國'이라는 이름까지 얻었었다. 경덕진은 '자도瓷都'의 명예를 갖고 있다. 일찍이 북송 시대에 조정에서는 관리를 이곳으로 파견하여 황제에게 진상하는 자기 제작을 감독하게 하였다. 이 후로 경덕진의 관요에서는 전문적으로 조정에 진상하는 그릇만을 만들었고, 이곳은 전국 도자기 산업의 중심지가 되었다.

명나라 시대 초기, 주원장朱元璋은 여기에 황실용 도자기 공장을 짓도록 명령을 내리고 도자기 작업을 감독할 관리를 파견하여 상주시켰다. 자기가 서울로 운송되는 것을 감독하고 전적으로 황실용으로만 공급될 수 있게 하였다. 황실용 도자기 공장의 규모는 상당히 넓어서 분업을 하고 정밀하게 세공을 더하여 높은 공예적 기술을 갖추었다. 이것은 중국에서 가장 오랜 기간 동안 유지되었고, 가장 대규모로 운영되었으며, 가장 높은 수준에 이르렀던 관변 도자기 공장이었다. 황실용 도자기 공장 안에는 풍화선묘風火仙廟가 있었는데, 도자기 산업을 보호하는 요신窯神 동빈童賓을 모신 곳이다.

이 지위가 아주 높은 황실용 도자기 생산공장을 보호하는 신인 동빈은 실제로 그

도교는 '소단연홍'의 방법을 강구하는데, 그러기 위해서는 화후를 장악하는 것이 필수적이다. 도자기를 굽는데 있어서도 불, 화후는 당연히 관계가 있다. 그래서 도자기공들은 '팔괘로'의 주인인 이노군을 노신, 요신으로 받아들이는 것이다.

사람은 본래 아주 평범하고 눈에 띄지 않는 도공에 불과하였다. 동빈은 부근의 동가童家[여기서는 동씨마을의 의미]마을 사람이다. 명나라 시대 만력년간萬曆年間에 태감太監인 반재상이 성지를 받들고 황실용 도자기 제작을 감독하러 내려왔다. 반 태감은 아주 흉악한 사람이었다. 그는 마을마다 도공을 분담시켰으므로 마을사람들은 고통스러운 공역에 투입되는 것을 두려워하고 원망하였다. 동빈은 용감하게 공역에 나와서 마을 사람들을 대신하여 도공 일을 하였다. 전해지는 바에 의하면 당시 조정에서는 특별히 큰 자기를 주문하였는데 몇 번을 거듭 구웠지만 성공을 하지 못하였으므로 도공들은 매일같이 채찍질을 당하였으며 음식이나 물조차 공급되지 않았다고 한다. 동빈은 일의 어려움을 알고 자신의 육신을 희생하여 큰 자기를 완성시키려고 마음먹었다. 그리하여 자기를 구울 때 동빈은 과감하게 아궁이의 불 속으로 뛰어들었다. 사람들이 가마를 열고 살펴보았을 때 큰 자기는 제대로 완성되어 있었다. 도공들은 동빈의 유골을 수습하여 봉황산鳳凰山에 매장하고, 그 은덕에 감사하여 도자기 공장 경내에 풍화선묘風火仙廟를 지어 동빈을 제사하였다. 동빈은 화신火神과 도공窯工들의 보호신保護神이 되어 받들어지게 된 것이다.

청나라 시대에 이르러 도자기 작업 감독관이 도자기 가마의 불 속에서 동빈의 혼령이 도자기 완성하는 일을 지휘하는 것을 보았다는 이야기가 있어서 풍화선묘는 확장 중건된다. 도자기 작업 감독관 당영환唐英瀾은 묘당의 편액에 '우도영사祐陶靈祠'라고 썼다. 글씨는 청화자기 판을 써서 굽고 묘당 문에 끼워 넣었다. 동빈은 불 속으로 뛰어들어 자기의 소성을 도왔다. 이것은 북경 종 만드는 공장에서 있었던 주종낭낭鑄鐘娘娘의 이야기와 아주 흡사하다. 실제로 이런 일이 분명히 있었다는 것은 아니라고 하겠다. 그러나 동빈이 의로운 용기를 보여준 한 사람으로 도자기 산업영역에서 크게 희생하고 일정한 공을 이룬 도공이었다는 점만은 의심할 수 없는 사실이다. 그는 사람들의 사랑을 받아 공인들로부터 일을 이루어지게 하는 보호신으로 받아들여졌다.

경덕진을 제외하더라도 중국의 도자기 가마가 있는 곳은 여러 군데이다. 그런 곳에는 일반적으로 요신묘窯神廟가 건립되어 있다. 이들 요신묘에서는 통상 순舜, 노자老子, 그리고 뇌공雷公의 3위三位를 주신主神으로 받든다. 순임금은 전설 속의 고대 제왕 중 한 사람이다. 순 임금은 일찍이 '하빈에서 도자기를 구웠다.'[1]고 전한다. 그는 도자기 제조방법을 발명하였다고 하며 이것이 그를 도신陶神으로 삼는 이유이다. 노자는 도교의 조사祖師이다. 도교는 '소단연홍燒丹煉汞'[단약을 굽고 수은을 정련한대의 방법을 강구하는데, 그러기 위해서는 화후火候[불의 제후, 화신]를 장악하는 것이 필수적이다. 도자기를 굽는데 있어서도 불, 화후는 당연히 관계가 있다. 그래서 도자기공들은 '팔괘로'[2]의 주인인 이노군[3]을 노신爐神, 요신窯神으로 받아들이는 것이다. 뇌공은 번개를 관장하는 신으로 바람이나 비와 밀접한 관계를 맺고 있다. 고대에 있어서 도자기를 굽는 것은 주변적인 조건에 제한을 받았는데, 자연의 기후조건에 상당부분 맡길 수밖에 없는 일이었다. 도공들은 뇌공을 받들어 자연신의 은혜를 입고자 하였다. 도자기를 구울 때 하늘이 쾌청하다면 고품질의 자기가 생산되며 색깔도 잘 나게 마련이다. 그러나 섬서 백수현의 요신인 뇌공雷公은 자연신이 아니라 당 지역의 도자기 굽는 명장인 뇌상雷祥이다.

위의 세 주신 외에도 요신묘 안에서는 4위四位의 소신小神이 부수적으로 모셔진다. 산신山神, 토지신土地神, 우신牛神, 마신馬神이다. 그들은 모두 도자기를 굽는 것과 긴밀한 관계를 맺고 있다. 이러한 안배는 아마 불교의 3세불三世佛, 4대금강四大金剛의 영향을 받은 것이라고 할 수 있을 것이다.

역주 _____

1_ 陶于河瀕 : 하빈은 작은 시내를 말한다. 그러나 여기서는 지명으로 읽는 것이 옳을 것이다.
2_ 八卦爐 : 8괘를 이용하고 연단의 화로를 사용한다는 점에서 도교를 뜻하는 말로 쓰인 것이라 할 수 있음.
3_ 李老君 : 이는 노자의 이름이 이이라는 것에서 온 것이고, 노군은 노자와 같은 말.

도신

    사천四川 관현灌縣 청성산青城山 기슭 장인봉丈人峰 아래에는 유명한 도관道觀인 건복궁建福宮이 있다. 건복궁은 원래 '장인관丈人觀'이라고 불렸다. 전각 안 감실 속에는 백발을 흩날리며 높은 관[峨冠]과 넓은 띠[博帶][사대부의 복색]를 두른 신상이 하나 있다. 이 주신은 오악장인五岳丈人 영봉자寧封子이다.

    영봉자는 어떤 사람인가? 어떻게 하여 여기에서 사람들의 향화를 받고 있는 것인가? 원래 영봉자는 전설 속 황제黃帝의 도정陶正[도자기를 맡은 관리의 책임자]이었으니, 바로 전문적으로 도자기를 제작하는데 관련된 여러 가지 일을 관리하는 관원이었다. 영봉은 도자기 굽는 일을 아주 잘하여서 기술이 1, 2위를 다툴 정도였다. 하루는 그가 도자기 굽는 곳에 있는 데 길 가던 한 사람이 영봉이 가마에 불 때는 것을 돕고자 하여 영봉은 허락하였다. 이 바쁠 것 없는 객은 솜씨가 비범하여 그가 때는 불에서는 5색 연기가 피어났고 구워낸 도자기도 영봉이 불을 땠을 때와 비교하면 몇 배나 더 고급품이 나왔는지 모를 정도였다. 영봉은 크게 놀라 이 사람을 스승으로 받들어 모시고 그 진전을 이었다. 영봉은 섶나무에 불을 붙이고 자기를 태웠는데 연기가 위 아래로 갈라져서 따라 흐르게 할 수 있었다.

    전설에 의하면 훗날 치우蚩尤가 난리를 벌였을 때 황제가 치우를 쳤으나 물리치지 못

陶神

사람들은 도기를 창조하고 발명한 사람에게 감사하는 마음으로 자연히 그를 신명으로 받아들이게 되었다. 영봉은 이러한 과정 속에 놓이는 전설적 인물이다. 도기가 전적으로 그 한 사람의 창조적 발명품이라고 할 수는 없는 일이다. 그러나 그의 일신 속에 고대인들의 총명과 예지가 갈무리 되어, 그는 모든 이들의 지혜를 대표하는 도기의 화신이 된 것이다.

하여서 다시 영봉자를 찾아 그가 주장이 되어 출전하기를 청하였다고 한다. 영봉은 황제에게 『용교경龍蹻經』을 주었다. 황제는 운룡云龍의 가호를 받아 '팔극八極'[팔굉八紘으로 팔방, 천하를 의미]을 횡행하였다. 황제는 치우를 패퇴시킨 후 영봉을 '오악장인'으로 봉하였다. 그에게 천악백신川岳百神[물과 산의 모든 신]을 관장하도록 허락한 것이다.

영봉의 내력에 관해서는 또 다른 전설이 있다. 사천 관현 청성산의 건복궁 뒤편에는 산이 하나 있는데 이름이 '장인산'이다. 이곳은 헌원 황제가 영봉장인에게 도를 물었던 지역이다. 영봉은 이 산에 봉하여 졌으므로 이름을 '영봉'이라 한다. 당시에는 홍수가 범람하여 백성들은 산 위의 동굴 속에 거주하기를 즐겨 하였다. 매일같이 산에서 내려와 물을 길어가야 하였는데 물을 담을만한 그릇이 없었으므로 물에 적신 진흙을 사용하여 쟁반 모양의 기물을 만들어 그것으로 물을 담아 날랐다. 그러나 이 기물은 견고하지 못하여 쉽게 갈라져 버리곤 하였다.

한번은 영봉은 동굴 속에서 들짐승을 구워먹다가 아궁이 속의 굳은 진흙이 아주 단단하여 진 것을 발견하고는 눈을 빛내며 불로 도기를 굽는 이치를 깨닫게 되었다. 영봉은 첫 번째로 도기를 구워내 도자기 제조 전문가가 되었으며 황제에 의해 도정으로 봉하여졌다. 어느 날 영봉은 도자기 가마 위로 기어 올라가 섶나무를 첨가하였는데 생

창업신과 행업신 247

각지 않게 가마 아궁이 안의 나무는 이미 다 타 버렸고 아궁이 천정이 갑자기 무너져 내려 영봉은 불행하게도 아궁이 속에 떨어져 버렸다. 사람들이 불길 속의 영봉의 모습을 보았는데, 연기를 따라 승천하고 있었다. 그래서 사람들은 모두 영봉이 불길로 변한 후에 신선이 되었다고 말하였다. 이와 같이 영봉은 도신이 되었고, 또한 '영봉자', '영봉진인寧封眞人'[도교의 이상인격이 진인이다]으로 불리게 되었다.

도기의 출현은 인류가 자연에 대항하여 투쟁하는 과정 속에서 한 시대를 나누어주는 창조적인 발명품이라는 점에서 중대한 의미를 갖는다. 사람들은 도기를 창조하고 발명한 사람에게 감사하는 마음으로 자연히 그를 신명으로 받아들이게 되었다. 영봉은 이러한 과정 속에 놓이는 전설적 인물이다. 도기가 전적으로 그 한 사람의 창조적 발명품이라고 할 수는 없는 일이다. 그러나 그의 일신 속에 고대인들의 총명과 예지가 갈무리되어, 그는 모든 이들의 지혜를 대표하는 도기의 화신이 된 것이다.

灺 課 其 軒
爥 綻 臣 轅
翻 宗 非 神
杉 裡 凡 德

寧
封
子

고대의 도신은 영봉자 한 사람 만이 아니었다. 사서에서는 "창희瘡羲(복희伏羲이다)가 흙을 구어 운을 만들었다."고 하였으며, (운은 고대의 흙으로 만든 악기인데, 계란 같이 생겼고 구멍이 여섯이다.) "신농神農이 땅을 갈아 도기를 만들었다.", "황제가 처음 도기를 만들었다." 등등의 이야기가 보인다. 복희, 신농, 황제와 요堯임금이 자연스럽게 도신으로 받아들여지는 것이다. 그러나 그들은 전설 속의 위대한 인물이다. 복희와 신농은 3황三皇 중의 둘이고, 황제는 5제五帝의 첫머리에 드는 사람이고, 요 역시 5제 중의 하나이다. 그들은 모두 성군이고, 명성이 쟁쟁하며, 도기를 만든 것보다 중요한 공적을 많이 남기고 있다. 그들이 도신의 능력을 갖는다고 말하는 것은 부수적인 것이다. 그러므로 도신의 지위는 다른 사람에게 양보하는 것이다.

영봉을 제외하고 도신으로 말하여지는 사람으로는 또 곤오崑吾가 있다. 『세본世本』은 말한다. "곤오가 도기를 만들었다." 전하는 이야기에 따르면 곤오는 5제 중의 하나인 전욱顓頊의 후인后人이다. 하 나라 임금을 위해 첫 번째로 도기를 구웠고, 기와집도 그의 발명품인데, 지붕을 띠풀로 덮은 집을 대체한 것이다. 하 혈족은 도기를 창시한 사람들 중 한 부류에 속하고, 곤오는 그들을 대표하는 걸출한 사람이므로 자연히 도신으로 존경을 받게 된 것이라 하겠다.

매갈2성

스승을 존경하고 조상을 공경하는 것은 중국 사람들의 전통적인 미덕이다. 과거에 각종의 수공예 작업을 하는 사람들에게는 모두 자신들의 조상신이 있었다. 해마다, 또는 절기가 바뀔 때마다, 수공예 작업을 하는 사람들은 모두 그 수공예 작업의 창조력을 가능하게 하는 조사들에게 감사를 올리고 조사들을 기념하는 의식을 행해야만 하였다.

'매갈2성'에 관한 고사는 광범하게 전하여진다. 남쪽으로는 사천四川에 이르고, 북쪽으로는 유연幽燕에 이르기까지, 아주 많은 지방에서 매갈2성의 '지마紙馬'[제사 때 태우는 종이로 만든 말, 또는 신상이 그려져 있는 종이]를 만들고 그 전설을 이야기 한다. 이른바 '지마'라고 하는 것은 '갑마甲馬'라고도 하는데, 옛날에 제사 때 썼으며, 오색의 종이[五色紙]나 황색 종이[黃紙]로 만들었고, 윗면에는 신상을 찍었는데, 신을 제사할 때 태웠던 것이다. 청나라 시대의 학자 조익재趙翼在는 『해여총고陔余叢考』 30권 속에서 다음과 같이 말한다. "옛날에 종이에 신상을 그릴 때면 언제나 타고 움직일 수 있도록 말을 같이 그렸으므로 지마라고 불렀다." 그러나 지마 위에 그려진 신상이 언제나 탈것을 갖는 것은 아니었다. 그러므로 청대의 다른 학자 우조륭虞兆隆은 다음과 같이 생각한다. "세속에서 종이 위에 신과 부처의 그림을 그릴 때면 홍황색으로 채색을 한다. 제사를 올리며 신에게 감사를 드린 후에는 불태워 버렸으므로 갑마라고 한다. 이 종이가 신과 부처의

梅葛二聖

염색공들은 매씨 갈씨 두 선생의 공적을 기념하여 그 두 사람을 조사로 모셨으며, '매갈2선'이라고 칭하였다. 매년 4월 14일과 9월 초 아흐레 이틀은 염색공들이 매갈사 또는 매갈묘에 함께 모여 제사를 올리고 '매갈주'를 같이 마시는 것으로 사업의 흥성을 빌고 뒤를 이어가는 사람이 있기를 기원하였다.

의지가 되는 것은 목적지에 이르면 내려야 하는 말과도 같다." 지마는 제사를 올릴 때 불태우기 위한 것이므로 비록 무수한 숫자가 인쇄되었다고 하더라도 남은 것은 아주 소량이다. 이 글 속에 첨부한 '매갈2성, 헝겊에 염색하는 항缸[항아리, 쌀독]아리 신[梅葛二 聖染布缸神]'의 지마는 왕수촌王樹村 선생의 소장품으로 진귀한 것이라 할 수 있다.

매갈2성梅葛二聖(혹은 매갈2선梅葛二仙)의 내력에 대해서는 두 종류 전설이 있다. 한 가지는 최초의 사람들이 무명과 베를 가지고 옷을 지었을 때, 그것은 확실히 짐승 가죽이나 새의 깃털을 써서 짓는 것보다 편리한 점이 있었으나, 애석한 것은 색깔이 회백색으로 단조로워 짐승 가죽이나 새의 깃털만큼 산뜻하지를 못하다는 점이었다. 매씨 성을 가진 젊은이 하나가 부주의 하여 진흙물에 넘어진 적이 있는데, 강가의 진흙이 묻어 하얀 의복이 더럽혀졌다. 그래서 그는 옷을 벗어 빨았다. 깨끗한 물에 빨지를 못한 탓인지 그의 의복은 황색으로 물이 들었다. 마을 사람들은

보는 사람마다 모두 아주 좋다고 말하였다. 매씨梅氏 젊은이는 이 비밀을 성이 갈씨葛氏인 친구에게 털어 놓았다. 이렇게 하여 강가의 진흙이 옷감을 황색으로 물들인다는 사실을 사람들에게 전하게 되었다. 이때로부터 사람들은 황색의 옷을 입게 되었다.

매씨와 갈씨 두 사람은 그 밖의 다른 색으로도 염색을 해보려 하였으나 모두 성공을 거두지 못하였다. 어느 날 그들 두 사람은 백포를 황색으로 염색하기 위해 옷감을 나뭇가지 위에 걸어 두었다. 갑자기 바람이 불어서 옷감은 풀밭 위에 떨어졌다. 그들에 의해 옷감이 발견되었을 때, 황색 옷감은 얼룩 옷이 되어 있었다. 위쪽으로 푸른 색 얼룩이 하나, 남색 얼룩이 하나 찍혀 있었던 것이다. 그들은 이것이 푸른 풀이 만들어낸 오묘한 작용이라는 점을 깨달았다. 그리하여 두 사람은 푸른 풀들을 베어 모아 물웅덩이 속에 넣고 그곳에 흰색 천을 넣어 보았다. 아! 천은 남색으로 변하지 않던가! 이런 일이 있은 후부터 사람들은 남색 옷을 입을 수 있게 되었다. 그리고 의복에 이런 염색을 할 수 있게 한 풀을 '료남초蓼藍草'[료蓼는 여뀌. '蓼藍'은 짙은 청색]라고 불렀다. 매씨와 갈씨 두 사람은 전문적으로 옷감에 물을 들이는 선생이 되었다.

하루는 두 선생이 의복에 남색 물을 들이면서 한편으로는 활동을 하면서 다른 한편으로는 소주를 마시고 있었다. 갈선생이 한 동이의 소주를 기울였다. 그는 맹렬히 마시기 시작하였는데 소주 한 모금이 염색그릇 속에 흘러들었다. 생각지 않았던 일이지만, 염색 통 속의 염색 천은 아주 맑은 남색을 띠었다. 이때로부터 매씨 갈씨 두 선생은 발효된 술지게미를 사용하였다. 남색 풀물을 보다 근원적인 방법으로 헝겊에 들일 수 있게 되었고, 속도도 빨라졌으며 노력도 절감되었다. 색깔도 보다 선명하게 나왔으며 장기적으로 색의 변화가 없게 되었다.

염색공들은 매씨 갈씨 두 선생의 공적을 기념하여 그 두 사람을 조사로 모셨으며, '매갈2선'이라고 칭하였다.

또 다른 전설은 재미있다. '매갈2성'이 어떤 선생이 아니라 하나는 새, 하나는 과일이라고 하는 이야기이다. 전설은 다음과 같은 내용이다. 최초의 옛 사람들은 늙은 백성이든 황제이든 가릴 것 없이 아무 색깔도 없는 옷을 입었다. 어떤 황제가 자기와 백성들이 똑같이 아무 색깔도 들어가지 않은 옷을 입는 것은 존귀함을 드러내지 못하는 일이라는 점을 깨달았다. 그래서 공인들에게 그를 위해 태양과 같이 선홍색으로 물든 도포를 만들라는 명을 내렸다. 공인들은 그런 옷을 만들어 내지 못하였다. 그들은 죽어 나갔다. 무수한 사람들이 계속 죽어 나갔어도 홍색의 도포는 만들어 낼 수 없었다.

어느 날 홀연히 노인 한 명이 나타났다. 그는 공인들을 참살되지 않도록 구하기 위해 어리석은 황제에게 말하였다. "나는 홍포를 만들 수 있는데 다만 시일이 좀 걸린다." 노인은 다만 시간을 끄는 계책을 쓴 것일 따름이었다. 이날 그는 산속에 들어가 어떻게 황제에게 시일을 더 얻을 수 있을까를 고민하였다. 그러다가 그는 홀연히 한 마리 갈조가 매화나무 열매를 먹는 것을 보게 되었다. 새는 울다가 먹다가 하였다. 매화나무 열매의 붉은 즙은 새의 부리를 타고 흘러 내렸다. 노인은 홍매실의 즙이 홍포를 만드는데 쓸 수 있는 것이 아닌가 주목하곤 맞는지 확인해 보려고 급히 돌아갔다. 노인은 시험을 하여 보았다. 과일로 물들이는 것은 성공이었다. 노인은 홍포를 가지고 가서 폭군의 칼날 아래서 신음하고 있던 모든 공인들을 구제하였다. 사람들은 노인을 '활신선'[살아 있는 신선]으로 보아 그에게 묘당을 지어 주고 제사를 올렸다.

노인은 제향에 응답하지 않았다. 이 노인은 천제가 많은 사람을 구원하기 위해 파견한 갈씨 성과 매씨 성을 가진 두 신선이었다는 이야기이다. 이리하여 사람들은 노인의 모습에 비추어 매씨와 갈씨 두 성상을 조성하고 묘당을 지어 모시게 되었다.

과거에 일반적으로 염색 포목점, 종이 인쇄소, 민화를 인쇄하는 곳 등이 있었던 지역, 이를테면 하남河南 개봉開封 주산진朱仙鎭, 사천四川 면죽綿竹과 협강夾江 같은 곳에는 다 매갈묘가 있었다. 묘당이 없는 지역에서는 '매갈선옹梅葛仙翁'의 지마 신상紙馬神像을 인쇄하기도 하였다. 매년 4월 14일과 9월 초 아흐레 이틀은 염색공들이 매갈사 또는 매갈묘에 함께 모여 제사를 올리고 '매갈주'를 같이 마시는 것으로 사업의 흥성을 빌고 뒤를 이어가는 사람이 있기를 기원하였다.

잠신

기원전의 희랍希臘 저작 중에는 중국을 '색륵사塞勒斯(Seres)'라고 지칭하는 경우가 있는데, 그 의미는 '잠사蠶絲의 나라'라는 뜻이다. 중국은 세계에서 최초로 누에를 기르고, 주단綢緞을 짠 나라이다. 중국의 이러한 선진적 지위는 상당히 긴 기간 동안 유지되었다.

대략 신석기 시대 말기에 해당하는 지금부터 5천년 쯤 전, 중국의 옛 사람들은 이미 잠사를 이용하는 방법을 알고 있었다. 상나라 시대가 되면 잠사업이 이미 발달하게 된다. 갑골문 속에는 '상桑', '잠蠶', '사絲', '백帛' 등의 글자가 나타나고, '상'이라는 글자가 들어간 단어, '잠'이라는 글자가 들어간 단어, '사'라는 글자가 들어간 단어가 100여개에 이른다. 잠사의 영향이 광범하다는 점을 알 수 있을 것이다.

'남자는 밭을 갈고 여자는 비단을 짠대男耕女織].'는 것은 중국 고대의 소농경제小農經濟체제가 갖는 특징이다. 뽕나무를 심고 누에를 치는 것은 이런 경제 구조 중에서 중요한 위치를 차지하는 경제행위이다. 옛날 사람들은 어려서부터 양잠을 배웠으므로, 자연히 많은 실을 생산하고 누에와 뽕나무의 병을 없애는 것을 갈망하게 되었다. 그러나 당시의 조건 아래에서 이러한 소망은 인력으로 이룰 수 있는 것이 아니었으므로 사람들은 상상으로 하나의 잠신을 만들어내고 정신적으로 보호신保護神에 의지하고 그의 도움을 받아 작업을 하여 나가게 되었다.

잠신에는 마두낭이 있다. 이것은 영향이 크고 가장 널리 모셔지는 잠신이다. 전해지는 바에 의하면 황제가 구여를 타파한 이후 경축연에 잠신이 와서 실을 헌상하였다고 한다. 이 잠신은 선녀의 모습인데 마피를 입고 바람을 타고 내려와 손에 들고 온 두 뭉치 실뭉처를 받들어 올린다.

　　잠신蠶神의 내력에 대해서는 서로 다른 여러 이야기가 전하여 진다. 잠신은 루조嫘祖 [嫘는 성씨 뤼]이다. 루조는 본래 서릉西陵의 딸인데, 나중에 황제의 부인의 지위에 올랐다. 유서劉恕의 『통감외기通鑑外紀』는 말한다. "서릉씨의 딸린 루조는 황제의 원비元妃인데, 누에고치 실을 써서 의복을 지었으므로 후세에 이르러서 선잠으로 제사를 받았다." 이른바 '선잠先蠶'이라고 하는 것은 최초에 사람들에게 누에를 기르고 실을 잣는 기술을 가르친 신이라는 의미이다. 그러므로 누조는 또한 '선잠'이라 불리기도 하고, '잠모蠶母'로 지칭되기도 하였다. 고대의 누에 농사를 치는 집에서는 반드시 누조를 제사하였다. 누조는 농촌의 여성들이 누구나 다 아는 큰 신이었다.

　　잠신은 잠총이니, 청의신이다. 주나라 시대에 촉 땅에 '잠총蠶叢'이라는 이름의 제후가 살았다. 그의 두 눈은 일반인과는 달리 아주 특수하였는데, 수선 방향으로 길게 붙어 있었다. 잠총은 훗날 촉왕蜀王이 된다. 그는 각지를 순수하면서 백성들에게 뽕나무를 심고 양잠을 하는 것을 가르쳤다. 지역 사람들은 그의 은덕에 감사하여 그를 모신 사당을 짓고 제사를 올렸다. 그의 묘당은 서쪽 지역에 편재하며, 아주 영험하다고 한다. 잠총은 교외지역을 순행할 때면 항상 청색 옷을 입고 다녔으므로 백성들은 편하게 '청의신靑衣神'이라고 불렀고, 그가 태어난 집이 있는 곳을 '청신현靑神縣'이라 이름하였다. 청의신 잠총은 사천 일대의 잠신이다.

잠신에는 마두낭馬頭娘이 있다. 이것은 영향이 크고 가장 널리 모셔지는 잠신이다. 전해지는 바에 의하면 황제가 구여九黎를 타파한 이후 경축연에 잠신이 와서 실을 헌상하였다고 한다. 이 잠신은 선녀의 모습인데 마피馬皮를 입고 바람을 타고 내려와 손에 들고 온 두 뭉치 실뭉치[絹絲]를 받들어 올린다. 한 덩이는 금색이고, 한 덩이는 황색인데, 황제에게 바친다. 이를 계기로 하여 가늘고 연한 견사는 거칠고 강한 마포麻布로 대체된다.

마피를 입은 이 선녀는 잠녀 마두낭馬頭娘이다. 마두낭의 전설은 아주 재미있다. 『산해경山海經』, 『수신기搜神記』, 『태평광기太平廣記』 등의 책 속에는 모두 이 이름이 기재되어 있다. 이 이야기 속에서 소녀의 부친은 강폭한 사람의 포로가 된다. 소녀는 집에서 부친을 생각하며 먹지도 마시지도 못한다. 그것을 보는 모친은 아주 마음이 아파서 마

을 사람들을 향해 서약을 하였다. "누구라도 우리 주인을 구해 돌아오는 사람이 있다면 그에게 딸을 시집보낼 것이다." 사람들은 어떻게 해야할지 방법을 모르는 가운데 집 안의 준마 한 필이 신속하게 집에서 달려 나갔다. 며칠 후 준마는 노인을 태우고 돌아왔다. 모녀는 즐거움을 감출 수 없었다. 이 후 준마駿馬는 울음을 그치지 않았으며, 아무 것도 먹으려 하지 않았다. 부친은 그 이유를 물었고, 모친은 대중 앞에서 맹세한 말을 고하였다. 부친은 대노하여 말하였다. "어찌 딸을 가축 같은 것에게 시집보낸단 말인가!" 바로 말을 죽여서 마피를 벗겨 뜰에 널어 놓았다. 소녀가 그 곁을 지나

갈 때 마피가 홀연히 떨치고 일어나 그녀를 말아서 날아갔다. 그녀의 종적은 어디서도 찾을 수 없었다.

며칠이 지난 후 소녀와 마피는 누에가 되어 나무 위에서 실을 뽑아내고 있었다. 마을의 친지들은 이 나무를 '상'이라고 불렀다. '상桑'은 '상喪'이다. 이것은 소녀가 '상'나무 아래에서 헌신하였음을 말해 주는 것이다.

부친은 사실을 알고 아주 상심하였다. 어느 날 잠녀蠶女가 흐르는 구름을 타고 말을 몰아서 나타났는데 주변에는 시위侍衛가 수십 사람이었다. 잠녀는 하늘에서 내려와 부모에게 말한다. "천제天帝가 효성으로 몸을 바치고 마음으로 의리를 저버리지 않은 것을 높이 사서 저를 여선女仙으로 봉하였으며 9궁선빈九宮仙嬪과 같은 지위를 주셨습니다. 천계에서 저는 아주 자유로우니 두 분 부모님께서는 다시는 저를 걱정하지 마십시오." 말을 끝내고 잠녀는 승천하여 사라졌다. 이에 각지에서는 다투어 잠신묘蠶神廟가 지어졌고, 한 여자의 모습을 만들어 마의를 입히고 속칭 '마두랑馬頭娘'이라 부르면서 누에치는 일과 뽕나무 기르는 일이 잘 되게 해 달라고 기도하였다.

잠신 마두낭의 전설이 신기하기는 하지만 누에와 말을 한 덩어리로 묶어서 바라보는 것에는 어떤 내재적 원인이 있는 것이라고 하겠

다. 누에의 머리는 말의 형상이다. 누에가 고개를 들고 일어난 모습은 그 자태가 말과 아주 흡사하고, 누에가 뽕 잎을 먹는 동작은 말이 풀을 먹는 것과 서로 같다. 옛 사람들은 사물의 서로 비슷한 형태를 가지고 연상작용을 일으키는 경우가 많은데 누에와 말을 연결지어 바라보기는 용이한 일이라고 하겠다. 이 외에도 누에의 생장과정 속에서 살펴볼 수 있는 신기한 부분들은 옛 사람들의 기발한 생각들을 불러 일으켰다. 새끼누에가 자라나 어른 누에가 되면 몇 달 안에 체중이 1만 배나 증가한다. 누에 하나의 몸체는 불과 몇 센티미터에 지나지 않는다. 그러나 그것이 뽑아내는 한 줄기 실은 무려 1400미터나 된다. 그것은 새끼누에로부터 어른 누에가 되어 고치를 지어 스스로를 묶은 후 변해서 나방이 되면서 고치를 뚫고 나온다. 새로운 생명을 얻는 것이니, 간단하게 무궁한 변화를 일으키는 것이다. 옛 사람들이 보편적으로 가지고 있었던 '변형'의 신앙은 자연스럽게 마피를 자신의 몸에 뒤집어 쓴 소녀가 변해서 누에가 되는 신화를 연상하게 만들었을 터이다. 다시 말하자면, 양잠과 뽕나무 잎을 따는 일은 주로 부녀자의 작업이다. 그러므로 잠신을 여성으로 묘사하는 것은 극히 합당한 일이라고 하겠다.

누에의 고장에 있는 잠신묘蠶神廟에서는 간혹 잠마상蠶碼像을 인쇄한다. 그럴 경우에

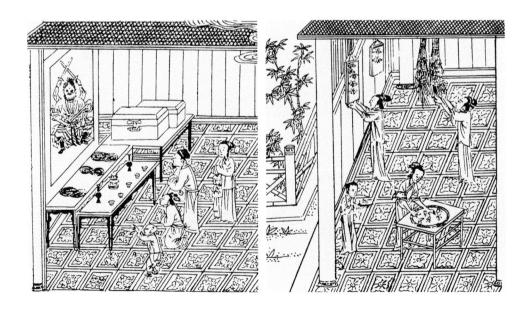

는 여자가 말의 등에 타고 있는 모습, 한 여자가 단정히 앉아 있고 주변에 말 한 필이 같이 있는 모습, 세 여자가 같이 한 필의 말을 부리고 있는 모습 등이 일반적이다. 그녀를 부르는 이름은 다양하다. 마두낭을 제외하고서도 마명왕보살馬鳴王菩薩, 잠화낭낭蠶花娘娘, 잠고蠶姑, 잠황노태蠶皇老太 등의 호칭이 있다.

몇몇 지역에서는 남성 잠신을 모시는 경우도 있는데, '잠화5성'이라고 부른다. 그는 가부좌를 틀고 단정히 앉아 있는데, 길게 찢어진 세 개의 눈(미간에 수선방향으로 찢어진 눈이 하나 있다), 여섯 개 팔을 가지고 있다. 그 중 두 팔에는 누에고치가 들려 있고, 다른 네 팔에는 다른 물건이 하나씩 들려있다. 그러나 '잠화5성蠶花五聖'을 하나로 묶으면 당연히 마두낭 같이 될 것이다.

이원신

고대에는 희극공연을 하는 사람을 '우령優伶', '령인伶人'이라고 불렀다. 그들이 받들어 모시는 행업신行業神은 '노랑신老郎神'이라고 불린다. 과거에 희극단원들은 무대공연이 끝난 후 그들이 같이 모시는 신을 비치한 감실을 찾아간다. 감실 안에는 신상이 하

나 배치되어 있는데, 하얀 얼굴을 하고 있는 잘생긴 남자가 몸에는 헐렁한 황포黃袍를 걸친 모습이다. 이 신은 희극을 할 때 제사 올리는 노랑신인데, 바로 이원신이다.

이 이원신은 누구인가? 여러 가지 이설이 있다. 그러나 일반적으로 당 현종 이융기李隆基라고 받아들여진다. 이융기와 '이원행',1- '이원자제梨園子弟'와는 직접적 관계가 있다.

'희극행喜劇行'은 '이원행'으로도 불리고, 희극 공연 단원은 '이원자제'로도 불

梨園神

고대에는 희극공연을 하는 사람을 '우령', '령인'이라고 불렀다. 그들이 받들어 모시는 행업신은 '노랑신'이라고 불린다. 과거에 희극단원들은 무대공연이 끝난 후 그들이 같이 모시는 신을 비치한 감실을 찾아간다. 감실 안에는 신상이 하나 배치되어 있는데, 하얀 얼굴을 하고 있는 잘생긴 남자가 몸에는 헐렁한 황포를 걸친 모습이다. 이 신은 희극을 할 때 제사 올리는 노랑신인데, 바로 이원신이다.

린다. 이것은 당나라 시대 장안성長安城의 이원梨園으로부터 얻어진 이름이다. 이원은 당시에 궁정의 훈련이나 음악, 무용, 잡극 등을 관리하는 역할을 수행하였던 기구이다. 이융기는 유명한 풍류황제風流皇帝이다. 그는 최우수 악사 300인을 선발하였고, 또 궁녀 중에서 노래와 춤에 뛰어난 사람을 수백 명 뽑았다. 그리하여 대규모의 황실악단을 구성하였다. 이들은 이원에서 연습을 하였다. 이것이 중국 최초의 황실 음악, 무용, 희극 종합학원이라고 할 수 있을 것이다. 이원은 어디에 있었는가? 고증에 의하면 당대 장안성 북쪽 부분의 금원禁園 안에 있었다. 이곳에는 광장 겸 가바레,2_ 공치는 곳이 있었다. 또 하나의 이원은 대명궁大明宮 옆의 의춘원宜春院인데 지금 서안 북성문北城門 밖이다.

단원들의 연습 때 이융기는 직접 지휘를 담당하여 누가 연주를 잘못 하거나 노래를 잘못하면 즉시 불러내어 바로잡아 주곤 하였다. 현종은 갈고3_를 잘 쳤으며, 항상 친히 악대에서 북을 쳤다. 한번은 이원에서 희극 공연을 할 때 현종은 보고 있다가 흥에 겨워 희극 의상으로 갈아입고 공연에 참여한 적이 있다. 이융기가 참여한 가무와 희극의 공연은 커다란 성공을 거두었다.

당시의 많은 명배우들은 이원 출신이 적지 않았다. 이원에는 이귀년李龜年, 뇌해청雷海靑, 장야호張野狐 등 전국적으로 가장 이름이 높았던 음악가 들이 모여 있었다. 이원

을 설치한 것은 당나라 시대의 가무와 음악의 발전을 크게 촉진하여 주었다. 이융기는 이 점에서 지대한 공헌을 하였다. 그렇기 때문에 후대에 이르면 희극4-계를 '이원계梨園界' 또는 '이원행梨園行'으로 부르고, 희극단원을 '이원자제梨園子弟' 또는 '이원제자梨園第子'로 부르게 되며, 당 현종 이융기는 당연하게 '희신戱神', '이원신梨園神'으로 받아들여지게 되는 것이다.

과거 이원에서 예술 공연을 하였던 사람들의 신분은 아주 미천하였다. 사람들은 그들을 '희자'5-라고 불렀다. 존귀한 당나라의 명황明皇(현종)을 조사로 삼은 것은 옛날에 그들이 부득불 한 명의 풍류황제를 얼굴마담으로 내세워 자구책을 삼을 수밖에 없었다는 사실을 반영한다. 황제의 권위를 빌려 희극단의 낮은 지위를 제고하고 아울러 희극단의 보호신을 삼은 것이라는 말이다.

이원신은 속칭 '노낭신老郞神'이다. 방언 중에서 '노老'는 '소小'의 애칭이다. '소아자小兒子'는 항상 '노아자老兒子', '노흘탑'6-으로 불리는 것과 같다. 이융기는 당나라 예종의 제3자이다. 그러므로 '소아자', '노낭'인 것이다. 현종은 스스로 항상 '3랑'으로 자칭하였다. 그는 이원에서 '이원자제들'을 대상으로 하여 연극 연습을 할 때에도 항상 그들에게 이렇게 말하곤 하였다. "너희들은 열심히 연습해서 3랑이 체면 깎이게 만들지를 말아라!"

1_ 梨園行 : 行은 행동 또는 일행의 의미를 갖는다. 그러므로 '이원행'은 '이원'의 공연 정도의 의미로 받아들이면 될 것이다.
2_ 여기에는 가발하可拔河라고 하는 표현이 보이는데, '광장 겸 가발하'이므로 아마도 캬바레, 캬바레를 뜻하는 것이 아닌가 여겨진다.
3_ 羯鼓 : 어깨에서 앞으로 늘어뜨리고 양손으로 북채를 가지고 양면을 치는 북이다. 갈족이 전했다고 한다.
4_ 원문에서는 희곡이라는 말을 쓰고 있으나 편의상 희극으로 번역한다. 희곡은 악곡이 포함되는 연극이라는 의미일 것이다.
5_ 戲子 : 연극배우, 광대, 연극쟁이. 멸시의 어감을 담고 있는 표현임.
6_ 老疙瘩 : 疙瘩은 종기, 부스럼을 뜻하는 말이다. 그러니까 이 말은 '작은 부스럼쟁이', '어린 부스럼쟁이'를 의미한다고 하겠다.

창기신

음력 6월은 삼복더위가 맹위를 떨쳐 땀이 빗물처럼 흐르곤 한다. 그런 어느 해의 남경南京의 한 묘당 안은 도리어 사람들로 북적이고 있었다. 6월 11일의 '노랑회老郎會'가 열리고 있는 회청교淮淸橋 아래 조어항釣魚巷[여기에서 항은 골목, 거리라는 의미] 안에 있는 노랑묘老郎廟의 모습이었다.

조어항은 남경에서 유명한 화류계 거리였다. 옛날에 문에 기대서서 웃음을 팔았던 사람들은 모두 여기 있었다. 360 무리가 있었는데 각 무리마다 각각의 조사를 따로 가졌다. 이들의 노랑묘 안에 모셔져 제사를 받는 노랑신은 기녀들이 대대로 전해 내려온 조사, 행업신行業神이며, 이들 신명들은 창기娼妓들의 보호신이다. 『금릉세시기金陵歲時紀』에는 다음과 같은 기록이 보인다. "6월11일은 기생집에서 노랑신을 모시는 때이다. 혹자는 이 신이 관중管仲(?~기원전 645)이라고 하는데, 그로부터 여자골목 3백 곳이 유래하였다는 것이다."

여기서 말하여지는 노랑신은 이원행의 조사인 노랑신 당명황을 말하는 것이 아니다. 여기 노랑신은 백미신白眉神이다. 이 백미 터럭을 날리는 신명의 화상은 예상과는 달리 몸집이 크고 건장하다. 명나라 시대의 『만력야획편万歷野獲編』에는 이 백미신의 모습이 다음과 같이 기록되어 있다. "긴 수염에 위엄 있는 모습을 하고, 말을 타고 칼을 들었으

娼妓神

조어항은 남경에서 유명한 화류계 거리였다. 옛날에 문에 기대서서 웃음을 팔았던 사람들은 모두 여기 있었다. 360 무리가 있었는데 각 무리마다 각각의 조사를 따로 가졌다. 이들의 노랑묘 안에 모셔져 제사를 받는 노랑신은 기녀들이 대대로 전해 내려온 조사, 행업신이며, 이들 신명들은 창기들의 보호신이다.

니, 관우 형상과 대략 흡사하다. 그러나 눈썹이 희고 눈빛이 적색이다." 백미신의 형상은 늘 호한의 모습이다. 그러나 필경에는 단지 기녀들을 지지하여 후원자 역할을 하는 존재일 뿐이므로 아주 한미한 신분이었을 것이다. 옛날에 북경인들 사이에 말싸움이 벌어졌을 때 가장 듣기 싫어했던 것은 '백미적안아'[1]라는 욕이었다. 서로 욕을 해 대다가 이 욕을 들으면 엄청난 욕을 먹은 듯 크게 수치심을 느끼게 되는 것이다.

그러나 기녀들 사이에서는 백미신에 대한 공경심이 아주 커서 그녀들이 처음으로 손님을 받을 때에는 정해진 요식절차 대로 기루의 유객들과 같이 이 신에게 배례를 하고 나서 정을 통하였다. 북경, 남경 등의 대도시에서는 모두 이러하였다. 북방의 창기들은 집집마다 백미신을 받들고 있었으며, 기녀들은 아침저녁으로 이 신에게 기도를 올렸다. 그런데 이 백미신이 기녀들과 연관되기에 이른 내력은 분명하게 드러나지 않는다. 이 점에 대해서는 앞에 인용한 바 있는 『금릉세시기』의 설명이 이치에 맞는 듯하다. 진정한 창기신은 응당 관중이라 보아야 할 것이다.

관중管仲은 춘추 초기의 대 사상가인데 40여년 집권하면서 제나라를 잘 다스려 아주 강성하게 만들었고 제나라 환공桓公을 춘추시대의 패주, 즉 '춘추5패春秋五覇'의 으뜸으로 만드는 일을 도왔다. 청나라 시대의 학자인 기윤紀昀은 다음과 같이 말한다. "창족倡

族(창기娼妓를 말함)은 관중을 제사지낸다. 그로 인하여 여자골목 3백이 있게 되었기 때문이다." '여자골목 3백'은 '7백'이라고도 말하여진다. 명나라 시대의 『5잡조五雜俎』에서는 다음과 같이 적고 있다. "관자가 제나라를 통치할 때 여자골목이 7백이었다. 그 야합의 자본을 징수하여 군사국가를 보좌하였다." 이것은 관중이 제나라를 통치할 때 궁중에 시장을 설치하였는데 7백 명의 여자를 안에 살게 하여 행상의 편리를 돌본 사실을 말하는 것이다. 그녀들은 고객을 불러들이고 사람들에게 즐거움을 주려 하였다. 이런 여자들 중에서 색을 파는 사람이 나오고 나라에서는 그녀들에게 세금을 물렸으니, 이른바 '야합의 자본[野合之資]'이라는 것이다. 이 책의 문맥을 따라가 보면 가관인 것은 수입을 군비로 지출하거나 국가 재정 수입의 일부분으로 삼았다는 것이다. 당시 제나라의 국민들 중에서 관중을 이런 시각에서 보았던 사람이 적지 않았다는 것이지 관중이 실제로 그러하였다는 이야기는 아니라고 보아야 할 것이다.

이런 이야기를 고려하지 않는다고 하더라도 관중은 처음으로 창기들이 당당하게 일을 할 수 있게 만들어 준 사람으로, 세계 관기官妓의 비조鼻祖라 할 수 있을 것이다. 시간적인 측면에서 보았을 때 고대 희랍과 비교해도 근동지역에서 출현하는 관기가 시기상으로 이르다. 관중이 창기의 조사 또는 행업신으로 받아들여지는 것은 괴이한 일이라 할 수 없는 것이다.

백미신 관중을 제외하고 기녀들은 또 5대선을 숭배하였으니, 바로 선가에서 존숭되는 고슴도치, 늙은 자라, 족제비, 늙은 쥐, 뱀 등의 다섯 동물을 의미한다. 5대선의 신상이나 위패는 항상 기원 지배인의 밀실 안에 모셔졌다. 기녀와 늙은 기생어미들은 이 다섯 동물이 아주 영성을 띄고 있다고 생각하여 기루 생업의 흥성과 쇠퇴, 개인의 영욕과 길흉 등을 모두 백미신이 관계되어 있는 일로 보았다. 이 백미신이 바로 춘추시대에 가장 유명하였던 도적인 유척이라는 이야기

가 있다. 유척劉跖은 전설적인 인물인데 유하둔劉下屯(지금의 산동 서부山東西部)사람이다. 그는 저명한 현자인 유화혜劉下惠(노나라 대부 전획展獲)의 아우라고 전하여진다. 그러나 그는 형과는 아주 딴판이어서 '윗사람을 침범하고 난리를 일으키는[犯上作亂]' 길을 걸어 반역의 우두머리가 되었다. 유척은 도척盜跖으로도 불리는데, 고대의 가장 이른 시기의, 가장 큰 도적의 괴수가 된다.

청나라 초기에 지어진 『참귀전斬鬼傳』의 8장에는 기원에서 백미신白眉神 유도척劉盜跖을 모시는 장면이 묘사되어 있는데, 도척을 '춘추 이래 지금에 이르기까지 창부娼婦들의 집에서 집집마다 경애하여 마지않고 크고 작은 제사를 빼놓지 않고 올리니 결국 조종祖宗[선조, 조상]과도 같다.'고 설명한다. 백미신의 장식물로는 회관갑2-을 쓰고 말을 탔으며 칼을 들었다. 『금옥몽金屋夢』 42장에도 백미신에 대한 묘사가 있다. "구난향3-에는 화신묘花神廟가 있는데 묘당 안에는 유도척을 모셨다. 유도척은 '붉은 얼굴에 백미이며 두건을 쓰고 갑옷을 입었다.'" 그는 강도의 두목이었기 때문에 색신으로 봉하여졌다. 도척은 기녀들의 마음속에 녹림綠林[도적의 무리, 도적의 세계]의 대장부로 받아들여지므로 그를 보호신으로 삼은 것이다.

관중管仲의 이름은 관이오管夷吾인데, 영상潁上(지금의 안휘성安徽省 경내) 사람이다. 그는 제 환공에 의해 상경卿[재상]으로 임명되었고 40년간 집정하였으며 그 세력에 알맞게 다스렸고 개혁을 진행하였다. 그의 노력으로 제나라는 과거에 없던 부강을 이루었으며, 그의 도움으로 제 환공은 춘추시대 제1의 패자가 되었다. 현존하는 『관자管子』[관중이 지었다는 책 이름] 76편은 뒷사람들이 그의 이름을 빌려 덧붙인 글들이 다수 포함된 책이다. 이 고대의 저명한 정치가가 어떻게 하여 창기신이 되는 것인가? 이것은 관중이 도성 안에 건물을 안배할 때 700명의 창기들이 안에 살 수 있게 하고 아울러 그녀들을 대상으로 '야합의 자금'을 세금으로 징수하게 하였기 때문이다. 이 세금은 국가의 큰 수입이 되고 나라의 군비로 쓰였다. 이 세금의 규모가 얼마일지는 대충 헤아려 볼 수 있는 일이지만 그러나 그것이 크게 영광스러운 것이라고 할 수는 없는 일이었을 것이다. 왜냐하면 제나라 국내의 많은 사람들이 그렇게 하지 않기를 몹시 바라고 반대를 표명하였기 때문이다. 앞에서 말하였던 '여려女閭'(려閭는 동네, 골목을 뜻하는 말이다. 본래 마을의 대문을 말한다.)는 옛날의 기녀 거주 지역을 대표하는 이름이 되었다.

기녀들이 관자管子를 받들어 모시는 곳은 일반적으로 모두 실내에 있다. 소수의 기원妓院 중에는 백미신묘를 따로 건립한 경우도 있으나, 관중묘는 한 군데도 보이지 않는다. 물론 세상에 관중묘가 한 군데도 없는 것은 아니다. 그렇지만 우리가 볼 수 있는 관중묘는 창기신의 신분으로 모셔지고 있는 관중이 아니라 고대 대 정치가의 모습으로 묘당을 갖는 경우이다. 가장 이름 있는 관중묘는 당연히 그의 고향에 있는 것이다. 관자사管子祠는 안휘安徽 영상현潁上縣 성 북쪽에 있다. 관자사의 곁에는 관중의 의관총衣冠冢이 있다. 명나라 때 관자사는 중건되어, 모셔지는 신주에 현자라고 받아들여지는 포숙아鮑叔牙가 더하여 졌다. 그래서 이 사당은 또한 '관포사管鮑祠'라고 불린다. 이 사당은 청나라 시대에 병화를 입어 허물어졌는데 민국 시대에 중건되어 현재는 전당殿堂이 5칸間 있으며, 정전正殿에는 관중과 포숙아의 위패가 모셔져 있다. 관중의 묘지는 산동 치박시 우산 북쪽 기슭에 있다. 묘는 아주 큰데, 길이가 11장, 넓이가 5장이며, 벽돌담장을 둘렀다. 묘지 앞에는 석비가 둘 서있다. 하나는 '제상관이오지묘齊相管夷吾之墓'라고 쓰여 있고, 다른 하나는 관중의 형상과 그 생애가 간략하게 새겨져 있다.

역주 _____

1_ 白眉赤眼兒 : '눈썹 하얗고 눈알 빨간 놈'의 의미를 가지고 있는 것인데, 가장 큰 욕이라 하니, 아마도 우리
  말로는 '기생 오래비 같은 놈' 정도가 아닐까 싶다.
2_ 盔貫甲 : 회갑盔甲은 투구와 갑옷이다. 아마 회관갑이란 투구와 모자가 하나로 붙어있는 갑옷이 아닌가 생
  각된다.
3_ 句欄巷 : 구난句欄은 기루, 대중연회장을 뜻한다. 여기서는 기루라고 보아야 할 것이다. 구난항은 기루골목
  이 되겠다.

궁신

옛날 북경 부성문阜成門과 서편문西便門 사이의 호성하護城河 바깥 쪽 큰 길의 서쪽 반 리 쯤 되는 지점에는 하나는 작은 묘당이 있었다. 이야기 하기는 아주 참혹하지만, 이 작은 묘당은 높이가 2미터 남짓이고 너비는 다만 1미터 정도 될 뿐이다. 이 초라한 작은 묘당의 이름은 전하여지는 바가 없는데, 지방지地方志에도 기록되지 않았으며, 아는 사람조차 아주 적다. 이것이 '궁신묘'이다.

궁신은 옛날 북경의 장의사 인부들이 모셨던 신이다. 장의사는 죽은 사람의 의례를 돕는 상점, 바로 장례 용구를 빌려 주고 의례와 장례음악 등을 대신하여 주는 점포이다. 장의사 인부는 장례를 돕는 인부인데, 영구가 나갈 때 관을 옮기는 노역을 하는 사람이다.

장의사 인부는 다섯 부류가 있다. 작활1- 인부, 출당2- 인부, 하장3- 인부, 타척4- 인부와 태령5- 인부이다. 이 외에도 송사,6- 송정,7- 학록동춘,8- 황앵세구黃鶯細狗, 금조부월金爪斧鉞 등의 물건을 드는 집사9- 인부도 있다. 과거에는 영구가 나갈 때 가장 빈궁한 집에서는 8인이 들었는데, 이것은 가장 적은 인부가 동원된 것이다. 부잣집 주인이라면 64인 혹은 72인을 써야 했고, 심지어는 백인 이상이 동원되는 경우도 있었다. 거기다가 자질구레한 일을 하는 사람, 의장을 드는 사람들 까지 더하면 결국에는 수백 사람이

窮神

궁신은 옛날 북경의 장의사 인부들이 모셨던 신이다. 궁신묘 속의 신상은 머리에 찢어진 중절모를 쓰고 몸에는 헐렁하고 찢어진 옷을 걸쳤으며 손에는 술병을 들고 취한 시선을 비스듬히 던지고 있다. 화평한 마음을 이룬 활불의 분위기를 풍기는 모습을 띠고 있으니, 실제로 이 형상은 장례 인부들의 자화상이라 하겠다.

동원되는 데까지 이르는 일도 있었다.

상례와 장례는 옛날 사람들이 혼령은 완전히 죽는 것이 아니라고 믿었던 것에서 비롯된다. 사람이 죽으면 또 다른 귀신 세계에 이르러 생활한다고 생각하였으므로 중국 고대에서는 '죽은 이를 모시는 일을 산 사람 섬기듯 한다[事死如生].'는 이야기를 하게 되는 것이고, 죽은 부모나 어른들을 생전과 똑같이 대하여야 한다는 주장을 하게 되는 것이다. 요점은 부모가 살아 계실 때의 의, 식, 주, 행을 살펴서 대량의 생활용품을 갖춰 매장하는 것이니, 이른바 "돈을 많이 들여 풍부하게 갖춰 매장하고, 기물들을 살아 있는 사람이 쓰는 것처럼 준비한다[厚資多藏, 器用如生人]."는 것이라고 하겠다. 다른 나라의 경우와 비교하며 중국의 상사와 장례가 보여주는 중요한 특징은 보편적으로 후한 장례[厚葬], 융성한 제물[隆祭], 오랫동안 계속하는 제사[久祀]로 요약된다. 그렇기 때문에 옛날 사람들은 영구가 나갈 때 규모를 제대로 갖추는 것을 아주 중시하였다. 이러니 장의 인부들이 영원히 그 사업을 번성시켜 나갈 수 있었던 것은 당연한 일이라고 하겠다.

장례 인부들의 육체노동은 일반적으로 애써 힘을 써서 임무를 수행하는 것이 아니라 엄격한 전문적 훈련을 바탕으로 하여 자연스럽게 하는 것이다. 훈련 시에 특히 재미있는 것은 들어 올리는 일을 하는 장례인부 64명이나 또는 1백 이상이 큰 목곽을 드는 훈련을 하는 것이다. 들어 올릴 때 중요한 것은 지렛대 위에 10여개의 물이 가득 찬 항아리를 올려놓아서 들어 올리는 동작이 누구라도 조금 빠르거나 조금 느리거나 할 때, 길이 울퉁불퉁하거나 이리 저리 굽거나 도중에 돌거나 할 때, 지렛대 위의 물동이가 떨어져 내리지 않아야 함은 물론이고, 항아리 속의 물이 조금도 흘러내리지 않도록 하여야 한다는 점이다. 진실로 절묘한 특기라고 할 만하지 않은가!

장례 인부의 이 '행두行頭'[상여를 메고 나아가는 행렬]를 행하는 모습은 특수하다. 그들의 복장은 전신을 꽃으로 뒤덮은 것이다. 그런데 이 전신을 꽃으로 뒤덮은 의상은 꽃무늬를 짜 넣은 것이나 찍어 새긴 것이 아니라 안료를 위에 발라서 만든 꽃이며, 바탕색은 대부분 녹색이다. 모자도 재미있다. 검은색 중절모 위에 새의 깃털을 꽂는데, 귀 아래로 처지게 하지 않고 위로 솟구치는 모습을 갖춘다. 이것은 청나라 시대 관리들의 깃털과는 완전히 정반대의 모습이다.

과거에 장례 때 관을 들었던 장례 인부들은 '하9류下九流'에 속한 계층이었다. 사람들이 제일 경멸하는 일을 맡아서 하고, 수입은 아주 적어서 곤궁하기 이를 데 없는 처지였다. 그들은 언제나 다리 아래나 성문 밖 거리 일대의 최하급 여인숙에서 집단생활을 하였으며, 10명이 한 잠자리에 누워 잤으며, 매일 동전 세 닢을 숙박비로 지출하였고, 돈이 없을 때에는 외상장부에 기재를 하였다. 이 장례 인부들은 그들 자신의 직업양상을 편한 데로 배워나갔고 자기가 빚은 하나의 보호신, 궁신을 가지고 있었다. 가장 궁핍한 이들에게도 신은 있었던 것이다.

궁신묘 속의 신상은 머리에 찢어진 중절모를 쓰고 몸에는 헐렁하고 찢어진 옷을 걸쳤으며 손에는 술병을 들고 취한 시선을 비스듬히 던지고 있다. 화평한 마음을 이룬 활불活佛의 분위기를 풍기는 모습을 띄고 있으니, 실제로 이 형상은 장례 인부들의 자화상이라 하겠다.

역주 _____

1_ 作活 : 아마도 주검을 살아 있는 사람처럼 꾸미는 일일 것이다.

2_ 出堂 : 집에서 죽은 이를 내가는 일이라 하겠다.

3_ 下葬 : 매장을 위하여 주검을 무덤으로 내리는 일.

4_ 打尺 : 자로 금을 긋는다는 의미이니 시신의 치수를 재는 것.

5_ 抬靈 : 태抬는 대撞이니 들어 올린다는 뜻이다. 태령은 령위를 들어 올린다는 의미라고 하겠다.

6_ 松獅 : 소나무 측백나무 등의 가지로 만든 사자 모양. 장의의 공물로 씀.

7_ 松亭 : 송사와 같은데 정자 모양이다.

8_ 鶴鹿同春 : 장의에 쓰는 물건으로 어떤 특별한 형상을 하고 있는 것들이다. (=황앵세구黃鶯細狗 : 금조부월金爪斧鉞)

9_ 執事 : 장의의 의장에 쓰는 물건을 드는 일.

적신

절강浙江 소흥紹興에는 천년고찰 장경사長慶寺가 있다. 청나라 말기에 이 절의 주지는 용조화상龍祖和尙이었는데, 어린 노신魯迅의 스승이었다. 후에 노신은 「나의 첫 번째 스승[我的第一个師父]」이라는 글에서 특별히 이 '화화상花和尙'[파계승]의 파계에 대한 고사를 회상하여 묘사하였다.

장경사의 북쪽 반대편으로는 세 묘당이 늘어서 있다. 재신당財神堂, 목신묘穆神廟, 토지사土地祠이다. 재신묘와 토지묘는 유행하는 묘당이므로 각처에서 쉽게 찾아볼 수 있다. 목신묘만은 생소한 것이어서 자못 희귀하게 느껴지기까지 하다. 그러나 사실 그것의 속칭을 말하여 보면 듣는 사람들은 금방 알아챌 수 있을 것이고, 어쩌면 아연실색할런지도 모른다. 원래 이 목신묘는 속칭 '적신묘賊神廟', '천신묘遷神廟'라고 한다. 묘당 안에 모시고 있는 것은 '적신보살賊神菩薩'이다. 『수호전水滸傳』 속의 "고상조鼓上蚤" 때에 옮겨왔다고 한다. 이 '보살'은 좀도둑, 소매치기 등이 최상의 예배를 올리는 신명이다.

도둑질은 역사상 유구하고 연원이 오랜 것으로 말하여진다. 태고의 혼돈한 시대에 대해서는 말하지 않더라도 대략 인류가 사회를 구성해 살아오기 시작한 때로부터 원시적 소매치기[^1]는 출현하고 있다. 사람의 무리 중에는 편한 것을 좋아하고 힘든 것을 싫어하는 사람, 손만을 놀리고 한가로움을 즐기려하는 무리들이 있기 때문이다. 춘추

賊神

적신묘에 와서 머리를 조아려 예배를 올리고 도적질할 때 잡히지 않을 것을 기도하고 혹은 도적질한 물건을 신에게 바치겠다고 하며 보호해 주기를 갈구하는 것은 당연히 '양상군자'나 '계명구도' 같은 무리이다. 청백한 사람들의 집에서는 적신묘에 오지 않는다. 대개 '적신묘'라는 이름은 너무 요란스러운 것이다. 그러므로 어떤 지방의 적신묘는 '목신묘', '시천묘', '천신묘' 등의 아칭을 갖게 되는 것이다.

전국 시대가 되면 이 직업이 아주 인기가 올라서 어떤 귀신같은 도둑은 대귀족의 수하가 되기도 하고 심지어 정치투쟁 과정에서 커다란 역할을 수행하기까지 한다.

전국시대에 제나라의 맹상군孟嘗君은 3천 선비를 길렀는데 그 중에는 이런 인물이 적지 않게 섞여 있었다. 한번은 진나라 소왕昭王이 맹상군을 진 나라에 연금을 한 적이 있었다. 그는 진왕이 총애하였던 연희燕嬉를 매수하려 하였는데, 계책을 시행할 때를 찾을 수 없었다. 훔치는 기술이 뛰어난 문객 하나가 용기를 내서 개가죽을 쓰고 개굴을 통해 궁중으로 기어들어가 개 짖는 소리를 배워 떠들썩하게 만든 후 경비를 따돌리고는 이미 진왕에게 진헌한 백어우 가죽 옷을 훔쳐내 연희에게 주는 계책을 고하였다. 연희는 맹상군의 아첨하는 말에 반하였고, 맹상군은 석방될 수 있었다. 그들 무리는 함곡관函谷關에 이르렀는데 아직 하늘은 밝아지지 않아 관문이 열리기 전의 시각이었다. 또 하나의 문객이 나서서 '밤 중에 닭 울음소리'를 내어 모든 닭이 따라 울게 하니 관문을 지키는 관리가 날이 밝은 줄 착각해 관문을 크게 열었고, 맹상군 일행은 진나라를 벗어날 수 있었다. 저 두 사람은 맹상군을 위해 큰 공을 세웠지만 그 명성은 크게 개선되지 못하여 이야기 속에서 '계명구도鷄鳴狗盜'라고 불리는 신분으로 남겨져 있는 것이 고작이었다. 이들 무리는 '양상군자梁上君子'라는 제법 멋들어진 칭호로 불리기도 한다. 이것은 후한의 이름 높은 진식陳寔이라는 사람이 붙여준 아호이기도 하다. 어느 날 밤, 그의 집에 좀도둑 하나가 숨어들어서 대들보 위에 몸을 숨겼다. 진식은 모르는 척 하고 즉시 손자들을 모두 방 안으로 불러들여 훈계하는 말을 하였다. 진식은 다음과 같이 말하였다. "사람은 노력하지 않으면 안된다. 나쁜 사람은 본래 악하여 그렇게 된 것이 아니라 잘못 배워서 그렇게 된 것이다. 여기 와 있는 양상군자가 이런 사람이다." 양상군자는 이 말을 듣고 크게 감동하였다. 그는 즉시 대들보에서 뛰어 내려와 머리를 조아리며 죄를 청하였다.

책에는 역대의 신투神偸[귀신같은 솜씨의 도적]들의 이름이 끊이지 않고 나온다. 명나라 시대의 이름 높은 시정소설 『2각박안경기』2 중에는 「신투기흥일지매, 협도관행삼매희」3라는 제목의 소설이 한 편 포함되어 있는데, 여기에는 송나라 원나라 시대를 살았던 몇 명의 신투들에 대한 이야기가 서술되어 있다. 그 중에는 과장하고 윤색한 부분도 없지 않으나 대부분 사실적인 생활에 근거한 믿을만한 이야기라고 할 수 있다. 민국 시대民國時代에 경성에는 신투 연자燕子와 이삼李三에 대한 이야기가 사람들의 입에 빈번하게 오르내렸다. 그러나 역대 신투 중에서 가장 유명한 사람의 이름으로는 『수호전』의 시천時遷을 뛰어넘을 사람이 없다.

수호전은 다음과 같이 묘사된다. '시천은 처마 위로 날아오르고, 벽을 타고 뛰며, 울타리를 뛰어 넘고, 말 등위에 뛰어서 올라타는 기술을 아무렇지도 않게 구사하여 사람들은 그를 고상조4라고 부를 정도였다.' 그에게 붙여진 칭호를 살펴보는 것만으로도 그들의 가볍고 민첩한 정도가 어떠하였는지를 알 수 있을 것이다. 그는 그러한 모습을 얻고 태어났으며 일부러 드러내려 하지도 않았다.

    뼈는 부드럽고 몸은 민첩하며
    눈썹은 짙고 눈동자는 선명하네
    걷는 모습은 요괴와도 같고
    달리는 모습은 날으는 신선 같네

그의 뛰어난 수법은 이러하다.

밤의 정적 속에서 아무도 모르게 담장을 뚫고 나가고
더욱 집안 깊이 들어가 현판을 돌려놓네
고수들의 수중에서 잠자리를 통째로 훔쳐내고
북 소리 위에서 벼룩이 뛰듯 날래게 움직이네

시천은 양산박梁山泊『수호전』의 무
대의 영웅들 중에서 별로 두드러질
것도 없는 소두령이다. 그는 '주보
기밀'5_의 임무를 수행하며, 두령
중 팔십 몇 째 서열을 차지하고 있
는 아주 낮은 지위의 주인공이다.
그러나 그는 볼품없이 생겼으나 익
살맞기 이를 데 없고, 귀신같이 훔
쳐내는 절묘한 기술로 세상 사람들
에게 깊은 인상을 심어 주었다. 그
의 지명도는 대두령이나 중두령에
비해 월등히 높은 것이었다. 그가
가장 분명하게 모습을 드러낸 사건
은 〈시천투계時遷偸鷄(시천이 닭을 훔
침)〉와 〈시천도갑時遷盜甲(시천이 갑옷
을 훔침)〉라는 희극으로 만들어졌다.
이 희극들은 모두 되풀이하여 공연
되고 있다. 이와 같이 허구인물인
시천은 그 명성을 크게 떨쳤고, 한

시천도갑時遷盜甲(賊神)

미한 집안 출신이라고 하므로, 세상의 좀도둑이나 소매치기들이 자신들의 신명으로 받들어 모시는 것은 자연스러운 일이다.

옛날의 소흥에는 아주 재미있는 습속이 하나 있었다. 집안에서 도둑이 생겼을 때, 볏짚을 사람 몸에 묶어서 도적이라고 간주한다. 도적으로 간주된 사람은 다시 새끼줄로 묶는다. 그 사람을 끌어내어 다시 한 사람이 대나무 뿌리로 볏짚을 때리면서 큰 소리로 욕을 한다. 욕설은 모두 저주하고, 경고하고, 위협하는 것들이다. 이런 일종의 희극은 '견적신牽賊神'[적신을 이끌어낸다는 의미]이라고 부른다.

웃기는 것은 사람들이 일면으로는 이와 같이 도적에게 원한을 갖고 나쁘다고 욕설을 퍼부어대면서 다른 일면으로는 신명으로 존숭하여 황공해하면서 소상을 깎아 묘당을 세운다는 점이다. 적신묘에 와서 머리를 조아려 예배를 올리고 도적질할 때 잡히지 않을 것을 기도하고 혹은 도적질한 물건을 신에게 바치겠다고 하며 보호해 주기를 갈구하는 것은 당연히 '양상군자'나 '계명구도' 같은 무리이다. 청백한 사람들의 집에서는 적신묘에 오지 않는다.

대개 '적신묘賊神廟'라는 이름은 너무 요란스러운 것이다. 그러므로 어떤 지방의 적신묘는 '목신묘穆神廟', '시천묘時遷廟', '천신묘遷神廟' 등의 아칭을 갖게 되는 것이다.

역주 _____

1_ 원시적 소매치기: 원문에서는 '原始扚手'라고 한다. 扚는 소매치기 수 자이다.
2_ 『二刻拍案驚奇』: 명나라 시대 능몽초凌濛初 편집의 구어 소설집. '박안경기'는 '기발함에 탁자를 치며 놀람'이라는 의미.
3_ 「神偸寄興一枝梅, 俠盜慣行三昧戲」: '일지매를 보내고 오는 귀신같은 솜씨의 도적', '습관적으로 삼매희를 하는 의협의 도적'이라는 의미를 갖는 말이다.
4_ 鼓上蚤: '북소리 위에서 튀는 벼룩'이니, '북소리와 함께 벼룩같이 날래게 움직이는 사람들' 정도의 의미를 갖는 말이라고 하겠다.
5_ 走報機密: 걸어서 기밀을 보고함. 전령의 의미로 보아야 할 것이다.

선국제신

02 ────────

도교의 신들
도교의 신선
조사진인
호법신장

3청

3청은 도교의 최고신인데, 원시천존元始天尊, 영보천존靈寶天尊과 도덕천존道德天尊(태상
노군太上老君)을 포함한다. 도교의 큰 묘당에는 예외 없이 3청관三淸觀 혹은 3청각三淸閣,
3청전三淸殿이 있어서 그 속에 3위의 천존을 모시고 있다. 북경 백운관白雲觀 안의 3청각
에 모셔진 3신의 신상 같은 것은 아주 저명하다.

백운관은 도교 전진파의 '천하제일총림天下第一叢林'인데 웅대한 규모를 자랑한다. 3청
각은 백운관에서 가장 중요한 건물로 역시 높고 크고 웅장한 모습을 갖추고 있다. 이
건물 안에는 3청을 주신으로 모셨는데, 정중앙에는 원시천존, 좌측으로는 영보천존, 우
측으로는 도덕천군이 배치되어 있다. 조각들은 명대에 모시풀을 섞은 옻칠을 해서 말린
것인데 자태가 뛰어나고 우아한 조형미를 갖추어서 자못 신선의 풍취를 드러내고 있다.

3청은 비록 도교에 속한 최고신이지만 민간에 끼친 영향은 그렇게 크지는 않다. 그
중 제3위의 도덕천존이라는 존호는 특히 사람들에게 익숙하지 않은데, 대다수의 사람
들은 그와 태상노군이 동일한 신위라고 하는 점을 알지 못한다. 3청은 모두 '도道'를
이론적理論的으로 개념화槪念化하여 나타난 것으로, 도교 우주관宇宙觀[우주관은 세계관과
같은 의미]의 상징이다.

원시천존은 3청 중 수석, 도교의 가장 큰 신이다. 도교 경전에서 그는 3천계三天界

3청은 도교의 최고신인데, 원시천존, 영보천존과 도덕천존을 포함한다. 도교의 큰 묘당에는 예외 없이 3청관 혹은 3청각, 3청전이 있어서 그 속에 3위의 천존을 모시고 있다. 북경 백운관 안의 3청각에 모셔진 3신의 신상 같은 것은 아주 저명하다.

중 최고인 옥청선계玉淸仙界에 거주한다. '원시'라고 하는 것은 우주가 기원하는 본원, 처음 시작되는 곳을 말한다. 그는 우주가 형성되기 전, 천지가 처음 열릴 때 태어나서 비밀스런 도를 모든 신선에게 전하고, 영원한 시간을 열어 사람들을 제도한다. 그는 혼돈의 시기 이전, 도의 기운이 아직 드러나기 전의 제1 대세기[1]-를 상징한다. 어떤 도교 이론가는 아예 그를 중국 고대 신화 속의 하늘과 땅을 처음 열었던 반고盤古와 하나로 일치시켜서, 그의 이름은 '반고진인盤古眞人'이고, 자호는 '원시천왕元始天王'인데, 천계天界를 주재하는 신명이라고 말하기도 한다. 이러한 이야기에 의하면 원시천존은 세상을 창조한 존재라 하겠는데, 우주와 천지만물이 그에 의하여 만들어졌다는 것이다. 원시천존은 도교적 개념으로서 '상제上帝'라 하겠다.

영보천존은 도교의 두 번째 신이다. 혼돈한 세상이 처음 갈라져서 음과 양으로 나누어진 제2대기를 상징한다. 그는 3천계의 제 2층層인 상청선경上淸仙境에 거주한다. 이것은 우주가 모습을 갖추기 전의 혼돈상태로부터 생겨 나온 3원기三元氣 중의 하나인 '적혼태무원赤混太无元'이 화생한 것이다. 적혼태무원이라는 이 오래되고 괴이한 명칭이 갖는 개념상의 대체적인 의미를 분명하게 해석하여 낼 수 있는 사람은 없지만, 이것은 도교 이론가들이 오래도록 다루어온 현허[2]-한 개념의 실례중 하나인데, 무수한 사람들

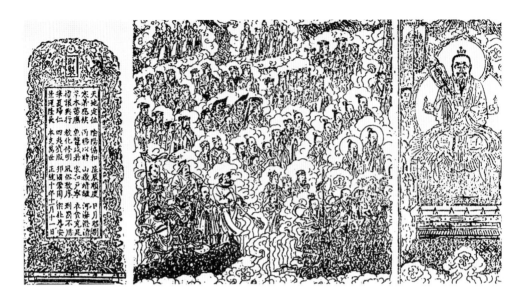

을 어리둥절하게 만들고 괴롭혀 온 것이라고 하겠다.

도덕천존道德天尊은 또한 태상노군太上老君이라고도 불리는데, 바로 사람들이 익숙하게 알고 있는 노자이다. 도교는 최초에는 노자를 조사로 섬겼고 노자가 쓴 『도덕경道德經』을 경전으로 사용하였다. 그러나 후대의 도교 신도들은 노군 한 사람만으로는 충분하지 않으며, 대웅보전大雄寶殿 속의 3세불三世佛이나 3신불三身佛보다 위엄이 높아질 수 없다고 하여 또 원시천존과 영보천존 둘을 조형하여 내고, 노군을 셋 중의 최고신으로 삼았으나, 그 존경심이 꺾여서 세 번째 지위를 갖게 되었다. 도교에서는 그가 천계의 태청선경太淸仙境에 거주한다고 말한다.

3청이라는 것은 3위천존三位天尊을 가리키는 것이기도 하고, 그들이 거주하는 3청천三淸天, 3청경을 가리키기도 한다. 3위천존은 3천, 3선경三仙境을 주관하여 3동교주三洞敎主가 된다. 도교는 또한 이른바 '하나의 기운이 3청으로 변화한대一氣化三淸'는 이야기를 하는데, '3청三淸'은 모두 원시천존의 화신을 지칭하는 것이니, 이것은 불교 '3신三身'의 번역판인 것이다.

많은 3청상들은 조형상의 측면에서 덧붙여진 의미를 나름대로 갖추고 있다. 원시천존은 빈 왼손을 오므리고 있고, 빈 오른손은 올려 받들고 있다. 이것은 천지가 이루어

지기 전, 만물이 생겨나기 전의 혼돈상태인 '무극無極'(끝이 없이 먼 본원을 의미)을 상징한
다. 영보천존은 두 손으로 반은 희고 반은 검은 '음양경'3_을 잡고 있다. 이것은 막 무
극상태로부터 생겨나온 '태극太極'[세상의 출발점이 되는 지점을 의미]을 상징한다. 도덕천
존은 음양경이 그려진 부채를 잡고 있다. 이것은 태극으로부터 분화되어 나온 천지(또
는 음양)의 '양의'4_를 상징한다. 종합하여 보면 이것들은 바로 도교의 우주관을 한폭의
도식 속에 담아낸 것이라고 할 수 있다.

역주 ———

1_ 大世紀 : 첫 번째 세상. 우주가 열리기 전의 세상, 우주가 열릴 때의 세상.
2_ 玄虛 : 그윽하고 텅비다. 극히 추상적이어서 무어라고 말하기 어렵다는 등의 의미로 보면 될 것이다.
3_ 陰陽鏡 : 음양의 거울, 음과 양을 함께 갖추고 있는 것을 의미한다.
4_ 兩儀 : 儀 는 '태도 의' 자이다. '양의'는 두 개의 근본이 되는 태도 또는 표본을 의미한다. 음과 양, 천과
   지 등, 상호 근원적으로 대비되는 이름으로 불린다.

4어

　산동山東 예성현芮城縣의 수락궁永樂宮은 중국에서 가장 유명한 도교道敎의 궁관宮觀 중 하나이다. 이 궁은 원래 예성 영락진永樂鎭 위에 있었다. 영락진은 8선八仙의 하나인 여동빈呂洞賓의 탄생지라고 전하여진다. 송나라 시대에는 그가 옛날에 살던 지점에 여공사呂公祠가 건립된다. 금나라 시대에 이것은 사祠에서 관觀으로 승격된다. 원나라 시대에는 이것이 관觀에서 궁宮으로 승격되면서 110여 년 간 관련 건물이 계속 건축되는데, 거의 원나라와 그 처음과 끝을 같이한다고 할 수 있을 것이다. 영락궁은 전국에서 가장 이름 높은 여조묘呂祖廟이다.

　영락궁은 세상에서 이름 높은 도교문물道敎文物[도교 문화재]이라고 말하여진다. 여기 있는 여러 전각들 중 많은 수가 960평방미터에 이르고, 여기에는 394 위의 신상이 그려진 원나라 시대의 벽화가 있다. 그 중 궁의 주 전각인 3청전의 벽화는 『조원도朝元圖』인데, 모든 신들이 도교의 제1신인 원시천존을 배알하는 모습을 그린 것이다. 이 벽화는 장면이 웅대하고, 기세가 비범하다. 주상인 8위의 제후들을 중심으로 하여 사방을 금동옥녀金童玉女, 천장역사天將力士, 제군성숙帝君星宿, 선후선백仙侯仙伯, 좌보우필左輔右弼 들이 둘러싸고 있는데, 총 290여 존위에 이른다. 그들은 운기云氣를 밟고 서서 상서로운 기운을 머리에 이고 있으니, 한 무리가 완연한 선경의 분위기를 드러낸다고 하겠다.

옥황, 북극, 구진과 후토 등 넷은 도교에서 3청을 제외하곤 가장 높이 모셔지는 신명, 바로 '4어'이다. 4어는 3청으로 받드는 신을 보좌하는 4위의 천제라고 말하여진다.

주상의 키는 3미터이고, 기타 신상들은 2미터가 넘는다.

주상主像은 남극南極, 북극北極, 동극東極, 옥황玉皇, 구진句陳, 목공木公, 후토后土, 금모金母 등이다. 그 중 옥황, 북극, 구진과 후토 등 넷은 도교에서 3청을 제외하곤 가장 높이 모셔지는 신명, 바로 '4어四御'이다. 4어는 3청으로 받드는 신을 보좌하는 4위位의 천제天帝라고 말하여진다. 그들을 부르는 전칭은 다음과 같다. 1. 호천금궐지존옥황대제昊天金闕至尊玉皇大帝, 2. 중천자미북극태황대제中天紫微北極太皇大帝, 3. 구진상궁남극천황대제句陳上宮南極天皇大帝, 4. 승천효법후토황지지承天效法后土皇地祇 이른바 '어御'라는 것은 제왕에 대한 경칭인데, '4어'라고 하는 것은 바로 4제四帝, 4천제四天帝이다.

4어 중 옥황대제와 후토왕지지는 앞 장에서 소개하였으므로, 아래에서는 바로 그 밖의 2어에 대해 소개하여 보겠다.

4어 중의 제2어는 자미중천북극대제紫微中天北極大帝이다. 이 신의 이름은 고대의 별자리 숭배에서 기원한다. 북극은 북극성의 간략한 명칭인데, 또한 북신北辰, 천추天樞라고도 불린다. 별의 존재와 운행은 원시 인류의 생산 활동에 적지 않은 도움을 주었다. 별의 확실한 방향을 관찰하고 별의 운행변화를 이용하여 절기를 나누고, 그 농업활동의 시간표에 근거하여 파종을 하고 경운을 하였다. 그러나 동시에 고대인들은 별의 존재와 운행에 대하여 극도의 신비감을 갖기도 하였으니, 당시 사람들이 이해하기 어려운 천문현상이 있었던 것이다. 그러므로 자연히 별에 대한 신화를 만들어 숭배를 하게 된 것이라고 하겠다.

이 후에 별자리 숭배는 통치자에 의해 이용되었고, 별은 사회신으로 만들어져 숭배되기에 이른다. 그들은 사회상의 계급구분, 통치기구와 제도 등을 한 묶음으로 하여 전체를 다 천상으로 끌고 올라간다. 『사기』「천관서天官書」의 내용 중 일부분은 '봉신방封神榜', 즉 '성신관직표星辰職官表'의 모습을 띤다. 어떤 사람은 아직도 천상의 별자리와 인간사회의 제왕, 장수, 재상 등을 서로 짝지어서 북극성을 제왕성이라 하고, 다른 이름으로는 자미紫微, 자원紫垣, 자궁紫宮으로 부르기도 한다. 『후한서後漢書』는 다음과 같이 적고 있다. "하늘에는 자미궁紫微宮이 있는데, 상제가 거주하는 곳이다." 그렇기 때문에 뒷날 사람들은 자미원을 제왕의 거처로 비유하고 궁궐을 '자금紫禁'이라 하게 되었다. 지금도 사람들은 명나라 청나라 시대의 북경 황궁을 '자금성紫禁城'이라고 부른다.

도교는 이러한 이야기 구조를 흡수하여 자미북극대제라는 이름을 만들고, 4어의 하나로 받들었다. 그는 옥황대제를 도와 천경지위天經地緯(하늘의 경도와 땅의 위도. 하늘과 땅의 모든 것을 뜻하는 의미), 일월성신日月星辰, 4시기후四時氣候 등을 관장한다고 말하여진다. 북극대제는 출현한 후 역대 제왕의 제사를 받고 항상 옥황대제와 함께 모셔지는 제1등의 큰 신이 되었다. 명나라 시대의 궁정에는 빠짐없이 자미전이 지어져서 신상을 배치하고 제사를 지내곤 하였다.

4어 중 제 3위의 천제는 구진대제이다. 역시 별자리로부터 변해 만들어졌다. '구진句陳'은 바로 '갈고리 모양으로 늘어놓음의 의미를 갖는 구진鉤陳'인데, 별자리의 이름으로, 모두 6개의 별로 이루어진다. 『성경星經』은 말한다. "구진 6성은 5제의 아래에 있으면서 후궁이 되니, 대제정비大帝正妃이다. 또한 천자의 6군장군의 주인이고, 3공의 주인이다." 도교는 이러한 이야기구조를 받아들여서 구진상궁남극천황대제를 만들어 세우고 4어의 하나로 높이 받들었다. 그러나 이 별의 직권은 후궁의 위치를 뛰어 넘어 옥황대제를 도와 남극과 북극, 천지인의 3재才, 뭇 별들의 통합적 관리, 병사를 움직이는 인간의 일 등을 주관하는 것으로 지칭되기에 이른다. 천제에 배알을 하면서 비를 내려 달라고 빌기 위해 올린 어떤 글 속에는 구진과 옥황, 자미 등이 같은 서열로 앞에 나란히 말해지는 경우도 볼 수 있다.

이름 높은 도관들 중에는 3청전三淸殿, 옥황각玉皇閣 등의 주요한 대전을 제외하고 전문적으로 4천제를 받들어 모시는 4어전四御殿을 두고 있기도 하다. 4어의 신상은 머리에 면류관冕旒冠을 쓰고, 일신에 조복朝服을 걸친 인간의 제왕 모습을 하고 있다. 3청과 4어는 도교에서 받들어 모시는 신들의 무리를 이루어 언제나 함께 말하여지곤 한다. 『서유기』속에는 옥제가 여래에게 청하여 손오공을 항복시킨 후에 '안천대회安天大會'를 여는 장면이 있는데, 연회에 초청된 각지의 높고 진실되고 성스러운 선인들 중에는 3청, 4어도 포함되었다.

'4어'의 구성원에 대해서는 또 다른 입장의 이야기도 있는데, 4어가 바로 '4극대제四極大帝'라고 보는 것이다. 그들의 명칭과 직능은 다음과 같다. 북방북극자미대제北方北極紫微大帝는 만성萬星을 통합 관리한다. 남방남극장생대제南方南極長生大帝는 만령萬靈을 통합 관리한다. 서방태극황천대제西方太極皇天大帝는 만신萬神을 통합 관리한다. 동방동극청화대제東方東極靑華大帝는 만류萬類(萬物)를 통합 관리한다. 이러한 이야기는 전통적으로 알려져 온 것과는 같지 않은데, 가장 중요한 옥황대제를 소홀히 취급하고 있는 점이 특히 그러하다.

이 외에 또 '6어六御'에 관한 이야기도 있다. 이것은 중국 고대의 '6합六合'(상上, 하下와 동東, 서西, 남南, 북北의 사방)에 맞추어 신의 형상을 조형한 것이다. 나누어 말하자면 옥황대제玉皇大帝, 구진천황대제句陳天皇大帝, 북극대제北極大帝, 동극구고천존東極救苦天尊, 남극장생대제南極長生大帝, 후토황지지后土皇地祇 등이다. 그 구성요소들이 이렇게 서로 다른 것은 각각의 도교 유파마다 전승의 역사가 차이가 있으므로 신의 조형 역시 출입이 있게 된 탓이다.

태상노군

섬서 주지현周至縣 종남산終南山의 북쪽 기슭에는 저명한 루관대樓觀臺가 있다. 여기는 산봉우리가 무수하게 겹쳐 솟구쳐 있고 울창한 고목이 하늘을 가리고 있어서 관중에서 아주 뛰어난 경치를 자랑하는 곳이다. 옛 사람은 다음과 같이 말한다. "관중의 산하는 백이면 백 다 다르지만 종남산이 제일이고, 종남에는 천 개 봉우리가 치솟아 있지만 루관대가 제일 명승이네[關中河山百二, 以終南爲最盛, 終南千峰聳峙, 以樓觀爲最有名]."

루관대가 세상에 이름을 떨친 것은 이곳이 산과 물로 둘러있어 풍경이 수려하다는 것 때문 만은 아니다. 그 중요한 이유는 이곳이 노자老子가 경전을 강설한 곳으로 알려져서 본디 '동천복지洞天福地'라는 이름을 갖는 도교의 성지라는 점에 있다.

루관대의 역사는 유구하다. 2500년 전, 주나라 함곡관函谷關(지금 하남河南 영보靈寶 경내境內)령슈인 윤희尹喜[함곡관을 지키는 대장]는 여기에 풀을 엮어 루대를 만들고는 천상과 기수를 관찰하였는데, 이것을 '초루관草樓觀'이라고 이름하였다. 초루관은 훗날 도교에 의해 최초의 도관으로 존숭되었다. 『종남산설경대역대진선비기終南山說經臺歷代眞仙碑記』에는 다음과 같은 구절이 보인다. "루관은 천하 도교 총림의 근본이 되는 곳이다." 도교 궁관의 '관'이라는 글자 역시 이곳으로부터 비롯된다. '관觀'은 본래 밖을 조망하여 볼 수 있는 성의 망루이다. "관이라는 것은 위에서 관망하는 것이다."(『석명釋名』) 도교에서는 이 의미를 차용하여 "옛 사람은 높은 루대를 관으로 삼아 사방을 살펴보았다."고 하였다(『태상혼원노자사략太上混元老子史略』 중권中卷). 바로 '높아서 사방을 바라볼 수 있다.'는 의미를 취한 것이다. 『연감류함淵鑒類函』에 수록되어 있는 「관윤전關尹傳」은 다음과 같이 전한다.

> 윤희는 풀을 엮어 루대를 만들고 지극한 도리에 대해 정밀하게 사유하였다. 주나라 강왕康王이 그 소문을 듣고 대부大夫로 삼았다. 그것으로써 관망을 할 수 있었으므로 이 집을 관령초루관關令草樓觀이라고 이름하였다. 이것이 바로 궁관의 시작이다.

전하는 이야기에 의하면, 어느 날 윤희는 자주색 기운이 동쪽으로 퍼져오는 것을 보고 성인이 올 것을 알았다. 오래지 않아 과연 노자가 서쪽에서 와서 관문으로 들어오는 것을 보았다. 윤희는 바로 노자를 초루로 맞아 들여 최고의 빈객으로 공경하면서 후인들에게 남겨 전해줄 책 한 권을 써 주기를 청하였다. 노자는 여기에서 경을 강의하고 도를 설명하였으며, 5천 글자의 『도덕경道德經』(『노자老子』)을 써 준 뒤에 떠나가서 종적을 감추었다.

노자는 실존인물이다. 춘추시대 말기의 저명한 사상가인데, 도가사상의 창시자이다.

성은 이李, 이름은 이耳, 자는 백양伯陽, 시호는 담聃이다. 그러므로 노담老聃이라고도 한다. 초楚나라 고현苦縣(지금의 하남河南 록읍시鹿邑市) 후향后鄕 곡인리曲仁里 사람이다. 주나라 수장실사守藏室史, 즉 국립도서관장을 역임하였으며 학문이 대단히 높았다. 동한 말년에 장릉張陵은 도교를 창시하면서 불교와 경쟁하고 도교의 성가를 드높이기 위해 노자를 조사로 내세우고 태상노군으로 존숭하였으며 『도덕경』을 주요 경전으로 삼았다. 역사적 인물인 노자가 신이 되자 그의 출생 역시 대대적으로 신비화 되었다. 『운급칠첨云笈七籤－혼원황제성기混元皇帝聖記』는 그가 상상할 수도 없이 길고 긴 시간 속에서, 무수히 많은 '81만억 81만세' 동안을 살았는데, 현묘옥녀玄妙玉女의 몸 안의 태를 빌려서 81년 동안이나 오래 태중에 있다가 좌측 갈빗대를 통해 출생하였다고 한다. 너무 오래 태중에 있었으므로 태어나면서 머리가 전부 백발이었기 때문에 '노자'라는 이름으로 불리워졌다. 공교롭게도 오얏나무 아래에서 태어났는데, 그는 이 나무를 가리키며 말하였다. "이李가 나의 성이다."

노자는 신으로 된 이후 대대로 광범한 숭배를 받았다. 당 나라 시대에 그에 대한 숭배는 극점에 이른다. 이씨李氏[당나라 왕실은 이씨였다.]인 당나라의 천자는 자기 가문을 높이기 위해 억지로 이 노군을 친척으로 삼아 보첩을 이어 놓았다. 천 년 전의 노자를 자신의 조상으로 만들어 그를 현원황제玄元皇帝에 봉한 것이다. 도교는 한 때 거의 당나라의 국교와 같은 지위를 얻어 한 시대를 풍미하였다. 이씨인 황제는 노자의 고향인

하남의 녹읍현鹿邑縣에 태청궁太淸宮을 커다랗게 지었다(동한東漢 연희 년간延喜年, 즉 서기 165년에 창건된다). 이른바 '태청太淸'이라고 하는 것은 도교道敎의 3청의 경계 중 하나인데, 태상노군이 거주하는 경계이다. '태청' 역시 노군을 가리킨다. 태상노군을 '태청도덕천존太淸道德天尊'이라고도 하는 것

이다. 당나라의 황제는 태청궁洞霄宮 북쪽으로 동소궁을 지었다. 두 궁은 물길을 사이에 두고 반리 정도 떨어져 있었는데, 회선교會仙橋를 지어 하나로 연결시켰다. 그리하여 이 궁관은 전체 면적 800여 묘畝[1묘는 6.67아리]에 이르는 장엄하고 웅장한 건물이 되어 한 시대 홍성의 극을 달렸고 세상 모든 노자묘 중 으뜸의 지위를 향유하였다. 훗날에 이 건물은 병화를 당하여 무너진 것도 있고 중수된 것도 있다. 지금 남아 있는 것으로는 정전正殿(태극전太極殿), 3성모전三聖母殿, 왜왜전娃娃殿 등의 중심 되는 건물들인데, 청나라 시대에 중건된 것이다. 정전 안에는 1장丈[1尺의 10배, 3.33미터]이 조금 넘는 노군의 신상이 금으로 치장되어 모셔지고 있으며, 그 양편으로는 양대 제자인 남화진인南華眞人(장자莊子)과 무상진인无上眞人(윤희尹喜)가 배치되어 있다. 태극전 앞에는 '당나라 도덕경 주석 비'가 있다. 비면에는 당나라 시대에 황제가 친히 지은 『도덕경주석』이 새겨져 있는데, 아주 진귀한 것이다.

녹읍현의 성 동북쪽 모퉁이에는 벽돌을 사용해서 원형으로 쌓은 거대한 대좌가 있는데, 높이가 4장, 면적이 700여 평방미터에 이른다. 이 대좌는 노군대老君臺라고 하며, 또 승선대, 배선대라고도 부른다. 노자가 신선이 되어 하늘로 올라간 곳이라고 전하여진다. 노군대 중앙에는 3칸의 정전이 있고, 좌우로는 1칸씩의 편전이 있다. 대좌 위의 남쪽 부분으로는 산문이 있다. 대좌 위의 고목은 고아하고 힘찬 자세로 하늘을 향해 우뚝 솟구쳐 있고, 대좌 주위로는 비취색으로 푸른 측백나무가 둘러서 있으며, 호수는 그 주위를 두르고 펼쳐져 있다. 아주 그윽하고 아름다운 풍광이다.

앞에서 이야기한 바 있는 루관대는 도교의 발상지로 받아들여지는데, 본디 '선도仙都'라는 칭호가 붙여져 있다. 이곳의 '설경대說經臺', '상선지上善池', '계우백繫牛柏', '노자묘老子墓' 등의 도교 성적聖迹은 도교도들이 앙모하

는 마음으로 배알하는 곳이다.

설경대의 대전 안에는 3존三尊의 조상彫像이 있다. 가운데는 노자이고, 양쪽으로는 윤희와 서갑徐甲이 벌려서 있다. 자료에 의하면 노자의 제자라고 지칭되는 서갑은 자기 신분에 만족하지 못하고, 고통을 감내하면서 도를 배우는 것에 침잠하지 않는 사람이었다. 노자는 '길상초吉祥草'를 사용하여 한 사람의 낭자로 변해 그를 시험하였는데 서갑은 여색을 보자 의리를 닦는 것을 잊고 손과 발을 바쁘게 놀려 여색을 취하려 하였다. 윤희의 고통스러움을 감수하면서도 애처롭게 구하는 것과는 아주 달랐으므로, 노자는 이 6근六根이 부정한 제자를 내쫓아 버렸다. 대전 안의 조상은 이 고사, 노자가 제자를 훈계하며 말로 전하고 몸으로 가르치는 정경을 표현하여 놓은 것이다.

설경대 서쪽으로 그리 멀지 않은 곳에는 맑은 물이 흘러넘치는 샘이 하나 있다. 전해오는 바에 따르면 노자가 서갑을 시험할 때 분노하여 쇠로 땅을 질러서 이 '화녀천化女泉'이 솟아 나오게 되었다고 한다.

봉우리의 정상에는 천정이 방형方形으로 8괘의 모습을 하고 있는 석실이 있다. 노자의 연단로煉丹爐라고 전하여진다. 설경대 서북편에는 측백나무 고목이 한그루 서 있다. '계우백繫牛柏'이라는 이름의 나무이다. 전하는 이야기에 의하면 노자가 당시에 푸른 소를 타고 관문으로 들어설 때 그의 소를 이 측백나무 고목에 묶었다고 한다. 노자묘라고 전해지는 것은 화녀천의 서쪽 3킬로미터 쯤 되는 곳에 있다. 묘총은 타원형을 갖추고 있으며, 높이 4미터, 넓이 20제곱미터이다.

대대로 무수한 명인 학사들이 도교의 승지인 루관대에 올라 시를 썼다. 좋은 시들이 적지 않게 남아 있지만 그 중에서도 명나라 시대의 진간왕秦簡王이 지은 『제설경대題說經臺』가 제일 유명하다.

바다 꼭대기에 올라선 것인가, 선가의 제1궁	尖海仙家第一宮
가파르게 올라 붙은 대좌의 대전, 진나라의 공역에 맡겼음이라	崢嶸臺殿托秦工
5천자 도덕경의 말은 오히려 남아 있고	五千道德言猶在
백가지 서로 다른 산과 물의 기운은 스스로 웅장하네	百二河山氣自雄
연단의 화로불 꺼져 있는 달 밤	煉葯爐寒虛夜月
푸른 소 묶었던 고목엔 추풍이 흔들리누나	繫牛柏老動秋風
외로운 비석은 기울어지는 햇살 밖으로 비켜나 섰는데	窮碑屹立斜陽外
밤마다 용이 토해내는 불빛은 오색 무지개를 꿰뚫는구나	夜夜龍光貫彩虹

노군의 조각상은 각지의 도관 안에서 다 볼 수 있다. 그러나 살펴볼 만한 가치가 있는 곳이 한군데 있다. 그것은 복건福建 천주泉州 청원산清源山 아래 있는 전국 최대의 노군 조각상이다. 이 조상은 거대한 암석을 깎아 만든 것인데, 남자 어른 셋을 올려 세운 높이이고, 송나라 시대의 작품이다. 노군의 왼손은 무릎 위에 놓여 있고, 오른 손은 책상 위에 올려 있으며, 두 눈은 자연스레 앞을 보고 있다. 긴 수염을 나부끼는 한가로운 모습으로 얼굴 가득 웃음을 머금었으니, 장자의 풍모와 초연하고 담백한 기운이 가득한 조상이다.

옥황대제

개봉開封의 도교 유적 중 가장 이름 높은 것은 연경관延慶觀이다. 이 도관은 도교의 일파인 '전진교全眞敎'의 창시자 왕철王喆을 기념하여 건립한 것이다. 도교의 역사 속에서 연경관과 북경의 백운관, 산동의 영락궁은 똑같이 중요한 위치를 차지한다.

당시에 반경 7리에 이르던 연경궁은 대부분의 건물이 병화로 사라져서 청나라 시대에 이르면 단지 옥황각玉皇閣 하나 만이 남게 된다. 옥황각은 높이 4장에 이르는 3층 건물이다. 밖으로 드러나 있는 모습은 팔각형의 작은 탑의 모양이고, 또 속이 꽉 채워진 높은 정자의 모습이다. 옥황각의 상층은 8각형 정자 모양인데 모두 벽돌과 가와를 사용하여 만들었다. 목구조를 본떠서 벽돌로 만든 두공斗拱[지붕 받침], 들린 서까래의 곡선과 처마를 이루고 있는 각재들의 모습은 작지만 교묘하고 영롱하여 아주 아름다운 정취를 자아낸다. 이것은 원나라 시대 건축의 특징을 간직하고 있는 명나라 시대의 무량각无梁閣[들보가 없는 누각]이다. 각 안의 정자 속에는 희귀한 한나라 백옥으로 조각한 옥황대제의 좌상이 하나 모셔져 있다.

옥황대제는 도교에서 가장 높은 지위를 갖는 신명 중 하나이다. 도교에서 옥제의 지위는 3청신의 아래이지만 세속인의 눈으로 보았을 때에는 옥황대제는 중국 최고의 신, 모든 신의 왕으로 받아들여진다. 『서유기』 속에서 이 옥황대제는 모든 천신, 지지地祇,

인귀人鬼를 관장한다. 그는 천상의 궁전에 거주하는데, 공사를 처결하는 관청은 황금과 벽옥으로 휘황하게 장식된 영소보전靈霄寶殿이다. 수하에는 수를 헤아릴 수 없는 문무의 신선 관리들을 거느린다. 저명한 무신으로는 탁탑천왕托塔天王, 나타태자哪吒太子, 거령신巨靈神, 4대천왕四大天王, 28숙二十八宿, 9요성관九曜星官, 5방게체五方揭諦 등이 있고, 문신으로는 이노군李老君, 태백금성太白金星, 문곡성文曲星, 구진인丘眞人, 허진인許眞人 등이 있다. 그는 4해용왕四海龍王, 뇌부제신雷部諸神에서 지장보살地藏菩薩, 십전염군十殿閻君 등까지를 다 관장하기도 한다.

그러나 이렇게 지고무상의 옥황대제도 당나라 이전 시대로 올라가면 존재하지 않는다. 그가 출현하고 또 점차 정형화 되어 나간 것은 당나라, 송나라 이후의 일이다. 옥제의 모습이 비록 늦은 시기에 출현하지만 그 원형인 천제는 아주 이른 시기에 나타난다. 옥제는 상고시대 천제숭배를 근원으로 한다.

은상殷商[은나라라고도 하고, 상나라라고도 하며, 은상이라고도 한다]시대에 사람들은 최고신을 제帝, 또는 천제天帝, 상제上帝라고 불렀다. 이것은 하늘 위와 땅 아래의 신, 그리고 그 밖의 모든 신들을 지배하는 큰 신이다. 주나라 시대와 그 후를 잇는 통치자들은 천제숭배를 이용하여 '군권신수君權神授'[군왕의 권력은 신이 주었다]의 관념을 고취하였다.

그리하여 군왕은 자신을 천제의 자식, '천자'라고 선언하게 된다.

동한시대 후기에 도교는 탄생한다. 도교도들은 천제를 자신들의 체계 속에 불러들여 그에게 신선계의 황제를 맡아 3계界, 10방方, 4생生, 6도道를 다 관장하게 하였다. 도교는 그에게 여러 명칭을 부여한다. 옥황, 옥제, 옥황대제, 호천금궐옥황대제昊天金闕玉皇大帝, 현궁고상옥황대제玄穹高上玉皇大帝 등이다. 이렇게 하여 옥황대제는 중국 전 국민(한족 위주漢族爲主)이 숭배하는 최고신이 되었다.

원래 비교적 추상적이고 개념적인 의미를 가지고 있었던 천제는 신격화, 인격화의 방향으로 진일보 하여 나간다. 도교의 이론가들은 특별히 『옥황경玉皇經』을 편찬하여 옥제의 '신적神迹'을 한바탕 적어 놓기도 하였다. 이런 이야기들에 의하면 그는 아주 오랜 옛날 광엄묘락국光嚴妙樂國의 왕자였다고 한다. 훗날 그는 왕위를 버리고 산 속에 들어앉아 도를 배우고 진인眞人이 되는 길, 나라를 보우하고 백성을 구원하는 길, 모든 생령들을 도야하는 길을 닦았다. 3200겁을 경과하여 비로소 그는 금선金仙의 경지를 증험하고, '청정자연각왕여래淸淨自然覺王如來'로 오른다. 그리고 다시 억겁이 흘러 옥황대제가 되었다. 사실 이런 이야기는 불교의 석가모니釋迦牟尼에 관한 전설적인 이야기를 가져다 조금 수정하여 써먹고 있는 것이라 할 수 있다.

옥제의 조각상이나 화상은 일반적으로 몸에 9장법복九章法服을 걸치고, 머리에는 12줄 구슬을 단 면류관을 쓰고, 손에는 옥홀玉笏을 쥐고, 옆에 금동옥녀金童玉女가 시립하여 있는 모습이다. 이것은 완전히 진나라, 한나라 황제의 형상이다. 도사들은 다만 세상에서 가장 존귀한 사람의 형상을 이용하여 모든 신의 제왕의 모습을 빚어낸 것일 따름이다. 인간의 제왕으로서도 천상의 제왕의 모습에서 자신의 그림자를 발견하는 것이 즐거운 일이었을 것이다.

옥제는 도교의 존경받는 신이므로 비교적 그럴듯한 도관에는 모두 받들어 모셔진다. 전국 각지에 저명한 옥황묘, 옥황관, 옥황각이 아주 많이 있다. 과거 북경에서 옥제만을 모셨던 옥황묘는 20여 곳이었다. 저명한 도관인 '천하제일총림天下第一叢林' 백운관 안의 옥황전은 아주 유명하다. 전각 안의 정중앙에는 옥제를 받들어 모셨는데 신을 안치한 감실의 앞에는 백수 깃발이 걸려 있다. 여기 걸려있는 백수 깃발은 통상의 경우와는 다른데, 원래는 서태후가 60세 대수연에 썼던 물건이다. 후에 자희는 이것을 백운관에 내려 주었다. 옥제상의 양 옆으로는 남두6성, 북두7성, 36사, 28숙, 그리고 4대천사를 배치하였다.

옥황대제의 생일은 정월 초구일로 정해져 있으니, 이른바 '옥황탄玉皇誕'이다. 이 날 도관에서는 성대한 축수도장祝壽道場[道場은 도교의 종교적 의례를 거행하는 대회의 의미로 쓰이고 있대을 거행하여 경을 외우고 참회의 예를 행한다. 도교는 또 납월臘月[음력 섣달] 25일을 옥제의 출순일出巡日이라고 한다. 이 날 옥제는 하계를 순시하며 중생을 둘러보고, 사람의 선악과 화복을 살핀다고 말하는 것이다. 이날 도관에서는 도장을 개최하여 옥제의 어가를 영접하는데 아주 장엄하고 장중한 의식이다. 과거에 민간에서 옥황을 영접하고 송별하였던 습속을 가지고 있는 지역도 있다.

한족의 영향을 받아서 옥황대제를 아주 숭배하는 소수민족 지역도 상당히 많이 있다. 옥황대제는 중국의 여러 종족들이 보편적으로 공경하여 받드는 큰 신이다.

왕모낭낭

3월 초3일 봄은 이미 깊어져서	三月初三春正長
반도궁 안에는 향연기가 번져나네	蟠桃宮裏看燒香
물가에 바람은 희미하게 일어나고	沿河一帶風微起
켜켜이 쌓인 속세의 티끌, 날듯이 맴을 도네	十丈紅尖匝地颺

이 한 수의 시는 청나라 시대 북경의 죽지사竹枝詞이다. 이 시 속에서 이야기되는 반 도궁은 북경 동쪽 문 안에 있다. 과거에는 매년 음력 3월 초3일이면 이곳에서 유명한 반도궁묘회蟠桃宮廟會가 열렸다. 이 묘당은 규모는 작지만 이름은 널리 알려져서 묘회 때에는 인산인해를 이룬다. 사방에서 무리를 지어 모여들고, 백가지 놀이가 경쟁적으 로 펼쳐져서, 엄청난 열기에 휩싸인다. 묘당 안에 주신으로 모셔진 것은 그 이름도 쟁 쟁한 왕모낭낭이다.

왕모낭낭은 지명도가 높은 신선이다. 그녀는 천계 제일의 존귀한 부인, 옥황대제의 부인이기 때문이다. 사람들의 생각 속의 왕모낭낭은 용모가 화사하고 존귀하며, 자태 가 진중하고 단정한 모습이다. 그러나 그녀의 전신은 반인반수半人半獸의 괴물이었다.

왕모의 이름은 서왕모이니, 처음에 그것은 중국 서부에 살았던 원시부족의 이름이었

王母娘娘

왕모낭낭은 지명도가 높은 신선이다. 그녀는 천계 제일의 존귀한 부인, 옥황대제의 부인이기 때문이다. 사람들의 생각 속의 왕모낭낭은 용모가 화사하고 존귀하며, 자태가 진중하고 단정한 모습이다. 그러나 그녀의 전신은 반인반수의 괴물이었다. 왕모의 이름은 서왕모이니, 처음에 그것은 중국 서부에 살았던 원시부족의 이름이었다. 전설에 의하면 이 부족은 곤륜산 속에 살았다고 하는데, 실제로 감숙, 청해 일대에 거주하였을 가능성이 있다. 서왕모 부족의 수령은 '서왕모'라고 불린다.

다. 전설에 의하면 이 부족은 곤륜산崑崙山 속에 살았다고 하는데, 실제로 감숙, 청해 일대에 거주하였을 가능성이 있다. 서왕모 부족의 수령은 '서왕모'라고 불린다. 이 부족은 호랑이, 표범을 숭상하여 호랑이와 표범을 부족의 토템신으로 삼았다. 그래서 이 서왕모는 신격화 되면서 비록 사람의 모습을 하고는 있지만 길게 자라나온 호랑이 이빨, 봉두난발, 장식을 가득 꽂은 머리, 표범의 꼬리를 가지고, 항상 큰 소리로 으르렁대는 괴물이 되었다. 이 반인반수의 괴물이 부족의 보호신이 되었는데, 남성인지 여성인지 도저히 말하기 어려운 존재였다.

전국시대의 『목천자전穆天子傳』 속에는 주나라 목왕穆王이 서쪽으로 나아가서 서왕모를 보는 고사가 기록되어 있다. 이때의 서왕모는 이미 괴물 신이 아니라 한 사람의 여왕이 되어 있었다. 왕모의 보물은 하나는 불사약, 다른 하나는 먹으면 장생불노長生不老하는 선도仙挑(반도蟠桃)이다. 신화 전설 속의 상아는 장부丈夫인 후예后羿가 손에 넣은 왕모의 불사약을 훔쳐 먹고서 달빛 속으로 비상한다. 『한무제내전漢武帝內傳』 중에서 서왕모는 이미 제후 신분의 절대가인이 되어 있다. 그녀는 전각에 올라 수천의 신선을 접견하는, 엄연한 여자 신선의 영수이다.

도교는 왕모를 추숭하면서 그 출신을 아주 높여 그녀를 도교의 제1신인 원시천존의

따님이라고 하면서 3계 10방의 득도하여 신선이 된 여자들을 모두 그녀의 부하로 만들어 놓았다. 왕모의 지위가 진일보 하여 하늘에 속한 존재로 뛰어오르면서 원래의 호랑이 이빨과 표범의 꼬리를 가진 용모는 왕모낭낭의 백호사자라는 설명을 낳게 되었다.

왕모낭낭은 비록 평범한 태를 가진 육신의 소유자는 아니지만 도리어 7정 6욕이 있다. 사람들은 그녀를 옥황대제와 결혼시켜 부부로 만들어 놓았다. 인간의 제후와 같게 된 것이다. 두 사람은 일곱 딸을 낳기까지 한다. 그 중 작은 딸인 7선녀는 사사로이 인간 세상으로 내려와 곤궁하기 이를 데 없는 동영董永이라는 남자와 '천선배'[1]를 이루었다는 고사는 인간의 가족으로 비유를 삼은 것이다. 그녀는 직녀라고 불리는 외손녀까지 두고 있는데, 직녀가 우랑과 칠석날 작교鵲橋(烏鵲橋)에서 서로 만난다는 전설은 모르는 부녀자가 없다. 이 왕모낭낭은 사람들을 가까이 두는 것을 크게 즐겨하지 않는다. 그녀와 옥제는 서로 은애해 마지 않는 직녀와 우랑 두 부부를 떼어 놓아서 봉건전제를 대표하는 이야기로

만들어 놓았다.

과거에는 왕모사가 전국에 널려 있었다. 왕모에 관계 있는 유적도 적지 않은데, 산서 양성陽城 왕옥산王屋山의 왕모동王母洞, 산동山東 태산泰山의 왕모지王母池, 귀주貴州 정풍貞 豊의 왕모당王母塘, 서장 강저사산岡底斯山의 왕모요지王母瑤池 등을 말할 수 있다.

역주 _____

1_ 天仙配 : 천선의 배필. 천선의 짝. 천선인 직녀와 동영이 배필을 이루었음을 의미. 동영이 천선인지 아닌지 는 분명치 않음.

도교의 신들 6

두모

성도시成都市의 서쪽 모퉁이에는 유명한 청양궁青羊宮이 있다. 이것은 태상노군의 유적이다. 노군이 일찍이 청양을 끌고 이곳에 이른 적이 있다는 이야기가 전해져 내려오므로 이런 이름을 얻었다. 궁 안에는 두모전斗姆殿이 있다. 여기서 모시고 있는 주신은 무위武威를 갖춘 아주 특이한 것이다. 이마에는 세 개의 눈이 있고, 어깨 위에는 네 개의 머리가 있다. 머리가 넷이라고 말한 것은, 사실 보다 정확하게 이야기 하자면 머리 하나에 4면으로 얼굴을 자진 것이라 하겠다. 상체에서는 좌우로 각각 4개의 팔이 나와 있으니, 모두 여덟 개의 팔이다. 중앙의 두 팔은 합장하여 일정한 손가락 모양을 짓고 있다. 그 나머지 여섯 개의 팔은 각각 일, 월, 보령寶鈴, 금인金印, 궁弓, 극戟 등을 쥐고 있다. 이 특이한 신은 여성이다.

이것과 같이 세 개의 눈, 네 개의 머리, 여덟 개의 팔을 갖는 신상은 불교의 밀종에서는 흔히 볼 수 있는 것이지만, 도교의 여러 신들 중에서는 쉽게 볼 수 없는 것으로, 대부분의 것들과 아주 다르다. 이 여신은 두모斗姆(斗姥)이다. 두는 북두의 여러 별을 의미하고 모는 어머니를 뜻한다. 도교의 책 속에서 두모를 말할 때에는 바로 북두 여러 별의 어머니를 말하는 것이다. 도교에서는 이 존귀한 여신을 신화로 만들어『북두본생진경北斗本生眞經』을 펴냈다. 경에서는 다음과 같이 말한다. 아주 오랜 옛날, 고대의 오세 개의 눈, 네 개의 머리, 여덟 개의 팔을 갖는 신상은 불교의 밀종에서는 흔히 볼 수 있는 것이지만, 도교의 여러 신들 중에서는 쉽게 볼 수 없는 것으로, 대부분의 것들과 아주 다르다. 이 여신은 두모이다. 두는 북두의 여러 별을 의미하고 모는 어머니를 뜻한다. 도교의 책 속에서 두모를 말할 때에는 바로 북두 여러 별의 어머니를 말하는 것이다.

래된 나라가 있었는데 국왕은 주어왕周御王[중국 주나라의 국왕이 아님]이라고 하였다. 그의 현명하고 지혜로운 왕비는 자광부인紫光夫人이었다. 자광부인은 국왕을 위해 훌륭한 아이를 하나 낳아 나라를 보좌하게 하리라는 중대한 서원을 하였다. 어느 해 봄, 부드러운 햇빛이 얼굴을 비추고 백화가 만발 하였을 때, 자광부인은 마음이 들떠 어화원御花園 안을 노닐고 있었다. 그녀는 연지의 온천 가에 이르렀다. 뜨거운 열기가 솟아나오는 온천수는 사람들을 즐겁게 하였다. 그녀는 의복을 벗고 내려가 몸을 씻었다. 그러는 중에 그녀는 갑자기 어떤 감흥에 사로잡혔다. 이때 못 안에서 돌연 9개의 연꽃 봉오리가 솟아올랐다. 얼마 지나지 않아서 꽃봉오리가 터지고, 그 안에서 아홉 명의 조금 큰 어린아이들이 나왔다. 아홉 명의 어린아이들은 자란 후에 첫째는 구진성句陳星, 천황대제天皇大帝(4천제四天帝 중의 하나)가 되었고, 둘째는 북극성北極星, 자미대제紫微大帝(역시 4천제 중의 하나)가 되었으며, 그 밖의 일곱 형제는 탐랑貪狼, 거문巨門, 녹존祿存, 문곡文曲, 렴결廉洁, 무곡武曲, 파군破軍의 7성이 되어 북두칠성을 이루었다.

자광부인은 아홉의 귀한 아들을 두었으므로 신분이 평범한 경우와는 같지 않아서 막바로 '북두9진성덕천후北斗九眞聖德天后'가 되었으며, '두모'로 불렸다. 『북두본명경北斗本命經』에서는 빈궁하고 미천하거나, 불운하고 재수없는 것을 막론하고 성심으로 두모를

斗母

예배하면서 그녀의 이름을 외운다면 바로 재앙을 떨쳐내고 장수를 하게 될 것이며, 무한한 복을 이루게 되리라고 말을 한다.

북두7성과 구진6성(이른바 천황대제), 북극5성(이른바 자미대제)은 모두 천상에 분명히 존재하는 별의 무리이다. 그러나 이른바 그들의 생모라는 두모는 존재하지 않는 것이다. 도교는 두모를 만들어 냄으로써 중요한 성신들의 지위를 제고시켰다. 그렇지만 그녀가 민간에 끼친 영향은 그녀의 자식들인 북두성, 문곡성, 무곡성의 광대함에 미치지 못한다.

성도의 청양궁 외에는 북경 백운관白雲觀의 원진전元辰殿과 태산泰山 두모궁斗姆宮의 두모신의 이름이 높다.

五路進財

氣法爐中
火烹茶
鶴避烟
恒品山

진무대제

　호북湖北의 무당산武當山은 중국의 저명한 도교 승지이다. 이곳은 도교에서 아주 공경하는 진무대제의 발상지이다. 무당산에는 대대로 건축이 계속되었는데, 명나라 시대에 이미 8궁2관, 36암자, 72석실 묘당 등 광대한 도교 건축물들이 갖추어져 있었다. 그 중에서 금전과 그 안에 모셔져 있는 만근짜리 진무동상眞武銅像은 특별히 기이한 것이다.

　진무대제는 위풍이 당당하고, 8면에서 바람을 일으킨다. 전신에 흑의를 떨쳐입고, 손에는 보검을 쥐었으며, 발로는 거북이와 뱀을 밟고 있다. 뒤에서 호위하는 장수에게는 흑기를 들게 하였다. 양 옆에는 금동옥녀金童玉女, 수화水火 두 장수가 시립하였다. 그러나 진무의 원형은 두 마리 파충류, 거북이와 뱀의 합체이다. 그리고 거북이와 뱀의 합체라는 것은 옛 사람들의 별자리 숭배에서 기원하는 것이다.

　중국 고대에는 하늘의 항성을 28개 성좌로 나누어서 28숙이라고 불렀다. 그리고 28숙을 동, 서, 남, 북 네 무더기로 나누어 각 무더기 마다 7개의 별이 하나의 동물 형상을 하고 있다고 생각하였다. 거기다 5방五方에 바탕을 두고 5색五色을 배치하여 설명하였다. 이를테면 동방청룡東方靑龍, 남방주작南方朱雀, 서방백호西方白虎, 북방현무北方玄武(거북이와 뱀)라 하니, 이것이 이른바 '4상四象'이다.

眞武大帝

진무대제는 위풍이 당당하고, 8면에서 바람을 일으킨다. 전신에 흑의를 떨쳐입고, 손에는 보검을 쥐었으며, 발로는 거북이와 뱀을 밟고 있다. 뒤에서 호위하는 장수에게는 흑기를 들게 하였다. 양 옆에는 금동옥녀金童玉女, 수화 두 장수가 시립하였다. 그러나 진무의 원형은 두 마리 파충류, 거북이와 뱀의 합체이다. 그리고 거북이와 뱀의 합체라는 것은 옛 사람들의 별자리 숭배에서 기원하는 것이다.

거북과 뱀은 고대의 신령스런 동물로 유명하다. 거북은 '4령四靈'(용龍, 봉鳳, 기린麒麟, 거북[龜]) 중의 하나이고 뱀은 신성을 갖는 영물로 받아들여져서, 이 두 파충류는 옛 사람들의 숭배를 받았다. 북방의 현무칠숙은 거북과 뱀이 한데 얽힌 형상이다. 최초에 현무, 청룡, 주작, 백호는 똑같이 도교의 호법신이었는데, 이것은 통상의 작은 신이었다. 뒤에 현무는 두드러진 위치를 차지하여 점차적으로 도교의 대신으로 등장한다. 그는 옥제의 명령을 받들어 북방을 지키는 총사로 말하여지게 된다. 역대의 제왕은 그를 진군眞君, 제군帝君, 상제上帝 등으로 봉하여서 점차적으로 높은 지위로 끌어올려 주었다.

현무는 별자리 신으로부터 동물신으로 변하고, 그리고 또 인격신으로의 변화 과정을 거친다. 도교는 그것에 일종의 삼상치 않은 신의 형적을 갖추어 준다. 도교의 서적 속에서는 다음과 같이 말한다. 황제黃帝 시대에 현무는 정락국淨樂國 선승황후善勝皇后의 태를 빌려 모친의 좌측 갈비뼈로부터 출생하여 용맹한 사내로 성장한다. 이 왕세자는 왕위계승에 뜻이 없어 집을 나가 도를 배워 자원군紫元君이 준 비법을 익혔다. 그리고 천신天神으로부터 옥검玉劍을 받아 무당산으로 들어가서 수련을 하였는데, 42년 동안 공부한 후 공을 이루어 한낮에 승천을 한다. 옥제의 명을 받들어 북방을 지켜 현천상제玄

도교의 신들 309

天上帝가 되었다.

무당산은 진무의 수련처로 이야기되기 때문에 이 산의 구석구석마다 진무의 유적이 깔려 있다. 그 중 금전은 가장 이름이 높은 곳이다. 금전은 무당산 천주봉天柱峰 정상에 있다. 앞이 넓고 속으로 깊은 각 3칸의 건물인데, 중첩된 처마가 서로 갈마들어 용마루를 이루고, 날개는 각을 이루며 날아오르는데, 모든 건물이 동으로 지어지고 금이 입혀졌다.

전각 안의 신상의 좌대, 제기, 여러 신상들 역시 모두가 동으로 만들어 금을 입혔다. 중간에는 진무동상이 있는데 무게가 만근에 달한다. 속에 갑옷을 입고, 맨발을 벌리고 섰는데, 위엄이 있고

엄숙한 자태이다. 좌우에는 금동옥녀, 수화2장이 있다. 신상을 앉힌 좌대 아래에는 거북과 뱀, 두 위장을 배치하였다. 모두가 다 아주 정밀하게 주조한 신상이며, 고대 청동예술의 걸작품이다. 금전은 5백 년 동안 비바람과 번개, 혹서와 한파를 다 견뎌낸 것인데 지금까지 찬연한 금빛을 뿌리고 있는 것이 휘황하기가 마치 처음 만들어졌을 때와 같다.

진무제를 받들어 모시는 진무묘는 전국 각지에 퍼져 있다. 운남云南 곤명성昆明城 교외의 명봉산鳴鳳山 위에 있는 태화궁太和宮 안에는 금전이 있는데, 이것은 무당산의 금전 건물과 방불하다. 이 외에도 광동 불산의 조묘, 북경 고궁 흠안전欽安殿에서 대만의 북

극전北極殿에 이르기까지 모두 아주 이름 높은 진무묘이다. 한번 돌아볼 가치가 있는 것들이다.

삼원대제

북경에는 '3원三元', '3관三官'과 관계있는 몇 군데 골목 이름이 있다. 3원암, 3원궁, 3관묘 골목 등이다. 원래 이런 곳에는 과거에 모두 3궁묘, 3원묘가 있었다. 묘당으로부터 거리 이름이 생겨난 것이다. 과거 북경성에는 30여 군데의 3관묘가 있었다. 각종의 신들을 모시는 묘당 중 제5위에 해당하는 것이니, 그 수량이 적다고 할 수 없었다. 전국 각지에 편재한 크고 작은 3관묘는 그것의 영향이 적지 않았음을 알려 준다.

3관묘에서 받들어 모시는 신성은 삼위일체이다. 즉 천관天官, 지관地官, 수관水官을 합해서 '3관' 또는 '3원'이라고 부르는 것이다. 3관신앙은 원시종교 중의 천, 지, 수에 대한 자연숭배에서 비롯된다. 초기의 도교에서 3관은 아주 중요한 신성이다. 3관의 기능에 대해 말하면, 천관은 복을 주고, 지관은 죄를 사하여 주고, 수관은 액을 풀어 준다. 사람의 화, 복, 영, 욕과 밀접하게 상관되어 있으므로 광범하게 숭배되는 신성이 되었다.

3관의 내력에 대해서는 서로 다른 이야기가 전해진다. 혹자는 3관이 바로 주나라 유왕幽王 시대의 세 명의 임금에게 바른 말을 하였던 신하 당굉唐宏, 갈옹葛雍, 주무周武라고 말한다. 그들이 죽은 후 3관 신이 되었다는 것이다. 혹자는 또 용왕의 세 공주가 동시에 미남 진자도陳子禱를 보고 그의 부인이 되어 각자 한 아들을 출생하였는데, 이 세 아들이 후에 3관대제로 봉해졌다고 말한다. 도교 서적에서는 다음과 같이 말한다.

三元大帝

원시천존이 정월 15일, 7월 15일, 10월 15일에 각각 한 아이를 토해내었는데, 이 세 아이가 장성하여 요堯, 순舜, 우禹가 되었다. 이 세 사람은 하늘과 같은 큰 공이 있으므로 '만세군사'가 되었고, 후에 3관대제로 봉하여졌다. 3관대제의 출생일은 3원일이니 바로 상원일인 정월 15일, 중원일인 7월 15일, 하원일인 10월 15일이다. 3관은 또한 '3원대제'라고도 한다.

원시천존元始天尊이 정월 15일, 7월 15일, 10월 15일에 각각 한 아이를 토해내었는데, 이 세 아이가 장성하여 요堯, 순舜, 우禹가 되었다. 이 세 사람은 하늘과 같은 큰 공이 있으므로 '만세군사萬世君師'가 되었고, 후에 3관대제로 봉하여졌다. 3관대제의 출생일은 3원일이니 바로 상원일인 정월 15일, 중원일인 7월 15일, 하원일인 10월 15일이다. 3관은 또한 '3원대제'라고도 한다.

3관 중에서 천관은 영향력이 가장 크다. 사람들은 하나같이 행복을 추구하므로 복을 내려주는 천관이 크게 환영을 받는 것이다. 천관의 모습은 년화, 민속화 등에 대량으로 출현한다. 그는 일품관원의 모습인데, 몸에는 홍색의 큰 관복을 입고, 용포를 걸치고 옥대를 둘렀으며, 손에는 여의如意[도교의 도사가 설법할 때 손에 드는 도구]를 들었다. 다섯 묶음의 수염을 드리우고, 미간에는 자비의 마음을 담았으며, 눈에는 열락의 기운이 넘실댄다.

천관은 또 원외랑員外郎(表官祿)[관록을 관장함], 남극선옹南極仙翁(表長壽)[장수를 관장함]과 함께 나오는데, 합해서 '복녹수' 3성이라고 한다. 춘절을 보낼 때 많은 집에서는 중당에 3성도를 걸어두기를 좋아하는데, 3성이 집에 들어 기쁨과 경사가 가득하기를 바라는 것이다. 오늘날에도 복녹수의 그림과 그들을 여러 가지 방식으로 만든 공예품들은 무수한 가정에서 기꺼운 마음으로 받아들이는데, 사람들은 그것에 마음을 맡겨서 행복을 얻게 되는 것이다.

광주 월수산越秀山(원명은 관음산觀音山) 남쪽 기슭의 3원궁은 그 지역 최고, 최대의 도관인데, 전국적으로 이름이 높은 3관묘이다. 처음 이것은 동진 시대에 남해태수南海太守를 지낸 포정이 주관하여 건립하였다. 포정鮑靚은 '신선태수神仙太守'이고, 그의 딸은 포선고鮑仙姑이며, 4대천사四大天師 중의 하나인 갈천사葛天師 갈홍葛洪은 고모부이다.

3원관은 산세에 의존하여 전축되었다. 관문의 양 옆으로는 '3원고관, 백월명산'1-이라는 주련이 바위에 새겨져 있다. 주전인 3원전 안에는 3원대제가 옷차림을 바르게 하여 앉아 있다. 그들은 손에 옥규를 들었고, 머리에는 천관을 썼다. 신상의 크기는 약 2미터 반 정도이다. 개혁개방 이래 3원고관에 향화를 올리는 사람들은 줄을 이어서 과거의 영락하고 황폐하였던 분위기를 일소하였다. 특별히 상원절上元節(정월 15일 천관대제의 생일)에는 무수한 사람들이 야반에 묘당 밖에 이르러 '두주향頭柱香'을 묘당에서 사를 준비를 한다. 어떤 사람은 묘당 문을 여는 시간을 기다리지 못하고 묘당 앞이나 뒤에서 향을 사르

기도 하여 결국 관의 도사는 사람들에게 "3관 신명께서 아직 깨어나지 않으셨습니다."라고 말하여야 하였다. 이날 여기 와서 향을 사르며 제를 올리는 사람의 숫자는 20~30만을 넘을 정도이다.

이렇게 열광적으로 신을 찾는 모습은 여러 지역에서 발견된다. 이것은 단순히 설명하기 어려운 복잡한 사회현상이다. 서로 어깨를 부딪고 발뒤꿈치를 밟으며 감당할 수 없는 인파가 한군데로 몰리는데, 그 중에는 무신론자나 문화적 상류계층에 속하는 사람도 적지 않다. 이러한 현상을 잠재적 전통심리를 가지고 설명하자면 사람들은 모두 좋은 날에 여기 올라 생활 속에서 느낀 불행과 번뇌를 떨쳐내려는 생각을 하는 것이다. 이러한 행동 속에는 신시대의 의식이 자연적으로 드러나고, 은연중 반영되어 있기도 하다. 그것은 현대인은 긴장 속에서 바쁘게 살며 여러 가지 복잡한 사회생활에 구속되어 있으므로, 일종의 자유, 일종의 자기해탈을 추구하는 새로운 방식이라 할 수도 있는 것이다.

역주 _____

1_ 三元古觀, 百粤名山 : 삼원의 오랜 도관, 전 광주의 명산일세. 粤은 나라 이름 월 자 인데, 광동과 광서의 양광지대를 뜻하기도 하고, 광주를 뜻하기도 한다.

8선

　"8선이 바다를 건너며 각자 신통력을 드러낸다." 8선의 고사가 하늘에 있는 가정의 모습으로 비유되고 있는 것은 누구나 다 잘 아는 일이다. 얼마쯤의 도관들은 8선전을 설치하고 있기는 하지만, 오로지 8선 만을 위한 묘당도 적지 않다. 그 중 가장 유명한 것으로는 서안西安의 8선궁¹⁻이 있다.

　8선궁은 8선암이라고도 하는데, 서안시 동관 장락방長樂坊에 위치한다. 처음 송나라 시대에 건립되어 원, 명, 청의 각 시대마다 중수되었는데, 이것은 서안 최대의 도교 묘당이다. 묘당의 앞은 넓은 공지이다. 여기에는 벽돌로 쌓은 커다란 패방牌坊²⁻이 둘 세워져 있다. 묘당 앞에는 '장안주사長安酒肆'³⁻라는 글자가 새겨진 석비도 하나 보이는데, 옆쪽으로는 '여순양 선생이 한나라 종리 선생을 만나 도를 이룬 곳[呂純陽先生遇漢鐘離先生成道處]'이라는 글씨가 새겨져 있다. 도교 전적에는 다음과 같이 기록되어 있다. 종리권鐘離權은 장안의 주사에서 여동빈呂洞賓을 보고는 범상한 인물이 아니라 느끼고 마음으로 신선이 되게 이끈다. 황량몽黃粱夢(黃粱美夢, 허무한 꿈)을 꾸게 하여 여동빈을 깨닫게 하고 수도에 대한 뜻을 세우게 한 후 그는 떠나간다. 후인들은 여기에 사당을 지어 그들이 서로 만나 서로를 알아본 것을 기념하였다.

　1900년, 경자년 난리 때, 광서황제光緒皇帝⁴⁻와 자희태후慈禧太后는 북경에서 서안으로

여덟 명의 대표적인 신선. 8선의 이름은 명확하게 완성되어 있는 것이 아니다. 이 글에서는 오늘날 사람들이 알고 있는 8선이 명나라 시대 오원태의 신마소설 『8선출처동유기』 중에 나오는 것이라고 하며, 그 구성원으로 종리권, 장과노, 한상자, 철괴이, 남채화, 여동빈, 조국구, 하선고 등 여덟을 들고 있다.

도망와 8선암에 머물렀다. 자희는 특별히 은 천량을 내려 묘당을 중건하게 하였고, 아울러 칙령으로 이 묘당을 '서안동관청문만수8선궁西安東關淸門萬壽八仙宮'으로 봉하였다. 8선궁은 산문山門에서 후전后殿에 이르기까지 처례로 영궁전靈宮殿, 8선전八仙殿, 두모전斗姆殿 등이 배치되어 있다. 8선전 안에는 동화제군, 8선신상이 모셔져 있다. 8선에 포함되는 이름들은 당나라 이래 여러 서로 다른 조합이 있어 왔다.

오늘날 사람들이 알고 있는 8선은 명나라 시대 오원태吳元泰의 신마소설神魔小說 『8선출처동유기八仙出處東遊記』 중에 나오는 8선이다. 그 구성원은 종리권鐘離權, 장과노張果老, 한상자韓湘子, 철괴이鐵拐李, 남채화藍采和, 여동빈呂洞賓,

조국구曹國舅, 하선고何仙姑이다. 8선은 동일 시대의 인물이 아니고 서로 다른 색깔이 한데 뒤섞여 있는 형국이다. 그것은 사회 각계각층의 기호나 전 국민을 기쁘고 즐겁게 할 필요성 등에 영합하여 선별한 것이다. 8선은 광범한 대표성을 갖는 인물들이다. 남녀노소, 부귀빈천, 문장조야文庄粗野[세련됨과 거칠음]……. 사회 각계각층의 사람들은 각각 자신들이 친근하게 다가갈 수 있는 지우를 그 속에서 발견할 것이다. 8선의 형상은 오화팔문五華八門[다양성]으로 풍부하고 다채로우며, 도사다운 풍모로 우뚝 서 있거나 옷차림을 가지런히 하여 조심스레 앉아 있는 기타 산선들과는 아주 다르다. 그들의 본신은 한바탕 열기에 가득차서 즐겁게 볼 수 있는 희극을 연출한다. 8선에 관한 전설적 이야기들 중 가장 이름 높은 것은 '팔선과해'이다. '8선과해'는 왕모낭낭이 요지에서 연회를 베풀어 8선을 환대했을 때의 이야기이다.

8선은 흉금을 터놓고 마음껏 먹고 취해서 고주망태가 된다. 왕모에게 감사를 표한 후 동해 상에 이르러 흥에 사로잡힌 그들은 각자의 재능을 펼쳐낸다. 이철괴는 쇠지팡이를 물속에 던지고 자신은 그 위에 서서 바람과 물결을 타고 바다를 건넜다. 이어서 종리권은 티끌, 장과노는 종이 당나귀, 여동빈은 통소, 한상자는 꽃바구니, 하선고는 대나무로 만든 가리, 남채화와 조국구는 두드리는 옥판을 각각 물 속에 던져 넣고 그것을 타고 바다를 건넜다. 동해용왕의 아들은 그들의 보화를 보고는 욕심이 생겼다. 그는

술에 취한 8선 그림酒醉八仙圖

남채화의 옥판을 빼앗고 그를 포로로 잡아 바다 속으로 들어갔다. 그 밖의 7선은 대노하여 용왕의 태자를 죽이고 제2자를 상처 입혔다.

4해용왕이 모두 전투에 참여하니 대적하기 어려워서 7선은 천병과 천장을 불러 들였다. 나중에 노군老君[노자], 여래如來[석가], 관음觀音[관음보살] 셋의 조정과 화해를 거쳐 이 일은 해결되었다. 바다를 시끄럽게 한 이 고사에서 8선은 뛰어난 본성과 단결정신을 발현하여 사람들의 칭송을 받기에 이른다.

역주 _____

1_ 八仙殿, 八仙宮 : 전이 붙은 것은 한 채의 건물을 의미하고, 궁이 붙은 것은 영역 안의 전체 건물군을 의미한다.
2_ 牌坊 : 효자 절부 등 모범이 되고 공적을 세운 사람을 기리기 위해 세운 문짝 없는 문. 단순히 미학적 요구에 의해 세운 것도 있다.
3_ 長安酒肆 : 肆는 방자할 사 자로, 펼쳐놓다는 뜻도 있다. 여기서는 지명으로 쓰였다.
4_ 光緒皇帝 : 청나라 덕종德宗. 이름은 재첨載湉. 시호는 경景. 묘호가 덕종, 년호가 광서이다. 재위는 1875년부터 1908년까지 34년. 생년은 1871년. 5세에 즉위하였다. 자의태후는 바로 유명한 서태후로, 청나라 문종文宗의 비이고, 목종穆宗의 모후이다. 목종과 덕종 시기 40년 동안 권력을 독점하였다.

이철괴

이철괴(철괴이)는 전설 속 8선 중의 우두머리이다. 그의 성명과 생존년대에 대해서는 제설이 분분하여 하나로 통일시키기 어렵다. 그의 이름은 일곱 개나 되고, 그가 살았던 시대 역시 예닐곱개의 서로 다른 이야기가 있다.

명나라 오원태가 지은 『8선출처동유기』는 이철괴의 출신에 대해 다음과 같이 말한다. 철괴는 성이 이李이고, 이름이 현玄이며, 철괴는 후에 신분을 가장하여 따로 붙인 이름이다. 이현은 노자의 이름을 흠모하여 화산에 가서 노자에게 투신해 도를 구하였다. 그 대체적인 이야기는 『역대신선통감歷代神仙通鑒』의 그것과 흡사하다.

이철괴는 본래 전설상의 인물이다. 역사 속에는 그런 사람이 실재하지 않았다. 그에게 서로 다른 시대의 서로 다른 이름이 덧붙여져서 이야기가 만들어진 것은 조금도 괴이할 것이 없는 일이다. 이철괴라는 신선 명칭이 민간에 알려진 이후 사람들을 가장 흥미롭게 만들어 준 것은 그의 저 부수적인 속성, 검고 마른 모습, 추함, 그리고 지팡이를 든 괴상한 모습 등이었다. 그리고 그의 성씨, 본관, 시대와 같은 것들은 비교될 만한 것이 있을 수 없었다.

『열선전전列仙全傳』 등에서 말하여 주는 그의 본래 모습은 아주 체구가 크고 훤칠하여 위풍당당한 장부이다. 그는 탕산碭山의 동굴 속에서 수행할 때 노자와 완구선인宛丘仙人을

李鐵拐

이철괴는 본래 전설상의 인물이다. 역사 속에는 그런 사람이 실재하지 않았다. 그에게 서로 다른 시대의 서로 다른 이름이 덧붙여져서 이야기가 만들어진 것은 조금도 괴이할 것이 없는 일이다. 이철괴라는 신선 명칭이 민간에 알려진 이후 사람들을 가장 흥미롭게 만들어 준 것은 그의 저 부수적인 속성, 검고 마른 모습, 추함, 그리고 지팡이를 든 괴상한 모습 등이었다. 그리고 그의 성씨, 본관, 시대와 같은 것들은 비교될 만한 것이 있을 수 없었다.

스승으로 섬기기를 바랐다. 세상에 순행할 때 그는 제자에게 다음과 같이 말하였다. "나는 화산華山[중국의 5악 중 서악西嶽이다. 섬서성 화음현華陰縣에 있다. 아름다운 금석金石이 나는 것으로 유명하다]에서 노닐기를 바란다. 혼이 거기서 노닐 때 7일이 지나면 돌아오지 않을 것이다. 너는 나의 껍질인 시신을 불살라 버리도록 하여라." 전하는 바에 의하면 그의 혼魂은 간에 비장되어 있고, 그의 백魄은 폐에 비장되어 있었다고 한다. 원신이 몸 밖으로 나가 노닐 때면 단지 백만이 시신에 남게 된다. 이것을 두고 이른바 '원신이 껍데기를 빠져나갔다[元神出殼].'고 하는 것이다.

이리하여 이선생의 원신은 화산으로 가서 노자를 따라 노닐었고, 제자는 밤낮으로 사부의 시신을 지켰다. 6일이 지났을 때, 예기치 않게 제자의 집에서 사람이 와 모친의 병이 위중함을 알렸다. 제자는 좌불안석의 마음으로 다시 시신을 지켰다. 다시 이튿날의 정오가 되어서도 사부의 원혼이 돌아오지 않자, 어떻게 할 수 없어 사부의 시신을 화장하고 효도를 다하기 위해 집으로 돌아갔다. 오래지 않아서 이선생의 원신이 동굴로 돌아왔으나 들어갈 시신이 없었다. 진실로 혼백을 잃었으므로 흡사 외로이 떠도는 귀신과 같은 처지였다. 그는 홀연히 숲 속에 굶어 죽은 시신이 있는 것을 발견하였다. 영기를 움직여서 마음으로 생각하여 보았다. "이거라면 가능하다." 그는 즉시 시신의 정수리에 있는 숨구멍으로 들어갔다. 몸을 일으킨 이후에 그는 기운이 그리 세지 않음을 알아챌 수 있었다. 그는 서둘러 호리병 속에서 노자가 준 선단仙丹을 꺼내었다. 호리병이 갑자기 황금빛 광채를 토해내고, 그 빛 속에서 한 사람이 나타났다. "검은 얼굴에 봉두난발, 말린 수염에 커다란 눈, 우측 다리는 절룩대니, 모습이 아주 추하고 흉하구나." 놀라 어쩔 줄 모르고 있는데 뒤편에서 누군가가 홀연히 손뼉을 마주쳤다. 돌아보니 바로 그의 사부인 노자였다.

이선생은 머리와 얼굴이 바뀌어 새로 얻은 모습이 실로 생각해 보지도 않은 것이 되었으므로 기분이 좋지 않아 급히 원혼을 육신으로부터 빼내고자 하였다. 노자가 저지하며 말하였다. "도를 행하는 것은 용모와 무관하다. 너의 별로 중요하지도 않은 이 모양은 아주 좋다. 내게 황금색 띠가 있으니 그것으로 산발한 머리를 하나로 묶고 쇠지팡이로 절룩거리는 발을 보조하도록 하자. 공부가 충만하기만 하다면 이 모습이야말로 진실로 특이한 용모의 진짜 신선이 아니겠는가!"그리하여 이선생은 그 말에 따라 머리를 묶었다. 이것이 '세칭 쇠지팡이[철룩]의 이선생'이 생겨난 내력이다.

이철괴는 민간에 아주 큰 영향력을 행사한다. 그러나 중요한 것은 그가 다른 7선과 하나의 군체를 이루어 8선이 출현한다는 것이다. 대개 그의 커다란 영향력은 그가 등에 메고 있는 호리병 속에 병을 치료하고 사람을 구할 수 있는 영단과 묘약이 있다는 전설로부터 생겨났다. 과거의 민간에서는 특별히 이 의약 능력을 높이 사서 그를 구피고약狗皮膏藥[개가죽에 발라 만든 고약. 엉터리 약]의 발명자이고 조사라고 높이 받들곤 하였다. 구피고약을 파는 이 하나의 행위만으로도 높이 존경을 받았던 약선藥仙이 바로 철룩인 것이다. 이철괴가 일찍이 시정에서 구걸을 하였다는 전설 때문에 과거에 개방丐幇[도울 방 또는 집단의 의미]에서는 이철괴를 조사로 받들기도 하였다.

종리권

8선의 전승관계는 상당히 혼란스럽다. 누가 8선의 수장인지에 대해서도 이야기마다 서로 다르다. 원나라, 명나라 시대 사람들은 8선 중 가장 먼저 도를 이룬 사람은 한나라의 종리권이라 하여, 한나라의 종리권이 8선의 수장이지 이철득이 수장이 아니라고 하였다.

한나라 종리권과 관련된 신선 이야기는 아주 많다. 『역대신선통감』, 『열선전전列仙全傳』 등에 의하면 그 중 중요한 고사의 대체적인 이야기는 다음과 같다.

한나라 종리권은 한나라 시대 종리자鍾離子 이야기에 의거하면 성이 종리鍾離, 이름이 권權이고, 경조京兆의 함양咸陽(지금은 섬서陝西에 속함) 사람이다. 종리권은 또 운방선생云房先生이라고도 한다. 그의 부친인 종리장은 동한의 대장군이고, 북쪽 오랑캐를 정벌하는데 공을 세워 연대의 제후에 봉해졌다. 그의 형인 종리간은 중랑장이다. 사실 『역대신선통감』, 『열선전전』에서는 그를 무장세가에 넣어 편집하고 있다. 그의 신분을 '장군 가문의 새끼 호랑이'로 보는 것인데, 이것은 완전히 도교에서 선전의 필요성에 따른 결과라고 하겠다. 종리장과 종리간은 순전히 허구로 만들어진 존재이지 역사상 실존했던 인물이 아니다.

종리권은 '어려서부터 가벼운 것과 무거운 것을 구분할 줄 알았다.'고 한다. 마음속에 대저울이 있는 형국이다. 그래서 그의 부친은 그에게 '권'이라는 이름을 붙여 준 것이다. '권'이라는 것은 저울추이다. 그 이름 속에 함유되어 있는 것은 '빈틈없이 계산할 줄 안다.'는 의미인 것이다.

이 '저울추'라고 불렸던 사람은 장성하여 이목이 수려하고 멋진 수염이 난 8척 장신의 뛰어난 인재가 되었고, 오래지 않아 조정의 당당한 간의대부諫議大夫 직책을 얻었다. 당시는 토번吐蕃이 모반을 일으켰던 때였다. 종리권은 조칙을 받들어 출정을 한다. 권신인權臣 양익梁翼은 그가 전공을 세울 것을 두려워하여 그에게 2만의 노인과 약자로 이루어진 허약한 군대를 내어 주었다. 종리권은 출신이 평범하지는 않았지만 병사를 움직이는 데에는 고명한 수단을 갖추고 있지 못하였다. 그의 군대는 적의 야간 기습을 받아 전군이 몰살되고 그만이 단신으로 산 속으로 숨어 겨우 목숨을 구할 수 있었다. 귀인에게는 운이 스스로 따른다고 하는 속설이 있듯이, 종리권은 숲 속에서 길을 잃고 오랑캐 승려 한 사람을 만나게 된다. 승려는 그를 데리고 작은 장원 앞에 이르러서 "이곳은 동화선생東華先生이 사는 곳이니 장군은 진중하게 처신하십시오."라고 말하고는 작별의 예를 표하고 떠나갔다.

오래지 않아서 하얀 노루 가죽 옷을 입고 청려장을 짚은 한 노인이 나와 그에게 물었다. "손님은 한 나라 대장군 종리권입니까? 당신은 왜 산 속에 사는 이 승려의 거처에 머물다 가려 하시지 않는 것입니까?" 종리권은 크게 놀라 자신이 이인을 만났음을 알고는 마음을 돌려 말소리가 들려오는 쪽을 향하였다. 이 동화선생은 왕현보王玄甫라는 이름으로 불리는데 상선이었다. 이 신선은 종리권에게 장생진결長生眞訣, 금단화후金丹火候, 청룡검법靑龍劍法을 전하였다. 종리권은 후에 또 화양진인華陽眞人을 만나 그 진전을 얻었다. 종리권은 마지막으로 공동자금4호봉崆峒紫金四皓峰에 머물면서 옥갑비결玉匣秘訣을 얻고 진선의 경지를 이루었다. 옥제는 그를 '태극좌궁진인太極左宮眞人'으로 봉하였다.

훗날 종리권은 은거하기도 하고 세상에 참여하기도 한다. 그의 발걸음은 위나라와 진나라에 미친다. 그는 또 변관대장邊關大將을 역임하기도 하였다. 이 3군 총사령관은 아주 고색창연하고 괴이한 모습을 하고 있다. "계집아이 머리에 웃통을 벗어 재끼고, 손에 들린 종려 털로 짠 부채를 힘들게 부치는데, 붉은 얼굴에 커다란 몸집을 하였으며, 용의 눈에 뱀의 수염을 달았다." 이른바 '계집아이 머리'라고 하는 것은 그 머리를 빗질하여 귀 뒤에서 두 덩이 뿔처럼 묶은 것이다. 이 방탕한 모습의 장군은 실제로 총사령관의 재목을 갖추고 있지 못하여 군사들을 대패로 이끈다. 이러한 결과, 그는 죽고 싶은 마음으로 종남산終南山(섬서성 장안현의 동쪽에 있는 산)으로 가서 은거를 하게 되고, 이때 이후로 다시는 어떤 장군의 직책도 맡지 않는다. 당나라 때가 되어 그는 잠시 세상에 나와 여동빈呂洞賓을 득도하게 만든다.

도대체 종리권은 역사 속에서 어떤 모습인가?

당나라 시대에는 확실히 종리권이라는 사람이 있었다. 『전당시全唐詩』속에는 그의 시 3수가 수록되어 있고, 그의 짧막한 전기가 병기되어 있는데, 내용은 다음과 같다.

> 함양(오늘날에는 섬서에 속함) 사람. 노인을 만나 선결을 받고 또 화양진인 상선 왕현보를 만나 도를 전해 받고 공동산으로 들어갔다. 스스로 운방선생으로 호를 삼았고, 후에는 신선이 되어 떠나갔다.

그가 세상에 남긴 시는 〈제장안주사벽상3절시題長安酒肆壁三絶句〉[장안 주사 절벽을 제목으로 한 3절의 시]이다. 시 속에는 '선미仙味'[신선세계의 분위기]가 가득 담겨져 있다. '앉거나 눕거나 항상 술병 하나를 끼고 있었다.'고 하는 시의 한 구절을 통하여 보면, 이 당나라 시대의 종리권은 도사이면서 술을 입에서 한시도 떼지 않았으며 해골이 될 정도로 방랑을 즐겼던 미친 도인인 것이다. 그가 자칭 '천하도산한天下都散漢'이라고 한 것은 자신이 천하 제1의 한가로운 사람이라는 의미라고 하겠다.

어떤 책에서 종리권을 한나라 시대 사람이라고 말하는 것은 잘못 전하여진 것이다. 이렇게 된 이유는 첫째, 그를 한나라 초기의 대장인 종리와 서로 뒤섞어 놓은 결과라고 하겠다. 둘째, 종리권이 선인이 된 후 스스로 '천하도산한종리권'이라고 칭하여, 후인들은 그 '한漢'이라는 글자를 끝에 포함시켜 '한종리'로 잘못 받아들이게 된 것이라고 할 수 있다. 실제로 '천하도한산종리권'이라는 말은 세상에서 가장 한가롭고 속박 받지 않는 사람 종리권, 또는 세상의 모든 한가로이 방랑하는 사람의 우두머리 종리권이라는 의미이다. 그러니 만약 이 구절을 '천하도산, 한종리권'으로 읽는다면 이것은 완전히 잘못된 생각이라고 하겠다.

장과노

세상의 모든 소인들을 다 살펴보아도

이 늙은 사내만한 사람이 없네

타고 있는 나귀 머리를 돌리지 않더라도

머리 돌려 만사를 다 살펴보네

앞의 이 시는 8선의 하나인 장과노에게 붙여진 것이다. 장과노가 8선 중에서 갖는 특징적인 부분은 첫째 노인이라는 것이고, 둘째 나귀를 거꾸로 탄다는 것이다. 그는 본래 장과라고 불렸다. '노'는 사람들이 그에게 붙인 존칭인데, 그가 늙은이의 자태를 갖추고 있으면서 제왕의 자손이기 때문에 '노'라는 글자를 얻게 된 것이다. 신선 치고 자기 나이를 작게 말하는 경우는 없으니, 장과가 나이를 과장하여 말하는 것이 어찌 그릇되다 하겠는가. 전설에 의하면 당나라 초기에 그는 자기가 장생의 비술을 얻었으며, 자신의 나이는 이미 몇 백 살에 이른다고 말하고 있다. 당 현종 이융기[1]가 그를 청하여 조정에 들어오라고 했을 때 그는 다시 허풍 떠는 편지 한 장을 보낸다. "나는 요임금 시대의 병자년에 태어났고, 시중이었다." 요임금 때로부터 이융기의 시대까지는 족히 3천년이 넘는다. 실로 요 임금은 중국 전설시대인 아주 오랜 옛날, 염제와 황제의 장과노가 8선 중에서 갖는 특징적인 부분은 첫째 노인이라는 것이고, 둘째 나귀를 거꾸로 탄다는 것이다. 그는 본래 장과라고 불렸다. '노'는 사람들이 그에게 붙인 존칭인데, 그가 늙은이의 자태를 갖추고 있으면서 제왕의 지손이기 때문에 '노'라는 글자를 얻게 된 것이다.

연맹부족을 이끈 수령이다. 당시에는 근본적으로 어떤 '시중'이라는 관직도 없었다.

장과張果는 완구宛丘, 이철괴李鐵拐 등 여러 신선의 도법을 얻어서 항주恒州 중조산中條山 (산서성 경내에 있음)에 은거하여 장생불노 하였다. 장과는 항상 한 필의 백색 나귀를 타고 출입하였는데 하루에 수만리를 움직였다. 재미있는 것은 목적지에 도착하여 그곳에 머물 때에는 이 나귀를 마치 종이로 만들어진 것처럼 접어서 두건 속에 끼워 둔다는 점이다. 나귀를 타야할 때가 되면 접어둔 나귀를 꺼내 물을 뿜으면 곧 진짜 나귀로 변했다.

당 태종, 고종, 그리고 무측천2-은 모두 그를 불러 승진을 시켰다. 그러나 장과는 모두 사양하고 벼슬자리에 나가지 않았다. 전하는 이야기에 의하면 현종은 장과를 보고 의혹이 일어 다음과 같이 물었다고 한다. "선생은 도력이 아주 높다고 하는데 그 이빨과 머리가 어찌 이렇게 빠지고 희어진 것입니까?" 장과가 대답하였다. "나는 이렇게 이빨이 빠지고 머리가 희어진 후에 득도를 하여 어쩔 수 없이 이런 모습을 갖게 되었습니다. 만약 폐하께서 보기에 불편하시다면 그것들을 모두 없애고 다시 좋은 모습으로 만들어 버리는 것이 더 좋겠지요." 말을 마치고 나니 머리 위의 성근 모발이 빛을 발하였다. 장과는 몇 개가 빠져서 완전하지 못한 치아를 두드려대서 입안 가득 피를 흘렸다. 현종은 그것을 보고 크게 놀랐다. "선생은 무슨 까닭에 이렇게 하십니까? 가서 쉬십시오." 잠시 시간이 흐르자 장과는 건들거리는 몸짓으로 걸어 나왔는데 모습은 비록 전과 다름이 없었지만 검은 머리에 새하얀 이가 장년의 사람 것보다 나아 보였다. 현종은 그것을 보고 크게 기뻐하여 내전에 머물게 하고 술을 내렸다. 술을 몇 잔 마셨을 때 장과가 말하였다. "노신의 주량은 적으나 제게는 한 말은 너끈히 마실 수 있는 제자가 하나 있습니다." 현종은 그를 보고자 하였다. 장과가 몇 마디 주문을 외우자 궁궐 처마 밑으로 한명의 작은 도사가 날아 내렸다. 그에게 술을 권하자 단숨에 한 말을 들이켜 버렸다. 장과가 진언하였다. "그에게 더 마시게 하시지 않는 게 좋겠습니다." 현종이 그에게 계속 술을 마시라고 하자 도사의 머리 꼭대기에서 술이 솟구치는 것을 보게 되었다. 그의 모자는 땅으로 굴러 떨어지고, 작은 도사는 금으로 만든 술통으로 변하였다. 이것은 바로 집현원集賢院의 술통이었고, 이 술통은 한말들이였다.

또 전설은 다음과 같이 전한다. 현종이 한 마리 큰 사슴을 잡았다. 장과는 그것이 천년 묵은 사슴신선 임을 알았다. 사슴의 목에 이미 잘 꾸며진 동패銅牌가 달려 있는

것이 그 증거였다. 현종은 장과가 신인일 것이라 생각하여 딸을 시집보내려 하였으나, 장과가 거절하였다. 현종의 가까이에는 그가 특별히 믿고 친애하는 협법선이라는 도사가 있었는데, 이 도사는 기이한 술법을 많이 알았다. 현종은 협도사에게 물었다. "장과는 도대체 어떤 사람인가?" 협도사는 말하였다. "신은 감히 말씀드릴 수 없습니다. 한마디라도 한다면 금방 죽을 것입니다. 그러나 만약 폐하께서 관을 벗고 맨발이 되어 신을 구해 주신다면 신은 살 수 있을 것입니다." 현종은 고개를 끄덕여 응낙하였다. 협도사는 말하였다. "그

는 혼돈한 세상이 처음 나누어질 때 하얀 박쥐의 정기가 변한 존재입니다."협도사는 막 말을 마치자마자 일곱 구멍에서 핏물을 쏟으며 땅에 거꾸러졌다. 현종은 황망히 장과가 있는 곳으로 달려가 모자를 벗어 놓고 맨발이 되어 협도사를 구하려는 마음을 표하였다. 장과가 말하였다. "이 어린 것은 아무것이나 떠들어대는 버릇이 있으니 만약 그를 징치하여 다스려 놓지 않으면 천기를 누설하고 말 것입니다." 이에 물을 그 얼굴에 뿌리자 협법선叶法善은 즉시 깨어났다.

"임금을 모시는 것은 호랑이를 모시는 것과 같습니다." 장과노는 물러서기를 좋아하는 사람이라 산으로 돌아가기를 간청하니, 현종도 받아들였다. 훗날 그가 갑자기 죽자 제자는 그를 장사지냈는데 빈 관을 묻었을 따름이었다. 사람들은 그가 '시해尸解'[몸을 두고 혼백이 빠져나가 신선이 되는 도교의 도술], 즉 껍데기인 육신을 버리고 신선이 되어 승천하였다고 말하였다. 이상의 장과노에 대한 이야기는 『구당서舊唐書』, 『명황실록明皇實錄』, 『신당서新唐書』「방기전方技傳」, 『8선출처동유기八仙出處東遊記』 등에 실려 있다.

이상에서 이야기한 것들을 종합하여 보면 장과노는 당 현종 시대를 살았던 강호의 늙은 술사로서 천년선록을 알아보고 협도사가 피를 흘리게도 하고 또 다시 살아나게도 하는 따위의 일을 하였던 사람이다. 대체로 이것은 그와 내시, 도사들이 한 무더기가 되어 성상이 관련된 희극을 같이 엮어나간 것으로, 이런 따위의 일들은 역사서에 무수히 많이 적혀 있고 그리 희귀한 것도 아니다. 전설은 당 현종이 옥진공주를 장과노에게 시집보내려 할 때, 그가 어고漁鼓[타악기의 일종. 죽통의 한쪽을 가죽으로 씌우고 손으로 침]와 통판筒版을 두들기며 다음과 같이 노래했다고 전한다.

신부로 공주를 얻어서
단숨에 공경으로 뛰어오르네
다른 사람은 기뻐할 일이나
나로서는 두려운 일일세.

훗날 장과노는 사방을 돌아다니며 어고와 통판을 두드려 도의 세상을 노래하고 세상 사람들에게 신선이 되기를 권하였다. 장과노는 바로 도의 세상을 노래하는 조사가 되었다. 오늘날 섬서도정陝西道情, 의조도정義鳥道情, 호북어고湖北漁鼓, 산동어고山西漁鼓, 사천죽금四川竹琴 등은 모두 여기에서 전해진 것이다.

역주 _____

1_ 李隆基 : 당나라 현종玄宗. 예종睿宗의 제3자. 시호는 명황明皇. 임치왕臨淄王으로 봉해졌는데, 무략과 총명이 뛰어났다. 위씨韋氏의 난을 만나 병사를 일으켜 부친 예종을 즉위시키고, 선위를 받아 현종으로 즉위하였다. 요숭姚崇, 송경宋璟을 등용하여 나라를 잘 다스렸으나, 천보天寶시대의 후기에 양귀비를 총애하여 안록산의 난을 초래하였고, 난을 피해 촉 땅으로 도망하자 태자 영무靈武가 즉위하여 부왕은 상황천제上皇天帝로 높였다. 재위는 44년이다.

2_ 武則天(624~705) : 측천무후. 당나라 시대 하남성 허창 사람. 14세에 궁녀로 뽑혀 들어가 태종太宗의 재인才人이 되었다. 태종이 붕어하자 제도에 따라 삭발削髮하고 비구니가 되었으나 고종 즉위 후에 다시 궁으로 불려 들어가 소의昭儀가 되었다가, 얼마 뒤에 후后로 책봉되었다. 고종만년에는 정권을 좌지우지하고, 고종이 죽은 후에는 중종과 예종睿宗을 폐위시킬 정도로 막강한 권력을 행사하였다. 천수원년天授元年(690)에 나라 이름을 주周라 바꾸고 측천금륜황제則天金輪皇帝를 칭하였다. 중국역사상 유일한 여황제女皇帝였다. 신룡神龍 원년십일월 타계하니, 세수팔십이世壽八十二였다. 시호는 측천황후則天皇后이다.

하선고

　광주 교외지구에는 증성현增城縣이 있다. 여기 사람들이 사랑스럽게 여기는 것은 자신들의 고향에서 모르는 사람이 없고 깨우쳐주지 못한 사람이 없는 여자 신선, 하선고가 나왔다는 것이다.

　하선고는 8선 중의 하나로 광주 증성현 사람이라고 한다. 원래 이름은 하수고何秀姑였으며, 당나라 무측천 시대의 어느 해인가 2월 초 7일에 출생하였다고 말하여진다. 이 하소저는 요조숙녀였는데, '두부서시豆腐西施'[두부를 파는 서시처럼 예쁜 여인이라는 의미이다. 그녀의 부친은 두부가게를 열었다. 그녀는 어려서부터 부친의 일을 도왔다. 13~14세 때, 그녀는 야외에서 놀다가 역시 이곳으로 놀러 온 선인 이철괴, 여동빈, 장과노張果老 등을 만났다. 신선들은 그녀에게 선도仙桃와 선조仙棗, 운모편云母片 하나를 주었다. 이런 인연으로 그녀는 다시는 기아를 경험하지 않게 되었고, 미래를 예측하고 사람들의 화복을 알 수 있는 능력을 갖추었다. 고향의 친지들은 그녀를 믿고 따라서 작은 누각 한 채를 지어 그녀를 거기 살게 하고는 항상 그곳으로 와서 그녀에게 운명을 묻곤 하였다. 심지어 적지 않은 수의 사대부들은 그곳에서 상주하는 경우도 있었다. 그리하여 '하선고'라는 이름이 점차 하수고라는 이름을 대체하여 나갔다. 전하는 바에 의하면 북경의 대장 적청狄靑이 광원廣源을 정벌할 때 친히 이곳으로 와서 점을 쳤는데,

何仙姑

하선고는 8선 중의 하나로 광주 증성현 사람이라고 한다. 원래 이름은 하수고였으며, 당나라 무측천 시대의 어느 해인가 2월 초 7일에 출생하였다고 말하여진다. 이 하소저는 요조숙녀였는데, '두부서시'이다. 선들은 그녀에게 선도와 선조, 운모편 하나를 주었다. 이런 인연으로 그녀는 다시는 기아를 경험하지 않게 되었고, 미래를 예측하고 사람들의 화복을 알 수 있는 능력을 갖추었다.

전쟁의 결과는 예언과 일치하였다고 한다. 적청은 그가 살던 시대로부터 3백 년 전 인물인 하선고를 실제로 만날 수는 없는 일이다. 그러나 그가 사람을 파견하여 하선고의 점괘를 구했을 가능성은 있을 것이다.

생각하여 볼 것은 광동 증성增城에 하선고가 있고, 광서, 복건, 안휘, 호남 등에도 각 지역의 하선고가 있다는 점이다. 그러나 증성의 하선고가 정통성을 갖는 것 같다. 증성현의 성 안에는 저명한 하선고묘何仙姑廟(현재 이것은 현 위원회의 판공실이다)가 있다. 그녀 고향의 소루구小樓區에는 하선고 가묘가 있는데, 아직도 존재한다. 대문에는 다음과 같은 한 구절 대련이 쓰여 있다. "천년의 흔적 중 단정만이 남았네, 백대의 사람들은 고사를 배알하네[千年履迹遺丹井, 百代衣冠拜古祠]." 전설은 하선고가 최후에 신선 세상에 대해 묻고는 집 입구의 우물 안으로 들어갔다고 한다. 당시에는 다만 꽃신 한 짝만을 신고 있었고, 다른 꽃신 한 짝은 우물 턱 위에 남겨져 있었다. 이 가묘는 아주 열기를 띤다. 매년 하선고의 출생일이면 고향의 친지들은 큰 희극판을 벌인다. 묘당의 축제에는 우물물에 붉은 대추를 넣어 달이고 거기에 얼음과자를 넣어 '선탕仙湯'이라고 부르는 것을 만들어 쓰는데, 향화객들에게 나누어 준다. 아울러 도사들에게는 재계, 염불, 수륙도장水陸道場을 만드는 것이 요구된다. 마을 안에는 불을 피우고 많은 사람

이 한데 모이는데 그 열기가 아주 대단하다.

증성현에는 그 이름을 널리 떨친 '괘록원挂綠園'이 아직 있다. 괘록원 안에는 아주 보기 어려운 진귀한 여지나무 고목이 있다. 이른바 '증성괘록增城挂綠'인 것이다. 이 고목에 열리는 여지 열매는 시원하고 달며 사각거리고 부드럽다. 이것을 사서 품고 가면 3일 동안은 변하지 않는다. 가장 기이한 것은 이 과일은 백색의 부드러운 과육 위에 한줄기 녹색 선이 꼭지에서 꼭대기까지 그어져 있는 것인데, 이것 때문에 이름이 '괘록'인 것이다. 전설에 의하면 모든 신선들이 서원사西園寺(지금의 괘록원)에 모였을 때 하선고가 이 나무 아래에서 서늘한 바람을 즐기고 있었는데 허리띠 하나를 나무 위에 걸어 두었다고 한다. 이 나무는 '선기仙氣'에 감염되어 괘록여지 열매를 맺었다. 괘록에는 이런 신비한 설명이 따라 붙으므로 자연히 가치가 백배는 뛰어 올랐다. 과거에는 상등품 좁쌀 50근이 여지 열매 하나와 맞바꿔 졌는데, 구하기 위해서는 예약까지 하여야 했을 정도이다. 오늘날에는 어떤 인물이 이러한 것을 먹을 복이 있을지 모르겠다.

실제로는 이 괘록나무는 명나라 시대에 복건福建의 선유仙游 지역에서 가져다 심은 것으로 이미 4~5백년의 역사가 흐른 것이다. 원래의 나무는 이미 노목이 되어 생기를 잃었다. 그렇지만 접붙이기를 통해 증식하고 또 무성하게 번성하도록 만들었다. 지금

괘록원 안에 있는 것은 생기가 충만하여 진귀한 영남의 괘록나무 열매를 계속 생산하여 내며 새로운 꽃봉오리를 끊임없이 맺고 있다.

남채화

남채화는 본래 재기 넘치는 유랑객이다. 그의 사적은 『속선전』,[1] 『남당서』,[2] 『확잠유서確潛類書』 등의 책에 기재되어 있다. 남당[3] 의 심분이 지은 『속선전』에는 다음과 같은 기록이 있다.

남채화는 어떤 사람인지 알 수 없다. 항상 찢어진 남삼藍衫을 입고 여섯 개 띠쇠가 달리고 3촌 너비의 흑목요대黑木腰帶를 둘렀다. 한 발은 신발을 신고, 다른 한발은 맨발이다. 여름에는 안에 솜을 넣은 적삼을 입었고, 겨울에는 눈 속에서 누워 지내는데 온기가 물을 끓이는 것처럼 나온다. 매양 성시에서 노래를 부르며 구걸을 한다. 길이 3척이 넘을 정도로 커다란 소리내는 판을 들고 취해서 거닐며 노래를 부르는데 노인과 아이들이 뒤따르며 구경을 한다. 민첩하게 움직이며 아주 해학적이다. 사람들이 물으면 응답을 하는데, 웃을 때면 까무라치는 듯 하며, 미친 듯 미치지 않은 듯, 걸을 때면 신발로 땅을 구른다. …… 노래가사는 아주 다양한데, 신선의 뜻을 담고 있는 것으로, 사람들은 진실한 뜻을 측량하기 어렵다. 그러나 돈을 주기도 하고, 어른과 옷을 묶기도 하며, 땅바닥을 휩쓸고 다니는데, 무엇을 잃는 일이 있더라도 돌아보지 않는다. 혹 가난한 이를 보면 나누어 주고, 혹 술집에 머물기도 하며, 천하를 주유한다. 사람들 중에

藍采和

남채화는 본래 재기 넘치는 유랑객이다. 『동유기』는 남채화가 적각대선이 인간세상으로 내려와 태어난 것이라고 말하고, 이 이야기를 황당무계한 것으로 분류한다. 청나라 사람은 또 그를 곡해하여 '남채하'라고 하고 여자 신선으로 덧붙여 말하였다. 이야기한 것을 통해 말하여 보자면 남채화는 원래 세상을 희롱하였던 공손하지 못한 사람, 기괴한 일을 버릇처럼 행했던 사람, 노래하기를 즐기고 해학을 좋아하였던 걸인 도사였다고 하겠다.

어린아이 때 보고, 나중에 반백이 되었을 때 다시 본 사람이 있는데, 안색이 옛날과 똑같았다고 한다. 후에는 물가나 다리 위를 걸으며 노래하고, 주루에 올라가 취해 있곤 하였다. 그의 목소리는 학 울음 소리, 생황 소리, 퉁소소리 등으로 말하여진다. 그는 홀연히 구름 속으로 떠올라 신발, 적삼, 요대, 박판拍板 등을 아래로 떨궈 놓고는 천천히 사라져 갔다.

남채화의 이 행장은 포대화상布袋和尙 계차契此나 제전승濟顚僧과 같은 유형이다. 다른 점이 있다면 그는 유행가수와 같아서 노래가 입에서 떠나지를 않는다는 점 뿐이다. 가장 유명한 노래는 〈답가〉4- 한 수이다.

답가하는 남채화
세계에 이 같은 사람 얼마나 되는가
홍안은 한그루 봄나무 같고
흐르는 세월은 베틀 위를 달리는 북과도 같아라
옛 사람은 꿈꾸는 듯 사라져 돌아오질 않고

지금 사람들만 분분히 몰려오누나

아침에 나귀타고 나서니 봉황이 푸른 절벽 사이 날아내리고

저녁에 돌아오며 보니 뽕나무 밭에 흰물결이 이네

멀리 보이는 풍경 하늘 끝에 걸려 밝게 빛나고

금은으로 꾸민 궁궐은 첩첩이 높은 산을 이뤘어라.

『동유기東游記』제 19장인 〈채화지판답가采和持板踏歌〉속에는 그 노래가사 12수가 실려 있다. 그러나 위에 인용한 답가는 송나라 시대 육유陸游의 『남당서南唐書』와 용곤龍袞의『강남야록江南野彔』이 기록하고 있는 것에 근거하면 남당시대의 숨은 선비 진도5-가지은 것이다. 그러므로 이 답가의 저작권이 누구에게 귀속되어야 하는가 하는 점은 정론을 말하기 어려운 일이다.

남채화의 성명 역시 문제의 소지가 있다. 육유, 용곤, 그리고 원나라 시대의 잡극雜劇인 『남채화쇄심원의마藍采和鎖心猿意馬』의 기록, 명말청초에 나타나는『남채화장안폐극藍采和長安閙劇』 등에서는 모두 남채화의 원래 이름이 진도라고 한다. 원나라 시대 잡극 『한종리도탈남채화漢鐘離度脫藍采和』(간략하게 『남채화』라 부름)에서는 남채화라는 이름은 예명이고, 원명은 허견許堅이라 한다. 그는 구난리에 살면서 잡극을 하였는데, 그중에는 〈설옹남관마부전雪擁藍關馬不前〉이라는 대본이 있다. 50세에 죽었다. 관리에게 실수를 하여 관부에서 큰 곤장 40대를 맞았다. 후에 종리권이 인도하여 신선이 되었다. 허견은 실제로 존재했던 사람이니,

자는 개석介石으로 려강廬江 사람이다. 『전당시』6-에는 그의 시가 실려 있다. 금나라 시대 문인 원호문元好問은 〈제남채화상〉이라는 시를 쓴 적이 있다. "처량하게 흩날리는 백발은 반안7-과 같고/ 남삼을 입고 웃는 모습은 채화와도 같네."라는 그의 시는 남채화가 결코 성이 남이 아니라는 것을 알려준다. 항상 남삼을 입고 있었으므로 그것이 포함되어 이름으로 만들어진 것이다.

『동유기』는 남채화가 적각대선赤脚大仙이 인간세상으로 내려와 태어난 것이라고 말하고, 이 이야기를 황당무계한 것으로 분류한다. 청나라 사람은 또 그를 곡해하여 '남채하藍采荷'라고 하고 여자 신선으로 덧붙여 말하였다. 민간에서 행하는 연극 중에서는 남채화가 몸이 작은 사람이 맡는 배역으로 되어 있는데, 더욱 웃기는 일이다.

이상에서 이야기한 것을 통해 말하여 보자면 남채화는 원래 세상을 희롱하였던 공손하지 못한 사람, 기괴한 일을 버릇처럼 행했던 사람, 노래하기를 즐기고 해학을 좋아하였던 걸인 도사였다고 하겠다.

역주 _____

1_ 『續仙傳』: 4권으로 된 책. 남당의 심분沈汾(분玢으로도 씀) 지음. 상권은 승천한 16인에 대한 이야기를 실었고, 중권은 숨어버린 12인의 이야기, 하권은 역시 숨어버린 8인의 이야기를 실었다.

2_ 『南唐書』: 18권과 음석音釋 1권, 총 19권으로 이루어진 책이다. 송宋나라 육유陸游가 찬술하였다. 역시 송나라 시대에 마령馬令이 찬술한 30권의 『남당서』도 있다.

3_ 南唐: 오대五代 십국十國중의 하나. 이李씨. 당나라 헌종憲宗의 아들인 오왕吳王 각恪의 후예. 홍성기에는 강소江蘇 안휘安徽 회하淮河 이남과 복건福建, 강서江西, 호남湖南, 그리고 호북湖北 동부지구東部地區에까지 그 세력이 미쳤다. 3왕, 39년 동안 계속되다가 975년에 북송北宋에 의해 멸망하였다.

4_ 〈踏歌〉: 거닐면서 부르는 노래 정도의 의미를 갖는다고 보아야 할 것이다.

5_ 陳陶: 용곤룡袞. 송나라 사람. 그의 『강남야록』은 남당의 이야기를 기록하고 있는데 5대의 역사와 비교 검토하여 당시의 사실을 고증하는 자료가 된다.

6_ 『全唐詩』: 책 이름. 전체 1백권, 목록 12권. 청나라 강희 42년 팽정구彭定求 등이 칙령을 받들어 찬술. 작자 2천 2백여 명, 수록된 시의 총수는 4만 8천 9백여 수.

7_ 潘安: 진晉나라 반악潘岳. 반악의 자字가 안인安仁이었으므로 반안이라고 지칭되기도 한다. 용모가 수려하였으므로 여러 시 속에서 미남자의 대명사로 묘사되곤 한다.

여동빈

여동빈은 8선의 배분 중 노장층에 속하지는 않지만 그 영향력의 정도만을 놓고 본다면 다른 7선이 필적할 수 없을 정도이다. 한나라 종리권 등의 7선을 단독으로 모시는 묘당은 불과 몇 개 되지 않으나 여동빈만을 모시는 여조묘, 여조각 등은 천개를 넘어 만개에 이를 정도로 전국 각지에 분포되어 있어서 몇몇 그의 나이 많은 벗들이 마음속에 질투심을 숨겨 가져야 할 정도이다.

천개 만개에 이르는 여조묘呂祖廟 중에서 그 이름이 가장 드높은 것은 산서 예성芮城의 영락궁이다. 영락궁永樂宮의 원래 이름은 대순양만수궁大純陽萬壽宮이다. 산서 예성현의 성 북쪽 3킬로미터 쯤 떨어진 용천촌龍泉村의 동쪽 부분에 있다. 도가의 여러 책들에 기록되어 있는 것에 근거하여 말하면, 이곳은 여동빈의 탄생지이다. 여동빈 사후 고향사람들이 그 옛 집을 여공사로 바꾸었다. 금나라 말기에 이르러서 여동빈의 신화적인 이야기가 널리 퍼진 다음 신봉자들이 늘어나게 되자 사당은 중수 증축되어 도관으로 확충되었다. 원나라 시대에 이르러 도교는 조정의 커다란 애호를 받게 되었고, 조사 여동빈의 신분도 승격되어, 이 도관도 궁으로 높여졌으며, 전국에 그 이름을 떨치는 도교의 승지가 되었다.

여동빈은 역사상 실존인물이다. 그는 당나라 말기, 5대 시기의 저명한 도사로, 성이

呂洞賓

여동빈은 8선의 배분 중 노장층에 속하지는 않지만 그 영향력의 정도만을 놓고 본다면 다른 7선이 필적할 수 없을 정도이다. 한나라 종리권 등의 7선을 단독으로 모시는 묘당은 불과 몇 개 되지 않으나 여동빈만을 모시는 여조묘, 여조각 등은 천개를 넘어 만개에 이를 정도로 전국 각지에 분포되어 있어서 몇몇 그의 나이 많은 벗들이 마음속에 질투심을 숨겨 가져야 할 정도이다.

여呂, 이름이 암巖(岩), 호가 순양자純陽子, 자칭 회도인回道人이다. 하중부河中府 영락永樂 (지금 산서山西 영제永濟) 사람이다. 소년시기에 이미 경전과 사서를 떼었으나 몇 번 진사에 응시하였어도 합격하지 못하여 할 일 없이 강호를 유랑하였다. 전설은 장안 주사에서 종리권을 만나 열 번의 시험을 거친 후 '연명지술延命之術과 금액대단지공金液大丹之功'을 전수 받고 득도를 하였는데, 그 후 어디로 갔는지 알 수 없다고 한다. 또 다른 전설은 그가 화룡진인火龍眞人을 만나 천둔검법天遁劍法을 익혔다고 한다. 그의 검술은 첫째 번뇌煩惱를 끊어주고, 둘째 색욕色欲을 끊어주고, 셋째 탐진貪嗔을 끊어 준다고 한다. 그는 북송시대의 '리교理敎'[1]의 발전에 일정한 영향을 끼쳤다. 도교 전진교에서는 그를 북5조 중 하나(북5조는 왕현보王玄甫, 종리권鐘離權, 여암呂岩, 유조劉操, 왕중양王重陽이다.)로 받든다. 세칭 '여조呂祖', '순양조사純陽祖師'라고 한다.

민간의 전설에는 여동빈이 '검선劍仙, 주선醉仙, 시선詩仙'을 한 몸에 이루었다고 한다. 이 사람은 방랑하다가 아무도 모르게 죽어갔던 신선이다. 여동빈은 유학을 버리고 도교를 익혔으며, 검을 지팡이 삼아 구름처럼 떠돌아다녔고, 도처에서 약한 이를 돕고 가난한 이를 구제하였으며, 폭악한 자를 제거하여 양민을 평안케 한 사람이다. 그는 술을 마시기를 좋아하였다. 악양루岳陽樓에서 세 번 취한 일은 '취醉'라는 이름을 내걸게

하였다. 지금 악양루 옆에는 '3취정三醉亭'이 있다. 여동빈이 남긴 '선적仙迹'인 것이다. 여암은 시인이기도 하다. 그의 시는 수백 수가 세상에 전한다. 동시에 그는 유명한 '화신선花神仙'[여색을 밝힌 신선]이다. 이것에 관한 전설 중에서 가장 많이 언급되는 것은 여순양이 백모단白牡丹(명기名妓)을 세 번 희롱한 일이다. 이상에서 말한 이야기들 속에는 진실과 거짓이 뒤섞여 있어서 분명하게 진위를 가려 말하기 어렵다. 그러나 그가 사람들의 마음속에서 가장 인간미가 넘치는 신선으로 받아들여지고 있다는 점만은 분명하다. 어떤 도관은 아직도 그의 이름을 빌려 쓰는데 '여조약방呂祖藥方'을 사람들에게 나누어 주어서 병을 치료하기도 한다. 여동빈은 민간에서 널리 신앙의 대상이 된다. 그와 관세음觀世音, 관제關帝[관운장]는 가장 사회적 영향력이 큰 3대 신격이다.

1_ 理敎 : 북송시대 성리학을 말한다. 성리학은 북송시대에 주렴계, 소강절, 장횡거, 정호, 정이를 거치면서 발전하여 남송시대의 주자에게 전하여진다.

한상자

한상자는 본명이 한상인데 당나라 시대의 대 문학가이고 형부시랑刑部侍郎이었던 한유韓愈[1]의 종손이다. 『당서唐書』〈재상세계표宰相世系表〉에 의하면 한상은 한유의 조카인 노성老成의 아들이고, 한유의 증손이다. 장경長慶 3년(서기 823) 진사에 올라 벼슬이 대리승大理丞에 이르렀다. 그러나 역사서 속에는 한상이 어떤 도를 익혀서 선인이 되었는지에 대한 기록이 보이지 않는다. 한유는 일찍이 한상에게 3백수의 시를 써 주었지만 그런 시 속에 한상이 어떤 도술을 갖추고 있었는지에 대한 이야기는 나타나 있지 않다. 반면에 요합姚合이라고 불렸던 사람의〈답한상시答韓湘詩〉가 있는데 그 속에는 몇 구절 눈여겨 볼 부분이 있다. "그대는 명예로운 곳에 있었으니, 거듭 싸워서 거듭 북으로 올라갔네. 삼십에 높은 과거에 올랐으나, 전도를 예측하기는 어려웠네."

여기에 세상으로부터 초연할 것이라는 어떤 기미가 깃들어 있는가? 청나라 학자 유월兪樾[2]과 같은 사람은 『다향실총초茶香室叢鈔』14권에서 한상을 '본래 공명을 쫓는 사람으로 세상에서 신선이라고 전하여 지고 있는 것은 실상을 반영한 것이 아니다.'라고 말한다.

전하는 이야기에 의하면 한유는 도교를 배우는 족질을 전향시키려 했다고 한다. 이 조카는 소년이었는데, 한유는 그를 학교에 보내 책을 읽게 하였다. 그러나 그는 자리를 비우고 다른 사람이 되려 하였으며 책 읽는 데에는 마음을 쓰지 않았다. 한유는 그를 한상자는 본명이 한상인데 당나라 시대의 대 문학가이고 형부시랑刑部侍郎이었던 한유韓愈의 종손이다. 『당서唐書』
〈재상세계표宰相世系表〉에 의하면 한상은 한유의 조카인 노성老成의 아들이고, 한유의 증손이다. 장경長慶 3년(서기
823) 진사에 올라 벼슬이 대리승大理丞에 이르렀다.

묘당 안에서 책을 읽게 하였다. 며칠 지나지 않아 묘당 관리하는 사람이 와서 그에게 가벼운 광증이 있어서 책을 읽는 것을 아주 싫어한다는 이야기를 하였다. 한유는 아주 마음이 상하여 그를 질책하였다.

"시정의 이름 없는 백성도 모두 기술 하나라도 익혀 생계를 도모한다. 그런데 너는 이처럼 오랑캐 같이 시끄럽게만 구니 장차 무엇이 되려는 것이냐?"

그 조카가 대답하였다.

"저에게 하나 잘하는 것이 있는데 숙부가 알아주지 않는 것이 한스럽습니다."

그가 손가락을 들어 앞에 있는 모란을 가리키며 말하였다.

"숙부께서는 이 꽃나무에서 청색, 자주색, 황색, 적색 어떤 꽃이 피기를 바라십니까? 분부만 내리십시오."

그리하여 그는 물건을 사용하여 모란 꽃나무를 가려두고 사람들이 보지 못하게 하였다. 7일 후, 이 자색의 꽃이 피는 목단에는 백, 홍, 록 삼색의 꽃이 피어났다. 가장 기이한 것은 꽃봉오리 위에 자색으로 쓴 흔적이 시 한 수를 이루고 있다는 점이었다.

　　구름은 진령을 가로지르는데 집은 어디인가

눈발이 남관을 감싸고도는데 말이 보이지 않누나

한유는 아주 놀라고 신기해하였다. 그 족질은 작별을 고하고 강회江淮로 돌아가 끝내 벼슬할 생각을 하지 않았다.

한유의 이 도를 좋아하고 점마술點魔術[손가락으로 가리켜서 기이한 결과를 끌어내는 술법]을 할 줄 알았던 조카는 물론 증손 한상이 아니라 한 명의 족질에 지나지 않는데, 아주 허황한 이야기만은 아닌 것 같다. 한유는 일찍이 〈서주증족질徐州贈族侄〉[서주에서 족질에게 주대이라는 시를 쓴 것이 있다. "문을 두드리는 이 누구인가? 물으니 우리 친척이라 한다. 스스로 기이한 술법이 있다고 하니, 오묘한 것을 찾아 하늘의 능력을 얻었는가." 아마도 이것은 이 모란나무 꽃 색깔을 변하게 만든 조카에게 써준 것이리라. 그러나 뒷날 사람들은 이 족질에 관계되는 이야기를 증손 한상자의 것으로 만들어서 한상자로 숭배하게 되는 것이다.

송나라 시대 유부劉斧의 『청쇄고의전집靑瑣高議前集』 9권에서는 한상자의 '기이한 술법'이 한단계 진보한 모습을 보인다. 한유가 학문에 힘쓸 것을 독려하자 한상은 웃으면서 시를 지어 자기 생각을 표현한다. "준순주를 빚고, 경각화를 피운다. 내게 배우는 사람이 있다면, 같이 신선의 꽃을 보리라." '준순주'는 '머뭇거리는'[준순]사이에 맛있는 술을 빚을 수 있다는 것이고, '경각화'는 '한번 눈 깜짝할'[경각傾刻] 사이에 꽃을 피게 한다는 것이다. 한유는 믿지 못한다. "네가 이런 조화의 능력을 갖고 있다는 말이냐?"

한상은 토기의 뚜껑을 쟁반 위에 덮고는 잠시 후에 말하였다.

"꽃이 이미 피었습니다."

쟁반의 뚜껑을 여니 푸른 꽃 두 송이가 보였다. 꽃잎 사이에는 작은 금색 글씨 흔적이 보였는데, 하나의 시 구절을 이루고 있었다. "구름은 진령을 가로지르는데 집은 어디인가, 눈발이 남관을 감싸고 도는데 말이 보이지 않누나." 한유는 그것을 보았으나 의미를 알 수 없었다.

훗날 한유는 불교를 애호하였던 당나라 헌종이 '부처의 사리'를 서울로 들여오고자할 때 표문을 올려 극력 저지하였다. 헌종은 대노하여 그를 강등해서 황량하고 먼 조주자사로 가게 하였다. 도중에 눈발을 무릅쓰고 걸어오는 사람이 있었는데 바로 한상이었다. 한상은 한유에게 말하였다.

"아직 그때 꽃에 쓰여 있던 문장을 기억하십니까? 그것은 오늘날의 일을 말한 것입니다."

한유는 이곳의 지명을 새겨들으며 한 대 맞은 듯한 기분이 되었다. 바로 '남관'이었다. 그는 재삼 탄식하였다. 한상이 속이지 않았음을 깨달았던 것이다. 한유는 한상을 향하여 말하였다.

"내가 너를 위해 시 한 수를 써 주마."

그는 다음과 같은 부시를 지었다.

> 아홉 겹 깊은 궁궐의 천자께 아침에 아뢰었더니
> 저녁엔 조주 가는 8천리 길로 내쳐졌네
> 성조의 일이 잘못되지 않기만을 바랬건만
> 장차 쇠퇴하고 무너져 갈 햇수만 헤아려야 하는가?
> 진령을 가로지르니 집은 어디에 있는가?
> 눈발이 남관을 감싸고 도는데 말이 보이지 않누나
> 네가 멀리서 온 것은 나름의 뜻이 있으리니
> 나의 유골이나 수습하여 강변에 묻어다오

한상자가 바구니를 바치는 그림韓湘子獻籃

　　이것은 유명한 〈좌천지남관시질손상左遷至藍關示侄孫湘〉[좌천되어 남관에 이르러 질손 상
에게 주대]이라는 시인데 상황이 시의 묘사와 그대로 일치한다. 분명히 한상자의 시를
가지고 점친 일이나 남관의 고사는 한유의 시를 근거로 삼아 만들어 낸 것일 터이다.
원나라 사람은 이것을 바탕으로 하여 『한상자인도승선회韓湘子引渡升仙會』[한상자 도의 세
상으로 이끌어 신선이 되게 함], 『한퇴지설옹남관기韓退之雪擁南關記』[한퇴지의 눈발로 뒤덮인
남관 이야기] 등의 잡극을 썼다.

　　명나라 말기에 양이증楊爾曾은 30장, 20만 자에 이르는 『한상자전전韓湘子全傳』을 썼
다. 책에 서술된 내용 중에는 한나라 승상丞相 안무安撫의 딸 영영靈靈이 재주와 미모를
갖추고 있어서 한나라 임금이 자신의 조카와 혼인을 시키고 싶어 하였는데 안무가 완
강하게 허락하지 않은 이야기가 있다. 한 나라 임금은 아주 분노하여 그를 파직하면서
까지 짝을 지워 주려 하였다. 영영은 울적하여 죽고, 환생하여 백학이 되었다. 백학白鶴
은 종리권, 여암呂喦의 교화를 입고, 환생하여 창예현 한회韓會의 아들이 되었다. 이 아
이의 어릴 적 이름은 상자인데, 어려서 부모를 잃고, 숙부인 한유韓愈에 의해 양육된다.
상자는 자라나서 또 종리권, 여암 두 선인의 술법을 전수받는다. 한유가 노하여 내치

자, 종남산終南山으로 들어가 수도하여 좋은 결과를 얻고 8선의 하나가 된다.

한상자는 누차 모습을 바꿔 나타나서 그 숙부를 제도하려 했으나 한유는 시종 깨닫지를 못한다. 한유는 벼슬이 예부시랑에 이른다. 부처의 사리를 들여오는 것을 반대하는 주장을 해서 조양潮陽으로 내쳐진다. 조양으로 가는 길에 남관이 있는데 눈발이 휘날려 앞으로 나아갈 수 없었다. 상자가 나타나 교화를 베풀고, 호송하여 임지에 이르게 한다. 조양은 악어가 출몰하는 우환이 있었는데, 한유가 「제악어문祭鱷魚文」[악어를 제사하는 글]을 지어 쫓아냈다. 상자가 술법으로 도와 악어는 아주 사라졌다. 당 헌종이 그 일을 들고 한유의 억울함을 풀어주고 다시 서울로 불러 복직시키려 하였다. 한유는 죽음을 가장하여 부임하지 않고, 탁서산卓書山으로 들어가 도를 닦는다. 한유는 뒤에 도를 대성한다.

이상의 서술을 살펴보자면, 한유가 부처의 사리를 들여오는 것을 반대하여 조양으로 내쳐지고, 남관에서 눈 속에 고립되었으며, 악어를 구축하는 글을 썼다는 것 등은 역사 속에서 증거를 찾을 수 있다. 그러나 그 나머지는 종교적인 미신이고 선전선동이다.

희극 소설 외에 탄사彈詞3- 『한조성선전韓祖成仙傳』, 도정道情4- 『9도문공九度文公』, 그리고 보권寶卷[중국 강창講唱문학의 한 양식]『남관보권藍關寶卷』 등은 모두 한 시대를 풍미한 것들이다.

역주 _____

1_ 韓愈 : 당唐나라 창여昌黎사람. 『신당서』에는 등주鄧州 남양南陽 사람이라 기록되어 있고, 주희朱熹의 고이考異에는 하남河南 남양南陽 사람이라 되어 있다. 자字는 퇴지退之. 개介의 아우. 태어나 3세에 고아가 되어 형수의 손에 의해 길러졌다. 독서를 좋아하여 6경과 제자백가의 서에 통달하였다. 진사에 급제하여 관리생활을 시작하였다. 헌종憲宗이 불골佛骨을 궁중에 들여와서 친견하려 할 때 〈佛骨表〉를 지어 극렬하게 비판하였으므로 조주자사潮州刺史로 좌천되었다. 병려문騈儷文이 유행하고 있는 현실을 개탄하며 유종원柳宗元과 함께 고문古文의 부흥을 주창하였다. 당 송 8대가 중의 1인이다.
2_ 兪樾 : 청淸나라 덕청德清 사람. 자字는 음보蔭甫, 호는 곡원曲園. 명성이 하늘을 찔러 장지동張之洞과 함께 북장남유北張南兪로 지칭되었다. 그의 학문은 고우高郵의 왕념손王念孫, 왕부지王夫之 부자를 계승하였고, 구독을 정확히 하고, 자의字義를 깊이 살피기 위해 노력하였으며, 고문古文의 가차假借에 능통하였다. 만년에는 송상봉宋翔鳳을 만나 무진武進의 장씨莊氏의 설에 대해 듣고, 공양학公羊學에 출입하기도 하였다. 광서光緒 32년 86세로 타계하였다. 서실은 춘재당春在堂, 다향실茶香室, 제일루第一樓, 우태선관右台仙館이라고 하며, 『春在堂全集』 500여권이 있다.
3_ 彈詞 : 현악기에 맞추어 노래하고 이야기하는 민간 문예. 남방에서 성했다.
4_ 道情 : 창 위주의 곡예曲藝로 어고魚鼓와 간판簡板으로 반주하며, 원래는 도사들이 도교 이야기를 창하는 것이었으나 후에는 민간 이야기도 창하였음.

조국구

조국구는 8선 중 가장 늦은 시기에 출현하며, 자료도 가장 작은데, 그것조차도 억지로 긁어모은 혐의가 있다.

조국구의 신분에 대해서는 세 가지 다른 설명이 있다.

한 가지는 송나라 인종의 황후 조씨의 장자인 조경휴로 보는 것이다. 『역대신선사歷代神仙史』는 「송선열전宋仙列傳」 4권에서 말한다.

(경휴景休)천품이 아주 선하고 부귀를 좋아하지 않았으며, 청빈을 아주 경모하였다. …… 국구에게 아우가 있었는데 교만하고 방자하고 법을 지키지 않아서 결국 나라에서 황망히 도망해야 하였다. 국구는 아주 수치스럽게 여겨 산 속으로 숨어 들어가 근원의 이치를 정밀하게 사유하고, 갈건을 쓰고, 열흘이 지나도록 아무것도 먹지 않았다. 어느 날 종리권, 순양純陽 2조二祖[두 신선 할아버지]를 만났는데, 그에게 물었다. '그대가 수양을 한다고 들었는데, 무엇을 수양하는 것인가?' 그는 대답하였다. '도를 수양합니다.' '도가 어디 있나?' 조국구는 손을 들어 하늘을 가리켰다. '하늘은 어디 있나?' 조국구는 손가락을 돌려 마음을 가리켰다. 2조는 웃으면서 말하였다. '마음이 곧 하늘이고, 하늘이 곧 도이다. 그대가 스스로 본래 모습을 살펴보라.' 그리고는 조국구를 이끌어 진실

曹國舅

조국구는 8선 중 가장 늦은 시기에 출현하며, 자료도 가장 작은데, 그것조차도 억지로 긁어모은 혐의가 있다. 조국구가 어떻게 하여 8선의 반열에 올랐는지는 너무 기묘한 일이라서 무어라고 말해야 할지 모를 일이다. 훗날 8선을 그린 모습 속에서도 조국구는 갈건을 쓰고 조야한 옷을 입고 은사의 신분에 맞는 풍모를 드러내기 보다는 홍색의 관복을 입고 비단 모자를 썼으며 얼굴에 두부 조각을 바른 한 명의 어릿광대 관리의 모양이다.

한 비술秘術로 돌아가게 하고 신선의 반열에 들어가게 하여 주었다. 세상에는 조국구의 신전仙傳과 문집文集이 전해지고 있다.

『신선통감神仙通鑒』의 이야기는 한결 구체적이다. 조경휴曹景休의 아우 이름은 조경식曹景植인데 시기심이 강해 망령된 행위를 하곤 하였다. 일찍이 불법으로 살인을 하여 포증包拯에게 이끌려 가서 죄를 자복하였다. 조경휴는 그것을 아주 수치스럽게 여겨 산 속에 숨어 살았고, 세상에 대한 뜻을 버리고 도를 닦았다.

위에서 인용한 조경휴 이야기는 근거가 없는 것이다. 역사상 조경휴라는 사람은 실재하지 않기 때문이다. 『동유기東游記』의 「국구학도등선國舅學道登仙」[조국구가 도를 배워 선인의 지위에 오름]에 실려 있는 이야기는 위의 것과 대략 같다. 그러나 그 이름은 조우曹友라 한다. 조우 역시 허구의 인물이다.

다른 한 가지 이야기는 조국구를 송나라 인종 시대를 살았던 이름을 알 수 없는 대국구大國舅라고 보는 것이다. 명나라 시대 저자 미상의 『용도신단공안龍圖神斷公案』 7권의 「사아항獅兒巷」에서는 다음과 같이 말한다. 조국구는 송나라 인종 시대의 대국구이다. 이때 광동 조양현潮陽縣에는 수재秀才인 원문정袁文正이 살고 있었는데 부인 장씨를 데리고 경성으로 시험을 치러 왔다. 이국구二國舅[국구의 아들]가 장씨의 미색을 탐내 원문정 부부를 조부曹府로 끌어들여 원문정을 교살하고 장씨를 핍박하였다. 장씨가 원하는 대로 하지 않자 이국구는 장씨를 으슥한 곳에 유폐시키고 감시하게 하였다.

원문정의 혼이 포공包公1-에게 애소하여 포공이 수사를 개시하였다. 이때 대국구는 이 일을 염려하여 포공을 위협하고 2국구에게 알려 장씨를 죽여 후환을 없게 하였다. 이에 2국구는 장씨를 우물에 던졌다. 장씨는 용케 도망하였는데, 태백금성太白金星이 노인으로 변해 구출한 것이다. 장씨는 도망나오던 도중에 대국구를 보고는 포공으로 오인하여 사실을 아뢰고 원을 풀어 줄 것을 애소하였다. 대국구는 아뢰는 말을 듣고서는 크게 놀라 겁 없이 날뛰는 것이 죄라고 하며 철편으로 격살하게 하였다. 장씨가 죽었다고 오인한 대국구는 시신을 길에 내다 버렸다.

길거리에 버려진 장씨는 겨우 소생하여 포공을 찾아가 애소하였다. 포공은 사실을 분명히 알고 나서는 병을 칭하여 대국구가 병문안을 오게 만들었다. 대국구가 왔을 때 포공은 장씨가 나와 하소연하게 하고, 대국구를 긴 칼을 채워 감금하였다. 또 거짓 문서를 꾸며 2국구가 오도록 만들고, 장씨가 면전에서 원통함을 하소연하게 하여, 2국구도 칼을 채워 옥에 가두었다. 조황후曹皇后는 인종과 친히 찾아와 석방을 권하였으나 포공은 듣지 않고 2국구를 법정으로 압송하여 처결하였다. 인종은 천하의 범죄자를 크게 사면하는 명령을 반포하였다. 포공은 조칙에 따라 대국구의 목에 채운 긴 칼을 열어 방면하게 하였다.

대국구는 옥에서 석방된 후 스스로 죽었다 살아났다고 하면서 입산수도를 하였고, 진인眞人[도교의 선인仙人]의 교화를 받아 신선의 반열에 올랐다.

이러한 이야기와 서로 같은 것들이 기이한 일들을 기록하고 있는 『원문정환혼기袁文正還魂記』나 『설향원雪香園』, 사화詞話2-인 『단조국구공안전斷曹國舅公案傳』 등에 보인다. 이 전설적인 이야기는 황실과 나라의 인척들이 보여주는 일반적인 모습에 부합된다. 2국구는 틀림없는 바람둥이 공자이고, 세상을 혼란시키는 원흉이며, 대국구는 사악하기 이를 데 없는 사람이다. 이렇게 사악한 작자가 개과천선할 수 있고, 결국 8선의 반열에 올랐다는 것은 진실로 '금방 살인의 칼을 휘두른 자가 선 자리에서 성불한다.'는 웃기는 이야기라고 하겠다.

또 다른 일설에는 조국구가 송나라 시대의 조일曹佾이라 한다. 이 사람은 역사상 실존하는데, 송나라 초기의 명장인 노국공魯國公 조빈曹彬의 손자이며, 그의 누나는 송나라 인종인 조정의 황후였다. 조황후는 역사상 능력을 갖춘 인물로 평가되는 황후 중 하나이다. 역사는 그녀가 자비롭고 근검하며, 농사를 중히 여겼고, 항상 금원에서 친히 양잠을 하였다고 한다. 그리고 서예에 능하였고, 백가지 책에 통달하였다고 한다. 언젠가 궁 안에서 병란이 일어났을 때 조황후는 임기응변으로 단안을 내려 근위군을 조직하여 항거하였으며, 질서정연하게 병사를 배치하여 신속히 난리를 평정하고 인종을 구하였다. 가히 지혜와 용기를 겸비하였다고 할 만하며, 장군 집안 출신으로 부끄러움이 없는 여인이었다. 신종이 즉위하자 태황태후太皇太后가 되어 왕안석王安石[3]의 개혁에 극력 반대하였고 보수파의 후원자가 되었다.

그녀의 남동생 조일은 자가 공백公伯이다. 성품이 온화하고 음률에 능하였다. 활을 잘 쏘고, 시 짓기를 좋아하였으며 다재다능하였다. 조황후의 권세를 등에 업고 동중서문하평장사同中書門下平章事의 고관이 되고, 후에 제양군왕濟陽郡王에 봉하여졌다. 조일은 명철보신을 잘하는 사람이었다. 정치권이 심하게 요동하던 당시에 그는 도리어 평안하고 무사하였으며 순조로운 일생을 살았다. 조일의 비결은 일단 조정의 문을 나서면 절대로 국사를 거론하지 않는 것이었다. 신종은 일찍이 대신들에게 다음과 같이 말하였다.

"조왕은 비록 귀한 근친이지만 진실하게 받들어 허물을 만들지 않았으니 진실로 깨끗한 신하로다."

이 '깨끗한 신하'는 자기만의 처세철학에 따라 유유하게 소일하며 72세를 살았다. 당시로서는 보기 드문 나이였다. 조일은 이른바 복, 녹, 수의 삼박자를 갖춘 사람이었다. 그러나 그는 어떤 신선의 일을 이루었다고 하기 어렵다. 청나라 학자 조익趙翼[4]이 『해여총고陔余叢考』 34권에서 다음과 같이 말하고 있는 것처럼 말이다.

> 조국구는 조태후의 남동생으로 알려져 온다. 『송사宋史』에 의하면 자성광헌태후慈聖光獻太后, 즉 조태후의 동생 조일은 72세로 죽었는데, 선인의 공부를 이루지는 못하였다. 이 외에 외척으로서 선인의 공부를 하였다는 사례는 없으니, 조국구가 선인이 되었다는 것은 잘못 전해진 것이다.

조국구가 어떻게 하여 8선의 반열에 올랐는지는 너무 기묘한 일이라서 무어라고 말해야 할지 모를 일이다. 훗날 8선을 그린 모습 속에서도 조국구는 갈건을 쓰고 조야한 옷을 입고 은사의 신분에 맞는 풍모를 드러내기 보다는 홍색의 관복을 입고 비단 모자를 썼으며 얼굴에 두부 조각을 바른 한 명의 어릿광대 관리의 모양이다. 8선의 옛 이야기가 널리 보급된 이후, 그들은 민간의 묘당 제사 모임에는 오신娛神으로 참여하고, 귀인들의 연회에는 축수祝壽하는 역할로 참여하게 된다. 8선의 형상과 복식의 상징으로 희극 판에서는 갈고리가 내걸리고, 희극 배역 중 처음에는 말쑥하다가 나중에 어릿광대처럼 바뀌는 역할은 정해놓고 8선의 몫으로 바뀌어졌다. 이러한 배역이 사람들로 하여금 인생의 다양함을 느끼게 하여 주었고, 비상한 열정을 불러 일으켰다. 고교회高蹻會[5] 무대에서 다만 재자가인才子佳人, 녹림호한綠林好漢 같은 뻔한 인물들만 본다면 사람들의 감동을 불러일으키는 데에는 한계가 있을 것이다. 그러므로 그 중에는 반드시 바람둥이 같은 어릿광대가 하나 나와 이리 뛰고 저리 엎어지고 하면서 각종의 웃기는 짓을 해야만 극의 활기를 제고할 수 있게 마련이다. 그렇기 때문에 사람들은 조국구도 8선 중에서 그런 역할을 담당하는 인물로 등장할 수 있게 허용한 것이라고 하겠다.

역주 _____

1_ 包公 : 바로 포증包拯. 송宋나라 려주廬州, 합비合肥(지금은 안휘安徽에 속함) 사람. 일찍이 천장각天章閣의 대제待制와 화룡도각和龍圖閣의 직학사直學士를 역임하였으므로 세칭世稱 포대제包待制, 포룡도包龍圖라고 함. 사람이 강직하고 청렴하여 그 사적이 다양하게 민간에 유전되었는데, 포공, 포청천包青天 등의 존칭으로 불려졌다.

2_ 詞話 : 산문 가운데 운문을 섞어 넣은 설창說唱 문학형식.

3_ 王安石 : 1021~1086. 북송의 정치가. 자는 개보介甫, 호는 반산半山, 시호는 문文. 임천臨川 사람. 당송팔대가의 한 사람. 『三經新義』, 『字說』, 『王文公文集』, 『臨川先生文集』 등이 있다. 인종仁宗에게 「言事書」를 올려 정치개혁을 주창하였으나 받아들여지지 않았다. 신종神宗이 즉위하자 한림학사 겸 시강侍講으로 불려 올려졌는데, 「本朝百年無事箚子」를 올려 개혁의 절박성을 주창, 신종의 마음을 움직였다. 희령熙寧 2년(1069), 참지정사로 등용되고 삼사조례사三司條例司를 설치하여 신법新法 개혁을 이끌었다.

4_ 趙翼 : 1727~1814. 청나라 사람. 자字는 운송云松, 호는 구북甌北. 지금의 강소 무진현 사람. 건륭 19년에 거인舉人으로 벼슬생활 시작, 건륭 26년에는 진사로 광서 진안부鎭安府 지사로 나갔다. 청렴하고, 시폐를 제거하는데 진력하여, 정치가로서의 명망이 높았다. 귀서병비도貴西兵備道로 승진하였을 때 노모를 모시고자 사직하여 저술에 전념하였다. 『二十二史札記』는 전대흔全大昕의 『二十二史考異』, 왕명성王鳴盛의 『十七史商權』과 더불어 청대고사삼대명저淸代考史三大名著에 속한다. 『甌北詩集』, 『甌北詩話』, 『陔余叢考』, 『皇朝武功記盛』 등의 저술도 있다.

5_ 高蹻會 : 고교 공연. 죽마놀이의 일종. 전설상의 인물로 분한 배우가 두 다리를 긴 막대에 묶고 걸어가며 공연하는 민속놀이.

황대선

중국 동남 지역 일대에서는 과거에 보편적으로 받들어 모셨던 지역성이 두드러진 신이 하나 있었는데, 바로 적송赤松 황대선이다. 오늘날 이 황대선은 화교들의 진출지역을 따라 해외로 뻗어나가 중국의 해외 화교가 거주하는 지역이라면 어디에서나 모셔지는 유명한 신이 되었다. 대륙의 황대선 신앙은 이미 쇠퇴하여졌어도 홍콩의 황대선 숭배는 오히려 더욱 왕성하여져서 숭배의 열도가 아주 높다. 이것은 홍콩 지역의 가장 큰 신이다. 황대선의 묘당을 관광하려면 누구를 붙잡고 물어 볼 필요도 없이 막바로 구룡九龍의 황대선 구역을 찾아가기만 하면 된다.

황대선 구역이 있다면 반드시 황대선 정거장이 있게 마련이다. 기차를 타거나, 지하철을 타서, 황대선 정거장에서 내리면, 10분도 채 소비하지 않더라도 바로 황대선 묘당에 도착하게 된다. 묘당 앞에는 큰 돌로 만들어진 하나의 패문石門坊이 있고, 돌의 한 가운데에는 '금화분적金華分迹'이라는 네 글자가 쓰여 있다. '금화'는 절강浙江의 금화현金華縣이니, 황대선의 '선향仙鄕'이다. 금화의 적송관赤松觀은 황대선의 조묘祖廟[원조 묘당]이다. '금화분적'은 이곳의 황대선 묘당이 금화조묘에서 파생된 '분묘分廟'라는 의미이다. 이 묘당은 전형적인 도관이다. 돌로 된 패문의 양 옆으로는 잘 볼 수 있는 부분에 '단련丹煉', '회춘回春' 등의 글자가 써져 있어 보는 사람들로 하여금 도교의 가장 유명한

黃大仙

오늘날 화교들의 진출지역을 따라 해외로 뻗어나가 중국의 해외 화교가 거주하는 지역이라면 어디에서나 모셔지는 유명한 신이 되었다. 대륙의 황대선 신앙은 이미 쇠퇴하여졌어도 홍콩의 황대선 숭배는 오히려 더욱 왕성하여져서 숭배의 열도가 아주 높다. 이것은 홍콩 지역의 가장 큰 신이다. 황대선의 묘당을 관광하려면 누구를 붙잡고 물어 볼 필요도 없이 막바로 구룡의 황대선 구역을 찾아가기만 하면 된다.

'소단연홍燒丹煉汞', '장생불로長生不老' 등을 연상하게 한다.

묘당의 문 위에 횡으로 걸린 편액에는 '적송황선사赤松黃仙祠'라는 글자가 쓰여 있다. 묘당 안의 주 전각은 금색 기와에 붉은 기둥이고, 휘황하게 채색되어 있다. 전각 안에는 황대선의 신상이 모셔졌다. 전하는 이야기에 의하면 황대선은 진나라 시대의 도사인 황초평黃初平인데, 절강 금화 사람이라 한다. 그는 '돌맹이를 꾸짖어 양으로 변하게 하는 법술'을 행했는데, 아주 유명하였다. 『금화부지金華府志』에는 다음과 같이 실려 있다.

> 진晉나라의 황皇(黃)초평은 난계蘭溪 사람이다. 양을 치다가 도사를 만나 금화산金華山 석보石寶에 들어갔다. 그의 형 초기는 그를 찾아 40년을 헤매다 하루는 도사를 만나 산으로 이끌려 들어와서 동생과 서로 만나게 되었다. 형이 양의 소재를 묻자 초평이 말하였다. '산 동쪽에 있습니다.' 초기가 가서 찾아보았으나 흰 돌만 보일 따름이었다. 초평이 흰 돌을 꾸짖자 돌은 모두 양으로 변하였다. 초기도 곡식을 먹지 않고 송백松栢, 복령茯笭 만을 먹어서 선인이 되었다. 후에 고향으로 돌아왔으나 그 가족이 전부 죽고 없었으므로 다시 떠나갔다. 초평의 별호別號는 적송자라고 한다.

도교의 신선 359

『역대신선통감歷代神仙通鑑』6권에서도 황초평, 황초기 형제가 득도하여 선인이 된 일을 수록하고 있다. 다만 이 책은 이들의 활동시기를 당시로부터 6~7백 년 전으로 잡아 그들 두 사람이 동주東周시대의 진 나라 사람이라고 말한다. 사적은 위에 인용한 것과 동일하다. 이 책은 덧붙여서 이렇게 말한다. "(황)초평은 회양淮陽 황석산黃石山으로 돌아가 황석공黃石公으로 개명하였다."

황석공은 역사 속의 전설적인 인물이다. 그는 나중에 도교에서 신선으로 존숭된다. 그는 또 이상노인圯上老人이라고도 불린다. 어느 날 그는 장량張良을 보며 하비下邳(지금의 강소江蘇성 휴령睢寧 북쪽)에서 노닐다가 '이圯(교橋)'아래에 신발을 떨구고 장량을 시켜 신발을 주워다 발에 신기라고 명령한다. 장량이 시키는 대로 다 하자 노인은 말한다. "가르칠만한 어린애구나." 이에 장량에게 『태공병법太公兵法』을 주며 '13년 후 제북濟北 곡성谷城 아래서 나를 찾아라. 내가 바로 황석이다.'라고 말한다. 장량은 병법을 다 익

히고 유방을 도와 천하를 얻었다. 13년 후에 과연 곡성의 산 아래에서 황석[여기서 장량이 보물로 삼았다는 황석은 사람이 아니라 황금으로 보아야 한다]을 보고는 그것을 보물로 취하여 사당을 지었다. 이 이야기는 『사기史記』 「유후세가留侯世家」에 기록되어 있다.

황초평은 적송자라는 별호를 갖고 있었기 때문에 이 황대선의 묘당은 '적송황대선사'라고 불린다. 황초평은 금화산 석실 속에 들어가 수행하여 득도하고, 그 형 황초기도 아우를 따라 수도해서 역시 선인이 된다. 그러므로 사람들은 황대선을 황초평 형제 두 사람이라고 받아들인다. 금화 북산에는 일찍이 진나라 시대에 건립된 최초의 황대선사인 적송관이 있다. 당초에 이 도관은

아주 웅장한 규모였다. "궁전宮殿, 정자와 사우, 회랑, 비갈碑碣, 고칙誥勅[명·청시대 나라에서 토지나 작위를 내려주는 사령], 어묵御墨[임금의 글씨], 명공거경名公巨卿의 발제跋題[跋文과 題詩] 등이 강남 도관 중 으뜸이다."(『금화현지』) 시대가 바뀌고 경계가 달라져서 강남 도관 중 으뜸이라는 명성을 자랑하던 적송관도 이미 황폐하여 찾아보기 어려운 지경이 되어 역사의 유물로 남아 있을 뿐이다.

황대선은 또 적송자라고 부른다. 그러므로 사람들을 그를 신농 시대의 적송자로 받아들인다. 사실 신농 시대의 적송자는 전설상의 선인으로 장마비를 부르는 우사로서 황대선과는 서로 다른 존재이다. 또 다른 이야기는 황대선이 광동의 동완東莞 사람이라는 것이다. 이 사람은 동진東晉의 저명한 도사 갈홍葛洪의 득도한 제자 황야인黃野人이라 한다. 그러나 황야인의 '선적仙迹'은 황초평에 비교한다면 손색이 있다.

황대선의 신앙이 번성한 곳은 홍콩과 마카오[香澳] 지역이다. 홍콩의 황대선사에서는 종일 향을 피우며 맴을 도는 일이 끊이지 않는다. 향을 살아 올리고 절을 하기 위해 이름 적는 쪽지를 얻으려는 사람들이 파도처럼 밀려들어 열기가 보통이 아니다. 향을 살아 올리는 사람들의 소망은 각양각색이다. 복을 구하는 사람, 자식을 구하는 사람, 재산을 구하는 사람, 일을 구하는 사람, 인연을 구하는 사람, 치유를 구하는 사람, 어느 하나 빠지지 않고 다 있다. 재미있는 것은 묘당 앞의 길거리에는 각종의 특색 있는 미신적인 물품들을 파는 가게들이 줄지어 자리잡고 있는 것이다. 여기에는 풍차를 파는 곳도 많다. 여기 풍차는 대륙에서 춘절에 파는 풍차와 다르다. 종이로 풍차바퀴를 만드는 것을 제외 하고 말한다면 위에 신상神像, 관도關刀, 8괘, 작은 깃발[小旗] 등 도교 장식물들을 달고 있는 '전운풍차轉運風車'이다. 이 풍차를 가지고 묘당에 나아가 신을 찾는다면 움직여 굴러간다고 말하여진다. 그 외에 또 많은 것은 점보는 집이다. 괘를 살펴보는 관상쟁이가 황대선의 신령에 응하여 덕을 보는 일이 적지 않다고 한다. 그리고 또 많은 황대선의 후예들이 스스로를 뽐내며 괘를 펼쳐 놓은 위에 '황반선黃半仙', '황야선黃也仙', '황소선黃小仙', '송선관松仙館' 같은 글자를 크게 쓴 광고판을 내걸고 있는 모습도 볼 수 있다. 관상쟁이들이 보여주는 생각에는 서로 차이가 없지만, 그들의 신분은 아주 복잡하다. 적지 않은 지식인들도 이들 속에는 포함되어 있는데, 그 중에는 대륙에서 홍콩으로 넘어와 생계를 도모하는 철학 교사들도 섞여 있다.

홍콩은 경제와 무역이 아주 발전하고 번영한 지역이다. 현대화 정도는 아주 높다. 아주 역사도 오래이고 소박한 운명 산정 방법 역시 현대화의 단계로 진입하고 있다. 묘당 내에는 쪽지를 뽑는 자동기계를 배치하였다. 기계 안에는 컴퓨터가 들어 있어 쪽지를 뽑는 사람이 동전 1원을 넣으면 기계가 바로 1장의 쪽지를 토해내는 구조이다. 현대화와 귀신을 믿는 미신은 홍콩사회의 하나의 아주 재미있는 일란성 쌍태아이다.

장천사

중국의 유명한 고전소설 『수호전』의 첫 장면은 "장천사가 전염병을 물리치기를 기도하고, 홍태위가 요사스런 마귀를 내쫓는대[張天師祈禳瘟疫, 洪太尉誤走妖魔]."는 이야기로 시작된다. 송宋 인종 시대에 서울에 전염병이 유행한 것에 대한 이야기이다. 장천사는 강서 용호산龍虎山에 살았는데 점을 쳐보기도 전에 미리 알고 구름과 학을 타고 동경으로 가서 37층層 야라천夜羅天에서 큰 제사를 올린다. 그는 부적을 널리 써 주어 재해와 질병으로부터 구원하니 전염병은 다 사라지고 사람들은 평안을 구가할 수 있게 되었다. 장천사의 도력이 범상치 않음을 알 수 있는 일화이다. 그러나 이 이야기 속에 나오는 장천사는 첫 번째 장천사의 이십 몇 대 후인에 불과하다. 그의 오래 전 선인인 장도릉張道陵과는 시대 차이가 많이 나는 것이다.

장도릉張道陵(34~156), 일명 장릉은 동한시대 사람이다. 그는 중국 본토 종교인 도교의 실제 창시자이다. 장도릉의 신화화되기 전의 경력은 별로 기이할 것이 없다. 그는 패국沛國 풍豊(지금의 강소江蘇, 풍현豊縣) 땅 사람이다. 일찍이 태학에 들어가 5경에 통달하였다. 한나라 명제 시대에 파군巴郡 강주江州(지금의 사천四川, 중경重慶) 수령으로 나갔다. 후에 촉 땅 사람들이 순박하고 교화하기 쉬우며, 또 그 지역에는 명산이 많다는 소리를 듣고 학명산鶴鳴山(지금의 사천 대읍大邑의 경내境內)을 찾아 들어가 수도하였다. 도교 경전 24편을 지었

한나라 장도릉. 그의 후예는 대대로 많은 봉호를 받고 있다. 송나라 진종은 그 후예인 신주 룡호산 도사 장정수에게 진정선생이라는 봉호를 내린다. 원나라 지원 13년에는 그의 36대 손인 장종연에게 보한천사라는 봉호가 내려진다. 명나라 홍무 원년에는 그 후예인 장정상에게 정일사교호국천조통성숭도굉덕대진인 봉호와 함께 이품의 봉작이 주어진다. 청나라 건륭 17년에는 이제까지의 봉작을 거두고 부의로 봉하고 정오품의 봉작으로 바꾸었다. 이렇게 각 왕조에서는 장도릉을 추숭하고 있다. 민간에서는 장도릉과 그의 후예, 그의 문도를 통틀어 "장천사"라고 총칭한다.

으며, 자칭 '태청현원太淸玄元'이라 하였고, 초기도교를 창립하였다. 입도자들에게 쌀 5두를 내게 하였으므로 '5두미도五斗米道'라는 이름으로 불렸다. 교인들이 회개하고 도를 받들면 부적을 살라서 탄 물과 주술을 써서 병을 치료하였다. 병자를 위해 기도하는 방식은 다음과 같았다.

> 병자의 성명을 쓰고 죄를 자복하는 뜻을 말한다. 세 통을 지어 하나는 하늘에 올리기 위해 산 위에 붙이고, 다른 하나는 땅에 묻고, 마지막 하나는 물에 담근다. 이것을 일러 '3관수서三官手書'¹-라고 한다. 병자의 집에서는 5두미를 내는 것이 상례였다. 그러므로 '5두미사五斗米師'(오두미를 받는 선생이라는 의미)라고 불렸다.
>
> ―『삼국지三國志』「장로전張魯傳」주석의 『전략典略』

백성들은 그를 신명 같이 보고 다투어 섬겼으며 그를 스승으로 모시는 자가 천, 만에 이르렀다. 장도릉은 마침내 24치(도교 조직道教組織)를 만들고 '제주'(두목頭目)를 두어 도민道民들을 영도하게 하였다. 위魏, 진晉 시대 이후 도교의 무리들은 장도릉을 '천사天師'로 존숭하게 되었으며, 5두미도 라 하는 이름도 그의 칭호를 좇아 '천사도天師道'가 되었다.

'도교정종道教正宗'이 성립된 것이다. '천사'의 명칭은 그 후인들이 대를 거듭하여 세습하여 나갔다. 역대 천사의 이름을 세습한 사람은 바르게 말해서 전국 도교의 영수가 된 것이다. 금나라, 원나라 시대에 이르러, 북방에서 도교의 또 다른 큰 분파인 전진도全眞道가 출현하였다. 천사도는 '정일도正一道'(도교의 부적과 주문을 각 파에서는 통칭 정일도라고 한다.)로 개칭하고, 남방에서 성행하였다.

장도릉은 도교의 조사祖師가 된 이후 점차적으로 신격화되어 신이 된다. 어떤 도교 계열 전적 들은 장천사의 신화적 이야기를 많이 담아서 편찬되었다. 『한천사가전漢天師家傳』, 『역대신선통감歷代神仙通鑑』, 『열선전전列仙全傳』 등의 책 속에서는 다음과 같이 말한다. 장도릉은 한나라 초기를 살았던 유후留侯 장량張良의 9대손인데, 그의 모친은 신인이 북두성으로부터 강림하여 형미향초衡薇香草를 그녀에게 주며 이렇게 말하는 꿈을 꾸었다. "나는 상제의 명을 받들어 너의 집에 내려 왔느니라."그렇게 하여 응감해서 잉태하였고, 후에 장릉이 탄생하였다. 장릉은 7세에 선인 하상공河上公을 만나 『도덕경

道德經』을 한 부 받았는데, 보자마자 바로 그 의미를 깨쳤다. 장성한 장릉의 용모는 비범하였다. 신장은 9척2촌이었고, 미간에는 총기가 어렸으며, 넓은 이마, 붉은 정수리, 녹색의 눈을 가졌는데, 눈은 3각이었다. 고전인 5경, 천문지리, 하도낙서河圖洛書, 참위讖緯서 등에 담긴 오의에 정통하여 한 시대의 대유大儒가 되었다.

황제는 그를 서울로 불러 관리를 삼으려 했으나 사양하고 나아가지 않았다. 촉 땅으로 들어가 학명산에 은거하였으며, 제자들과 더불어 용호대단龍虎大丹을 수련하였다. 첫 해에는 붉은 빛이 그가 머무는 방을 비추었고, 두 번째 되는 해에는 청룡과 백호가 단정丹鼎을 떠나지 않고 보호(강서의 도교 승지인 용호산은 이런 전설에

근거하여 붙여진 이름이다.)하였으며, 세 번째 되는 해에 용호단龍虎丹을 완성하였다. 당시 장릉은 이미 60대에 이르러 있었는데, 이 단을 먹은 후 30대의 청년과 같은 모습이 되어 달리는 말처럼 빠르게 기동할 수 있었다. 나중에 태상노군太上老君은 그에게 경서, 부록 비결 1000여권, 자웅검雌雄劍 두 개, 도공인都功印 한 개, 의관衣冠, 방군方裙, 주리朱履를 보내고, 8부귀신八部鬼神, 6천마왕六天魔王을 제거하라 명하였다.

천사天師는 노군老君의 명을 받들어 3만6천 용호신병龍虎神兵을 대동하고 한바탕 악전고투를 치러내어 마침내 모든 귀신과 마왕을 제거하니, 원시천존元始天尊은 그를 정일삼천부교보원대법사正一三天扶敎輔元大法師로 봉하였다. 무릇 하늘에 올라 선인이 되는 사람은 누구라도 먼저 이 삼천대법천사三天大法天師를 배알한 후에 영소보전靈霄寶殿으로 나아가 옥황대제玉皇大帝를 배알할 수 있다.

장천사에게 요괴와 악마를 항복시키고 흉악하고 사악한 것을 구축할 수 있는 능력이 부여된 것으로 말미암아 민간에서는 그를 일종의 진택보호신鎭宅保護神[집을 지켜 주는 신]으로 삼게 되었다. 과거에 일종의 '천사진택天師鎭宅' 민화가 유행한 적이 있는데, 세속에서 크게 환영을 받았다. 이 그림 속에 묘사된 장천사는 도포를 걸치고, 정수배를 들고, 호랑이를 타고, 5독, 즉 갈자蝎子[전갈], 오공蜈蚣[지네], 사蛇[뱀], 벽호壁虎[도마뱀붙이], 섬여蟾蜍[두꺼비] 혹은 지주蜘蛛[거미] 등 이른바 5종의 독충을 진압하고 있다. 민간에서는 이 그림을 붙이면 사악한 것을 피하고 재앙을 없애며 집안을 평안하게 보우할 수 있다고 믿는다. 한족漢族들은 옛날에 단오절端午節에 일종의 압승물壓勝物[힘 센 것을 억누르는 물건] 또는 문장

식을 설치하는 경우가 많았는데, 이것을 '천사애天師艾'[천사의 쑥]라고 불렀다. 매년 음력 5월 5일이면 민간에서는 진흙으로 장천사 상을 빚어 그 머리에 쑥을 꽂고 마늘을 손에 들려서 문 위에 배치하였다. 민간에서는 그것으로 사악한 것으로부터 피할 수 있다고 믿었다. 이러한 풍속은 중원과 강남지방에 유행하였다. 북방에서는 중문에 천사의 부적을 붙이는 습속이 유행했다.

정일도正一道가 『정일경正一經』을 신봉하고, 귀신을 숭배하고, 부적을 그리고 주문을 외우며, 복을 빌고 재액을 물리치고, 귀신을 구축하고 요괴를 항복시키는 일을 하였으므로 옛날에 민간에서는 '장천사에게 사악한 귀신을 쫓아내 달라고 청[請張天師驅促鬼]'하는 습속이 있었다. 이것은 많은 고전소설 속에 반영되어 있는 모습이다.

장천사가 도교의 창시자이지만, 도교에서는 도리어 노자(태상노군)를 교조로 내세운다. 후에는 이것이 3청(원시천존, 영보천존, 도덕천존 즉 태상노군)으로 발전하고, 신선세계 안에는 옥황대제를 우두머리로 하는 각종의 고급 신격들이 출현하게 된다. 이러한 양상을 거쳐서 장천사가 도교의 여러 신들 속에서 차지하는 지위는 점차 하락하기에 이른다. 『서유기』에서 그는 다만 영소보전靈霄寶殿을 호위하는 장張, 갈葛, 허許, 구丘 4천사天師의 하나에 지나지 않는다.

장천사가 민간에 끼친 영향은 작지 않다. 각지의 많은 도관에서는 그에게 향화香火[향을 사르며 제사지내는 것]를 올린다. 그를 모시는 도관 중 원조가 되는 것은 강서 귀계현貴溪縣 용호산龍虎山에 있는 상청궁上淸宮이다. 전하는 바에 의하면 이곳에는 처음에 장도릉이 연단수도를 한 초당이 있었다고 한다. 장도릉이 촉 땅으로 들어가 초기 도교를 창립한 1백년 후, 그의 제 4대 손인 장성 장천사張天師²-는 진나라 초기에 포교의 중심지를 용계산으로 다시 옮기고 장도릉이 지었던 옛 집터에 전록단傳錄壇을 지었다.

역대의 경영 결과 용호산에는 총 10대 도궁道宮, 81좌의 도관道觀, 36좌의 도원道院 등이 건립되어 '선도영회仙都靈會'라고 불리는 웅대한 도교 승지를 이루었다. 이곳은 세칭 도교 제32복지福地이다. 전록단傳錄壇은 역대 장천사가 경을 전하고 도를 펴는 장소, 상청궁上淸宮이 되었다. 상청궁은 중국에서 규모가 가장 크고 역사가 가장 오랜 도궁의 하나이다. 건축의 배치를 보면 3청전三淸殿, 옥황전玉皇殿을 중심에 두고 8문4방으로 나뉘는데, 1주천周天이나 팔괘, 청룡靑龍 백호白虎 주작朱雀 현무玄武 등의 사상四象을 상징한다. 상청궁은 독특한 건축 배치 방식과 고전적인 건축예술의 품격을 갖추고 있는데, 도교 건축물 중에서 그 명성이 아주 높은 것이다.

상청궁 아래 2리 쯤 떨어진 곳에 있는 천사부天師府(온전한 명칭은 사한천사부嗣漢天師府이다.)는 역대 장천사의 거처이다. 역대 제왕은 그 도를 추숭하여 그 자손에게 관직을 내렸으며 그 집을 수리 중건하게 하였다. 천사부는 500여 칸에 달한다. 누樓와 방房과 전殿과 각閣을 두고, 용주龍柱와 금벽金璧을 썼으며, 웅대하고 아름다운 것이 황궁과 흡사한 모습이다. 그 중 천사가 거주하면서 양생하는 전각은 면적이 900평방미터를 넘고, 두문頭門, 2문, 3문, 의문儀門, 전청前廳, 정청正廳, 대정원大庭院 삼성당三省堂 등을 두었다.

오늘날 장천사는 이미 64대에 이른다. 제 63대 장은부張恩溥 장천사는 1949년 국민당國民黨이 패퇴하는 것을 따라 대만으로 옮겨갔다. 장은부는 세습의 제사 지내는 방식이나 부적 쓰는 법, 경전에 대한 가르침 등에 정통하여 영향이 국내에서부터 동남아에 이르는 여러 나라 여러 지역에 두루 미친다. 장은부는 1969년 12월 대북에서 우화羽化[인의 죽음]하니, 65세였다. 그 당질堂侄인 장원선張源先이 64대 천사가 되었다.

역주 ──────

1_ 三官手書 : '하늘, 땅, 물의 세 군데를 관장하는 신에게 손으로 써 보내는 글'이라는 의미일 것이다.
2_ 張天師 : 이름이 장성인 장천사. 장도릉의 훗대는 대대로 한 아들에게 천사의 이름을 세습하게 하여 일률적으로 모두 장천사라고 지칭하였다.

3모진군

　과거에는 적지 않은 3모진군三茅眞君의 묘당이 있었는데, 그 중 다수는 남방에 분포하였다. 묘당 안에 받들어 모시는 것은 3분의 모씨 성을 가진 신선, 즉 모영茅盈, 모고茅固, 그리고 모충茅衷 3형제이다. 그 중 가장 웃어른인 모영이 가장 많이 알려져 있다. 3모진군 묘당의 원조는 강소江蘇 모산茅山에 있다.

　모산은 강소 구용현句容縣 경내에 있다. 이것은 중국 도교의 명산인데, 도교제1복지, 제8동천이라는 명예를 얻은 곳이다. 2천 년 전인 서한 초기 함양(지금은 섬서에 속함)에는 모영이라는 이름의 고인이 출현하였다. 전하는 이야기에 의하면 그가 출생할 때에 붉은 안개가 하늘을 뒤덮고 사흘 동안 흩어지지를 않았으므로 이러한 이름을 얻었다고 한다. 모영은 학문이 무르익었으나 벼슬자리에 나아가지 않았고, 채약연단采藥煉丹을 아주 좋아하였으며, 진인이 되는 길을 구해 열심히 성품을 닦았다. 18세 때 북악의 항산恒山으로 들어가 연단을 수양하였고, 30세에 도를 깨달았다고 한다. 후에는 강동의 구곡산句曲山(지금의 강소 모산)에 들어가 화양동華陽洞에 은거하였다. 수도와 동시에 항상 약초를 캐서 백성들의 여러 질병을 고쳐주곤 하였는데, 약으로 고치지 못할 병이 없었다.

　31년 후, 49세의 모영은 자신만만한 모습으로 고향으로 돌아왔다. 부친은 보자마자 크게 노하여 호통을 쳤다. "너는 아주 불효한 자식이로다. 양친을 봉양하지 않고 30년 동안 나돌아 다니더니 이제 와서 무슨 일로 돌아온 것이냐?" 부친은 호통을 치면서 벌떡 일어나 지팡이로 두들겨 패려고까지 하였다. 모영은 긴장하여 땅에 꿇어앉으며 부친을 향해 말했다. "아버님께서는 노여움을 푸십시오. 소자는 이미 득도를 하였으니 천만번 때리려 하여도 그리하지 못하실 것입니다." 늙으신 부친이 어찌 그 말을 믿을 것인가? 부친은 지팡이를 들어 때리려 하였으나 누군가가 노인의 의도를 알기라도 하는 듯 지팡이를 낚아채서 자식의 몸 근처에는 가지도 못한 채 지팡이만 꺾이고 말았다. 돌을 날리고 화살을 쏘아 보았으나 담장에 구멍만 여럿 뚫었을 따름이었다. 부친은 크게 놀라 어쩔 수 없이 분노를 가라앉힐 수밖에 없었다. 부친이 아들에게 물었다. "네가 득도를 하였다고 했는데 죽은 사람을 살릴 수 있는 능력이 있느냐?" 모영이 말하였다. "죄를 지어 죽은 사람이라면 그런 사람을 다시 살리는 것은 불가합니다. 병으로 죽거나, 요절한 사람이라면 경우가 다릅니다." 공교롭게도 마을에는 죽은 지 며칠 되지 않는 소년이 있었다. 모영은 진짜 그를 기사회생시켜 놓았다. 이 일은 단숨에 마을을 송두리째 뒤집어 놓았다. 요절한 사람이 있는 집안에서는 모두 모영이 환생하는 법술을 베풀어 주기를 소망하였다. 모영의 도력은 얕지 않았다. 진짜 죽은 자를 살리고 상처 입은 자를 돕는 도력이었다. 사람들은 그에게 심복할 수밖에 없었다. 사람들은 그를

'모신선茅神仙'이라고 불렀다.

모영의 두 아우는 아주 전도가 양양하였다. 모고茅固는 무위태수武威太守가 되고, 모충茅衷은 서하태수西河太守가 되었다. 그들이 순시를 나갈 때에는 의장대가 앞뒤에서 호령을 하는 것이 아주 위풍당당한 모습이었다. 모영은 그것을 보고 우스워서 두 아우에게 말하였다. "내년 4월 초사흗날 나는 신선이 되어 하늘로 올라갈 것인데 너희 두 관리와 부친이 나를 전송해 주기를 바란다." 전하는 바에 의하면 이 날이 되었을 때 신선 궁인들과 금동옥녀金童玉女들이 하늘로부터 내려와 모영을 광채 위로 오르도록 하고 에워싸서 하늘로 올라갔다고 한다.

두 아우는 그것을 보고 더 없이 부러워서 신선이 될 생각을 하고는 관직을 내던지고 떠나갔다. 결국 그들은 형을 찾게 된다. 모영은 그들에게 도를 전하고, 두 사람은 우화등선 한다. 3형제는 강소 구곡산에 들어가 안주한다. 이상의 도교 전설은 『신선전神仙傳』, 『삼교수신대전三敎搜神大全』, 『신선통감神仙通鑑』 등에 실려 있다.

三茅

모씨 형제들은 항상 노고를 무릅쓰고 심산유곡으로 들어가 약재를 채집, 환산고단丸散膏丹을 제조하여 세상 사람들을 구원하였다. 비바람 몰아치는 한여름이나 눈보라가 불고 천지가 얼음으로 뒤덮이는 한겨울을 가리지 않고 그들은 부르는 곳이라면 어디든지 가서 도왔으며, 보답을 바라지 않았다. 자기의 목숨을 영구히 이어가기 위한 수도를 하고 사람들을 실제적으로 돕기를 추구한 모씨 3형제의 행위는 뜻이 타인을 위해 헌신하는데 있는 것으로 감탄하지 않을 수 없는 것이다.

모영 3형제가 신선이 되어 승천한 후, 백성들은 그들이 생전에 베푼 은덕에 감사하여 묘당을 지어 이 세 명의 선한 사람을 모시고 제사를 지내기 시작했다. 아울러 구곡산을 모산으로 개명하여 영원히 그들을 기념하였다. 후인들은 모영 3형제를 나누어서 대모군, 중모군, 소모군이라 부르고, 합해서 '3모진군'이라 칭한다. 그들은 도교 모산파茅山派의 조사가 되었다. 모산파는 『상청경上清經』을 중심경전으로 닦으며, 부적과 주문으로 귀신을 부르고, 벽곡도인辟谷導引과 연단술煉丹術을 익힌다. 후세의 유명한 도사들은 거의 대부분 이 문파의 문도이다. 모산과 용호산, 합조산閣皁山(강서 청강현清江縣에 있다.)은 도교의 3대 부록파符籙派이다. 원나라 시대에 이들은 정일도正一道로 들어간다.

  모산의 주요한 궁관宮觀으로는 숭희崇禧, 원부元符, 구소九霄 등의 3궁에 건원乾元, 옥신玉晨을 합친 5관이 있다. 궁 내의 주전에는 3모진군의 성상聖像을 같이 모신다. 3위의 진군이 어깨를 나란히 하고 앉아 얼굴에 평화로움과 즐거움이 가득하니 일파의 평화로움과 상서로움의 상징이라 하겠다.

허진군

『서유기』는 다종다양한 신, 부처, 마귀, 요괴들이 묘사되어 있는 웅대하고 복잡한 세계이다. 이 속의 대부분의 신과 귀신들은 민간에 광범한 영향을 끼쳤다. 그 중에서 옥제의 영소보전을 호위하는 것은 도교의 저명한 4천사, 즉 장, 갈, 허, 구 4대천사이다. 장은 장도릉張道陵이다. 갈은 갈홍葛洪이다. 허는 허손許遜, 허정양許旌陽이다. 구는 구기丘機이다. 이 넷은 역사상 실존인물이며 모두 중국 고대의 이름높은 도사이다.

도교 중의 천사는 자연 교주 장천사가 첫 손가락으로 꼽힌다. 장도릉은 초기도교를 창립한 후 태상노군이 그를 천사로 봉하였다고 주장하였다. 사실은 그가 천사를 자칭한 것이다. 훗날의 도교는 이렇게 도술을 갖춘 사람, 도를 전하는 사람을 천사라고 칭했다. 여기서 바로 허천사(허진군이라고도 부른다.) 허손을 소개하여 보자.

허손許遜(서기 239~374)은 동진의 저명한 도사인데 135세를 살았다. 당시의 조건으로는 말할 것도 없고, 1600여년 후인 오늘날에도 이것은 위대한 나이라고 할 수 있다. 허손은 자가 경지敬之, 여남汝南(지금은 하남河南에 속함)사람인데 나중에 남창南昌으로 옮겨 살았다.

허손은 사냥을 좋아하였다. 하루는 산으로 들어가 사슴을 쏘는데 잡은 것이 어미사슴이었다. 어미사슴은 배 속의 아기사슴을 땅에 떨구었다. 상심한 어미사슴은 아기사슴을 핥아주고는 얼마 지나지 않아 죽어 버렸다. 그 모습을 보고 있던 허손은 그 자리

許眞君

옥제의 영소보전을 호위하는 것은 도교의 저명한 4천사, 즉 장, 갈, 허, 구 4대천사이다. 장은 장도릉, 갈은 갈홍, 허는 허손, 허정양, 구는 구기이다. 이 넷은 역사상 실존인물이며 모두 중국 고대의 이름높은 도사이다. 훗날의 도교는 이렇게 도술을 갖춘 사람, 도를 전하는 사람을 천사(진군이라고도 부른다)라고 칭했다.

를 떠나기 어려웠다. 슬픔 속에서 깨달음을 얻은 그는 활을 꺾고 화살을 버렸다. 이후, 그는 절대로 사냥을 하지 않았으며, 독서에 마음을 쏟았다. 그는 경전과 역사에 두루 통달하고, 천문, 지리, 5행, 참위의 서적에 밝았다. 가장 좋아한 것은 신선의 연단술이었다. 오맹吳猛이 도술을 갖추었다는 소리를 듣고 한달음에 달려가 배알하고는 3청비법三淸秘法을 배워 익혔다(『운급칠첨云笈七籤』).

진나라 태강太康 원년(서기 280) 허손은 효렴孝廉(효성과 청렴)으로 천거되어 정양현旌陽縣(지금의 사천 덕양현德陽縣, 일설에는 호북 지강현枝江縣) 현령이 되었다. 그러므로 세상에서는 허정양이라고 부른다. 허손은 청렴한 관리로 백성들을 위해 좋은 일을 많이 하였다. 전하는 바에 의하면 그곳에는 1년 동안 기근이 휩쓸어서 백성들은 세금을 낼 여력이 없었다고 한다. 허손은 영단으로 기와와 자갈을 변화시켜 사람을 써서 관아의 채마밭에 묻어 놓은 후 세금을 낼 수 없는 백성이 오면 일을 하도록 교대로 밭으로 보냈다. 백성들은 땅을 일구어 금을 얻었고, 그것으로 세금을 내었다. 어떤 다른 해에는 전염병이 유행하였다. 허손은 '터득한 신통한 묘방으로 구제할 수 있다.'고 하여 부적을 쓰고 주문을 외우니 바로 나았다고 한다(『열선전전』 4권). 주변 현의 병자들이 줄을 이어 찾아드니 매일 그 숫자가 천명에 육박하였다. 허손이 대나무를 강 가운데 세워 부적을 탄 물을 붓고, 병자들에게 대나무 아래에서 그 물을 마시게 하자 씻은 듯이 다 나았다.

허손은 진나라가 혼란스러워질 것을 내다보고 관직을 버리고 떠나 이름 높은 선비인 오맹과 함께 사방 돌아다니며 노닐었다. 촉 땅 사람들은 그 덕화에 감사하여 허손의 생사당을 짓기에 이르렀고 집집마다 그 형상을 모셨다(『열선전전』 4권).

진나라 명제 태령太寧 2년(서기 324) 진동대장군鎭東大將軍 왕돈王敦이 모반을 하였다. 허손은 오맹과 함께 가서 그를 보고 이해타산을 잘 살펴 경거망동을 하지 않을 것을 권하였다. 왕돈은 그 두 사람을 보고 말한다. "내가 꿈을 꾸었는데 큰 나무를 써서 하늘을 꿰뚫는 것이었다. 이것은 내가 제왕이 될 조짐이 아닌가?" 허손이 말한다. "이는 좋은 꿈이 아니다." 왕돈이 말한다. "잘 들을 터이니 무슨 일인가 말해 달라." 오맹이 답한다. "'나무 목'이 위로 하늘을 깨트리니 이것은 아직 미자이다. 장군은 아직 망동을 하여서는 안된다." 왕돈은 듣고 나서 대노하여 두 사람에게 벌을 내리려고 하였다. 허손과 오맹은 은신술을 사용하여 도주한다(『12진군전』). 훗날 왕돈은 군사를 일으켜 모반을 하였으나 성공을 거두지 못하고 군중에서 죽게 된다.

허손의 가장 훌륭한 업적은 교룡蛟龍을 제거하고 뱀을 참살하여 백성들의 재앙을 해결하였다는 점이다. 당시 남방의 여러 지역에서는 강이 걱정거리였다. 사람들은 강물 속에 교룡이 살아서 해를 끼친다고 믿었다. 교룡은 고대 전설 속의 동물이다. 민간의 전설 속에서 그것은 사람을 잡아먹고 홍수를 일으키는 것으로 받아들여졌다. 실제로 이것은 악어의 일종이다. 진나라 시대의 여러 곳에서는 3해害를 제거하는 일을 하였는데, 그 중 하나가 교룡이었다. 이빙李冰, 조욱趙昱 등은 고대의 전설 속에서 교룡을 제거하는 영웅의 모습으로 나타난다.

허손은 교룡을 참살한 후 철저하게 그 해악을 제거하였다. 그는 남창南昌 남정南井에 주철 기둥을 박고 아래에 쇠로 만든 밧줄을 여덟 줄로 늘여 쇠로 얽은 웅덩이를 만든 후에 모든 교룡이 그 안에서만 머물게 만들었다. 그리고는 그것을 보며 다짐한다. "철주가 만약 잘못 되고 교룡이 다시 날뛴다면 내가 다시 나올 것이다. 철주가 만약 바르게 되었다면 저 요망한 것은 영원히 제거된 셈이다." 후인들은 여기에 사당을 지어 정양사旌陽祠라고 이름 붙였는데, 또한 철주궁鐵柱宮이라고도 한다.

허손의 최후에 관계된 기가 막힌 이야기는 그가 집채 날아 하늘로 올라갔다는 것이다. 도교의 전설은 허손이 135세 때 그가 선인이 된 권속 42인과 같이 대낮에 집채 하늘로 올라갔으며, 그의 집에서 기르던 닭과 개까지 따라갔다고 한다. 진실로 이른바 한 사람이 득도하니 닭과 개까지 승천을 한다는 이야기라 하겠다. 그에게는 허대許大라 는 이름의 하인이 있었다. 그는 부인과 쌀을 팔러 가서 집에 없었다. 허손 등이 날아 올라갔다는 소문을 듣고 즉시 마차를 몰아 돌아왔는데, 돌아왔을 때 허손 등은 이미 하늘 중간쯤에 올라가고 있었다. 허대는 슬프게 울며 같이 데려가 달라고 간청하였다. 허손은 연분이 닿지 않는다고 말하며 그에게 지선의 술법을 가르쳐 주었다(『열선전전』 4권). 이렇게 보면 허손 집의 닭이나 개가 허대보다 더 복의 기운을 갖추고 있었다고 할 것이다. 송나라 시대에는 그를 '신공묘제진군神功妙濟眞君'으로 봉한다. 세상사람들은 그를 허정양, 허진군이라 부른다.

허손은 유가사상儒家思想과 도교방술道敎方 術을 융합하여 '맑고 밝은 자는 밝히지 못할 곳이 없으며 티끌만큼도 더럽히는 것이 없 다.'고 말한다. 아울러 그는 '효성과 공경으 로 법식을 삼고 방술을 수련한다.'고도 이야 기 한다. 남송南宋 소흥紹興 시대에 남창의 옥륭만수궁玉隆萬壽宮 도사였던 하진공何眞公 은 허손이 강림하여 전란을 끝마쳐 줄 것을 기도하였다. 이른바 허손의 '깨끗하고 밝은 큰법[淨明大法]'은 세상에 유행한다. 훗날 정 명도淨明道(또 정명충효도淨明忠孝道라고도 불린다.) 가 창립되면서 허진군, 허손은 교조로 받들 어 모셔진다. 그 교의가 당나라 송나라의 도교들이 중단법重丹法의 입장을 갖는 것과

는 반대로 주정主靜적 입장을 갖고 수도자는 반드시 충군효친忠君孝親하여야 한다는 것을 강조하면서 3교三敎를 조화시키려 하는 것이었기 때문에 송, 원, 명 시대의 사대부들에게 큰 영향을 끼쳤으며 선가의 '최정자最正者'라는 명예를 얻었다.

허진군의 원조 묘당인 강서 남창 서산의 옥륭만수궁玉隆萬壽宮은 처음에는 '허선사許仙祠'였다가 남북조시대에 개수하면서 '유유관游帷觀'이 되었다. 송나라 시대에는 궁으로 승격하며 6대전大殿, 12소전小殿, 7루樓, 5각閣, 3랑廊, 7문門을 갖는 웅대한 궁관의 규모를 갖추었다. 송 휘종徽宗은 친필로 '옥륭만수궁' 편액을 써 보낸다. 훗날 무너지고

飛昇圖

중건하기를 거듭하여 오늘날에는 산문, 전3전, 중3전, 후3전, 문창궁文昌宮, 소요진逍遙津, 희대戲臺 등이 남아 있다. 궁 안에는 세 그루 하늘을 찌를 듯 높이 솟아있는 측백고목이 있는데, 그 중 정전 앞 우측으로 서 있는 한 그루는 허손이 손수 심은 것으로 전하여진다. 궁내의 건축물들은 금칠한 벽에 휘황하게 장식된 것으로, 그 기세가 웅대하고 위엄 있다. 허진군의 신상을 받들어 모시는 외에 관제關帝, 주창周倉, 관평關平 등의 신상들도 모시고 있다. 궁내에는 진귀한 벽화가 아직 남아 있는데, 허진군이 사천에서 강서로 돌아오는 중에 백성들을 위해 여러 재해를 물리쳐 주는 각종의 이야기를 그린 것이다.

남창에는 아직 이름 높은 만수궁이 하나 남아 있다. 취화가翠花街 서쪽, 기반가棋盤街 동쪽 지점에 위치한다. 궁의 좌측으로는 우물이 있는데 강의 물과 같이 수위가 움직인다. 우물 속에는 철주가 있다. 바로 허손이 교룡의 해를 없애기 위해 주조하였다는 이른바 '진룡주鎭龍柱'이다. 이 궁은 또한 '철주관', '묘제만수궁'이라고도 불린다. 당시에 전각과 묘우의 건축물은 아주 웅장하고 화려한 것이었다.

갈선옹

항주杭州 보석산寶石山 서쪽의 갈령葛嶺 위에는 이름 높은 도관이 있는데 포박도원抱朴 道院이라고 불린다. 도관 안의 정전은 갈선전葛仙殿인데 갈홍葛洪의 조각상을 모신 곳이 다. 갈홍은 동진의 저명한 도사인데 도교이론가, 연단가煉丹家, 의학가이기도 하다. 갈 홍의 도호는 포박자이다. 그가 지은 유명한 도교 이론서도 이런 이름을 붙이고 있다. 그러므로 그를 모시는 묘당을 '포박도원'이라 한 것이다.

갈홍은 강서 구용句容 사람인데 강남 사대부인 호족 가문에서 출생하였다. 갈홍은 젊 었을 때 유학으로 한 때 이름이 높았다. 아울러 문재文才와 무략武略을 다 갖춘 인물이 었다. 20세 때 오흥 태수吳興太守 고비의 부하로 장병도위將兵都尉의 직책을 갖고 있었는 데 전공을 세워 복파장군伏波將軍으로 봉하여졌다. 갈홍은 고관이 되고 많은 녹봉을 받 는 것을 바라지 않았다. 신선 양생의 법술을 좋아하였고, 도교 경전을 즐겨 연구하였 다. 갈홍의 취향은 그의 출신 성분과 그의 가문에 전하여 내려오는 학문과 깊은 연관이 있는 것이다.

갈홍의 백조부는 3국시대의 '선공仙公'인 갈현葛玄이다. 갈현은 3국시대의 저명한 도 사이며 연단가煉丹家인 좌자의 문도이다. 좌자左慈의 도술은 아주 놀라워서, 일찍이 한 번 조조曹操를 놀려먹은 바가 있을 정도이다. 갈현의 도행도 아주 높은 것이었다. 전해

葛仙翁

갈홍은 갈령에 살면서 한편으로는 연단을 수도하고 다른 한편으로는 약을 캐어 백성들의 병을 치료해 주었다. 그는 산길을 열어 행인들의 통행이 편리하도록 만들어 주기도 하였다. 이러한 모든 행위는 그곳의 백성들에게 이로운 점이 많아서 사람들은 그를 '갈선옹'이라고 칭하였다. 후에 백성들은 갈선사를 지어 그를 모시고 제사지내게 되었는데, 훗날 이것은 포박도원으로 확장된다.

오는 이야기에 의하면 하루는 그가 친구들과 식사를 하고 있었는데 손님들이 그에게 한 수 솜씨를 보여 달라고 한 적이 있다고 한다. 갈현은 기침을 한 번 하였다. 입 안의 밥알들은 모두 몇 백 마리의 꿀벌집단으로 변하여 손님들의 몸 위로 날아 내렸다. 갈현이 또 입을 뾰족하게 내밀자 꿀벌들은 모두 입 안으로 날아 들어가 밥알로 변하였다. 갈현은 연단 전문가 중 하나이다. 그가 형문군荊門軍에 있으면서 자개산紫盖山에서 연단할 때 하늘에는 한기가 가득하고 땅은 꽁꽁 얼어붙어 있었으나 그의 두 다리에는 붉은 빛이 감싸고 있었다. 굴씨 성屈姓을 쓰는 농가의 두 처자가 보고는 측은한 마음이 일어 가죽신 한 켤레를 지어 그에게 주었다. 그녀들을 보낼 때 갈선공은 이미 바람처럼 떠나갔고 단로의 아래에는 여전히 열기가 남아 있었다. 두 처자는 잿더미를 뒤져 선단 한 알을 끄집어냈고, 반으로 나누어 각각 복용하였다. 이것만으로도 그녀들은 더 이상 배고픔도 갈증도 느끼지 않을 수 있게 되었고, 정신이 왕성하게 활동할 수 있게 되었다.

갈홍은 연단술을 이어온 집안에서 태어났으므로 조상의 연단 비술을 익힐 수 있었다. 특히 그는 백조부인 갈현의 고제 정은鄭隱을 스승으로 섬겨 그 진전을 얻었다. 후에 그는 또 남해태수南海太守 포정鮑靚을 스승으로 모셨다. 포정은 도술에 정통하였고 점복을 할 줄 알았다. 그는 갈홍이 인재이며 장차 반드시 큰 사람이 될 것이라고 여겨 자신의 모든 능력을 다 전하여 주었으며 딸 포고를 그에게 출가시켰다. 포고鮑姑는 남편의 힘 있는 조력자가 되었다.

갈홍은 40세가 다 되어서 관직을 버리고 집을 떠나 한 명의 노복만을 대동하여 강남을 여행하였다. 그는 임안臨安(지금의 항주杭州)에 있을 때 보석산의 서쪽 준령이 풍경이 수려하며 홍색의 벽석紅色壁石이 많이 나오는 것을 보고 이곳이 고요히 머물며 연단하기 제일 좋은 장소로 생각하였다. 그는 이곳에 집을 짓고 들어가 연단을 수련하였으며, 고요한 마음으로 도를 닦았다. 사람들은 곧 그의 성을 취하여 이 산을 '갈령葛岭'이라고 부르게 되었다. 갈홍은 갈령에 살면서 한편으로는 연단을 수도하고 다른 한편으로는 약을 캐어 백성들의 병을 치료해 주었다. 그는 산길을 열어 행인들의 통행이 편리하도록 만들어 주기도 하였다. 이러한 모든 행위는 그곳의 백성들에게 이로운 점이 많아서 사람들은 그를 '갈선옹葛仙翁'이라고 칭하였다. 후에 백성들은 갈선사를 지어 그를 모시고 제사지내게 되었는데, 훗날 이것은 포박도원으로 확장된다. 도원 안의 길을 걸어가

다 보면 산정山亭 하나를 만나게 된다. 정자는 외관상으로는 무슨 특이점을 갖추고 있지는 않은데, 놀라운 것은 이것이 도교의 제1호법신장第一護法神將인 3지안三只眼을 모신 왕령궁王靈宮이라는 점이다. 호법신장이 정자의 대들보 위에 위엄 있게 올라앉아 있는 것이 신기하고 독특한 품격을 갖추고 있으니, 전국에서 오직 이곳에서만 볼 수 있는 것이다.

갈홍은 만년에 교지交趾에서 단사丹砂가 많이 난다는 소문을 듣고 광주에 이르러 나부산羅浮山에 머물렀다. 나부산은 도교 제7동천第七洞天, 그리고 제31복지福地라는 명예를 얻고 있다. 갈홍은 여기에

서 연단하고 채약하며 책을 쓰고 학설을 세워 영남도교 성지를 개창하였다. 갈선홍은 81세 되는 나이에 이곳에서 선인이 되어 가고, 후인들은 그가 작은 집을 짓고 살며 연단하던 곳에 유명한 충허고관沖虛道觀을 건립하였다. 이 도관 안에는 갈홍이 연단 할 때 물을 길어 썼던 '장생정長生井'이 남아 있다. 현대의 화학적 분석에 의하면 이 우물의 물속에는 14종의 인체에 유익한 미량원소가 포함되어 있다고 한다. 옛날부터 전해오는 이야기에 의하면 이 물을 먹으면 장생이 보장된다고 하여 '한 말의 쌀과 한 말의 물을 바꾸었던' 적도 있다고 한다. 나부산의 충허관 안에는 갈홍과 그 부인인 포선고의 형상을 빚은 조각이 모셔져 있다.

갈홍이 지은 『포박자抱朴子』는 내편內篇과 외편外篇을 포함하여 전부 70권(편)이다. 내편은 구체적으로 연단의 방법을 적고 있는데, 위 진 시대 연단술이 이룩한 성취를 집대성하고 있다. 이것은 중국 고대 연단술의 역사를 연구하는데 중요한 저작이고, 화학, 의학, 제약학 등에도 일정한 공헌을 한 책이며, 동진시대의 사회적 양상이나 도교의 이론과 역사를 연구하는데도 중요한 자료이다.

갈홍은 『금궤약방金匱藥方』100권을 편찬하기도 하였다. 의학의 각 분야를 포괄하는 것으로 그 중 천화天花[천연두], 양충병恙虫病[털진드기 병]에 대해서는 세계 최초의 기록이다. 그는 또 『신선전神仙傳』7권을 편찬하였는데 고대의 전설 중 90여 개의 신선과 관련된 이야기를 기술하여 신화 전설과 도교의 발전사를 연구하는데 있어서 귀중한 자료를 남겨 주었다.

2서진군

북경 옛날 황성의 서쪽으로는 '영경호동靈境胡同'이라고 불리는 길이 하나 있다. 이 거리의 이름은 묘당으로부터 온 것인데, 당초에 이 거리에는 아주 유명하였던 '영경궁靈境宮'이라는 도관이 있었다. 그러나 영경궁이라는 이름은 잘못 전하여진 것이고 원명은 '홍은영제궁洪恩靈濟宮'이다. 영제궁은 명나라 초기 영락 시대에 건립되었다. 580년 전, 이것은 영락황제永樂皇帝 주체朱棣의 칙령으로 건립된 도관인데 '웅장하고 널찍한 것이 궁궐 못지않다.'는 평판을 얻었으며, 경사 9묘 중 하나로 자리매김 되었다. 이 묘에는 관청에서 제사를 올렸다. 『명사明史』「예지禮志」의 기록에 의하면, 정단正旦, 동지, 성절聖節 등의 날짜에는 조정에서 예부의 고관을 파견하여 제사를 올렸다고 한다.

영제궁에서 제사를 올리는 신령은 2서진군, 즉 서지증徐知證, 서지악徐知諤 형제이다. 2서는 역사상 실존인물이며 5대 시대 남당南唐의 두 번왕藩王이다. 그들이 신이 된 과정은 아주 간단하다. 『명대정찬요明大政纂要』 15권의 기록을 보자.

처음에 그 부친인 서온徐溫이 오나라 양행밀楊行密을 모셨다. 전염병이 돌자 양자養子인 서지고徐知誥가 양씨를 대신하여 나라를 창업하고 서지증을 강왕江王, 서지악을 요왕饒王으로 봉하였다. 일찍이 병사를 이끌고 민 땅으로 들어가 도둑떼를 평정하니 민閩

영제궁에서 제사를 올리는 신령은 2서진군, 즉 서지증, 서지악 형제이다. 2서는 역사상 실존인물이며 5대 시대 남당의 두 번왕이다. 2서가 신이 된 후 송나라 고종은 '영제'라는 묘당의 편액을 내려준다. 두 신은 명나라 시대에 이르러 가장 운이 트였다. 명나라 성조 주체는 2서를 각각 금궐진인과 옥궐진인으로 봉하였으며, 뒤에는 다시 금궐진군, 옥궐진군으로 높였다. 2서의 부모도 진군과 선비로 봉하여졌다.

땅 사람들이 덕을 기려 민현閩縣의 오봉鰲峰에 생사당을 건립하였고, 여러 번 영험한 응답을 받았다. 송나라 고종은 칙령으로 '영제궁靈濟宮'이라 사액하였다.

서온은 여섯 아들을 두었다. 그러나 그 양자인 서지고(후에는 자칭 이씨의 당나라 후손이라 하여 이변李昪이라 개명했다. 역사는 열조라 칭한다.)가 남당南唐을 건립할 때 서지증, 서지악 두 형제만이 살아남았다. 지증은 제5자이고, 강왕에 봉하여 졌으며, 43세에 죽었다. 지악은 제6자이고, 요왕에 봉하여 졌으며, 35세에 죽었다. 역사상에서 볼 때 2서는 '병사를 이끌고 민 땅으로 들어가 도적떼를 평정한' 공덕이 없다. 『음과별지蟫窠別志』는 고증을 하여 이 사실을 확인했다. 당시에 '여러 번 민 땅으로 보내진 장군들의 이름이 역사에 기록되어 있는데 지증과 지악이 군대를 이끈 사례가 없고, 금오봉 아래 진을 쳤다는 것은 거짓'이라는 것이다. 결론은 '2서는 민땅에서 공을 세운 적이 없다.'는 것이다.

사실을 말하자면, 2서는 비단 민 땅에서 공을 세운 적이 없을 뿐만 아니라 오히려 인품이 저급한 사람들이었다. 더욱이 서지악은 '진기한 보물을 좋아하고 축적한 재산의 규모를 헤아릴 수 없을 정도'였으며, 일생을 향락으로만 살아간 버르장머리 없는 소인이었다. 서지악은 항상 사람들에게 이렇게 말하곤 하였다. "인생은 70이 한계인데,

나는 왕가에서 생장하여 지고의 환락을 맛보았으니 하루를 세상 사람들이 이틀처럼 산 셈이다. 35세가 된다면 죽을 나이이리라."(『제경경물약帝京景物略』 4권) 취생몽사醉生夢死로 살아간 이 나이가 찬 방탕한 사람은 하루를 이틀처럼 즐겨서 먹고, 마시고, 여자를 품고, 즐기는 모든 것들이 다 남들의 두 배였으니 장수를 누릴 수 있었겠는가? 결국 그는 자신의 말처럼 35세에 죽었다. 그러나 두 배는 향락을 즐겼던 이 번왕에게 있어서는 70세를 산 것과 같은 인생이었다. 그는 마음으로 만족하였으며, 정침正寢에서 죽음을 맞았다.

그리고 또한 2서에게는 도교를 신봉하였다고 할 만한 근거가 없다. 사승관계도 없고, 제자도 없으며, 도교와는 아무런 상관도 없었던 것이다. 이런 두 사람이 신령이 되는 것을 보면 확실히 웃기는 일이다.

2서가 신이 된 후 송나라 고종은 '영제'라는 묘당의 편액을 내려준다. 두 신은 명나라 시대에 이르러 가장 운이 트였다. 명나라 성조 주체朱棣는 2서를 각각 금궐진인金闕眞人과 옥궐진인玉闕眞人으로 봉하였으며, 뒤에는 다시 금궐진군, 옥궐진군으로 높였다. 2서의 부모도 진군과 선비로 봉하여졌다. 그런 뒤에 민 땅의 영제궁 개척지를 중건하도록 명을 내렸으며, 2서의 신상을 만리 멀리 떨어진 복주福州의 민현으로부터 경성으로 옮겨 오도록 하여 궁관을 커다랗게 새로 지었다. 2서는 단숨에 관리들이 제례를 올리는 고급신선이 된 것이다.

주체가 2서진군을 받들어 모셨다는 증거는 두 가지이다. 첫째는 그가 '항상 두 신인(2서를 가리킴.)이

꿈에 나타나 남쪽의 해변에 사는데 국가를 보우하러 왔다고 했다.'는 말을 하면서 묘당을 건립하여 받들어 모시는 것으로 감사를 표하였다는 점이다. 둘째는 그가 영제궁 2서진군의 이른바 선단이라는 것을 깊이 믿어서 만년에 주사와 여러 화합물로 제조한 선단仙丹을 많이 먹고 '가래가 들끓고 기도가 막히고 기가 거꾸로 흐르며 분노가 치밀어 소리를 듣지 못하는 데 까지 이르는 병'에 걸리기까지 하였다는 점이다(『명사明史』「방기전方伎傳」).

북경에 건립된 홍은영제궁은 아주 웅대하다. 안에는 전, 각, 루, 당이 350여 칸이고, 궁이 점유하고 있는 땅이 80무이며, 웅장하고 널찍한 것이 궁궐보다 못하지 않는 정도이다. 명나라 가정嘉靖년간에 대학사大學士 서계증徐階曾은 영제궁에 머물면서 강학을 하였는데 청강한 학생이 1천에 이르렀다고 한다. 이것을 통해 영제궁의 웅대함을 미루어 짐작할 수 있을 것이다.

명나라 성화成化 년 간에 헌종憲宗은 또 2서를 금궐상제金闕上帝, 옥궐상제玉闕上帝로 높인다. 그러나 명나라가 패망함에 따라 2서진군도 천길 아래로 명예가 추락하였으니, 북경의 영제궁은 아주 빠르게 황폐해져 갔다.

2서진군의 원조 묘당은 복건福建 민후현閩侯縣의 영제궁이다. 이 도궁道宮은 민후현 상렴祥謙 청포촌靑圃村 금오봉金鰲峰 아래 있는데, 1천 년 전인 5대 시대 후진後晉 때에 처음 건립되었다. 궁의 좌측에는 명조의 어제비御制碑가 있는데 비정碑亭으로 위를 씌웠다. 대전 안에는 2서 신상을 모시고 있다.

왕중양

남송 초기, 북방은 금나라의 통치지역이었다. 당시에는 전쟁이 빈번하게 발발하여 백성들의 생활은 아주 고통스러웠다. 거기다 이민족의 압박과 통치를 받게 되었으므로 한족의 백성들은 일종의 정신적 해탈이나 위로를 받을 방법을 찾게 되었다. 이에 북방에 하나의 새로운 도교 교파, 전진도가 생겨나게 되었다. 전진도全眞道는 당시의 정치, 경제, 생활 전반에 걸쳐 중대한 영향을 끼쳤고, 중국 도교사상 중요한 위치를 차지하게 되었다. 그것의 개산비조開山鼻祖는 바로 중양자重陽子 왕저王嚞(음은 밝을 철과 같음.)이다.

왕저(1112~1170)는 또 왕중양이라고도 불리는데 금나라 시대의 유명한 도사이다. 왕중양은 중부中孚 함양咸陽(지금은 섬서에 속함.)의 망족望族이다. 자라면서 기품이 범상치 않았고, 눈이 입만큼 컸으며, 수염이 배를 덮었다. 목소리는 큰 종소리 같았고, 얼굴은 백옥 같이 희었으며, 생각과 재주가 민첩하였고, 체력이 누구보다 좋았다(『금연정종기金蓮正宗記』 2권). 그는 어린 나이에 이미 경전과 역사에 정통하였다. 일찍이 예부의 시험에 응시하였으나 합격하지는 못하였다. 무과 시험에 응시하여 갑과로 급제하였다. 그는 오랫동안 이부의 관원 같은 작은 직책을 역임하였고, 다시 승급하려 하였으나 이루지 못하였다. 그는 하급관리를 오래 지냈기 때문에 하층 백성의 고통스러운 생활에 상당히 동정적인 입장이었다.

금나라 시대의 유명한 도사이다. 자라면서 기품이 범상치 않았고, 눈이 입만큼 컸으며, 수염이 배를 덮었다. 목소리는 큰 종소리 같았고, 얼굴은 백옥 같이 희었으며, 생각과 재주가 민첩하였고, 체력이 누구보다 좋았다. 어린 나이에 이미 경전과 역사에 정통하여 일찍이 예부의 시험에 응시하였으나 합격하지는 못하였다. 무과 시험에 응시하여 갑과로 급제하였다. 하급관리를 오래 지냈기 때문에 하층 백성의 고통스러운 생활에 상당히 동정적인 입장이었다.

어느 해인가, 왕중양의 고향에 재해가 휩쓸고 지나갔다. 그의 조부는 남는 식량을 내 놓아 재해민을 구제하였다. 그러나 먼데 사는 굶주린 사람들에게까지 양식이 전해질 수는 없었다. 그들은 그의 조부의 집에 들이닥쳐 식량을 뺏어갔다. 왕씨 가문의 재산은 다 빼앗겨 버렸다. 지방관은 병정들을 이끌고 와 투쟁적인 굶주린 백성들을 붙잡아서 죽일 준비를 하였다. 왕중양은 지방관과 조부를 향해 말하였다. "지역민들이 굶주리다 못해 양곡을 탈취해서 살기를 도모한 것인데, 저는 그들이 이렇게 죽어 나가는 것을 차마 볼 수 없습니다." 그는 잡힌 사람들을 풀어달라고 요구하였다. 고향 친지들은 왕중양에 대해 강한 존경심을 갖게 되었다(『감수선원록甘水仙源彔』 1권).

왕중양은 급변하는 사회의 불안한 분위기 속에서 인생의 무상함과 인생의 짧음, 그리고 인생의 고통스러움을 깊이 절감하였다. 그는 가치를 실현하지 못하면서 사는 자기 인생에 대해서 탄식하였다. "공자는 40살에 불혹의 경지에 이르렀고, 맹자는 40살에 부동심을 이루었다. 나는 48세나 되었는데도 평범하게 아무 하는 일 없이 보내니 진실로 버러지 같은 삶이 아니던가[孔子四十而不惑, 孟子四十不動心, 我四十八仍碌碌無爲, 不是夠蠢的嗎]." 그는 마침내 벼슬을 버리고 처자를 떠나 현문에 숨어들었다. 이로부터 그는 왕저로 개명하고 호를 중양자라 하였다. '중양'은 일체의 음기를 버리고 생사의 윤회를 벗어나고자 하는 뜻을 담고 있는 것이다. 그는 개인의 정신적 해탈을 추구한다. 왕중양은 쑥대머리에 더러운 얼굴을 하고 해골 같은 모습이 될 정도로 방랑하였다. 그는 자칭 '왕해풍王害風', 왕풍자王瘋子라 하면서 '신수神修(정신의 수양)'의 생활을 영위하였다.

전해 오는 이야기에 의하면 한 때 그가 감하진甘河鎮에서 술에 취해 있을 때 두 명의 기인을 만난 적이 있는데, 그들이 그에게 진기를 닦는 구결을 전해 주었다고 한다. 원래 이 두 사람은 그 이름도 쟁쟁한 여동빈과 종리권의 변신이었다. 훗날 그가 다시 여선옹을 뵈었을 때, 여동빈은 그에게 '너는 당장 동해로 달려가 담과 마음을 같이 하고, 마를 잡으라[投譚捉馬]'고 하였다고 한다.

이 후, 왕중양은 종남산終南山 유장촌劉蔣村(지금은 섬서陝西 호현戶縣 조암진祖庵鎮)에 이르러 손수 1칸 모옥을 짓고, 몇 척 높이의 흙무더기를 만들어 아래쪽에 1장 깊이의 묘혈을 파고 들어앉았다. 그는 스스로 이 거처를 '활사인묘活死人墓'라고 이름 붙였으며, 이 묘혈 속에서 살며 수행을 하였다. 그는 이미 경전과 역사서를 안 읽은 것이 없는 하급관리였으나, 이렇게 도를 행하는 도사로 표변한 것이다.

수년이 지난 후, 그는 불쏘시개 하나를 헐거하던 모옥에 던져 넣고 강호로 유랑을 떠나 산동에 이르렀다. 백만 재산을 가진 마의보馬宜甫를 만났는데, 마의보는 그에게 자신이 꿈에 선학 한 마리가 집 안 남쪽 정원의 땅 속에서 솟아 나오는 것을 보았다고 이야기 하였다. 왕저는 바로 그 땅에 작은 집을 세우고 '전진당全眞堂'이라고 이름 붙였다. 전진교라는 이름은 여기에서 시작된다. 이른바 '전진'이라는 것은, 왕저가 선언하였듯이 그 교의가 '3교(도, 석, 유)원융三敎圓融'[3교를 하나로 통합], '식심견성識心見性'[지식하는 마음에서 본성을 본다], '독전기진獨全其眞'[홀로 그 진성을 오로지 지킨다]을 종지로 하는 것이므로 '전진'이라는 이름을 갖는 것이다. 마의보와 그 처인 손불이孫不二는 왕저의 교화를 받아들여 제자가 된다. 마의보는 마옥馬鈺이라고 개명을 하고, 호를 단양자丹陽子라 하였고, 손불이는 호를 청정산인淸靜散人이라 붙였다. 오래지 않아 담처단譚處端도 왕저의 제자가 되었다. 이때에야 왕중양은 전에 여동빈이 말했던 '담과 마음을 같이하고 마를 잡으라'는 것의 의미를 명백하게 알 수 있게 되었다. 이 후에 그는 계속하여 구처기丘處機, 유처현劉處玄, 왕처일王處一, 학대통郝大通 등의 여러 제자를 얻는다. 이들을 앞에 거론하였던 세 명과 합하여 역사는 '북7진北七眞', 즉 북방 전진도 개파의 7명의 조사라고 부른다.

왕저는 58세에 신선이 되어 떠나가고 사후에 종남 유장촌의 옛 암자(지금의 섬서 호현 조암진)에 매장되었다. 금나라 장종章宗은 암자에 '영허관靈虛觀'이라는 이름을 내렸다. 원나라 태종은 그것을 '중양만수궁重陽萬壽宮'으로 높였다. 전진도는 이것을 조암祖庵, 조정祖庭이라고 존숭한다. 원나라 세조는 왕중양을 높여 '중양전진개화진군重陽全眞開化眞君'이라 불렀고, 원나라 무종은 또 '중양전진개화보극제군重陽全眞開化輔極帝君'으로 더욱 높였다.

왕저는 불교와 유학사상을 받아들여 3교평등三敎平等, 3교합일三敎合一을 주장하였다. 그는 말한다. "유학과 불교는 그 도가 서로 통한다. 3교는 종래 같은 것이다." 전진교는 도교의 『도덕경道德經』, 불교의 『반야파라밀다심경般若波羅蜜多心經』, 유가의 『효경孝經』을 필수 경전으로 한다. 왕저는 부적이나 연단을 다 같이 주장하지 않으며 대낮에 날아서 하늘로 올라간다는 이야기도 믿지 않는다. 수도라는 것은 근본적으로 마음을 닦는 것이기 때문에 청심과욕清心寡慾하여 마음의 청정한 상태에 이른다면 몸은 속세의 티끌 속에 있더라도 마음은 성경聖境에 이른 것이라고 생각한다. 그는 『중양입교15논重陽立敎十五論』을 손수 저술하여 교의와 규약 15가지를 제정한다. 그것을 통해 그는 교도들에게 청정하게 닦아 세속의 욕망을 끊을 것, 부인을 얻지 말 것, 좌선으로 성품을 연공하기, 3계를 초탈하기, 세속을 떠날 것을 요구한다.

왕중양이 죽은 후 그 제자 마옥 등 7인은 길을 나누어 북방 각지에 도를 전하여 전진도의 영향력이 막대하여졌다. 더욱이 그들 중

구처기는 원나라 초기에 태조 성길사한成吉思汗[징기스칸]의 예우를 받아 그에게 천하의 모든 도교, 전국 각지의 커다란 궁관들을 다 관장하라는 명이 내리자 전진도는 최고의 번성을 구가한다. 그렇지만 원나라 이후에 이르러서는 교세가 점차적으로 약하여져 나간다.

전진도의 원조 묘당은 섬서 호현 조암진 북쪽의 중양궁인데 원래 이곳은 왕중양의 유골을 매장한 곳이므로 조암祖庵, 또는 조정祖庭으로 불려진다. 왕중양 사후 매장하고는 도궁을 지었는데, 마옥은 궁 안에 대청을 건립하고 '조정' 두 글자를 횡으로 편액에 써서 달았다. 후에 이곳은 '영허관'으로 개칭된다. 원나라 시대에 황제가 왕중양을 중양진인으로 봉한 후에 구처기는 영허관을 중양궁으로 바꿔 주기를 청한다. 원 태조는 이것을 또 중양만수궁으로 올려 봉하고 대량의 누대와 정자 전각등을 증축하여 마침내 관중의 저명한 도궁의 모습이 완성되었다.

중양궁은 원나라 시대에 전국 72 도교 분파의 총본산이었다. 궁내의 건축물은 많을 때에는 5048칸에 이르렀고, 궁내에 거주하는 도사의 숫자는 만여 명에 달하였다. 원나라 시대에 황제는 3500명의 도병道兵을 파견하여 도궁을 보호하였다. 중양궁의 건물들은 오늘날에는 이미 대부분 무너지고 다만 유허지와 하나의 4합원四合院, 북문 5칸, 정전 5칸만이 남아 있다. 그러나 아직도 30여개의 비석이 남아 '조암비림祖庵碑林'을 이루고 있다. 그 중에 선각한 '중양조사지도重陽祖師之圖', '현문7진지상玄門七眞之像', '종남조정도終南祖庭圖' 등은 중요한 문물자료이다.

장삼풍

　　근래 방송 프로그램에서 대대적으로 선전을 하여 이미 세계적으로 이름 높은 중국무술이 더욱 4해四海에 그 위세를 떨치고 있다. 많은 무림 문파武林門派 중 두 가지 종교무술이 가장 아름이 높은데, 바로 무당武當과 소림이다. 하나는 남쪽에서 일어났고 다른 하나는 북쪽에서 일어났다. 하나는 도교와 연결되고 하나는 불교에 연결된다. 이것들은 서로를 비추어 주면서 무술영역의 성가를 드높이고 있다. 『소림사少林寺』와 『무당』의 옛이야기편이 방영되면서 다시 저 두 무술 계파의 특별한 성가가 더욱 고양되었고, 세계의 어디에서나 이 두 문파를 알게 되었다.

　　소림권少林拳에 대한 이야기를 하려면 달마조사達摩祖師를 빼놓을 수 없고, 무당의 내가권內家拳을 말하려면 신비막측한 장삼풍張三豊에 이야기가 미치지 않을 수 없는 일이다. 실로 장삼풍이 도교의 역사 속에서 갖는 위상은 무당도파武當道派를 창립하였다는 데에서 특별히 두드러지게 드러난다.

　　도교는 금나라, 원나라 시대부터 점차 정일교와 전진교의 양대 교파로 나뉜다. 하나는 남쪽에 있고 다른 하나는 북쪽에 있는데, 대체적으로 대강大江[양자강, 장강]과 회수[1]를 경계로 하는 남쪽과 북쪽 지역이다. 정일교는 도교의 부적을 중시하는 각 파의 총칭이다. 귀신을 숭배하고 부적을 그리거나 주문을 외우며 귀신을 내쫓거나 요괴를

張三豊

장삼풍은 그 행적이 분명하지 않으며, 자못 신비한 색채를 띠고 있는 도사이다. 그렇기 때문에 그의 이름, 호, 본관, 시대 등에 대한 이야기는 모두 20종류가 넘는다. 비교적 일반적으로 말하여지는 것은 이 기이한 도인이 또한 장통, 장전일이라는 이름으로 불려지고, 자는 군실, 호는 현자라는 것이다. 요동 예주사람이며, 원나라와 명나라 시대의 도사이다.

항복시킨다. 그러나 전진교는 자아의 도덕적 수양과 행동의 수련을 중시한다. 원나라 말기 명나라 초기에 이르러 양파는 서로 교류하고 융합하는 추세를 보여주기도 한다. 이러한 추세에는 장삼풍이 아주 큰 작용을 하였다.

장삼풍은 그 행적이 분명하지 않으며, 자못 신비한 색채를 띠고 있는 도사이다. 그렇기 때문에 그의 이름, 호, 본관, 시대 등에 대한 이야기는 모두 20종류가 넘는다. 비교적 일반적으로 말하여지는 것은 이 기이한 도인이 또한 장통張通, 장전일이라는 이름으로 불려지고, 자는 군실君實(혹은 군보君寶), 호는 현자玄子라는 것이다. 요동遼東 예주叡州(지금의 요녕遼寧 창무彰武 서남西南)사람이며, 원나라와 명나라 시대의 도사이다. 장삼풍은 몸체가 크고 위엄이 있는 모습이며, 큰 귀, 둥근 눈, 미늘창 같은 수염을 갖추고 있다. 겨울이나 여름을 가리지 않고 다만 한 끼를 먹고 도롱이 하나를 두르고 살았을 뿐이다. 반찬 한가지로 여러 말의 밥을 먹은 적도 있고, 혹은 여러 날 동안 한 끼만 먹는 적도 종종 있었으며,

혹은 여러 달 동안 먹지 않고 지내기도 하였다. 옷차림에 신경을 쓰지 않았기 때문에 찢어지고 헤진 옷을 입었다. 사람들은 그를 '장랍탑張邋遢'[불결하다는 의미]이라고 불렀다.

　도교 전설에 의하면 장삼풍은 일찍이 화주태수華州太守에게 속한 관원을 역임하였다. 한 번은 그가 태수와 함께 화산으로 가서 저명한 도사 진단[2]을 배알한 적이 있다. 진단은 그들을 아래에 앉게 한 후 윗자리에 자리 하나를 만들었다. 어떤 사람이 오기를 기다리고 있는 모습이었다. 잠시 시간이 흐른 후 과연 도사 한 명이 나타났는데 남색 도포에 갈건을 썼으며 오만한 태도였다. 진단은 그를 아주 공경하는 모습이었다. 두 사람은 산을 앞에 두고 바다를 뒤로 하여 하늘을 이야기하고 땅을 말하였는데 아주 열정적이었다. 태수는 자신을 냉대하는 것을 보고 기분이 불쾌하였다. 이때 두 사람은 담소를 마쳤고, 도인은 옷섶을 뒤져 대추 세 개를 찾아냈다. 붉은 것이 하나, 하얀 것이 하나, 푸른 것이 하나였다. 도인이 말하였다. "급하게 오는 바람에 예물을 준비하지 못하여 다만 대추 세알을 가지고 있을 뿐이니 우리가 나누어 먹도록 합시다." 말을 마치고 자신은 붉은 것을 먹고, 흰 것은 진단에게 주었으며, 푸른 것은 태수에게 주었다. 태수는 도인이 자기를 가볍게 여긴다고 생각하여 푸른 대추를 그를 모시던 장삼풍에게 주었다. 장삼풍은 그것을 먹자마자 갑자기 정신의 활동이 활발하여 지고 육신이 가볍고 강건하여지는 것을 느꼈다. 도인은 크게 웃고 작별의 예를 표하고는 순식간에 사라져 버렸다.

　태수는 깜짝 놀라 이유를 물었다. 진단이 말했다. "이 도인은 바로 선인 여동빈이오. 제 세 개의 대추는 바로 신선의 대추인데 상, 중, 하로 나누어 질을 헤아려서 먹지요. 대인의 몸은 평범한 사람의 신체이고 속기가 뼈에 가득하므로 다만 청색의 대추만을 먹을 수 있소. 수신의 도리는 한 걸음에 등천할 수 있는 것이 아니라오. 다만 순서를 따라 점진적으로 나아가야 하는 것이지 신속하게 이루려고 하면 달성할 수 없는 법이지요." 말을 다 듣고 나서 태수는 자신이 이 기연을 잃었음을 알고 후회를 금할 수 없었다.

　장삼풍은 신선의 대추를 먹은 후 이미 득도하여 선인이 되었으며, 종적이 일정하지 않게 강호를 떠돌아 다녔다. 그는 때로는 복잡한 도시에 들러 태연자약하게 웃으며 사람들의 복을 비는 기도를 하고 재앙을 물리쳐 주었으며, 때로는 농가에 들러 농민들이 꿈에서도 이룰 수 없었던 좋은 일을 하여 주었다. 사람들은 그런 그를 보고 '진선'이라 하였다.

장랍탑은 후에 호북 무당산에 이르러 입산해서 연단 수련을 하였고 옥허궁玉虛宮 앞에 암자를 짓고 살면서 고목들이 숲을 이룬 언덕 아래에서 9전금단九轉金丹을 연성하였다. 장삼풍은 당지 사람들을 향해 말하였다. "이 산은 다른 날 크게 이름이 날 것입니다."

명 태조 주원장은 장삼풍의 이름을 흠모하여 사람을 파견해 찾으려 하였으나 성공을 거두지 못하였다. 후에 명 성조 주체도 여러 번 사신을 파견하였으나 찾지 못하였다. 사실은 장삼풍이 피해 숨은 탓이었다. 그는 도리어 촉왕蜀王 주춘朱椿, 시강학사侍講學士 호광胡廣과 더불어 친구로 사귀며 무당도장을 다시 중수해야 한다는 여론을 불러 일으켰고, 아울러 그들을 통해 성조에게 영향력을 행사하려 하였다. 성조는 공부시랑工部侍郎 곽진郭璡, 융평후隆平候 장신에게 명을 내려 인부 30만 명을 감독해 무당궁관을 크게 짓도록 하였다. 비용은 백만금에 육박하였다. 궁관이 완성되고 난 후에는 태악태화산太岳太和山이라는 이름을 내렸다. 성조가 무당산 도교 궁관을 크게 짓도록 한 주요한 원인은 정치적인 문제였다. 성조는 황제의 지위를 찬탈하였으므로, '군권신수君權神授'의 관념을 크게 고취할 필요가 있었다. 그는 자신의 왕통이 진무대제의 보호를 받는다고 하여 무당궁관을 지어 놓고 받들어 모셨다(『진무대제眞武大帝』1절 참고). 그러나 장삼풍을 자신의 편으로 끌어들이기 위한 것이라는 점도 그 중요한 원인 중 하나였다. 성조 주체는 무당산에 특히 그의 수도를 위하여 웅장한 '우진궁遇眞宮'을 짓기도 하였다.

우진궁은 장삼풍의 원조묘당이다. 무당산 북쪽 기슭에 있는 '신도神道'[신이 드나드는 길]의 산문인 현악문玄岳門으로부터 1키로미터 떨어진 곳에 있다. 역사는 장삼풍이 일찍이 이곳에서 수련을 하였다고 적고 있다. 처음의 이름은 회선관會仙館이었다. 명 성조의 칙령으로 이곳에는 진선관, 유리8자궁문琉璃八字宮門, 회랑, 동서방장東西方丈, 제당齋堂 등의 크고 작은 전당실우殿堂室宇[모든 종류의 건물] 약 3백여 칸이 지어지고, 우진궁遇眞宮이라는 이

름이 내려졌다. 우진궁은 명나라 시대에는 '영경靈境'이라는 명예를 얻었다. 진선전은 옆으로 행랑을 거느리고 중간에 높이 올라앉은 방식으로 지어졌다. 정면 3칸, 측면 3칸이며, 홑처마에 날아가는 듯한 추녀선을 하고, 채색한 기둥과 붉은 칠이 된 담장이며, 높은 대좌 위에 우뚝 솟아 있다. 전각 앞에는 금상金象, 금구金龜, 금종金鐘, 옥석비시³를 바닥돌로 한 어비御碑[임금이 내린 비석] 등의 제의용 물품들이 배치되어 있었다. 전각 안에 모셔져 있는 장삼품의 조각상은 동으로 빚어 금을 입힌 것으로 높이 1.4미터이다. 몸에는 도포를 입고 머리에는 두립斗笠을 썼으며, 발에는 초와草鞋를 신었다. 얼굴은 넓고 살집이 있었으나 총기가 가득하였고, 자태가 빼어나게 수려한 것이 특별한 신채神采를 갖추었다. 이 조각상은 명나라 시대에 빚어진 것인데, 도교 예술의 진수에 속하는 걸작이다.

명나라 성조는 비록 이 장랍탑을 만나보지는 못하였어도 조서 속에서 그를 노사老師, 진선眞仙 등으로 높여 불렀다. 명나라 영종 주기진朱祁鎭은 이 종적을 찾기 어려운 진실한 신선을 '통미현화진인通微顯化眞人'으로 봉하였다. 명나라 세종 주후총朱厚熜은 또 그를 '청허원묘진군淸虛元妙眞君'으로 높여 봉하였다. 통치계급의 잇따른 존숭으로 인하여 장삼풍은 세상사람들의 커다란 존경을 받았다. 진선전에 있는 장삼풍의 신상 앞은 원래 청색벽돌로 평평하게 만들어져 있었던 것이지만 신도들이 너무 많이 절을 하면서 머리를 부딪쳐서 오목하게 패여 나가 버린 모습이다.

장삼풍이 창립한 무당의 도교는 나름의 독특한 특징이 있다. 첫째 특징은 진무대제를 특별히 숭배하여 조사로 삼고 있는 점이다. 둘째 특징은 내단 수련을 중시한다는 점이다. 무당의 도교는 청수파淸修派에 속하여 내단 수련을 중시하고, 먼저 인간의 도리를 온전하게 갖춘 다음에 신선의 도를 닦기를 주장한다. 이른바 '내단內丹'이라고 하는 것은 도교 '연단煉丹'의 일종으로 '외단外丹'과 상대되는 것이다. '외단'은 고로 안에서 광석과 약물을 태워 제련하고 그것으로 장생불사의 단약인 금단을 제조하는 것이다. 훗날의 도사들은 이 방법을 발전시키고, 또 인체를 고로와 비교하여 체내의 '정精', '기氣'를 약물로 전제하고 '신神'을 운용하여 정과 기를 태워서 연성한다고 보았다. 그래서 정, 기, 신을 응결시켜 '성태聖胎'를 만든다고 말하게 되는 것인데, 이것이 바로 '내단'이다. 셋째 특징은 무당의 내가권內家拳이라는 기예를 수련한다는 점이다.

많은 책들이 무당의 내가권을 장랍탑 장삼풍이 창안하였다고 한다. 이것은 오해이다. 무당 내가권의 조사를 찾고자 한다면 북송北宋 휘종徽宗 시대의 장삼봉張三峰을 이야기하여야 한다. 장삼봉은 장삼풍이라고도 하였다. 전설에 의하면 그는 꿈에 진무대제의 권법을 받아 무당파의 내가권을 창안하였다고 한다. 그것은 적을 제어하는 것을 중심으로 하며 곤경에 처하지 않으면 사용해서는 안된다. 순전히 내공에 의존하는 것이므로 '내가권'이라 칭한다. 명나라 말기의 황종희黃宗羲는 『왕정남묘지명王征南墓志銘』에서 다음과 같이 말한다. "이른바 '내가'라는 것은 정靜으로 동動을 제어하고, 범인은 그가 응수하자마자 바로 엎어지므로 '소림少林'과 구별하여 그렇게 이름 붙인 것이다. 장삼풍에게서 기원한다."

송나라 시대의 권법가 장삼봉(장삼풍)이 무당의 내가권을 창안한지 300여년 후인 원나라 말기 명나라 초기에 무당산에는 역시 장삼풍이라는 이름으로 불렸던 또 한 명의 저명한 도사가 출현한다. 그러나 뒤의 장삼풍은 앞 장삼풍의 내가권 기술을 계승하고 발양한 사람이다. 무당의 도사들은 역사적으로 모두 도교 안에서 내가권의 기술을 비밀스럽게 전수하여 내려왔다. 지금에 이르기까지 이러한 전통은 유지되고 있다. 무당의 도사들이 권법을 익히고 무예를 단련해 온 중요한 이유는 육신의 건강을 지키고 질병의 침입을 막으며, 야수들을 물리치고 도관을 보호하기 위한 것이다.

장삼풍이 창립한 무당의 도교는 훗날 점차적으로 전진도에 병합되어 나간다. 후세 사람들은 『장삼풍전집張三豊全集』을 편집한다. 이것은 『도장집요道藏輯要』에 수록된다.

역주 _____

1_ 淮水 : 하남성에서 발원하여 안휘성을 거쳐 강소성으로 유입되는 강.

2_ 陳搏 : 송宋나라 진원眞源사람. 자字는 도남圖南, 호는 부요자扶搖子, 사호賜號는 희이希夷선생. 무당산 구실암九室巖에 은거하여 신선술을 닦다가 화산華山으로 이주하였다. 5대 시대 주周의 세종에게서 간의대부 벼슬을 받았고, 태평흥국太平興國에 입조하였는데, 태종이 중히 여겼다. 송나라 시대의 염락관민의 학파에게는 주돈이周惇頤(렴계)의 〈太極圖〉가 중시되었다. 이것은 주돈이의 독창으로 알려져 있었으나 청나라 시대 황종염黃宗炎이 지은 『圖學辨惑』에 고증되어 있는 것에 의하면, 이 〈태극도〉는 한나라의 위백양魏伯陽이 처음 만들어 도사들의 수련술에 이용되었는데, 종리鐘離, 여동빈呂洞賓을 거쳐서 진단에게 전해지고, 다시 충방种放, 목수穆修 등을 거쳐서 주돈이에게 전하여진 것이라고 한다. 저서에는 『指玄篇』 81장, 『三峯寓言』, 『高陽集』, 『釣潭集』이 있다.

3_ 玉石晶屓 : 옛 이야기에 나오는 거북 비슷한 동물로 비석의 아랫돌로 많이 조각된다.

관성제군

    도교 중의 호법신장은 아주 많다. 그중 가장 저명한 것으로는 마조온관馬趙溫關 4대원사四大元師를 들 수 있다. '마'는 영관靈官 마원사馬元師, 마천군馬天君인데, 화광천왕華光天王, 화광대제華光大帝라고도 불린다. '조'는 조원공사趙元公師 조공명趙公明인데, 조현단趙玄壇이라고도 한다. '온'은 온원사溫元師 온경溫琼이다. '관'은 관성제군關聖帝君 관우關羽인데, 관제關帝, 관공關公이라고도 한다.

    『금병매사화金甁梅詞話』 중에는 옥황묘에 제를 올릴 때 신을 부르는 의식을 아주 성대하게 행하는데 거기서 불러들이는 신은 마, 조, 온, 관의 4대원사이다. 『3보태감서양기통속연의三寶太監西洋記通俗演義』 중에서는 장천사張天師가 적수와 법술을 다툴 때면 언제나 이렇게 신을 부르는 것을 볼 수 있다. "한번 침에 하늘의 문이 열리고, 두 번 침에 땅의 창문이 열리고, 세 번 침에 마, 조, 온, 관의 네 원사가 제단으로 달려온다." 『북유기北游記』 속에서 마, 조, 온, 관 원사들은 모두 진무가 모아들인 문하 속으로 들어가 진무의 수하인 36천장 중 넷이 된다. 4대원사를 우리가 하나씩 나누어 소개할 때 가장 먼저 얘기할 필요가 있는 것은 관성제군 관우이다.

    만약 중국에서 어떤 묘당이 가장 많을까를 묻는다면, 사람들은 아마 대부분 잠시 말문이 막혀 버릴 것이다. 중국의 신성은 백에서 천에 이르고, 영향력이 아주 큰 것도

關聖帝君

도교 중의 호법신장은 아주 많다. 그중 가장 저명한 것으로는 마조온관 4대원사를 들 수 있다. '마'는 영관 마원사, 마천군인데, 화광천왕, 화광대제라고도 불린다. '조'는 조원공사 조공명인데, 조현단이라고도 한다. '온'은 온원사 온경이다. '관'은 관성제군 관우인데, 관제, 관공이라고도 한다.

30에서 50에 이를 정도이기 때문에 어떤 신성의 묘당이 가장 많을지는 쉽게 답하기 어려운 문제이다. 그러나 이것은 일단 어떤 한 대표성을 가질만한 지역을 골라 조사를 하여 본다면 기본적인 답변은 마련할 수 있을 것이다.

북경을 예로 들어 말하자면, 가장 숫자가 많은 것은 관제묘이다. 북경성 내외로 200개소에 이르므로, 묘당 총수의 10분지 1을 점유하며, 등수로는 1등인 것이다. 전국의 숫자가 많은 사찰이나 묘당 중에서도 제일로 손꼽을 수 있는 것이 관제묘가 아니라면 무엇이겠는가.

관제묘에서 제사를 올리는 신성은 3국시대 촉나라의 대장 관우, 속칭 관공이다. 위나라에서 당나라에 이르기까지, 관우가 민간에 끼친 영향력은 그렇게 크지 않았지만, 송나라 이후 시기로 내려오면서 그 명성이 천지를 진동하게 되었다. 송나라 시기에 그는 '의용무안왕義勇武安王'으로 봉해지고, 명나라 시대에는 '3계복마대제신위원진천존관성대제三界伏魔大帝神威遠鎭天尊關聖大帝'로 높여 봉해진다. 그에게 주어진 봉호는 인간의 제왕의 수준을 뛰어넘는다. 역사상 어떤 황제이든 '대제'라고까지 자칭한 사례는 없기 때문이다. 실로 관우라는 사람은 생전에 군대에서는 '전장군前將軍'까지 올라갔고, 작위는 '한수정후漢壽亭侯'가 가장 높은 것에 불과하였다. 결정적인 순간에 관우는 자기 생명을 보전하지 못하였고, 자신의 몸과 머리가 따로 떨어지는 일까지 생겼으니, 실제로는 어떤 신통력도 갖고 있지 못하였다.

관공이 국가에서 제사를 올리는 고급신성이 된 이후 불교와 도교 두 종교권에서 서로 자기편으로 끌어들여 호법신을 삼으려 경쟁을 하였으므로, 그 성가가 더 높아졌다. 북경에 있는 유명한 라마교喇嘛教 묘당 옹화궁雍和宮 안에도 웅장한 관제묘가 있어서 관우의 앉아있는 동상을 받들어 모신다.

명나라 청나라 시대에 관우는 아주 최상의 성가를 구가하여 '무성인武聖人'으로 칭송되었고 흡사 '문성인文聖人'인 공자와도 같은 지위로 병칭되어 관묘도 무묘武廟[공자의 묘당은 文廟라고 한대로 불렸다. 민간에서는 서로 관제를 믿어서 운명과 봉록을 관장하고, 과거의 급제를 돕고, 병을 치료하며 재앙을 제거하고, 사악한 것을 내쫓거나 피하게 하고, 명부의 일을 맡아 세속을 순찰하고, 재부를 늘려 주고, 상행위를 비호하는 등의 여러 가지 법력을 갖추고 있다고 보았다. 민간에서 이루어지는 모든 일의 경우에 여자

든 아이든, 어른이든 유아이든, 관성제군을 지성으로 모시며 예배를 올렸기 때문에, 공부자의 성가를 멀리 뛰어넘는다고 할 수 있겠다. 다시 말하면, 관우는 '의결천추義結千秋, 충정불이忠貞不二'[결의가 천년동안 변하지 않고, 충성과 정절이 바뀌지 않는대의 영웅호걸이다. '도원의 3형제 결의'는 강호江湖[세상] 의기의 표상이다. 이런 것들이 사람들의 마음속에 자리잡고 있는 관우에 대한 이미지이다. 역대의 통치자들은 '충효절의忠孝節義'를 한 몸에 갖춘 관우의 이미지를 즐겨 이용하였다. 그것으로 백성과 신하를 교화하고 봉건질서를 유지 보호하였던 것이다. 이것이

야말로 '무묘'가 천하에 널리 퍼져나갔던 진정한 이유라고 하겠다.

　무묘는 천하의 모든 묘당 중 숫자가 가장 많은 것이고, 해주 관제묘는 무묘의 원조이다. 이 묘는 관우의 고향에 있으니, 바로 서운성西運城 해주진解州鎭의 서쪽 관문이다. 이곳은 관우가 출생한 상평촌上平村과 10키로 밖에 떨어져 있지 않다. 이 묘당은 1400년 전인 수나라 시대에 창건되었으며, 그 후 대대로 확장 건축되고 중수되었다. 해주의 관묘는 영역이 30무 정도 되며, 규모가 거대하고, 여러 건물들이 서로 어울려 있는 장관을 연출하고 있는 일종의 궁전식 건축물이다.

　관우를 받들어 모시는 주 전각은 숭령전이다. 정면 7칸, 측면 6칸이며, 높이는 30미터이다. 대전은 유리로 꾸며져 있는 화려하고 위풍당당한 모습이다. 전각을 둘러싸고 있는 회랑은 26개의 받침돌이 용주를 받치고 있는데, 여러 마리의 용들이 날아오르는 듯한 모습이어서 사람들을 압도하는 기세이다. 전각 안에 모신 것은 제왕의 모습을 한 관우의 좌상인데, 엄숙하고 위풍당당한 느낌이다. 신이 모셔진 감실 위에는 강희 황제의 친필로 쓴 '의병건곤義炳乾坤'[병炳은 빛낸

다는 의미. 의로움이 천지 사이에 빛난다.]이라는 편액이 횡으로 걸려있고, 문미 위에는 함풍제咸豊帝가 쓴 '만세인극萬世人極'[모든 시대의 가장 높은 사람]이라는 편액, 전각의 추녀 아래로는 건륭제乾隆帝가 친히 쓴 '신용神勇'이라는 글자 편액이 걸려 있다. 인간의 제왕들이 관제를 숭상하였던 면모의 일단을 확인할 수 있는 것들이다.

　해주 관제묘는 남쪽으로 관우의 고향인 상평촌이 있는 관묘로 한번 돌아볼 가치가 있는 것이다. 이곳의 낭낭전 속에는 전국에서 유일무이하게 관우의 부인인 호씨상이 조각되어 있는데, 빼어난 것으로 평가된다.

관제는 대만에서도 많은 사람들의 제사를 받고 있는데, 대만 전역에 192개소에 이르고, 규모가 웅장한 것도 많다. 신죽 청초호靑草湖 뒷산에 있는 보천궁普天宮에 새로 조각하여 세운 은주공대신상恩主公大神像(바로 관공의 조각상)은 짝을 찾을 수 없을 정도로 큰 것이다. 이 거대한 관공 조각상은 수를 놓은 전포를 입고 태사의에 단정히 앉아, 왼손으로는 길게 늘어뜨린 멋진 수염을 어루만지고, 오른 손으로는『춘추』한 권을 들었다. 헌앙한 기세에 늠름한 모습이다. 신상의 높이는 50미터로 십 수층 정도의 누각 높이이다. 천신이 하계로 내려온 모습과 흡사한 것으로 올려다보지 않으면 그 위용을 살펴보기 어려울 정도이다.

영관마원사

도교의 여러 신들 중에는 세 개의 눈을 가진 신장이 몇 있는데 아주 사납다. 2랑신二郎神 양전楊戩, 옥추화부玉樞火府의 천장天將 왕령관王靈官 등은 모두 잘 알 것이다. 이 외에도 또 한 명의 세 눈을 가진 신장이 있는데, 바로 영관마원사靈官馬元師이다. 속설에는 '마왕야 3지안馬王爺三只眼'이라고 말한다. 지금까지도 아직 사람들이 손으로 가리키며 위협하듯 '마왕야 삼지안을 부를 테니 알아서 하라'고 말하는 소리를 들을 수 있다. 마왕야가 사납다는 것을 알게 하는 말이다. 이 '마왕야'는 영관 마원사의 속칭이다.

영관 마원사는 또 '3안영광三眼靈光', '3안영요三眼靈耀', '화광천왕華光天王', '화광천제華光天帝', '화주마령관花酒馬靈官', '마천군馬天君' 등으로 불린다.

『3교수신원류대전三教搜神源流大全』 5권에는 '영관마원사'의 이력을 적은 한 편이 있다. '마왕야馬王爺'의 원류가 도대체 어떠한지 한 번 살펴보도록 하자. 『수신대전』은 마왕야가 일찍이 세 차례 성인의 형적을 드러냈다고 말한다. 그는 본래 여래 주변의 지묘길상至妙吉祥이었다. 이 사람이 보살菩薩일까? 아니면 아라한羅漢일까? 초화귀焦火鬼의 무덤을 무너뜨리고 불가의 자비심을 품으라는 교의를 위반하였으므로 그는 벌을 받아 하계로 내쳐진다. 그래서 다섯 묶음의 불꽃으로 마성을 쓰는 어떤 집의 태를 빌려 태어났는데 세 눈을 가졌으므로 모친은 그를 '3안영광三眼靈光'으로 불렀다. 마영광은 태어난 도교의 여러 신들 중에는 세 개의 눈을 가진 신장이 몇 있는데 아주 사납다. 2랑신 양전, 옥추화부의 천장 왕령관 등은 모두 잘 알 것이다. 이 외에도 또 한 명의 세 눈을 가진 신장이 있는데, 바로 영관마원사이다. 속설에는 '마왕야 3지안'이라고 말한다. 지금까지도 아직 사람들이 손으로 가리키며 위협하듯 '마왕야 삼지안을 부를 테니 알아서 하라'고 말하는 소리를 들을 수 있다. 마왕야가 사납다는 것을 알게 하는 말이다. 이 '마왕야'는 영관 마원사의 속칭이다.

후 사흘째 되는 날 싸움을 벌였다. 물귀신을 제거하려고 동해용왕을 죽였는데, 나타¹가 바다를 어지럽혔을 때와 아주 비슷하였다. 그는 복수를 하기 위해 자미대제의 금창을 훔쳐서 도망갔다가 피살된다. 이리하여 제 1차로 드러낸 성인의 형적은 끝을 맺는다. 영광은 또 화마왕火魔王의 공주에게서 아들로 태어남으로써 영혼을 의탁한다. 출생하였을 때 그의 왼손에는 '영靈'자가 쓰여 있었고, 오른 손에는 '요耀'자가 쓰여 있었다. 그러므로 이름을 '영요靈耀'라고 하였는데, 이것이 2차로 그 '성인의 형적을 드러낸' 모습이다. 그는 묘락천존妙樂天尊을 스승으로 모시고 '풍뇌용사역귀안민지술風雷龍蛇餓鬼安民之術'을 배워 익히고, 아울러 3각금전三角金磚을 얻은 것이다. 그의 신통력은 대단하였다. 그는 5백의 불까마귀를 수습하고, 조룡대왕烏龍大王을 항복시키고, 양자강揚子江의 용을 참살하였다. 옥제는 그에게 남천의 일을 관장하도록 맡겼고 아울러 경화연²을 베풀어 주었다. 연회 석상에서 금룡태자金龍太子는 영요에 대한 분노를 숨기고 남천문南天門을 불태워 없애고 천장들을 대패시킨 후 또 바다로 내려가 용궁을 크게 어지럽혔다. 후에 추격을 받아 탈출구가 없는 곳으로 빠져 들었으므로, 다만 귀자모鬼子母의 태 속으로 들어가는 것만이 취할 수 있는 가장 좋은 방법이었다. 2차로 '성인의 형적을 드러낸 것'은 이런 결과로 끝을 맺었다. 귀자모는 5백의 아들을 두었다. 중국의 민간에서는 그녀를 '송자관음送子觀音', '송자낭낭送子娘娘'으로 부른다(귀자모 부분을 참고). 마왕야는 제 3차로 세상에 나온 후, 모친을 구하기 위해 지옥으로 들어가서 영대靈臺를 거닐고, 풍도酆都를 지나, 귀동鬼洞으로 들어갔다. 그는 나탁과 싸우고, 선도를 훔쳤는데, 마치 손후자孫猴子가 3계를 어지럽혔던 때와 같았다. 예기치 않게 그는 또 제천대성齊天大聖과 크게 한바탕 싸우기도 하였다. 훗날 여래불은 그들 둘을 화해시킨다. 옥제는 그가 장수의 재질을 갖추고 있음을 알아 진무대제眞武大帝의 부장部將으로 삼았다. 세속의 백성들은 그를 아주 경건하게 받든다. 처를 얻으려는 사람, 재산을 구하는 사람, 자식을 가지려는 사람, 봉록을 추구하는 사람들이 빌러 오면 백번이면 백번 다 감응을 보였다.

영관 마원사의 위와 같은 사적은 『불경佛經』, 『도장道藏』 등에는 보이지 않는다. 요즈음의 사람인 협덕휘마德輝가 고증한 바에 의하면 『삼교수신대전三教搜神大全』은 원판인 『수신광기搜神廣記』의 다른 이름이라고 한다. 이 설에 의하면 마왕야의 고사는 늦어도 원나라 시대에는 이미 민간에 유행하고 있었다고 한다. 명나라 시대에 이르면 다시 잡극으로 편성되어 광범하게 연창된다. 그러므로 명나라 시대의 심덕부沈德符는 다음과 같이 말한다. "화광華光(바로 영관 마원사)은 성인의 형적을 드러내고, 목연目連은 명부로 들어가고, 대성은 마귀와 같은 무리들을 거두어들이니, 큰 요괴가 탄생한 것이다." 명나라 사람 여상두余象斗는 『삼교수신대전』의 내용에 근거하여 『5현영관대제화광천왕전五顯靈官大帝華光天王傳』(『화광천왕전』이라고 간략하게 부른다) 한 부를 만들었는데, 또 『남유기南游記』라고도 한다. 이 책은 『사유기四遊記』 속에 편입된다. 여상두는 5백여 자의 이력서 한 편을 가져다 4권 18장, 글자로 5만자나 되는 소설로 풀어내면서 많은 정감적인 이야기들을 덧붙인다. 묘길상妙吉祥은 혼자 활동하는 불귀신을 태워 죽여서 여래에 의해 마이산낭낭馬耳山娘娘의 태 속으로 내쳐진다. 여래는 그에게 3개의 눈을 주었으니, 이른바 '천안이 문을 빌렸으니 3계를 볼 것이대天眼挪門, 可見三界]'라는 것이다. 태어나자마자 3안을 가지게 된 영광은 부친의 원수를 갚고, 용왕을 죽인다. 자미대제의 금창을 훔친 일로 곤궁에 빠져 죽고, 다시 염현천왕 집안의 태를 빌려 태어나 '3안영요三眼靈耀'가 된다. 경화회瓊花會를 크게 소란스럽게 만든 후 스스로 '화광천왕華光天王'이라는 호를 지었다[『삼교수신대전』에는 영관 마원사가 세 번 성인의 형적을 드러낸 것에 대해 서술한 뒤까지 이 이름이

나오지 않는다). 이후에는 화광이 모친을 구하는 고사를 중심적으로 부연하는데, 천궁을 어지럽히고, 인간사회를 어지럽히고, 지옥을 어지럽히고, 종당에는 불교에 귀의하는 것을 내용으로 한다. 이리하여 화광은 중간계에 영원히 자리 잡고 앉아 사람들이 남자아이를 구하면 남자아이를 탄생하게 하고, 여자아이를 구하면 여자아이를 탄생하게 하고, 물건을 사고 팔면 많은 이익을 얻게 하고, 독서하는 사람은 금방金榜에 이름이 오르도록 도와주며, '사람들의 기도에 감응하여 효험을 얻게 하여 영원히 제향을 받게 되었다[感顯應驗, 永受祭享].'

화광이 모친을 구하는 고사는 광범하게 전하여진 목련이 모친을 구하는 이야기(목련 부분을 볼 것)의 영향을 받은 것인데 그 열정적인 태도는 화광 쪽이 한결 더하다. 재미있는 것은 책 속에 오로지 '화광과 철선공주鐵扇公主가 결혼하는 이야기'만을 위한 한 장이 따로 나뉘어져 있다는 점이다.

'화주花酒 마영관馬靈官'의 이름은 『북유기北遊記』(또한 『북방진무조사현천상제출신전전北方眞武祖師玄天上帝出身全傳』이라고도 한다.) 속에 보인다. 진무대제는 화광을 굴복시킬 때 다음과 같이 일갈한다. "누가 왔느냐! 예를 표하지 못할까?" 화광은 답한다. "여기 이 사람은 유명한 사람이니, 술 좋아하고 꽃을 탐한다[好酒貪花]고 하여 화주 마영관이란 이름을 얻은 이가 바로 나이다." 그러나 책 속에는(『화광천왕전』까지 포함하여) 그가 '술 좋아하고 꽃을 탐하는' 풍류를 즐기는 모습이 묘사되어 있는 부분은 없으니, 그가 철선공주와 결혼을 하는 것 또한 두 사람이 '전생의 인연[宿世之緣]'을 갖고 있는 까닭으로 그려진다. 종합해서 말하면, '화주 마영관'은 '화화태세'[3]의 모습과는 상관없이 그려지니, 명실이 상부하지 않은 것이라고 하겠다.

어떤 성황묘 안에서 화광대제를 제사하는 경우도 있고, 남방에는 화광만을 제사하는 화광묘도 많이 있다. 옛날 민간에는 화광대제의 위패를(다른 신과 합사하여) 받들어 모시기도 하였다. 『화광천왕전』과 『북유기』의 내용에 비추어 보면 화광華光은 '화성火星'이니, '화의 정火之精', '화의 영火之靈', '화의 양火之陽'이다. 옥제는 일찍이 그를 '화부병마대원사'의 직책에 봉하였고, 법보[4]로 금전[5]을 제거한 후에도 '풍룡강화룡수조風龍降火龍數條'[풍룡과 강화룡 여럿을 의미]와 '화단火丹'이 남아 있었으므로, 진무대제는 북방 임계王癸의 수전이 있었을 때 겨우 항복시킬 수 있었던 것이다. 그렇기 때문에 민간에서는 그를 화신으로 간주하는 것이다. 도교는 그의 신으로서의 탄생일(신탄神誕)을 음력 9월 28일로 정하였다. 그는 8월 초하루에는 천상으로부터 하계로 내려올 수 있는데 만약 이 날 비가 내린다면, 1년 동안 화재火災는 적어질 수 있게 된다. 이런 까닭에 옛날에 남방에서는 음력 8월에서 9월 사이에 거리거리마다 모두 '화광초華光醮'를 지냈는데, 3일 지내는 곳도 있었고 4일 지내는 곳도 있어서 서로 같지 않았다. 초제를 지내는 목적은 화재를 면하기 위한 것이었다. 때가 되면 집집마다 초, 명전冥錢, 화탄火炭, 닭털, 그리고 땔나무, 쌀, 기름, 소금 등을 준비하여 한 다발로 묶어 문 입구에 둔다. 초제를 지내는 마지막 날 5경 쯤, 한 사람이 징을 치며 문 입구로부터 안으로 들어가 묶어놓은 물건 다발을 큰 광주리 안에 넣고 다시 종이로 발라 만든 배 안에 넣고 불태워 버리면서 '송화재送火災'라고 소리친다. 초제를 올리는 날이면 등불들을 늘어놓아 신을 영접하는 굿판에 골목마다 사람들이 몰려나와 모두 참배를 하고, 신을 즐겁게 한다는 미신적 분위기 속에서 도리어 사람들의 환락이 마을 전체에 흘러넘치게 마련이었다.

역주 _____

1_ 哪吒 : 那吒, 天名. Naṭa, 毘沙門天王의 太子, 三面八臂의 大力鬼王이다.
2_ 琼花宴 : 경화는 눈꽃, 또는 팔선화와 비슷한 담황색의 밤에 피는 꽃이다. 여기서는 아마도 경림연琼林宴을
  뜻하는 것이 아닌가 여겨진다. 경림은 송나라 시대의 정원 이름으로, 진사 급제자를 위해 연회를 베풀어 주
  던 곳이다. 경림연은 천자가 과거 급제자를 위해 베푼 연회이다.
3_ 花花太歲 : 권세를 믿고 못된 짓만 일삼는 권문세가의 불량소년.
4_ 法寶 : 도교신화에 나오는 요괴를 제어할 수 있는 신기한 보물.
5_ 金磚 : 아마도 화광이 부릴 수 있었던 요괴가 아닌가 여겨짐.

온원사

　명나라 시대 학자 송렴宋濂은 『온충정공묘비溫忠靖公廟碑』와 『삼교수신대전三敎搜神大全』 5권에서 이 온원사溫元師가 태산신泰山神이고 동악대제東岳大帝의 부장이라 하였다. 그의 성은 온, 이름은 경琼(옥 경)으로, 절강 온주 사람이다. 부친은 온망溫望으로 일찍이 과거 급제하였다. 그러나 연로 하여 후사가 없었으므로 처 장도휘張道輝와 함께 주야로 상제에게 자식을 점지하여 달라고 빌었다. 어느 날 저녁 늦게 장씨는 한 거대한 신이 손에 불구슬을 들고 하늘에서 내려와 다음과 같이 말하는 꿈을 꾸었다. "나는 하늘의 불의 정화이고 옥제의 장수인데 태를 빌려 내려와 신이 되려 한다." 장씨는 붉은 빛이 몸을 뒤덮는 것을 느끼고 잉태를 하였다. 후한 순제 한안 원년(서기 142)에 그는 탄생한다(일설에는 당나라 무측천武則天 장안長安 2년, 서기 720년이라고도 한다). 태어날 때 좌측 옆구리에 전서篆書로 24자, 우측 옆구리에 16자의 부적글이 쓰여 있었다. 집안사람들을 대상으로 하여 꿈에 신인이 옥배를 주었다는 설명을 하였으므로, 그것으로 말미암아 '경'이라는 이름을 붙였고, 자는 소옥이라 하였다. 온경은 '어려서부터 신이한 명철함을 갖추어 7세에 하늘의 별들에 대해 배웠고, 10세에 유학에 통달하였으며, 19세에 과거를 보았으나 합격하지 못하였고, 26세에 명경明經[명경과 시험]과 사책射策[대책을 내는 시험]의 시험을 보았으나 역시 합격하지 못하였다.' 온경은 여러 번 허리를 구부리며 탄식하여 말하였다.

송렴은 『온충정공묘비』와 『삼교수신대전』 5권에서 이 온원사가 태산신이고 동악대제의 부장이라 하였다. 그의 성은 온, 이름은 경으로, 절강 온주 사람이다. 어려서부터 신이한 명철함을 갖추어 7세에 하늘의 별들에 대해 배웠고, 10세에 유학에 통달하였으며, 19세에 과거를 보았으나 합격하지 못하였고, 26세에 명경과 사책의 시험을 보았으나 역시 합격하지 못하였다. 동악대제는 그의 용맹함을 전해 듣고 불러들여 자신을 돕는 신으로 삼았다.

"내가 태어나서 군왕을 보좌하고 백성들을 돕지 못하였으니 죽어서는 태산신이 되어 천하의 악하고 사나운 것들을 제거하리라." 울적해 하고 있는데 갑자기 창룡蒼龍이 눈 앞에 구슬을 하나 떨구었다. 집어 먹으니 바로 배 속으로 흘러들어갔다. 온경은 순간적으로 모습이 변하였다. '푸른 얼굴, 붉은 머리칼, 늘씬한 몸매엔 원숭이의 사나움을 감추었다. 죽간을 잡고 노니는 듯이 움직이는 것이 영준함과 용맹함이 절절히 느껴지는 풍모였다.' 그는 금옥 같은 맹세를 외치기까지 하였다. "내 법을 행하고 내 게를 읊으면서 백성과 만물에게 자비로운 은혜를 베풀고 요사스런 정귀를 벌하며 병을 치료하고 사악한 것들을 물리치는 자가 있다면 내가 마땅히 나타나 도울 것이니 이 말을 잊지 말도록 하라!"

동악대제는 그의 용맹함을 전해 듣고 불러들여 자신을 돕는 신으로 삼았다. 또 옥제는 그를 '항금대신亢金大神'으로 봉하고 옥배玉杯 하나, 경화瓊花 한 송이, 금패金牌 한 개를 주었다. 금패 위에는 '무구소한无拘霄漢'(霄漢은 하늘. 하늘을 출입하는 것을 구속하지 않는다는 의미)이라는 네 글자가 쓰여 있었으니, 이것은 하늘문을 출입하는 특급 통행증이었다. 5악의 여러 신장들 중에서 오직 온경만이 이런 특전을 입었다. 훗날 36대 장천사와 촉중협천사蜀中叶天師는 그의 부적과 그를 소환하는 법술을 행하여 사람들의 재해를 구

제하였는데 아주 영험하였다. 송나라 시대에 온경은 익령소무장군정우후翊寧昭武將軍正佑侯, 정복현응위열충정왕正福顯應威烈忠靖王으로 봉하여졌다.

온경의 묘당은 광령묘廣寧廟라고 불리는 것이 있고, 온장군묘溫將軍廟라고 불리는 것이 있다. 가장 유명한 것은 온주의 충정왕묘忠靖王廟(온경이 송나라 시대에 충정왕으로 봉하여졌으므로), 속칭 원사묘元師廟라 한다. 매년 음력 5월, 온경의 탄신일에는 사람들이 그의 신상을 들고 가로를 행진하는데, 일종의 '시위示威'의 의미가 있는 것으로, 질병을 구축하고자 하는 것이다.

살진인

북경 서성에는 특별한 골목 하나가 있다. 그곳의 이름은 음이 같은 다른 글자로 바뀌었지만, 원래는 현령궁顯寧宮이었다. '궁'이라는 글자가 들어 있는 것만을 보더라도 이곳에 도관이 있었음을 알 수 있을 것이다. 이 도관은 명나라 초기에 건설된 것으로, 최초에는 천장묘라고 불렸다. 여기에는 두 명의 진군眞君을 모셨는데, 숭은진군崇恩眞君과 강은진군降恩眞君이다. 숭은진군은 살진인이고, 강은진군은 왕령궁王寧宮이다. 이 둘은 명나라 시대에 아주 유명하였는데, 황실의 특별한 총애를 받았다.

살진인은 역사상 실존인물이다. '진인眞人'이란 '진기를 닦아 도를 이룬 사람', 혹은 '신선이 된 사람'을 말하는데, 저명한 도사를 부르는 말이다. 살진인의 성은 살이고, 이름은 수견守堅인데, 서촉 사람이다. 어렸을 때 의학을 배웠으나 의술이 저급하였으니 용렬한 의원에 불과하였다. 일찍이 약을 잘못 써서 사람을 죽게 한 적이 있었다. 그리하여 의술을 버리고 도교를 공부하였다.

그가 살던 시기는 북송 말기이다. 살수견은 강남의 제30대 천사 장허정張虛靜과 도사 임영소林靈素, 왕시신王侍宸 등 셋이 도행이 제일 높다는 소문을 듣고 그들 앞에 나아가기 위해 바삐 길을 나섰다. 섬서 경내에 들어섰을 때 그의 주머니는 텅 비어 버렸다. 우수에 빠져 있는 그를 3명의 늙은 도인이 바라보고 있었다. 그들은 그가 어디를 가고 있는 것인가 물었다. 살수견은 사실대로 고하였다. 그들 중의 늙은 도인 하나가 고개를 저으며 말하였다. "천사는 이미 우화하였네." 이른바 '우화羽化'라고 하는 것은 도사가 세상을 떠나는 것을 말한다. 도사는 '사망'이라는 글자를 피한다. 도사가 죽으면 그 이름을 아름답게 하기 위해 '우화', 또는 '선화仙化'라는 표현을 쓴다. 살수견은 그럼 임영소는 어디 있는가를 물었다. 도인은 '역시 우화하였네'하고 대답하였다. 왕시신에 대해 묻자 도인의 답은 '역시 우화하였네'였다. 살수견은 그들의 말을 듣고, 아주 크게 실망하였다.

이때 늙은 도인들 중 한 명이 그에게 말하였다. "지금 새로 천사가 된 이가 도행이 고명한데, 내가 마침 그와 친한 친구사이이다. 너에게 서신을 한 봉 써 줄테니 가서 그를 배알하도록 하여라. 나는 지금 네가 무일푼인 것을 아니 너에게 주조지법[주조술]1_을 가르쳐 주마. 주 1조 하면 7문文(돈의 단위)을 얻을 수 있고, 하루에 주 10조 할 수 있으니, 70문을 얻을 수 있다. 이정도면 하루의 경비로는 충분할 것이다." 다른 도인이 말하였다. "나에게 뇌법雷法이 있으니, 너에게 전하여 주마." 이리하여 살수견은 비법을 배우게 되었다. 제 3의 도인은 그에게 종려털로 만든 부채를 주며 말하였다. "병자를 만났을 때 한 번 부채질을 하여주면 나을 것이다."

이리하여 살수견은 매일 1백여 조의 주문을 외워 70문은 남겨 하루의 용처에 쓰고 그 나머지 6백 내지 7백 문은 전부 궁핍한 사람에게 나누어 주었다. 신주에 이르러 천사의 집에 서신을 올리니 서신을 본 식구들이 모두 크게 곡을 하였다. 원래 그 서신은 바로 장허정 천사의 친필 서신이었던 것이다. 서신 속에는 다음과 같은 구절이 있었다. "나와 왕시진, 임천사는 살군을 만나 각자 하나의 법술을 주었으니 가히 3록주명²⁻이라 할 것이다." 살수견은 비로서 도중에 만난 세 도사가 바로 자기가 찾아 나섰던 세 명의 도행이 높은 사람들이었다는 것을 알 수 있었다. 이 후 살수견은 크게 그의 도법을 드러내어 사방에 이름을 떨쳤다. 후에 그는 옥제에 의해 '천추영위진인天樞領位眞人'으로 봉해 졌다.

위에서 서술한 살수견이란 인물에 대한 이야기는 『3교수신원류대전三敎搜神源流大全』 2권, 『열선전전列仙全傳』 8권, 『역대신선통감歷代神仙通鑒』 20권 등에 실려 있다. 이 여러 책 속의 '선화仙話'는 1편의 전기 이야기를 읽는 것과 같은 점이 있다. 살진인은 훗날 명나라 성조 주체에 의해 숭은진군崇恩眞君으로 봉하여지고, 아울러 커다랗고 화려한 궁관에 모셔져서 관인의 제사를 받고 사람들의 향화香火를 받게 되었다. 사실 이러한 모든 영광은 그의 제자 왕선의 성공으로부터 말미암은 것이다. 왕선王善은 바로 그 이름도 쟁쟁한 왕영관王靈官이다.

살진인의 신선 이야기는 원나라 시대에 이미 유전되어 있었다. 당시에는 『살진인백일비승薩眞人白日飛升』, 『살진인야단벽도화薩眞人夜斷碧桃花』라는 잡극이 있었다. 앞의 잡극은 이미 실전되었고, 뒤의 것은 아직 존재한다. 연극 속에서 장도남張道南과 서벽도徐碧桃는 미혼으로 부부가 되고, 두 사람은 어느 날 정원 안에서 짝을 이루어 서로 정담을 나누다가 벽도의 부친인 지현 서단에게 발각된다. 서단은 노하여 그 딸을 힐책하고, 벽도는 단숨에 죽어 버려서 정원 한가운데에 매장한다. 후에 장도남이 과거급제를 하여 그곳의 지현知縣[현의 지. 현령]으로 부임한다. 정원을 찾은 장도남은 마침 도화나무 꽃이 활짝 핀 좋은 때를 만나 옛날에 노닐던 때를 생각하며 벽도가 더 이상 같이 있지 않음을 상기한다. 이 날 밤, 홀연히 벽도가 나타나 이야기를 건넸고, 이것으로 인하여 도남은 병에 걸린다. 서단徐端은 아주머니를 보내 그를 살피게 하고 차녀 옥란玉蘭을

무한의 장춘관은 중국 도교의 저명한 10방 총림 중의 하나이다. 산문을 들어서면 보이는 첫 번째 전각은 붉은 담장에 푸른 기와를 얹은 영관전이다. 이 전각 안에서 받들어 모시는 것은 도교의 호법대신 왕영관인데, 그 조각상은 위엄 있고 흉악한 모습이다. 불타는 붉은 색의 얼굴에, 두 눈은 부릅떴는데, 이마에는 또 하나의 눈이 붙어, 세 개의 눈이 형형한 빛을 낸다. 톱날 모양 이에 길게 튀어나온 이빨, 규룡의 수염을 노한 듯 뻗히고 서서, 오른손에는 금채찍을 들었으며 왼손으로는 영관의 수결을 짓고, 몸에는 금갑을 걸치고, 발은 풍화륜을 밟고 섰다. 진실로 위풍당당하고 살기등등하여 족히 요귀와 악마를 떨게 할 만한 모습이다.

살수견이라고 불렸던 살진인이 하루는 이 성황묘로 들어갔다. 며칠 후 그곳의 태수는 성황이 그에게 다음과 같이 말하는 꿈을 꾼다. "살씨 성을 쓰는 사람이 내 묘당 안에 머물면서 나를 아주 불편하게 하니 빨리 나를 대신해 쫓아 주시기 바라오." 날이 밝자 태수는 부하들을 데리고 와서 살진인을 쫓아낸다. 살수견은 마음속에 한을 품었다. 한 무리의 사람이 묘당에 이르러 소원을 소원성취의 감사기도를 하는 것을 보고 그는 향을 건네며 그들에게 말하였다. "소원이 완전히 이루어 졌으니 나를 대신해 향을 살라 주십시오." 이 사람이 약속한 대로 하자 갑자기 번개불이 몰아닥쳐 성황묘를 활활 태워버려 왕선은 하루 밤 사이에 떠도는 신이 되어 버렸다. 살진인은 보복을 하면서 법술을 사용하여 인가까지 훼손시킨 것은 애석해 하지도 않았다. 그릇이 작은 신선이었던 것이다.

다른 종류의 이야기도 있다. 살진인은 길을 가다가 이 묘당을 지난다. 그는 사람들이 동남동녀童男童女를 사용하여 이 묘당의 신에게 제사하는 것을 보고 분노를 억누르지 못하고 말한다. "이런 악신은 그 묘당을 불살라 버려야 해." 말을 끝내자마자 그가 법술을 펼치니 번갯불이 허공을 날아와 이 묘당을 불태웠다. 이 이야기 속의 살진인은 사악한 것을 징벌하는 정직한 신선이다.

이 후, 살진인은 사방을 돌아다니며 중생을 구제한다. 십 수 년 후 그는 어떤 강변에 이르러 세수를 하고 있었다. 그때 물속에서 황건黃巾을 쓰고 금갑金甲을 입고 오른 손에 채찍을 든 신장 하나가 갑자기 나와 진인에게 말했다. "나는 선천대장先天大將 화차왕영 관火車王靈官입니다. 본래는 영소보전靈霄寶殿의 당직근무를 하는데 옥제의 명을 받들어 상음의 성황을 맡고 있었습니다. 진인께서 나의 묘당을 불태운 이후로 나는 12년 동안 은밀히 뒤따르며 복수할 기회를 노렸습니다. 그러나 그대의 공력은 내가 복수를 하기 에는 너무 높으니, 나는 차라리 그대의 부장部將이 되는 것이 소원입니다."

이상은 도가의 책 속에 보이는 이야기이다. 왕선은 역사상 실존인물이다. 그는 살수 견을 스승으로 삼아 부적의 술법을 배웠다. 이 사람은 송나라 시대의 유명한 도사였던 임영소林靈素의 재전제자再傳弟子이다. 도교에서 그를 호법영관護法靈官으로 삼은 이래 그 는 역사를 이어 내려오면서 신화화 과정을 걸어 나가게 된다.

왕영관은 명나라 시대에 가장 큰 성공을 거둔다. 영락황제永樂皇帝 주체는 '영관법술'

을 아주 신봉하여 특별히 서울에 천장묘 를 건립하게 한다. 이 묘당은 후에 현영 궁으로 개칭된다. 주체는 세간에 전해오 던 영관의 등나무 조각상을 얻어 평시에 항상 침전에 놓아두고 아침 저녁으로 예 배를 올렸는데, 소중한 빈객처럼 존경하 는 태도였다. 북쪽 사막으로 출정하였을 때에는 매번 군중의 좌대 위에 영관의 등 나무 조각상을 올려 두고 군중의 보호신 으로 삼기도 하였다.

왕영관의 도교 안에서의 지위와 기능 은 위타韋馱의 불교 안에서의 그것과 서 로 같다. 이들은 중요한 호법신으로 산문 을 진수한다. 그가 일찍이 '옥추화부천장

玉樞火府天將'으로 봉하여 졌으므로 사람들은 그를 또 화신으로 간주한다. 어떤 영관의 조각상은 완전히 화신의 모양을 하고 있기도 하다. 그러므로 영관을 모시고 있는 화신묘도 있다. 일반적인 도관에는 모두 영관의 조각상이 있다. 대묘 중 북경의 백운관이나 천진의 낭낭궁, 소주의 현묘관, 무당산의 원화관 등에 모셔져 있는 영관의 조각상은 아주 빼어난 풍채를 자랑한다.

4치공조

하남 준현浚縣의 부구산浮丘山 위에는 규모가 아주 웅장한 도교 궁관 하나가 있다. 벽하궁碧霞宮이다. 이 도관에서 모시고 있는 주신은 벽하원군碧霞元君이다.

궁의 2문 안에는 양측으로 4치부전四值符殿이 벌려 서 있고 전각 안에는 4치공조신이 모셔져 있다.

4치공조는 도교에서 신봉하는 치년值年[년의 당직을 맡은 신], 치월值月, 치일值日, 치시值時의 네 작은 신이다. '공조'란 본래 인간의 관리를 부르는 말이다. 한나라 시대에 주, 군의 장관을 돕는 관직으로 공조, 공조사가 있었다. 그들이 하는 주요 역할은 공로를 조사하여 기록하는 일, 공로부功勞簿를 관장하는 역할이다. 후대에도 계속 쓰이다가 명나라 시대에 이르러서 이 관명은 사라진다. 도교 이론가들은 신선의 하늘나라를 조직하면서 왕제 등의 고급 신명 옆에 이 공로 기록관을 배치하였다.

『서유기』 속에는 손오공孫悟空이 반도회蟠桃會를 뒤집어 놓고 도리어 천궁을 나간 후 옥제가 크게 노해 4천왕, 나탁태자哪吒太子, 28숙二十八宿, 9요성관九曜星官, 12원진十二元辰, 5방게체五方揭諦, 4치공조 등을 데리고 가 18차례 싸움을 벌이는 천라지망을 하계에 펼쳐내어 저 요망한 원숭이를 잡아들이라고 이천왕李天王을 파견하는 이야기가 나온다. 그러나 이 악전고투 중에 4치공조는 뒤떨어져 가볍게 한가함을 즐기는 처지가 되고,

四値功曹

4치공조는 도교에서 신봉하는 치년, 치월, 치일, 치시의 네 작은 신이다. '공조'란 본래 인간의 관리를 부르는 말이다. 한나라 시대에 주, 군의 장관을 돕는 관직으로 공조, 공조사가 있었다. 그들이 하는 주요 역할은 공로를 조사하여 기록하는 일, 공로부를 관장하는 역할이다. 후대에도 계속 쓰이다가 명나라 시대에 이르러서 이 관명은 사라진다. 도교 이론가들은 신선의 하늘나라를 조직하면서 왕제 등의 고급 신명 옆에 이 공로 기록관을 배치하였다.

천병과 천장들은 제천대성에게 대패를 당하게 되었으니, 어디 기록할 공로가 있었겠는가? 후에 2랑신을 불러 들여서야 겨우 손후자를 잡을 수 있게 되었던 것이다.

4치공공은 이 공로 기록관의 기능을 제외하고 또 수호신장守護神將의 역할을 한다. 『서유기』 중에는 그들이 호교가람護敎伽藍, 6정6갑六丁六甲, 5방게체五方揭諦 등과 함께 보살의 법지法旨를 받들어 암중에서 당나라 승려를 보호하는 모습이 보인다. 이 외에 그들은 전령관傳令官의 역할을 수행하기도 한다. 당나라 승려의 무리가 평정산平頂山을 지날 때 치일공조値日功曹는 나무꾼으로 변장하여 그들 무리에게 정보를 전해 주어 그들로 하여금 사전준비를 할 수 있도록 돕는다.

4치공조 중 가장 피곤한 것은 치일공조이다. 왜냐하면 그는 매일 하루를 맡아 일을 하여야 하기 때문이다. 그는 또 당치공조當値功曹라고도 부른다. 고전소설 중에서는 법사와 도장이 신을 부를 때 언제나 이렇게 말하는 장면이 묘사되어 있다. "치일공조는 어디 있느냐?" 부를 때마다 부르는 곳에 당도하여야 하니 얼마나 피곤한 일이겠는가?

공조란 본래 서사書史이다. 도사들은 자연히 그들을 한가롭게 놓아두지 않는다. 그들은 사람들이 '상달천정上達天廷'[하늘에 올림]하는 표문을 불에 사른 후 그것을 '정송呈送'[받들어 하늘로 보냄]하는 역할을 하는 것으로 말하여진다. 『금병매金瓶梅』 중에는 서문경

이 옥황묘에 제향할 때 도사들이 무수한 문서와 부적을 포설하는 장면이 묘사되어 있는데 그 중 한 도사가 공조사자功曹使者를 청하여 '봉주3천문운제관문捧奏三天門運遞關文' [전한다, 넘겨준다는 의미]을 보내는 모습이 보인다. 『홍루몽紅樓夢』 속에는 진가경秦可卿이 죽은 후 크게 상사를 치르는데 승려와 도사들이 염불을 외고 법술을 펼칠 때 이와 유사한 법술을 베푸는 장면이 있다.

　『금병매』와 『홍루몽』은 명나라 청나라 시대 생활상을 진솔하게 묘사한 것이다. 도교와 세속의 사람들이 4치공조를 신봉하는 모습은 여기서 볼 수 있는 당시의 생활상 중 한 부분이다.

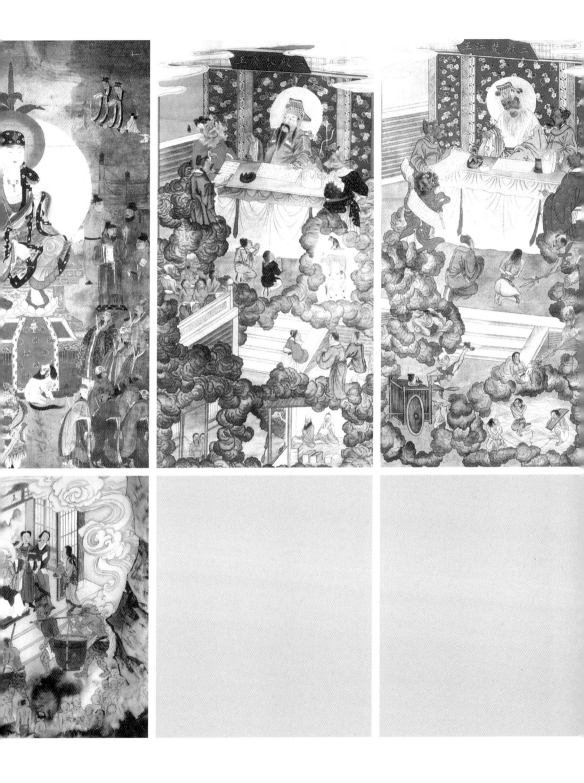

6정6갑

하남 준현 대비산大伾山은 산세가 험준하고 풍광이 수려하다. 여기에는 불사佛寺와 도관道觀, 정대亭臺와 누각樓閣, 시귀를 새긴 바위 등이 백여 군데나 있다. 이곳은 당지의 유명한 명승지인 것이다.

산꼭대기에는 여조사呂祖祠가 있다. 청나라 시대 초기의 건물이다. 산문 안에는 형합2장哼哈二將의 조각상이 있다. 형합2장은 본래 불사의 문신이다. 이것들은 불사의 산문 안과 밖에 많이 조각되어 있다. 도교 산문 안에 이들의 조각상이 있는 경우는 희귀하다. 이것은 불교와 도교 사이의 교류를 알게 한다. 산문 안으로 들어가면 3칸 정전이 있는데, 여조 여동빈呂洞賓을 모신 곳이다. 정전의 양 측면으로는 각각 3칸씩의 회랑이 있다. 여기에는 12 신상이 모셔져 있는데, 바로 도교의 호법신인 6정6갑이다.

6정6갑과 28숙, 4치공조, 26천강二十六天罡, 72지살七十二地煞 등은 모두 도교의 호법신장 들이다. 도사가 제를 올리려고 법술을 펼칠 때면 항상 부적으로 그들을 불러 '기양祈禳[액막이 기원을 올림] 구귀驅鬼[귀신을 내쫓음]'를 하게 한다. 일찍이 한나라 시대에 방사方士들은 6정법으로 '점몽占夢'을 하였다. 『후한서後漢書』에는 이 점이 기록되어 있다. 그것은 후에 살을 붙여 6정6갑으로 발전한다.

6정6갑은 합해서 지칭되곤 하지만 전부 12위의 신을 포괄하는 것이다. 도가의 서적

六丁六甲

6정6갑과 28숙, 4치공조, 26천강, 72지살 등은 모두 도교의 호법신장 들이다. 도사가 제를 올리려고 법술을 펼칠 때면 항상 부적으로 그들을 불러 '기양 구귀'를 하게 한다. 일찍이 한나라 시대에 방사들은 6정법으로 '점몽'을 하였다. 『후한서』에는 이 점이 기록되어 있다. 그것은 후에 살을 붙여 6정6갑으로 발전한다. 6정6갑은 합해서 지칭 되곤 하지만 전부 12위의 신을 포괄하는 것이다. 도가의 서적에서는 6정6갑이 '바람과 번개를 부리고 귀신을 제어 할 수 있다.' 말한다.

에서는 6정6갑이 '바람과 번개를 부리고 귀신을 제어할 수 있다.' 말한다. 6정과 6갑의 명칭은 모두 간지干支로부터 왔다. 이것은 치일신值日神이 변화 발전하고 조합하여 나타 난 것이라고 할 수 있다. 6정신은 여성, 6갑신은 남성이 된다고도 말하여진다. 그들의 이름은 『삼재도회三才圖會』와 『노군6갑부도老君六甲符圖』에 의하면 다음과 같다.

갑자신장 왕문경, 갑술신장 전자강, 갑신신장 호문장, 갑오신장 위옥경, 갑진신장 맹비 경, 갑인신장 명문장, 정묘신장 사마경, 정축신장 조자임, 정해신장 장문통, 정유신장 장문 경, 정미신장 석숙통, 정사신장 최석경[甲子神將 王文卿, 甲戌神將 展子江, 甲申神將 扈 文長, 甲午神將 韋玉卿, 甲辰神將 孟非卿, 甲寅神將 明文章; 丁卯神將 司馬卿, 丁丑神將 趙子任, 丁亥神將 張文通, 丁酉神將 臧文公, 丁未神將 石叔通, 丁巳神將 崔石卿].

뒤의 6정신장의 이름들은 실제로 여성의 것 같아 보이지는 않는다. 처음에 그녀들에 게 이름을 붙인 선생이 고명하지 못했던 모양이다.

이 12신은 최초에는 진무대제 수하의 신장이었다. 그러나 그들은 비록 진무대제의 부장이지만 최종적으로는 옥제의 명령을 듣는다. 그렇기 때문에 그들은 항상 28숙 등과 함께 무리를 이루어 각처에 보내져 반란을 평정하는 역할을 수행한다. 이 12위의 신장은 성별을 제외하고는 사람들이 그들이나 그들의 이름을 기억하기 어렵다. 이것은 각자의 개성을 갖추지 못한 한 무리의 잡다한 신이라 할 수 있는 것이다.

도교 예술품을 가지고 말하여 보면, 6정6갑 신상은 도리어 조각으로 만들기 좋은 소재이다. 호북 무당산의 원화관 안에는 아주 정밀하게 묘사된 아름다운 6갑신상이 있다. 모두 동으로 수조하여 금물을 입혔는데, 각각의 높이는 6척 정도, 총 중량은 1만근 남짓이다. 6갑신의 자태는 다 다르고, 조형미는 아주 빼어나다. 명나라 시대에 주조한 것으로 아주 높은 수준의 예술적 가치를 갖고 있는 것이다.

도교에는 일종의 6갑부적이 있어서 '악을 제거하고 귀신을 구축하는 용도'로 항상 쓰인다. 유명한 도교 서적인 『운급7첨云笈七籤』[笈 : 서적의 의미, 籤 : 쪽지의 의미]은 6갑의 부록을 써서 사용하고 아울러 '갑인신장 명문장甲寅神將明文章'이라고 외치면 악귀들은 전부 놀라 달아난다고 말한다.

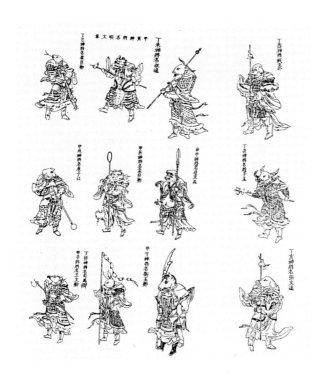

이러한 귀신을 쫓아내고 비바람을 부르는 '6갑법'은 '둔갑'이라고도 불린다. 이러한 법술은 도대체 어떤 내용을 갖는가? 역사는 우리에게 답을 마련하여 준다.

북송 말기 정강汴京[하남 개봉의 다른 이름] 원년(서기 1126)에 금나라의 대군은 송나라의 서울인 변경을 포위하였다. 당시 성 안에는 방어군이 아주 적었고, 원군은 이미 흩어져 버린 후였으므로 형세는 아주 위급하였다. 송나라의 동지추밀원사同知樞密院事(국방부부부장國防部副部長에 해당함.)인 손부孫傅는 어느 날 구준丘濬의 〈감사시感事詩〉를 읽고 있었다. 시 속의 '곽경양적유무기郭京楊適劉无忌'[곽경이 버드나무로 유무기를 대적한다.]라는 구절에서 그는 갑자기 심혈이 뒤집히는 느낌이 되면서 성 안에 사는 '곽경'이라는 사람을 찾았다. 결국 그런 사람을 찾아 그에게 데려왔다. 이 곽경이라는 사람은 용위병龍衛兵에 속한 한 명의 무명 소졸이었다. 곽경은 손대인이 자신을 찾는 것을 보고는 부르는 소리에 응답하듯이 바로 '6갑법'을 펼쳤다. 7천7백7십7인을 운용하여 그는 금나라 장수를 사로잡고 적병을 패퇴시켰다.

송나라 흠종欽宗과 손부 등은 소식을 듣고 크게 기뻐하며 당장에 곽경에게 관직을 주었고, 아울러 수만의 금과 포목을 상으로 내렸다. 이에 곽경은 즉시 그를 도왔던 '6갑신병'을 불러들였다. 이들 모두는 사실 시정의 무뢰배, 건달, 부랑자 등이었다. 곽경은 재물을 풀어 나누어 주고, 경성 안에서 암약하는 간세들의 눈을 속이기 위해 자칭 '북두신병', '천궐대장天闕大將'이라고 하였다. 곽경의 이런 행위를 모방하여 병사를 모집하고 말을 사들여서 허장성세로 꾸미느라고 변경성 안은 갑자기 난장판이 되었다. 곽경은 큰소리를 쳤다. "좋은 날짜를 택해 3백 병사를 출병시켜서 금나라 병사들을 공격하고 그 소굴인 음산陰山(지금의 내몽고內蒙古 대청산大靑山)으로 쫓아낼 것이다."

곽경이 그들의 본토를 공격하지 못하게 하기 위해서 금나라 병사들은 바로 성을 공격하였다. 곽경의 '6갑신병'은 본래 오합지졸이었으므로 교전이 시작되자마자 사방으로 흩어져 도망하기 바빴다. 성루에서 '법술을 행'하던 곽경도 상황이 바람직하지 않다고 여기자 삼십육계 줄행랑을 쳤다. 성문은 지키는 이 없이 휑하니 열려 있었고, 곽경은 그림자도 찾아볼 수 없도록 종적이 묘연하였다. 금나라 군사들은 기회를 틈타 성 안으로 진입하였고, 변성은 함락되었다. 곽경의 '6갑법'은 역설적으로 북송왕조의 멸망을 가속화시킨 것이다.

청룡백호

무당산의 우뚝 솟은 자소궁 산문으로 들어가면 좌우에 버티고 서 있는 웅장한 두 신상을 볼 수 있다. 높이 1장 정도, 갑옷을 입고 무기를 들었으며, 위엄있고 엄숙하다. 분명한 신의 자태를 갖추고 있으며, 묘사는 정밀하고 화려하다. 이것은 원나라 시대의 저명한 종교 조각가 유원劉元 일파가 대대로 전승하여 온 걸작으로 쉽게 볼 수 있는 것이 아니다.

청룡신은 또한 맹장신군孟章神君이라고도 하고, 백호신은 또한 감병신군鑒兵神君이라고도 한다. 이 두 신격의 직책은 도관의 산문을 지키는 것이다. 이것은 불교 묘당의 산문에 있는 형합哼哈 두 신장과 마찬가지이다.

도교에서는 본래 청룡, 백호, 주작, 현무를 보호신이라고 말한다. 청룡, 백호 등의 이름은 고대인들의 별자리 숭배 의식으로부터 기원한다. 일찍이 전국시대에 중국에는 '28숙', '4상' 같은 것이 있었다. 이른바 '28숙'이라는 것은 중국 고대 천문학자들이 황도黃道(태양과 달이 지나는 하늘)의 항성恒星들이 28개 성좌로 이루어져 있다는 것을 가지고 말한 것이다. '숙'은 별의 지위를 갖는 것이나 별의 집단체, 즉 한 덩어리의 별을 말하는 것이다.

28숙은 북두(대웅성좌大雄星座)의 주걱자루가 가르키는 모서리의 별을 기점으로 서쪽으

青龍白虎

청룡신은 또한 맹장신군이라고도 하고, 백호신은 또한 감병신군이라고도 한다. 이 두 신격의 직책은 도관의 산문을 지키는 것이다. 원래 노자가 밖으로 나올 때 좌우에서 호위하는 임무를 맡는 것은 청룡과 백호였으나, 이들은 도리어 나와 다닐 때에나 들어가 머물 때에나 큰 지위를 갖는 존재로 성장하지 못하고 다만 도관의 수문장을 담당할 따름이다.

로부터 동쪽으로 향하여 배열되어 있는 것들인데, 그것들의 명칭과 4상 사이의 관계는 아래와 같다.

동방東方, 창룡칠숙蒼龍七宿 : 각角, 항亢, 저氐, 방房, 심心, 미尾, 기箕.

북방北方, 현무칠숙玄武七宿 : 두斗, 우牛, 여女, 허虛, 위危, 실室, 벽壁.

서방西方, 백호칠숙白虎七宿 : 규奎, 루婁, 위胃, 앙昴, 화華, 자觜, 삼參.

남방南方, 주작칠숙朱雀七宿 : 정井, 귀鬼, 유柳, 성星, 장張, 익翼, 진軫.

옛날 사람들이 별자리를 숭배한 것은 별의 존재와 운행이 아주 큰 신비감을 주기 때문이며, 동시에 사람들은 별자리에 근거하여 방위를 확정하고 계절대로 절기를 측정하여 이용하였기 때문이다. 28숙과 4상을 서로 짝 지운 것에 이르러서는 옛사람들의 동물숭배와도 일정한 연관성이 있다. 용, 호랑이, 공작, 거북이나 뱀 등의 4상은 원시의 동물숭배의식 속에서는 똑같이 영물, 신물로 받아들여졌던 것들이며, 어떤 종족의 토템으로 쓰였던 것들이다. 실제로는 동방7숙과 서방7숙은 용이나 호랑이와는 비슷하지도 않다. 이것들은 옛날사람들이 자신들의 숭배동물에 연상작용을 통해 일정한 의미를 덧

붙여서 만들어낸 것이다.

　4상은 4신이라고도 하는데 당시에 이미 군대의 대열을 지칭하는 말로 광범하게 쓰여지고 있었던 것이 보호신으로 된 것이다. 군대는 행군 할 때 "앞을 '주조朱鳥'라 하고 뒤를 '현무'라 하며, 좌측을 '청룡'이라 하고 우측을 '백호'라고 하였다."(『예기禮記』「곡례曲禮」상).

　도교는 발흥한 후 청룡, 백호, 주작, 현무를 가져다가 호위신으로 삼아서 위엄을 과시하였다. 『포박자』 중에는 노자(태상노군)의 모습을 묘사하는 부분에서 다음과 같은 구절이 보인다. "좌측에는 12청룡이 있고, 우측에는 26백호가 있으며, 앞으로는 24주작이 있고, 뒤로는 72현무가 있다." 확실히 8면으로 위풍을 과시하는 모습이다. 이후로 4상은 점차적으로 인격화의 과정을 걸어나가 4방의 호법신장으로 완성된다.

　훗날 현무는 4상의 무리 속에서 이탈하여 하늘로 올라가 '대제'라는 높은 지위를 차지하는데, 바로 진무대제가 된 것이다. 원래 노자가 밖으로 나올 때 좌우에서 호위하는

임무를 맡는 것은 청룡과 백호였으
나, 이들은 도리어 나와 다닐 때에
나 들어가 머물 때에나 큰 지위를
갖는 존재로 성장하지 못하고 다만
도관의 수문장을 담당할 따름이다.
어떤 경우에는 노자 묘당을 돌아다
니며 파수를 보기조차 한다. 송나라
시대에 악양岳陽 지역의 노자사 내
에는 청룡과 백호 두 신장이 태상노
군을 위하여 문을 지키고 있었다.

불교제신

03 ————

제불
보살
나한
신승
호법신

여래불

석가모니釋迦牟尼는 불교의 시조로 받들어진다. 그러므로 불교 사원들은 석가상을 받들어 모시지 않을 수 없는 일이다. 석가의 목제 조각상 중 가장 당당하고 화려한 것으로는 항주杭州 영은사靈隱寺의 것을 들 수 있다.

영은사의 천왕전을 지나 한계단 더 위로 올라가면 대웅보전大雄寶殿이 보인다. 전각의 높이는 10장, 3중으로 처마를 둘렀고, 우뚝 솟은 기세가 장엄한 느낌을 준다. 이른바 '대웅大雄'이라는 것은 불교적 의미를 갖는다. 석가불이 위대한 용사와 같이 무엇이든 두려운 것이 없고 신성한 힘으로 모든 마귀들을 다 항복시키므로 '대웅'이라 한 것이다. 그러므로 '대웅'이라 하는 것은 불교도들이 불조 석가모니에게 붙인 존칭이라 하겠다. 사찰 속의 대웅보전은 사찰 전체의 중심 건축물이며, 정전正殿이라고도 불리는데, 석가모니를 주불로 모시고 있다. 영은사의 대웅보전은 높고 웅장하며 아름답다. 황금색과 옥색으로 휘황하게 치장된 전각 안의 정 중앙으로는 연화좌蓮花座 위에 앉은 불조佛祖 석가모니가 있다. 불조의 두 눈은 앞을 응시하고 있으며, 왼 손은 가부좌를 틀고 앉은 무릎 위에 떨어져 있고 오른손은 가볍게 가슴 위로 올려져 있는데, 바로 앞에 모인 사람들에게 설법이라도 하고 있는 듯한 모습이다. 조형은 생동감이 있고, 조각은 정밀하고 아름다우며, 엄숙한 가운데에서도 친절한 분위기가 감도는 자태이다. 이 석가모니는 역사상 실존인물이다. 그의 생존년대는 대체적으로 중국의 공자와 같은 시기이다. 석가모니는 존칭인데 원명은 '실달다.'이다. 석가불은 흔히 '여래불'로 불리기도 하는데, '여래'라고 하는 것의 의미는 '여실지도'(절대적 진리)에서 온 것으로, 진리를 보여주는 사람이라는 것이다.

불상은 1956년에 근 100조각의 향장목香樟木[녹나무, 장목]을 사용하여 만든 것으로 높이는 약 3장 정도인데 연좌, 수미좌須彌座, 석단石壇, 그리고 광배光背 등을 합하면 6장 높이에 이른다. 그렇기 때문에 사람들은 여기에 와서 단지 얼굴을 올려다보는 것만을 좋아하게 마련인데, 이러한 '올려다보는 자세'에서는 은연중에 경모하는 마음이 더욱 일어나도록 되어 있다. 석가모니 목상을 금으로 입힐 때에는 황금 6십냥이 들었다. 그래서 이 불상은 금색으로 빛나는 몸체를 갖게 되었다. 불교에서는 부처의 몸이 자금색 빛[紫金光]이 모여서 금신金身을 이루었다고 하는데, 견고하고 정결하여 변하지 않음을 의미한다. 불조는 연좌 위에 단정히 앉았는데, 여기에는 나름의 이유가 있다. 불교의 전설에는 석가모니가 태어나기 전에 여덟 가지의 상서로운 기운이 나타났는데, 그 중에는 못 안에서 돌연히 가마

의 덮개만한 크기의 연꽃이 피어난 것도 있었다. 여덟 가지 상서로운 조짐이 있고 나서
는 꽃이 만개하고 사방에 서기가 가득하였다. 후에 불타가 태어났을 때, 혀뿌리로부터
만 갈래 빛이 쏟아져 나왔고, 모든 빛줄기들은 하나하나 다 금색의 천엽연화千葉蓮花로
변하였으며, 모든 연꽃 송이 위에 부처가 가부좌를 틀고 앉아 '6파라밀六波羅蜜('도度',
바로 '도피안到彼岸'[저쪽 언덕에 이른다. 해탈을 한다.]을 의미함.)을 설하였다. 그렇기 때문에 부
처의 조각상 중에는 '연화좌蓮花坐' 양식樣式이 전문적으로 있게 된 것이다. 연화는 불교
의 정토淨土[불교적 이상세계]를 상징하는 것인데, 불조의 깨끗한 육신이 고상하고, 성결
함을 표현하는 것이다. 불조의 뒷면을 장식하는 광배는 화염이 원형을 이룬 것인데,
중간에 마니경摩尼鏡(여의경如意鏡) 하나가 있다. 이것들은 모두 광명을 상징한다. 광배의
화염 속에는 작은 불상 일곱이 들어 있는데, 이것은 이른바 부처의 '과거7불過去七佛'로
써, 그 중에는 석가모니 불상도 포함되어 있다. 앞의 6불은 모든 그의 전생의 부처들인
데, 비자시불毗婆尸佛, 시기불尸棄佛, 비사파불毗舍婆佛, 구루손불拘樓孫佛, 구나함불拘那含佛,
가섭불迦叶佛 등으로 나뉘어 불린다.

　석가모니는 역사상 실존인물이다. 그의 생존년대는 대체적으로 중국의 공자孔子와
같은 시기이다. 석가는 부락의 명칭으로 '능能'을 의미한다. '모니牟尼'는 '인仁', '적寂'을
뜻한다. 둘을 합하면 '능인能仁[인仁을 행할 수 있다, 인자함을 베풀 수 있다.]', '능적能寂'[고요
한 마음을 갖출 수 있다]이 된다. 이것은 '석가족釋迦族의 성인聖人'으로 이해될 수 있다.
석가모니는 존칭인데 원명은 '실달다悉達多'이다. 석가는 항상 '불佛', '불타佛陀'로 불리
는데, '각오자覺悟者', '지자知者'를 의미한다. 민간에서는 속칭 '불야佛爺'라고도 한다. 석
가불은 흔히 '여래불'로 불리기도 하는데, '여래'라고 하는 것의 의미는 '여실지도如實之
道'(절대적 진리)에서 온 것으로, 진리를 보여주는 사람이라는 것이다.

　석가모니는 옛날 인도印度에 있었던 작은 나라의 국왕 정반왕淨飯王의 아들이다. 모친
은 그를 낳고 7일 만에 세상을 떠난다. 석가는 16~17세 때 사촌누이동생을 부인으로
맞아 아들 라후라羅睺羅를 낳는다. 석가는 자기 나라가 강대국들 사이에 끼어 위험한
지경에 처하여 있음을 깊이 깨달았고, 또 그가 살고 있는 세상이 잔혹하고 무정하여
사람들은 생노병사生老病死의 고난 속에 빠져들어 있음을 절감하였다. 그는 의연히 자

신에게 주어진 편안한 생활을 떨쳐버리고 출가하여 수행에 매진하였으며, 정신적 해탈解脫의 방법을 찾을 수 있기를 바랐다. 6년 후, 그는 한그루 화발라수華鉢羅樹 아래에 가부좌를 틀고 앉아 있었다. 고통스러운 명상으로 이어진 7일 낮과 밤이 지난 후, 갑자기 그는 우주와 인생의 진실한 이치를 깨닫고 해탈에 이른다. 이렇게 '오도성불悟道成佛'(도를 깨닫고 부처[知覺]가 된다.)을 하니, 35세 때의 일이다. 이후에 그는 광범한 전교활동을 시작하였고, 승단僧團과 사원제도寺院制度를 건립하였다. 80고령에 이르러 석가는 구시나가성拘尸那迦城 교외 한 켠의 파라림婆羅林 안에서 열반涅槃[불교에서 깨달은 존재의 죽음]에 이른다. 하나의 위대한 심장이 그 활동을 멈춘 것이다. 석가가 입멸한 후, 그 유체는 화장되었고, 불사리佛舍利(유골遺骨)[사리는 단순한 유골이 아니라 깨달음의 물리적 결정체]는 각국에 나누어 보냈다. 각국에서는 불사리를 모신 탑을 지어 공양하였다.

이 후에 석가모니가 창립한 불교는 옛 인도를 벗어나 끊임없이 전파되어 점차 세계 종교로 발전하여 나갔고, 마침내 세계 3대 종교의 하나가 되었다. 많은 국가들은 각각 민족적 특징을 갖는 불교 교파를 형성하였다. 오늘날 전세계의 불교도는 3억 이상에 이른다. 석가모니는 최초의 '깨달은 이'라는 평가로부터 벗어나 점차적으로 신도들에 의해 신격화되어 나가서 무한한 법력을 갖추고 있으며 누구와도 비교될 수 없이 존귀한 불교의 최고신이 되었다.

솔직하게 말하자면, 석가모니가 창립한 불교에서는 인생을 고통으로 일관된 것으로 인식하여 소극적인 측면에서 바라본다. 그러나 불교에는 합리적인 요소, 취할 만한 측면도 확실히 포함되어 있다. 이를테면 불교에서는 사람의 탐욕스러운 본성은 만족을 모르므로 인간은 무한히 많은 것을

如來雪山修道

두 그루 나무사이에 누워 입멸하는 석가모니釋迦牟尼雙林入滅

얻기 위해 노력하게 되는데, 이것은 필연적으로 여러 가지 고통을 생산하게 마련이라고 한다. 이른바 '얻으려 하여도 얻지 못하는 고통'이다. 고통을 만들어 내는 원인은 바로 무지無知(무명無明)이다. 이것은 세상의 전혀 실제적인 것이 아닌 명예나 이익 등에 목숨을 걸고 매달리게 하는 것으로, 절실한 것이기는 하지만 사람을 해치는 것이라고 비판된다. 번화한 세상 속에서 살면서 물질생활의 담백함을 즐기고, 자아의 인격과 정신수양을 강조한다는 것은 오늘날에 이르러서도 취할 만한 것이다. 불교의 '청심과욕淸心寡慾[욕심이 없는 맑은 마음]'과 '계투도戒偸盜, 계사음戒邪淫, 계망어戒妄語[도둑질을 하지 않고, 음란한 짓을 하지 않고, 못된 말을 하지 않음.]' 등의 가르침은 사회적 안정과 화목을 이루는데에 아주 절대적인 의미를 갖는다. 그러나 불교는 사회를 개조하고, 일체의 불평등을 해소하며, 인류를 고해로부터 구원할 수 있는 어떤 영단이나 묘약을 만들어 내는 것 등에는 관심이 없다. 그들은 다만 많은 사람들에게 이러한 일종의 심리적 균형감각을 잃지 말아서 잠시라도 해탈된 정신에 자신을 내맡기라는 이야기를 한다.

불교가 중국 사회에 끼친 영향은 아주 심대하다. 불교가 중국의 전통적 윤리도덕과 중국철학, 그리고 문학, 예술이나 민간의 습속에 이르기까지 사회생활 전반에 영향을 끼쳤다는 것은 명백한 일이다. "선한 일에는 선한 보답이 있고, 악한 일에는 악한 보답이 있다. 옳지 않은 일에 보답이 없는 것은 아직 그때가 이르지 않은 것이다." 이러한 인과, 보응의 사상은 오늘날 대부분의 사람들이 가지고 있는 굳건한 믿음이 되어 있다.

불교는 그것이 탄생하였을 때부터 지금에 이르기 까지 2천 5백여 년의 역사를 가지고 있으며, 신도는 몇 억에 이르고, 세계 3대 종교의 하나가 되어 있다. 그것이 보여주는 강한생명력은 그것을 미신이나, 아편으로 매도하는 것으로 설명될 수 있는 문제가 아니다. 그 속에는 우리가 심각하게 검토하여 보지 않으면 안되는 많은 문제들이 내포되어 있는 것이다.

과거7불

　요녕성遼寧省 의현義縣의 성 안 동쪽 거리에는 그 이름을 세상에 떨치고 있는 봉국사奉國寺가 있다. 묘당 안의 대웅보전은 가장 이름 난 것인데, 900여 년 전 요나라 시대의 개태년간開泰年間에 건립되었다. 전각은 정면 9칸, 측면 5칸, 높이 6장으로 현존하는 중국의 최대 전각 두 채 중 하나이다(또 다른 한 채는 대동大同 화엄사華嚴寺의 대웅보전이다.).

　전각 안의 불단에는 채색 단장이 되어 있는 7존의 커다란 좌불坐佛이 모셔져 있다. 모든 큰 부처상 앞에는 각각 마주하여 선 협시불挾侍佛이 둘 씩 배치되어 있는데, 그것들도 역시 채색되어 있다. 동, 서의 끝에는 각각 1존의 천왕상天王像이 배치되어 있기도 하다. 이러한 채색 불상은 요나라 시대의 작품인데(후세 역사 속에서 여러 번 다시 꾸며졌다.) 아주 진귀한 것이다. 7존의 대불은 동에서 서로 나아가며 순서대로 다음과 같이 배치되어 있다. 가섭불, 구루손불, 시기불, 비파시불, 비사파불, 구나함불, 석가모니불. 이것은 바로 불교의 '과거7불'이다. 무수한 부처가 있다는 것이다.

　대승불교大乘佛敎는 무한한 공간과 시간 속에서 매 세계(우리가 오늘날 이야기 하는 세계라는 관념과는 다르다.), 매 단계마다 모두 부처가 있어서 중생을 교화시킨다. 이른바 십방삼세十方三世에 무수한 부처가 있다는 것이다. 그 중 가장 이름 높은 것으로는 과거불過去佛인 연등불燃灯佛, 현재불現在佛인 석가모니불釋迦牟尼佛, 미래불未來佛인 미륵불彌勒佛,

過去七佛

7존의 대불은 동에서 서로 나아가며 순서대로 다음과 같이 배치되어 있다. 가섭불, 구루손불, 시기불, 비파시불, 비사파불, 구나함불, 석가모니불. 이것은 바로 불교의 '과거7불'이다. 무수한 부처가 있다는 것이다. 소승불교는 석가모니를 한 사람의 깨달은 존재로, 불교의 창시자로 간주한다. 그렇기 때문에 공간상으로는 단지 이 세계 현 단계의 석가모니불일 뿐이라고 말하고, 시간상으로는 석가불과 그 전의 여섯 조사만을 이야기하니, 바로 과거7불이다. 7불의 형상은 중국 불교사 초기의 석굴사원에서 비교적 항상 볼 수 있는 것이다.

동방정토東方淨土 유리세계琉璃世界의 약사불藥師佛, 서방극락西方極樂 세계世界의 아미타불阿彌陀佛 등이 있다. 소승불교小乘佛敎는 석가모니를 한 사람의 깨달은 존재로, 불교의 창시자로 간주한다. 그렇기 때문에 공간상으로는 단지 이 세계 현 단계의 석가모니불일 뿐이라고 말하고, 시간상으로는 석가불과 그 전의 여섯 조사만을 이야기하니, 바로 '과거7불'이다. 7불의 형상은 중국 불교사 초기의 석굴사원에서 비교적 항상 볼 수 있는 것이다.

앞에서 이야기한 바 있는 봉국사에 7불이 배치되어 있는 순서는 존비의 차례를 따져서 안배한 것이다. 비파시불을 가장 존귀하게 여겨 7불의 중앙에 배치한 것이다. 그들을 만약 시간상의 선후관계를 따져 순서대로 배열한다면 응당 다음과 같다. 1비파시불, 2시기불, 3비사파불, 4구루손불, 5구나사불, 6가섭불, 7석가모니불. 불교는 과거 세상에 모두 7불이 있다고 본다. 석가모니불은 최후의 부처이며, 그의 앞에 먼저 세상의 6불이 있는 것이다. 과거 7불 중 앞의 3불은 과거겁過去劫 속에 출현한 부처이며, 뒤의 4불은 현재겁現在劫 중에 출현한 것이다.

비파시불은 과거7불의 제1불이다. '비파시毗婆尸'는 범어를 음역한 것으로, 그 의미는 '승관勝觀', '종종관鍾鍾觀'이다. 불서는 그가 91대겁 전에 부처가 되었다고 적고 있다.

불교에 의하면 1겁은 13억 4천만년이니, 91겁은 1200억년인 것이다. 이것은 아주 놀라운 천문학적 숫자이다. 시기불은 과거7불 중 제2불이다. '시기尸棄'는 범어를 한자음으로 바꾼 것이니, '최상最上'이다. 그는 과거 제31겁 시기, 즉 400억 년 전에 출현하였다. 비사파불은 과거7불의 제3불이다. '비사파毗舍婆'의 의미는 '일체유一切有'이다. 과거 제31겁에 시기불의 뒤에 출현하였다. 과거 제4불은 구루손불拘樓孫佛인데, '성취미묘成就美妙'의 의미이다. 이것은 현재現在 현겁賢劫 1천불 중 첫 번째이다. 현재 현겁의 인간 수명이 6만세이던 시기에 출현하였다. 과거 제5불인 구나사불拘那舍佛의 의미는 '금적金寂'이다. 현겁의 인간 수명 4만세이던 때에 출현하였다. 과거 제6불은 가섭불迦叶佛인데, 의미는 '음광飮光'으로, 현재 현겁에 출현하여 1차의 설법집회를 거행하였다. 전설은 그가 석가모니의 전세의 스승이며, 일찍이 석가모니가 훗날 반드시 성불할 것이라고 예언하

였다고 한다. 그의 조각상은 항상 한 마리 사자를 타고 있다. 여기 가섭과 석가불을 협시하는 가섭(전체 명칭으로는 '마하가섭摩訶迦叶'이라 하고, 또 '대가섭大迦叶'이라 한다.)은 서로 다른 둘이다.

　제7불인 석가모니가 역사 속의 인물인 것을 제외하고 그의 이전에 출현하였다고 하는 6위의 불조는 모두 불교도들이 불교 이론에 바탕하여 허구적으로 만들어낸 인물들이라는 점은 분명한 일이다. 그들은 불조의 연원이 유장하고, 그 역사가 오래라는 것을 선양하기 위해 차용된 인물들인데, 실제로 증명할 수 없는 전설상의 인물들인 것이다. 어떤 사원에서는 칠불전을 건립하여 과거7불을 함께 모시기도 하는데, 산서山西 교성현交城縣 현중사玄中寺의 칠불전이 바로 그러하다.

오방불

복건 천주의 개원사는 저명한 불교 사찰이다. 이 절은 당나라 무측천 시대에 처음 지어졌으니, 지금으로부터 이미 1700년 전의 일이다. 절 안에는 전각, 단, 탑 등이 규모 있게 갖추어져 있어서 장관을 연출한다. 대웅보전은 이중처마를 하고 있는 산 위의 휴식처 양식인데, 전체 높이는 6장, 너비는 9칸, 깊이는 6칸이다. 석주 백개를 기초(실제로는 94개의 기초)로 삼아 목구조를 세웠으므로, '백주전百柱殿'이라고도 부른다. 두공斗拱에는 모두 비천악기飛天樂伎 24존二十四尊이 하늘로 날아오르며 춤추는 모습이 조각되어 있

는데, 자태가 아주 빼어나다. 이것은 불교 사원 건축에서 몇 안 되는 걸작에 속한다. 대전 불단의 정 중앙에 모셔져 있는 것은 8장 크기의 금으로 만들어진 5방불이다. 오방은 동, 서, 남, 북, 중의 5방인데, 5방불은 또한 '5지여래五智如來', '5방5지五方五智'로 불리도 한다. 5방불의 배치 양상은 이러하다. 동방東方의 아축부처阿閦佛(각성覺性), 남방南方의 보생불寶生佛(복덕福德), 중앙中央의 비로차나불毘盧遮那佛(대일여래大日如來), 서방西方의 아미타불阿彌陀佛(지혜智慧), 북방北方의 불공성취불不空成就佛(사업事業).

5방불은 불교의 밀종계통에 속한다.

비로차나毘盧遮那는 범어를 옮긴 것인데, '광명편조光明遍照'[빛이 모든 것을 두루 비춤], '편일체처遍一切處'[어디에나 있음], '대태양大太陽'을 의미한다. 그렇기 때문에 '대일여래大日如來'라고도 불린다. 중국

남방보생불南方寶生佛 　　　　서방아미타불西方阿彌陀佛 　　　　북방불공성취불北方不空成就佛

의 천태종天台宗은 비로차나불을 법신불法身佛, 석가모니불을 응신불應身佛로 삼았다. 법신이란 '현법성신顯法成身'[법을 드러내 몸을 삼음, 법 그 자체를 신격화한 것을 의미함]을 말한다. 실제로 비로차나는 석가모니의 또 다른 불신이다. 밀종密宗은 비로차나불, 즉 대일여래를 주요한 부처로 받들어 모신다.

　　남방의 보생불은 또한 보상불寶相佛, 보생여래寶生如來라고도 한다. 남방의 환희세계歡喜世界에 주재한다. 밀종에서는 그를 평등금강平等金剛이라고도 부르며, 그가 일체의 재보財寶를 관리한다고 말한다. 전신이 금색이고, 좌수로는 주먹을 쥐고 있으며, 우수는 무명지無名指와 소지小指로 둥글게 모양을 만들고 그 밖의 세 손가락은 검립劍立한 모습이다.

　　동방 아축불의 아축은 '부동不動', '무진노無瞋怒'를 의미한다. 그는 동방의 묘희세계妙喜世界에 주재하며, 만약 성실히 불법을 닦는 사람이 이 세상에 다시 태어나기를 발원한다면 사후에 다시 이 세상에 윤회전생輪廻轉生하도록 만들어 주는 역할을 한다. 밀종에서는 아축불이 금강세계金剛界의 5지여래 중 동방에 주재하는 것이라고 한다. 그 조각

동방아축불東方阿閦佛

상을 보면 항상 앉은 모습인데, 왼손은 쥐고 있고, 오른 손은 깨끗한 상자를 들고 있으며, 전신이 황금색이다.

서방 아미타불은 무량수불無量壽佛이라고도 불리는데, 극락極樂(안락安樂)세계에 주재한다. 북방의 불공성취불은 미묘문불微妙聞佛이라고도 하는데, 연화세계에 주재한다.

불교의 밀종에 의하면 대일여래는 5종의 지혜를 갖추어 중생을 교화하고 5방의 5불로 화하였다고 한다.

5방불을 대웅보전 안에 모시지 않고 비로전이나 천불전 안에 모신 사찰도 있다. 북경의 고찰인 법원사法源寺의 비로전 안에는 거대한 불상 하나가 모셔져 있는데, 전체가 동으로 부조된 것이다. 높이는 전각의 꼭대기까지 이르는데, 모두 3단으로 되어 있다. 하단은 천엽연꽃으로 된 거대한 대좌인데, 매 연꽃잎마다에는 불상 하나씩이 조각되었다. 이것은 '천불이 둘러싸고 있는 비로'라고 불리는데, 모든 화신불이 부처의 법신을 둘러싸고 있음을 표현한 것이다. 중단은 4방불인데, 각각 얼굴이 동서남북을 향한다.

상단은 부처의 법신인 비로차나불이다. 석제의 수미좌須彌座 위에 동으로 만든 불상이 안치되어 있는데, 4면으로 역사, 용, 구름의 모양이 조각되어 있는 것이, 장엄하고 질박하여 천상의 솜씨로 보인다.

3세불(횡)

　이화원頤和園은 세계적으로 이름 난 중국 정원이다. 이 왕실의 정원 속에는 적지 않은 종교적 건축물이 자리잡고 있는데, 후산後山에 있는 향암종인지각香岩宗印之閣 건물군은 가장 유명한 것에 속한다.

　이화원 북궁의 문北宮門 뒤로 들어가면 만수산萬壽山 뒷산의 언덕 위에 평평한 대좌를 놓고 올라앉은 첨탑 하나만이 눈에 들어온다. 붉은 색 기초 위에 흰 색의 벽을 하고 선 고찰은 금빛으로 날아오르듯 하고 유리는 광채를 발한다. 이 안에 있는 향암종인지각, 4대부주四大部洲, 8소부주八小部洲, 조형미가 빼어나게 아름다운 홍, 백, 흑, 녹 네 가지 색깔의 네 개 라마탑喇嘛塔 등의 사원 건축물들은 장엄한 기세를 자랑하는 한나라시대 티벳 양식의 사원건축물들이다. 그 중에서 가장 중심 되는 건물은 향암종인지각이다.

　향암종인지각 대전 안에 모셔진 것은 크고 아름다운 3존의 3세불이다. 이 3세불은 '횡3세불橫三世佛'이라고 불리는데, '수3세불竪三世佛'(과거불過去佛, 현재불現在佛, 미래불未來佛)과는 구별된다. 횡3세불은 영역을 기준으로 하여 말하는 것이고, 수3세불은 시간을 경계로 삼아 말하는 것이다. 횡3세불은 구체적으로 동방정토유리세계東方淨土琉璃世界의 약사불藥師佛, 사파세계娑婆世界의 석가모니불釋迦牟尼佛, 서방극락세계西方極樂世界의 아미타불阿彌陀佛이다. 그러므로 횡3세불은 3개 세계의 부처를 말하는 것이라고 하겠다.

三世佛(橫)

3세불은 횡3세불이라고 불리는데, 수3세불(과거불, 현재불, 미래불)과는 구별된다. 횡3세불은 영역을 기준으로 하여 말하는 것이고, 수3세불은 시간을 경계로 삼아 말하는 것이다. 횡3세불은 구체적으로 동방정토유리세계의 약사불, 사파세계의 석가모니불, 서방극락세계의 아미타불이다. 그러므로 횡3세불은 3개 세계의 부처를 말하는 것이라고 하겠다.

석가모니는 사파세계의 교주이다. '사파娑婆'는 범어를 음역한 것인데, '감인堪忍', '능인能忍'의 의미이다. 사파세계는 '감인세계堪忍世界'이니, 바로 석가모니가 교화를 행하는 세계이며, 인간이 살아가는 현실세계이다. 이 속에는 다음과 같은 의미가 담겨 있다. "현실세계는 참기 어려운 고난으로 충만되어 있어서 중생이 아주 무거운 죄를 짓게 되므로 부처와 보살은 이 세계 속에서 노고를 '감인'하고, 고통을 당하거나 원망을 갖고 있는 사람들에게 교화를 행하며 '무외無畏'와 '자비慈悲'를 표현한다."

釋迦牟尼佛　　　　藥師如來

k　　　且

阿彌陀佛

약사불은 동방정토 유리세계의 교주이다. 이 부처가 주재하는 동방정토유리세계는 불교적 이상세계인 '정토', 낙원이다. 약사불은 일찍이 12대원十二大願을 세워 정토유리세계의 모든 사람들을 질병과 재해로부터 구하고, 입고 먹는 것에 부족함이 없게 해주고, 각종고난으로부터 해방시켜 주고, 몸과 마음을 안락하게 만들어 주고, 여자를 남자로 바꿔 주는 등의 일을 수행한다. 약사불은 석가불, 미륵불 등과 더불어 대웅보전 안에 같이 모셔져 있는 경우를 제외하고는 자신만의 약사전藥師殿, 약왕전藥王殿(중국 도교의 약왕묘와는 다르다)을 따로 갖는다. 전각 안 정중앙에는 약사불이 있고, 양쪽으로는 좌우 협시인 일광보살日光菩薩과 월광보살月光菩薩이 있는데, 이 셋을 합하여 '약사삼존藥師三尊', 또는 '동방3성東方三聖'이라고 부른다. 약사불은 좌측 손에는 안에 감로甘露가 가득 차 있는 약사발을 들고 우측 손에는 환약을 들고 있는 것이 그 전형적인 형상이다.

아미타불은 서방극락세계의 교주이다. 이것은 불교에서 가장 힘써서 선전하고, 가장 커다란 영향력을 행사하는 정토이다. 어찌하여 극락이라 하는 것인가? 이곳에는 어떤 고통이나 고뇌도 없고, 사람들이 마음을 다하여 각종의 쾌락을 향유하기 때문에 극락이라 하는 것이다. 이 극락은 땅이 황금으로 되어 있고, 집이나 나무, 도로, 하천이나 연못 같은 것들이 모두 보화로 만들어져 있다. 이곳에는 기묘하고 화려한 각종의 새가 있고, 매일같이 종일 우아하고 아름다운 음악이 흘러넘친다. 이렇게 기이하고 오묘한 세계라면 누군들 가려 하지 않겠는가? 불경에는 여기로 들어갈 수 있는 방법을 제시하고 있다. 다만 일심으로 '아미타불阿彌陀佛'의 명호를 외우기만 하면 아미타불이 염불한

사람을 영접해 들여 서방 극락세계에 왕생하게
한다는 것이다. 그리하여 신도들이 온종일 입을
열었을 때나 입을 닫았을 때에나 '아미타불'을
시끄럽게 외워 하루에만도 10만에 이르는 사람
들이 명호를 외우게 되었던 것이다. 이리하여
아미타불은 또한 접인불接人佛이라는 이름도 갖
게 된다. 그의 좌우 협시는 관세음보살觀世音菩薩
과 대세지보살大勢至菩薩인데, '아미타삼존阿彌陀
三尊', 또는 '서방3성西方三聖'이라고 불린다.

 아미타불은 결가부좌結跏趺坐를 하고 두 손을
겹쳐 발 위에 얹었는데, 손바닥 안에는 연대蓮台가 하나 있는 것이 전형적인 모습이다.
중생을 맞아 이끈다는 의미를 표현하고 있는 것이다. 아미타불에게는 12개의 이름이
있다. 가장 흔하게 쓰이는 것은 '무량수불無量壽佛', '무량광불無量光佛'이다. 정토종의 사
찰 중 산서山西 교성현交城縣의 현중사玄中寺 같은 곳에서는 대웅보전 안에 접인불만을
모시고 있다. 그것은 아미타불의 입상이다. 우측 손은 아래로 내려뜨려서 여원인與願印
을 짓고 왼손은 가슴에 세웠는데, 손바닥 안에는 금연대金蓮台가 있다.

제불 5

3세불(수)

　옹화궁雍和宮 정전 안에는 불교의 수3세불이 모셔져 있다. '3세'는 불교적 개념인데, 과거세(전세), 현재세(현세), 미래세(내세)의 3세이다. 이것은 종적인 시간관계로 지칭하는 것이다. 횡적인 지역관계를 통하여 말하는 것은 횡3세불(동방세계 약사불, 사파세계 석가불, 서방세계 미타불)이다. 수3세불은 과거불 연등, 현재불 석가모니, 미래불 미륵이다.

　옹화궁 정전 안의 3세불은 동으로 주조하여 금을 입힌 것인데 아주 화려한 모습이다. 정중앙에는 현재세의 석가모니가 있고, 좌측 옆으로는 연등불燃灯佛이 있는데 과거세의 부처이며, 우측 옆으로는 미륵불이 있으니 미래세의 부처이다. 석가모니와 미륵불에 대해서는 이미 앞에서 설명한 바가 있다. 그러니 여기서는 과거세의 연등불을 중심으로 설명하여 보도록 하자.

　연등불은 '정광불錠光佛'이라고도 하는데, '정錠'은 바로 '등灯'의 다리이다. 어찌하여 연등이라고 부르는 것인가?『대지도론大智度論』이라는 불경에서는 그가 출생할 때 등잔의 불빛이 사방을 가득 채우고 있는 것처럼 몸 주변에 광채가 가득하였으므로 '연등'이라고 이름하였다고 한다. 석가모니는 어렸을 때 자신이 몇 개의 청연화青蓮花를 갖고 있는 왕가의 아가씨를 본 적이 있다. 그는 그녀에게서 연꽃 다섯 송이를 사서 연등불에게 바쳤다. 연등은 마음으로 아주 즐거워져서 그를 제자로 받아들인다. 어느 날 석가

三世佛(竪)

수3세불은 과거불 연등, 현재불 석가모니, 미래불 미륵이다. 옹화궁 정전 안의 3세불은 동으로 주조하여 금을 입힌 것인데 아주 화려한 모습이다. 정중앙에는 현재세의 석가모니가 있고, 좌측 옆으로는 연등불이 있는데 과거세의 부처이며, 우측 옆으로는 미륵불이 있으니 미래세의 부처이다.

모니는 연등불을 따라 밖으로 나간 적이 있는데 땅바닥이 온통 진흙으로 뒤덮여 있는 것을 보고는 옷을 벗어서 바닥에 깔고 스승에게 그 위로 걸어가기를 청한 적이 있었다. 연등은 석가가 이렇게 스승을 존숭하는 모습을 보고 그에게 수기授記(예언)를 내린다. "91겁이 지난 후 현겁賢劫이라 하는 시기에 너는 부처가 되어 석가모니라고 불리게 될 것이다."

배분을 가지고 이야기해 보자면, 연등불은 전생의 석가모니에게 깨우침을 주었던 스승이다. 당시는 과거세過去世의 장엄겁莊嚴劫 시기였기 때문에, 연등은 91겁이 지난 이후에 석가가 자신을 계승하여 성불할 것이라는 예언을 한다. 불교에서 말하는 바에 의하면 1겁은 13억4천만년이니, 스승과 제자 둘 사이에서 이런 대화가 있었던 것은 적어도 1200억년 이전의 일이라 하겠다. 이러한 이야기는 우리의 이 지구는 말할 것도 없고, 태양계(현대과학 연구결과 태양의 수명은 50억년이라 한다.)에서는 절대로 이루어질 수 없는 것이다. 이것은 혹시 불교 이론가들이 초지능적인 외계인에 대해 일정한 식견을 갖추고 있었다고 볼 수 있게 하는 이야기는 아닌 것인가?

연등불은 『3보태감서양기통속연의三寶太監西洋記通俗演義』라는 고전소설 속에서 불국佛國의 영수가 되어 3보태감三寶太監을 많이 바쁘게 만들어주는 사람으로 묘사된다. 그러

나 『봉신연의封神演義』에서 그는 도교道敎의 수뇌로 연등도인燃燈道人이라고 불린다. 탁탑托塔 이천왕李天王의 영롱보탑玲瓏寶塔은 그가 보내준 법보法寶이다. 연등도인은 강태공姜太公을 도와 적을 대패시켜 그 이름이 천하를 진동시켰으며, 과거불의 최고 배분을 받고 최대의 법력을 갖추게 된다. 그러므로 민간의 비밀종교(백련교白蓮敎 등)의 존경을 받아 가장 숭배하는 우상 중의 하나가 되었다.

제불 6

3신불

명나라 시대의 아름다운 채색 조각상 2000여 존으로 세상에서 유명한 산서山西 평요현平遙縣 쌍림사雙林寺 대웅보전 안에는 3신불三身佛이 모셔져 있다. 그들을 나누어 말해 보면 비로차나불毘盧遮那佛, 로사나불盧舍那佛과 석가모니불釋迦牟尼佛이다.

3신은 3종의 불신佛身이다. 중국불교 천태종天台宗에 의하면 비로차나불은 법신불法身佛이다. '비로차나'는 '편일체처遍一切處'[모든 곳에 편재한다]라는 의미이니, 그의 광명이 모든 것을 비춘다는 것이다. 그렇기 때문에 밀종密宗(密敎)에서는 비로차나불을 '대일여래'라고 번역한다. 『대승의장大乘義章』은 "법을 드러내어 몸을 이루니 법신이라고 말한다."고 한다. 법신불은 바로 절대진리의 불신을 표현한 것이다.

노사나불은 보신불이다. '로사나'는 '광명편조光明遍照'[빛이 널리 비춤]라는 의미이다. 비로자나불과 비슷하며, '정만淨滿'이라고도 번역한다. 보신불은 바로 절대진리를 갖추고 불과佛果를 획득하여 부처의 지혜를 한껏 드러내는 것을 표현한 불신이다.

석가모니불은 응신불應身佛이다. 이것은 인연에 따라 교화를 베풀어서 세간의 중생을 해탈하도록 인도해 주려고 출현한 불신인데, 특별히 석가모니의 육신을 의미한다.

3신불은 대승불교의 설법에 의거해 석가모니의 서로 다른 3종의 존재성을 표현한 것이다. 불교 사찰 안에 3신불은 다음과 같이 배치된다.

3신은 3종의 불신이다. 3신불은 대승불교의 설법에 의거해 석가모니의 서로 다른 3종의 존재성을 표현한 것이다. 사천 대족의 석각불상 중의 화엄3성 거상은 발로는 암굴 기단을 밟고 머리는 암벽의 끝에 닿았으며 몸은 앞을 향해 기울이고 있는데 높이는 7미터에 이른다. 3성의 장엄한 기세를 갖추고 있으며 얼굴에는 자비가 가득 흐른다.

중앙에 배치되는 것은 법신불, 비로차나불이다.

좌측에 배치되는 것은 보신불, 로사나불이다.

우측에 배치되는 것은 응신불, 석가모니불이다.

법신불인 비로차나불과 보신불인 로사나불은 단독으로 모셔진다. 어떤 사찰의 대웅보전에는 주존으로 비로차나불, 좌측 협시로는 지혜를 관장하는 문수文殊보살, 우측 협시로는 덕을 펼치는 일을 관장하는 보현普賢보살이 모셔지기도 한다. 이 3존은 속칭 '화엄3성華嚴三聖'이라고 한다. 사천四川 대족大足의 석각불상 중의 화엄3성 거상은 발로는 암굴 기단을 밟고 머리는 암벽의 끝에 닿았으며 몸은 앞을 향해 기울이고 있는데 높이는 7미터에 이른다. 3성의 장엄한 기세를 갖추고 있으며 얼굴에는 자비가 가득 흐른다. 가사는 주름 겉옷을 걸쳤다. 큰 바위의 표면을 이용하여 조각한 것이다. 윗옷 소맷자락은 다리에 이르기까지 늘어뜨려져 있고, 갈라진 옷자락은 팔뚝에 걸쳐져 있다. 보현의 손바닥에는 높이 1미터 8센티, 무게 약 1천근에 이르는 석탑이 올려 있는데 1천년의 역사 동안 떨어져 내린 적이 없었다. 빼어난 공예적 기교를 자랑하는 진귀한 작품이다.

가장 명성이 자자한 로사나불은 하남河南 낙양洛陽 용문龍門 봉선사奉先寺의 것이다. 봉선사는 서산西山 가장 높은 곳에 있는데, 이것은 용문의 당나라 시대 석굴 중에서 최대 규모이고 예술적으로 가장 빼어난 것이며 가장 대표적인 것이다. 이곳의 주불은 비로자나 부처인데 높이는 5장 정도이고 풍만한 얼굴을 하고 있으며 눈은 길게 찢어져 있고 입술의 각이 분명하면서도 미세하게 들려 있다. 인간에 대한 관심과 지혜의 광체를 아울러 표현하고 있는 모습이다. 옷주름의 무늬는 간결하게 흘러내리는 것으로 인간의 형상과 신성의 자태를 아울러 갖추어 내는 효과를 드러낸다. 양측으로 시립한 제자 중 하나는 가섭迦叶으로 성실하고 신중한 모습이며, 다른 하나는 아난阿難으로 온화하고 경건한 모습이다. 천왕天王은 손에 보탑을 올려놓고 있는데 위엄있고 용맹한 모습이다. 역사力士는 좌측 손은 허리를 짚고 있으며 우측 손은 주먹을 올린 모습인데, 노한 눈을 부릅뜨고 사람들을 위협한다. 노사나 대불은 당나라 시대에 무측천武則天의 명령으로 조각된 것인데 그녀는 이 절을 짓기 위해 지분전脂粉錢 2만관을 증자하여 주었고 아울러 친히 조정 신하들을 이끌고 노사나 대불의 개광의식에 참석하기도 하였다. 불상의 풍만하고 수려한 얼굴은 무측천의 '어용御容'을 본으로 삼아 만든 것이라고 말하는 사람도 있는데, 여성미를 드러내고 있는 것이다.

이수伊水의 동쪽 언덕에는 오늘날 거석 하나가 서 있는데 속칭 뇌고석擂鼓石이라고 한다. 무측천이 예불하던 당시에 북을 치고 음악을 연주하는 곳이라고 전하여진다.

미륵불

북경北京의 고찰古刹 담자사潭柘寺 안으로 들어가면 산문 뒤편에 자리잡고 있는 것은 웅장한 모습의 천왕전天王殿이다. 여기의 주련柱聯 중 하나에는 다음과 같은 유명한 구절이 새겨져 있다.

큰 위는 모든 것을 담을 수 있으니	大肚能容,
천하의 담기 어려운 일을 담으며	容天下難容之事
입을 열면 바로 웃는 것이니	開口便笑,
세상의 가소로운 사람들을 보고 웃는다.	笑世間可笑之人

평이한 이야기 속에 기이한 뜻을 드러내고, 아무것도 아닌 것 속에 철리를 담고 있는 표현이다. 주련에 표현되어 있는 인생관은 간단히 말해 범속한 것을 뛰어 넘어 성스러운 것으로 나아가고자 하는 것이다.

전각 안 정중앙에 모셔진 것은 아주 비대한 화상인데, 웃옷은 벗어젖혀 배를 드러냈고, 다리를 뻗은 자세로 앉아 있으며, 배는 불룩하게 튀어나와 있고, 아주 초롱초롱한 눈을 하고 있다. 그의 손은 염주를 잡고 있으며, 웃고 있는 입은 항상 열려 있다. 이것

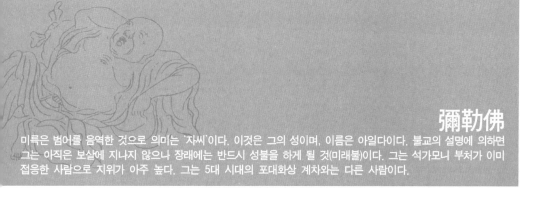

彌勒佛

미륵은 범어를 음역한 것으로 의미는 '자씨'이다. 이것은 그의 성이며, 이름은 아일다이다. 불교의 설명에 의하면 그는 아직은 보살에 지나지 않으나 장래에는 반드시 성불을 하게 될 것(미래불)이다. 그는 석가모니 부처가 이미 접응한 사람으로 지위가 아주 높다. 그는 5대 시대의 포대화상 계차와는 다른 사람이다.

은 사람들에게 아주 익숙한 비대한 미륵불이다.

이 비대한 미륵불은 불교의 3세불 속에 보이는 미래불로서의 미륵불이 아니다. 이 사람은 실제 중국인인데, 바로 포대화상布袋和尙 계차契此이다.

5대五代의 후양後梁시대에 절강浙江의 봉화奉化에는 한 명의 괴이한 화상이 출현하였으니, 계차이다. 계차는 특히 작고 비대한 땅딸보이고 배가 유난히 크다. 항상 대나무 지팡이를 짚고 헐렁한 옷을 걸치고 시끄러운 시가에서 인연을 쫓아 교화한다. 아무렇게나 말하며 사방 아무 곳이나 앉고 눕는다. 그는 날씨를 예보할 수 있었고, 사람의 화복을 논할 수 있었는데, 모두 아주 영험하여서 당시에 그 명성이 자자하였다. 계차가 죽을 때의 모습은 일상적인 경우와는 달랐다. 그는 단정하게 반석 위에 앉아 다음과 같은 오도송을 읊는다.

미륵은 진실로 미륵이니, 그 화신은 천백억이라
때때로 세상 사람들에게 모습을 드러내나 세상 사람들은 알지 못하네.

읊기를 마친 후에는 편안한 모습으로 타계하였다. 사람들은 이에 이르러서야 비로소

皆大歡喜布袋僧

원래 이 비대한 화상이 바로 미륵불의 화신이었음을 분명히 깨달았다. 이후에 사람들은 그의 모습을 본떠서 중국화 된 비대한 미륵불을 만들어 천왕전天王殿 안에 받들어 모시게 된 것이다. 이와 같은 '모패冒牌'[상표를 도용하다.]는 오랫 동안 불교 정통正統의 미륵불을 대신해 서 사해四海에 이름을 떨쳤으며, 부녀자 와 어린아이까지 다 알게 되었다. 불교 의 진정한 미륵은 도리어 아는 사람이 적게 되었다. '정통'의 미륵불 조각상은 몸에 보살 장식을 하고 항상 천관天冠 을 쓰고 있다. 북경北京의 명찰인 광제 사廣濟寺 천왕전, 소주蘇州 영암사靈岩寺 미륵각, 하북河北 정정正定 융흥사隆興寺 자씨각慈氏閣 안에 모셔진 것은 바로 이

렇게 정통적인 천관을 쓴 미륵상이다.

미륵은 범어를 음역한 것으로 의미는 '자씨慈氏'이다. 이것은 그의 성이며, 이름은 아 일다阿逸多이다. 불교의 설명에 의하면 그는 아직은 보살에 지나지 않으나 장래에는 반 드시 성불을 하게 될 것(미래불)이다. 그는 석가모니 부처가 이미 접응한 사람으로 지위 가 아주 높다. 그는 5대 시대의 포대화상 계차와는 다른 사람이다.

『미륵상생경彌勒上生經』과 『하생경下生經』에 의하면 아일다는 인도印度 남천축南天竺의 한 대파라문大婆羅門 가문에서 출생하였다. 고귀한 귀족 신분인 것이다. 그는 석가모니 의 제자가 된 후 부처보다 먼저 입멸[세상을 떠남.]하여 미륵정토彌勒淨土, 도솔천兜率天에 '상생上生'[극락정토에 왕생하는 것.]하여 여러 가지 즐거운 일들을 겪었다. 도솔천의 의 미는 '묘족천妙足天'이다. 이곳은 '후보불候補佛'[부처가 될 후보들]의 낙원이다. 56억 7천

만년이 경과한 후, 미륵은 인간 세상에 하생하여 불법을 널리 전파하도록 되어있다. 당연히 우리가 지적하여 말할 수 있는 것은, 인류의 생존터전인 지구의 수명이 50억년 밖에 되지 않았으므로 위의 미륵이 '하생下生[하생은 인간세상에 출생하는 것.]할 때는 되지 않았을 것이라는 점이다.

중국 최대의 목조 미륵불은 북경北京 옹화궁雍和宮 만복각萬福閣 안의 대불이다. 발끝에서 머리 꼭대기까지 18미터인데, 지하에 아랫부분이 8미터 정도 매몰되어 있기도 하다. 이것은 단향목檀香木을 사용하여 조성한 것으로 전체 26미터에 이르는 크기이다. 부처의 몸체는 3층 누각 가운데 부분을 관통하여 머리끝은 막바로 3층의 우물천장 부분에 이른다. 하늘을 이고 버티고 선 거인의 형상이다. 그에게 한 벌의 두루막을 입히려면 황단黃緞 1100척이 필요하다. 이 대불은 청나라 시대 건륭년간乾隆年間에 만든 것이다.

동으로 만든 최대 규모의 미륵은 서장西藏 일객칙찰습日喀則扎什 윤포사倫布寺의 대강파전 안에 있다. 서장어로 미륵불은 '강파불强巴佛'이라 한다. 이 앉은 청동 불상의 총높이는 26미터이고, 커다란 귀는 성인의 한 배 반 길이에 해당하며, 손의 길이만 하여도 3미터가 넘는다. 불상 미간의 백호白豪는 금강석, 진주珍珠, 호박琥珀 등 1400여 개를 박았다. 자동紫銅 23만여 근, 황금55근을 사용하여 110명의 장인이 4년을 투자하여 주조한 것이다. 이것은 중국은 물론이고 세계 제일의 가장 큰 동상이다.

중국 사찰의 천왕전에 모셔진 배불뚝이 미륵불의 몸 뒤에 붙은 광배 판의 뒤편으로는 위풍당당한 위태장군韋駄將軍이 미륵과 등을 맞대고 있다. 이러한 안배가 지니는 의미를 잘 알지 못하는 사람이 많지만, 전해오는 바에 의하면 미륵과 위태는 사찰의 경내를 관장하는 두 명의 화상이라는 설명이 있다. 미륵은 항상 입을 벌리고서 웃는 모습이고, 열정적으로 신도들을 불러들여 그가 있는 묘당에는 들고 나는 사람이 많고 향불

사르는 냄새가 가득하게 마련이지만. 그의 관리능력은 썩 좋지는 않아서 좀도둑이나 불량배가 무리 속에 섞여 들어와 묘당 안의 물건을 훔쳐 내가기도 한다. 위태는 이와 정반대여서, 종일 정색을 한 얼굴을 하고 아주 엄숙하기 그지없어서 좀도둑들이 감히 찾아들지 못하고 여러 향화객들 조차 깜짝 놀라게 만들 정도이니, 그가 있는 묘당 안은 차가운 분위기가 지배하게 된다. 후에 여래불은 천하의 묘당을 시찰하는 과정에서 이와 같은 정황을 알게 되고, 해결책을 생각하게 된다. 그들 두 사람이 공동으로 묘당을 관리하게 하여 배불뚝이 미륵은 전면에서 웃음으로 사람들을 맞아들이게 하고 위태는 후면에서 절을 나서는 나쁜 사람들을 감시하게 한 것이다. 두 사람이 합작을 하게 되니 사찰의 관리는 아주 잘 되기에 이르렀다.

그러나 이것은 민간의 전설일 뿐 불교적 설명은 아니다. 불교에서는 위태의 위치가 석가의 영탑靈塔(무덤)을 수호한다는 그에게 부여된 성스러운 직책으로부터 결정적으로 확보되는 것이라고 하겠다.

제불 8

동방3성

옛 사람들은 이상세계를 지향할 때 혹은 동방에 희망을 걸기도 하고 혹은 서방에 희망을 걸기는 하였지만 남방이나 북방에 희망을 거는 경우는 없었다. 이러한 신앙은 아마도 옛 사람들의 태양숭배 의식과 관련이 있는 것이 아닌지 모르겠다. 초기의 인류는 정착생활을 하지 않았다. 그들에게 지상의 자연환경은 늘 변하는 것이었다. 그러나 천상의 일월성신은 변함이 없이 언제나 그들의 삶에 동반하였다. 하늘에 있는 것으로서 가장 그들의 주목을 끌고 가장 그들에게 막강한 영향력을 행사했던 것은 태양이었다. 태양은 매일같이 동쪽에서 떠올라 서쪽으로 들어간다. 그것이 떠올랐을 때에는 빛살이 온 세상을 뒤덮어 눈을 어지럽게 한다. 그것은 사람들에게 따뜻한 기운을 제공하여 주고, 만물을 생장시켜 준다. 태양은 생명을 상징하고, 광명을 상징하고, 행복을 상징한다. 그것이 나오는 동방이나 그것이 들어가는 서방은 사람들에게 기묘한 상상을 하도록 이끌어 갔다. 사람들의 상상 속에서 동방과 서방이라는 두 군데 태양의 생활권은 아름다운 천당들이 많이 자리 잡고 있는 곳이 된다. 중국의 고대 신화 속에서 동방에는 봉래蓬萊, 영주瀛州 등의 신선들이 사는 산이 있는 곳이어서 고대인들로 하여금 아름답고 가묘한 곳으로 묘사하게 만들어 주었다. 그들은 말한다. '발해渤海의 동쪽은 몇 억 만리가 되는지 알 수 없다.' 주위는 드넓은 바다이다. '그 산은 아래쪽의 둘레가 약사불은 범어 'Bhaisajyagururakduryaprabhāsa'의 의역인데, 전칭은 약사유리광여래이다. 대의왕불, 의왕선서 등으로 불리기도 한다. 그는 동방 정토 유리세계의 교주이다. 약사불의 수하에는 12신장이 있고, 두 사람의 조수, 즉 좌협시인 일광편조보살, 우협시인 월광편조보살이 있다. 약사불과 일광, 월광 두 보살을 합하여 동방3성이라고 한다.

3만리이고 정상의 평지가 9천리이다.' 산 위에 있는 '누대와 묘당은 모두 금과 옥으로 지어져 있다.' '그곳에 사는 새와 짐승은 모두 순고純縞이다.' 이 점은 아주 특이한 것이다. '순고'란 고대의 백색 명주의 일종인데, 날아다니는 새나 뛰어다니는 짐승이 모두 순백색이라고 하는 것은 이상한 일이 아니겠는가. 은족의 상나래[殷商]나 고대에 태양을 숭배했던 동이족東夷族은 모두 백색을 존귀한 색깔로 간주하였다. 순백색의 금수를 숭상한 것에서 우리는 고대인들이 가지고 있었던 태양숭배 의식의 증거 하나를 발견할 수 있을 것이다. 더욱 특이한 것은 다음과 같은 이야기이다. '주간 나무가 있는데 꽃과 열매가 다 맛이 있고, 그것을 먹게 되면 누구나 늙지도 않고 죽지도 않는다. 그곳에 사는 사람들은 모두 신선이나 성인인데, 날마다 날아서 서로 왕래하는 이가 부지기수이다.'(『열자列子』, 「탕문湯問」) 이 신선산들은 서로 7만 리나 떨어져 있는데, 그들은 하룻밤이면 갔다가 돌아올 수 있다(잡담하고, 밥을 먹고, 산책하는 시간을 포함한 것이다.). 그들의 날아다니면서 노니는 것은 오늘날 호화여객기를 타고 관광하는 것과 같다. 무수한 옛 사람들, 더욱이 제왕들까지 신선의 운명을 부여받기를 추구한 것이 괴이한 일은 아니다.

불경에도 이런 이야기는 있다. 서방에는 극락국이 있는데, 미타가 주지한다. 동방에는 정토 유리국이 있는데, 약사가 주지한다. 약사불은 사람을 살리고, 재앙을 없애주며,

第二大願

願我來世得菩提時身如瑠璃內外明

徹淨無瑕穢光明廣大功德巍巍身善

安住燄網莊嚴過於日月幽冥衆生悉

蒙開曉隨意所趣作諸事業

수명을 연장시켜 준다. 사람들로 하여금 건강하게 장수하도록 하고, 활발하게 쾌락을 얻도록 한다. 이것은 '고행하며 밖으로 나도는 것'을 선양하여 고행에 집착하게 하는 것이나 죽는 것(열반에 드는 것)이 최고의 쾌락이라고 하는 이론과는 전혀 다른 양상이다.

약사불은 범어 '브하이사쟈구루라이두리야푸라브하아사아Bhaisajyagururakduryaprabhāsa'의 의역인데, 전칭은 약사유리광여래藥師琉璃光如來이다. '대의왕불大醫王佛', '의왕선서醫王善逝' 등으로 불리기도 한다. 그는 동방 정토 유리세계의 교주이다. 약사불의 수하에는 12신장이 있고, 두 사람의 조수, 즉 좌협시인 일광편조보살日光遍照菩薩, 우협시인 월광편조보살月光遍照菩薩이 있다. 약사불과 일광, 월광 두 보살을 합하여 '동방3성東方三聖'이라고 한다. 밀종에서는 일광보살을 '위덕금강威德金剛'이라고 부른다. 그의 조각상은

약사불급기십이신장藥師佛及其十二神將

　　보살 형상을 하고 있는데, 살색으로 칠해져 있고, 왼손에는 보화 깃발을 들고, 오른
손에는 일륜日輪을 든 모습이다. 월광보살의 조각상 역시 보살형상인데, 황색으로 칠해
져 있고, 왼손에는 청연화靑蓮花를 들었으며, 머리 위에는 반월半月이 그려진 모습이다.
두 보살은 일월이 동방에서 떠올라 그 광명이 중생을 두루 비추는 것을 상징하는 것인
데, 중생으로 하여금 건강과 행복을 누리도록 돕는 역할을 한다.

환희불

　환희불은 범어 가나파티Ganapati(아나발저俄那鉢底)를 의역한 것인데 '무애無碍'로 번역될 수 있다. 환희불에 대해서는 아래와 같은 몇 가지 이야기가 있다.

　하나는 환희불을 어떤 은유적인 의미를 상징하는 것으로 보는 입장이다. 즉 환희불 속에는 어떤 은유와 상징이 담겨져 있다는 것이다. 이를테면 커다란 위덕금강의 형상은 아주 흉악한 모습이다. 정면은 소의 머리를 하였고, 모두 아홉 개의 가슴 띠를 차고 있으며, 머리에는 해골관을 썼는데, 36개의 팔과 36개의 다리를 달고 있다. 실제로는 이 위덕금강의 본상은 자비와 위엄이 가득한 모습을 하고 있는 미륵불이다. 이러한 종류의 조상미학은 흉맹한 힘을 사용하여 불교에 해를 끼치는 사마외도를 진압하는 것을 상징한다(비록 그들의 본신은 악마의 모습을 하고 있지만 말이다.). 대분노大憤怒, 대무외大無畏, 대승리大勝利의 기개를 표현한 것이다. 발아래 밟고 있는 발가벗은 여인은 때로는 부둥켜안고 교접 중인 경우도 있는데, 항복한 이교도를 상징한다. 그렇기 때문에 이 환희불의 환희는 남녀가 육체적으로 즐길 때의 환희가 아니라 적을 항복시켜서 승리를 취득하였을 때의 환희라고 하겠다.

　또 다른 하나는 환희불의 벌거벗은 두 육신이 끊기지 않은 한 가닥 실, 조금치도 오염되지 않은 것, 속세의 티끌로부터 벗어나 있는 상태를 상징한다고 보는 입장이다.

환희불에 대해서는 다음과 같은 몇 가지 이야기가 있다. 하나는 남녀가 육체적으로 즐길 때의 환희가 아니라 적을 항복시켜서 승리를 취득하였을 때의 환희라고 하겠다. 또 다른 하나는 환희불의 벌거벗은 두 육신이 끊기지 않은 한 가닥 실, 조금치도 오염되지 않은 것, 속세의 티끌로부터 벗어나 있는 상태를 상징한다고 보는 입장이다. 이러한 두 가지 설명과 양상을 달리하는 또 다른 한 가지 해석은 환희불을 불교 안의 애신, 욕천으로 보는 것이다.

부둥켜안은 두 육신 중 남자는 방편을 상징하고, 여자는 지혜를 상징한다. 방법과 지혜의 둘을 다 이룬다는 의미, 남자와 여자가 합하여 하나의 완성된 인간, 완전하여 모든 것을 다 갖춘 상태를 이룬다는 점을 표현한 것이다. 모든 것을 다 갖춘 상태를 증험할 수 있을 정도로 닦아서 얻는 것은 바로 쾌락이다. 다만 이러한 쾌락은 신념을 상징하는 것이지 남자와 여자 사이의 육체적인 즐거움을

뜻하는 것이 아니다.

이러한 두 가지 설명과 양상을 달리하는 또 다른 한 가지 해석은 환희불을 불교 안의 '애신愛神', '욕천欲天'으로 보는 것이다. 불교는 욕계의 여러 세상은 5종의 육체적 즐거움을 준다고 한다. 두 육신이 포옹을 하고 교접하는 것은 인간의 사랑과 같은 부분이 있다. 불경은 이 점에 대해 공개적으로 다음과 같이 말한다. "모든 중생의 여러 성욕을 쫓아 환희를 얻게 한다."(『대일경大日經』) 이러한 이론은 당연히 옛날 인도 원시종교 속의 성력숭배性力崇拜와 관련이 있는 것이라 하겠다. 옛날 인도 당시에는 성력파라 불리는 분파가 있어 우주만물은 다 창조의 여신의 성력으로부터 탄생해서 번성하여 내려왔다고 믿었고, 성행위를 여신을 모시는 방법이나 여신에 대해 숭배와 존경을 바치는 행위로 이해하였다.

歡天喜地

관음보살

유명한 고전소설인 『서유기』 중에는 관음보살이 사는 해천선경海天仙境에 대한 묘사가 많이 나온다. 이 속에 묘사되어 있는 것은 전적으로 작가의 상상력의 소산인 것만은 아니다. 책 속에 나오는 낙가산洛伽山, 보타암普陀嵒, 조음동潮音洞, 자죽림紫竹林 등의 빼어난 경치는 모두 실제 있는 것이다. 이것은 바로 절강浙江 주산군도舟山郡島 중의 관음도장觀音道場인 보타산의 모습이다.

보타산은 산서山西의 오대산五臺山, 사천四川의 아미산峨眉山, 안휘安徽의 구화산九華山과 함께 4대불산四大佛山이라고 불린다. 이것들은 4대보살, 즉 관음觀音, 문수文殊, 보현普賢, 지장地藏의 4대 도장四大道場이 있는 곳이다.

관세음은 불교세계의 모든 보살 중에서 수석보살이다. 그녀는 세속에서의 지명도와 영향력의 측면에서 절대로 여래불보다 못하다고 할 수 없다. 특별히 여성 신도들의 마음속에서는 그 지위가 석가를 능가하는 것이 사실이다. 보살은 불교세계에서 그 지위가 부처 아래에 놓이는데, 또한 '대사大士'라고도 불린다. 보살의 뜻은 '각유정覺有情', '도중생道衆生'이다. 그들의 직책은 부처를 도와 중생을 제도해서 극락세상에 이르게 하는 것, 일체의 번뇌를 없애서 영원한 환락을 누리게 하는 것이다.

불국의 제1보살인 관세음은 '관자재', '관음대사'라고도 불린다. 당나라 시대에는 태

觀音菩薩

관세음은 불교세계의 모든 보살 중에서 수석보살이다. 그녀는 세속에서의 지명도와 영향력의 측면에서 절대로 여래불보다 못하다고 할 수 없다. 특별히 여성 신도들의 마음속에서는 그 지위가 석가를 능가하는 것이 사실이다. 보살은 불교세계에서 그 지위가 부처 아래에 놓이는데, 또한 대사라고도 불린다. 보살의 뜻은 각유정, 도중생이다. 그들의 직책은 부처를 도와 중생을 제도해서 극락세상에 이르게 하는 것, 일체의 번뇌를 없애서 영원한 환락을 누리게 하는 것이다.

종 이세민의 이름자를 피하여 '세'를 생략하고 '관음'이라고 약칭하였다. 무엇이 '관세음'인가? 이것은 세간의 중생이 고난을 당할 때 그 이름을 부르면 보살은 그것을 '관'하여 그 소리가 난 곳으로 이르러 즉시 고난으로부터 구원해 준다는 것을 말한다. '관세음'이라는 이름의 본뜻이 이 보살의 대자대비大慈大悲하고 신통무변神通無邊함을 드러내 보여주는 것이다.

　오늘날 사람들은 아름답게 단장하고 산뜻하게 사람들을 움직이는 관음보살의 모습에 익숙한데, 이것은 오랜 시간 속에서 여러 곡절을 거쳐 점차적으로 만들어져 나온 것이다. 그녀의 최초의 모습은 하나의 신마구神馬駒였다. 고대 인도의 바라문교婆羅門敎에는 사랑스러운 한 마리의 작은 망아지가 있는데, 관세음이라는 이름으로 불렸다. 그것들은 하나의 선한 신인데 자비와 선을 상징한다. 그것들은 아주 신통력을 갖고 있어서 맹인들을 다시 보게 하고, 자식을 낳을 수 없는 이들은 자식을 낳게 되고, 출산능력을 잃은 소는 임신을 하게 되고, 썩은 나무는 꽃을 피우게 된다. 그들은 고대 인도에서 널리 신봉되었다. 불교가 나타난 이후 신마구인 관세음은 그것에 흡수되어 자선을 행하는 보살이 되고, 마두관세음馬頭觀世音이라 불리게 되며, 그 형상은 옛날처럼 한필의 작은 망아지로 그려진다. 얼마 지나지 않아 그것은 또 인격화의 과정을 거쳐서 남자의 몸을 갖추게 된다. 이렇게 하여 관세음보살은 당나귀로부터 변해 용맹한 대장부가 되는 것이다. 불교의 밀종에는 아직도 하나의 마두관음이 있는데, 마두명왕馬頭明王이라고도 불린다. 그것은 용맹스러우면서 분노한 모습으로 조형된다. 머리는 4면인데, 각각 보살의 얼굴 모습, 검은 얼굴에 눈을 치뜬 모습, 크게 웃는 얼굴 모습 등으로 나누어진다. 머리 위에는 벽마두碧馬頭가 있다.

불교 속에서 관세음보살의 지위가 고급스럽게 변하여지면서 불경에서 관세음보살은 금지옥엽으로 설명되기에 이른다. 『비화경悲華經』은 과거에 금륜성왕이 있었는데, 대태자大太子는 불구不眴라는 이름으로 바로 관세음이다. 2태자는 니마尼摩라는 이름인데 바로 대세지大勢至이다. 불구는 인간세상에 대한 큰 서원을 세우고 커다란 자비심을 일으

켜 중생을 영원히 안락하게 만들고자 하였다. 훗날 전륜성왕轉輪聖王이 수행을 하여 부처가 되니 바로 서방 극락세계의 아미타불이다. 불구와 니마는 부친의 좌우 협시가 되니, 부자 3인은 '서방3성西方三聖'이다. 관세음과 대세지 두 보살은 연화蓮花가 환생한 것이라고 이야기하는 불경도 있다.

중국 정토종이 시작된 이래 극락세계의 제2의 신 관세음보살은 널리 숭배되기에 이르렀다. 세속의 수요를 만족시키기 위해 관세음은 점차 남성으로부터 여성으로 성격이 변해나갔고, 하나의 대자대비한 여자 보살이 되었다.

관세음은 33화신이 있다는 설이 있는데, 그 중에는 바로 1명의 여성도 있다. 관음은 설법의 필요에 맞추어 성별과 신분을 자유롭게 바꾸어 나타난다. 그러나 여성화를 이룬 다음에 관음은 다시는 남자가 됐다 여자가 됐다 하는 변화의 모습을 보여주지 않고, 여성보살로 그 신분이 굳어졌고, 이러한 변화는 세상에서 크게 환영을 받았다.

관세음은 중국에 들어온 이후 점차 철저하게 한족화를 이루어 나간다. 그녀는 국적, 민족에서 성별에 이르기까지 중국인의 의식을 바탕으로 하여 환골탈태를 이루어 낸다. 관세음은 중국의 공주가 된다. 그녀는 초장왕楚庄王(묘장왕妙庄王)의 3녀 묘음妙音이라는 설명이 나타나는 것이다.

관세음이 사는 이른바 보타산普陀山은 본래 인도에 있는 것으로 말하여진다. 그곳은 중국과 멀리 떨어져 있으므로 중국 불교도들이 가서 뵙기는 쉽지 않다. 그러므로 먼 곳을 버리고 가까운 곳으로 옮길 필요가 있게 되어 중국은 관음을 대신하여 한 군데 도장을 선택하는데, 바로 절강浙江 주산군도舟山群島의 매잠도梅岑島이다. 매잠도는 풍경이 아주 아름다우므로 '해천불국海天佛國', '해상제1명산海上第一名山'이라는 이름을 얻고 있다. 전해 내려오는 이야기에 의하면 당나라 시대에 인도의 승려가 매잠도 상의 조음고동潮音古洞에서 열손가락을 태우는 정성을 표시하며 관음을 예배하니 동굴 안에 신이한 광채가 번지며 관음이 현신하였다는 이야기가 있다. 그리하여 이곳은 관음이 현성한 곳으로 전해지게 되었다. 훗날 일본의 승려가

오대산五臺山으로부터 관음상 하나를 받들고 돌아가다 이곳을 지날 때 돌연 폭풍이
일어 배가 앞으로 나아가지 않았다. 그는 이것이 관음보살께서 일본으로 가기를 원치
않기 때문이라고 이해하여서 관음상을 매잠도에 남겨 두었다. 사람들은 그곳에 '불긍
거관음원不肯去觀音院'을 지었다. 송나라 시대에 신종황제는 섬 위에 '보타관음사寶陀觀
音寺'를 지으라는 명령을 내려(오늘날의 보제사普濟寺이다.) 관음을 주신으로 모시고 받들게
하였다. 관음도장이 정식으로 형성된 것이다. 이때 이후로 매금산은 불교에서 이야기
하는 관음성지, '보타락가普陀洛伽'를 대체하여 나가게 되어 그 원래 이름은 점차 잊혀
져 버리기에 이르렀다. 보타락가는 범어를 한역한 것인데, 그 의미는 '해도산海島山',
'광명산光明山'이다. 근대에 이르러 여기는 3대산, 88암자와 사원, 128움막, 수천명의
승려들이 있는 바다의 불교 세상이 되어 전 세계적으로 널리 명성을 떨치고 있다.

보타산에 관음도장이 이루어졌으므로 이곳의 모든 자연경관은 필연적으로 하나같이
관음보살과 연결되는데, 그중 가장 유명한 것은 보제사에 속하게 된다. 보제사는 모든
산의 중심사찰이고 역사가 가장 오랜 것인
데, 웅장한 규모를 자랑한다. 중심선상에는
6개의 전각이 자리잡고 있다. 3번째 것은
관음을 주불로 제사드리는 대원통전이다.
관음에게는 또한 '원통'(정진수양을 통과하여
원만, 통달의 경지에 도달함.)이라는 칭호가 있
기 때문에, 어떤 관음전은 원통전이라고도
불린다. 이 대원통전大圓通殿은 아주 웅대하
여 수천명이 들어가더라도 옹색하지 않을
정도이며, '천하원통전의 조종天下圓通殿之祖'
이라고 칭하여진다. 전각 안 정 중앙의 관
음상은 높이가 2장 7척에 달하며 장엄하고
인자한 모양이다. 양편으로는 관음의 32응
신상應身像이 있어서 관음이 열방세계에 서

관음수행대향산觀音修行大香山

로 다른 신분으로 출현하였던 각종의 형상을 드러낸다. 그 중에는 신불천왕神佛天王, 문관무장文官武將, 승속남녀僧俗男女, 용사대붕龍蛇大鵬 등이 인간의 모양을 본떠서 조각되어 있기도 하다. 형상은 생동하는 모습으로, 관음보살이 중생을 널리 구제하는 법력이 고갈되는 법이 없음을 표현하여 준다.

중국 불교계는 음력 2월 19일을 관음탄신일觀音誕辰日, 6월 19일을 관음성도일觀音成道日, 9월 19일을 관음출가일觀音出家日로 정하고, 이 모든 날을 총칭 '관음향회觀音香會'라고 한다. 또한 민간에는 관음송자觀音送子 이야기가 있으므로 관음성회 때에 보타산에는 복과 자식을 구하는 사람들이 분분히 찾아들어 인산인해를 이룬다.

천수천안관음

불교는 현종顯宗과 밀종密宗으로 나뉘어진다. 현종은 현교顯教라고도 하는데 그 교의는 석가모니(응신불)가 공개적으로 선언한 설법(바로 '현'의 의미임)의 가르침으로 이루어져 있기 때문에 그렇게 불린다. 밀종은 또 밀교, 밀승密乘, 진언승眞言乘, 금강승金剛乘 등으로 말하여진다. 밀종은 자칭 대일여래(법신불)의 심오한 교의를 비밀스럽게 전수받은(바로 '밀'의 의미임) 진실한 가르침이라 하여 이름 붙은 것이다. 밀종의 주요한 특징은 다음과 같다. 고도로 조직화된 각종의 주술呪術, 단장壇場[제의를 올리기 위해 설치한 장소], 의궤儀軌 등 아주 엄격한 규정을 갖추고 있으며, 형식이 아주 복잡하고, 비교도에게는 전하지 않는다는 것 등이다. 밀교의 조각상과 현교의 조각상은 아주 다르다. 교의적 필요성에 의해 밀교의 조각상은 우의적으로 공포와 분노를 함유하는 많은 신을 만든다.

밀종의 6관음은 천수천안관음千手千眼觀音, 성관음聖觀音, 마두관음馬頭觀音, 11면관음面觀音, 준지관음准胝觀音과 여의륜관음如意輪觀音을 포함한다. 아래에서는 우선 천수천안관음을 소개하고자 한다.

천수천안관음은 또 천안천비관음千眼千臂觀音이라고도 하고, 간략하게 천수관음千手觀音, 대비관음大悲觀音이라고 한다.

千手千眼觀音

천수관음은 실제로 천수 천안이 있는데 그 전형적인 조형상의 특징은 다음과 같다. 얼굴에는 3안이 있고, 팔은 천수이다. 천수의 각 손바닥 안에는 각각 하나의 눈이 있고, 머리에는 보관을 썼으며, 관에는 화불이 있다. 그 중 바르고 큰 손은 18개의 팔인데, 우선 두 손은 가슴 앞에 합장을 하고 있으며, 다른 손은 각각 금강방망이, 미늘창 갈고리, 범책, 보인, 석장, 보주, 보륜, 개부연화, 견색, 양지, 수주, 조관을 들고, 한 손은 감로를 뿌리고, 한 손은 보우를 뿌리고, 무외의 수인을 베풀고, 또 한 손은 배꼽 앞에 세워 우압좌앙장을 짓는다. 그 나머지 982수는 다 손에 각종의 그릇과 병장기 등을 들어 인증하는 모습이다.

밀종의 경전인 『천수천안관세음보살광대원만무애대비심타라니경千手千眼觀世音菩薩廣
大圓滿无碍大悲心陀羅尼經』에 의하면 관세음은 과거의 무량억겁無量億劫, 즉 아득한 과거에
천광왕정여래千光王靜住如來가 대비심타라니大悲心陀羅尼를 설하는 것을 듣고 일체 중생에
게 이익과 안락을 주고자 하는 서원을 하여 몸에 천수천안이 돋아났는데, 천수는 중생
을 두루 보호하는 것을 표시하는 것이며, 천안은 세간을 두루 조관하는 것을 표시하는
것이라고 한다. 종합해서 말하자면, 일체 중생을 제도하고 광대원만하며 무애하다는
것은 대자대비하여 고난에서 구제한다는 것을 표현하여 주는 것이다. 천수천안보살을
공양하는 것은 이 보살이 식재息灾, 증익增益, 경애敬愛, 강복降伏 등 4종의 성취법成就法
을 얻었다는 점을 시인하는 것이라고 하겠다.

그녀의 모습은 주로 40수안四十手眼과 천수천안千手千眼 두 종류가 있다. 40수안관음보살
의 조각은 양안양수兩眼兩手 아래에 다시 좌우로 각 20수가 있고, 손 안에 각 1개의 눈이
있어서 전부 40수 40안이다. 40수안이 각각의 안배 상에 '25유二十五有'가 있어서, 40에 25
를 곱하면 바로 1000이 되니 천수천안이 되는 것이다. 이것은 형상을 과장하는 수법을 사
용하여 관음의 자비로움이 비할 데 없이 넓다는 것을 드러내 보여준 것이라고 하겠다.

'25유'는 불교적 개념이다. '유'는 범어 '브하바Vhava'를 의역한 것이니, '존재存在'의 의

미이다. '25유'는 3계 중에 25종의 정의상 존재환경이다. 그것은 다음의 것들을 포괄한다.

(1) 욕계欲界 14유十四有

4악취四惡趣－지옥地獄, 아귀餓鬼, 축생畜生, 아수라阿修羅(악신惡神); 4대부주四大部洲－동승신주東勝身洲, 남섬부주南瞻部洲, 서우화주西牛貨洲, 북구로주北俱盧洲; 6욕천六欲天－4천왕천四天王天, 도리천忉利天(33천三十三天), 야마천夜摩天, 악변화천樂變化天, 타화자재천他化自在天.

(2) 색계色界 7유七有

초선천初禪天, 2선천二禪天, 3선천三禪天, 4선천四禪天, 대범천大梵天, 정거천淨居天 그리고 무상천无想天. 제1, 제2, 제3선천의 크고 작은 분별은 소천세계小千世界, 중천세계中千世界, 대천세계大千世界와 서로 같으나 제4선천은 광대하여 끝이 없으며 헤아릴 수 없을 정도이다.

(3) 무색계无色界 4유四有

공무변처空無邊處(천天), 식무변처識無邊處, 무소유처无所有處, 비상비비상처非想非非想處 이곳은 이미 욕망이 없고[无欲望] 형체가 없는无形體 생존자가 거주하는 처소이다.

또 다른 한 종류의 천수관음은 실제로 천수 천안이 있는데 그 전형적인 조형상의 특징은 다음과 같다.

얼굴에는 3안三眼이 있고, 팔은 천수千手이다. 천수의 각 손바닥 안에는 각각 하나의 눈이 있고, 머리에는 보관寶冠을 썼으며, 관에는 화불化佛이 있다. 그 중 바르고 큰 손은 18개의 팔인데, 우선 두 손은 가슴 앞에 합장을 하고 있으며, 다른 손은 각각 금강방망이[金剛杵], 미늘창 갈고리[三戟叉], 범책[梵筴], 보인寶印, 석장錫杖, 보주寶珠, 보륜寶輪, 개부연화開敷蓮花, 견색羂索, 양지楊枝, 수주數珠, 조관澡罐을 들고, 한 손은 감로甘露를 뿌리고, 한 손은 보우寶雨를 뿌리고, 무외無畏의 수인을 베풀고, 또 한 손은 배꼽 앞에 세워 우압좌앙장右押左仰掌을 짓는다. 그 나머지 982수는 다 손에 각종의 그릇과 병장기 등을 들어 인증하는 모습이다.

중국 최대의 나무로 조각한 천수관음 상은 승덕 외 8묘[1]-당인 대불사大佛寺(보령사普寧寺) 대승지각大乘之閣의 천수천안관음조상이다. 관음은 연화보좌의 위에 서서 머리는 소발梳 髮을 묶고, 몸에는 가사를 걸치고, 불관佛冠을 쓰고, 두 발은 벗었다. 모두 42개의 손인데, 가슴의 양 손은 열십자로 합하였고, 나머지 40개 손에는 각종의 법기法器를 들었다. 모든 손바닥 안에는 하나의 눈이 달려 있어서 얼굴의 세 눈을 합하면 모두 43개의 눈이다. 이 조각상은 높이가 22.23미터, 무게가 약 110톤, 목조관음 중 최고라고 할만하다. 그것 은 전부 나무로 얽어 만들었는데, 중심은 15개의 대목을 기둥으로 박아 넣고, 중간에는 한그루 주간을 머리 꼭대기에 이르도록 심었다. 각각의 기둥 사이에는 둥근 나무를 횡으 로, 종으로 얽거나 쇠갈고리를 박아 견고하게 하였는데, 내부에는 모두 3층의 격판을 두 었다. 목구조의 외부에는 위로 두꺼운 목판을 붙이고, 아름다운 옷주름 무늬를 조각하였 다. 이 특별하게 거대한 관음상의 균형 잡힌 체형과 아름다운 조형은 옛 사람들의 높은 예술성을 유감없이 드러내 보여준다.

중국 최대의 동으로 주조한 관음상은 조운趙 雲 조자룡趙子龍의 고향인 하북河北 정정正定의 대불사大佛寺(융흥사隆興寺) 안에 있다. 이 불상은 송나라 개국 황제인 조광윤趙匡胤의 개보 4년開 寶四年(971)에 주조된 것으로, 높이 22미터가 조 금 넘고, 42개의 팔을 가졌다. 이 불상과 창주 滄州의 철사자鐵獅子, 조주趙州의 대석교大石橋, 응현應縣의 목탑木塔 등은 '화북4보華北四寶'라는 명예를 얻고 있다.

일본日本도 천수관음을 숭배하는데, 이것은 당나라 시대(일본의 평안시대平安時代)에 중국으로 부터 전입한 것이다. 저명한 감진화상鑒眞大和尙

千手千眼觀音

이 천보天寶 12년(753) 바다를 건너 동쪽으로 일본에 가서 천수관음상을 받들어 모신 것이다. 감진은 당나라 초제사招提寺를 창건한 다음 휴대하고 다니던 관음상을 모방하여 천수천안관음 거상을 하나 만들어 사찰 안 금당金堂에 모신다. 일본 경도京都 연화왕원蓮花王院의 33칸 당루堂안에는 일반적인 사람들보다 큰 천수천안관음상 1천 1존이 받들어 모셔져 있는데, 기세는 위엄이 있고, 얼굴은 엄숙한 표정이며, 사람들로 하여금 탄식하며 머물러 감상하지 않을 수 없게 하는 걸작들이다.

천수관음의 천개의 손은 부채살 모양으로 여러 층을 이루며 배열되어 있는데, 공작이 꼬리를 펼치는 것과 같은 양상으로 아주 장관이다. 화공들은 이 팔을 그리는데 어려움을 느끼곤 한다. 『화수백도畵手百圖』라는 책은 팔을 그린 그림 1백 폭을 모아 놓고 있기까지 하다. 화가는 모양이 각각 다른 백 개의 팔을 그릴 수 있으나 이미 얻어 보기 어려운 것이 되어 있다. 그러나 옛사람들이 자태가 서로 같지 않은 1천개의 팔을 조각하고자 하였다면 그것이 어디 아주 할 수 없는 일이었겠는가. 그렇기 때문에 이 천수관

千手觀音

음 조상은 예술적 걸작품이라 할 수 있다. 예를 들어 사천四川 대족석각大足石刻 중의 보정대불만의관음전寶頂大佛灣之觀音殿에는 그 이름을 널리 떨치고 있는 천수관음이 있다. 이 석조 관음보살은 모습이 각기 다른 1천개의 팔이 관음전의 절벽면을 가득 채우고 있는데 가히 귀신이 곡할만한 솜씨를 자랑한다. 이 천수관음이 1천개의 팔을 갖고 있지 않다고 하겠는가?

이것은 허다한 사람들의 흥취를 불러 일으켜 적지 않은 사람들이 불상 앞에 모여서 있곤 한다. 바로 북경北京 노구교盧泃橋에 있는 사자의 경우와도 같은데, 그 숫자는 헤아리기 어렵다. 그리하여 청대淸代의 고증학자考證學者(고거학가考据學家)인 장주張澍는 꼼꼼하게 일하는 사람인데 붙이는 종이를 이용하는 방법으로 손의 숫자를 헤아려 보았다. 그는 1천장의 종이를 준비하여 관음의 손에 붙여나갔다. 종이가 다 쓰인다면 1천개의 손이라는 숫자는 분명하여 질 것이었다. 그러나 사실은 그렇지 못하였다. 관음의 손은 위 아래로 중첩되어 있고, 앞뒤로 숨겨져 있기도 하고 드러나 있기도 하며, 들쑥날쑥 뒤섞이거나 탈락되는 것도 있었으며, 손 위로 또 다른 손이 드러나기도 하고, 손 아래 또 다른 손이 숨겨져 있기도 하였기 때문이다. 붙이는 종이는 손의 바다 속에 붙여지게 되면 바로 '여산의 진면목廬山眞面目'을 알아 볼 수 없게 되고, 너풀대면서 구분하기 어렵게 되며 눈을 어지럽히는 결과를 야기하였다. 빠트리지 않으면서 거듭 붙이곤 하여서 비록 여러 번 반복하였지만 결국 숫자를 확인할 수는 없었다.

이 수수께끼를 풀 수 있는 최종 해답은 금종이를 붙이는 공사에 있었다. 금종이를 붙인 팔은 그렇지 않은 팔과 아주 달랐으므로 빼놓을 것도, 이중으로 거듭할 것도 없었다. 장인들은 팔 하나를 금종이로 붙이고는 숫자 하나를 덧붙였고, 일을 마치고는 최종적으로 숫자를 헤아렸는데, 1천 7개에 이르렀다. 진실로 명실상부한 천수관음이었던 것이다.

역주 _____

1_ 承德外八廟 : 이 부분은 정확하지 않다. 아마도 승덕承德은 천수관음보살의 덕을 이어감을 뜻하는 것이 아닌가 여겨진다. 그렇다면 이 구절은 천수관음보살을 모시는 중심 사찰 외의 여덟 사찰 정도가 될 것이다.

마두관음

馬頭觀音

마두관음은 범어 '하야그르트브아바로 키트 스바아바아Hayagrtvaavalokite svava'의 의역이다. 음역音譯은 '하야게리파何耶揭 梨婆'이다. 말을 머리에 놓으므로 마두관 음이라고 한다. 또한 마두관세음보살이 라 칭하고, 그러므로 마두보살, 마두대 사馬頭大士, 마두명왕馬頭明王 등으로 칭한 다. 중국불교의 천태종 일파는 사자무외 관음獅子無畏觀音으로 칭한다.

관음보살의 변화상은 아주 많은데, 대 개 온유하고 자비로운 모습을 드러낸다. 오직 마두관음만이 분노하는 모습을 보 여준다. 『대일경소大日經疏』 5권은 "아주 노호하는 형상을 짓는데, 이것은 연화부 蓮華部 분노지명 5忿怒持明五이다." 마두관

馬頭觀音

관음보살의 변화상은 아주 많은데, 대개 온유하고 자비로운 모습을 드러낸다. 오직 마두관음만이 분노하는 모습을 보여준다. 마두관음은 쌍안이 위에 걸려 있고, 긴 이빨이 입술 밖으로 삐져나와 있다. 얼굴에는 3목이 있고, 두발은 위로 솟구쳐 있으며, 머리 꼭대기는 마두이다. 이 관음의 형상은 흉맹하게 분노하고 있는 것으로, 요사스런 악마와 각종의 마귀 같은 장애물들을 눌러 앉혀 중생을 밝게 밝혀주거나 그 어두움을 깨트려주고 아울러 그 고뇌를 해결하여 주는 것을 본래의 사명으로 한다.

음은 쌍안이 위에 걸려 있고, 긴 이빨이 입술 밖으로 삐져나와 있다. 얼굴에는 3목이 있고, 두발은 위로 솟구쳐 있으며, 머리 꼭대기는 마두이다. 이 관음의 형상은 흉맹하게 분노하고 있는 것으로, 요사스런 악마와 각종의 마귀 같은 장애물들을 눌러 앉혀 중생을 밝게 밝혀주거나 그 어두움을 깨트려주고 아울러 그 고뇌를 해결하여 주는 것을 본래의 사명으로 한다.

마두관음의 형상은 여러 종류이다. 얼굴 하나 팔 둘짜리, 얼굴 하나 팔 넷짜리, 얼굴 셋 팔 둘짜리, 얼굴 셋 팔 넷짜리, 얼굴 넷 팔 둘짜리, 얼굴 넷 팔 여덟 짜리 등이다.

보살 4

11면관음

11면관음은 범어로 '에카다스 아무크하발오키테스 바다Ekadas amukavalokites vada'의 의역이다. 이 보살은 괴이한 측면이 있는데, 모두 11개 얼굴이고, 길다란 얼굴은 모습이 각각 다르다. 11개의 긴 얼굴은 중첩되어 위로 배열되어 있어서 얼굴상으로 이루어진 작은 보탑寶塔을 이룬다.

이 11개의 긴 얼굴은 전후좌우로 나뉘어 배열된다. 정면의 3개 얼굴은 선하고 자비로운 모습이다. 좌측의 3개 얼굴은 진노한 모습이다. 우측의 3개 얼굴은 긴 이빨이 입술 위로 솟아 나온 모습이다. 배후의 1개 얼굴은 포악한 인상으로 크게 웃는 모습이다.

모두 10개의 얼굴에 관음 본체의 얼굴을 합해 모두 11개이다. 만일 정수리 부분의 부처 얼굴을 다시 덧붙이면 모두 12개의 얼굴이다.

11면관음의 전후좌우 10면은 대승보살이 수행하는 10개의 단계, 즉 10지를 대표한다. 10지十地수행의 내용은 시施, 계戒, 인忍, 정진精進, 정려精慮, 반야般若(지혜智慧), 방편선교方便善巧, 원願, 력力, 지智 등의 열가지 항목이다. 가장 위에 있는 부처 얼굴은 제11지十一地인 불과佛果를 대표한다.

불교는 '6도윤회六道輪回'의 이론을 제출한다. 일체의 감정을 갖는 중생은 3계三界(욕계欲界, 색계色界, 무색계無色界), 6도六道(지옥地獄, 아귀餓鬼, 축생畜生, 아수라阿修羅, 인人, 천天)의 낳고 죽

十一面觀音

11면 관음은 범어로 'Ekadas amukavalokites vada'의 의역이다. 이 보살은 괴이한 측면이 있는데, 모두 11개 얼굴이고, 길다란 얼굴은 모습이 각각 다르다. 11개의 긴 얼굴은 중첩되어 위로 배열되어 있어서 얼굴상으로 이루어진 작은 보탑寶塔을 이룬다.

는 세계 속에서 차륜車輪같이 선회하며 멈추는 법이 없고, 순환을 그치지 않는다. 관음보살은 6도중생을 교화하고 제도하여 중생을 위하여 '3장三障'을 제거한다. 이 3대장애는 번뇌장煩惱障, 업장業障(불법의 언행에 이익이 없음[不利于佛法的言行]), 보장報障(악보惡報)이다. 이것을 위하여 관음은 인연에 따라 그것에 응해서 변화하며 6종화신六種化身으로 출현한다. 바로 6관음이 되는 것이다. 6관음이 분별적으로 파괴하여 없애는 6도의 3장은 아래의 표와 같다.

천수천안관음千手千眼觀音 : '지옥도地獄道'의 3장障을 파괴함.

성관음聖觀音 : '악귀도惡鬼道'의 3장障을 파괴함.

마두관음馬頭觀音 : '축생도畜生道'의 3장障을 파괴함.

11면관음面觀音 : '아수라도阿修羅道'의 3장障을 파괴함.

준지관음准胝觀音 : '인도人道'의 3장障을 파괴함.

여의륜관음如意輪觀音 : '천도天道'의 3장障을 파괴함.

보살 5

여의륜관음

여의륜관음은 범어 '인타마니카크라－아바로키테스 바다intamanicakra-avalokites vada'를 의역한 것이다. 손에 여의보주如意寶珠와 륜보輪寶를 쥐고 있으므로 그것으로 이름을 삼은 것이다. 여의보주는 중생의 기원에 만족함을 표현하는 것이고, 륜보는 법륜이 항상 유전하는 것을 표시하는 것이다. 여의륜관음은 좌상, 여섯 개의 팔을 하고 있는 것이 많다. 그 자태는 우측 무릎을 세우고, 우측 첫 번째 손가락으로는 턱을 괴고, 좌측 무릎은 옆으로 바닥에 눕히고 있는 모습이다. 이것은 아주 편안하고 소탈한 '사유상思維相'이다. 여섯 개의 팔은 각각의 뜻을 담고 있다. 우측 제1수는 지옥도에서 구해내는 것을 서원한 손이다. 우측 제2수는 가슴 앞에 둔 여의보주에 맡겨서 일체의 원망을 실현하고 아귀도에서 구해내는 것을 서원한 손이다. 우측 제3수는 수주를 손에 들고 무릎에 걸쳐져 있는데, 축생도에서 구해내는 것을 서원한 손이다. 좌측의 제1수는 연화보좌 위에 놓여 있는데, 하나의 산의 형상, 즉 '광명산光明山' 위를 누르고 있는 경우도 있다. 아수라도에서 구해내는 것을 서원한 손이다. 좌측 제2수는 연화를 들고 있는데, 인간계에서 구해내는 것을 서원한 손이다. 좌측 제3수는 법륜을 눈 앞에 들고 있는데, 천계에서 구해내는 것을 서원한 손이다.

이상은 여의륜관음의 6도중생을 구원하려는 대원을 표현한 것이다.

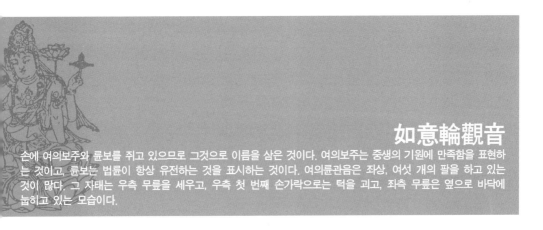

如意輪觀音

손에 여의보주와 륜보를 쥐고 있으므로 그것으로 이름을 삼은 것이다. 여의보주는 중생의 기원에 만족함을 표현하는 것이고, 륜보는 법륜이 항상 유전하는 것을 표시하는 것이다. 여의륜관음은 좌상, 여섯 개의 팔을 하고 있는 것이 많다. 그 자태는 우측 무릎을 세우고, 우측 첫 번째 손가락으로는 턱을 괴고, 좌측 무릎은 옆으로 바닥에 눕히고 있는 모습이다.

준지관음

준지관음은 범어 '캔디-아발로키테스 바다Candi_avalokites vada'의 범어 한어 병용梵漢
幷用 이름이다. 준제관음准提觀音, 준제불모准提佛母, 존제관음尊提觀音 등으로도 불린다.
'준지'는 '청정淸淨'의 의미로, '심성결정心性潔淨'을 뜻한다. 그 형상은 세 개의 팔에서
84개의 팔까지 달려 있는데, 물속에서 피어오른 연꽃 위에 앉아 있고, 아래에서는 두
용왕이 붙잡고 있는 모습이다. 그 공덕이 한 없이 커서 일체의 고난이나 재액을 없애고
복, 덕, 지혜를 증진시켜 중생으로 하여금 수명이 더욱 증진되도록 하여 주는 것을 표
현한 것이다. 어린아이들이 밤에 우는 것을 그치게 하여 줄 수 있으므로 더욱 여자들의
환영을 받는다.

준지관음은 과거에 민간의 광범한 숭배를 받았으므로 중국 각지에는 적지 않은 준제
암准提庵이 있다.

准胝觀音

준제관음, 준제불모, 존제관음 등으로도 불린다. '준지'는 '청정'의 의미로, '심성결정'을 뜻한다. 그 형상은 세 개의 팔에서 84개의 팔까지 달려 있는데, 물속에서 피어오른 연꽃 위에 앉아 있고, 아래에서는 두 용왕이 붙잡고 있는 모습이다.

성관음

聖觀音

성관음은 범어로 '아리아-아블로키 테스바다Arya-avlokitesvada'의 의역이다. 역시 '정관음正觀音', '성관자재聖觀自在' 라고도 하는데, 모든 관음을 대표한다. 일반적으로 관음이라 할 때는 정관음을 가리킨다. 얼굴 하나에 두 개의 팔이 달 린 성관음은 관음보살의 표준상으로 볼 수 있다.

성관음은 온유하고 미려하다. 머리는 보관寶冠을 쓰거나, 아니면 보발[寶髻]을 하였다. 보관 중에는 아미타불의 화불 상化佛像이 있다. 결가부좌를 하고 있거 나 혹은 연화대 위에 서 있는 모습이고, 손은 인상印相을 짓고 있거나 연화를 쥐 고 있다. 몸에는 한조각 비단이나 천의

聖觀音

성관음은 온유하고 미려하다. 머리는 보관을 쓰거나, 아니면 보발을 하였다. 보관 중에는 아미타불의 화불상이 있다. 결가부좌를 하고 있거나 혹은 연화대 위에 서 있는 모습이고, 손은 인상을 짓고 있거나 연화를 쥐고 있다. 몸에는 한조각 비단이나 천의를 걸쳤고, 가슴 꾸미개, 팔찌, 영락 등으로 꾸몄다.

天衣를 걸쳤고, 가슴 꾸미개, 팔찌, 영락瓔珞[고대에 목에 둘렀던 구슬을 꿰어 만든 장식품] 등으로 꾸몄다. 장엄한 얼굴, 인자하고 미려한 모습이 '중국유나사中國維那斯'라고 칭할 수 있다.

관세음과 그 밖의 보살들 사이의 중요한 차이는 천관天冠 속에 아미타불상이 있다는 것이다. 『대일경大日經』 1권에는 다음과 같은 구절이 있다. "관음은 자재自在[스스로 그렇게 있음.]한 존재이며, 빛깔은 밝은 달과 같고, 사람들을 모아들이는 것은 무리가 꽃을 구경하는 것 같다. 미소를 지으며 백련 위에 앉아 있는데, 보발을 한 것은 무량수無量壽(아미타불阿彌陀佛)를 구현한 것이다." 『왕생예찬계往生礼讚偈』에는 다음과 같은 기록이 보인다. "서방 아미타불은 관음이 머리에 쓴 관 중에 주재한다." 머리에 미타상을 이고 있는 것은 외도마장外道魔障[사마와도나 악마의 장애를 항복시킬 수 있음.]을 표시한 것이다.

선재동자

　많은 이름 높은 대사찰의 대웅보전大雄寶殿 후벽後壁에는 해도관음海島觀音 군상이 있는데, 불교의 고사인 '선재동자가 53인을 찾아뵙는다.'는 이야기를 표현한 것이다. 이것은 불교 사찰에서 가장 열광적으로 그려지는 군상이다.

　해도 상의 조각에는 수십, 수백 인물들이 있다. 중앙에 있는 것은 관음보살의 거대한 조상이다. 그녀의 손에는 정병淨瓶을 손에 들고 '법수法水'의 물을 기울여 흘린다. 바로 널리 중생을 구제하는 것을 표현한 듯하다. 관음은 자라를 밟고 서 있다. 전설에 의하면 인간세상의 지하에는 자라가 있어서 그것이 한 번 움직이면 하늘과 땅이 뒤집힌다고 하였다. 그러므로 관음은 그것을 진정시켜서 인간들이 편안히 살게 하고자 한다. 관음의 좌우에는 1명의 동남, 한명의 동녀가 시립해 있다. 동남童男은 선재동자善財童子이고, 동녀童女는 용녀龍女이다. 이들은 관음보살의 좌우 협시左右挾侍이다.

　선재동자는 선재라고 간단하게 불리는데 불교의 보살 이름이다. 불경에 의하면 복성장자福城長者에게는 500명의 아이가 있었는데, 선재는 그 중의 한 어린아이였다. 선재가 출생할 때 각종의 진기한 보물이 실내의 지하로부터 솟아 나왔다. 복성장자는 점치는 사람을 불러 신생아를 살펴보게 하였다. 이 점쟁이는 바로 이 아이에게 선재라는 이름을 지어 준다. 선재는 출생할 때 비록 무수한 보화를 받았지만, 그러나 그는 도리어 선재동자는 선재라고 간단하게 불리는데 불교의 보살 이름이다. 불경에 의하면 복성장자에게는 500명의 아이가 있었는데, 선재는 그 중의 한 어린아이였다. 선재가 출생할 때 각종의 진기한 보물이 실내의 지하로부터 솟아 나왔다. 복성장자는 점치는 사람을 불러 신생아를 살펴보게 하였다. 이 점쟁이는 바로 이 아이에게 선재라는 이름을 지어 준다.

티끌세상의 이치를 간파하고 평생 재물을 사랑하지 않았다. 그는 금전을 흙덩이처럼 보았고, 만물을 모두 공허한 것으로 보았으며, 수행하여 성불할 것을 서원하였다.

물 가까운 누대樓臺에서 선재는 먼저 성 동쪽에 주재하는 문수文殊를 향하여 불법을 가르쳐주기를 청한다. 문수는 그에게 말한다. "네가 남방의 가락국可樂國으로 가서 공덕운화상功德云和尙을 찾으면 그가 너에게 이야기해 줄 것이다." 선재는 바로 공덕운을 찾으러 가고, 공덕운은 선재에게 말한다. "너는 해문국海門國으로 가서 선주

善財童子

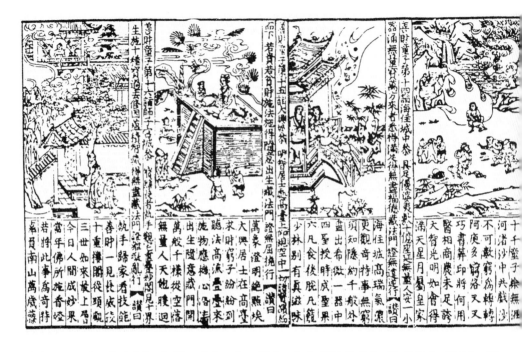

화상善住和尙을 찾거라." 선재는 산을 넘고 물을 건너 선주화상을 찾아갔고, 선주는 또 그에게 미가장자彌伽長者를 찾아 가라 하였으며 …… 이와 같은 과정을 거쳐서 선재는 비구比丘, 장자長者, 보살菩薩, 파라문婆羅門, 선인仙人 등 전부 53인의 명사名師(선지식善知識이라고도 불린다)를 참배한다. 천신만고를 거치면서 선재는 한줄기 순결한 마음과 백절불굴의 행동으로 체험을 계속하여 나간다. 최후에 그는 보현보살普賢菩薩을 만나기에 이르며, 성불을 하고자 하는 서원을 실현시키게 된다.

군상들 속에는 어린아이(선재)의 조상이 수십 개 몸이 꿰어 고정되어 있는데, 합장 참배할 때의 정황을 표현한 것이다. 해도海島의 아랫부분에는 도선渡船과 아이가 있는데, 이것은 선재가 관음을 참배하러 갈 때(제27참배)의 모습이다. 관음은 선재가 얼마나 성의를 갖고 있는지를 알아보기 위해 뱃사공으로 모습을 바꾸어 나타나고 큰 풍랑을 불러들여 선재에게 되돌아가기를 권한다. 그러나 선재는 추호도 두려워하지 않으며, 마침내 관음의 협시불이 되기에 이른다.

민간에는 선재의 내력이 분명하게 일려져 있지 않아 이름의 글자에서 뜻을 찾아 그를

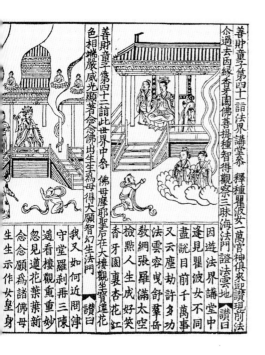

이재에 밝은 존재라 여기고 재신으로 모셔 들이기도 한다. 이리하여 그는 '초재동자招財童子'가 된다. 많은 부녀들은 경건하게 그에게 기도하여 귀한 자식을 얻을 수 있기를 바라기도 한다. 재물을 티끌같이 보았던 선재가 도리어 재물을 불러들이는 도구로 쓰이는 것이다. 이것은 그가 당년에 고된 수련을 거쳐서도 얻을 수 없었던 능력이었다.

용녀

용녀는 관음보살의 우협시이다. 이른바 협시라고 하는 것은 관음의 양쪽 옆에 서서 관음을 시봉하고, 관음보살이 중생을 교화하는 것을 조수로서 돕는 것을 가리킨다.

용녀가 득도하는 모습은 선재가 천신만고 끝에 53인의 선지식(명사)을 두루 참배하는 것과는 곡절이 아주 다르다. 용녀는 쾌속성불법快速成佛法을 이용한다. 그리고 성불의 요령도 사람들을 놀라게 할 정도이다. 용녀는 거금을 불조인 석가모니에게 공양하여 성불을 하게 된다.

『법화경法華經』「제파품提婆品」은 용녀가 20제천二十諸天의 하나인 파갈라용婆竭羅龍의 딸인데 총명하고 영리하였으며, 8세에 문수가 용궁에서 설법하는 것을 듣고 단숨에 깨달음에 이르고, 영취산靈鷲山에 이르러 불조를 예배하여 용신龍身을 가지고 불도를 성취하였다고 말한다.

어느 날 지적보살智積菩薩과 문수보살이 여인의 성불 문제를 가지고 이야기하고 있었다. 지적이 문수에게 물었다. "불경은 심오하고 어려워서 반드시 중생이 쉬임 없이 학습하고 힘 들여서 수행하여야만 성취할 수 있다. 쉽게 성불할 수 있는 방법은 없는 것인가?" 문수는 화답하였다. "있다. 파갈라 용의 딸은 겨우 8세인데 불법을 듣고 찰라간에 보리심을 발하고, 바로 정과를 이루었다." 지적은 커다란 의혹을 해소하지 못하고 말하였다. "석용녀는 관음보살의 우협시이다. 이른바 협시라고 하는 것은 관음의 양쪽 옆에 서서 관음을 시봉하고, 관음보살이 중생을 교화하는 것을 조수로서 돕는 것을 가리킨다. 용녀가 득도하는 모습은 선재가 천신만고 끝에 53인의 선지식을 두루 참배하는 것과는 곡절이 아주 다르다. 용녀는 쾌속성불법을 이용한다. 그리고 성불의 요령도 사람들을 놀라게 할 정도이다. 용녀는 거금을 불조인 석가모니에게 공양하여 성불을 하게 된다.

가모니 불조는 무수한 겁난을 헤치고 탁마와 고련을 거듭한 후에야 비로소 정각을 이루었다. 나는 이 솜털이 보송보송한 여자아이가 순식간에 성불을 하였다는 것이 믿기지 않는다."

말이 채 끝나기도 전에 용녀가 갑자기 그들의 눈앞에 나타나 지적을 향해 예를 표하였다. 용녀가 이미 적지 않은 도행道行을 쌓고 있음을 알 수 있었다.

그곳에 같이 있던 석가 10대 제자의 하나인 지혜제일智慧第一 사리불舍利佛은 불평하였다. "너는 서서 걸을 나이가 되자마자 성불하였으니 나는 그것을 믿기 어렵다. 항차 불조께서 여인의 신체는 더럽혀져 있어 근본적으로 성불할 자격이 없다고 말했음에 있어서랴!"

용녀는 웃기만 하고 있다가 몸에서 3천대천세계三千大千世界 만한 가치가 있는 보주寶珠 하나를 꺼내 서 석가모니에게 바쳤다. 불조는 바로 손을 뻗혀 받아들이고는 아주 기뻐하였다. 용녀는 지적과 사리불을 향해 말하였다. "내가 보주를 바치니 세존은 곧바로 받으셨는데 이 일은 빠른 것입니까 느린 것입니까?" 대답이 돌아왔다. "아주 빠른 것이다." 용녀가 말하였다. "내가 성불하는 것은 이렇게 빠르답니다." 말을 마치고 용녀는 곧바로 남자의 모습으로 변해 연화보좌 위에 앉더니 남방무구세계南方無垢世界로 가 버렸다. 그 자리에 있던 보살과 나한들은 눈을 동그랗게 뜨고 혀가 얼어붙은 채 감복하지 않을 수 없었다.

보살 10

문수보살

　불교의 보살이 중국화를 이룬 이후, 중국의 신도들은 그들 중에서 인기가 가장 좋은 셋을 뽑아 '3대보살三大菩薩'을 결성하였다. '3대사三大士'라고도 불리는데, 바로 문수文殊, 보현普賢, 그리고 관음觀音이다. 후에 지장地藏이 이 대열에 끼어들어 유명한 '4대보살四大菩薩'을 구성한다. 불교는 문수文殊의 대지大智, 보현普賢의 대행大行, 관음觀音의 대비大悲, 지장地藏의 대원大願을 자랑삼는다. 4대보살의 도리를 설법하는 도장은 4대도장四大道場이라고 하는데, 4대명산四大名山이라고도 한다.

　대지 문수의 도장은 산서山西 오대산五臺山이다. 『불설문수다라니경佛說文殊多羅尼經』은 말한다. "불조는 입적한 이후 남섬부주南贍部洲에 있는 대진나국大震那國(중국을 가리킴) 5정산五頂山에 자리를 잡았는데 문수가 행운유수하다 여기 이르러 이곳에 주재하면서 중생을 위해 설법을 하였다." 『화엄경華嚴經』에서는 이렇게 말한다. "동방에 청량산淸凉山(오대산을 가리킴)이 있는데 문수보살이 여기 주재하면서 항상 1만제자에게 불법을 설하였다." 오대산이 문수의 성지가 된 것은 당나라 시대부터이다. 당나라 임금唐王 이연李淵은 태원太原에서 병사를 일으켜 천하를 얻는다. 당 왕조를 건립한 후, 이연은 태원부 경내에 있는 오대산을 '용흥지지龍興之地'로 보고, 대대적으로 5대사를 건설하였다. 당나라 시대에 오대산은 가장 흥성하였는데, 360이상의 사찰, 1만 명이 넘는 승려가 있었다.

文殊菩薩

문수는 일반 사찰에서 언제나 불조의 좌협시로 등장하며 전적으로 지혜를 관장하고 대지로 대표된다. 내력에 대한 설명은 분분하여 하나로 모아지지 않는다. 그는 본래 부처인데 석가불의 중생 교화를 돕기 위해 잠시 보살의 몸으로 현신하여 불조의 협시 역할을 수행한다고 설명하는 불서가 있다. 그는 본래 여러 부처의 부모라고 말하는 불경, 그가 석가의 조사라고 말하는 불경도 있다.

문수文殊는 외래어인데 전칭全稱은 문수사리文殊師利이다. 이것은 범어의 음역이고, 그 뜻은 '묘덕妙德', '묘길상妙吉祥'이다. 문수는 일반 사찰에서 언제나 불조의 좌협시로 등장하며 전적으로 지혜智慧를 관장하고 '대지大智'로 대표된다. 리덕理德을 관장하고 '대행大行'을 대표하는 우협시 보현普賢과 더불어 부처의 양 옆에 배치된다. 그 조각상은 비남비녀非男非女의 특성을 갖는 경우가 많으나, 여성상이다. 당나라 이전의 많은 문수보살은 보현보살과 같이 입술 위에 항상 올챙이 모양이 그려져 있는 젊은 남자아이의 모습으로 나타나는데, 자못 미장부美丈夫의 형상이다. 송나라 이후 시기가 되면 젊은 남자의 모습은 사라지고, 얼굴은 다시 아름다워지며 허리는 요조숙녀처럼 가늘어져 중국의 아름다운 부인형상으로 변한다. 문수는 한 마리 청사자靑獅를 타고 있는데, 용맹한 지혜를 표현한 것이며, 손에는 보검寶劍 하나를 쥐고 있는데, 예리한 지혜를 표현한 것이다.

밀종에서 문수의 조각상은 정수리 부분을 다섯 번 묶어 상투를 짓는 것[五髻]으로 대일여래大日如來(석가모니불의 법신法身)의 5지智를 표현하고, 천진한 동자의 의미를 드러낸다. 그러므로 문수는 '문수사리동자文殊師利童子'라고도 불린다. 오대산 다섯 봉우리로 이루어진 주봉의 꼭대기 모습은 문수의 다섯 번 묶은 상투를 상징한다는 설명도 있다.

문수의 내력에 대한 설명은 분분하여 하나로 모아지지 않는다. 그는 본래 부처인데 석가불의 중생 교화를 돕기 위해 잠시 보살의 몸으로 현신하여 불조의 협시 역할을 수행한다고 설명하는 불서가 있다. 그는 본래 여러 부처의 부모라고 말하는 불경, 그가 석가의 조사라고 말하는 불경도 있다. 『문수사리열반경文殊師利涅槃經』은 그가 석가의 대제자라고 말한다. 본래 사위국의 한 바라문婆羅門 귀족 가문 공자公子였는데, 집을 떠나 석가모니에게서 도를 배웠고, 그 공덕이 충만하게 되어 보살의 신분을 이루고 모든 보살 중의 우두머리로 받들어지기에 이르렀다는 것이다.

마지막 설명은 가장 많은 사람들이 받아들이고 있는 것이다. 그러나 그 '보살 중의 우두머리'라고 하는 숭고한 지위는 실제로는 훗날 관세음보살에 의하여 대치되어서 그가 세속에서 갖는 영향력은 대자대비한 관세음에게는 크게 미치지 못하게 된다.

오대산 속의 많은 절집에는 다 문수의 조각상이 있다, 그러나 가장 이름 높은 것은 대회진臺懷鎭 남쪽 변경 수상사殊像寺의 문수상이다. 이 절은 그곳에서 모시고 있는 문수의 거상으로 이름을 얻었다. 사찰의 주 전각은 문수각인데, 오대산 제1의 전각이다. 각 안의 문수상은 상5대제일대상上五臺第一大像으로 지칭된다. 조각상은 2장8척 높이인데, 5백 년 전인 명나라 홍치 년간弘治年間에 만들어진 것이다. 문수는 사자의 등 위에 단정하게 앉아 있는데, 양쪽 귀는 뺨에 까지 이르며, 두 눈은 앞을 향해 뜨고, 두 손은 조금 들었다. 안정되고 위엄 있는 모습이다. 숫사자는 네 다리로 땅을 딛고 있는데, 머리는 들고 귀는 세웠으며 금방이라도 땅을 박차고 솟구칠 것 같은 기세이다. 문수 부처가 있는 감실 뒷면에는 횡3세불橫三世佛이 있다. 약사藥師, 석가釋迦, 그리고 미타彌陀

의 상이다. 양측으로는 5백五百 나한상羅漢像이 늘어서 있다. 모든 조상은 다 명나라 시대의 조각이며, 아주 진귀한 작품이다.

오대산 대회진에서 산꼭대기 쪽을 향하여 자리 잡고 있는 사찰은 대라정黛螺頂이라고 부른다. 사찰 안 정전에는 자태가 각각 다르고 조형미가 같지 않은 5위의 문수상이 모셔져 있다. 이것은 오대산 5대좌五臺座 정상에 있는 또 다른 모습의 문수상과 함께 이곳에서 조각된 것이다. 승려僧侶와 향객香客들은 5대조五臺朝에 이르러 문수를 배알하는데, 5대정五臺頂에 두루 오르는 것 같은 경우는 '대조대大朝臺'라 부르고, 다만 대라정에만 올라 부복하여 절하는 것 같은 경우는 5대정에 배알하는 것을 대신하여 지은 것이므로 적지 않은 길을 생략하며 '소조대小朝臺'라고 불리워진다. 그러므로 속설은 말한다. "대라정을 오르지 않는다면 대산객臺山客이라 간주할 수 없다."

천수천발천석가문수보살

문수의 조각 중에는 하나의 아주 기이한 천수천비천발천석가문수보살이 있다. 이것은 일종의 밀종 계열의 조각상인데, 이런 류의 조각상 중에서 가장 유명한 것은 산서山西 태원太原 숭선사崇善寺 대비전大悲殿 안에 있다.

숭선사 안에는 3존三尊의 8미터 이상 되는 크기의 주신상主神像이 있는데, 명나라 초기의 조각이다. 가운데 것은 천수천안관세음보살이다. 좌측에 있는 것은 보현보살이고, 우측에 있는 것은 천수천발문수보살이다. 문

수상의 정면은 3두6비三頭六臂이고, 몸 뒤쪽으로는 여러 개의 원을 그리면서 손과 팔로 이루어진 상륜相輪이 있는데, 많은 것은 천개 이상에 이르기도 한다. 더욱 기발한 것은 모든 손에 다 금으로 된 목탁이 하나씩 들려 있고, 모든 목탁에는 다 하나의 작은 석가불이 앉아 있다는 것이다. 그러므로 이 조각상은 또 천수천발천석가문수보살이라고 한다.

불경에서 이야기하는 바에 의하면 이러한

千手千鉢千釋迦文殊菩薩

문수의 조각 중에는 하나의 아주 기이한 천수천비천발천석가문수보살이 있다. 이것은 일종의 밀종 계열의 조각상이다. 숭선사 안에는 3존의 8미터 이상 되는 크기의 주신상이 있는데, 명나라 초기의 조각이다. 가운데 것은 천수천안관세음보살이다. 좌측에 있는 것은 보현보살이고, 우측에 있는 것은 천수천발문수보살이다. 문수상의 정면은 3두6비이고, 몸 뒤쪽으로는 여러 개의 원을 그리면서 손과 팔로 이루어진 상륜相輪이 있는데, 많은 것은 천개 이상에 이르기도 한다. 더욱 기발한 것은 모든 손에 다 금으로 된 목탁이 하나씩 들려 있고, 모든 목탁에는 다 하나의 작은 석가불이 앉아 있다는 것이다. 그러므로 이 조각상은 또 천수천발천석가문수보살이라고 한다.

형상은 대성만수실리보살大聖曼殊室利菩薩(문수文殊)의 변상變相 중 하나이다. 천수천안관음보살과 똑같은 상징적인 의미를 갖추고 부처와 똑같이 주존主尊으로 받들어 공양을 받는다. 그는 비로차나불毘盧遮那佛의 선사先師로 말하여진다. 이러한 신상을 받들어 모시는 것은 일체의 유정한 중생으로 하여금 '부귀를 얻게 하고 만족스러운 과보를 이루게 한다.'고 말하여진다.

보현보살

보현은 불교의 4대 보살 중 하나이고, 석가불의 우협시이다. 불교에서는 그가 전적으로 '리덕理德'을 관장하고, '대행大行'을 대표한다고 말한다. 보현은 또한 '편길遍吉'로 번역되는데, 그의 직책은 불문에서 선善을 추숭하고, 일체 지방으로 보급하는 것이다. 그 공덕이 헤아릴 수 없을 정도인 보살이라 하겠다.

보현의 내력에 대해서는 여러 가지 다른 이야기가 있다. 『화엄경華嚴經』은 그가 제불諸佛의 자식이라고 말한다. 『비화경悲華經』은 그가 서방 극락세계의 교주인 아미타불의 제8자이며, 관음, 대세주大勢主, 문수와는 친형제 사이라고 이야기한다. 『소승경小乘經』은 보현을 여성으로 파악하고 있는데, 바로 묘장왕妙庄王의 둘째 따님으로 관세음과는 자매라고 본다. 이것은 중국식의 설명이다. 불교의 설명방식에 의하면 보살에게는 성별의 구분이 없다. 당나라 이전의 보현상에는 남자의 몸에 여성의 얼굴을 가진 것이 많다. 송나라 이후에는 여자의 몸에 여자의 얼굴을 한 것이 대부분이다.

보현이 타고 있는 것은 아주 특이한데, 머리 하나에 여섯 개 이빨을 가진 흰코끼리이다. 이 동물은 대자연 속에는 존재하지 않는 것으로, 일종의 상징이다. 불교에서는 여섯 이빨을 가진 흰코끼리가 보살의 화신이며, 위력있는 영혼을 표시하며, '원행광대願行廣大 공덕원만功德圓滿'[서원에 따른 행동이 넓고 크게 행하여지며, 공덕이 가득하다.]을 상징한

普賢菩薩

보현은 불교의 4대 보살 중 하나이고, 석가불의 우협시이다. 불교에서는 그가 전적으로 '리덕'을 관장하고, '대행'을 대표한다고 말한다. 보현은 또한 '편길'로 번역되는데, 그의 직책은 불문에서 선을 추숭하고, 일체 지방으로 보급하는 것이다. 그 공덕이 헤아릴 수 없을 정도인 보살이라 하겠다.

다고 말한다.

관음, 문수, 지장과 똑같이 중국의 불교도들이 이 보현 대보살이 중국에 주재하게 하기 위하여 선택한 설법도장은 사천四川의 아미산峨眉山이다. 아미산의 봉우리는 첩첩이 쌓여 있고, 기세는 웅장하며, 빼어나게 아름답고, 깊은 골짜기에 기이한 분위기가 흘러넘치므로 본디 '아미천하수峨眉天下秀'[아미가 천하에서 가장 수려하다.]라는 명예를 얻고 있다. 본래는 도교의 성지인데, 도교道敎의 36동천洞天 중 제7동천洞天이다. 후에 화상和尙들의 주목을 받아 결국 뒤에 들어온 거사居士들이 점차적으로 보현도장으로 발전시켜 나가서 4대불교 명산 중의 하나가 되었다.

『화엄경華嚴經』은 광명산光明山에 대해 언급하면서 보현이 이 산 속에 주재하며 항상 3천제자에게 설법을 한다고 이야기한다. 중국불교의 이론가들은 광명산이 바로 아미산이라고 한다. 이 산은 낮에는 '불광佛光'을 드러내고, 밤에는 '성등聖燈'을 드러내어 한조각 광명의 모습을 갖추고 있기 때문이라는 것이다. 『잡화경雜華經』은 더욱 명확하게 보현이 아미산에 모습을 드러내어 중생을 제도하고 '비밀스럽게 세상사람들을 이끌어 준다.'고 선언하기까지 한다.

아미산에는 아직도 70~80군데의 사찰이 있다. 아미산에 가장 먼저 만들어진 사찰은 보현사普賢寺인데, 이곳에 모시고 있는 가장 존귀한 보살은 보현이다. 산 속의 모든 사찰에는 다 보현전이 있다. 보현은 석가모니불을 따르며 시봉하는 보살이므로 대부분의 경우에 보현전은 사찰의 가장 뒤편에 자리잡고 있는 전각이다.

아미산에서 가장 유명한 보현보살 조각상으로는 만년사의 것이 손꼽힌다. 만년사는 진나라 시대에 창건되었으며, 원래 이름은 보현사이다. 아미산에 있는 6대고찰 중 첫머리에 놓이는 것이다. 만년사萬年寺에서 가장 유명한 벽돌로 지은 전각은 독특한 궁륭穹窿(중앙이 높고 주위가 점차 낮아지는 둥근 천정) 천장을 갖고 있는 방형方形의 무량전无梁殿이다. 전각 안에는 벽면의 아래쪽으로 빙 돌아가며 24존의 철로 만든 나한羅漢이 자리잡고 있고, 위쪽으로 빙 돌아가며 282존의 작은 동부처銅佛가 놓여져 있다. 전각 안에서 가장 사람들의 이목을 집중시키는 것은 동으로 주조되었으며 코끼리를 타고 있는 크고 웅장한 보현상이다. 동상의 높이는 2장2척, 무게는 62톤이다. 이것은 송나라 시대宋朝에 태종황제太

宗皇帝가 사람을 파견하여 황금 천냥으로 적동赤銅을 사서 성도成都에서 수십조각으로 나누어 주조하고 그것을 아미산으로 옮겨 붙여서 만들은 것이다. 동으로 주조한 흰 코끼리는 입에는 여섯 개의 이빨이 있고, 코는 땅으로 늘어뜨리고 있으며 네 다리는 건장하게 버티고서 3척 높이의 연좌를 밟고 서 있다. 코끼리의 등에 탄 보현은 단정하게 연대에 앉아 있는데, 머리에는 5불금관을 쓰고, 투명하고 깨끗하게 조각된 모습이다. 몸에는 가사를 걸쳤고, 손에는 여의를 들었는데, 아주 아름다운 조각이다.

아미산의 꼭대기 봉우리는 유명한 '금정金頂'이다. 여기는 일출日出, 운해雲海, 그리고 '불광佛光'을 볼 수 있는 보석과도 같은 땅이다. 햇살이 운무에 부딪쳐 영롱하게 부서지면서 흩어져 나가는 현상, 구름층 위에 나타나는 찬란하고 다채로운 광망, 광망 속에서 홀연히 모습을 드러내는 사람의 그림자. 이 사람은 빛나는 햇살 아래 그림자를 드리우고, 모든 사람의 눈 속에는 광망이 하나 가득 찾아들지만, 사람들이 볼 수 있는 것은 오직 자신의 그림자일 뿐이다. 그 빛살과 그림자가 하나로 엉켜 서로를 끌어안는다면 그것이 바로 이른바 기묘하기 이를 데 없는 '불광'이다. 이와 같이 쉽게 만나기 어려운 자연의 풍광이 자고 이래로 얼마나 많은 사람들을 도취시켰던가!

12원각보살

　12원각 보살상은 지금까지도 많아 남아 있는데, 항주杭州 영은사靈隱寺의 보살상 외에
는 사천四川의 '석각지향石刻之鄕'인 대족현大足縣에서 그 이름을 널리 떨친 12원각조상을
볼 수 있다. 이곳은 대불만원각동大佛灣圓覺洞이다. 동굴 안의 주존상은 3신불인데 정면
벽의 중앙에 자리잡고 있다. 3신불의 양측 벽면 앞에는 각각 6존의 보살이 조각되어
있다. 이 조각들은 송나라 시대의 작품인데, 조각된 그림이 세밀하고, 조형이 아름다우
며 장식성이 강한 것이다. 이 원각동은 그 자체가 하나의 대형 석조 예술 작품이다.
동굴 안의 12개 보살은 바로 12원각이다. 이 굴은 '원각도장圓覺道場'이니, 불경의 고사
를 형상화한 것이다.

　불교에서 이야기 하는 바에 의하면, 부처는 '철저각오자徹底覺悟者'[철저하게 깨달은 사
람], 즉 자각에 이른 사람, 그 자신과 깨달음의 행위가 원만한 조화를 이루는 최고경지에
도달한 사람이라고 한다. 그리고 보살은 '다른 사람을 깨닫게 하려는 자각을 갖춘 사람',
즉 중생이 깨닫게 하는 것을 중요하게 여기는 자기의 깨달음을 얻은 사람이다. 그러나
보살은 부처가 갖추고 있는 '각행원만覺行圓滿'[깨달음과 실천이 완벽하게 일치되는 존재]의 경
지에는 조금 미진한 구석이 있으므로 부처에 비한다면 한 단계 떨어진다. 그러나 보살은
미래에 불과를 성취할 수 있으므로, 정신상태가 해이하여 지지만 않는다면 '각행원만'의

十二圓覺菩薩

12위의 보살은 차례로 세존을 향하여 수행의 법문을 가르쳐주기를 요구하고 부처는 하나하나 해답을 하여 주었다고 한다. 12보살이 가르침을 받았던 것으로부터 비롯되는 것이 대승원각청정경계의 수행법문이니, 이것은 일종의 성불의 도리이므로, 그것으로 말미암아 이들을 12원각보살이라고 부른다.

상태, 스스로의 깨달음과 다른 이를 깨닫게 하는 것이 결핍되는 부분 없이 완전한 상태, 즉 성불의 상태에 이를 수 있다. 대승불교에서 말하는 바에 의하면, 일체의 부처가 '각행원만'한 존재인데, 삼세십방三世十方의 모든 곳에는 부처가 있어 그 수는 모래알과 같이 헤아릴 수 없이 많다. 보살의 경우는 더욱 그 수를 헤아리기 어렵다. 명나라 성조成祖인 주체朱棣는 일찍이 자신의 이름으로 『어제제불세존여래보살자신승명경御制諸佛世尊如來菩薩諸神僧名經』(40권)이라는 긴 이름의 책을 편찬하였는데, 수록된 부처와 보살의 명단이 1만을 헤아렸다.

보살의 명단이 비록 수를 헤아릴 수 없을 정도로 많지만 가장 이름 높은 것으로는 현교顯敎의 4대보살四大菩薩(문수文殊, 보현普賢, 관음觀音, 지장地藏), 밀교密敎의 8대보살八大菩薩(문수文殊, 보현普賢, 관음觀音, 지장地藏, 미륵彌勒, 허공장虛空藏, 금강수金剛手, 제개장除盖障), 그 외에 또 12원각보살十二圓覺菩薩, 25원통보살二五圓通菩薩 등을 들 수 있다. 12원각은 밀교에서 받들어 모시는 저명한 보살군체菩薩群體이다.

원각은 '원만한 각성'의 의미를 담고 있다. 이른바 '수행하여 도를 이루니 공덕이 원만하다.'는 것이다. 이것은 실제로는 일체의 번뇌와 망념을 끊어 내어 세간의 모든 일에 있어서 철저하게 큰 깨달음을 얻어서 바로 청정한 불국토에 왕생해서 성불하는 것

보살 519

을 가리킨다. 당나라 시대의 승려인 불타다라佛陀多羅가 번역한 『대방광원각수다라요의경大方廣圓覺修多羅了義經』(『원각경圓覺經』이라고 약칭된다.)에 의하면 12위의 보살은 차례로 세존을 향하여 수행의 법문을 가르쳐주기를 요구하고 부처는 하나하나 해답을 하여 주었다고 한다. 12보살이 가르침을 받았던 것으로부터 비롯되는 것이 대승원각청정경계의 수행법문이니, 이것은 일종의 성불의 도리이므로, 그것으로 말미암아 이들을 12원각보살이라고 부른다.

이 12위 대사大士의 명칭은 아래와 같다(『원각경』에 의거함).

문수사리보살文殊師利菩薩, 보현보살普賢菩薩, 보안보살普眼菩薩, 금강장보살金剛藏菩薩, 미륵보살彌勒菩薩, 청정혜보살淸淨慧菩薩, 위덕자재보살威德自在菩薩, 변음보살辯音菩薩, 정제업장보살淨諸業障菩薩, 보각보살普覺菩薩, 원각보살圓覺菩薩, 현선수보살賢善首菩薩

이 12위의 성불을 기다리고 있는 원각보살은 실제로는 불교 교의 개념화의 산물이며, 일종의 상징이다. 이것은 불교에서 그 교의教義를 형상화시켜서 설계하여 낸 것이다. 그들을 아주 실제적인 존재로 볼 수는 없다는 말이다. 『원각경』조차도 중국 승려들이 만든 위경僞經이라고 의심하는 사람들이 많다.

12대사 중의 앞 다섯은 모두 불교 전설 속의 인물인데, 모두 나름의 유래를 갖는다. 불경에는 그들의 유래가 기록되어 있다. 이들 외의 일곱은 모두 허구적인 인물이다. 제1위와 제2위는 문수와 보현인데, 이들은 중국 4대보살 중의 둘로 우리가 앞에서 이미 소개한 바 있다. 제3위인 보안보살은 관음보살의 다른 이름이다. 불경은 그 인자한 눈길이 일체 중생을 널리 살핀다고 하여서 '보안'이라 하였다. 관음보살의 내력에 대해서는 '관음' 조항을 살펴보기 바란다.

제4위는 금강장보살이다. 현겁의 16존 중 하나이다. 불교에서는 3세의 3천불을 말한다. 과거세過去世 장엄겁莊嚴劫에는 1천불이 세상에 나왔는데, 연등불을 대표로 하여서 연등제불燃燈諸佛이라고 지칭한다. 현재세現在世의 현겁賢劫에는 1천불이 세상에 나왔는데, 석가모니불을 대표로 하며, 석가제불釋迦諸佛이라 지칭한다. 미래세未來世의 성숙겁

星宿劫에는 1천불이 세상에 나오는데, 미륵제불彌勒諸佛이라고 지칭한다. 밀교는 현겁의 16존(보살)이 일천불 중 지위가 높은 존재이며, 호법불이지만, 그 형상은 일반적으로 보살의 모양을 갖는다(장래에는 성불을 한다.)고 말한다. 금강장은 16존 중의 하나인데, 때때로 분노의 모습을 드러내고, 금강방망이를 들고 악마를 항복시키는데, 금강장왕金剛藏王이라고도 지칭된다. 그는 밀교의 5대불 중 동방 아축불阿閦佛을 가까이 따르는 4위의 보살 중 하나이다.

제5위인 미륵보살은 소개하는 독립된 장이 따로 있다.

그 아래의 몇몇 보살들은 앞에서 설명한 바대로 허구적 상징성을 지니는 보살이다. 그들의 이름은 나름의 의미를 담고 있다.

청정혜-번뇌를 떨쳐 버리고 6근을 청정하게 만들어 불문의 지혜를 얻는다는 의미.
위덕자재-커다란 위세를 갖추어 악마를 항복시킴, 커다란 자비의 덕성을 갖추어
　중생을 구제할 수 있다는 의미.
변음-목소리가 뛰어나서 불교적 이치를 선전하고 중생에게 이익 되도록 가르침.
정제업장-자기 해탈을 막고 있는 악인과 악과 등 여러 장애를 제거함.
보각-생사고락을 꿰뚫어 보고 부처에게 수행의 길을 가르쳐 주기를 청함.
현선수-부처가 지시해 준 것을 살펴서 수행하여 이미 현명하여지고 이미 착하여져
　서 보살 중에 가장 우두머리가 되고 성불할 때가 지적인 보살.

종합해서 보자면, 12원각을 불조佛祖가 전하여준 도리를 얻어서 원만한 정과正果(수행의 바른 결과)를 닦아 이루기 위해 노력하는 존재, 성불하고자 하는 목표를 향해 꾸준히 노력하여 나가는 12위 대보살로 이해하는 것이라고 하겠다. 원각을 이루는 것은 불교에서 추구하는 목표이다. 『홍루몽紅樓夢』의 결말 부분에서 공공도인空空道人은 무수한 겁의 세월이 지나 한차례 세상으로 내려온 돌이 여와女媧가 하늘을 보수할 때 아직 사용되지 않은 것을 보고(그것은 모습을 바꾸어 세상으로 들어온 가보옥이다.) 머리를 내두르며 탄식하여 말하지 않을 수 없었다. "석형石兄(돌을 의인화하여 부르는 말.)이 한번 세상에

내려 왔으니 말갛게 갈아져서 광명을 드러내고 열심히 수도를 하여 원각을 이루어야 다시는 유감이 없을 것이라는 점을 알 수 있겠다." 이것은 작자가 가보옥賈寶玉에 대하여 티끌세상의 이해관계를 끊어내고 티끌세상의 습속을 털어내며 출가 수행하여 정과를 이루고자 하는 이 일관된 행위를 찬송하고 긍정하고 있는 이야기라고 하겠다.

일반적으로 원각도장에서는 밀교密敎의 제1불第一佛인 비로차나불毘盧遮那佛(대일여래大日如來라고도 불림.)이 주존이 된다. 사천 보정산 원각동은 『원각경』의 서술에 의거하여 만들어진 것이다. 3불 앞의 받들어 모시는 탁자 전면에는 보살 하나가 조각되어 있다. 이 보살은 주존불을 향하고 있으며, 머리를 떨어드리고 있고, 두 손을 열십자로 합하고 있으며, 연대 위에 무릎을 꿇은 자세이다. 이 보살의 자태나 의복은 양쪽 옆 벽의 12원각의 그것과 빈틈없이 일치하는데, 12개 대지의 화신임을 표시한 것이다. 이것은 하나씩 돌아가면서 부처를 향해 원각 청정한 경계를 닦을 수 있는 법문을 가르쳐 달라고 청하는 모습이다.

12원각 조각 중 가장 뛰어난 것은 산서山西 장자현長子縣 법흥사法興寺와 산서 습현濕縣 소서천小西天(천불암千佛庵이라고도 한다.)의 채색 조각상이다. 법흥사 12원각의 채색 조각은 북송시대의 작품으로 지금까지 900년의 역사가 흐른 것이고, 소서천의 12원각은 명나라 시대의 걸작품이다. 본래 사찰 안의 신상은 교의의 제한을 받아서 일정한 법식을 갖추도록 되어 있다. 그러나 법흥사와 소서천의 원각대사들은 이러한 제한을 뛰어넘는다. 이 조각상들은 사람을 끌 정도로 아름다운 여성의 모습이며, 맨발로 연꽃 꼭지를 밟고 서서 정면을 바라보거나 측면으로 서 있는데, 우아한 자태를 자랑한다. 머리에는 무발관을 썼는데, 빗은 머리칼이 밖으로 드러난다. 머리칼의 모양은 앞에서 뒤를 향하여 가면서 곡면을 그리며 높아지는데, 머리칼 한 올 한 올을 세세하게 확인할 수 있다. 진실로 사람의 모양과 신의 자태를 아울러 갖추어서 눈을 비비고 보지 않을 수 없을 정도로 광채를 드러내고 있으니 이것이야말로 중국 고대의 승려 예술가들이 만들어낸 걸작이라고 하겠다.

십대제자

중국 고대의 가장 위대한 성인인 공부자孔夫子는 3천제자를 두었다고 말하여진다. 그 중 가장 높은 수준에 도달하였던 제자들은 72명이다. 불조 석가모니는 45년 동안 가르침을 펼쳤고 무수한 제자들을 두었다. 그러나 가장 높은 도를 이루었던 제자는 10인에 지나지 않으니, 이른바 '십대제자十大弟子'라 한다.

『유마힐경維摩詰經』「제자품弟子品」과 『번역명의집飜譯名義集』에 수록된 바에 의하면, 10대 제자는 '마하가섭摩訶迦叶(약칭은 가섭迦叶), 사리불舍利弗, 목건연目犍連(약칭은 목연目連), 수보리須菩提, 부루나富樓那, 마하가전연摩訶迦旃延(약칭은 가전연迦旃延), 아나율阿那律(아나율타阿那律陀라고도 부름), 우파리優波离(優婆离라고 쓰기도 한다), 아난타阿難陀(약칭은 아난阿難), 라후라羅睺羅'이다. 전하는 이야기에 의하면 그들 모두는 각자 하나의 특별한 능력을 가지고 있었다고 한다.

이 십대제자는 모두 석가모니로부터 직접 가르침을 받았다. 그들은 모두 직접 자신의 귀로 불타가 가르치는 말씀을 들어 깨달음에 이른 사람이므로 '성문聲聞'이라고 한다. 또한 그들은 모두 아라한과阿羅漢果를 얻었기 때문에 '나한羅漢'이라고도 한다.

나한은 범어 '아르하트Arhat'(아라한)을 음역한 것의 약칭이다. 이것은 소승불교에서는 수행의 최고경지이고, 대승불교에서는 부처, 보살 아래의 제3등급이다. 불교는 아라한 중국 고대의 가장 위대한 성인인 공부자孔夫子는 3000 제자를 두었다고 말하여진다. 그 중 가장 높은 수준에 도달하였던 제자들은 72명이다. 불조 석가모니는 45년 동안 가르침을 펼쳤고 무수한 제자들을 두었다. 그러나 가장 높은 도를 이루었던 제자는 10인에 지나지 않으니, 이른바 '십대제자'라 한다.

의 제1경지를 획득하여 일체의 번뇌를 가라앉히고 모든 공덕을 원만하게 갖추면 영원히 다시는 세상에 유전하는 이른바 '생사윤회生死輪迴'의 고통을 당하지 않게 될 것이라고 한다. 아라한의 경지를 획득한 사람은 바로 나한인데, 사람과 하늘의 공양을 받을 수 있다.

십대제자 중에는 파라문婆羅門 귀족출신이 6인이고, 찰제리刹帝利 귀족출신이 3인이다. 석가 당시 불교의 상층세력은 원래 대부분 고 인도의 노예주 계급 중 상층에 속한 인물들이다.

십대제자의 내력과 그 특이한 능력은 뒤에 나누어서 서술할 것이다.

가섭

　가섭은 전체 이름이 '마하가섭摩訶迦叶'이다. '마하摩訶'의 의미는 '대大'이니, 그렇기 때문에 또 '대가섭大訶叶'이라고 한다. 가섭을 '가섭파訶叶波'라고도 한역하는 것은 무슨 의미인가? 불경 『불본행집경佛本行集經』과 『증일아합경增一阿含經』에 근거하여 말하면 가섭은 고 인도 게타국揭陀國 왕사성王舍城의 한 파라문 가문 출생이다. 가섭은 거북이라는 의미이다. 전하는 이야기에 의하면, 그 선대가 도를 배웠는데, 하루는 영물 거북이 한 마리가 등에 선도仙圖를 지고 물에서 나와 그것을 그에게 전해 주었다. 그리하여 그는 거북이를 일족의 성으로 삼아 '마하가섭'이라고 이름 붙였다. 한자로 번역하면 '대구씨大龜氏'이다. 가섭파는 또 다른 의미가 하나 더 있는데 바로 '음광'이다. 불경은 상고시대에 '음광飮光'이라는 선인이 있었는데, 이 선인의 몸에서는 빛이 났고, 아울러 '모든 광명을 먹을 수 있어서 다시 나타나지 못하게 하였다.' 가섭나한은 음광선인의 종족이니 '음광'의 본래 이야기도 있으므로 또한 음광(가섭)이라고도 불렀다.

　'구龜'와 '음광' 둘이 어떤 연관을 갖는가? 송나라 소동파蘇東坡는 한 가지 재미있는 일에 대해서 말한다. "낙하洛下에는 동굴이 있는데 깊이를 측량하기 어렵다. 어떤 사람이 그 속에 떨어졌는데 나올 수 없어서 기아가 아주 심하였다. 거북과 뱀이 무수히 많았는데 매일 아침 몸을 이끌어 동쪽을 향해 머리를 두고 처음 떠오르는 햇살을 빨아들

迦叶

이곤 하였다. 그 사람도 역시 그것을 따라 동쪽을 향해 해를 삼키니 효력이 그침이 없어서 다시는 배고픔을 느끼지 않았으며 몸은 가볍고 힘은 강하여졌다. 훗날 집으로 돌아와서는 먹지 않았으며, 언제 죽었는지 알지 못한다. 이것은 진나라 무제武帝 때의 이야기이다. 벽곡辟穀(辟穀)의 방법은 무수히 많으나 이것이 가장 좋은 것이며 모든 방법은 이것을 근본으로 한다.

『동파지림東坡志林』은 적지 않은 괴이한 풍문들을 적어 두고 있는데, 위에 인용한 이야기는 그리 신뢰할만한 것은 아니지만, 당시에 거북과 뱀이 햇빛을 삼킬 수 있다는 것과, 그 빛으로 음식을 대신하는 선술이 널리 퍼져 있었으니, 거북은 '음광'을 할 수 있었던 것이다. 고 인도에도 비슷한 이야기가 있었을 터이다. 그렇기 때문에 가섭 자체가 '구'와 '음광'의 두 가지 의미를 같이 포함하게 되는 것이리라.

벽곡은 도교 방술의 수련방법 중 하나이다. '단곡斷谷', '절곡絶谷', '휴량休粮'이라고도 하니, 5곡을 먹지 않는 것不食五穀이다. 그러나 벽곡할 때에 아무 것도 안 먹는 것은 아니다. 약물藥物(단약丹藥)을 먹도록 공급하면서 동시에 도인술導人術[도교의 수행방법] 등의 노력을 하는 것이다. 음광술飮光術이 그 중 하나인데, 햇빛을 음식 대신으로 삼는 방법이다. 1973년 12월, 마왕퇴馬王堆의 한나라 시대 묘지漢墓에서 출토한 백서帛書 안에는

『거(각)곡식기편去(却)谷食氣篇』이 있다. 오늘날에도 벽곡의 기공을 수련하는 사람들이 있어서 며칠이나, 몇 십일, 심지어는 백여 일까지 먹지도 마시지도 않으면서도 정신을 맑게 유지하고 체중이 변함이 없는 경우가 있다고 한다. 만약 보도가 정확한 것이라면, 어떻게 해석해야 좋을지 알 수 없는 노릇이다. 그러나 '음광'이 믿을만한 것이라면, 햇빛을 어떻게 인체가 필요로 하는 정분澱粉, 지방脂肪, 단백질蛋白質, 물 등으로 변화시킬 수 있는 것일까? 인체의 특이한 기능에 대해서는 아직도 완전히 과학적으로 해명되어 있지 않은 영역이 있다. 앞으로의 연구가 더욱 필요한 부분이다.

가섭나한은 젊은 시절에 항상 두타행頭陀行을 닦아서 '두타제일頭陀第一'로 불려졌다. 이른바 '두타'라고 하는 것은 범어의 음역인데, '턴다.'는 의미이고, 티끌과 먼지를 털어낸다는 뜻이다. '두타'는 불교의 고행 중 하나이다. '두타행'을 닦는 데에는 12종류의 수행 규정이 있다. 옷을 가지고 말하자면, 사람들이 버린 찢어진 옷 조각을 기워서 만든 '분소의糞掃衣'(백납의白衲衣, 납의衲衣라고도 한다.)[똥 청소하는 옷이니, 우리말로는 누더기라 하면 될 것이다.]를 입는다. 먹는 것을 가지고 말하자면, 사람들에게 음식을 구걸하여 매일 점심 한 끼만을 먹으며, 먹을 때마다 배부르게 먹지 않고 조금의 음식만을 먹는다. 거처를 가지고 말한다면, 멀리 인가와 떨어진 빈 터에서 사는데, 평시에는 무덤이나 노천에서 머물고, 계속하여 눕지 않고 앉아서 지낸다.

이렇게 본다면 '두타제일'이라는 칭호를 얻은 가섭나한은 고행승으로 일가를 이룬 사람이라 하겠다.

가섭은 불교의 역사에 빛나는 공헌을 한 사람이기도 하다. 그는 불교에서 제1차 결집

結集을 할 때의 소집인召集人이었다고 전한다. 석가모니가 서거한 해에 대제자 가섭은 5백화상을 왕사성 7섭암七叶窟에 소집하여 공동으로 기억하고 있는 것을 읊게 하여 불교 경전을 정착시켰다고 한다. 이때의 중요한 활동을 불교 역사는 제1차결집이라고 부른다. 이때 결집된 불경의 내용에는 몇 가지 설법의 유형이 나타난다. 경經과 율律 2장二藏을 결집한 것이 있고, 경과 율, 논論 3장三藏을 결집한 것이 있으며, 경, 율, 논, 잡집雜集, 금주禁咒의 5장五藏을 결집한 것도 있다. 그것이야 어떠하든, 이 결집은 가섭나한이 불교사 속에서 이룬 위대한 공헌이라고 하겠다.

일반적인 사찰의 정전인 대웅보전 안에는 '대웅大雄'인 석가모니부처의 양 옆으로 항상 두 비구의 입상이 배치되어 있게 마련이다. 하나는 노인의 모습이고, 하나는 중년인의 모습이다. 노인은 바로 가섭존자인데, '존자尊者'라고 하는 것은 큰 덕과 큰 지혜를 갖춘 승려를 높여서 부르는 칭호이다. 전하는 바에 의하면, 석가모니 부처가 열반涅槃(승천昇天)한 이후, 가섭존자는 계속하여 석가를 따르던 무리를 이끌었으므로 후세에 그를 '초조初祖'라고 부르게 되었다고 한다. 또 다른 한 명의 중년 비구는 누구인가? 이것은 가섭의 '법적 상대역'인 아난존자阿難尊者이다.

나한 3

아난

　아난의 온전한 이름은 '아난타Ānanta'이다. 한자로는 '환희歡喜', '경희慶喜'라는 의미이다. 아난은 본래 석가모니와 남이 아니라 친 사촌형제이다. 『불본행집경佛本行集經』, 『대지도론大智度論』 등의 불경에서는 아난이 석가모니의 숙부인 곡반왕斛飯王의 아들로, 석가모니의 당제堂弟[사촌동생]이다. 석가모니가 득도를 한 날 밤에 아난은 출생한다. 하늘은 부처와 '연분'을 갖는 존재로 그를 탄생시킨 것이다. 석가모니 부처는 55세 되던 해에 고향으로 돌아와 전교를 한다. 25세의 아난은 당형堂兄을 쫓아 출가를 하고, 이후 25년 동안 석가를 따르며 옆에서 모시면서 일체의 불법을 전해 받아서 몸소 지켜 10대 제자의 한 사람이 된다.

　아난은 석가모니의 제자들 중에서 가장 많은 이야기를 가지고 있으니, '다문제일多聞第一'이다. 이것은 그가 기억의 양이 가장 많으며, 기억능력이 가장 좋았다는 것을 의미한다. 석가가 승천한 이후, 500의 대나한大羅漢들은 마게타국摩揭陀國 왕사성王舍城 밖의 칠섭굴七叶屈에 모여 이견과 사설을 방지하기 위해 석가 생전에 석가로부터 들은 말들을 암송하고, 각자 들은 것 중 분명하고 확실한 것만을 모아 불교 경전을 만들었다. 이 5백결집五百結集(제1차결집第一大結集)에서 '다문제일'의 아난은 가장 두각을 나타내었다. 그는 혼자서 경장經藏(불교의 3장三藏인 경經, 율律, 론論 중의 하나) 전체를 암송하였는데, 결

아난은 당형을 쫓아 출가를 하고, 이 후 25년 동안 석가를 따르며 옆에서 모시면서 일체의 불법을 전해 받아서 몸소 지켜 10대 제자의 한 사람이 된다. 아난은 석가모니의 제자들 중에서 가장 많은 이야기를 가지고 있으니, '다문제일'이다.

코 간단한 일이 아니었다. 5백결집의 소집인이며 수석 대나한인 가섭은 아난을 사자좌獅子座로 올린다.

전하는 이야기에 의하면 아난은 번뇌를 다 떨쳐내지 못하였는데, 가섭은 그의 수행 공부가 부족함을 알고 그를 동굴 밖으로 끌어냈다고 한다. 아난은 좌선하여 평정상태로 들어갔는데 한밤중에 이르러서 여러 번 선정에서 깨어나게 되었다. 잠시 누워서 쉰 다음에야 아난은 머리를 베개에 대지 않을 수 있게 되었고, 홀연히 '정신의 경계가 확 트이는 깨달음을 얻어 대나한이 되었다.' 아난은 서둘러 동굴로 달려가 문을 두드리며 문을 열어 줄 사람을 불렀다. 안에 있던 가섭이 말하였다. "열쇠구멍으로 들어오도록 하여라." 아난의 수행은 대단한 성취를 이룬 것이어서 과연 작은 열쇠구멍을 통하여 안으로 들어갈 수 있었다.

석가가 승천한 이후 가섭존자는 '초조初祖'로 받들어 모셔졌다. 가섭이 승천한 이후 아난존자가 계속 석가 제자들의 무리를 영도하였으므로 후세 사람들은 그를 '2조二祖'로 부르게 되었다.

아난의 죽는 방식은 아주 고명한 수준이었다. 아난은 마게타국의 한 숲 속으로 걸어 들어가 어떤 소사미小沙彌가 불경을 송독하는 것을 보았는데 장구가 뒤섞이고 문자가

阿難尊者

어지럽혀져 있는 것이었다. 아난은 바로 소사미에게 다가가 바로잡아 주었다. 사미는 '히히' 냉소를 날리며 말하였다. "대덕께서는 연로하여 흐릿해진 것입니까? 나의 스승께서는 오늘에 이르기까지 해마다 왕성하게 가르쳐 주셨습니다. 직접 나를 가르쳐 주셨으니 결단코 착오란 있을 수 없습니다." 아난은 기가 막히고 말이 나오지 않았다. 그로서는 이런 신랄한 비난을 받아 본 적이 없었다. 그는 마게타국을 떠나서 사리성舍釐城에 틀어박히려 하였다. 그가 막 강을 건너려 할 때 마게타국 국왕이 이 이야기를 듣고 아난을 사모하는 마음이 강하여 수천병사를 이끌고 급히 달려 왔다. 아난에게 다시 돌아가기를 청해보려고 그가 이끌고 온 병사와 말들은 강의 남쪽 언덕에 주둔하였다.

아난이 왔다는 소식을 들은 사리국왕은 희비가 교차하였다. 이어서 마게타국왕이 병사를 이끌고 추적해 왔다는 소식을 듣고는 그도 병사를 이끌고 나가 군대를 강의 북쪽 언덕에 주둔시켰다. 양군은 강을 사이에 두고 대치하여 기치창검이 하늘을 가렸고, 한바탕 살육의 광풍이 불어닥치려 하고 있었다. 불교는 자비의 마음을 갖는 것인데 아난이 생령들이 도탄에 빠져드는 것을 어찌 참고 지켜볼 수 있을 것인가? 이에 아난은 자신이 희생하기로 마음을 먹었다. 『대당서역기大唐西域記』 7권 「습폐다보나승가람濕吠多補羅僧伽藍」은 다음과 같이 말한다.

아난은 그 병사들이 싸워서 서로 죽일 것을 두려워하여 배에서 몸을 일으켜 허공으로 떠올라 신으로 모습을 변화시키면서 바로 입적을 하여 불꽃으로 스스로의 육신을 불태웠다. 그의 불탄 육신은 또 반으로 나뉘어 한 쪽은 강의 남쪽 언덕에 떨어졌고 다른 한쪽은 북쪽 언덕에 떨어졌다. 두 왕은 각각 한 부분을 얻어 군대를 이끌고 환호하면서 본국으로 돌아갔다. 그들은 각각 탑을 만들어 아난의 분골을 모시고 공양하였다.

아난이 스스로 불타 죽고 몸을 나누어 두 나라에 주었다는 것은 물론 신화이다. 그러나 그럴 정도로 그의 명성이 대단하였다는 것만은 부인할 수 없는 사실이다.

아난과 가섭은 석가를 모셨던 사형제이다. 그들은 불교 속의 고급신인 미륵불彌勒佛, 미타불彌陀佛, 관음보살觀音菩薩 등과는 그 성격이 서로 다르다. 그들은 실존인물(불교도를 모두 이끌었다는 것은 그들을 모든 신화에 두루 나타나게 한다.)이고 미륵불 등은 허구인물이다. 가섭과 아난은 불교의 교단체계를 확립함에 있어서 갖은 노력을 다 하였으므로, '개교공신開教功臣'이라고 할 만하다. 소승불교 사원에서는 가섭존자와 아난존자를 석가부처의 좌우 협시로 모시는데, 그들 둘은 그런 대우를 받는 것에 부끄러움을 느낄 이유가 없다. 대승불교 사원 중에도 가섭과 아난, 또는 문수文殊와 보현普賢 두 보살을 석가의 양측에 같이 모시는 사례가 있다.

나한 4

목련

곤명지昆明역의 조계사曹溪寺는 운남云南의 이름 높은 사찰이다. 이 사찰은 빼어나게 아름다운 불상을 많이 조성한 것으로 세상의 칭송을 받는다. 그 중에서도 25원통상二五圓通像은 아주 진귀한 것인데, 일반 사찰에서는 보기 어려운 것이다. 그것들 중 제 13존十三尊의 신상神像은 마하목건연摩訶目犍連이라고 불리는데, 이 신위가 바로 민간에 광범한 영향을 끼친 '목련구모目連救母'[목련이 어머니를 구함] 이야기의 주인공이다.

마하목건연은 목건연目犍連, 목연으로 약칭되는데, 이것은 범어의 음역으로 '대호두大胡豆', '채숙(두豆)씨采菽氏'라는 의미이다. 전하는 이야기에 의하면 이 대호두는 옛날의 선인이 즐겨 먹던 것인데, 목연이 살던 곳의 씨족을 지칭하는 말이 되었다고 한다.

목건연은 실존인물이다. 그는 상류계층인 파라문 가문 출신으로 옛날 인도의 게타국揭陀國 왕사성王舍城 사람이다. 그와 또 한 사람 불교계에서 저명한 인물인 사리불은 처음에는 불교가 아닌 다른 종교를 신봉하고 있었는데, 각각 1백여 명의 제자들을 이끌었다. 어느 날 사리불은 석가모니의 설법을 듣고 감복하여 오체투지五體投地[온 몸을 땅에 붙이고 최대의 존경을 표시하는 예]를 하고 막바로 목연에게 달려가 석가모니에게 들은 이야기를 알렸다. 두 사람은 200여명에 이르는 제자들 무리를 이끌고 불교로 전향을 한다. 이것은 당시에 있어서는 불교에 대해 엄청난 힘을 실어준 사건이었으며, 목연과

目連

목건연은 실존인물이다. 그는 상류계층인 파라문 가문 출신으로 옛날 인도의 게타국 왕사성 사람이다. 그와 또 한 사람 불교계에서 저명한 인물인 사리불은 처음에는 불교가 아닌 다른 종교를 신봉하고 있었는데, 각각 1백여 명의 제자들을 이끌었다.

사리불은 석가모니가 내놓고 자랑할 만한 제자라 할 수 있었다. 목연은 최종적으로 나한의 경지를 이루는 것으로 그쳐서 성불을 하지는 못하며, 반불교적인 파라문에게 곤봉으로 맞아서 죽고 만다. 목건연의 주요 이력은 이 정도에서 그치고 별로 기이하다고 할 만한 것은 없다. 그러나 후대에 이르면 그도 점차적으로 신격화되어 나간다.

불교에서 이야기하는 바에 의하면 여래부처의 10대 제자들은 모두 각각의 장기가 있어서 각각 '○○제일'이라는 이름으로 불린다. 목련은 '신통제일神通第一'이다. 그의 신통력은 '신이한 다리를 가볍게 움직여 날아서 10방세상에 이른다.'고 한다. 단숨에 미륵불의 정토세상, 도솔천兜率天으로 날아오를 수 있다는 것이다. 그러나 일반 백성들은 목건연이 특이한 비행능력을 갖는다는 것은 잘 알지 못하고, 도리어 집집마다 널리 알려져 있는 그의 '모친을 구한 이야기나 아귀餓鬼를 제도한 이야기'만을 누구나 이야기한다.

불교의 전설에 의하면 옛날 인도의 마갈국摩竭國에는 최고의 부자富翁가 있었는데, 부상富相이라고 불렸다. 부상의 집에는 노새와 말이 가득하였고 보화와 재물이 헤아릴 수 없을 정도였다. 이 부유한 사람은 아주 좋은 버릇을 가지고 있었는데, 출가인을 존경하여 승려들을 부모와 똑같이 받들어 모시는 것이었다. 부상의 부인은 이름이 청제靑提였는데, 나이도 젊고 아름다웠다. 그녀는 나라 안 제일의 미인이었다. 그녀와 시주하는 것을 좋아했던 그녀의 남편은 정반대의 취향을 갖고 있었다. 그녀는 아주 작은 귀신같은 여인이었는데, 재산을 목숨과도 같이 애지중지하였다. 청제부인은 괴이한 버릇을 가지고 있었다. 세상의 모든 출가인들을 아주 싫어하여 마치 원수처럼 여겼다.

부상은 노년에 아들을 얻어 이름을 목연이라 하였다. 이 아이는 부친을 아주 많이 닮아서 자비의 마음을 품고 선을 행하였으며 3보三寶(불佛, 법法, 승僧)의 세계를 향하여 나아갔다. 부상이 죽었을 때 목연은 이미 성인이 되어 있었다. 밖으로 장사를 하러 떠나면서 그는 모친을 향해 다음과 같은 이별의 말을 하였다. "소자가 돈을 벌기위해 밖으로 나가 있는 동안 모친께서는 덕을 쌓고 선을 베푸셔서 출가인들이 들르면 소자를 대하듯이 똑같이 보살펴 주십시오." 목연의 모친은 그렇게 노력하겠다고 응답하였다.

청제부인의 말이 말로만 끝나고, 그 노력하겠다는 것이 노력하겠다는 것으로만 끝나서 그 집의 문으로 들어서서 인연을 짓고자 하는 사람이라면 화상이든 비구니든 가릴 것 없이 모두 쫓아내어 한 사람도 먹여주지 않을 것이라는 점을 누가 생각이나 하였겠는가. 반년 후, 목연은 장사를 마치고 돌아온다. 그는 그동안 모친이 아무런 적선도 베풀지 않았으며, 출가인에게 극히 적대적이었다는 이야기를 듣곤 모친에게 그 이유를 따져 물었다. 청제는 아들의 지적에 아주 분노하였고, 호통을 쳐서 나무랐다. "네가 감히 네 어미를 믿지 못하는 것이냐? 내가 만약 출가인들에게 잘못한 것이 있다면 7일 이내에 천벌을 받아 죽어서 아비지옥阿鼻地獄에 떨어지고 말 것이다."

뜻 밖에도 그로부터 7일째 되는 날 목연의 모친은 갑자기 죽어 버린다. 목연은 한바탕 호곡하고 모친의 장례를 잘 치른다. 그는 큰 재산의 주인으로 살아가는 것을 원하지 않아서 부귀영화를 헌신짝처럼 내던져 버린다. 그는 석가모니의 문하에 들어가 나한의 경계를 닦고 광대한 신통력을 갖추어서 불조의 10대 제자 중 한 사람이 되었다. 목연은 득도한 후, 부친이 천당에서 진정으로 즐거움을 누리며 사는 모습을 보게 되지만, 모친은 볼 수가 없었다. 그는 불조에게 들어서 모친이 생전에 불교 승려들을 공경하지 않아서 결국 죽은 후 아비지옥에 떨어졌음을 알게 된다.

목연은 음기가 가득 찬 아비지옥에서 이미 초췌한 아귀로 모습이 바뀌어 버린 모친을 찾아낸다. 그녀는 매일같이 허리를 꺾이고 등을 두들겨 맞고 칼로 베어지고 불에 그슬리는 등의 온갖 형벌을 받고 있었다. 목연은 그것을 보고 뼈가 부러지고 심장이 터지는 것 같은 아픔을 느끼면서 구걸한 음식을 모친에게 먹여주려 하였다. 그러나 아무리 맛있는 음식이라도 모친의 입으로 가져가기도 전에 타서 재가 되어 버렸으므로 음식을 먹게 할 방법이 없었다. 목연은 어찌해야 좋을지 방법을 찾을 수 없어서 가슴을 치고 발을 구르면서 다만 여래불에게 가서 구해주기를 바랄 뿐이었다.

여래불은 목연에게 다음과 같이 말한다. "네가 비록 도를 이루어 나한이 되었으나 너 개인의 역량만으로는 너의 모친을 구할 수 없을 것이니 승려들을 여럿 모아서 7월 15일에 우란분회를 열어가지고 세상의 모든 아귀들을 배불리 먹일 수 있다면 네 모친을 구해낼 수 있을 것이다." '우란분盂蘭盆'은 범어의 음역인데, 그 의미는 '구도현救倒懸[구해서 들어올린다.]는 뜻이다. 그리하여 목연은 10방세상의 모든 승려에게 청하여 우란분회를 열고 모든 아귀들을 불러들여 제도하였다. 목연의 모친은 지옥을 벗어날 수 있었다. 그러나 왕사성의 한 마리 검은 개로 윤회전생하는 것으로 그쳤다. 결국 아들의 법력으로 인하여 그녀는 겨우 인간으로 윤회전생 할 수 있게 되었고, 천당으로 들어갈 수 있게 되었다. 이것은 효행을 하도록 권하고자 하는 하나의 전형적인 불교 고사이다.

이와 같은 전설에 의거해서 전통적인 불교의 명절인 우란분절盂蘭盆節이 생겨났다. 속칭 '귀절鬼節'인 이 날은 음력 7월 15일의 중원절 하루인데, 사찰 안에서는 송경법회誦經法會를 열었으며, 가로에서는 높은 대를 쌓아 귀왕鬼王을 시렁의자에 앉히고 승려들이 경을 읽어 아귀를 풀어 줌으로써 외로운 혼을 구제하였다. 민간에서는 아직도 종이를 이겨 10여 장에 이르는 크기의 큰 법선法船을 만들고 강물에 띄운 후 불에 태운다. 아울러 강물 위에 백에서 천에 이르는 숫자의 불붙인 등을 띄우는데, '자항보도慈航普渡[인자함으로 항해하여 널리 제도한다.]라고 한다. 구경꾼이 인산인해를 이루어 이 종교적인 명절은 군중들의 떠들썩한 분위기에 휩싸여 버린다.

목연의 성가는 아직도 목연희目連戲, '목연구모目連救母' 이야기가 광범하게 유전되고 있는 것으로부터 기인된다. 이 거대한 규모를 자랑하는 연극은 100가지 장면으로 나뉘며 7일 동안 계속된다. 극중에는 공포스러운 지옥의 장면이 포함되어 있다. 각종의 잡기를 공연하는 부분도 끼어 있다. 예를 들어 연극무대 곁의 깃발을 내건 막대기 위에 왕잠자리, 새끼줄 등을 걸어 놓고 무예를 익힌 사람이 29개의 탁자를 쌓아 놓은 위에서 연속적으로 9개 머리를 뛰어넘어서 공중에서 땅으로 뛰어내리는 것 등이다. 이 부분은 아주 격정적인 것이라서 대중의 커다란 호응을 불러일으키곤 한다. 청나라 궁정에서 목연희를 놀 때에는 살아있는 호랑이나 코끼리, 진짜 말을 사용하였으며, 악령들의 모습이 열기로 가득하여서 보는 이들의 눈을 즐겁게 하였다.

라후라

오대산五臺山의 라후사羅睺寺는 오대산 5대 선불교五大禪林 사찰 중의 하나이다. 이 절의 창건은 불조 석가모니와 밀접한 연관을 갖는다.

라후는 범어 라후라Rafula의 음역인데, 라후라羅睺羅, 라호라羅怙羅 등으로 쓰이며, 그 뜻은 '복장覆障', '장월障月' 등이다. 라후라는 석가모니가 출가하기 전에 낳은 아들이다. 석가모니는 고타마 싯다르타喬達摩悉達多인데, 정반왕淨飯王의 태자이며, 후에 야수다라耶輸陀羅를 부인으로 맞아 아들 라후라를 낳았다. 전하는 이야기에 의하면 라후라가 출생한 것은 삭일朔日이었는데 채색 구름이 달을 가리고 있었기 때문에 라후라(장월)라고 이름 붙였다고 한다.

싯다르타는 29세 때에 왕궁을 떠나 출가 수도를 시작하였으며, 여러 해 동안 고행을 한 후 마침내 보리수나무 아래에서 득도를 하여 부처가 된다. 이때 그의 나이는 35세였다. 석가모니가 성불을 한 후에 그의 유일한 아들 라후라는 부친을 따라 출가하고자 하였으므로 소사미小沙彌를 만들었다. 불교의 사미 제도는 여기서 시작된다. 사미는 10계十戒를 받고 출가를 한 사람 중 7세 이상, 20세 이하의 남자를 말한다. 중국의 민간에서는 '소화상小和尚'이라 부른다.

라후라는 출가한 후 '금계를 어기지 않았고 독경 하는 일에 해이함이 없었다.'고 하여

羅睺羅

라후라는 출가한 후 '금계를 어기지 않았고 독경 하는 일에 해이함이 없었다.'고 하여 '밀행제일'로 칭송되었다. 그는 불조 석가모니의 10대 제자 중 하나이고, 또 저명한 18나한 중의 하나이다. 중국에서는 음력 6월 14일을 문수보살의 탄신일로 여긴다. 부처의 아들인 라후라는 이 날 문수를 축수하며 귀신과 함께 뛰놀며 즐긴다고 전한다. 승려들은 기이한 옷을 떨쳐 입고, 귀신 가면을 얼굴에 쓰고, 목탁과 북을 치는 소리에 맞추어 절 안 을 온통 뛰어다니고, 즐기며 노니는 사람들은 한데 뒤엉켜 움직일 수조차 어려울 정도였다.

'밀행제일密行第一'로 칭송되었다. 그는 불조 석가모니의 10대 제자 중 하나이고, 또 저명한 18나한 중의 하나이다.

　오대산 나후사는 당나라 시대에 창건되었다. 일찍이 라후라가 이 절에 현신하였으며 그 발자국을 남겼다고 전하여진다. 과거에는 이곳에 '라후라 족적전羅睺羅足迹殿'이 건립되어 있었다. 라후사 천왕전의 4대천왕상, 문수전의 문수상 등은 현종 계열에서 만든 조상들과는 서로 다르다. 이것은 라마교 양식으로 만들어진 것이 분명하다. 사찰의 후전에는 아주 특별한 '개화현불開花現佛'이 있다. 대전 중앙에는 나무로 만들어진 원형의 채색 그림이 그려진 불단이 있다. 불단 위쪽에는 물결모양과 18나한이 강을 건너는 장면이 그려져 있고, 주위에는 24제천상二十四諸天像이 그려져 있으며, 사방으로는 4대천왕이 그려져 있다. 원반의 정중앙에는 대형의 연화가 솟구쳐 나와 있는데, 높이는 1장이 넘고,

안에는 부처의 감실이 만들어져 있으며 4방불이 그 안에 나누어져 앉아 있다. 보통 때 연화의 꽃잎은 오므려져 있어서 연꽃 잎이 포옹하고 있는 형상이다. 그 절의 승려가 기관을 조작하여 연꽃의 대좌가 움직이게 되면 연꽃의 잎도 공중에서 서서히 벌려져서 사방불이 천천히 나타나는데, 이것이야말로 그 명성이 사해에 가득한 '개화현불'의 모습이다. 천리 밖에서 이곳을 찾아온 남녀 신도들은 이것을 한번만이라도 보는 것을 평생의 행운으로 여긴다.

중국에서는 음력 6월 14일을 문수보살의 탄신일로 여긴다. 부처의 아들인 라후라는 이 날 문수를 축수祝壽하며 귀신과 함께 뛰놀며 즐긴다고 전한다. 승려들은 기이한 옷을 떨쳐 입고, 귀신 가면을 얼굴에 쓰고, 목탁과 북을 치는 소리에 맞추어 절 안을 온통 뛰어다니고, 즐기며 노니는 사람들은 한데 뒤엉켜 움직일 수조차 어려울 정도였다.

오대산 라후사 외에도 전국 각지에는 라후묘, 라후전 등이 있어서 여래 불조의 아들을 받들어 모신다.

나한 6

사리불

　사리불은 범어 '사리푸트라Sariputra'의 음역인 '사리불다라'의 약칭인데 의역은 '추로자鶖鷺子', '추로자秋露子'이다. 모친으로 인해서 얻은 이름이다.

　'사리'는 그 모친의 이름이고 '불다라'는 '아들'의 뜻이니 '사리불다라舍利弗多羅'는 바로 '사리 여인의 아들'이다. '사리'는 본래 새의 이름이다. 번역하면 '추로秋露', 혹은 '백설조百舌鳥'이다. 그녀의 눈동자가 '추로'의 새 눈 모습이라고 하는 사람도 있고, 그녀는 여인 중에서 가장 총명하고 영리한 사람이라 도에 대해서 말하는 것이 백설조 같은 형상이라고 하는 사람도 있다. 그러므로 그녀의 아이 사리불은 또한 '추로자', 혹은 '백설조자'로 불리게 되는 것이다.

　『불본행집경佛本行集經』, 『증일아함경增一阿含經』 등의 불서에서는 사리불이 옛날 인도의 마게타국 왕사성 사람으로 파라문 가문에 속한다고 말한다. 파라문은 인도의 제1계급으로 파라문교, 인도교에서는 '인간의 신人間之神'이라고 칭한다. 파라문은 인도사회의 최상계급로 인정된다.

　사리불은 처음에는 외도(불교가 아닌 기타 종교)를 수행하였다. 불행히도 사부가 갑자기 세상을 떠나는 바람에 그는 아주 황망하여 의지할 바를 알지 못하였다. 그는 목연을 찾아가서 해탈의 도리를 찾아 고통을 감수하기로 하였다. 두 사람은 누가 먼저 광명을

舍利佛

사리불은 처음에는 외도(불교가 아닌 기타 종교)를 수행하였다. 불행히도 사부가 갑자기 세상을 떠나는 바람에 그는 아주 황망하여 의지할 바를 알지 못하였다. 그는 목연을 찾아가서 해탈의 도리를 찾아 고통을 감수하기로 하였다. 사리불은 모친의 특별한 능력을 계승하여 석가의 제자들 중 민첩한 지혜를 갖추고 많이 들은 것을 경계하여 지키며 불법을 잘 강설하는 사람으로 이름이 높았으니, '지혜제일'이라는 명예를 얻은 것이다.

찾든 서로 인도하여 비추어 주고, 서로 알려주어 감로甘露[즐거움]를 같이 맛보기를 약속하였다. 하루는 사리불이 길에서 마승비구馬勝比丘를 만났다. 두 사람은 이야기를 주고받으며 의기투합하였다. 마승은 사리불을 향하여 '인연소생법'을 설파하였다. 그것을 들은 사리불은 감복하여 오체투지를 하면서 누구에게서 가르침 받은 것인지를 물었다.

마승비구는 석가불타의 가르침이라 하였다. 사리불은 목연을 찾아가서 알리고, 두 사람은 흥분하여 200제자(일설에는 250이라 한다)를 대동하고 불타를 찾아가 불문에 귀의한다. 그들의 귀의는 초기 불교의 성가를 크게 드높이는 역할을 하며, 엄청난 반향을 불러일으킨다. 이렇게 사리불은 불문의 커다란 공신이 된다.

사리불은 모친의 특별한 능력을 계승하여 석가의 제자들 중 민첩한 지혜를 갖추고 많이 들은 것을 경계하여 지키며 불법을 잘 강설하는 사람으로 이름이 높았으니, '지혜제일智慧

나한 545

第一'이라는 명예를 얻은 것이다.

전하는 이야기에 의하면 석가모니는 자신이 80세가 되던 해 어느 날 제자들에게 자신이 3개월 후에 열반(세상을 떠남)에 들 것이라고 말하였다 한다. 불타의 대제자인 사리불은 아주 괴로워하였다. 그는 불타가 세상을 떠나는 것을 자신의 눈으로 보기를 원치 않았다. 그는 자신이 부처에 앞서서 죽기를 바랐다. 그리하여 석가 불조는 그를 위하여 과거의 인연에 대해 이야기를 하여 주었다. 얼마 지나지 않아 사리불은 스스로 입멸(자살하여 죽었다.)하였다. 몸을 버려서 도를 얻은 것이다.

수보리

　수보리는 범어 '수부후티Subhuti'의 음역으로 뜻은 '선현善現', '선견善見', '선길善吉', '공생空生' 등이다.

　수보리는 사위국의 한 파라문 가문 출신이다. 그의 부친은 당시의 유명한 장자였는데, 이름은 구류鳩留이다. 구류는 재산이 계산할 수 없을 정도였으니, 짝을 찾아보기 어려운 부자였다. 유감스러운 것은 그의 나이가 이미 연로한데도 아직 아들이 없다는 점이었다. 그리하여 구류는 매일 신과 부처에게 기도하며 아들을 내려 주기를 바랐으나 소망을 이루지를 못하였다. 구류는 태만하지 않고 제신들에 대한 기도를 경건하게 계속하였다. 전설은 어느 날 구류가 기도를 하고 있는데 홀연히 하늘에서 천신天神이 나타나 그에게 다음과 같이 말하였다고 한다. "너는 마땅히 복자를 얻으리라. 머지않아 천왕天王 하나가 명을 받들어 장자의 집에 태를 빌어 태어날 것이다." 구류장자는 크게 기뻐하였다. 뒷날 그의 부인이 잉태를 하여 한 아들을 낳았다. 장자는 그 아들에게 바로 '수보리'라는 이름을 붙였다. 그 뜻은 '선현', '선견', '선길'이니, 그의 출생이 아주 상서로운 것이라는 의미이다. 어찌하여 또한 '공생'이라고도 하는 것인가?

　『법화문구』2에서는 다음과 같이 말한다. "수보리는 '공생'으로 번역된다. 그가 태어

須菩提

수보리는 어려서부터 지혜가 출중하였으나 성격은 급하고 사나웠다. 종일 사람이나 축생들에게 화를 내곤 하였으므로 부모와 친지들이 모두 걱정거리로 여겼다. 집 안에 진중하게 머물러 있지를 못하고 산에 들어가 쏘다니기를 즐겼으며, 산에서 만나는 새나 짐승, 바람이나 초목들에게까지 사납게 욕을 해 대곤 하였다. 그는 무엇이든 부드러운 눈으로 보지를 못하였고, 즐거운 것이 하나도 없었다.

났을 때 집안 창고의 광주리나 그릇들이 다 비워졌다. 점치는 자에게 물었더니 길한 일이라고 하였다. 비워 놓고 태어났으므로 자를 '공생'이라 하였다. 수보리의 출생으로 비록 집 안의 재산은 텅 비워져 버렸으나 운명을 점치는 이가 길상吉祥이라 하였으므로 또한 '공생'이라 부르게 된 것이다."

수보리는 어려서부터 지혜가 출중하였으나 성격은 급하고 사나웠다. 종일 사람이나 축생들에게 화를 내곤 하였으므로 부모와 친지들이 모두 걱정거리로 여겼다. 수보리는 집 안에 진중하게 머물러 있지를 못하고 산에 들어가 쏘다니기를 즐겼으며, 산에서 만나는 새나 짐승, 바람이나 초목들에게까지 사납게 욕을 해 대곤 하였다. 그는 무엇이든 부드러운 눈으로 보지를 못하였고, 즐거운 것이 하나도 없었다.

이 산의 산신은 이 사람이 천생 분노의 기운을 안고 태어난 부랑자라서 해탈할 방법이 없음을 알고 그에게 불타를 가서 뵙기를 권하였다. 수보리는 산신을 따라 불타를 뵈러 간다. 불타를 보자마자 그의 마음속에는 금방 즐거움이 솟구쳐 올라 불타에게 예배를 올리게 된다. 석가 불조는 그에게 분노의 업보를 지고 사는 고통을 설법하여 주었고, 수보리는 꿈에서 깨듯이 각성을 이루어 전의 잘못을 뉘우친다. 여러 해 동안의 정진 수련을 거친 후 수보리는 결국 아라한의 경지를 얻어 나한이 되며, 아울러 10대 제

須菩提
明惠 三彫畫

자의 영예로운 반열에 올라선다.

인생은 번뇌와 불행으로 충만되어 있다. 수보리와 같이 이렇게 곱지 않은 시선으로 모든 것을 바라보며 온종일 뒤틀린 심사를 가지고 불만을 표출하는 사람들은 확실히 세상에 많이 있다. 온갖 욕설로 마음속의 분노와 원망을 쏟아내는 사람은 헤아릴 수 없을 정도로 많다. 그러나 결국 수보리와 같이 철저하게 '공'의 뜻을 깨닫고 감정도 욕망도 없애 버려 세상에서 누구와도 경쟁하지 않고 항상 안락과 평정을 누리게 되는 사람은 극소수에 지나지 않는다. 이것이야말로 진실로 수보리의 뛰어난 점이며, 수보리가 불조의 10대 제자 중 한 사람으로 부끄러움이 없는 모습이라고 하겠다.

수보리는 10대 제자 중에서 '항상 안락하고 안정된 마음으로 살면서 공의 뜻을 잘 이해하며 공적함에 뜻을 두는 점에 뛰어난 능력이 있다.'고 하여 '해공제일解空第一'의 칭호를 얻었다. '공空'은 불교적인 관념으로 '일체 존재가 실재가 아니라 텅 비고 환상적인 것이라는 점을 보고 일체 존재는 고정불변의 실체가 아니라고 생각하는 것'인데, 그런 까닭에 '거짓된 것이지 실재가 아니라'고 하고, '공'이라 하는 것이다. 불교는 '제법(일체의 사물과 현상)개공諸法皆空'이라 선언하고, '공을 깨닫는 것'을 열반의 최고경계로 들어가는 문이라고 본다. 수보리는 '공'에 대한 이해가 투철하여 누구보다도 잘 해석하여 낼 수 있었으므로 항상 '공'의 경지에 침잠할 수가 있었다. 한번은 어떤 사람이 '그가 누구인지'를 물은 적이 있었다. 수보리는 다음과 같이 대답하였다. "나는 세상 사람들이 '수보리'라는 이름으로 가정하여 부르는 바로 그 사람이다." '해공제일'이라는 이 사람의 '공'에 대한 인식은 이만큼 철저한 것이었다.

부루나

부루나는 범어 '부루나마이트라야니푸트라Purunamaitrayaniputra'(부루나미다라니자富樓那彌多羅尼子)를 음역한 것의 약칭이다. 그 뜻은 '만자자滿慈子', '만원자滿願子', '만축자滿祝子' 등이다. '만'은 그의 이름이고, '자'는 모친의 성(범어로 '자'는 또한 '축', '원'의 뜻도 지닌다)이다. 고대 인도에는 모친의 성을 따라 이름을 짓는 습속이 있었다.

부루나와 불조 석가모니는 같은 날 출생한다. 그는 가비라파소迦毗羅婆蘇(가비라위迦毗羅衛) 사람인 국사 파라문의 아들이다. 그와 친구 30인은 같이 출가하여 설산雪山으로 들어가 고행하는 외도外道공부를 해서 4선5통四禪五通의 경지에 이르렀다. 석가모니가 득도를 한 후 녹야원鹿野苑에서 초전법륜初轉法輪(처음으로 교의를 전파하는 설법을 하여 불문의 기초적인 교의를 선언적으로 강의함.)을 베풀 때, 부루나는 전향하여 불타에게 귀의하고 구족계九足戒를 받아 불교 초기 승단의 중요한 구성원 중 하나가 되었다.

불타의 10대 제자 중에서 부루나는 '설법제일說法第一'의 칭호를 얻었다. 그는 의리를 가장 잘 분별하여 널리 불법을 강설하였으며, 사람의 재주를 알아보는데 특출한 재능을 갖추고 있었다. 부루나의 설법하는 기교는 아주 고명하여 연설가의 수준을 멀리 뛰어넘었다. 매번 설법을 할 때마다 "그는 먼저 듣는 이의 재주를 헤아려 오묘하게 설법을 하였으므로 중생을 환희에 젖게 하였다. 그런 다음에는 고통스럽게 채찍을 가하는 불타의 10대 제자 중에서 부루나는 '설법제일'의 칭호를 얻었다. 그는 의리를 가장 잘 분별하여 널리 불법을 강설하였으며, 사람의 재주를 알아보는데 특출한 재능을 갖추고 있었다. 부루나의 설법하는 기교는 아주 고명하여 연설가의 수준을 멀리 뛰어넘었다.

말로 듣는 이의 마음을 진정으로 아프게 하고 듣는 이가 엄숙하고 송구한 마음을 갖게 하여 쉽게 얻기 어려운 감흥을 불러일으킬 수 있게 하였다. 마지막으론 모든 것이 공허하고 실재하지 않는 것이라는 지혜를 갖추게 하여 듣는 이가 묶인 것을 풀 수 있게 이끌었다."

　부루나가 무수한 청중을 앞에 놓고 불교 교리를 강설하는 모습을 보면 딱딱하게 설교를 하는 것이 아니라 말하는 것과 노래하는 것을 뒤섞고 나직하게 말하는 것과 큰 소리로 말하는 것을 병용하여 감정을 고양시키는 방법을 사용하였다. 민간의 고사와 전설을 간간이 끼워 넣어서 강설을 생생하고 재미있게 이끌어 가서 사람의 마음을 움직이는 것이 그의 강설이었다. 불교는 중국에 들어온 후 점차적으로 설창문학說唱文學과 변문變文, 보권寶卷, 탄사彈詞, 고사鼓詞 등이 발전하여 나갔다. 그 기원을 따져 보면, 이렇게 청중을 강하게 흡인하고 광범한 영향력을 행사하였던 통속문학의 원조는 고 인도에서 설법제일로 불렸던 부루나를 말해야 하지 않을까 여겨진다.

　부루나의 놀라운 설법 기술은 승려들 중에서 비교할 사람이 없다. 그의 청중은 누구보다 많았으며, 그의 설법을 듣고 교화된 사람들의 숫자도 수를 헤아릴 수 없을 정도로 많다.

당시 인도 서쪽에는 윤로나국輪盧那國이 있었다. 전하는 바에 의하면 이 나라의 백성들은 흉악하고 경솔한 품성을 갖고 있어서 욕설과 폭력을 일삼았다고 한다. 이곳은 불법을 널리 펴기에 어려운 나라였다. 부루나는 이 나라에 널리 불법을 펴서 사람들을 교화시키려는 생각을 가졌다. 그는 불타에게 자신의 결심을 밝혀서 불조의 격려와 찬양을 받았다. 부루나는 윤로나국에서 고난의 교화 활동을 펼쳐 나갔다. 그는 끝내 그 나라에 5백가람五百伽藍(사원)을 건립하여 5백의 승려들을 위한 설법을 행한다. 부루나는 이 나라에 널리 불법을 펼친 후에 바로 세상을 떠난다.

부루나는 설법으로 불교를 널리 펼쳐내는 점에 있어서 지대한 공을 세웠다. 불교의 전설은 무량아승지겁無量阿僧祇劫이 지난 후에 부루나가 무상정각無上正覺을 이루어 성불할 것이라고 전한다 성불한 부루나의 불호는 '법명여래法明如來'이다. 무량아승지겁은 아승지겁이 무수하게 있는 것이다. 하나의 아승지겁은 얼마나 긴 시간인가? 1아승지겁은 일천만만만만만만만만만조의 세월이다. 일조는 일만의 억이니, 부루나가 성불을 하는 때는 헤아릴 수 있는 세월의 그 끝, 기약하기 어려울 정도의 요원한 세월, 영원히 헤아림을 그칠 수 없는 우주적인 숫자라 하겠다. 우주는 영원히 존속하는 것이니, 부루나는 단지 영원히 기다림을 좋아해야 할 일이다.

가전연

  가전연은 범어 '카티야야나Katyayana'의 음역인데 뜻은 '전체종剪剃種', '선승扇繩'이다. '전체'는 아주 괴이한 성씨이지만, 파라문 귀족의 유명한 10대 성씨 중 하나이며, 아주 존귀한 가문이다. 그는 왜 '선승'이라고 불리는가?

  『법화문귀法華文句』 1에서는 가전연이 출생한지 얼마 지나지 않아서 그의 부친이 타계하였다고 한다. 이 아이는 그 모친의 골칫덩이가 되어 모친을 재가하지 못하게 하였으며 '부채를 묶어 놓은 끈'처럼 모친을 구속하였으므로 아예 아이를 '선승'이라는 이름으로 불렀다.

  가전연은 서인도 아반제국阿槃提國 사람이다. 그는 처음에는 외도(불교 외의 다른 종파)를 수행하였으나 후에 불교로 개종을 하여 석가모니 불조의 제자가 되었고, 10대 제자의 하나로 평가되었다. 그는 경전을 분별하고 법의法義를 분석하는데 뛰어난 능력이 있었다. 설법에 정통하여 "요약되어 있는 것은 널리 펴서 말하고, 펼쳐져 있는 것은 요약하여" 자유자재로 말할 수 있었으므로 '의론제일議論第一'이라는 명예를 얻었다.

  가전연이 교화시킨 사람들에 대한 이야기는 아주 많이 전하여지고 있다. 그 중에서 가장 유명한 것은 노부인에게 '빈천賣貧을 팔아' 하늘에 환생하도록 가르친 것과 악생왕惡生王을 위해 8연몽八緣夢을 해몽하여 준 고사가 있다.

가전연은 서인도 아반제국 사람이다. 그는 처음에는 외도(불교 외의 다른 종파)를 수행하였으나 후에 불교로 개종을 하여 석가모니 불조의 제자가 되었고, 10대 제자의 하나로 평가되었다. 그는 경전을 분별하고 법의를 분석하는 데 뛰어난 능력이 있었다.

불교전설에 의하면 아반제국阿槃提國에 큰 부자가 살았는데 사람들에게 인색하고 흉악하게 굴었다고 한다. 계집아이 하나가 그에게 작은 봉급을 받고 살았는데 새벽부터 밤늦게까지 힘들게 일하면서 원망하는 마음을 품었다. 맞아 죽거나 굶어 죽기를 기다려야 할 정도였다. 노년이 되어서는 몸을 가릴 정도의 옷도 없었고, 배를 채울 음식도 없었다. 그리하여 강가에 이르러 한바탕 통곡하고 물속으로 뛰어들어 자진해 죽을 생각을 하였다. 바로 그때 가전연이 그 곳을 지나다가 그녀에게 이유를 물었다. "그대는 이와 같이 빈궁한데 어찌하여 그것을 팔지 않습니까?" 노부인이 말하였다. "빈궁을 어떻게 판다는 말입니까? 누가 빈궁을 산단 말입니까?" 가전연이 말하였다. "팔 수 있습니다." 그리고 그는 노부인에게 보시布施, 수재受齋, 염불念佛, 관불觀佛 등 여러 공덕을 가르쳤다. 노부인은 가르치는 대로 하여서 "밤중에 바로 명이 다하여 도리천忉利天(33천三十三天)에 태어났다. 노부인은 천상에서 5백천녀五百天女와 똑같이 즐기며 그지없이 행복하였다." 이 고사는 『현우경賢愚經』 9권에 실려 있다. 이 고사는 사람이 빈궁이라는 곤란한 처지로부터 빠져나오려면 출가하여 부처를 믿는 것이 가장 좋은 방법이라는 점을 알려 주는 것이다.

가전연은 곤궁한 사람을 교화시킨 것을 제외하고도 악인을 교화시킨 일이 있다. 『잡

보장경雜寶藏經』에는 고사 하나가 실려 있다. 악생왕국의 국왕은 사도邪道를 믿고 잔인하고 흉폭한 행위를 일삼았다. 그는 비단 부처를 믿지 않았을 뿐만 아니라 출가인을 살해하는 일을 가장 즐거워하였다. 가전연은 불타의 명을 받들어 추호의 두려움도 없이 교화를 하러 그에게 갔다. 악생왕은 가전연이 온다는 소식을 듣고 사람을 불러 그를 죽이려 하였다. 갑자기 가전연이 송상문에 이르러 악생왕을 보고 물었다. "어떻게 나를 죽일 것입니까?" 악생왕은 말했다. "너희들의 이렇게 반짝이는 머리는 보는 사람에게 불길하니 죽이지 않을 수 없는 일이다." 가전연은 즉시 회답하였다. "내가 대왕 앞에 한번 모습을 보이자마자 살해당할 처지가 되었으니, 당신이야말로 바로 '보는 사람은 불길하다.'고 할 수 있겠습니다. 실로 나를 본 사람은 국왕과 마찬가지로 평안무사하니, 우리 출가인들은 '보는 사람은 크게 길하다.'고 할 것입니다." 한마디 이야기로 악생왕은 유구무언이 되었고, 깨달음을 갖게 되었다. 가전연이 놀라운 웅변가라는 평을 듣는 것에 부끄러울 것이 없는 일이라고 하겠다. 후에 그는 또 국왕을 위해 꿈속의 여덟 장면에 대해 해석해 주었다. 바로 '악생왕을 위해 8몽연을 교묘하게 해석해 주었다.'는 이야기이다. 악생왕은 마음으로 감복하였고, 그리하여 불교는 그 나라에서 아주 번성하게 되었다.

위에 소개한 전설과 고사는 '의론제일'인 가전연이 불교 역사의 초기에 불법을 널리 전파하는데 탁월한 공을 세운 것을 칭송하는 내용이다.

아나율

아나율은 범어 '아니류드하Aniruddha'의 음역인데, 그 뜻은 '여의如意', '무탐无貪', '무멸여의無滅如意'이다. 또 '아니율타阿尼律陀'라고도 한다. 이 아나율은 석가의 당제堂弟, 즉 석가모니의 숙부인 감로반왕의 아들이다. 석가가 득도한 후 고향으로 돌아왔을 때 아나율은 당형의 도리를 쫓는 행위에 감복하여 그를 따라 출가를 하고, 부처의 10대 제자 중 하나가 되었다.

부처의 10대 제자는 각각 한가지의 절대적인 활약상을 갖추고 있으니, 어떤 공능에서는 제일이라는 식이다. 아나율은 '천안제일天眼第一'이다. '천안'은 '천안통天眼通'이라고도 하는데, 불교 '6신통六神通'의 하나이다. '6신통'이라는 것은 무엇인가? '1신통一神通'은 '족통足通'이니, 몸이 하늘을 나르고 땅 속으로 들어갈 수 있으며, 3계를 출입할 수 있다. '2신통二神通'은 '천안통'이다. '6도 중의 중생제물을 가깝든 멀든, 성기든 조밀하든 일체 비추어내지 않음이 없는 경지'이니, 중생의 미래 생사를 능히 알 수 있다. '3신통三神通'은 '천이통天耳通'이니, 중생의 희노애락과 세간의 각종 소리를 다 들을 수 있다. '4신통四神通'은 '타심통他心通'이니, 중생의 마음 속 생각을 다 알 수 있다. '5신통五神通'은 '숙명통宿命通'이니, 자신의 여러 세상에 걸친 운명이나 백 천 만세에 걸친 운명을 알고, 6도 중생의 숙명을 다 알 수 있다. '6신통'은 '루진통漏盡通'이니, 일체의 번뇌와 의혹의 업장을 끊고 영원히 생사윤회를 벗어날 수 있다.

아나율은 비록 '천안제일'의 대신통을 얻었지만, 그 본인은 도리어 한 사람의 맹인이다. 『능엄경楞嚴經』 5권에 의하면, 그는 출가 초기에 잠자는 것만을 좋아하여 제때에 일어나지도 못하였다 한다. 석가는 아주 화를 내며 축생이 잠을 탐하는 것 같은 그의 모습을 질책하였다. 아나율은 이것에 자극을 받아 악한 마음을 버리고 자신의 고질병을 극복하였다. 그는 연속으로 7일 동안 잠을 자지 않았으며, 불행히도 실명을 하게 되었다. 아나율은 비록 두 눈을 잃긴 하였지만 '천안통'을 얻었다. 이것은 불문의 천리안千里眼이다. 전화위복이라 하겠다. 수보리[아나율을 잘못 쓴 것이 아닌가 의심된다.]의 '천안'은 능히 10방(동, 서, 남, 북, 동남, 동북, 서남, 서북, 상, 하)세계를 다 보고, '염부제閻浮提(남섬부주南贍部洲, 인간들이 거주하는 세계를 말한다.)의 고급경계'를 손 안의 암마라 과일菴摩羅果(호도와 같이 생겼다.)을 보듯이 할 수 있었다. 엄청나게 큰 지구를 손 안의 한 개 호도를 보듯이 보니 간단하게 말해서 '전자안電子眼'인 것이다.

대략적으로 말해서 천안 아나율은 인간세계를 아주 깨끗하게, 아주 명백하게 볼 수 있다. 그는 마음이 아주 평온하고 기운이 부드러운 한 사람의 나한이므로 누구와 함께서라도 능히 화합할 수 있다. 그는 자신의 선정禪定 체험을 바탕으로 하여 도리를 증험

할 수 있는 방법을 깨달았던 것이며, 그는 도리란 소욕少欲, 지족知足, 적정寂靜, 정념正念, 정정正定, 정진精進, 정혜正慧, 무희론无戱論의 여덟 가지 방법으로 얻을 수 있다고 생각한다.

　마음을 깨끗이 하고 욕심을 없애며 족한 줄을 알아서 항상 즐거워하기, 고상한 정신생활을 추구하기, 인욕으로 충만한 세상에서 공명과 이욕에 마음이 이끌리지 않게 하여 완전히 선한 자아를 차단하지 않기 등은 아나율이 세상 사람들에게 깨우쳐 준 것이다.

우파리

우파리優波离는 범어 '우파리Upali(優波利)'의 음역이다. 한자로는 또 다른 글자를 택해 표현하기도 한다. 뜻은 '근취近取', '근집近執' 등이다. 왜 '근집'이라고 부르는가? 『20유식술기二十唯識述記』 하에서는 "이 '근집'이라고 하는 것은 왕에게 가까이 있어서 왕의 일을 집전하는 것이다."라 하였다. 『미륵상생경소彌勒上生經疏』의 하권에서는 "우파리는 '근집'이다. 부처는 태자이고, 그는 대신이니, 태자를 가까이 모시면서 일을 집전하는 신하인 것이다."라 말한다.

사실 태자를 가까이 모시면서 '일을 집전하는 신하'라 하는 것은 고대 중국 조정의 대신 같은 것이 아니라 석가모니가 태자였을 때의 궁중 이발사이다. 『불본행집경佛本行集經』, 『5분율五分律』, 『대당서역기大唐西域記』 등에 의하면 우파리는 고 인도 가비라위국迦毗羅衛國 사람으로 수타라首陀羅 계급에 속한다. 수타라는 고 인도의 제4계급으로 사회의 최하층인 노예, 잡역부, 종복 등이다. 그들은 주인을 위하여 목동 노릇을 하거나 가사노동에 종사한다. 그들은 어떠한 권리도 주어지지 않고 모든 것을 다 박탈당하는 가장 낮은 지위의 사람들이다. 우파리는 제4계층 출신의 왕궁 이발사이다. 그는 석가가 도를 이루어 고향에 돌아갔을 때 석가를 따라 출가하여서 유명한 10대 제자 중의 하나가 된다.

優婆离

우파리는 많은 제자 중에서 계율을 지키는데 가장 엄격하다는 것으로 이름이 높았다. 최저계급에 속하지만 10대 제자의 한 사람이 되었는데, 이것은 석가모니가 주장한 '4성평등'의 사상을 체현한 것이다. 부처로부터 계율을 받은 이래 털끝만큼도 계율을 어기지 않았다. 그러면서도 그는 계율만을 고집하여 인간적인 정리를 해치지는 않았다.

우파리는 많은 제자 중에서 계율을 지키는데 가장 엄격하다는 것으로 이름이 높았다. 『증일아함경增一阿含經』 3권에서는 "계율을 지켜서 조금치도 잘못을 범하지 않는 것이 우파리 비구이다."라고 말한다. 그러므로 '지율제일持律第一'이 되었다. 『지도론智度論』 2권은 우파리는 "5백나한 중에서 계율을 지키는데 제일이다."라고 한다. 우파리는 계율을 지키는데 모범적이었으므로 석가가 적멸寂滅한 후에 불교계에서 제1차결집을 할 때 그에게 율장律藏을 외우게 하였다고 한다.

우파리는 최저계급에 속하지만 10대 제자의 한 사람이 되었는데, 이것은 석가모니가 주장한 '4성평등四姓平等'의 사상을 체현한 것이다. 불교는 인간불평등론을 타파하기를 요구하여 출가수행에 있어서나 승가 내부에 있어서 평등을 제창하는 일정한 민주성을 갖추고 있는데, 이것은 진보적인 의미를 갖는다.

우파리는 '지율제일'이니 부처로부터 계율을 받은 이래 털끝만큼도 계율을 어기지 않았다. 그러면서도 그는 계율만을 고집하여 인간적인 정리를 해치지는 않았다. 한번은 지원정사의 한 비구가 병을 얻어 6년 동안이나 치유되지 않은 적이 있었다. 그의 병을 다스리려면 다섯 되의 술을 이용해 약을 만들어 써야 하였으나 감히 금주의 계율을 어길 수가 없었다. 우파리는 이런 사정을 알고 나서 즉시 불타에게 한차례 계율을 파기할 수 있도록 청한다. 부처의 허락을 받은 후 이 비구의 무거운 병을 치료할 수 있었다. 이것으로 불조는 특별히 그를 '진정으로 계율을 지킬 줄 아는 사람'이라 칭송하였고, 그에게 "장래에 비구가 금법을 얘기할 때에는 그 경중을 헤아려서 위험을 다스릴 수 있게 하라."고 격려하기까지 하였다.

18나한

섬서陝西 부풍현扶風縣의 법문사法門寺는 진귀한 석가모니의 손가락 뼈 한마디를 비장하고 있다는 것으로 세상에 이름이 높다. 사찰의 동불전銅佛殿 안에는 정중앙에 미륵불과 문수, 보현 두 보살상이 모셔져 있다. 동서 양측에는 18나한의 조상이 각각 여덟씩 나뉘어 배치되어 있다. 이 조각상들은 그 몸체와 얼굴이 통상적으로 18나한이 '파리하고 수척하며 괴이한 모습으로 엄숙하게 의관을 차려 입고 있는 것'과는 반대로 자못 살집이 풍부한 성당시대盛唐時代[당나라 중기, 전성시대의 당나라]의 미학으로 조성되어 있다.

18나한은 본래 16나한으로부터 시작된다. 그들은 석가모니의 16제자로 역사적인 인물들이다. 유명한 16나한은 부처의 부탁을 받아서 열반에 들지 않고 세간에 상주하며 불법을 널리 펴고, 세상 사람들의 공양을 받으며 중생을 행복하게 하는 사람들이다.

16나한의 이름은 아래와 같다.

十八羅漢

18나한은 본래 16나한으로부터 시작된다. 그들은 석가모니의 16제자로 역사적인 인물들이다. 유명한 16나한은 부처의 부탁을 받아서 열반에 들지 않고 세간에 상주하며 불법을 널리 펴고, 세상 사람들의 공양을 받으며 중생을 행복하게 하는 사람들이다.

제1第一, 빈두노존자賓頭盧尊者. 파라문 귀족가문 출신으로, 원래 구사미성拘舍彌城 우전왕優塡王의 대신이었다. 이 나한은 다른 이들 앞에서 자기 능력을 자랑하기 좋아한다. 그는 백두장미白頭長眉[흰 머리에 긴 눈썹]의 나한으로 사찰의 식당에 그 형상이 모셔진다. 『법주기法住記』에는 그가 서구타니주西瞿陀尼洲에 주재한다고 기록되어 있다.

제2第二, 가락가벌차존자迦諾迦伐蹉尊者. 그는 일체의 선악법을 알고 있는 성문聲聞 제자이다. 북방의 가습미라국迦濕彌羅國에 주재한다.

제3第三, 가락가발리타도존자迦諾迦跋釐惰闍尊者. 동승신주東勝身洲에 주재한다.

제4第四, 소빈타존자蘇頻陀尊者. 북구로주北俱盧洲에 주재한다.

제5第五, 락구라존자諾矩羅尊者. 남섬부주南贍部洲에 주재한다.

제6第六, 발타라존자跋陀羅尊者. 부처를 시봉하는 사람으로 세수와 목욕 일을 맡는다. 그러므로 선림욕실禪林浴室에는 그의 조상을 모신다. 『법주기』는 그가 탐몰라주耽沒羅洲에 주재한다고 적고 있다.

제7第七, 가리가존자迦理迦尊者. 승가다주僧伽荼洲에 주재한다.

제8第八, 벌도라불다라존자伐闍羅弗多羅尊者. 발자나주鉢剌拏洲에 주재한다.

제9第九, 술박가존자戌博迦尊者. 향취산香醉山 속에 주재한다.

나한 569

제10第十, 반탁가존자半托迦尊者. '노변생路邊生'의 뜻을 갖는 이름이다. 원래 이 존자는 사생아였다. 그의 아우도 '노변생'이었으므로 그는 '대노변생大路邊生'이라 불렸다.

제11第十一, 라후라존자羅睺羅尊者. 석가모니의 친아들이다. 출가하여 석가의 10대 제자 중 하나가 되었으며, '밀행제일密行第一'로 불렸다. 화리양구주華利颺瞿洲에 주재한다.

제12第十二, 나가서나존자那伽犀那尊者. 광반도파산廣半度波山에 주재한다.

제13第十三, 인게타존자因揭陀尊者. 광협산廣脇山 속에 주재한다.

제14第十四, 벌나파사존자伐那婆斯尊者. 가주산可住山 안에 주재한다.

제15第十五, 아씨다존자阿氏多尊者. 취봉산鷲峰山 안에 주재한다.

제16第十六, 주다반탁가존자注茶半托迦尊者. 제10 반탁가 존자의 아우인 '소노변생小路邊生'이다. 그러나 형은 총명하였어도 그는 우둔하였다.

여기에 뒷날 두 사람이 더하여져서 세상에 널리 유행하는 18나한이 된다. 덧붙여지는 두 사람은 『법주기』에 묘사되어 있는 경우화상慶友和尚과 대역경가大譯經家 현장玄奘이라는 설도 있고, 가섭迦葉과 포대화상布袋和尚이라는 설도 있다. 결국 건륭황제乾隆皇帝는 제17나한을 항룡나한降龍羅漢(가섭존자迦葉尊者), 제18나한을 복호나한伏虎羅漢(미륵존자彌勒

^{尊者})으로 정하였다. 18나한은 어떤 경전에 의거하여 제시되는 것이 아니다. 당시의 화가들이 16나한 외에 둘을 더 그려 후세에 유행하는 나한군상을 제작하여 대웅보전의 양측으로 배열해 놓은 것이 중요한 기능을 수행한 것이다. 일반 사찰에서도 그들의 모습을 다 헤아려 볼 수 있다.

5백나한

5백나한은 18나한이 부풀려져서 만들어진다. 그들은 큰 무리를 이루고 있으며 열기가 보통이 아니므로 승려와 세속사람들의 커다란 환영을 받는다. 중국의 많은 유명한 사찰에서 그들이 무리는 쉽게 볼 수 있다.

5백나한의 내력에 대해서는 불경 중에서 석가모니를 따르며 설법을 들으며 전도를 하였던 5백제자라고 말하는 경우도 있고, 제1차 3장결집이나 제4차 3장결집에 참여하였던 5백비구(화상)라는 설도 있다. 또 다른 설명은 그들의 전신이 5백마리의 기러기라는 것이다. 기러기왕이 일착으로 그물에 잘못하여 걸리자 사냥꾼은 기다렸다가 잡기로 하였다. 기러기 한 마리가 기러기왕 앞에 와서 심장이 터질 것처럼 애처롭게 울고, 5백마리 기러기들 역시 허공을 선회하며 떠나가지 못하였다. 사냥꾼은 크게 감동하여 기러기 왕을 풀어 주었다. 이 기러기왕이 바로 석가모니이고, 5백마리 기러기가 5백나한이라는 것이다. 또 다른 설은 그들이 불조에게 감화된 5백 명의 강도인데 죽음의 칼날 아래에서 놓여나자 수양하여 나한을 이루었다는 것이다. 앞의 두 설은 비교적 믿을만한 것이라 할 수 있고, 뒤의 여러 가지 설은 불교의 감화력을 선양하려는 것에 불과하다고 하겠다.

사실 5백나한과 18나한은 성질이 같지 않다. 후자는 실존인물이지만 전자는 허구의 인물이다. 5백이라는 수도 많다는 의미이지 실제의 숫자는 아니다.

　남송南宋시대에 이르러 호사취미의 도력이 높은 사람이 본래적인 것이 아닌 요소를 없애나가는 방법으로 그들을 하나하나 구체화 시켜내고, 아울러 한통의『강음군건명원오백나한명호패江陰軍乾明院五百羅漢名號牌』를 새겨 놓았다. 이 후에 이 위조품은 사라지지 않고 각지 나한당에 배치된 오백나한의 이름은 다 이 패를 끌어다가 쓰게 되었다. 이 이름들은 각각의 경에 기록된 것들로부터 나오는데, 부처 생존시의 경전에서 나오기도 하고, 부처 입멸 후의 경전에서 나오기도 한다. 장을 나누지도 않고 한데 뒤섞어서 만든 것인데, 비록 어떤 확실한 전거에 바탕하고 있는 것이 아닐지라도 도리어 승려들과 세속인들의 대대적인 환영을 받고 있다.

　나한은 부처나 보살 보다 민중에 더 가까운 인격이므로 5백나한은 민중들에게 광범하게 숭배된다. 5백나한을 배치하고 있는 사찰들 중 가장 이름 높은 것으로는 북경北京의 벽운사碧云寺, 성도成都의 보광사寶光寺, 소주蘇州의 서원사西園寺와 한산사寒山寺, 무한武漢의 귀원사歸元寺, 상해上海의 용화사龍華寺, 곤명昆明의 공죽사筇竹寺, 광주廣州의 화림사華林寺 등이 손꼽힌다.

　5백나한상의 면모는 각각 달라서 하나도 적당히 같게 처리되고 있는 것이 없으니 쉬운 일이 아니다. 이것은 조각가들의 풍부한 상상력과 대중적 범주를 뛰어넘는 기예에 감복하지 않을 수 없는 일이다. 나한당은 일반적으로 사찰 뒤편에 서쪽으로 지어져서 독립적인 영역을 확보한다. 이 당을 짓는 데에는 비용이 상당히 들어가므로, 명찰이나 큰 절의 경우만이 지어 운용할 수 있다. 나한당은 일반적으로 평면에 지어지고, '회'자回字 모양의 구조를 갖추는데, 정중앙에는 3세불三世佛, 천수관음千手觀音 등이 배치된다.

5백나한은 실제로 많은 수이므로 하나하나 구분하기도 쉽지 않다. 그들의 많은 이름 또한 속인이 다 알 필요가 없을 뿐만 아니라 이 나한당을 돌보는 노화상이라 하여도 일일이 다 기록할 필요조차 없는 일이다. 이러한 점은 어떤 사람이 기회를 틈타 슬며시 나한당 안으로 숨어들어가 어지러운 나한의 무리 속에 억지로 어떤 나한을 끼워 넣어 양명입세揚名入世[세상에 이름을 떨침]를 꾀할 수도 있게 한다.

화상이 나한이 되는 것은 이상할 것도 없는 일이다. 황제가 나한이 된다면 이것은 부끄러운 일일 것이다. 그러나 황권은 모든 것을 뛰어넘는 권능을 가지니, 부끄러운 것이든 아니든 문제가 되지 않는다. 사천四川 신도新都 보광사寶光寺 나한당 안에 강희康熙와 건륭乾隆의 성체聖體가 모셔져 있는 경우가 그러하다. 강희는 진강鎭江 금산사金山寺에 노닐 때 다음의 구절을 포함하는 부시를 쓴 적이 있다.

> 짐은 본래 서방의 한 납자였네
> 그런데 어쩌다 제왕가에 떨어졌어라.

그와 건륭은 나한이 윤회전생한 존재라고 말하는 사람도 있다. 그들은 제295위인 도야다존자闍夜多尊者와 제360위인 직복덕존자直福德尊者로 나뉘어 조각되어 있다. 두 나한은 풍모를 머리에 쓰고 비단 창의氅衣[외투]를 어깨에 걸쳤으며 몸에는 용포를 입고 평안한 자세로 앉아 있다. 강희는 천화天花[천연두]를 앓았으므로 이 저야다존자는 얼굴에 곰보자국[麻子]이 있다. 그러나 황상은 장마마長麻子여서 통상의 곰보자국과는 다르다. 조각의 마마자국은 5개가 하나의 묶음을 이루어 얼굴 전체에 '매화梅花'[여기서는 곰보자국의 형용l모양으로 뒤덮고 있다.

　북경北京 벽운사碧云寺 나한당의 제 444위인 파사견존자破邪見尊者는 투구를 쓰고 갑옷을 입었으며 겉옷을 두르고 신발을 신었다. 이러한 모습은 나한다운 것이 아니라 전적으로 제왕이나 원사元師가 전투복을 입은 형상이다. 이 나한당은 건륭시대에 건립되었다. 그러니 이 '제왕나한帝王羅漢'은 건륭 본인의 조각상일 것이다. 광주廣州 화림당華林堂 나한당 중에도 건륭의 나한상이 있다.

　가장 정신적으로 생동하는 모습을 보여주는 5백나한상으로는 제일 먼저 곤명 공죽사의 것을 들 수 있다. 여기 나한은 조형상의 측면에서 가장 풍부한 변화상을 보여준다. 많은 나한들이 승려 같기도 하고 승려가 아닌 것 같기도 하며, 부처 같기도 하고 부처가 아닌 것 같기도 하다. 문인의 모습을 한 것도 있고 무인의 모습을 한 것도 있으며, 노인도 있고 소년도 있다. 자비로운 보살, 눈을 부라리고 있는 금강, 깊은 생각에 빠진 비구, 맨발을 한 행자, 배를 드러내고 있는 미타, 모든 것이 다 교묘하게 만들어져 있고, 아주 진짜 사람과 흡사한 모습을 갖추고 있어서 살아 있는 것처럼 생동하는 느낌을 준다. 그 중에는 평민나한도 많이 있다. 유민, 농부, 무사, 유생, 장로, 행상, 초부, 빈민 등, 심지어 황제와 걸인까지 동등한 자격으로 서로를 대하며, 사람과 동물이 마음을 주고 받는 형상도 있다. 이 외에도 장수나한長手羅漢, 장각나한長脚羅漢, 장미나한長眉羅漢, 다목나한多目羅漢 등 민간 전설 속 인간들도 있다. 이 걸작은 청나라 말기 광서光緖시대에 사천四川의 조각가인 여광수黎廣修가 제자들을 이끌고 조각한 것이다. 여광수는 공죽사의 방장 몽불장로夢佛長老, 자기 본인, 몇 명의 나이 많은 제자들까지 조각하여 나한군상 속에 집어넣었다. 진실로 대담하기도 하고, 기백있는 일이기도 하다 하겠다. 재미있는 것은 이 속에 야소나한耶蘇羅漢이 있으며, 광주廣州 화림사華林寺에도 이태리 여행가意大利旅行家, 기독교基督敎의 마가馬可나 파라波羅의 나한상이 있다는 것이다. 이것은 중국 불교의 포용성을 보여주는 좋은 사례이다.

　일반적인 나한당의 조각은 진흙으로 빚거나 나무로 깎은 것이 대부분이다. 그러나 무한武漢 귀원사歸元寺의 나한은 '탈태칠소脫胎漆塑'[탈태脫胎는 칠공예의 한 방법, 그러므로 이것은 탈태 방식의 칠공예로 만든 조각상이 되는 셈이다.]이다. 몸체는 가볍고 재질은 가벼우

数羅漢

며, 독특한 품격을 갖추고 있다. 1945년 무한의 대홍수로 귀원사는 수몰되었다. 5백나한도 사방으로 떠내려갔다. 홍수가 지나간 후 살펴보니 나한들은 완전히 처음과 똑같았다. 그것을 보고 사람들은 '큰 재앙에도 아무 탈이 없으니 과연 도력이 얕지 않구나.' 라고 말하였다.

여러 나한당에는 사람들로부터 깊은 환영을 받는 두 중국나한이 있다. 제공濟公과 풍승瘋僧이다. 나한은 모두 석가모니의 직접제자들이라고 한다. 그러니 당연히 인도인들일 것이다. 그러나 위에 거론한 중국의 나한들은 뻔하고 단조로운 나한당 안에 신선한 피를 수혈하고, 온갖 재미와 영감을 불어넣어 준다.

제공

　항주杭州의 명찰인 영은사靈隱寺 대웅전의 여래불조 뒤에는 '선재동자53참善財童子五十三參'이라는 군상을 담은 한폭의 불화가 있다. 이 군상들의 위쪽을 자세히 관찰하면 살만 남은 부채를 들고 꾸미지 않은 옷차림을 한 한 명의 특별한 사람, 제공이 있다.

　불교에서 나한은 이름도 많이 보이고, 숫자도 상당히 많다. 그러므로 이 고급 승려들을 하나하나 다 기록할 수는 없는 일이다. 그 중에서 제공은 널리 알려져 있어서 모르는 사람이 없는 나한이다. 제공은 역사상 실존인물이다. 그는 남송 초기에 태어나 61세를 살았다. 제공은 태주台州(지금의 절강성浙江省 임해臨海) 사람으로 속명은 이심원李心遠인데 출가하여 '도제道濟'라는 법명을 갖게 된다. 그는 처음에 항주杭州의 영은사靈隱寺에서 출가를 하며 나중에는 정자사淨慈寺로 옮겨 주재하였다. 도제는 계율을 지키기를 싫어하였으며, 큰 그릇으로 술을 마시고, 고기를 먹기를 즐겨하였다. 행동거지가 미치광이같이 방탕하였으므로 사람들은 그를 '제전승濟顚僧'이라고 불렀다. 영은사 맞은편 비래봉飛來峰의 동굴 속에는 지금도 '제공의 침상', '제공의 탁자' 등이 남아 있다. 제공은 슬그머니 이 동굴 속으로 들어가 개를 잡아먹고 술에 만취해서 돌침상 위에 누워 잠을 자곤 하였다고 전하여진다. 재미있는 전설은 무수한 탐방객들을 여기 끌어들여서 그들로 하여금 끊임없는 가상의 꿈에 빠져들어 돌아갈 시간을 잊게 만들어 준다.

濟公

민간의 전설 속에서 제공은 인간의 불평등 문제를 취급하는데, 아주 신통력이 있는 기이한 인물로 묘사된다. 그는 진승상과 지혜를 겨룬다. 탐관오리를 다스리며, 길가다가 불평등한 대우를 받고 있는 사람을 보게 되면 칼을 뽑아 들고 달려들어 도와준다. 그의 행동은 언제나 즐겁게 웃고 있거나 화가 나서 소리치고 있는 것으로, 익살스럽기 짝이 없는 모습을 보여 준다. 백성들은 그를 존숭하여 '제공', 또는 '제공활불'이라고 불렀다.

민간의 전설 속에서 제공은 인간의 불평등 문제를 취급하는데, 아주 신통력이 있는 기이한 인물로 묘사된다. 그는 진승상秦丞相과 지혜를 겨룬다. 탐관오리를 다스리며, 길가다가 불평등한 대우를 받고 있는 사람을 보게 되면 칼을 뽑아들고 달려들어 도와준다. 그의 행동은 언제나 즐겁게 웃고 있거나 화가 나서 소리치고 있는 것으로, 익살스럽기 짝이 없는 모습을 보여 준다. 백성들은 그를 존숭하여 '제공濟公', 또는 '제공활불濟公活佛'이라고 불렀다.

제공이 주재하던 정자사에는 옛날에 제공전濟公殿과 원목고정遠木古井이 있었다. 제공이 꿈 속에서 사천四川으로 가 목재를 구하였는데, 고정과 바다가 서로 연결되어 있었으므로 목재가 해상으로부터 운반되어 하나씩 우물 속으로부터 솟구처 나왔으며, 이 목재를 가지고 사찰의 대전을 수리하였다고 전하여진다. 제공은 죽은 후 항주杭州 서남쪽 대자산大慈山 호포虎跑에 묻혔다. 호포의 샘 서쪽편으로는 2층의 높은 누각을 가진 제공탑원濟公塔院이 있는데, 이곳이 그가 묻힌 곳이다.

제공의 조각상은 아주 기이하므로 나한당 안에서 그의 모습은 쉽게 찾아볼 수 있다. 제공은 규율을 그리 잘 지키지 않았기 때문에 그는 항상 줄 밖에 자리잡아서 나한의 무리로부터 벗어난 자리에 배치되곤 한다. 사천四川 신도新都의 보광사寶光寺와 소주蘇州

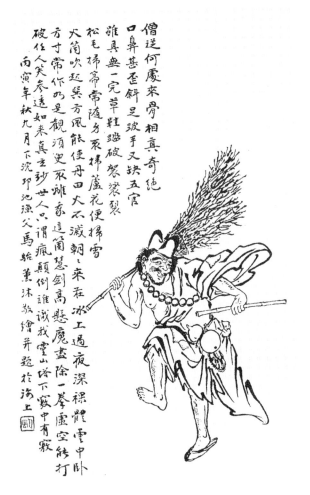

僧送何處來骨相真奇絶
口鼻甚歪斜足破手又缺五官
雖具典一完草鞋逃破袈裟裂
松毛掃帚常隨夕掃蘆花便掃雪
火筒吹起與方風能使丹田火不滅朝〜來在
冰上過夜深裸體雪中臥
方寸常作叼是觀須更取雄豪這簡慧劍高懸魔盡除一拳重空綻打
破住人笑參透如來真主沙世人口謂瘋顚倒誰誠我靈山塔下寂中有寂
丙寅年秋九月下澣邛池漁父馬駘薰沐敬繪并題於海上

의 계동율사戒幢律寺(서원사西園寺) 나한당 안에 보이는 제공상은 가장 신격화된 모습을 하고 있다. 제공은 승복을 떨쳐입고, 살부채를 손에 들에 들었으며, 살아 숨 쉬는 것 같은 얼굴 표정이다. 서로 다른 세 지점에서 보면 세 가지 표정을 드러낸다. 좌측으로부터 보면, 만면에 웃음을 띠고 있으므로 '춘풍만면春風滿面[봄바람이 얼굴에 가득하다.]이라 한다. 우측에서 보면, 얼굴에 수심에 가득하므로 '수미고렴愁眉苦臉[수심이 미간에 어리고 고통이 뺨에 담겨지다.]이라 한다. 정면에서 보면, 또 다른 모습이니, 반쯤은 울고 반쯤은 웃는 얼굴이어서 '반진반희半嗔半喜'[반은 화내고 반은 웃고 있다.], '곡소부득哭笑不得'[울음도 웃음도 얻지 못하였다.], '체소개비啼笑皆非'[울음도 웃음도 다 아니다.]라고 한다. 수준 높은 예술적인 조각이니, 제공의 성격을 절묘하게 묘사한 작품이라 하겠다.

북경 벽운사碧云寺의 나한당 안에서는 여간 주의하지 않으면 제공을 찾기 어렵다. 그는 대들보 위에 앉아서 손의 부채를 흔들며 웃고 있기 때문이다. 민간에서 전하는 바에 의하면 그는 나한당에 늦게 도착하였으므로 이렇게 굴욕적인 모양을 하고 있는 것이라고 한다.

1988년 7월, 대만臺灣 자생慈生 제세당濟世堂의 신도들이 만리 길을 더듬어 와서 항주杭州 정자사淨慈寺의 제공濟公에게 향을 사르며 배례를 올렸다. 그들은 단목으로 만든 제공의 조각상 하나를 모시고 와서 대륙에 되돌아와 제향을 받도록 모셔 놓았다. 제공은 대전에 모셔져서, 해협의 양 편에서 제공의 신상은 모두 똑같은 제향을 받게 되었다. 양안의 신도들은 합장하고 같이 찬송하게 된 것이다.

풍승

    대형 채색 조각상들인 '53참五十三參'의 크고 작은 형상 속에는 두 사람의 특수한 모습이 눈에 띈다. 하나는 제공이고, 다른 하나는 검디검은 피부에 몽당 빗자루를 들고 있는 풍승이다.

    풍승은 남송 초기에 자못 널리 알려졌던 화상인데, 풍파화상風波和尚이라고 불렸다. 그는 '진회秦檜를 쫓아낸 사건'으로 청사에 이름을 남겼다.

    전하는 이야기에 의하면 당시에 진회는 전력을 다하여 악비岳飛를 해치기 위해 노력하였는데, 영은사에 와서 의견을 구한 적이 있다고 한다. 주랑 안에서 풍파화상과 마주치자, 화상이 크게 웃으며 말하였다. "조조는 한 시대의 효웅이었는데 지금은 어디에 있는가?" 진회는 속으로 놀라서 사람을 불러 화상을 데리고 갔다. 화상이 진회를 마주하고 말하였다. "하늘의 이치가 이리도 밝으니 선하고 악한 것은 응보가 있는 것이다. 상공은 몸이 재상의 자리에 있으면서 어찌 나라의 동량을 해칠 생각을 하는가?" 진회가 물었다 "누가 동량인가?" 화상이 정색을 하고 말하였다. "악비장군이다." 풍파화상은 이치를 들어 곡진하게 말하여 진회로 하여금 대의를 깨닫게 하려 노력하였다. 힘써 악비를 해칠 수 없는 도리를 설파하였지만 어찌 간적이 들을 말이던가. 풍파화상은 그가 눈꼽만큼도 선한 구석이 없음을 깨닫고는 갑자기 대노하여 들고 있던 몽당빗자루로 순식간에 진회의 얼굴을 쓸어버리고는 큰 걸음으로 떠나가서 종적을 감추어 버렸다. 시종들은 어안이 벙벙해 하였고, 빗자루로 쓸린 진회는 멍하니 정신을 잃고 있었다. 족히 반나절은 지난 다음에야 정신을 수습한 진회는 낭패한 얼굴로 돌아갔다. 이것이 바로 이름 높은 '풍승이 진회를 쓸어낸 이야기'이다.

전하는 이야기에 의하면 진회는 악비를 살해한 이후에 금방 자신의 죄가 막중하다는 점을 깨달았다. 그의 마음속에는 악비의 귀신이 자리를 잡았다. 그는 해가 떨어지기도 전에 서둘러 영은사에 바릿대 하나를 시주하였다. 승려에게 시주하는 그릇으로 쓰이게 하여 죄를 덜어 보려는 속셈이었으나, 결국 역사의 심판을 피할 수는 없게 되었다. 감히 '진회를 쓸어버려' 정의를 널리 펼쳐내었던 저 풍승, 풍파화상은 사람들에게 나한으로 받아들여지고, 신성한 불문의 전각 안에 모셔져서 사람들의 향화를 받게 된다.

풍승瘋僧과 제전濟顚은 항상 같이 모셔진다. '일풍일전一瘋一癲'인 것이다. 그들은 서로를 비추어 주어 독특한 재미를 자아낸다. 사천四川 신도新都 보광사寶光寺 나한당 안의 풍승상은 마치 살아 있는 것만 같은 모습이다. 그것은 만면에 노기를 띠고 좌측 손에는 몽당 빗자루, 우측 손에는 불 붙이는 통을 들고, 봉두난발한 모습에 백개의 조각으로 기운 옷을 입고 있다. 입은 비틀렸고, 눈은 치켜뜨고 있으며, 팔다리를 서로 어긋나게

하고 버티고 서서 빛나는 두 눈으로 쏘아보고 있다. 풍승은 자신의 공덕으로 나한의
경지를 이루었고, 천 여 년 동안 사람들이 다투어 칭송하는 고승이 되었다.

달마

영화『소림사』로 전 세계적으로 이름을 드높인 소림사는 하남河南 숭산嵩山 소실산小室山 북쪽 기슭의 오유봉五乳峰 아래에 자리잡고 있다. 1500년 전, 북위 시대에 건립된 사찰이다. 인도에서 온 고승 보리달마菩提達磨가 여기서 처음으로 선종을 전하였다. 달마는 중국 선종禪宗의 초조初祖가 되고, 소림사는 중국 선종의 총본산이 된다. 당나라 초기, 소림의 화상은 당 태종을 보좌하여 개국에 큰공을 세웠다. 이 후 소림사의 승려들은 항상 권법을 익혀 내려왔고, 세계적으로 유명한 소림권법을 이루어 내었다.

사찰 안의 달마정達磨亭(입설정立雪亭이라고도 한다.)과 사찰 서북쪽의 초조암初祖庵은 달마 조사를 기념하여 만들어진 것이다. 초조암 대문의 양 옆으로는 바위 면에 눈을 확 뜨게 하는 대귀가 다음과 같이 새겨져 있다.

서쪽 인도에서는 28대 조사인데,　　　　　　　　在西天二十八祖

동쪽 중국으로 건너와서 처음 소림을 열었다　　　過東土初開小林

이 대귀는 중국 선종의 비조인 달마의 신상내력을 간단히 적은 것이다. '서천西天'(천축天竺, 즉 고대 중국에서, 인도를 이르던 말.) 선종의 전승관계를 통해 보면 달마는 28세가 된

達摩

달마는 유가술을 익혀 오랫동안 좌선을 하였으므로 자연히 하체의 마비가 오곤 하였다. 그리하여 손과 발을 움직이는 동작을 하곤 하였는데 이것이 이른바 나한권이다. '18나한수'라고도 한다. 뒷날 사람들은 이것을 중심으로 하고 그 밖에 여러 다른 기술들을 복합시켜 소림권법으로 발전시켰다.

다. 그는 '동토東土'로 건너온 후 중국선종의 조사가 되니, 소림사는 중국 선종의 발상지인 것이다. 그러나 실제로는 처음 소림사를 개창한 또 다른 한 명의 인도 승려인 발타跋陀는 달마보다 30년 전에 중국에 들어왔다.

보리달마菩提達磨는 달마達摩(達磨)라고 약칭된다. 그는 남천축南天竺 향지국香至國 왕의 제3자인데, 본명은 보살다라菩薩多羅이다. 그는 불조 석가모니와 마찬가지로 찰제리刹帝利(크샤트리아, 刹地利라고도 함) 계급(귀족) 사람이다. 그는 어린아이 때 석가모니의 대제자인 가섭의 후예, 반야다라 대사를 배알하고 승려가 되었다. 반야다라般若多羅는 그의 뜻이 원대하고 먼 땅으로 가서 전교하여 공을 이루고자 하는 생각을 가지고 있는 것을 알고 법명을 '보리달마'로 지어 주었다. 달마는 반야대사를 모시고 대승불교 교의를 배웠고, 시간을 정해 벽을 바라보고 앉아 본성을 기르는 수련을 하였는데, 조금치도 나태해지는 법이 없었다. 도를 이룬 다음, 반야대사는 달마를 '출외도인出外度人'[밖으로 나가 제도할 사람]이라고 불렀다. 그는 묻는다. "어디로 가서 교화시켜야 할까요?" 대사는 말한다. "당연히 진단震旦(중국)이지."

달마는 바다를 건너 광주廣州에 이르러서 광효사光孝寺 안에 주재하였다. 후에 불교를 좋아하였던 양梁나라 무제武帝는 그를 금릉金陵(남경南京)으로 맞아들인다. 그러나 두 사

람은 이야기가 잘 통하지 않았고, 달마는 금릉을 떠나 강을 건너서 북상하였다.

달마가 강가에 이르렀을 때, 강물은 호호탕탕 흘러내리고, 타고 건널 배는 보이지 않았다. 강변에는 한 명의 노부인이 앉아 있었고, 그녀의 옆에는 한 다발 갈대가 놓여 있는 것이 보였다. 달마는 그녀에게 갈대 한 가닥을 달라고 하여 강물 속에 던져 넣고 그 위에 두 발을 딛고 올라서서 전신의 공력을 써서 다리를 움직였다. 눈은 코끝을 향하고, 코로는 마음을 들여다보며, 마음은 단전에 집중하였다. 한줄기 동남풍이 불어들자 그는 절묘한 경공술을 발휘하여 유유히 북쪽을 향하여 강물을 헤치며 나아갔다. 오늘날 소림사에는 원나라 시대에 비석에 새긴 〈달마일위도강도達磨一葦渡江圖〉[달마가 갈대 한 줄기를 타고 강을 건너는 그림]가 남아 있는데, 이 기이한 이야기를 담고 있는 그림이다.

달마는 중악中岳인 숭산嵩山의 소림사에 이르러 절 뒷산의 한 천연동굴 속에 들어가 굴 속에서 '9년 동안 벽을 바라보고 앉아서 종일 말 한 마디 않고 지내는 수행'을 하였다. 생각하여 보면 달마는 인도의 유가공瑜伽功에 정통하였는데, 그것은 중국 도교의 벽곡기공辟穀氣功[먹지도 마시지도 않는 수련]과 아주 흡사한 점이 있는 것이라 하겠다. 이곳이 그 유명한 '달마면벽동達磨面壁洞'이다. 달마가 면벽하고 있었던 세월이 아주 장구하여서 그의 얼굴과 몸의 그림자가 돌 속에 스며들었는데, 의복의 모습까지 다 갖추어져 있는 것이었다고 전하여진다. 그러므로 이 바위는 '면벽석面壁石', 또는 '영석影石'이라는 이름을 갖게 되었다.

달마는 동굴 속에서 9년 면벽을 하며 소림사 안의 모든 스님들을 그의 문도로 만들

었다. 스님들은 달마를 절 안으로 들어오게
하여 발타의 뒤를 잇는 소림사의 제 2대 방장
으로 모셨다.

　달마가 벽을 바라보고 앉아 선禪 수행을 한
것은 중국 불교에 엄청난 영향을 끼쳤다. 사
람들은 달마가 제창한 고요한 마음으로 선 수
행을 하기, 잡념을 없애기, 돈오頓悟를 통해 성
불하기 등의 불교의 특징적인 모습을 선학禪學
이라 부르고, 그가 개창한 이 중국불교의 종파
를 선종禪宗이라고 부른다.

　달마는 유가술瑜伽術을 익혀 오랫동안 좌선
을 하였으므로 자연히 하체의 마비가 오곤 하
였다. 그리하여 손과 발을 움직이는 동작을
하곤 하였는데 이것이 이른바 나한권羅漢拳이
다. '18나한수十八羅漢手'라고도 한다. 뒷날 사람들은 이것을 중심으로 하고 그 밖에 여
러 다른 기술들을 복합시켜 소림권법小林拳法으로 발전시켰다.

　달마는 그의 의발衣鉢과 법기法器를 제자인 혜가慧可에게 넘기고 소림사를 떠나 용문
龍門 천성사千聖寺로 옮겨 갔다. 전하는 바에 의하면 그는 낙수洛水 가에서 독의 침해를
받아 죽어서 웅이산熊耳山(지금의 하남河南 의양현宜陽縣)에 묻혔다고 한다. 당나라 대종代宗은
그에게 '원각선사圓覺禪師'라는 시호를 내렸다.

혜원

불교는 한나라 시대에 중국에 들어온 이후 초기에는 통치계급의 주의를 끌지 못하여 삼국시대에 이르기까지는 별다른 발전을 하지 못하였다. 서진西晉시대의 큰 난리를 겪고 나서야 불교는 발흥의 계기를 잡게 되고 동진東晉과 16국十六國 시대에 이르게 되면서 광범하게 전파되어 나가기 시작한다.

동진시대는 나라가 분열되어 난리가 끊이지 않았고 백성들의 생활은 하루의 안전을 보장할 수 없을 정도로 고통스러워졌다. 사람들은 생명은 짧은 것이고 인생은 무상하다는 점, 고난은 무궁하고 즐거움은 짧다는 것을 절감하였다. 사람들은 모두 마음의 위안처와 내세의 행복을 찾고 싶어 했다. 이러한 시기에 불교계에는 한 명의 걸출한 인물이 출현한다. 그 사람은 서방의 극락세계에 왕생하는 것을 주창하였던 정토종淨土宗의 시조 혜원慧遠이다.

혜원(334~416)은 속성이 가賈인데, 안문루번雁門樓煩(지금의 산서성山西省 영무靈武 부근) 사람이다. 그는 82세에 타계하였는데, 동진왕조(317~420)와 거의 시작과 끝을 같이하였다. 혜원은 바로 중국의 봉건사회가 크게 분열하여 대혼란, 대동란을 경험하던 시대의 인물이다.

혜원은 벼슬아치 가문에서 출생하였다. 가정환경은 윤택한 편이었다. 그러나 당시는 혜원은 동림사에 30여년 주재하면서 다방면에 걸쳐 종교활동을 전개하였는데, 가장 중요한 것은 불교의 정토종을 창립한 일이다. 정토는 불교적 개념인데, 부처가 거주하는 세상을 의미하며, 다른 말로는 '정국', '불국'이라고도 말한다. 혜원은 정토종의 종사가 된 후 저술을 하여 자신의 설을 정립하였고 경을 강설하고 도를 논하며 서방에서 온 경에 밝은 스님을 청해 역경을 하였다.

북방의 정국이 불안하고 권력자가 가혹한 정치를 행하여 부유한 가문의 자제들이 다수 남쪽으로 피난하곤 하였다. 혜원도 소년시절에 외숙인 영호씨令狐氏를 따라 허창許昌, 낙양洛陽 등지에 유학하고 6경六經을 널리 익혔으며, 특히 『노자老子』와 『장자莊子』를 좋아하였다. 혜원은 유학儒學과 현학玄學[위·진시대의 노·장학을 중심으로 하는 사변철학] 등에 대해 깊은 기초를 닦았는데, 이것은 훗날 그가 불교, 유교, 도교를 조화하여 불교학자가 되고 불교계를 이끌어가는 영도자가 되는 데에 중요한 자산이 되었다.

극심하게 변동하는 불안한 사회 상황은 혜원에게 속세를 떠나 은거하고자 하는 생각을 심어 주었다. 그는 남방의 저명한 은둔 거사 범선자范宣子를 찾아 갈 꿈을 품었으나 남쪽으로 나가는 길이 막혀서 뜻을 이루지 못하였다. 당시의 고승인 도안은 태행太行의 항산恒山에 절을 세우고 경전을 설법하며 불법을 전하고 있었다. 혜원은 그 이름을 흠모하여 달려가서 도안의 제자가 되었다. 도안道安은 제자들에게 『반야경般若經』을 강설하여 '색色'(물질세계)과 '심心'(정신세계)이 모두 인연으로 말미암아 화합해서 나타나는 것으로 그 자체로서는 실체라고 할 수 없는 '공空'이라고 가르쳤다. 사람들은 다만 불교의 지혜(반야)를 통과하여 일체의 현실세계가 실체로서 존재한다고 생각하는 세속적 인식을 부정하고 나서야 불교의 진리를 파악하여 해탈에 이를 수 있게 되는 것이다. 혜원은 그러한 진리를 듣고 나서는 바로 분명한 깨우침을 얻게 되었고, "유교와 도교의 아홉 가지 유파가 모두 쭉정이에 지나지 않는구나"라고 탄식하였다. 혜원은 총명하고 배우는 것을 좋아하여 열심히 읽고 깊이 공부하여 도안의 진전을 잇게 되었다.

혜원은 출가한 후 본래 전에 생각해 놓았던 대로 광동廣東의 나부산羅浮山에 가서 숨어 살며 전교를 하고 널리 불교를 펼쳐내려 하였다. 도중에 심양潯陽(지금의 강서江西 구강시九江市)을 지나면서 그는 "려봉廬峯의 청정한 풍치를 보니 마음을 쉴 만한 곳이구나."라는 생각을 하였다. 려산廬山의 고적하고 수려한 분위기가 혜원을 유혹하여 그는 이곳에 머물기로 하였고 처음에는 서림사西林寺에 주재하였다. 서림사는 려산의 이름높은 사찰이다. 소동파의 유명한 시 "성령을 비껴보니 성봉이 옆으로 섰네, 원근과 고저가 각기 다르구나. 여산의 진면목을 확인하기 어려워라, 다만 인연있어 이 산 중에 들었구나."(〈제서림벽題西林壁〉)는 구절이 서림사 담장 위에 새겨져 있다. 뒷날 혜원의 제자들이 날마다 늘어나면서 서림사에 다 수용할 수 없게 되었으므로 자사刺史 환이桓伊는 서림사 동쪽에 새 절을 건립하였는데, 동림사東林寺이다. 이후 혜원은 동림사에 주재하다가 바로 타계하였다.

혜원은 동림사에 30여년 주재하면서 다방면에 걸쳐 종교활동을 전개하였는데, 가장 중요한 것은 불교의 정토종淨土宗을 창립한 일이다. 정토는 불교적 개념인데, 부처가 거주하는 세상을 의미하며, 다른 말로는 '정국淨國', '불국佛國'이라고도 말한다. 세속의 중생들이 거주하는 세상을 '예토穢土', '예국穢國'이라고 말하는 것과 대비되는 말이다. 부처는 그 숫자가 무수히 많으므로 정토도 무수히 많을 수밖에 없다. 많은 정토 중에서 가장 영향력이 큰 것은 서방정토, 서방 극락세상이다. 서방 극락세상의 교주는 아미타불이다. '아미타阿彌陀'의 뜻은 '무량광無量光', '무량수無量壽'이니, 이것은 그 광명이 무한히 넓게 비추고, 수명이 무한히 길다는 것을 말한다. 아미타불은 또한 '무량수불', '무량광불無邊光佛', '무변광불' 등 전부 13개의 이름을 갖는다. 불교에서는 부량수불이 염불하는 사람들을 맞아 서방정토로 왕생하게 한다고 말한다. 그렇기 때문에 '접인불接人佛'이라고도 한다. 미타불의 서원은 모든 부처 중에서 특별히 웅대하다. 아무리 악독한 중생이라도 다만 세간의 욕심을 일체 버리고 성심으로 그 이름을 부르기만 해도 모두 서방극락세계에 들어올 수 있도록 영접하겠다는 것이 그의 서원이다. 『불설아미타경佛說阿彌陀佛經』은 이 점을 다음과 같이 분명하게 말하여 준다.

만약 선남선녀善男善女가 아미타불의 설법을 듣고 그 이름을 잡고서 하루, 이틀, 사흘, 나흘, 닷새, 엿새, 이레를 일심으로 흔들리지 않으면 그 사람이 임종할 때에 아미타불이 모든 부처들과 함께 그 앞에 현전할 것이다. 이런 사람은 임종할 때에 그 마음이 뒤집히지만 않으면 아미타불의 극락정토에 바로 왕생往生하게 된다.

미타 정토 신앙을 창도한 혜원은 여산 동림사에 주재하면서 승려와 속인 18인, 이른바 '18현十八賢'을 결집하여 '백련사白蓮社'를 결성하였다. 입사자 123명은 정사에 머물면서 아미타불상 앞에 집을 짓고 서원을 하였는데, 서방 불국정토인 극락세상에 같이 왕생하기를 기약하였다. 이 일로 혜원은 정토종의 처음 종사로 받들어졌다. 그러나 18명의 도가 높은 현사들이 설교를 하였다는 것은 믿을 만한 이야기가 아니다.

혜원이 창립한 정토종은 염불삼매를 봉행하였다. 조용히 앉아서 선정을 닦고 마음을 비우고 생각을 멈추어서 서방에 집중하며 부처를 떠올려 염불하면서 서방정토에 왕생하고자 하는 수행방법이다. 이것은 이 시기 이전 중국불교가 인도불교를 그대로 반영하고 단순하게 이식하는 것과는 완전히 달리 중국화를 향해 한 걸음 나간 것이다. 이러한 수행방식이 간단하고 용이하게 실천할 수 있는 것이었으므로 그 흡인력은 막대하였다. 그리하여 이것은 세상 속에 널리 전파되어 '아미타불'을 입으로

외는 사람들이 수를 헤아릴 수 없을 정도로 등장하였고 중국은 불교화 된 나라로 바뀌어졌다.

혜원은 정토종의 종사가 된 후 저술을 하여 자신의 설을 정립하였고 경을 강설하고 도를 논하며 서방에서 온 경에 밝은 스님을 청해 역경을 하였다. 그렇게 되자 전국의 무수한 고승들이 동림사에 모여들었고, 그는 통치계층의 상층인물이나 사회의 이름있는 인사나 도가 높은 선비들과 교류하게 되었지만, 본래의 인격을 변함없이 유지하였다. 혜원과 동림사의 명성은 멀리 해외에까지 알려졌다. 당나라 시대가 되면 이 절의 지은화상智恩和尚과 감진법사鑑眞法師가 동쪽으로 일본에 건너가 불교를 전하게 되면서 동림사 계열의 정토종 교의는 일본에 깊이 전파되기에 이른다. 지금의 일본 동림교는 혜원을 시조로 삼는다.

혜원이 창건한 정토종의 총본산 동림사는 강서 구강시 여산의 서북편 산자락에 있다. 당나라 시대에 전성기를 구가한 이 절은 총 규모가 310여 칸에 이르렀다. 오늘날 이 절에는 산문 둘, 불전 4채가 남아 있다. 두 번째 산문의 주홍색 벽에는 '수읍여봉秀挹

廬峯'[여봉에 수려함을 덧붙임] 네 글자가 크게 씌여있다. 사찰의 동쪽에 자리잡고 있는 나한송은 혜원이 손수 심은 나무라고 한다. 산문의 뒤편에는 호법전護法殿, 정전正殿이 있고, 좌우로 자리잡고 있는 두 건물은 18고현당十八高賢堂과 3소당三笑堂이다. 18고현당은 염불당念佛堂이라고도 하는데, 당시에 혜원이 승려와 속인 18명과 더불어 '연사蓮社'(백련사白蓮社)를 결성하여 같이 정토종의 교의를 닦으며 염불하고 송경했던 곳이라고 한다. 3소당이라는 이름은 유명한 '호계삼소虎溪三笑'[호계에서 셋이 웃다.]에서 따온 것이다. 절의 앞을 흐르는 시내가 '호계'이다. 남쪽에서 서쪽을 향하여 돌아나가는데,

위에는 '석공교石拱橋'가 있다. 『여산지廬山志』에는 다음과 같이 기록되어 있다. "혜원은 여산 동림사에 30여 년 동안 주재하면서 전심전력으로 수행을 하여 한 발짝도 산을 나가지 않았으며, 한 번도 속세를 기웃거리지 않았다. 손님을 배웅할 때에도 호계를 넘어서지 않았는데, '넘어가면 호랑이가 포효할 것이다.'"라 하였다. 그는 이름 높은 시인 도연명陶淵明, 산의 남쪽에 살던 도사 육수정陸修靜과 더불어 불교와 유학에 대해 담론한 적이 있었는데, 세 사람은 의기가 투합하였다. 혜원은 두 사람을 배웅하면서 산문 밖으로 나간 적이 한 번 있다. 걸으며 담론을 하다가 다리를 넘어선 것을 깨닫지 못하였으므로 산중의 늙은 호랑이가 계속하여 표효를 해대는 것을 듣고 세 사람은 서로를 바라보며 파안대소하였다고 한다. 이 일화를 가지고 세상 사람들은 '호계삼소'라고 한다. 송나라 시대의 화가 석제달石愭達은 이 이야기를 〈3소도三笑圖〉로 그렸고, 소식蘇軾과 황정견黃庭堅은 이름에 찬贊을 붙였다. 그러나 이 낭만적 분위기가 가득한 이야기는 하나의 전설일 따름이다. 세 사람의 생존시기는 서로 다르기 때문에 한데 모여서 '셋이 웃을(3소)' 가능성이 없기 때문이다. 이것은 사실 송나라 시대 이후 유교, 불교, 도교가 점차 하나로 융합되어 나갔던 시대적 분위기를 반영하는 것이다.

절 안의 전각 뒤편에는 총명천聰明泉, 석룡천石龍泉, 백연지白蓮池, 출수지出水池가 있다. 역대의 명인들 중 이 절의 이름을 흠모하여 찾아온 사람들이 한 둘이 아니다. 이백李白, 백거이白居易, 유송권柳公權, 육유陸游, 악비岳飛, 왕수인王守仁 등은 모두 이 절을 주제로 한 시를 쓴 적이 있다. 이 시들은 모두 비석에 새겨졌다.

혜능

　당나라 고종高宗 시대에 불교계에는 글자는 하나도 모르지만 본성을 깨달아 초인이 되고 선종禪宗 중의 남종南宗 계열을 개창한 고승이 출현한다. 그는 바로 중국불교사 속 선종의 제6조인 혜능惠能이다.

　혜능(638~713)은 또 다른 한자(慧能)로 쓰기도 하는데, 속성은 노이다. 원적지는 범양范陽(지금의 북경 일대)이다. 부친 노행도盧行瑫는 일찍이 범양의 관리였으나 죄를 얻어 남해南海의 신주新州(지금은 광동에 속함)로 내쳐져서 원적도 영남嶺南으로 바뀌어졌다. 『5등회원五燈回元』, 『6조단경六祖壇經』에 실려있는 바에 의하면 혜능이 출생한 후에 두 스님이 찾아와 그의 부친에게 다음과 같이 말하였다고 한다. "밤이 오면 아이가 출생할 것이므로 우리들이 특별히 이름을 지어주고 싶습니다. 아이를 혜능이라 부르십시오." 노행도는 "왜 혜능이라 이름 붙여야 하는 것입니까?"라고 물었다. 스님이 말하였다. "'혜'라는 글자는 중생에게 은혜를 베풀라는 것이고, '능'이라는 글자는 능히 불사를 이룬다는 것입니다."

　혜능은 3세에 부친을 여의었다. 집안이 궁핍하여 졌으므로, 조금 나이가 먹자 나무를 해다 팔아 모친을 봉양하며 날을 보냈다. 하루는 나뭇짐을 지고 시내로 나아가던 도중에 어떤 사람이 『금강경金剛經』을 읽는 소리를 듣고 깨달음이 일어 모친을 잘 모셔

惠能

당나라 고종 시대에 불교계에는 글자는 하나도 모르지만 본성을 깨달아 초인이 되고 선종 중의 남종宗 계열을 개창한 고승이 출현한다. 그는 바로 중국불교사 속 선종의 제6조인 혜능이다. 혜능은 慧能로 쓰기도 하는데, 속성은 노이다.

두고 북쪽으로 불법을 배우러 간다. 소주韶州(지금의 광동廣東 땅 소관韶關)에 이르러서 무진장无盡藏 비구니를 알게 되어 혜능은 경서를 강설하여 달라고 청하게 된다. 무진장은 책의 글자를 가리키며 읽어보라 한다. 혜능은 "저는 글자를 모르니 그 뜻을 가르쳐 주십시오"라고 말한다. 비구니가 말한다. "글자도 모른다면서 뜻을 알 수 있겠느냐?" 혜능이 말하였다. "부처의 오묘한 이치는 문자와 상관이 없는 것이겠지요." 그 말을 듣고 무진장은 놀랍고 기이한 생각이 들어 그를 아주 공경하게 되었다.

그 뒤 혜능은 기주蘄州 황매黃梅(지금은 호북에 속함.)에 이르러 홍인화상弘忍和尚을 배알한다. 그의 나이 24세 때이다. 홍인은 그를 보고 묻는다. "너는 누구냐? 무엇을 바라느냐?" 혜능은 답한다. "저는 영남 사람입니다. 먼 데서 와서 대사께 예를 올리는 것은 오직 부처가 되고자 하는 생각뿐입니다." 홍인은 말한다. "너는 영남 사람이고, 또 갈료(당시에 서남 소수민족을 낮춰 말하던 칭호)에 지나지 않는데 어찌 부처가 된다는 것인가?" 혜능은 말한다. "사람은 남쪽과 북쪽을 나누지만 불성에는 남쪽 북쪽이 없는 것이고, 하찮은 갈료獦獠[獠는 서남 소수민족에 대한 비칭이다.]의 몸뚱아리와 스님의 몸에는 차이가 있는 일이지만 불성에야 무슨 차별이 있겠습니까?" 홍인은 그의 답변을 듣고 속으로 기꺼운 마음이 일었지만 도리어 무표정을 가장하여 그를 방앗간으로 내쳐 잡역에 종사하게 하였다.

8개월 후, 홍인은 모든 승려들이 게송偈頌(불경 중의 노래하는 시)을 짓게 하여 그것을 가지고 후계자를 선발하기로 하였다. 홍인의 상좌는 신수神秀였다. 내외의 학문에 두루 통하고 모든 승려들이 추앙하였으므로 승려들은 공이 게송을 짓기를 바랐다. 그리하여 신수는 회랑의 벽 위에 다음과 같은 게송 한 수를 적어두기에 이르렀다.

몸은 보리의 나무요	身是菩提樹
마음은 맑은 거울의 대와 같도다	心如明鏡臺
때때로 열심히 갈고 닦아서	時時勤拂拭
티끌 하나 앉지 못하게 하라.	勿使惹塵埃

이 일은 방앗간에도 알려졌다. 혜능은 쌀을 찧다가 동료를 향해 말한다. "이 게송은 좋기는 하지만 아직 미진한 부분이 있다." 혜능은 동료에게 이 게송의 옆에 다음과 같은 자신의 게송을 적어달라고 요청한다.

보리에는 본래 나무가 없고	菩提本無樹
명경에도 역시 대가 없도다	明鏡亦非臺
본래 하나의 물건도 없는 것인데	本來無一物
어디에 티끌이 앉는다는 말인가.	何處惹塵埃

혜능의 게송은 보리수, 명경대를 모두 공한 것으로 간주한다. 이것은 신수에 비해 '공'(사물이 실체가 아니라 텅 빈 것이고 이치의 본질이 공적명정한 것이라는 생각)의 이해에 보다 철저하고 보다 고차원적인 단계에 이르러 있는 것이므로 자연히 공인의 칭송을 불러 온다. 홍인은 야반 3경에 혜능을 방으로 불러 들여 『금강경』을 강설하고, 의발衣鉢을 그에게 전해주면서 다음과 같은 부탁을 한다. "의발을 받은 사람은 명줄이 한줄기 실에 걸린 것처럼 위태로우니 너는 멀리 가서 숨어 교화를 행할 때를 기다리거라." 혜능은

별이 빛나는 밤에 남쪽으로 도망하였다. 그의 뒤를 따라 수 백 명이 추적하여 법의法衣(가사袈裟)를 빼앗으려 하였으나 혜능을 잡은 사람은 없었다.

혜능은 선종의 5조인 홍인의 의발을 전해 받아 영남嶺南으로 도망가 신수의 하수인들이 해치기 위해 추적하는 것을 피하였다. 그는 복잡한 시정의 사냥꾼 무리 속에서 16년을 산다. 당나라 고종高宗 의봉儀鳳 원년元年(676) 그는 남해南海(오늘의 광주廣州) 법성사法性寺(광효사光孝寺)에 이르러 인종법사印宗法師의 『열반경涅槃經』 강설을 들었다. 당시에 바람이 불어와 깃발을 날렸는데, 한 화상은 '바람이 움직인다.' 하고 다른 화상은 '깃발이 움직인다.' 하며, 두 승려가 언쟁을 그치지 않았다. 혜능이 그들의 언쟁에 끼어들어 말하였다. "그것은 바람이 움직이는 것도 아니고, 깃발이 움직이는 것도 아니며, 당신들 마음이 움직이는 것이라오." 혜능의 한 마디에 주위는 놀라움으로 가득하였다.

인종은 혜능이 뛰어난 사람임을 깨닫고 오히려 제자의 예로 받들어 혜능에게 불교의 진리를 가르쳐 달라고 청한다. 혜능은 홍인에게서 전해 받은 의발을 내보이며 모든 승려들에 배례를 명한다. 혜능은 여기에서 불교의 불이법문不二法門[내 마음이 바로 부처라는 불교의 교의를 강설하고 머리를 삭

慧
舡
大
師

발하여 정식으로 승려가 되었고(혜능은 홍인대사의 동산사에 있을 때는 다만 수행하며 잡역에 종사하였던 '행자'일 뿐이었다.), 공개적으로 선종의 남종계열 영수가 되었다.

혜능 선종의 최대 특징은 '돈오頓悟'이다. 그는 '직지인심直指人心, 견성성불見性成佛'이라는 돈오의 법문을 널리 펴서 사람마다 다 불성을 가지고 있고, 사람마다 다 성불할 수 있다고 하였다. 신수의 '근불식勤拂拭'이라는 것은 좌선하여 점진적으로 깨달음에 이르는(점오漸悟) 공부이고, 혜능의 '무수無樹', '비대非臺'라는 것은 본래 청정하고, 본래 아무것도 걸릴 것이 없다(무물)는 것이니 깨달으면 바로 성불한다는 것이다. 이것은 신수가 북방에서 창도하였던 '점오'방식과 상대되는 것으로 역사는 이것을 '남돈북점南頓北漸', '남능북수南能北秀'라고 말한다. 혜능의 제자는 그 행장과 설교를 널리 모아 『6조단경六祖壇經』을 편집하여 선종의 중요경전으로 삼았다. 혜능은 달마達磨, 혜가慧可,

신종육조혜능육신상神宗六祖慧能 肉身像

승찬僧璨, 도신道信, 홍인弘忍의 뒤를 이어서 선종의 6조로 받들어졌다.

혜능 불법의 총본산은 남화선사南華禪寺이다. 남화사는 광동廣東 소관시韶關市 남쪽 20키로 지점, 유령庾嶺이 나누어져 흐르는 산록에 위치한다. 이 절은 남조南朝 양나라 무제 천감天監 3년(504)에 창건되었다. 처음 이름은 보림사寶林寺였다. 사찰은 산에 의지해 건립되었고, 북강의 지류인 조계를 바라보고 있다. 송나라 태조 조광윤趙匡胤은 칙령으로 이 절에 '남화선사'라는 이름을 내렸다. 선종의 6조인 혜능이 보림사(남화사)에서 강설한 것은 장장 37년에 이르고, 그동안 길러낸 저명한 제자는 43명이나 된다. 이들은 남파 선종을 널리 전파시켜서 하북의 임제臨濟, 호북의 위앙潙仰, 강서의 조동, 광동의 운문雲門, 남경의 법안法眼 등 5종, '1화5엽一華五葉'을 형성한다. 당나라 중기 이후 남종은 선종의 정통을 장악하여 멀리 태국, 조선, 일본, 그리고 구미에 까지 전파되어 나간다. 오랫동안 남화사는 혜능의 공적으로 총본산으로 떠받들어져 왔으니, 이곳은 불교 신도라면 누구나 가서 참배하고 싶어하는 성지이다.

남화사의 가장 중요한 불교 성물은 혜능의 '진신眞身'이다. 당나라 현종玄宗 선천先天 2년(713) 혜능은 신주新州 국은사國恩寺에서 원적圓寂에 드니, 향년 76세였다. 유체는 조계의 남화사 뒤로 옮겨져서 천축의 방식으로 화장하지 않고 그 진신은 보존되었다. 전신에 아교로 칠을 하였으며, 가부좌를 틀고 앉아 가사를 떨쳐입었다. '진신'을 만드는 방법을 보면, 먼저 쇳대를 몸 뒤에 대어 유체를 지지하고, 가부좌를 하여 앉게 하고, 그 위에 칠과 향가루를 섞은 도료를 칠하는데, 기다렸다가 다시 칠하며, 무수히 반복한다. 하나의 견고한 칠항아리를 만들고, 항아리 아래에는 작은 구멍을 만든다. 그것을 아래가 큰 구멍이 있는 항아리에 넣고 뚜껑을 밀봉하여 지하에 묻는다. 육신 썩은 물은 항아리 아래의 작은 구멍으로 빠지고 다시 아래의 큰 구멍으로 배출된다. 여러 해가 지난 후 칠항아리 속에는 다만 피골이 상접한 육신만이 남는데 바로 중국식 미이라(목내이木乃伊)이다. 밖으로 드러난 모습은 진짜 사람과도 같다.

혜능은 임종할 때 제자들에게 말하였다. "내가 죽은 후 5,6년 후에 한 사람이 내 수급을 가지러 올 것이다." 제자들은 그 말을 이해하였다. 신수는 북방에서 이미 선종禪宗 북종계열의 영수가 되고, 장안長安으로 초청되어 무측천武則天의 예배를 받고 있었다. 정통의 지위를 확보하기 위해 남종과 북종은 격렬한 투쟁을 전개하고 있었다. 그리하여 제자들은 혜능의 시신 목 부분에 철편을 대고 옻칠 한 헝겊으로 둘러 특별히 건립한 '영조탑靈照塔' 속에 모셨다. 탑 안에는 6조 혜능의 '진전의발眞傳衣鉢', 즉 초조인 달마가 중국으로 들어와 전교할 때 입었던 무명 가사袈裟(신의信衣라고 전하여진다.)와 당나라 중종이 하사한 고려국高麗國 가사袈裟와 보발寶鉢 등을 같이 비장하였다. 개원開元 10년(722)

8월 3일 밤, 과연 자객이 들어 칼로 혜능의 '진신眞身'을 찍었다. 소리가 절 내를 진동하여 모든 스님들을 놀라 뛰어오게 만들었지만 도리어 칼이 부러져 버렸을 뿐이었고, 자객은 체포되기에 이르렀다. 진신은 보존된 것이다. 그러나 예기치 못하였던 일이 벌어졌으니, 그로부터 수백 년이 지난 송나라 말기에 원나라 병사들이 남쪽으로 쳐내려와 남화사로 밀려들어왔다. 그들은 6조의 진신을 깨뜨려버리는 폭거를 행하였다. 비록 겁난을 겪었지만 6조의 진신은 보존되어 내려올 수 있었다, 체내에 쇳대가 지탱하여 주었고, 오래된 뼈가 얼마쯤 남아 있었으므로, 그 나머지는 진흙과 흙으로 보충하였다. 1300년의 세월이 경과하였는데도 진신의 형태는 생시와 같고, 편안한 모습을 보여주고 있으니, 진실로 진귀한 것이라 하겠다.

　6조 혜능의 중요 유적들은 광주 광효사光孝寺에 있다. 속설에는 이런 말이 있다. "양성羊城이 있기 전에 광효光孝가 있다." 그 역사의 장구함을 알게 하는 말이다. 이곳은 원래 남월왕南越王 조건덕趙建德의 고택이었다. 삼국시대 오吳나라의 우번虞翻은 관직에서 쫓겨난 후 이 집에 기거하였다. 우번이 죽은 후 가족들은 이 집을 헌납하여 절을 만들었다. 중국 선종의 시조인 달마는 서역으로부터 중국으로 들어왔을 때 처음에는 이 절에 주재하며 불교를 전파하였다. 절 안의 6조전에는 혜능의 좌상이 모셔져 있다. 높이 2.5미터 정도이다. 비석의 회랑 속에는 6조의 형상을 담은 비석이 있다. 절 안의 풍번당風幡堂은 경전을 강설하는 곳인데, 이것은 당시 혜능의 유명한 '풍번논변風幡論辯'을 기념하여 설립하였다. 절 안에는 혜능의 모발탑이 있다. 머리칼을 매장한 탑이다. 혜능은 당시 이 절에서 '바람이 움직이는 것인가 깃발이 움직이는 것인가' 하는 논쟁을 통해 모든 스님들을 놀라게 하고, 공개적으로 선종의 법통을 이어가는 신분이 되었으며, 아울러 대전 뒷편 보리수나무 아래에서 머리를 깎고 계를 받는 의식을 치름으로써 선종의 6조가 되었다. 절의 주지는 혜능의 모발을 수거하여 나무 밑에 묻고, 그 위에 탑을 건립하였다. 탑은 석단으로 기초를 하고 회색의 벽돌로 만들었는데, 7층 규모의 8각형상이고. 높이는 7.8미터이다. 매 층마다 각각의 면에 다 불상을 배치하고, 탑의 기단에는 덜 난간을 두른, 고풍스럽고 질박한 아름다움을 갖춘 장엄한 탑이다.

광주시廣州市 6용사六榕寺 안의 6조당에는 역시 6조 혜능의 동상이 모셔져 있다. 동상은 지금부터 1천 년 전인 북송北宋 태조太祖 단공端拱시기에 주조한 것으로 무게는 반톤에 이르고, 장중한 얼굴, 생동하는 자태, 정밀한 조각기술을 보여주는 불교 예술의 걸작이다.

20제천

　　산서山西 대동시大同市 서쪽편에는 요금遼金시대의 웅장한 건물군이 있는데, 그 명성이 세상을 울리는 대동大同 화엄사華嚴寺가 있다. 이 절에는 4미터 높이의 계단契丹 위에 일반적인 사찰에서 볼 수 있는 것과는 달리 서쪽에 앉아 동쪽을 바라보고 있는 대웅보전이 있다. 이것은 당시 거란 사람들의 '신귀배일信鬼拜日' 습관과 연관이 있다. 전당은 조각된 대마루가 높이 솟구쳐 있으며, 높고 낮은 지붕선이 장관을 연출한다. 이 전각은 중국 요금시대 불사 중 가장 큰 전당으로 현존하는 중국의 가장 큰 전각 둘 중의 하나이다(다른 하나는 요녕遼寧 의현義縣 봉국사奉國寺의 대전이다.).

　　대웅보전 안에는 5방불五方佛을 모시고 있다. 금으로 장식하고 채색을 칠한 명나라 시대의 작품이다. 5방불 앞에 좌우 양측으로 벌려선 벽돌대좌 위에는 명나라 시대에 만든 채색의 20제천二十諸天 신상이 단정하고 엄숙한 모습으로 서 있는데, 모든 조상이 하나같이 앞쪽으로 15도 정도 몸을 기울이고 부처에 대한 존경을 표시한다. 표정은 각각 다르지만 모두 신성한 자태를 갖추고 있으며 조각기술은 아주 정밀하고 아름답다. 이것은 명나라에서 빚어진 20제천 중 아름다운 것에 속한다. 명나라 회화 중 가장 이름 높은 20제천은 마땅히 북경北京 서쪽 교외 법해사法海寺에 속한 벽화이다.

　　법해사法海寺에는 500년 전에 그려진 9폭 규모의 명대 벽화가 있다. 이 벽화는 제천諸天

을 중심으로 해서 연속적으로 대오를 형성하고 있는 예불도인데 대전의 좌우 양 벽 위에 그려진 것이다. 화면에는 춤추는 빛이 어지럽게 사람들을 비춘다. 많은 인물들은 형태와 분위기가 다 다르다. 혹은 호화롭고 귀한 모습이기도 하고, 혹은 위풍이 당당한 모습이기도 하며, 혹은 어깨를 드러낸 강건한 모습이기도 하고, 혹은 갑주가 선명한 모습이기도 하다. 덧칠하여 도드라지게 하는 홍염烘染[중국화의 기법]으로, '묘금描金'[금백], 주사, 석청, 석황 등으로 색을 입혔으며, 배경은 구름과 안개가 날리듯 덧칠해서 장엄하고 엄숙한 느낌을 부여한다. 구경하는 사람은 여기에 이르면 한참을 머물며 조용히 관상하고 감탄을 금치 못하게 된다.

'제천'은 어떤 신인가?

'제천'은 20천이니, 20제천이라고도 불린다. 불교의 호법신이다. 20천은 본래 인도 신화 속에서 악을 징벌하여 선을 수호하는 20위의 천신 이름이다. 불교는 그 설을 받아들여 불법을 수호하는 신으로 사용한다. 20천의 이름은 다음과 같다.

(1) 대범천왕大梵天王, (2) 제석존천帝釋尊天, (3) 다문천왕多聞天王, (4) 지국천왕持國天王,

(5) 증장천왕增長天王, (6) 광목천왕廣目天王, (7) 금강밀적金剛密迹, (8) 마혜수라摩醯首羅,

(9) 산지대왕散脂大王, (10) 대변재천大辯才天, (11) 대공덕천大功德天, (12) 서태천신書馱天神,

(13) 견뇌지신堅牢支神, (14) 보리수신菩提樹神, (15) 귀자모신鬼子母神, (16) 마리지천摩利支天,

(17) 일궁천자日宮天子, (18) 월궁천자月宮天子, (19) 파갈용왕婆竭龍王, (20) 염마라왕閻摩羅王.

이상 제신들을 20제천이라 총칭한다. 수隋나라 시대에 지자대사智者大師는 『금광명경
金光明經』 「공덕천품功德天品」에 의거하여 「금광명3매참법金光明三昧懺法」을 제정하고 천
태종天台宗 4종3매법四種三昧法 중 하나로 삼았다. 훗날에는 이것에 의거하여 간략하게
「제천과의齋天科儀」를 만들고 사찰에서 제천하는 의궤로 삼았고, 『금광명경』 「귀신품鬼
神品」 등의 설에 의거하여 20위의 천신을 선정하였으니, 바로 20제천이다. 이른바 '천'
이라는 것은 '신'의 다른 말이니, 『금광명경소金光明經疏』에서는 "외국에서 신이라고 부
르는 것 역시 천의 이름이다."라 하였다. 원元나라 문종文宗때 석혜광釋慧光은 매년 원단
元旦마다 이 참의懺儀를 닦았다.

명나라 시대에 이르러 사람들은 4위의 천신을 덧붙여서 제천의 숫자는 24천으로 확
대되었다. 그러나 그 중 뒤의 3위는 도교의 신명이다. 제21위는 긴나라緊那羅이다. 이
신명은 천룡팔부天龍八部 중의 하나이다. 제22위는 자미대제紫薇大帝이다. 제23위는 동악

대제東嶽大帝이다. 제24위는 뇌신雷神이다. 24제천을 같이 모시는 사찰은 적지 않다. 곤명昆明의 원통보전圓通寶殿, 산서 대동의 선화사善化寺, 산서 오대산의 금각사金閣寺 등이 이들을 모시고 있다. 이것은 불교와 도교 두 종교의 융합을 보여준다.

지금도 남방의 어떤 사찰에서는 아직 '공천供天'('천공天供'이라고도 하는데, 제천을 공양하는 것)의식을 행한다. 20제천은 조각과 벽화 외에 사찰 안에서 거행된 불교의식인 '수륙도장水陸道場'(수륙법회水陸法會라고도 한다.)에서 내걸었던 수륙화 중에도 있었다. 수륙도장은 이른바 수륙의 일체 귀혼을 뛰어넘어 6도 중생六道衆生을 널리 구제하는 법회의 일종이다. 불법의 도움을 받아 모든 것을 뛰어넘은 원귀怨鬼, 고혼孤魂은 모두 면죄免罪되어 승천昇天하므로 후세에도 이 법회는 계속 성행하였다. 그리고 수륙도장에서 사용했던 신불천장神佛天將, 천당지옥天堂地獄, 인과응보因果報應 등을 그린 수륙화는 계속 발전해 나간다. 지금까지 전해지는 산서 보령사寶寧寺와 북경 법원사法源寺의 수륙화는 모두 최고로 진귀한 것들이다.

대범천왕

　대범천왕은 범어 '브라마Brahma'의 의역이다. 그것은 인도교印度敎와 파라문교婆羅門敎의 '범梵' 관념으로부터 변화하여 만들어진 것이다. '범'의 의미는 '청정淸淨', '이욕離欲'으로, 불생불멸不生不滅, 무소부재無所不在한 최고실체를 말하는데, 이것은 영원하고 무한하다. 범천은 바로 우주이면서 최고 주재자, 창세주이다. 대범천이라고도 한다. 그는 보호신 비습노毗濕奴, 파괴신 습파濕婆와 병칭되어 파라문교, 인도교의 3대신에 들어가고, 3대신 중의 수장이 된다.

　중국 진나라 한나라 시대에 해당하는 시기에 편찬된 파라문교의 『마노법전摩奴法典』과 고인도의 서사시 『파하파라다摩阿婆羅多』에 기록된 고인도의 신화 전설에 의하면, 우주는 혼돈 속에서 회오리치는 범란梵卵으로부터 나왔다. 범천梵天은 본래 범란 중의 금태金胎였는데, 망망한 혼돈 속을 1년 동안 소용돌이치며 떠돌다 의식을 갖는 신력神力이 계란의 껍질을 깨고 둘로 나뉘어, 반쪽은 하늘이 되고, 다른 반쪽은 땅이 되었다. 하늘과 땅 사이에는 기체로 이루어진 공간이 마련되고, 후에 수水, 화火, 토土, 기氣, 이태以太(에테르)의 5요소가 출현하며, 다시 그 후에 중신衆神, 성신星辰, 시간時間, 고산高山, 평원平原, 하류河流가 출현하고, 인人, 언어語言, 정욕情欲, 분노憤怒, 환락歡樂, 참회懺悔 등이 나타났다. 최후에는 범천 자신이 하나에서 둘로 나뉘어 반은 남자, 반은 여자가 되어서

大梵天王

대범천왕은 범어 'Brahma'의 의역이다. 그것은 인도교와 파라문교의 '범' 관념으로부터 변화하여 만들어진 것이다. '범'의 의미는 '청정', '이욕'으로, 불생불멸, 무소부재한 최고실체를 말하는데, 이것은 영원하고 무한하다. 범천은 바로 우주이면서 최고 주재자, 창세주이다. 대범천이라고도 한다. 그는 보호신 비습노, 파괴신 습파와 병칭되어 파라문교, 인도교의 3대신에 들어가고, 3대신 중의 수장이 된다.

일체 생물과 요마妖魔를 창조하게 된다. 일체의 질서는 또한 범천의 통제를 받는데, 그 자신은 바로 일체 존재의 화신이다.

범천의 생명력은 기타 일체 신의 생명력을 뛰어 넘는다. 그에게 있어서 1천一天은 인간세계에 존재하는 모든 시간을 합한 것과 같다. 따라서 그는 100범천년百梵天年 이상을 활동하므로 31 곱하기 10의 13승 년을 사는 것이며, 지구의 수명이 대략 10억년이므로 지구가 생성하여 소멸하기를 3만 차례 이상 하는 기간을 사는 것이다. 이것이야말로 진실로 상상할 수조차 없는 무한한 세월인 것이다.

범천의 형상은 홍색의 피부에 수염이 있으며, 연화보좌에 앉아 있다. 그는 원래 5개의 머리를 갖고 있었지만, 여자아이와 윤리를 무너뜨리는 행동을 한 이후 또 하나의 큰 신인 습파에 의해 머리 한 개는 잘리어졌다. 머리 아래의 4개 흉부는 사방을 향하고 있다. 4개의 몸, 8개의 팔이 있는데, 폐타경吠陀經, 권장權杖, 항하수恒河水를 가득 담은 물그릇[水碗], 연화蓮花, 구슬 목걸이[珠項鏈], 활[弓] 등을 나누어 들고 있다. 그는 한 마리 하늘거위를 타고 있거나, 또는 일곱 마리의 하늘거위[天鵝]가 끄는 마차를 타고 있다. 범천은 수미산須彌山의 최고봉에 주재한다.

인도 특유의 아주 불평등한 계급제도는 통치계급이 범천신화를 이용하여 사회를 효과적으로 이끌어 가는 이론적 근거로 삼게 하였다.

기원전 14세기에 아리안雅利安 족은 인도를 정복한다. 이때로부터 인도는 계급사회로 진입하며, 사회적 측면에서 계급의 분화가 나타나기 시작한다. 지금으로부터 약 3천 년 전에 인도는 카스트제도를 만들어 낸다. 사람들을 4등급으로 나누는 것이다. (1) 파라문婆羅門, 즉 승려僧侶계급이다. 이들은 제1계급을 구성하며 최고의 지위를 구가한다. 문화와 교육, 제사 등의 일에 종사하였다. (2) 찰제리刹帝利, 즉 부락수령과 귀족으로 이루어진 무사武士계급이다. 제2계급을 구성하며, 파라문의 아래에 위치하고, 행정관리나 전쟁을 치루는 일에 종사한다. (3) 폐사吠舍, 즉 평민平民으로 제3계급이며, 상업무역에 종사한다. (4) 수타라首陀羅, 즉 아리안 족에게 정복당한 토착민들로, 제4계급이다. 지위가 최하이며 농업과 각종의 체력을 쓰는 일[勞動]이나 수공업에 종사한다.

아리안족이 건립한 국가에서는 파라문교가 통치자의 지위를 점유한다. 그들은 위대한 신이며 조물주인 범천을 창조해낸 뒤에 카스트제도의 합리성을 고취하고, 또한 범천의 이름을 차용하여 나름의 신화를 만들어 내었다. 범천은 세계를 창조할 때 입을 사용하여 신권을 장악하는 파라문을 만들어 내었고, 두 팔을 사용하여 군사와 정치의 대권을 장악하는 찰제리를 만들어 내었으며, 두 다리를 사용하여 농업, 목축, 공업과

상업의 일을 전담하는 폐사를 만들어 내었고, 마지막으로 더러운 발을 사용하여 수타라를 만들어 내었다. 이런 까닭에 4개 계층의 사람들은 불평등하게 태어났으며, 영원히 평등하여 질 수 없게 되었다. 단지 불평등한 측면이 있는 데서 그치는 것이 아니라, 그것으로 사회의 안녕과 질서를 보증할 수 있게 된 것이다. 이리하여 이 불평등한 사회 이론은 합리적 신성의 창조물이라는 외피를 쓰게 된 것이다.

대범천이 비록 고인도의 3대 신 중 우두

머리이고, 이름 높은 18부 『왕세서往世書』(인도 고대의 신화전설집이니, 이것은 인도교의 중요한 경전)에서는 제1부가 바로 『범천왕세서梵天往世書』이긴 하지만, 그러나 그는 도리어 3대 신 중 지위가 가장 낮은 존재이기도 하다. 대범천은 우주만물을 창조하는 신이며, 모든 마귀, 재난, 악인 등도 그에 의해 창조된다. 그는 창조능력을 배제하고는 악마 따위를 항복시키는 일을 하나도 할 수 없다. 이렇기 때문에 그는 위대한 조물주이며 또 만악의 근원이므로, 숭배자가 그렇게 많지 않다. 애석하게도 오늘날의 인도에는 그를 모시고 제사드리는 사당은 하나뿐인데, 납가사탄拉賈斯坦 지방에 있다. 불교가 탄생한 후 범천은 불교에 흡수되어 호법신이 되었다. 그는 석가 불조의 우협시의 지위로 올라섰으며, 손에 는 백불진白拂塵을 쥐고 나타난다. 그는 또한 색계色界 초선천初禪天의 왕이기도 하며, '대 범천왕'으로 불린다. 그는 불교의 천부호법신 중 중요한 존재이다.

대범천왕의 조각상은 팔이 둘인 것과 팔이 넷인 것이 있다. 전자는 얼굴 하나에 팔이 둘이고, 손에는 연화와 불진을 들은 것이다. 얼굴이 셋이고 팔이 둘인 것도 있다. 팔이 넷 달린 조각에는 얼굴이 넷 달린 것이 있는데, 모든 얼굴에 눈이 셋 만들어져 있고, 손에는 연화蓮花, 조병澡瓶, 불진拂塵(또는 모鉾)을 들었으며, 한 손은 시무외인施無畏印을 한 것도 있다. 불교가 중국으로 들어온 후 범천이나 그 밖의 불교 제신들도 똑같이 점 차 중국화 된다. 중국의 사찰에서는 그들이 중년의 제왕 모습에 연화를 들고 있는 경우 가 많이 있다. 수륙화水陸畵 중에는 대범천왕이 존귀한 모습의 진짜 중국 제왕의 풍모를 갖추고, 뒤에는 신하들이 둘러싸고 있는 모습으로 그려진 것도 있다.

제석천

    제석천은 '제석', '천제석'이라고도 하며, 범어 '사크라－드반암－룬드라sakra-devanam-Indra'의 의역이다. 음역으로는 '석가제환인타라釋迦提桓因陀羅'이다. 그 중 '석가釋迦'의 의미는 '능能'인데, 이것이 성姓이고, '제환提桓'의 의미는 '천天', '인타라因陀羅'의 의미는 '제帝'이다. 모두 합하면 '능천제能天帝', '천제天帝'이다. 제석은 원래 고인도 페타吠陀신화 중의 큰 신이다.

    페타신화는 인도 상고시대의 신화인데, 주요한 내용은 인도의 최고로 오래된 문헌인 『이구페타梨俱吠陀』 속에 보존되어 있다. 『이구페타』가 만들어진 시대는 대략 서기 전 2000년에서 서기 전 1500년 사이의 시기이다. 이 시기는 유목민족인 아리안 족이 인도에 침입하던 때이다. 그들은 토착민족을 정복하여 인도하印度河와 항하恒河, 두 강 유역에 거주하여 내려왔다. 그들은 제사를 숭상하였는데, 제사를 올릴 때면 많은 신을 찬송하는 시를 읊었다. 『이구페타』는 이러한 신을 찬송하는 시를 모은 것이다. 신에 대한 찬송시 외에도 제문祭祠이나 주문呪語 등도 이 책에 수록되어 있다. 『이구페타』는 후세에 이르러 파라문교, 인도교의 중요한 경전이 된다. 제석帝釋은 『이구페타』 속의 주신主神이다. 그는 일체를 통치한다고 하여 '세계대왕世界大王'으로 존숭되었다.

    불교는 기원 전 5~6세기경에 탄생된다. 그것은 파라문교와 상대하여 항거했던 종파

帝釋天

제석은 불교의 호법신이 된 후, 도리천의 주인으로 간주되고 수미산 꼭대기의 선견성에 주재하기에 이른다. 수미산은 본래 인도 신화 속의 산인데, 타의 추종을 불허할 정도로 거대한 금산이다. 이것은 우주의 중심, 일월성신이 그것을 중심으로 하여 도는 축이다. 수미산 이야기 역시 불교에 받아들여 쓰인다. 제석은 머리에 보관을 쓰고, 몸에 여러 종류의 영락으로 만들어진 장식물을 걸치고, 손에는 지팡이 또는 방망이를 든 모습이다.

였다. 초기불교는 카스트 지상주의, 제사 지상주의, 천신 지상주의를 반대하였다. 그러나 불교는 점차적으로 천신의 존재를 부정하지 않게 되고, 천신을 일체의 감정을 갖는 것들(중생)을 구성하는 한 부분으로 간주하기에 이른다. 그렇기 때문에 어떤 폐타의 신, 파라문의 신은 불교 속에 흡수되기도 한다. 그러나 그들의 신분이나 신으로서의 성격은 커다란 변화를 겪어, 불교의 호법신으로 되는 것이 대부분이고, 지위도 원래보다는 많이 낮아지는 것이 상례이다.

제석은 불교의 호법신이 된 후, 도리천忉利天의 주인으로 간주되고 수미산須彌山 꼭대기의 선견성善見城에 주재하기에 이른다. 수미산은 본래 인도 신화 속의 산인데, 타의 추종을 불허할 정도로 거대한 금산金山이다. 이것은 우주의 중심, 일월성신이 그것을 중심으로 하여 도는 축이다. 수미산 이야기 역시 불교에 받아들여 쓰인다. 전하는 바에 의하면 이 산은 높이가 '8만4천유순'이라 한다. '유순由旬'은 고인도의 거리를 측정하는 단위인데, '1유순'이 30리이니, 수미산은 높이 252만리, 즉 지구에서 달까지 거리의 3배에 이른다. 혹자는 200여개 지구를 쌓아놓은 높이라고도 하니, 얼마나 높은 산인 것인가?

수미산 꼭대기의 중앙이 바로 제석이 주재하는 제석천이다. 사방에는 또 각각 8천이

이 있어서, 전부 33천이다. 『구사론俱舍論』 11권에 의하면, 수미산 꼭대기의 사방으로는 각각 하나씩의 봉우리가 있는데, 그 위에는 금강수야차金剛手夜叉가 머물며 보초를 선다고 한다. 산의 정상에는 천궁이 있는데 이름이 '선견善見'이다. 이곳은 제석의 거처이다. 수미산의 사방 산허리는 4천왕천四天王天이다. 여기는 4대천왕四大天王(중국의 민간에서는 속칭 4대금강四大金剛이라 한다.)이 거주한다. 주위에는 또 7향해七香海, 7금산七金山이 있고, 다시 그 밖으로는 함해가 둘러싸고 있고, 함해咸海의 사방으로는 4대부주四大部洲가 있다.

불교에서 이야기하는 바에 의하면, 선을 행하고 덕을 쌓는 사람은 제석천으로 윤회 전생하게 된다. 제석천에서는 인간세상의 1백일이 하루이며, 제석천에서의 수명은 1000세에 이르므로 인간의 경우로 보면 10만세를 사는 셈이다. 『불본생경佛本生經』에는 어떤 선을 행하기를 즐겨하고 보시를 잘하던 사람이 사후에 제석천에 전생하는 이야기가 있다. 불교에서 전하는 이야기에 의하면 석가모니는 전생의 윤회 중에 30여 차례 제석천에 전생하였다고 한다. 불경 『잡니가야雜尼迦耶』 「천잡품天雜品」에는 제석천의 전생이 마가摩伽라고 불렸던 파라문이라는 기록이 있다. 그러므로 그는 또 '마가파摩伽婆'라고도 불린다. 제석천은 전생에 총명하고 지혜로워 일순간에 천 가지 일을 생각할 수 있었다고 한다. 이러한 초월적인 능력은 그에게 '천안千眼'이라는 명예로운 칭호를 부여하여 준다.

제석천은 욕계 도리천의 모든 신들을 관장하는 왕의 지위를 가지므로 왕궁의 설비가 자연히 호화로울 수밖에 없다. 그의 백색 양산은 5유순 크기라고 전하여진다. 직경이 300리에 이르는 크기이니, 작은 신들이야 어떻게 이 북경성 만한 크기의 대양산을 들 수 있을 것인가? 그의 주변을 지키는 시녀는 얼마나 많았던가. 2500만의 천녀가 그를 모셨으니, 북경과 상해 인구의 총수와 맞먹는 규모이다. 제석천은 천상과 인간의 도덕을 수호한다. 만약 천신이 천규를 어긴다면 그는 바로 징벌을 내린다. 인간 속에서 폭군이 나타난다면 그는 바로 나서서 폭군을 제거하고 선량한 사람이 그 자리에 앉게 한다.

불교의 신화 속에서 제석천의 가장 중요한 직책은 불조, 불법, 그리고 출가인을 보호하는 것이다. 석가가 탄생할 때, 그리고 석가가 성을 떠날 때, 제석과 범천 등이 출현하여 유년의 석가나 청년의 석가를 향해 예를 올렸었다. 불타가 보리수 아래에서 수도를 할 때, 악마가 그를 공격하고 그의 선정을 방해하였었다. 그때 제석은 조개나팔을 불며 석가를 보호하였다. 불타가 온역瘟疫을 없앴을 때, 제석은 옆에서 악귀를 쫓아내는 일을 도왔다. 불타가 병이 났을 때, 그는 바릿대를 들고 불타의 옆을 지켰다. 불타가 열반에 들 때, 그는 몸을 드러내 슬픈 목소리로 송시頌詩를 읊었다. 그는 지금도 여전히 불타의 유골인 사리舍利를 지키고 있다.

제석은 머리에 보관을 쓰고, 몸에 여러 종류의 영락瓔珞으로 만들어진 장식물을 걸치고, 손에는 지팡이 또는 방망이를 든 모습이다. 중국의 사찰에서는 제석은 소년제왕의 모습, 남자의 몸에 여자의 얼굴을 하고 나타나는 경우가 많다. 수륙화水陸畵 중에서 제석천은 완전히 중국의 후비后妃 모습을 갖춘다.

금강밀적

　불교에는 전적으로 수호의 일만을 수행하는 금강역사金剛力士가 있는데, 그 숫자는 아주 많다. 이들은 금강 방망이를 들고 불법을 수호하는 천신이다.

　금강金剛은 범어 '바즈라Vajra'의 의역이다. 음역은 '박일라縛日羅', '벌절라伐折羅'이다. 금강은 본래 폐타, 또는 인도교 신화 속에 나오는 조봉粗棒(큰 방망이), 낭아봉狼牙棒이니, 신들의 왕인 인타라因陀羅의 무기이다. 그것은 금金, 동銅, 철鐵, 산암山岩으로 만드는데, 4각 또는 100각이며, 1000개에 이르는 톱날을 가지고 있는, 아주 위험한 물건이다. 금강방망이는 풍산豊産의 상징물로 출현한다. 그것은 공우公牛의 생식기를 상징하는 것이었다. 불교 속으로 들어와 금강은 '금 중에서 가장 단단한 것'을 뜻하게 되었고, 견고함과 불멸함의 상징이 되었다. 그 견고함과 날카로움으로 일체를 다 자르고 깨뜨릴 수 있음을 의미한다. 원래 고인도에서는 병기로 쓰였던 금강방망이가 불교의 밀종에서는 견고하고 날카로운 지혜, 번뇌를 끊는 것, 악마를 항복시키는 역할을 하는 등의 의미를 지니는 법기法器로 쓰이게 되었다.

　금강방망이는 금, 은, 동, 철, 혹은 단단한 나무로 만들어지는데, 그 길이는 8지指(손가락 하나의 길이), 12지, 16지, 20지 등으로 서로 다르며, 중간에 손잡이가 있고, 양쪽 끝으로는 독고股(가닥의 의미로 쓰임.), 3고, 5고, 9고 등의 칼머리가 달려 있다.

　금강밀적은 손에 금강 방망이를 들고 부처를 경호하는 임무를 수행하는 야차신들의

金剛密迹

금강밀적은 손에 금강 방망이를 들고 부처를 경호하는 임무를 수행하는 야차신들의 총두목이다. 그는 또 밀적금강, 밀적역사, 비밀주라고도 불린다. 귀족 출신이다. 그는 본래 법의태자였는데, 서원을 말하고, 불교에 귀의한 후 '금강역사가 되어 항상 부처 가까이에 머물렀으므로 모든 부처의 비밀스럽고 중요한 일을 다 들어 안다.'고 한다. 결국 그는 부처의 5백금강 호위대 중 호위대장의 자리에 오르며, '밀적금강', 혹은 '야차왕'으로 불렸다.

총두목이다. 그는 또 밀적금강密迹金剛, 밀적역사密迹力士, 비밀주秘密主라고도 불린다. '야차'는 중국의 민간에서는 원래의 형상이 많이 일그러져서 '모야차母夜叉', '야차성夜叉星' 같은 것도 나타나게 된다. 『홍루몽紅樓夢』 속의 강한 여자 왕희봉王熙鳳은 주문에 걸려 '야차성'이 된다. 본래 야차는 인도 신화 속에서 반신半神의 소신령小神靈인데, 질병을 퍼트리는 것으로 유명하고, 잘 알려지지 않은 악마이다. 『대일소경大日疏經』 1권에서는 '서방에서 야차라 하는 것은 비밀의 뜻도 갖는데, 그 몸과 입, 생각으로 비밀스럽고 빠르게 질병을 퍼트리므로, 알기 어렵다. 그렇기 때문에 옛날에는 밀적이라고도 번역하였다. 간단하게 말하자면 비밀주는 바로 야차왕이다.'라고 하였다. 그것을 '밀적'이라고 부르는 것은 그가 능히 모든 부처의 비밀스러운 일까지 다 들어 알고 있기 때문이다.

밀적금강은 귀족 출신이다. 그는 본래 법의태자法意太子였는데, 서원을 말하고, 불교에 귀의한 후 '금강역사가 되어 항상 부처 가까이에 머물렀으므로 모든 부처의 비밀스럽고 중요한 일을 다 들어 안다.'고 한다. 결국 그는 부처의 5백금강 호위대 중 호위대장의 자리에 오르며, '밀적금강', 혹은 '야차왕'으로 불렸다. 신분이 보통의 금강역사보다 아주 높은 것이다. 후에 그는 둘로 나뉘어져 두 금강역사가 되며, 전적으로 산문을 수호하는 임무를 갖게 된다. 세속에서는 그들을 '형합2장哼哈二將(형哼은 입을 다물고 내는 콧소리, 합哈은 입을 벌리고 숨을 쉴 때 내는 소리, 형합2장 부분 참조)'이라 부른다.

대자재천(마혜수라)

대자재천은 범어 '마하-이쉬-바라Maha-is-vara'의 의역이다. 음역은 마혜수라이다.
습파濕婆를 말한다. 습파는 인도교 신화 속 주신의 하나이다. 습파(범어는 시바Siva)의 의미
는 '행복', '행복을 대동한다.'이다. 그는 재앙을 물리치는 신이다. 창조신 범천, 보호신
비습노毗濕奴(편입천遍入天이라고도 한다.)와 함께 파라문교, 인도교의 3대 주신이다.

범천은 비록 3대 신 중 우두머리이지만, 마귀를 항복시키거나 백성을 보호할 수 있
는 능력을 갖지 못하므로, 사람들은 또 능히 마귀를 항복시켜 재앙을 물리칠 수 있는
신인 습파나 능히 행복을 가져다주고 그들을 보호하여 줄 수 있는 신인 비습노를 창조
하여 내었다. 『왕세서往世書』 중에는 습파와 관계되는 신화가 많다. 그는 이 책 속에서
두드러진 위상을 확보한다.

이 위대한 신은 세 개의 눈을 갖고 있으며 손잡이는 하나이고 세 가닥으로 나누어진
창을 사용한다. 머리 위에는 손톱모양으로 굽은 달이 장식되어 있고, 목에는 한 마리
뱀이 감고 있으며, 커다란 흰 소를 타고 있다. 그는 고행의 신이다. 만년에는 희마납아
산喜馬拉雅山(설산雪山) 꼭대기에 주재하였고, 부인은 설산신녀雪山神女이다. 그는 무도의
신으로도 불린다. 강剛, 유柔 두 종류의 춤을 창조하였다고 한다. 그는 아직까지도 엄청
난 항마능력降魔能力을 갖추고 있다.

습파는 불교의 호법 천신으로 흡수된 후 '대자재천'이라 불리고, 색계의 꼭대기에 주재하게 되니, 바로 3천대천세계의 주인이다. 그는 5개의 머리, 3개의 눈, 4개의 팔을 갖고, 손에는 삼지창, 신이한 고동, 물단지, 북 등을 들었으며, 머리 위에는 손톱달 모양의 장식을 달고, 한 마리의 큰 백우를 타고 있는 모습이다.

습파濕婆는 완전히 금욕생활을 한 출가인은 아니다. 그는 사랑하는 부인과 두 아이가 있었다. 한 아이는 색건타塞建陀라고 불렸는데, 그는 여섯 개의 머리, 12개의 팔이 있으며, 공작을 타고 다닌 전투의 신으로 천신 군대의 총사 직책을 담당하였다. 색건타는 훗날 불교의 제신과 함께 중국으로 전해졌다. 바로 유명한 호법신장 서태書駄이다. 또 다른 한 아이는 코끼리 머리를 하고 있는 신 가녈사伽涅沙이다. 이 코끼리 머리를 한 신은 오늘에 이르기까지 인도 사람들의 존경을 받고 있다. 사업의 성공을 바랄 때면 그를 향해 예배를 올리곤 하는 것이다.

인도교에서는 '재앙을 없앤다는 것'은 또 '재생'의 의미를 갖는 것이기도 하므로 생식능력을 갖는 남성 생식기 '임가林伽'를 그의 상징으로 삼아 신도들의 숭배를 받곤 한다. 인도 밀교 중의 습파교에는 성력파性力派와 임가파林伽派가 있다.

습파는 불교의 호법 천신으로 흡수된 후 '대자재천大自在天'이라 불리고, 색계色界의 꼭대기에 주재하게 되니, 바로 3천대천세계三千大千世界의 주인이다. 그는 5개의 머리, 3개의 눈, 4개의 팔을 갖고, 손에는 삼지창, 신이한 고동, 물단지, 북 등을 들었으며, 머리 위에는 손톱달 모양의 장식을 달고, 한 마리의 큰 백우白牛를 타고 있는 모습이다.

산지대장

산지대장은 범어 '판클카Panclka'의 음역인데, '산지수마散脂修摩', '산지散支', '양지가등半支迦等' 등으로 번역되기도 하며, 의미는 '밀신密神'이다.

산지대장은 북방 곤사문천왕昆沙門天王의 8대 약차장八大葯叉將 중 하나이다. 유명한 8대 약차장의 이름은 다음과 같다. 보현대장寶賢大將, 만현대장滿賢大將, 산지대장散脂大將, 중청대장衆聽大將, 응념대장應念大將, 대만대장大滿大將, 무비대장无比大將, 밀엄대장密嚴大將 불교에는 4대천왕이 있는데, 각각 28부중의 귀사신장鬼師神將을 거느리고 있다고 말하여진다. 산지대왕의 지위는 가장 높다. 그는 28부중을 거느리며, 세상을 순행하면서 선에는 상을 내리고 악은 징벌한다. 대략적으로 말해서 산지대왕의 본래 능력은 무리 중에서 뛰어나므로, 대자대비한 관음보살이 그를 불러 호위를 맡겼으므로, 그는 천수관음의 28부중 중의 하나가 되었다. 산지대장의 내력에 대한 설명에는 두 가지가 있다.

일설은 그를 귀자모鬼子母의 아들로 보는 것이다. 『타라니집경陀羅尼集經』에서는 "귀자모는 3남을 두었는데 장자는 유사문唯奢文, 차자는 산지대장, 막내는 마니발타摩尼跋陀이다."라고 말한다.

다른 일설은 산지대왕이 귀자모의 남편이라는 주장이다. 『비내야잡사昆奈耶雜事』 31권에 나타난 입장이다. 반지가半支迦(산지)와 귀자모는 태내 혼약원문에는 '지복위혼指腹爲婚'

산지대장은 북방 곤사문천왕의 8대 약차장 중 하나이다. 금강신장의 모습으로 손에는 철모를 들고 있다. 수륙화 중에는 산지대장이 풍채도 늠름한 무장의 형상으로 그려진다.

이라는 표현을 썼다. 문자 그대로 배를 가리키며 혼약을 맺었다는 것이니, 태중혼인이라 하겠다.]을 맺었는데, 장성한 후 두 사람은 결혼을 하여 500명의 아이를 낳았다는 것이다.

산지대장은 금강신장의 모습으로 손에는 철모鐵矛(모카)[창을 말함]를 들고 있다. 수륙화 중에는 산지대장이 풍채도 늠름한 무장의 형상으로 그려진다.

변재천

변재천은 범어 '사라스바티Sarasvati'의 의역인데, 대변재천大辯才天, 대변재공덕천大辯才功德天이라고도 하고, 또 미음천美音天, 묘음천妙音天이라고도 한다. 지혜智慧와 복福, 덕德을 관장하는 천신이다.

이 여신은 총명하고 변론의 재주가 있다. '변재'라고 하는 것은 그녀가 설법에 뛰어난 재능이 있음을 뜻하는 것이다. 그녀의 목소리는 감미롭고 노랫소리는 맑게 울리니, 이는 불교의 '화강여고음花腔女高音'[콜로라투라 소프라노]이라고 하겠다. 그러므로 '미음천', '묘음천'이라고 부르는 것이다. 불교에서는 이 천신을 공양한다면 복과 지혜를 얻을 것이라고 말한다. 『최승왕경最勝王經』「대변재천녀大辯才天女」에서는 다음과 같이 말한다.

만약 사람이 최상의 지혜를 얻고자 한다면 응당 한 마음으로 이 이치를 지켜야 할 것이다. 그렇게 하면 복과 지혜, 모든 공덕을 증진시킬 수 있다. 반드시 조금치의 의심도 일으키지 말아야 한다. 만약 그런 사람이라면, 재물을 구할 경우에는 재물을 얻을 것이고, 명성을 구할 경우에는 명성을 얻을 것이고, 속세의 이해관계로부터 떠나는 것을 구할 경우에는 해탈을 얻을 것이다. 이 마음을 안정되게 지키면 성취할 것이니, 절대로 의심을 일으키지 말아야 한다.

辯才天

변재천의 성별에 대해서는 남성이라고 하는 불경도 있고 여성이라고 하는 불경도 있다. 수적으로는 여성이라고 보는 경우가 많다. 두 가지 긴 얼굴을 갖고 있는데, 하나는 엄청난 미인의 모습이고, 다른 하나는 8괴에 해당하는 추악한 모습이다. 이 두 얼굴은 서로 다른 경우에 사용한다. 그녀의 꿰뚫어 보는 날카로운 두 눈은 아주 위험한 것이다. 그녀의 눈을 담담하게 볼 수 있는 사람도 있고 부들부들 떠는 사람도 있다.

변재천의 성별에 대해서는 남성이라고 하는 불경도 있고 여성이라고 하는 불경도 있다. 수적으로는 여성이라고 보는 경우가 많다. 그녀에게는 사람들이 두려워하는 아우가 있으니, 염라왕이다. 그녀는 항상 청색의 비단 옷을 입는다. 그녀가 염라왕의 누나이기 때문에, 그녀의 긴 얼굴은 서로 다른 분위기를 연출한다. 그녀는 두 가지 긴 얼굴을 갖고 있는데, 하나는 엄청난 미인의 모습이고, 다른 하나는 8괴에 해당하는 추악한 모습이다. 이 두 얼굴은 서로 다른 경우에 사용한다. 그녀의 꿰뚫어 보는 날카로운 두 눈은 아주 위험한 것이다. 그녀의 눈을 담담하게 볼 수 있는 사람도 있고 부들부들 떠는 사람도 있다.

대변재천의 조각상은 두 종류이다. 하나는 여덟 개의 팔을 갖고 있는 것이다. 손에는 각각 활, 화살, 도, 창, 도끼, 방망이, 바퀴, 밧줄 등을 들고 있다. 다른 하나는 두 팔을 갖고 있는 것이다. 양손은 비파를 타고 있는 모습을 하고 있다.

대공덕천

대공덕천은 길상천녀吉祥天女이다. 본래는 파라문교, 인도교에서 모시던 신이었다. 후에 불교에 흡수되어 호법신이 되었다. 범어는 '마하스리Mahasri'이고, 음역은 '마하실리摩訶室利'이다. '마하'는 '대大'의 의미이고, '실리'는 '공덕功德' 또는 '길상吉祥'의 의미를 갖는다. 합하여서 보면 '대공덕', '대길상'의 의미로 번역되어야 할 것이다.

대공덕천은 파라문교, 인도교의 길상을 주관하는 여신, 행복을 주관하는 여신이다. 불교 전설에 의하면 그녀의 부친은 용왕龍王인 덕차가德叉迦이고, 모친은 귀자모鬼子母, 또는 비사문천왕毗沙門天王의 누이동생인데, 비사문과 파라문교의 재신을 겸하고 있기 때문에 재부의 여신이라 하겠다. 그녀는 또 공덕원만功德圓滿이라고 불린다. 대중에게 대공덕을 행하였으므로 대공덕신이 되었다. 길상천녀는 아주 아름다우므로, 그녀는 또한 미녀 여신 중의 하나이다.

그녀의 내력에 대해서는 몇 가지 이야기가 있다. 그녀가 용왕과 귀자모를 부모로 한다는 것 외에, 그녀를 인도교의 한 지자智者이며, 7대선七大仙 중의 하나인 필력구苾力瞿의 딸이라고 하는 인도신화가 있다. 천신天神과 아수라阿修羅(악신)가 유해乳海를 뒤집어 놓았을 때 길상천녀는 연꽃 위에 앉아 연꽃을 손에 들고 세상에 나왔으므로 '유해의 따님'이라는 이름을 얻었다는 이야기도 있다. 그녀가 3대신의 하나인 비습노毗濕奴의 대공덕천은 길상천녀이다. 본래는 파라문교, 인도교에서 모시던 신이었다. 후에 불교에 흡수되어 호법신이 되었다. 대중에게 대공덕을 행하였으므로 대공덕신이 되었다. 길상천녀는 아주 아름다우므로, 그녀는 또한 미녀 여신 중의 하나이다. 중국 사찰 속에서 단아하고 엄숙하며 아름다운 모습으로 후비처럼 단장하고 나타난다.

부인이라고 하는 신화도 있다.

　길상천녀는 중국 사찰 속에서 단아하고 엄숙하며 아름다운 모습으로 후비后妃처럼 단장하고 나타난다. 두 개의 팔(혹은 4개의 팔)을 갖고 있는데, 한 손에는 연화蓮花를 들고, 다른 한 손으로는 금전金錢을 뿌리고 있다. 두 마리 흰 코끼리가 짝이 되어 수호하는데, 이것이 길상의 상징이다. 그녀가 앉아 있는 곳에는 연화 외에도 금시조金翅鳥나 묘두응猫頭鷹 등이 있다.

견뢰지신

견뢰지신은 범어 '푸르티비Prthivi'의 의역이다. 음역은 '비리저비比里底毗'이다. 뜻은 이신이 대지의 견고함을 갖고 있다는 것이다. 견뢰지신은 '지천地天', '천지신녀大地神女'라고도 한다.

지천의 직책은 토지와 지상의 모든 식물을 보호하고 재해를 피하게 하여 준다. 불타는 그에 대해 다음과 같이 말했다. "너는 엄청난 신력을 갖추고 있으니, 어떤 신도 대적할 수 없다. 염부閻浮(불교에서 이야기 하는 세상 사람들이 거주하는 남섬부주南贍部洲)의 토지는 모두 너의 보호를 받으며, 땅에서 나는 초목과 곡물 등은 모두 네 힘을 받아 있게 되는 것이다. 만약 미래세 중에 『지장본원경地藏本願經』에 의거하여 수행하는 자가 있다면 너의 신력으로 보호하여 재해를 당하거나 생각지 않았던 일을 겪지 않도록 하여라."(『지장본원경』「지신호법품地神護法品」) 견뢰지신의 이러한 능력은 중국의 후토낭낭后土娘娘과 흡사한 점이 있다. 그리고 둘은 모두 여성이다.

지신의 또 다른 공적은 석가모니를 위해 증언하였다는 점이다. 불교의 전설에서는 불조가 마왕과 변론을 할 때 견뢰지신이 석가를 도와 마왕을 대패시키고 현저한 공적을 세운 명실상부한 호법신이라고 전한다.

『대일경소大日經疏』 4권에는 석가모니가 도장에 자리잡고 앉았을 때 마왕이 석가모니

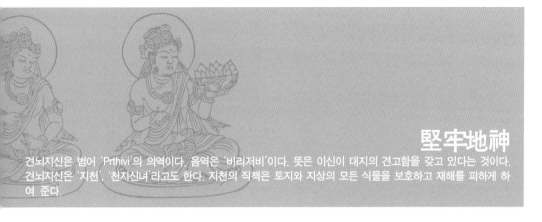

堅牢地神

견뢰지신은 범어 'Prthivi'의 의역이다. 음역은 '비리저비'이다. 뜻은 이신이 대지의 견고함을 갖고 있다는 것이다. 견뢰지신은 '지천', '천지신녀'라고도 한다. 지천의 직책은 토지와 지상의 모든 식물을 보호하고 재해를 피하게 하여 준다.

가 득도한 후 자기의 세력을 없애 버릴 것을 두려워하여 마군魔軍, 마녀魔女 등을 이끌고 석가모니를 유혹하는 공격작전을 강온 양면에서 펼쳤지만 전부 실패하였다고 적혀 있다. 마왕은 마침내 부끄럽기도 하고 화가 치밀기도 하여 석가를 향해 미친 듯 소리친다. "내가 이룬 공적은 네가 이미 증거하였다. 그러나 너의 공적은 과연 누가 증거해 줄 수 있겠는가?" 석가는 바로 무외수無畏手를 드리워 땅을 가리키고, 자기의 일체 공적을 대지가 증거할 수 있음을 표현하였다.

이때 대지가 요란하게 진동하면서 견뢰지신이 땅 속에서 솟구쳐 올라 반쯤 몸을 드러내며 불타를 향해 경건하게 예를 표하고 큰 소리로 말하였다. "내가 증명한다." 마왕이 보니 '길 가운데 씹은 금편이 나타났다.' 석가모니가 신의 보증을 받으니 마왕은 부하들을 데리고 황급하게 달아나고, 석가모니는 득도를 하여 성불하게 되었다.

보리수신

　보리수신은 보리수를 지키는 천녀이
다. 그러니 여기서 보리수를 소개하지
않을 수 없는 일이다. 보리수는 본래
자연 속의 나무가 아니었다. 완전히 석
가모니의 일로 인하여 그 이름을 얻게
된 것이다. 이른바 '보리菩提'라고 하는
것은 불교적인 개념인데, 범어 '보디
Bodhi'의 음역이다. 뜻은 '각覺', 또는
'지智'이다. 불교에서 진리에 대한 깨달
음을 가리켜 구역에서는 '도'라 하여
불교적 열반의 길을 향해 가는 것을 지
시하였다. 무릇 세간의 번뇌를 끊고 열
반의 지혜를 획득한 것은 바로 '무상지
혜無上智慧', '보리'이다. 실로 이것은 불
교의 이른바 '철저한 깨달음[大徹大悟]'

보리수신은 보리수를 지키는 천녀이다. 보리수는 본래 자연 속의 나무가 아니었다. 완전히 석가모니의 일로 인하여 그 이름을 얻게 된 것이다. 불교에서 진리에 대한 깨달음을 가리켜 구역에서는 '도'라 하여 불교적 열반의 길을 향해 가는 것을 지시하였다. 무릇 세간의 번뇌를 끊고 열반의 지혜를 획득한 것은 바로 '무상지혜', '보리'이다. 실로 이것은 불교의 이른바 '철저한 깨달음'을 뜻한다. 그렇기 때문에 보리수는 '각오수', '성도수'라고 불릴 수 있다.

을 뜻한다. 그렇기 때문에 보리수는 '각오수覺悟樹', '성도수成道樹'라고 불릴 수 있다.

전설에 의하면 석가모니는 이 나무 아래서 먹지도 마시지도 않고 풀 베는 사람이 그에게 준 길상초를 깔고 그 위에 앉아 명상과 고행을 시작하였다고 한다. 석가는 일찍이 '만약 성불(최고지혜의 획득)을 하지 못한다면 결단코 일어나지 않으리라'라는 서원을 하였다. 그리하여 나무 아래 7주야를 앉아 있었는데, 그 간에 비가 내리고 바람이 불 때면 수신樹神, 바로 한명의 천녀天女가 나무 잎을 사용하여 바람을 막고 비를 가려 주었다. 석가는 결국 마왕과 그의 무리들의 도전을 물리쳐서 승리하고, 마지막 날 밤의 어두움이 새벽의 여명을 맞아 스러져간 후에 밝게 눈이 열려 생사의 윤회가 완전히 끝나지 않는 모습과 고뇌를 직시하고 12인연을 거꾸로 관조하게 되어, 받은 마음으로 자성의 본질[明心見性]을 보고, 위대한 지혜를 철저하게 깨달아[大智徹悟] 성불을 하게 되었다.

석가모니는 이 나무 아래에서 성불을 한다. 이 나무는 당연히 '신의 나무[神樹]', '성스러운 나무[聖樹]'가 되며, 저 부처를 수호하였던 천녀는 자연히 '나무의 신[神樹]'이라 불리게 된다. 이 나무는 '각오수覺悟樹', '성도수成道樹'라고 불리게 되니, 범어로는 '보리수'라고 불리고, 저 천녀는 '보리수신菩提樹神'이라고 불린다. 보리수신은 석가의 성불 전에 그의 주변에서 수호를 하였으므로 응당 불교의 가장 이른 시기의 호법신이라고 하겠다.

　보리수의 원래 이름은 화발라수華鉢羅樹인데 상록교목常綠喬木으로 계란 모양의 나뭇잎과 황백색의 줄기를 하고 있고 열매로는 염주를 만들 수 있다. 인도가 원산지인데, 전하는 바에 의하면 남조南朝의 양梁나라 화상인 지약智藥이 천축(인도)으로부터 가져다 이식하여 중국의 운남云南과 광동廣東에 심었다고 한다. 석가가 득도한 곳은 '보리가야菩提伽倻'라고 하는데 그 의미는 '증성정각처證成正覺處'이다. 오늘날 인도의 동북부 비합니방比哈爾邦 가아성加雅城 남쪽 11키로 되는 지점이다. 이곳에 현존하는 보리수는 전설에 의하면 원래 나무의 증손인데, 지엽이 무성하여 하늘을 가릴 정도이다. 나무 아래에는 아직도 풀로 만든 의자를 상징하는 석각의 금강석 의자가 있다. 부처는 성도하여 풀로 만든 자리를 벗어나서 북쪽을 향하여 동서로 나무 주위를 돌았는데, 걸음마다 연화가 피어나 18연화를 이루었다는 전설이 있다. 서방 불교국가의 승려는 항상 분향하고 꽃을 뿌리며, 나무를 돌면서 예를 올리는데, 모두 여기에서 연원한 것이다.

第七十九世尊雙林入定星象一段

귀자모

저명한 사천四川의 대족석각大足石刻 중 북산北山에 있는 한 동굴은 가리제모굴珂利帝母
屈이라고 불린다. 굴 속의 조각된 것들 중 주신은 중국 고대 귀부인의 모습을 하고 있
는데, 머리에는 봉관鳳冠을 쓰고 몸에는 기다란 원령보의圓領寶衣를 걸치고 발에는 운두
혜云頭鞋를 신고, 용두고배龍頭靠背 의자에 앉았다. 좌측 손에는 작은 아이를 안고, 우측
손은 무릎 위에 두었다. 좌우로는 각각 한명씩 시녀가 모시고 서 있는데, 살집이 풍부
한 유모의 모습으로, 각각 어린아이를 하나씩 품에 안고 젖을 먹이고 있다. 굴 안에는
전체 9명의 어린아이가 조각되어 있는데, 서 있는 것도 있고 앉아 있는 것도 있으며,
팔을 뻗고 있는 것도 있고 다리를 굽히고 있는 것도 있는데, 천진난만하고 생기발랄한
모습이다. 굴 밖에는 짝을 이루는 글귀가 새겨져 있다.

상서로운 기린이 징조를 드러내지 않으면 후사를 이어갈 인연이 없으니　　祥麟不祚无緣嗣
위엄있는 봉황은 선을 쌓은 집만을 골라서 찾아드네　　　　　　　　　　威鳳偏臨積善家

이 굴을 백성들은 '송자전送子殿'이라 부르고 저 여인은 송자낭낭送子娘娘이라고 부른다. 실
로 이것은 널리 존경받는 신선인데, 가리제모가 그녀의 이름이다. 그 뜻은 '폭악모暴惡母',

아름답고 단정한 귀자모는 본래 악신인 모야차이다. 그녀가 사람을 먹고 살므로 '폭악모'라고 한다. 이 소야차는 출생할 때 아주 아름다웠고, 야차들이 보고는 아주 기뻐하였으므로, 그녀에게 '환희'라는 이름이 주어졌다. 그러므로 '환희모'라고도 한다. 그녀가 5백 귀자의 어머니이므로 세속에서 귀자모라고 부르는 것이다.

'환희모歡喜母'인데, 세속에서는 '귀자모鬼子母'라고 부른다. 이 아름답고 단정한 귀자모는 본래 악신인 모야차母夜叉이다. 그녀가 사람을 먹고 살므로 '폭악모'라고 한다. 이 소야차는 출생할 때 아주 아름다웠고, 야차들이 보고는 아주 기뻐하였으므로, 그녀에게 '환희'라는 이름이 주어졌다. 그러므로 '환희모'라고도 한다. 그녀가 5백 귀자의 어머니이므로 세속에서 귀자모라고 부르는 것이다.

그녀는 왜 사람을 먹고 사는가? 『불설귀자모경佛說鬼子母經』 등의 여러 책에 의하면 과거 왕사성王舍城에서 대법회가 거행되었을 때, 어떤 사람들이 5백 명 모여 법회에 갔는데, 도중에 임신한 양치기 여자를 만나 그녀에게 권해 같이 가게 되었다고 한다. 양치기 여자는 너무 좋아서 뛰고 춤추고 하다가 느닷없이 유산을 하고야 만다. 일행은 그녀를 조롱하고는 법회에 참가하러 갔고, 양치기

鬼子母羅剎諸神衆

여인은 고뇌에 빠졌으며, 한편으로는 나쁜 서원을 하게 된다. "나는 내세에 왕사성에 태어나 사람의 아이를 먹으리라." 훗날 그녀는 약차녀藥叉女로 태어나 다른 약차와 결혼을 하고, 500명의 아이를 낳아 귀자모가 되며, 매일 어린아이를 먹으며 살았다.

여래불은 이런 사실을 알고는 그녀의 아이 하나를 숨긴다. 귀자모는 아이를 생각하며 아주 비통해 하다가 아이가 부처에게 있음을 알고 자신의 아이를 돌려달라고 한다. 여래는 말한다. "너는 5백 명의 아이가 있는데도 그 중 한 아이로 인해 이렇게 마음이 아파하면서 네가 먹는 사람들의 집에는 다만 한 아이만 있다는 것을 생각하지 못하느냐?" 귀자모는 꿈속에서 깨어난 듯 갑자기 깨달음을 얻고 불문에 귀의하여 호법신이 된다. 그녀는 불교를 수호하는 20제천二十諸天 중 하나가 되며 귀자모천('천天'은 바로 '신神'의 뜻임)이라고 불려진다.

고대 인도에서는 귀자모를 받드는 사원이 아주 많았다. 항상 문간방이나 주방에서 귀자모에게 공양을 올리며 복을 빈다. 그녀는 중국에 들어온 후 나머지 19천과 같이 대웅보전에 양측으로 배치되어 불조를 수호하게 된다. 민간에서는 그녀에게 많은 자식이 있으므로 그녀를 송자낭낭, 송자관음으로 받들고 예배를 올리며, 그녀의 과거의 허물에 대해서는 거의 알지 못한다.

사원에서 수륙도장水陸道場[水陸齋 : 수로와 육로에서 죽은 사람의 혼령을 위로하는 재齋]을
열 때 내거는 백폭 이상의 수륙화 중에는 일반적으로 귀자모와 그 무리들의 형상이
그려지곤 한다.

마리지천

마리지천은 여성신이다. 마리지천은 범어 '마리치데바Maricideva'의 음역인데, 그 뜻은 '양염陽焰', 즉 '광염光焰'이다. 이 천신은 신통력이 커서 '몸을 숨기는 방법이 지극히 뛰어나다.' 『마리지천경摩利支天經』은 다음과 같이 말한다.

마리지라는 이름의 천(신)이 있다. 신통력이 있어서 항상 태양 앞에서 움직여도 태양은 그를 보지 못하나 그는 태양을 본다. 아무도 그를 보지 못하고, 아무도 그를 알지 못하며, 아무도 그를 해치지 못한다. 아무도 그를 속이지 못하고, 아무도 그를 붙잡지 못하고, 아무도 그에게 재물을 빚지지 못하고, 아무도 그를 벌하지 못한다. 원수를 두려워하지 않고 그 편리를 얻을 수 있다.

생각하여 보라. 불교는 이 찬란하고 신비한 태양의 광선을 인격화한 것이다. 불경은 그가 인간을 구원하여 일체의 재앙으로부터 벗어나게 할 수 있다고 한다. 마리지천은 천녀의 모습을 하고 손에 연화를 들었으며 몸에는 백의를 걸치고 머리에는 보탑을 썼다. 금색의 돼지 모양을 한 의자에 앉아서 돼지의 무리에 둘러싸여 있다.

한화사漢化寺에서는 그녀가 몸에 홍색의 천의天衣를 걸치고 머리에 보탑寶塔을 쓴 모

摩利支天

마리지천은 여성신이다. 천녀의 모습을 하고 손에 연화를 들었으며 몸에는 백의를 걸치고 머리에는 보탑을 썼다. 금색의 돼지 모양을 한 의자에 앉아서 돼지의 무리에 둘러싸여 있다.

습이다. 그 탑 안에는 비로차나불毘盧遮那佛(바로 '대일불大日佛'이다.)이 모셔져 있다. 세 개의 머리에 8개의 팔을 한 모습이다. 각각의 머리에는 다 눈이 세 개씩 달려 있는데, 정면의 머리는 온유한 웃음을 띠고 있는 보살의 얼굴이며, 좌측의 머리는 돼지의 얼굴에 원숭이의 이빨을 하고 혀를 빼문 모습이고, 우측의 머리는 어린 여자아이의 얼굴이다. 여덟 개의 팔에는 각각 밧줄, 활, 꽃나무 가지, 방망이, 바늘, 갈고리 등등을 들고 있다. 발 옆으로는 야생 돼지 한 마리가 있다.

일궁천자

    일궁천자는 인도 고대 신화 속의 태양신으로부터 기원한다. 고인도의 태양신은 소리야蘇利耶(Surya, 수리야)라고 불렸는데, 파라문교와 인도교의 가장 오래된 경전 『이구페타梨俱吠陀』에는 태양신 소리야에게 바쳐진 10수의 시편이 있다.

    소리야의 인격화된 특징은 분명하지 않다. 대부분의 경우에 그는 하나의 눈동자를 하고 인간을 내려다보며 선악을 분별하는데 눈빛이 마치 전류와도 같다. 그는 동방에서 태어났는데, 노래를 부르면서 천문을 나서서 천지를 순행하고, 밝은 대낮과 어두운 밤을 나누어 준다. 태양신은 광명을 흘려내 세계를 비추고 암흑, 질병, 적을 몰아낸다. 소리야는 감로를 사용하여 사람들의 질병을 치료한다. 소리야는 하늘기둥을 떠받들고 있으며 하늘은 그에 의지하여 유지된다. 사람들은 그에게 재물, 복, 수명, 자식 등을 달라고 기도한다. 훗날의 신화로 나아가면 태양신 소리야는 점차 세계적인 보호신 중 하나가 된다.

    소리야는 불교의 보호신으로 흡수된 후 일천日天, 일천자日天子, 일궁천자日宮天子로 불리게 되었다. 다른 이름으로는 보광천자寶光天子, 보의천자寶意天子가 있다. 불경에서는 그가 관음보살의 변신이고, 태양 속에 주재하며, 태양 속에 그의 궁전, 일궁이 있다고 한다. 일궁은 규모가 비교할 게 없을 정도로 큰데, 『입세아비현론立世阿毗懸論』「일월

일궁천자는 인도 고대 신화 속의 태양신으로부터 기원한다. 고인도의 태양신은 소리야라고 불렸는데, 파라문교와 인도교의 가장 오래된 경전 『이구폐타』에는 태양신 소리야에게 바쳐진 10수의 시편이 있다. 소리야의 인격화된 특징은 분명하지 않다. 소리야는 감로를 사용하여 사람들의 질병을 치료한다. 소리야는 하늘기둥을 떠받들고 있으며 하늘은 그에 의지하여 유지된다. 사람들은 그에게 재물, 복, 수명, 자식 등을 달라고 기도한다. 훗날의 신화로 나아가면 태양신 소리야는 점차 세계적인 보호신 중 하나가 된다.

행품日月行品」에서는 다음과 같이 말한다. "(일궁은) 51유순由旬(1유순은 30리, 혹은 40리와 같다.)만큼 두텁고, 51유순 정도의 넓이이며, 둘레는 153유순이다. 이 일궁의 전각은 파리頗梨가 완성시킨 것으로 적금으로 뒤덮었다. 불길은 크게 나누어지는데, 아래쪽에서는 더욱 복잡하게 나누어지며, 아래쪽에서는 빛 역시 가장 강하게 나타난다. 이것은 그 위쪽이 금성金城으로 둘러싸여 있기도 하다."

그 형상을 살펴보면 얼굴과 가슴의 살갗은 홍색이고, 좌우의 손에는 각각 하나씩의 연꽃 줄기를 들었으며, 네 필의 말이 끄는 큰 마차를 타고 있다. 손에 둥근 태양을 받들고, 3필 내지 8필(5필 짜리가 많다.)의 말을 탔다.

수륙도장에서 사용하는 수륙화 중에 보이는 일궁천자는 머리에 면류관을 쓰고 쌍수를 들어 홀을 받들고 있는 남성제왕의 형상이다.

월궁천자

월궁천자는 또 월천자月天子, 월천月天, 대백광신大白光神, 야토형신野兎形神, 보길상寶吉祥 등으로 불려진다. 월천은 월궁에 주재한다. 이 월궁은 불경에서 정방형의 건축으로 길이와 넓이가 각각 49유순이고, 공히 일곱겹 담장에 둘러싸여 있으며, 7보로 장식되어 있는 것으로 말하여진다. 이 궁전은 순전히 천은天銀과 천청유리天靑琉璃를 섞어서 만들었다. 재미있는 것은 여기 월궁천자의 대궁전 안에는 큰수레 하나가 있는데, 이것이 청유리靑琉璃로 만들어졌다는 것이다. 이 수레는 높이가 16유순(20킬로미터)이고, 넓이는 8유순(125킬로미터)이다. 월천자와 제천녀諸天女는 이 수레 안에서 '즐겁게 화합하고, 기쁘게 즐기면서 편하게 행동'할 수 있다. 이 특이하기 이를 데 없는 옥수레가 어떻게 움직일 수 있는 것인가? 일천이 아미타불의 우협시인 관음보살의 화신이라는 이야기가 있으므로, 월천은 또 아미타불의 우협시인 대세지보살의 화신이라는 이야기를 하기도 한다. 그러므로 이것을 '보길상', '보길상천寶吉祥天'이라고 부른다. 월천을 또 '야토형신'이라고 부르는 것에는 고대에 이것과 연관된 전설이 있다. 고인도인들은 중국의 옛날 풍속과 똑같이 달 속에는 토끼가 산다고 하였는데, 실제로 그것은 달 속에 보이는 어두운 부분과 토끼의 측면 모습이 서로 비슷한 데에서 오는 신화전설이다. 토끼가 달과 연결되는 것에는 재미있는 불교의 전설이 있다.

月宮天子

월궁천자는 또 월천자, 월천, 대백광신, 야토형신, 보길상 등으로 불려진다. 월천의 형상은 본래 남성이다. 백색의 살갗을 가졌으며, 손에는 위쪽이 반월형으로 된 지팡이를 들었고, 세 마리 거위가 끄는 수레를 탄 모습이다. 불교는 그를 후비, 월천비와 짝을 지워 준다. 백색의 얼굴을 하고 청연화를 손에 든 여인이다. 대략적으로 말하자면 일천과 짝을 이루어야 하였으므로 한화사에서는 월천을 여성의 조각으로 만든 것이라고 하겠다.

여우, 토끼, 원숭이가 있었는데, 서로 좋아하였다. 이때의 제석은 보살행을 닦으려는 사람이었는데, 영혼이 지상으로 내려와 모습을 바꿔서 노인이 되었다. 그가 세 짐승을 향해 말하였다. '그대들은 평안히 잘 지내는가? 슬픈 일이나 두려운 일은 없는가?' 짐승들이 말하였다. '짙푸른 풀밭을 걷고, 무성한 숲에서 노닐며, 다른 종류의 동물들과 같이 즐기니 평안하고 행복합니다.' 노인이 말하였다. '여러분들의 정의가 도탑고 뜻이 주밀하다고 하여 폐가 클 것이라는 점을 무릅쓰고 이렇게 멀리 찾아보러 온 것이오. 지금 아주 배가 고픈데, 어떻게 먹을 것이 있겠소?' 그들이 말하였다. '잠시 여기서 기다리십시오. 저희가 방법을 찾아보겠습니다.' 그들은 자신의 사정을 돌아보지 않고 한 마음으로 길을 나누어 음식을 구하러 갔다. 여우는 해변을 따라 나가 물고기 한 마리를 잡아 왔고, 원숭이는 숲의 나무를 뒤져 기이한 과일을 따왔다. 그들은 같이 와서 노인에게 가져 온 것을 올렸다. 오직 토끼만은 헛되이 여기저리를 찾아다니기만 할 따름이었다. 노인이 말하였다. '내가 보기에 너희는 완전히 화합하지를 못한 듯하다. 원숭이와 여우는 같은 뜻을 가졌으나 각각의 능력만으로 애를 썼고, 토끼는 혼자서 헛되어 떠돌아 혼자만 먹을 것을 만나지 못한 것이다. 이 말을 잘 헤아려보면 진실로 너희가 화합하지 못하였음을 알 수 있을 것이다.' 토끼는 그 말을 듣고 불평하면서 여우와 원숭이에게 말하였다. '풀을 많이

모아 놓으면 우리의 화합된 모습을 보여줄 방법이 있을 것이다.' 여우와 원숭이는 다투어 풀을 묶어 나르고 나무를 끌어와서 높이 쌓았다. 불을 질러 쌓아놓은 초목더미를 사르며 토끼가 말하였다. '인자여! 비천한 나의 몸으로 구하고자 하는 바는 이루기 어려우니, 감히 미천한 이 육신으로나마 한 끼 식사를 하십시오.' 말을 끝내고 불 속으로 뛰어들어 바로 타 죽고야 말았다. 이때 노인이 제석의 모습을 드러내며 불을 끄고 유해를 거두고는 오래 탄식하고 있다가 여우와 원숭이에게 말하였다. '하나는 어찌 이 지경에 이르렀는가. 나는 그 마음에 감동하여 그 흔적을 없애고 싶지 않으니, 월륜에 맡겨서 후세에 전하여지게 하리라.' 그러므로 달 속에 토끼가 있다고 다들 말하는 것은 여기서부터 비롯된 것이다.

이 고사는 불문에서 헌신적인 정신을 고취시키기 위한 것이다.

월천의 형상은 본래 남성이다. 백색의 살갗을 가졌으며, 손에는 위쪽이 반월형으로 된 지팡이를 들었고, 세 마리 거위가 끄는 수레를 탄 모습이다. 불교는 그를 후비后妃, 월천비月天妃와 짝을 지워 준다. 백색의 얼굴을 하고 청연화靑蓮花를 손에 든 여인이다. 대략적으로 말하자면 일천日天과 짝을 이루어야 하였으므로 한화사漢化寺에서는 월천月天을 여성의 조각으로 만든 것이라고 하겠다.

4대천왕(4대금강)

불교의 나라에서 가장 이름이 높은 신장으로는 아마도 4대천왕이 말하여질 것이라고 여겨지는데, 4대천왕은 속칭 4대금강이라 한다. 그들 넷은 천왕전 안에서 같이 받들어 모셔진다. 4대천왕의 내력을 이야기하자면 부득이 불교적 우주 공간 관념을 소개하지 않을 수 없다.

불교는 인도 고대의 신화와 전설, 그리고 고대의 인도교 중 '천天'과 관련된 여러 가지 이야기를 흡수하여 '3계설三界說'을 제출한다. 3계는 바로 욕계欲界, 색계色界, 무색계無色界 인데, 세간의 모든 '유정중생有情衆生'[감정을 갖는 중생]은 모두 3계중에서 윤회전생 한다. 열반경계에 이르러 성불을 한 연후에야 비로소 3계를 벗어나 불생불멸하는 서방정토, 즉 극락세계로 들어갈 수 있는 것이다. 3계 중 욕계는 가장 낮은 세계인데, 인류사회가 여기에 놓여지고, 지옥, 아귀, 축생도 여기 자리 잡으며 제천신 역시 이곳에 위치한다. 그러나 천신은 이 세계의 천상에 거주하는데, 천은 여섯겹으로 되어 있으니, 바로 '6욕천六欲天'이다. 첫 번째 하늘은 '4천왕천'이라 부르는데, 인간세상과는 가장 가까운 곳이다. 이곳이 바로 4대천왕이 주재하는 곳이다.

불경에서는 4천왕천이 유명한 수미산의 허리에 위치한다고 말한다. 그곳에는 건타라산犍陀羅山이 솟아 있는데, 이 산에는 4산봉四山峰이 있는데, 수미4보산須彌四寶山이라고

四大天王(四大金剛)

불교의 나라에서 가장 이름이 높은 신장으로는 아마도 4대천왕이 말하여질 것이라고 여겨지는데, 4대천왕은 속칭 4대금강이라 한다. 그들 넷은 천왕전 안에서 같이 받들어 모셔진다. 4대천왕 중 가장 큰 뜻을 이룬 것은 북방의 다문천왕 비사문이다. 그는 고인도교의 천신 중 하나인데 또한 시재천이라는 이름으로도 불렸다. 인도의 고대 신화 속에서 그는 이미 북방의 수호신이고, 또 재부의 신이다. 이 위대한 재신은 그렇기 때문에 4천왕 중에서 신도가 가장 많다.

불리며, 높이가 336만리이다. "4보로 이루어졌는데, 동면東面은 황금黃金, 서면西面은 백은白銀, 남면南面은 유리琉璃, 북면北面은 마노瑪瑙이다. 천왕은 각각 그 중의 한 산에 거주한다."(『집설전진集說詮眞』) 4천왕의 임무는 각각 한 방향의 세상을 보호한다. 바로 불교에서 이야기하는 수미산의 사방인 동승신주東勝神洲, 남섬부주南瞻部洲(중국은 여기에 있다.), 서우하주西牛賀洲, 북구로주北俱盧洲이다. 그러므로 4대천왕은 또 '호세4천왕護世四天王'이라고도 한다. 4천왕은 각각 91명의 자식을 갖고 있다. 그들은 4천왕을 보좌하여 공간 10방, 즉 동, 서, 남, 북, 동남, 서남, 동북, 서북, 그리고 상, 하를 수호한다. 4대천왕의 수하로는 또 각각 8위대장이 있어서 각각의 방위에 속한 산과 강, 수풀 그리고 지방의 작은 신들을 관리하고 돕는다. 이들 대장의 무리들 중 첫머리에 놓이는 것은 서태書駄인데 전문적으로 출가인을 보호하므로 승니들의 존경을 받는다.

4대천왕의 명칭과 형상은 다음과 같다.

동방東方 지국천왕持國天王 이름은 다라탁多羅吒, 몸은 백색, 갑주를 입고 손에 비파를 들었다. 다라탁은 범어의 음역인데, 의미는 '지국持國'이다. '지국'의 의미는 자비를 마음속에 품고 중생을 보호한다는 것이다. 그는 수미산 황금타黃金埵에 주재하는데, 그는 음악을 주관하는 신이므로 손에 비파를 들고 있다. 음악을 사용하여 중생으로 하여금

지국천왕持國天王

증장천왕增長天王

불교에 귀의하게 만든다는 것을 표명하고 있는 것이다.

　　남방南方 증장천왕增長天王　　이름은 비유리毗琉璃, 몸은 청색, 갑주를 입었고, 손에는 보검을 들었다. '비유리'는 범어의 음역인데, 의역은 '증장增長'이다. '증장'은 중생들에게 영을 전하여 선의 근거를 증장시키고 불법을 수호한다는 의미이다. 그는 수미산 유리타琉璃埵에 주재하는데, 손에는 보검을 짚고 불법을 수호하여 침범 받지 않게 노력한다.

　　서방西方 광목천왕廣目天王　　이름은 비유박차毗留博叉, 몸은 백색, 갑주를 입었고, 손에는 용 한 마리가 얽혀있다. 비유박차는 범어의 음역인데, 의역은 '광목廣目'이다. '광목'은 맑은 천안으로 수시로 세계를 관찰하고 인민을 보호한다는 의미이다. 그는 수미산 백운타白雲埵에 주재하며 모든 용들의 영수가 된다. 그러므로 손에는 한 마리 용을 두르고 (적색 밧줄을 갖고 있는 것도 있다.) 불교를 믿지 않는 사람이 오는 것을 보면 밧줄을 써서 붙잡아서 불교에 귀의하도록 만든다.

광목천왕廣目天王

다문천왕多聞天王

북방北方 다문천왕多聞天王　이름은 비사문毗沙門이고, 몸은 녹색이며, 갑주를 입었다. 오른손에는 보화로 된 우산(보화 깃발이라고도 한다.)을 들고, 왼손에는 신서神鼠, 즉 은서銀鼠를 잡고 있다. 비사문은 범어의 음역으로, 의역은 '다문多聞'이다. '다문'은 복福, 덕德의 명성을 세상에 떨친다는 것을 비유한 것이다. 그는 수미산 수정타水晶埵에 주재하며, 손에는 보화 우산을 들고 그것으로 마귀의 무리들을 복종시키며, 사람들의 재물을 보호하여 준다.

　4대천왕 중 가장 큰 뜻을 이룬 것은 북방의 다문천왕 비사문이다. 그는 고인도교의 천신 중 하나인데 또한 시재천施財天이라는 이름으로도 불렸다. 인도의 고대 신화 속에서 그는 이미 북방의 수호신이고, 또 재부의 신이다. 이 위대한 재신은 그렇기 때문에 4천왕 중에서 신도가 가장 많다. 돈황敦煌 벽화 속의 비사문 그림은 그가 바다를 건너 불법을 전파할 때마다 항상 돈과 재물을 흩어주는 모습으로 그려져 있다.

비사문천왕이 두각을 나타내는 것은 당나라 시대이다. 전설에 의하면 천보天宝 원년(742), 안서성安西城(지금의 신강新疆 고차현庫車縣)이 번병蕃兵[절도사 지배하에 있는 지반 정권을 번국蕃國이라 하였음.]에게 포위되었을 때, 구원을 해 달라고 청병을 한 적이 있었다고 한다. 그러나 안서의 길이 멀어서 단시간에 구원병이 도착하기는 어려운 사정이었으므로, 당명황唐明皇(玄宗)은 불공화상不空和尙에게 북방 비사문천왕의 신병이 구원해 주기를 요청하였다고 한다. 이리하여 천왕이 금신으로 성의 북문 루상에 출현하여 광명을 뿜어내게 된다. 동시에 '금서金鼠'는 적군의 활줄을 물어 끊고, 모두 금갑옷을 떨쳐입은 3~5백 신병은 북소리와 함성으로 주변 3백리를 울려 땅이 흔들리고 산이 무너질 정도였다. 번병들은 크게 두려워 바람을 맞으며 도망하였다. 당 현종은 보고를 받고 크게 기뻐하며 모든 절도사들에게 칙령을 보내 임지의 모든 성 서북쪽 모퉁이에 천왕의 형상을 비치하고 모두 공양하라 하고, 불사들 역시 별도의 건물을 지어 천왕을 안치시키라고 한다.

사실 비사문천왕은 당나라 때 한 시대를 진동시키고 큰 바람을 불러 일으켰다. 이것은 불공화상의 대대적인 선양 덕분이기도 하다. 불공은 『비사문의궤毗沙門儀軌』를 번역하면서 말미의 기록에 위의 전설을 적었다. 이 일은 물론 황당무계한 이야기에 속하지

만, 당 현종은 그 일이 실제였음을 인정하였고, 자기가 천왕의 도움을 받는다는 근거로 이용하였다. 현종은 '모든 도와 주, 부에서는 성의 서북쪽과 병영의 요새에 천왕의 조상을 모시고 공양할 것이며, 불사 또한 별도의 건물을 만들어 천왕을 안치하라'는 칙령을 내렸다. 이 후 비사문천왕은 또 군대의 보호신으로도 받아들여져서 성루, 군영 등에는 어디서나 천왕묘, 천왕당을 건립

하였고, 심지어는 군기에도 천왕의 형상을 그렸다. 당시의 세속에서는 문신으로도 천왕의 형상을 새겼고, 그것으로 '신력神力'을 얻을 수 있다고 생각하였다.

당 헌종 원화년간에 성도에는 조고趙高라는 이름의 유명한 지역 무뢰배가 출현하였는데, 시렁을 털고 싸움질 하는 것을 좋아하였고 나쁜 짓만을 일삼았다. 체포되어 옥에 수감되었을 때 옥리가 장을 치려하였으나 그의 등에 비사문 천왕상이 가득 그려져 있어 그것을 본 옥리는 감히 손을 움직이지를 못하였다. 조고는 이런 방법으로 놓여난 후 세상에 돌아다니며 많은 해를 끼쳤는데, 믿기지 않아하는 사람이 있을 정도였다. 절도사 이이간李夷簡이 이 이야기를 듣고는 대노하여 사람을 보내 조고를 잡아들였다. 부하를 불러 3촌 두께의 거치른 몽둥이를 들고 호되게 두들겨 패게 하였다. 조고는 심하게 맞아서 한차례 매타작에 정신이 나가 버렸고 두 차례 매타작에 열반을 하고야 말았다.

비사천왕은 송대에 아주 현달하여서 천왕묘가 모든 군영의 요새에 다 건립되었다.

이것은 사람들에게 『수호전水滸傳』 28편 「무송武松이 안평의 요새에 위엄있게 머물며 은혜를 베풀어 쾌활림을 빼앗는 이야기」 중에서 무송이 뇌성牢城에 있을 때 병영 안 천왕당 앞에서 무게가 4~5백 근이나 나가는 돌받침을 들어 올리는 엄청난 일을 연출하는 일, 제9편에서 임충林沖이 창주滄州에 배치 받은 후 뇌성 병영 안에서 천왕당을 관리하는 처량한 모습 등의 장면을 상기하게 만들어 준다. 비사문 천왕에 대한 신앙은 원나라 시대에 이르면 점차적으로 쇠퇴한다. 그것에 대신하여 나타난 것이 중국화된 탁탑이 천왕이다(탁탑이천왕托塔李天王 절에 상세하게 기록되어 있다.).

신마소설 『봉신연의封神演義』 안에 보이는 4대천왕은 철저하게 중국화된 모습이다. 이 책 속에서 4대천왕은 상商나라시대 가몽관佳夢關의 마씨집안 네 장군으로 묘사되는데, 명을 받들어 주나라 무왕의 대군에 저항하는 역할을 수행한다. 비파를 든 사람은 이름이 마예해魔禮海인데 비파줄을 튕기면 주나라 병사들을 줄줄이 들판의 시신으로 만들 수 있다. 보검은 든 사람은 이름이 마예청魔禮青인데 "이 도를 맞은 사람은 사지가 가루처럼 다져질 것"이라고 한다. 금낭錦囊(용이나 옥 끈이 아니다.)을 든 사람은 이름이 마예수魔禮壽인데, 주머니 속에는 화호초花狐貂가 들어있다. 화호초는 양 옆구리에 날개가 달려 있는데 일단 그것이 펼쳐지면 "능히 모든 사람을 잡아먹을 수 있다." 보번寶幡을 들고 있는 사람은 마예홍魔禮紅인데, 수중의 깃발은 '혼원산混元傘'이라고 한다. 이 깃발을 한번 펼치면 "하늘과 땅이 어두워지고 해와 달이 빛을 잃는다." 이들 네 형제는 주紂 임금을 도와 학정을 행하였고 결국 모두 죽어 나갔다. 죽은 후 그들은 강자아姜子牙의 명을 받들어 '4대천왕'이 되고, 불교의 땅을 수호하였다.

『서유기西遊記』에서 4대천왕은 옥황대제玉皇大帝에 의해 파견되어 남천문南天門을 지킨다. 여래불이 거주하는 영산靈山의 성지에 있는 뇌음보찰雷音寶刹 앞에는 또 4대금강이 파수를 본다.

4대천왕은 중국의 사찰에서 비단 그 모습만 철저하게 중국화 된 것이 아니라 모두 중국의 고대 무장 신분을 갖추어서 중국식의 의미가 부여되고 있다. 『봉신연의』에 보면 강자아가 태상원시太上原始의 명을 받들어 마씨 4형제를 칙령으로 봉하면서 다음과 같이 말하는 것이 기술되어 있다. "지금 특히 칙령으로 너희를 4대천왕의 직책에 봉하니 서방의 가르침을 보필하고, 지·수·화·풍의 위상을 세워 나라와 백성을 보호하고 바람과 비를 순조롭게 다스리는 권한을 행하라. 영원히 그 직책을 맡을 것이니 새로운 명령을 받을 필요가 없노라."

증장천왕增長天王 : 마예청魔禮靑. 청광보검靑光寶劍 하나를 들고 풍직風職을 수행함.

광목천왕廣目天王 : 마예홍魔禮紅. 벽옥비파碧玉琵琶 하나를 들고 조직調職을 수행함.

다문천왕多聞天王 : 마예해魔禮海. 혼원진주산混元珍珠傘을 들고 우직雨職을 수행함.

지국천왕持國天王 : 마예수魔禮壽. 자금용화호초紫金龍花弧貂를 가지고 순직順職을 수행함.

이들 중 광목과 지국 두 천왕의 법보法寶와 설법說法은 아주 상반된다.

청淸나라 적호翟灝의 『통속편通俗篇』은 다음과 같이 말한다. "사찰 안의 4대금강은 각각 한 가지씩 기물을 들었는데 세속에서는 '풍조우순風調雨順' 네 글자로 이야기한다. 검을 잡은 금강은 '풍'이고, 비파를 든 금강은 '조'이며, 산을 든 금강은 '우'이고, 용을 잡은 금강은 '순'이다. '풍조우순'은 또한 '5곡의 풍성함', '천하태평'을 암시한다." 옆으로 쭉 찢어진 분노한 모습의 눈, 용맹하고 위엄있는 불교의 호법천신은 도리어 중국 백성들의 미학적 이상을 부여받아서 중국민족이 전통적으로 가지고 있었던 심리의 일단을 드러내 보여준다.

서태

항주杭州의 영은사靈隱寺는 중국 선종의 10대 명찰 중 하나이다. 사찰의 기세는 웅장하고 아주 장엄하다. 가장 앞에 있는 것은 천왕전天王殿인데, '운림선사云林禪寺'라는 편액을 걸고 있다. 이것은 청淸나라 시대 강희황제康熙皇帝의 수적이다. 대전으로 들어가면 윗옷을 벗은 미륵불이 웃으며 방문객을 맞고, 양쪽 옆으로는 4대천왕이 단정한 모습으로 앉아 있는데 이들은 '풍조우순風調雨順'을 상징한다. 미륵불의 배후에 있는 감실 안에는 손에 항마저降魔杵[저는 절구공이 모양을 한 고대의 무기임.]를 든 젊은 장군이 대웅보전을 바라보며 위엄있게 서 있다. 이 신상은 향장목香樟木으로 조각한 것으로 조형미가 우아하고 조각이 정밀한 남송시대의 유물인데, 지금까지 700년의 역사가 흐른 것이다. 이 신장은 불교의 호법신인 서태이다. 중국 각지의 사찰에 있는 천왕전 안에 있는 서태의 조각상은 이런 방식으로 안치되어 있지 않은 경우가 없다. 서태장군은 어째서 미륵불의 등 뒤에서 대웅보전을 바라보며 자리잡고 있게 된 것인가?

서태와 형합2장哼哈二將[사찰을 수호하는 두 인왕仁王], 4대천왕은 함께 불사를 수호하는데 각각 역할을 분담하여 수행한다. 서태는 또 서태곤書馱琨, 서태천書馱天, 서태보살書馱菩薩이라고도 부른다. 그는 남방 증장천왕 수하의 8장군 중 하나이다. 4대천왕 수하에는 각각 8대장이 있으니 전부 32장군이다. 서태는 그 중의 우두머리이다. 불서에서는 여래불이

書馱

서태와 형합2장, 4대천왕은 함께 불사를 수호하는데 각각 역할을 분담하여 수행한다. 서태는 또 서태곤, 서태천, 서태보살이라고도 부른다. 그는 남방증장천왕 수하의 8장군 중 하나이다. 4대천왕 수하에는 각각 8대장이 있으니 전부 32장군이다. 서태는 그 중의 우두머리이다.

입멸하기 전에 법지를 서태에게 내려 출가인과 불법을 보호하라 하였다고 이야기한다. 서태의 전신은 인도교 3대신 중 하나인 습파濕婆(불교의 대자재천大自在天)의 아들 색건타塞建陀인데 원래는 천신군대의 총사였다(대자재천 부분을 참고).

서태는 불국의 '신행태보神行太保[신같이 움직이는 호걸, 움직임이 빠른 호걸의 의미이다.]'이다. 나르듯 잘 걷는다는 의미의 호칭이다. 불교 전설에는 여래가 입멸한 후 불 속에서 재가 되었을 때 '첩질귀捷疾鬼'[귀신같이 빠른 사람, 재빠른 귀신] 하나가 돌연 부처의 치아 두 개를 훔쳐 갔다고 전한다. 서태는 모습을 드러내고 명을 받아 추적하기 시작하였다. 첩질귀는 더욱 빠르게, 더욱 재주를 발휘하여 도망갔으나, 서태의 '비모퇴飛毛腿'[터럭을 날리며 걷는 사람, 빠른

사람를 뛰어넘을 수는 없는 노릇이었다. 서태는 결국 도적을 체포하여 부처의 치아를 회수하였다. 이 후 서태는 전적으로 부처의 묘지를 지키면서 묘지를 도굴하여 사리를 훔쳐가는 도적들을 막는 무거운 책임을 맡았다. 최초에 고인도의 불교 사원은 석가모니의 묘원墓院(탑원塔院이라고도 부른다.)에 부속된 사당으로부터 시작된다. 고인도의 불교 사원에서 탑은 다 산문의 안쪽, 대웅보전의 앞에 건립되었다. 이것은 당초의 사원은 석가의 묘원이었고, 탑은 석가의 분묘였으며, 대웅보전은 묘 뒤의 제향하는 건물이었다는 점을 알려준다. '탑'은 범어의 음역인데, '솔제파窣堵波', '부도浮圖'로 번역되기도 한다. 그 의미는 '사각의 분묘', '둥그런 묘총', 혹은 '영혼의 사원' 등이다. 탑의 최초 기능

은 부처의 사리[화장한 후에 남는 결정체를 매장하는 곳이었다. 후에는 고승의 사리나 뼛가루를 매장하는 외에 불경이나 각종 법물을 저장하기도 하였다. 그러므로 또 '불탑佛塔', '보탑寶塔'이라고도 불린다.

그러니까 최초의 불사는 탑이 중심이었던 것이다. 고인도의 사각탑(바로 석가의 분묘)은 대웅보전 전면의 중앙부분에 건립되었다. 그렇기 때문에 서태를 산문의 뒤쪽에 모시고 금강저를 손에 들고 크게 뜬 눈으로 대전 앞의 사각형 탑을 주시하도록 배치하는 것은 충실하게 불조의 영혼탑을 수호한다는 점을 표현하여 주는 것이라고 하겠다. 그러나 불교가 중국으로 들어온 후 사찰의 건물배치 방식은 크게 달라진다. 중국의 사찰은 대웅보전이 중심이고, 탑은 사찰의 중심축에서 비켜서서 주변으로 밀려난다. 대웅보전의 앞에는 비록 영혼탑이 배치되지 않게 되지만, 서태가 배치되는 위치에는 변화가 없이 후대에 이르기까지 계속 이어져 내려온다.

인도 혈통의 서태보살은 철저하게 중국화되어 진

짜 중국 고대의 무장으로 변한다. 그의 형상은 금투구와 금갑옷을 걸치고, 젊은 나이의 영준한 얼굴로 위풍도 당당하게 손에 금강저를 든 모습으로 만들어진다.

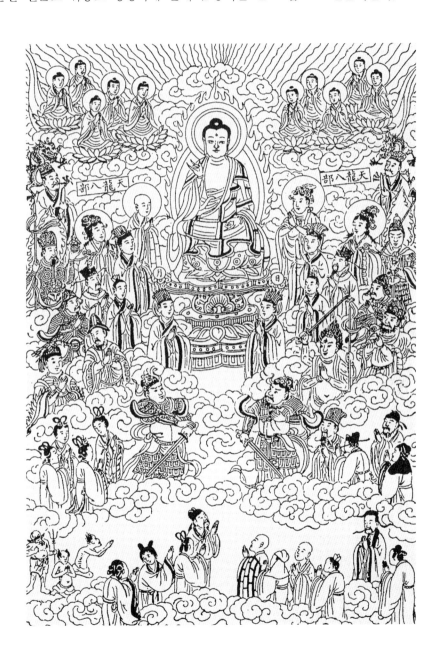

천룡팔부

사천四川 파중현의 성巴中縣城 남쪽 2리 되는 곳에 있는 화성산化成山 위에는 유명한 남감마애불상南龕磨崖造像이 있다. 이곳은 옛날에 '광복사光福寺'라고 불렸었다. 남감의 석각南龕石刻 중에는 1감8부一龕八部의 신상이 있으니 바로 천룡팔부이다. 이것은 조형미가 뛰어나고 기법이 정밀하니 진실로 불교 석조예술의 걸작이라 하겠다.

천룡팔부는 또 '용신팔부', '팔부중八部衆'이라고도 한다. 이 불교의 8대호법신은 숫자가 아주 많다. 구체적으로는 아래와 같다.

(1) 중천衆天

'천'은 '신'이다. 유명한 호법 20제천의 대범천, 제석천, 4대천왕, 서태, 염왕 등이 여기 속한다. 20제천은 항상 대웅보전의 양측에 받들어 모셔진다. 항주杭州 영은사靈隱寺, 북경北京 대혜사大慧寺, 대동大同 화엄사華嚴寺, 보타산普陀山 혜제사慧濟寺 등이 모두 그러하다.

(2) 중용衆龍

불경에서는 무수한 용왕이 있는데, 전적으로 구름을 부르고 비를 내리는 일을 주관한다. 이것과 중국의 용왕전설은 서로 아주 같다.

天龍八部

천룡팔부는 또 용신팔부, 팔부중이라고도 한다. 이 불교의 8대호법신은 숫자가 아주 많다. 중천, 중용, 야차, 건달파, 가루라, 긴나라, 아수라, 마후라가가 이에 속한다.

(3) 야차夜叉

북경北京 법원사法源寺 비로전 안에는 하나의 석제 수미좌須彌座 위쪽으로 거대한 천불 조각상이 있고, 그 위에는 5만 불이 안치되어 있다. 석제 대좌의 4면에는 역사를 두 손으로 받들고 있는 귀신형상이 새겨져 있는데, 이 작은 신은 불교의 호법8부중인 야차신이다. 야차신은 석굴의 조상 중에 어디서나 보인다. 예를 들어 운강석굴雲岡石窟 안에 돌을 깎아 만들어 놓은 탑의 최하층에는 사람을 두 손으로 떠받들고 있는 귀신형상이 노기를 잔뜩 띄고 있다. 탑의 모든 층에는 두 가지 무예를 익히는 자세를 취하고 있는 신상이 있다. 석굴 대문의 양편에는 손에 3지창을 든 수호 역사상이 조각되어 있다. 이것들은 모두 야차의 조각상이다. 사천 대족석각大足石刻의 약사불 감실 안에는 약사불의 아래쪽으로 야차신이 열둘 새겨져 있다.

야차는 범어의 음역인데 '약차藥叉'라고도 번역한다. 의미는 '능담귀能啖鬼', '첩질귀捷疾鬼', '용건勇健' 등이다. 야차에는 지야차地夜叉, 허공야차虛空夜叉, 비행야차飛行夜叉, 그리고 순해야차巡海夜叉 등이 있다. 야차의 숫자는 아주 많다. 예를 들어 북방 곤사문천왕昆沙門天王의 수하에는 야차8대장이 있어서 중생을 보호한다. 불교에는 16대야차(약차)

장이 있는데 대야차장 하나에게는 부하로 7천 소야차가 속하여 있으니 전부 10여만 명의 야차가 있는 셈이다. 지옥의 미신이 유행하게 된 이후, 또한 음지에서 활동하는 작은 귀신의 신분인 야차는 지옥 안의 형법을 시행하는 귀졸로 충당되기에 이른다.

야차는 또 항상 나찰과 함께 묶여 말하여진다. 나찰羅刹은 본래 인도 신화 속의 악마 인데 그 숫자가 아주 많다. 나찰은 나쁜 짓을 행하고 사람을 죽이며, 사람의 피와 살을 먹는다. 남성 나찰은 장성하면 검은 몸, 붉은 모발, 녹색 눈을 갖게 되니, 완전히 한 폭의 귀신 그림이다. 여성 나찰은 바로 나찰녀인데, 일반의 생각과는 달리 절세가인이 다.『서유기』중의 철선공주鐵扇公主도 아름다운 나찰녀이다. 나찰은 불교에 흡수된 후 에도 악귀 신분이 바뀌지 않는데, 8대나찰녀, 10대나찰녀, 5백나찰녀 등이 있다.

가루라迦樓羅(金翅鳥)

(4) 건달파乾達婆

향신香神이며, 악신樂神이다. 본래 파라 문교에서 숭배하던 집단신인데, 숫자가 6000 이상에 이른다. 그들이 부처 앞에서 악기를 탄주하며 노래를 할 때에는 '3천세 계가 다 진동'하였다. 그들은 불교의 대형 중앙 음악단체라 하겠다.

(5) 가루라迦樓羅

금시조金翅鳥 신神이다. 엄청나게 커서 두 날개를 펼치면 336만리나 된다. 그것은 뱀을 먹어서 독사를 제거하여 중생을 도운 다. 중국의 신마소설 속에서 그것은 부처 의 머리 위에서 호법역할을 하는 대붕 금 시조의 모습으로 그려진다.『서유기』,『설악전전說岳全傳』 같은 곳에도 이런 이야기가 있다.

(6) 긴나라緊那羅

가신歌神인데 건달파와 더불어 역할을 분담한다. 건달파는 전적으로 속악을 연주 연창하는 한무리의 '유행가곡음악가' 집단이다. 긴나라는 전문적으로 법악을 연주하니 이들은 '종교음악가'라고 하겠다.

(7) 아수라阿修羅

본래 고인도 신화 중의 악신이다. 용모는 비루하나 불교에서 거두어 호법신으로 삼았다.

(8) 마후라가摩睺羅迦

대망신大蟒神이다. 고인도는 뱀이 많은 곳이고 또 뱀을 숭배하였던 나라이다. 대망신은 호법신으로 불교에 흡수된다.

이상에서 거론한 8부중 중에서는 천중과 용중이 가장 중요하다. 그러므로 통칭 '천룡8부天龍八部'라고 불려진다. 그들은 대부분 파라문교와 인도신화로부터 비롯되는데, 그 중에는 일부 악신도 있다. 그들은 불교의 호법신으로 흡수되어 불문에서 엄청난 성가를 구가한다.

아수라제신중阿修羅諸神衆

계신

 속세의 사람이 출가하여 승려가 되면 도승度僧이라 부른다. '도'는 사람들로 하여금 속세의 티끌을 떨쳐버리게 하고 생사의 고뇌를 벗어나게 한다는 의미이다. 그러므로 출가하여 승니가 되면 반드시 수염과 머리털을 제거하니 또한 '체도剃度'라고도 불려진 다. 수염과 머리털을 없앤 후 승니의 의복을 걸쳐야 하는데, 이것을 이른바 '낙발염의落 髮染衣'(염의는 바로 승려의 옷이다)라고 한다. 삭발 이후 사찰에서는 이렇게 처음 불문에 들 어서는 출가인에게 장중한 수계授戒의식을 거행한다. 수계는 일반적으로 계대戒臺에서 진행되어야 한다.

 커다란 사원에는 어디에나 계대를 설치하여 두고 있다. 가장 유명한 것은 '중국3대 계단中國三大戒壇'인데, 바로 북경 계대사戒臺寺의 계대, 복건福建 천주泉州 개원사開元寺의 계대 그리고 절강浙江 항주杭州 대경사臺慶寺의 계단戒壇 등이다. 그 중 북경 계대사의 계대는 또한 '천하제1단天下第一壇'의 명예를 가지고 있다. 북경 계대사는 1300년 전인 당唐나라 무덕武德 시기에 높고 낮은 산세에 의거하여 창건되었다. 계단전은 사원의 제 6열, 즉 가장 뒤편에 단독 건물로 떨어져 있다. 대전 정중앙에 있는 것이 '천하제1단'이 다. 계대는 한백옥漢白玉으로 높이 쌓은 것인데, 평면은 정방형이고, 높이는 일장이 조 금 넘는다. 모두 3층으로 이루어져 있는데, 매 층마다 계대에는 모두 수미좌가 마련

사찰에서는 처음 불문에 들어서는 출가인에게 장중한 수계의식을 거행한다. 수계는 일반적으로 계대에서 진행되어야 한다. 계대는 한백옥으로 높이 쌓은 것인데, 평면은 정방형이고, 높이는 일장이 조금 넘는다. 모두 3층으로 이루어져 있다. 각 층에 다 배치되어 있는 수미좌의 허리 부분에는 모두 작은 부처를 모신 감실이 여러 개씩 만들어져 있다. 이 모든 감실 안에는 다 소신이 하나씩 들어 있다. 이것을 '계신'이라고 한다. 무엇이 '계신'인가? '계신'은 계율을 수호하는 신이다.

되어 있다. 3층의 계대는 모두 합하여 불교도들이 숭배하는 성지, 수미산을 상징한다. 석대는 각 층마다 4면에 모두 감실이 있고, 또 일정한 장식이 되어 있다. 조각은 정밀하기 이를 데 없는데, 명나라 시대의 작품이다.

각 층에 다 배치되어 있는 수미좌의 허리 부분에는 모두 작은 부처를 모신 감실이 여러 개씩 만들어져 있다. 상층 대좌에는 사방으로 모두 28개이고, 중층 대좌에는 모두 36개, 하층에는 모두 49개이다. 전부 113개나 되는 것이다. 이 모든 감실 안에는 다 소신이 하나씩 들어 있다. 이것을 '계신'이라고 한다. 무엇이 '계신'인가? '계신'은 계율을 수호하는 신이다. 불교전설에 그들은 원래 요마妖魔인데 여래의 불법에 교화되어 불교에 귀의하게 되었고 3존[석가모니불, 약사불, 아미타불]을 옆에서 모시면서 천하의 출가인을 보호하므로 계신으로 봉하여졌다고 한다. 이 하나하나의 계신들은 하나같이 위풍늠름하나 하나하나 다른 자태를 갖추고 있다. 흉악한 눈에 양팔에 날개가 돋은 대약차신大藥叉神, 사람 같기도 하고 요괴 같기도 한 모습에 노한 눈을 둥글게 뜨고 있는 나찰신羅刹神, 늠름하고 위풍당당한 모습에 투구를 쓰고 갑옷을 입은 신장神將, 상쾌하게 신선이 되고자 하는 욕망을 품고 얼굴에 환한 광채가 어리는 성모聖母, 도사의 풍모를 갖추고 의연하게 앉아 있거나 생각에 사로 잡혀 있는 서생書生 …….

계율을 받는 의식은 장중하다. 중간에 앉는 것은 주지이고, 양쪽 옆으로 앉는 것은 스승이 되는 승려이다. 그들은 이른바 '3사三師'라고 불린다. 또한 7인의 노승들이 양측으로 벌려 앉는다. 그들은 '존증화상尊證和尙'이라고 불리며, 증인의 역할을 수행하는 '7증七證'이다. 그들 모두를 한데 합하여 '3사7증'이라고 한다. 수계 의식 이전에는 '소가燒痂'의식을 거행하였다. 이것은 출가하여 머리를 깎은 불교도의 머리 위에 몇 개의 향불을 사른 흔적을 남기는 것이다. 향불이 연소하고 꺼져서 재가 되도록 그대로 두어 "육신을 향으로 삼아 그것을 불살라 부처를 경배한다."는 한없이 경건한 마음을 표현하는 것이다. 승려의 머리에 보이는 '파점疤点'은 '소가'의식 후에 남은 경건한 정성의 표시이다. 수계에는 급수의 차이가 있으니, 향불을 사른 흔적이 3개, 9개, 12개 남은 차별이 있는 것이다. 계태사의 계단에서 전수한 것은 계율 중의 최고등급인 '보살계菩薩戒'이니, 머리 꼭대기에 12개의 흔적을 만드는 것이다.

새로 출가한 승려가 수계受戒를 받은 후, 사원에서는 '도첩度牒', 즉 승려가 되었다는 신분증을 발급하였는데, 앞면에 수계의 일시와 '3사7증'의 법명이 적혀져 있는 것이다. 수계를 받은 후 승려는 도첩을 지참하고 어느 곳이나 원하는 사찰에 가서 머무르면 마땅히 열렬한 대접을 받을 수 있었다.

형합2장

사찰의 대문은 산문山門이라고 한다. 많은 경우, 이 사찰의 대문이 셋 병립하여 서 있었기 때문에(중간 것은 크고 양쪽 옆의 것은 작다.) 이것을 '3문전三門殿'이라고 부르기도 한다. 또 불사가 대부분 산간에 자리 잡고 있으므로 '산문전山門殿'이라고도 한다. 산문은 그것의 약칭이다.

북경 계태사의 산문 안으로 들어가면 바로 좌우 양편으로 벌려 서 있는 2장 높이의 신상을 볼 수 있다. 역사의 모양으로 정교하고 장엄하게 만들어진 것이다. 벌거벗은 윗몸을 하고, 하나는 용력을 과장하고 있고, 다른 하나는 크게 입을 벌리고 있다. 흉폭한 모습에 두려움을 느끼게 하는 신상이다. 이것은 민간에 그 신앙이 광범하게 퍼져있는 '형합2장'이다. 그들은 사찰의 대문을 지키는 직책을 가지고 있다.

'형합2장'이라는 것은 중국인들이 붙인 이름이다. 그들은 원래 불교의 금강역사金剛力士들이다. 『대보적경大寶積經』에서는 그들이 원래 손에 금강저金剛杵(병기 중에서 가장 견고한 것.)를 들고 불교를 보위하였던 야차신으로 이름을 '집금강執金剛'이라 한다고 말한다. 전하는 바에 의하면 불조의 주변에는 손에 금강저를 들은 500의 경호원들이 뒤따랐는데, 대장은 '밀적금강密迹金剛'이라고 불렀다.

밀적금강은 원래 법의태자法意太子이다. 그는 서원을 하고 불교에 귀의한 후 금강역

哼哈二將

북경 계태사의 산문 안으로 들어가면 바로 좌우 양편으로 벌려 서 있는 2장 높이의 신상을 볼 수 있다. 역사의 모양으로 정교하고 장엄하게 만들어진 것이다. 벌거벗은 윗몸을 하고, 하나는 용력을 과장하고 있고, 다른 하나는 크게 입을 벌리고 있다. 흉폭한 모습에 두려움을 느끼게 하는 신상이다. 이것은 민간에 그 신앙이 광범하게 퍼져있는 '형합2장'이다. 그들은 사찰의 대문을 지키는 직책을 가지고 있다.

사가 되어 여러 부처의 가까이에서 머물며 그들의 모든 비밀스럽고 긴밀한 일들을 처리하였다. 이것이 그를 '밀적금강'이라 부르게 된 이유이다. 이 호위대장의 가장 중요한 직무는 사찰의 큰 대문을 지키는 것이었으니, 문신과 다른 것이 아니었다. 그런데 중국의 문신은 대부분 둘이다. 그러므로 이 밀적금강은 자신을 둘로 나누어 하나는 산문 좌측에, 다른 하나는 산문 우측에 웅장한 모습으로 마주 서 있게 되었다.

이것과는 다른 불교의 전설도 있다. 과거에 어떤 나라의 왕비가 일천명의 아이를 낳았는데 모두 부처가 되었다. 그 중에는 구유손拘留孫, 석가釋迦, 청협계青叶髻, 루지덕樓至德 등이 있었다. 가장 작은 두 아이였던 청협계와 루지덕은 형들이 성불을 하도록 지키고 불법을 수호하는 일을 하여 불교의 호법신이 되었다. 산문 안의 두 금강은 그들의 화신이다(『정법념경正法念經』).

두 금강이 형합2장으로 된 데에는 『봉신연의封神演義』에 그 공로를 돌릴 수 있다. 『봉신연의』에는 '형장哼將'이 정윤鄭倫이라는 이름을 가지고 있었는데 본래 상나라 주임금의 대장이었으며 도액진인度厄眞人을 스승으로 섬겼다고 적혀 있다. 진인은 2기를 다루는 요결을 전수하여 적을 물리치게 하였다. 콧구멍으로 한번 숨을 내쉬면 커다란 종소리가 울려 퍼지는 것 같은 반향을 불러 일으켰고, 두 줄기 백광이 솟구쳐 나오면서 사

형장哼將　　　　　　　　　　　합장哈將

람들의 혼백을 빨아들였다. 정윤은 이러한 절묘한 기술로 허다한 강적을 물리칠 수 있

었다. 형장 정윤은 후에 주나라 장수에게 사로잡혀 주 무왕에게 항복하였으며, 독량관

으로 임명되었다. '합장哈將'은 진기陳奇라는 사람인데 역시 상나라 장수였다. 일찍이 기

이한 도사에게서 비술을 배워 뱃속에 한 덩이 황기黃氣를 연성하였다. 길게 한 모금

그 황기를 내뿜으면 적의 혼백은 저절로 비산하곤 하였다. 진기는 주나라에 항복한 정

윤과 교전을 벌였는데, 일형일합一哼一哈[여기서는 용호상박, 일진일퇴의 의미로 쓰였다.] 함

에 고하를 가리기가 어려웠다. 훗날 진기는 주나라 장수 황비호黃飛虎에게 죽는다.

주나라가 상나라를 멸망시킨 후, 강자아姜子牙가 귀국하여 봉신封神을 할 때, 정윤과 진기 두 장수는 불교사원의 산문을 지키는 신장에 봉하여졌다.

기이하고 환상적인 이야기로 이루어진 통속소설은 이해하기 어려운 불경에 비해 세상에 널리 유포되기 쉬운 조건을 갖추고 있다. 그렇기 때문에 불교에는 원래 없었던 '형합2장'이 『봉신방封神榜』의 영향으로 진짜 있었던 것처럼 되어 밀적금강을 대신해서 중국불교의 유명한 문신이 되기에 이른 것이다.

명계귀신

04 ——————————

명왕
음관명리
귀졸

지장왕

안휘安徽의 구화산九華山은 4대명산 중의 하나이다. 이곳에는 지장보살의 도량이 있다. 지장은 가장 늦게 4대보살의 지위에 오른다. 지장보살은 관음보살과는 다르게 지옥의 죄를 지은 귀신을 구제하는 것을 임무로 한다. 관세음은 세간의 중생을 구원하는 것을 위주로 한다. 둘은 서로 분업적 기능을 수행하는 것이다.

이 보살은 어떻게 하여 지장이라는 이름을 갖게 되었는가? 불경은 그를 "안인부동유여대지安忍不動猶如大地, 정려심밀유여지장靜慮深密猶如地藏[대지처럼 움직임이 없고, 땅이 모든 것을 저장하듯이 일체의 생각을 다 감춘다.]"이라고 지칭한다. 이것은 그를 대지와 같이 무수한 선의 뿌리들을 담고 있는 존재로 보는 것이라고 하겠다. 불교에서는 지장이 석가의 부탁을 받아서 석가의 입멸 후로부터 미래불인 미륵이 세상에 내려오기 전까지의 '무불세계無佛世界'에서 6도중생을 교화하는 중요한 임무를 수행한다고 이야기한다. '대리불代理佛'과 같은 신분이므로 지위가 권세가 아주 높은 존재이니 불타와도 동급이라 할 수 있는 것이다. 석가는 또 그를 유명교주幽冥敎主, 즉 음의 세간陰間[음의 세계]을 관리하는 직위에 임명한다. 지장은 이 중임을 받아들여 바로 부처 앞에 서서 다음과 같은 대서원을 한다. "지옥이 완전히 비기 전까지는 성불하지 않기를 서원한다." 지옥이 완전히 텅 비어서 관문에 길한 기운이 흘러넘치고 '죄를 지은 귀신'이 고통을 받아야 하는

지장왕은 명목상 명계의 최고 주재자이다. 그러나 그가 민간에 끼친 실제적인 영향력은 염왕이나 동악대제에 비해 그리 크지 못하다.

경우가 다시 하나도 나타나지 않게 되어야 비로소 자신이 성불하기를 원한다는 것이다. 지장의 커다란 서원은 '전 인류를 해방시키고 나서 최후에 자신을 해방한다는' 아름다운 측면을 갖는 아주 숭고한 것이다. 애석한 것은 6도윤회가 영원히 그침이 없으니 지옥이 언제 빌 수 있을까 하는 점이다. 그렇기 때문에 지장은 영원히 쉴 수가 없고, 또한 영원히 성불할 수 없는 처지가 되는 것이다. 그렇지만 지장의 이러한 숭고하기 이를 데 없는 정신적 경지는 그것만으로도 이미 부처와 다르다고 하기 어렵다. 중국불교는 그를 4대보살의 하나로 받아들여 그의 영험을 드러내는 설법을 베풀 도장을 구화산에 마련한다.

　불교의 사적에 의하면 지장보살은 신라국新羅國(지금의 조선반도)의 왕자로 중국으로 치면 당나라 측천무후시대에 태어났다고 하는데, 이름은 김교각金喬覺이다. 어려서부터 불도를 좋아해서 출가하여 당나라 현종 때 중국으로 왔으며 안휘의 구화산에 머물면서 고행수련을 하였다. 김교각은 여기서 보시를 받아 사찰을 건립하고, 널리 신도들을 받아들여서, 이곳을 유명한 불교 승지로 만들었다.

　김교각은 99세에 돌상자 안에서 입적하였다. 3년 후에 돌상자를 열고 보니 육신이 썩지 않고 얼굴빛이 생시와도 같았으며 팔다리를 움직일 수 있었는데, 그럴 때에는 마치 금열쇠가 부딪는 듯한 소리를 내었다. 불교에서 전하는 이야기에 의하면 그 육신이 비단으로 둘러싼 듯 부드럽고 뼈마디가 움직이는 것이 금열쇠가 부딪히는 듯한 소리를 내면 보살이 되어 세상에 온 것이라고 한다. 그리하여 김교각은 그 전신을 탑 속에 넣어 모시게 되었으니, 이것이 유명한 지장육신탑地藏肉身塔이다.

　육신탑은 또한 육신보전肉身寶殿(월신보전月神寶殿)으로도 불리는데, 구화산 신광령 神光嶺

위에 모셔져 있다. 이곳은 불교도들이 구화성지를 참례할 때 찾는 중요한 지역이다. 전각은 웅장한 규모이고, 지붕은 모두 철기와로 덮여 있다. 겹처마 두공양식으로 기둥과 대들보는 조각하고 기둥에는 그림을 그렸다. 처마 아래에는 '동남제일산東南第一山'이라는 글자가 크게 쓰여 있는 현판이 걸렸다. 옛날 자기판에 수선방향으로 '월신보전'이라고 쓴 편액이 전각의 앞 뒤 두 문 위에 높이 걸려 있기도 하다. 전각 앞으로는 84단에 이르는 돌계단이 배치되어 있다. 전각 안에는 7층으로 된 8각의 목제 보탑이 있는데, 약 5장 높이이다. 이 속에는 김지장의 육신을 담은 3층 석탑이 들어 있다. 보탑은 층마다 8개의 감실을 두고 금색의 지장 좌상을 모셨다. 대전 양측에 마련된 한백옥漢白玉으로 된 신대神臺에는 금색의 10전염왕 입상十殿閻王立像이 두 손으로 홀을 받들고 서 있다. 탑의 북문 처마 아래에는 지장의 다음과 같은 서원이 쓰여 있다.

중생이 다 제도되면 바로 보리를 증득하고,　　衆生度盡, 方證菩提

지옥이 비지 않으면 성불하지 않기를 서원한다　　地獄不空, 誓不成佛

음력 7월 15일과 7월 30일은 지장의 생일生日과 성도일成道日이다. 이때가 되면 참배하는 신도들의 무리가 육신탑 아래 이르러 예배하며 공양을 올린다. 많은 사람들이 밤을 새워 이곳에 이르러서 탑을 지키거나 탑 주위를 돌면서 경을 외운다.

구화산 지장전의 지장왕 양측 옆으로는 두 위의 협시불이 조각되어 있다. 이 두 위의 협시불은 부자관계인데, 부친은 본래 이 산의 주인인 민공이다. 민공은 선을 행하기를 즐기고 보시를 잘 하였다. 그는 지장에게 시주하기를 청하였고, 지장은 그에게서 가사 하나를 둘 땅을 구하여 머물 곳으로 삼고자 하였다. 민공은 기꺼이 응하였다. 갑자기 지장은 가사를 떨쳐내었고, 가사는 산 전체를 덮어 버렸다. 그렇게 하여 구화산은 지장의 도량이 되었다. 훗날 민공 부자는 같이 출가하여 지장의 좌 우 협시가 되었다. 민공閩公 아들의 법호는 도명道明이다.

지장왕은 명목상 명계冥界의 최고 주재자이다. 그러나 그가 민간에 끼친 실제적인 영향력은 염왕閻王이나 동악대제東岳大帝에 비해 그리 크지 못하다.

동악대제

과거에는 동악묘東岳廟, 천제묘天齊廟가 중국대륙 전체에 퍼져 있었다. 이러한 묘당에서 모시고 있는 동악대제는 민간에서 아주 큰 영향력을 행사한다. 동악대제는 인간의 귀, 천, 생, 사를 관장하는 커다란 신으로 받아들여진다. 그를 모시는 묘당 중 조묘祖廟는 동악東岳, 즉 태산泰山의 대묘岱廟이다.

태산은 5악, 즉 동악 태산, 남악南岳 형산衡山, 서악西岳 화산華山, 북악北岳 항산恒山, 그리고 중악中岳 숭산嵩山 중의 우두머리 산이다. 태산의 신인 동악대제는 산봉우리의 신격화, 인간화의 결과물인데, 고대인들의 자연숭배 의식 중 산천숭배에서 기원한다. 세계 각 지역의 원시종교 속에는 거의 큰 산을 숭배하는 현상이 일반적으로 보인다. 고대인들은 높고 웅장하며, 가파르고 험준하고, 온갖 기이한 날짐승과 맹수들이 가득하고, 기화이초가 만발한 산봉우리를 엄청난 신비를 간직하고 있는 것으로 보았다. 그리하여 큰 산은 모두 신력을 갖추고 있는 것으로 간주되었다. 산은 신인과 괴수가 거주하는 지역이 되는 것이다. 『예기禮記』의 「제법祭法」 부분에서는 "산림과 천곡, 구릉은 구름과 비바람을 불러올 수 있고, 괴물을 출현시킬 수 있으니, 모두 신이라고 한다."고 말한다. 중국 고대의 아주 이른 시기에는 산신에게 제를 올리는 습속이 있었다. 천자는 천지와 5악에 제를 올렸으므로 "오곡이 풍성하고 때에 맞추어 비가 내렸으며 사방의 오랑캐들이 공

동악대제는 도교의 역사 속에 흡수되어 빛나는 이력을 더욱 쌓아나가게 된다. 그는 하늘과 땅을 처음 열은 반고의 후예라고 말하여지기에 이른다. 모친은 미륜선녀인데, 꿈에 두 개의 해를 삼킨 후 깨어나 보니 임신이 되어 있었다고 한다. 두 아들을 낳으니 장자는 금선씨인데 후에 동화제군이 되었고, 차자는 금홍씨인데 후에 동악제군이 되었다는 것이다.

물을 바쳤다."고 한다(『중수위서집성重修緯書集成』 3권).

태산은 또 대종이라고도 하며, '5악독존五岳獨尊'[오악 중의 최고]의 명예를 얻고 있다. 맹자孟子는 "태산에 올라보고 나서야 천하가 작음을 알았다."고 한다. 두보杜甫의 〈망악望岳〉이라는 제목의 시 속에는 "산릉의 절정을 만나니, 보자마자 모든 산들이 작음을 알겠다."는 구절이 포함되어 있다. 태산의 명성이 얼마나 대단한지 알 수 있게 하는 구절들이다. 사실 태산의 주봉인 옥황정玉皇頂은 1545미터에 불과하다. 5악 중에서 3위에 속한다. 전국의 거대한 높은 산들과 비교하여 본다면, 상대적으로 왜소한 크기라고 하겠다. 태산의 숭고한 지위는 역대 왕조의 제왕들이 이 산을 봉선封禪하고 여기서 천제를 올렸다는 것과 연관되어 갖추어지는 것이다.

봉선은 중국 고대의 통치자들이 거행하였던 일종의 장중한 의례이다. '봉封'은 하늘에 제를 올리는 것이고, '선禪'은 땅에 제를 올리는 것이다. 제왕들이 태산 위에 흙으로 단을 쌓고 하늘에 제를 올리는 것은 하늘의 공에 보답하는 것(봉)이고, 태산 아래 양부산梁父山에 자리를 만들고 땅에 제를 올리는 것은 땅의 공에 보답하는 것(선)이다. 『대대예기大戴禮記』에서는 "봉태산封泰山하고 선양보禪梁甫(부父)한다."고 하였다. 자료에 의하면 태산에서 봉선의 의례를 행한 제왕은 72명에 이른다. 그 중에서도 진시황秦始皇과

한무제漢武帝는 더욱 성대한 의식을 거행하였다. 비록 '봉'과 '선'의 의식을 동시에 진행시키기는 하지만, '봉'의 의식이 '선'보다 중시되었다. 통치자의 입장에서 보았을 때 하늘이 땅보다 중요할 수밖에 없기 때문이다.

태산의 신은 동악대제가 된다. 장구한 세월 동안 변화과정을 거친 결과이다. 『풍속통의風俗通義』에는 다음과 같은 전설이 실려 있다. '태산 꼭대기에는 금협옥책金篋玉策(책册)이 있는데, 표면에는 사람 수명의 길이가 적혀 있다. 한무제는 자신의 책을 찾았는데 十八이라고 적혀 있어 거꾸로 八十이라고 읽었다. 과연 그 수명을 적용하여 그는 장수하였다.' 한 무제는 역사상 신을 잘 섬기고 신선이 되기를 열심히 추구한 임금으로 유명하다. 많은 신선 이야기가 그에게 덧붙여질 정도이다. 그가 태산 꼭대기에서 옥책을 찾았다는 것 또한 사실이 아니다. 그러나 그는 54년 동안 재위에 있었고 71세에 타계하였다. 장수하였던 것만은 확실하다고 하겠다.

그 후 태산은 한 단계 더 인격화되어 나가 '천손天孫', 천제의 손자로 불린다. 그는 '인간의 혼백을 소환할 수 있는 주인'으로서의 권능을 갖는다. '동방은 만물이 처음 이루어지는 곳이니 생명의 길고 짧음을 알 수 있기 때문'(『위서집성緯書集成』「효경수신계孝經授神契」)이다. 한걸음 더 나아가서 태산은 '태산부군泰山府君'이 된다. '부군'이라는 것은 본래

한나라 위나라 시대에 태수에게 붙였던 존칭이다. 여기서는 태산신에 대한 존칭으로 쓰인다. 사람들은 태산부군에게 자녀를 안배하는 권능을 부여한 것이다. 태산부군은 전문적으로 귀신을 다스리는 신으로 간주되기에 이른다. 그는 '신의 무리 5천9백을 통솔하여 생과 사를 다스리는, 모든 귀신의 우두머리'가 된다. 그가 머물면서 일을 처결하는 음조지부陰曹地府는 인간 세상의 관부와도 같이 말하여진다. 이

렇게 하여 민간에는 태산부군과 관계된 고사가 아주 많이 유전되기에 이른다.

동진東晉시대 우보于寶의 『수신기搜神記』에는 태산부군과 관련된 전설이 몇 가지 수록되어 있다. 4권 〈호모반胡母班〉에는 태산 사람 호모반이 어느 날 지부궁실地府宮室로 불려가 태산부군을 만난 이야기가 있다. 부군은 그가 딸 여서女婿(하백河伯)에게 서신을 대신 보내주기를 청한다. 호모반은 원만하게 임무를 완수한다. 그가 부군에게 환대를 받고 있을 때, 한 번은 변소에 가다가 홀연히 자신의 돌아가신 부친이 목에 칼을 차고 고역을 당하고 있는 모습을 보게 된다. 앞으로 나아가 물어보고서 그는 부친이 타계한 후 바로 이곳으로 와서 고역을 치루고 있음을 알게 되었다. 부친은 자식인 그에게 태산부군에게 진정을 하여 달라고 요청한다. 호모반은 부군에게 간절하게 애걸하였고, 태산부군은 마침내 호모반의 부친이 고역을 면할 수 있게 해 주겠다고 약속하였다. 이 책 속에는 태산부군의 넷째아들이 아주 좋아한 친구가 있었는데 자신의 타계한 부인이 음간陰間에서 붙잡혀 형을 치르고 있는 것을 보고 차마 그냥 지나칠 수 없어 태산부군에게 간절히 청하여 구해주는 이야기도 있다. 그가 집으로 돌아가 관뚜껑을 열자 죽은 부인이 이미 되살아나 있었다는 것이다.

태산신은 인간세상 신민들의 고하귀천의 운명, 녹봉과 벼슬의 후하고 박한 차이, 지옥의 각종 명부, 75관청의 생사의 기한 등을 다 관장한다고 말하여질 정도로 그 권세가 막대하므로 역대 통치자들의 숭배를 받게 되었다. 당唐 현종玄宗은 태산신을 천제왕天齊王으로 봉하였다. 그 공이 천과 같다는 의미이다. 송宋나라 진종眞宗은 인성천제왕仁聖天齊王으로 봉하였다. 후에 다시 봉작이 더하여져서 동악천제대생인성제東岳天齊大生仁聖帝로 봉해져서, 드디어 동악대제가 되었다. 그렇기 때문에 그를 받들어 모시는 묘당은 동악묘, 천제묘라고 지칭된다.

동악대제는 도교의 역사 속에 흡수되어 빛나는 이력을 더욱 쌓아나가게 된다. 그는 하늘과 땅을 처음 연 반고盤古의 후예라고 말하여지기에 이른다. 모친은 미륜선녀彌輪仙女인데, 꿈에 두 개의 해를 삼킨 후 깨어나 보니 임신이 되어 있었다고 한다. 두 아들을 낳으니 장자는 금선씨金蟬氏인데 후에 동화제군東華帝君이 되었고, 차자는 금홍씨金虹氏인데 후에 동악제군이 되었다는 것이다. 동악대제는 5남1녀를 두었다고 하는데, 제3자인

병령왕炳靈王이 가장 출세를 하였다. 따님은 그 이름도 쟁쟁한 태산낭낭벽하원군泰山娘娘碧霞元君이다. 이름높은 신마소설 『봉신연의封神演義』에서는 무성왕武成王 황비호黃飛虎가 강자아姜子牙에게 사로잡혀 동악대제로 봉하여 졌는데, 천지와 인간의 길흉축복을 총관하고 유명지부의 18중 지옥을 다 맡아 다스렸으며, 한번 생사의 과정 속으로 들어온 사람과 신, 신선과 귀신이라면 모두 동악의 지도에 따라 시행하게 마련이라고 한다.

불교의 음간이론陰間理論[지옥의 이론]과 염라왕閻羅王은 중국에 전하여진 후 동악대제를 우두머리로 하는 중국의 음간신과 점차적으로 융합되어 나간다. 이들 명계冥界를 주관하는 두 신은 동악묘에서 같이 받들어 모셔지는 것이다. 염왕은 훗날에 중국 민간에 끼친 영향력이 막강하여지고 사람들의 마음 속 깊이 침투하여 들어가기에 이르지만, 아직은 동악대제의 성가를 뛰어넘지 못하고 동악묘 안에 자신의 자리를 마련하고 있을 따름이었다. 동악대제는 10전염왕十殿閻王의 상사로 정전 중앙에 단정하게 앉아 있었던 것이다.

동악묘는 천개, 만개가 건립되는데, 그 조묘는 태산의 대묘岱廟이다. 태산의 옛 이름이 '대종岱宗'이므로, 태산묘는 대묘라고 불린다. 대묘는 태산 발치의 태안성泰安城 안에 있다. 처음 한나라 시대에 건립되었다. 역대의 제왕들이 태산을 '봉선'하고 큰 제사를 거행하던 묘당이다. 궁전식 건물집단인데, 옛날에는 전殿, 당堂, 각閣, 문門, 정亭, 루樓, 관觀, 랑廊 등 800여 간에 이르는 것이었다. 건물들은 황색 기와, 붉은색 담장으로 꾸며졌으며 고목들이 하늘을 찌를 듯 주변에 서 있었다. 위풍당당한 기상, 크고 위엄 있는 건물들이 장관을 이루었다. 대묘의 중심전각은 천황전天貺殿이다. 높고 큰 노대露臺 위에 우뚝 솟아 있다. 노대의 위쪽은 꽃을 조각한 석주로 둘러싸여 있고, 정면에는 돌계단이 위치하였다. 이 전각은 제왕이 큰 제사의례를 거행하는 장소이다. 전각은 9칸으로 나뉜다. 겹처마의 8각건물인데, 두공에는 채색그림이 그려져 있어서 장엄하고 화려하다. 전각의 안에는 동악대제의 신상이 모셔져 있다.

천황전 안의 동, 서, 북 세 방향의 벽에는 거대한 채색벽화, 『계란회필도啓鑾回蹕圖』가 그려져 있는데, 송나라 시대 작품이라고 전해지는 것이다. 벽화의 높이는 1장, 총 길이는 19장이다. 동악대제가 순행을 나갔다가 돌아오는 성대한 장면을 그린 것이다. 전체 630명이 출현하는 호쾌하고 기세당당한 그림으로 종교벽화 중의 걸작이라 할 수 있다. 천황전과 북경北京 고궁故宮의 태화전太和殿, 곡부曲阜 공묘孔廟의 대성묘大成廟 등은 중국 고대의 3대 궁전식 건물로 평가된다. 대묘는 또 북경 고궁, 곡부曲阜 3공三孔[곡부의 공묘孔廟, 공부孔府, 공림孔林], 승덕承德 피서산장避暑山庄과 그 바깥 쪽의 8묘八廟 등과 더불어 중국 고대의 4대 건물군으로 평가되기도 한다.

천황전 뒤쪽에는 후침궁后寢宮이 있다. 이곳은 동악대제 부인이 머무는 장소이다. 태산의 동악대제 조묘인 대묘 외에도 북경北京 조양문朝陽門 밖의 동악묘(원나라 시대 건축), 산서山西 진성晉城 고도진高都鎭의 동악묘(금나라 시대 건축), 산서山西 만영현万榮縣 해점진解店鎭의 동악묘(당나라 시대 건축이라고 전하여짐), 산서山西 포현蒲縣 백산柏山의 동악묘(금나라 시대 건축), 하남河南 신향新鄕의 동악묘(5대 시대 후당이 건축), 하남河南 봉구현封丘縣 진교역陳橋驛의 동악묘(송나라 시대 건축, 조광윤趙匡胤의 '황포가신처皇袍加身處'라고 전해짐), 그리고 섬서 서안시의 동악묘(송나라 시대 건축) 등은 모두 저명한 것들이다.

10전염왕

중국인은 아주 이른 시기에서부터 현실 속에는 3가지 세계가 있다고 생각하여 왔다. 천계天界, 인간계人間界, 음계陰界가 그것이다. 서방 종교를 표준으로 하여 말하자면, 사람은 죽은 후에 좋은 사람의 혼령은 천당으로 들어가고, 나쁜 사람의 혼령은 지옥으로 떨어진다. 중국의 음간陰間은 사람들이 죽은 후 가는 곳으로, 하나의 귀신세계이다.

음간에는 여러 종류의 지옥이 있다. 가장 악독한 것은 18층 지옥十八層地獄이다. 양간에서 나쁜 짓을 한 사람은 사후에 지옥에 떨어져 형을 받는다. 음조지부陰曹地府안에는 각종 계층의 관리자가 있다. 우두마면牛頭馬面, 흑백무상黑白無常, 판관귀리判官鬼吏, 5도장군五道將軍, 10전염왕十殿閻王, 동악대제東嶽大帝, 그리고 음간陰間 최고의 통치자인 지장보살地藏菩薩 등이다. 이러한 귀신세계의 계통은 불교와 도교가 통합한 결과물이다. 그 중에서 실권자이며 가장 큰 영향력을 행사하였던 것은 염왕이라 할 수 있다. 이런 말이 있다. "염왕이 너에게 3경에 죽으라 한다면 누가 감히 너를 5경까지 기다리라 할 것인가." 어떤 사람은 무형의 음간을 유형화하여 중국 대륙 위에 하나의 '귀성鬼城'을 만들어 내었다. 이것은 사천四川 동부東部 장강長江 기슭에 있는 풍도성豊都城이다.

十殿閻王

염왕은 염라라고 한다. 최초에는 인도 신화 속에서 음간을 관장하는 왕이었다. 불교는 그 설을 이용하여 염왕을 가져다 지옥을 주재하게 하였고, 그의 부하에 18판관을 두어 18지옥을 나누어 관장하게 만들었다. 염왕은 불교와 같이 중국으로 들어온 후 점차 중국화되어 나가고 살이 보태져서 10전염왕으로 되었다.

풍도성을 '귀성'이라 하는 데에는 도교와 밀접한 관계가 있다. 이 안에는 아름다운 풍경을 자랑하는 평도산平都山이 있는데, 도가 72복지 중의 42번째 복지이다. 서한의 왕방평王方平과 동한의 음장생陰長生은 평도산에 은거, 연단수련을 해서 신선이 되었다. 평도산 최정상은 저왕, 음 두 사람이 승천한 곳이라고 전하여진다. 그리하여 산상에는 '선도관仙道觀' 등의 묘당이 지어졌다. 음장생은 음황후陰皇后의 숙증조부叔曾祖父이다. 중국은 예부터 귀한 이를 앞세우는 전통이 있어서 사람들은 반드시 시간적 순서에 따라 부르지는 않으므로 음장생이 먼저 말하여지게 된다. 그리하여 '왕王, 음陰'은

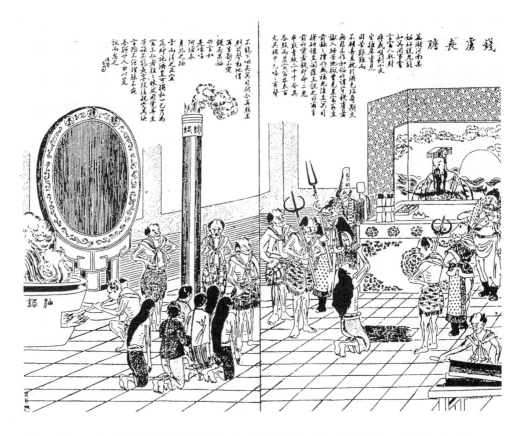

바로 '음陰, 왕王'이라 불리기에 이른다. 와전에 와전을 거듭하여 그를 '음간지왕陰間之王'라고 보는 오해까지 생겨난다. '풍도'도 음왕이 거주하는 '음조지부陰曹地府'로 받아들여지게 되는 것이다.

동한 말, 5두미도五斗米道가 사천에 크게 유행하였다. 풍도豊都는 파군巴郡에 속하는데, 초기 도교의 전파 중심지 중 하나이다. 5두미도는 무교巫述를 많이 흡수하여 '귀도鬼道'라고도 불린다. 5두미도 안의 무사巫師는 '귀리鬼吏'라고 한다. 초기 도교 신앙 속에는 신선과 사람, 귀신이 혼합되어 있으므로, 여기에 귀성을 만들게 되었다. 그리하여 풍도의 평도산은 점차 '귀기鬼氣'로 충만하여 음간귀신의 무리들이 이 성에 모여들게 된다. 여기에 다시 후에 나온 『서유기西遊記』, 『종욱전鍾旭傳』 같은 신마소설의 영향을 받아 풍도는 진짜처럼 되어 갔다. 대대로 여기에 음조지부의 건축이 거듭되어, 귀성이

라는 이름이 실제 이름에 덧붙여졌다. 귀성의 중요
건축물은 나하교奈河橋, 귀문관鬼門觀, 음양계陰陽界, 천
자전天子殿, 10왕전十王殿, 동서지옥東西地獄, 무상전无常
殿, 성황묘城隍廟 등이다.

염왕은 염라라고 한다. 최초에는 인도 신화 속에서
음간을 관장하는 왕이었다. 불교는 그 설을 이용하여
염왕을 가져다 지옥을 주재하게 하였고, 그의 부하에
18판관을 두어 18지옥을 나누어 관장하게 만들었다.
염왕은 불교와 같이 중국으로 들어온 후 점차 중국화
되어 나가고 살이 보태져서 10전염왕으로 되었다. 풍
도의 10왕전은 다음과 같이 나누어진다. 1전一殿, 진
광왕秦廣王 장蔣. 2전二殿, 초강왕楚江王 력歷. 3전三殿,
송제왕宋帝王 여余. 4전四殿, 5관왕五官王 여呂. 5전五殿,
염라왕閻羅王 포包. 6전六殿, 변성왕卞城王 필畢. 7전七殿,

태산왕泰山王 동董. 8전八殿, 도시왕都市王 황黃. 9전九殿,
평등왕平等王 육陸. 10전十殿, 전륜왕轉輪王 설薛. 10전
염왕은 인간세상의 관청을 모방하여 만들어졌다. 단
지 완전히 '귀신'화 되었을 따름이다. 물론 신을 만들
고 귀신을 만드는 것은 모두 인간들이 현실의 불만족
을 해결하기 위한 것이라는 점은 부인되기 어렵다.

수나라, 당나라 이후, 민간에는 강건하고 바른 관리
가 죽은 후에 명왕冥王이 된다는 이야기가 유포되었다. 사람들은 이 염라왕이 공평무사
하고 정의롭기를 바랐던 것이다. 그런 염라왕 중에서 사장 유명했던 넷은 중국 4대염
왕中國四大閻王이라고 불린다.

중국4대염왕

중국 4대염왕은 한금호韓擒虎, 범중엄范仲淹, 구준寇准, 그리고 포증包拯이다.

한금호를 염왕으로 간주하는 것은 정사正史인 『수서隋書』 「한금호전韓擒虎傳」에 보인다. "그 이웃집 어머니가 한금호의 문하들이 아주 위의를 갖추어 모시는 모습이 마치 왕자와도 같은 것을 보고 놀라워하며 이유를 물었다. 문하들 중 한 사람이 말하였다. '나는 왕을 맞으러 왔습니다.' 말을 마치고 그는 홀연히 사라져 버렸다. 또 병이 깊은 어떤 사람이 갑자기 놀라 한금호의 집에 달려와 말하였다. '왕을 뵙고 싶습니다.' 좌우의 사람들이 물었다. '무슨 왕을 말하는가?' 그가 답하였다. '염라왕이다.' 금호의 자제들이 화가 나 그를 매질하려 하자 금호가 제지하며 말하였다. '살면서 윗자리에 올라 나라의 기둥 역할을 하였으니 죽어서는 염라왕이 되는 것 또한 만족스러운 일이다.' 그리하여 한금호는 병이 들어 자리에 누웠다가 며칠 후 타계하였다. 이때, 그의 나이 55세였다."

한금호(『수서』는 당나라 고조 이연의 조부 이호의 이름자를 피해 '호'라는 글자는 생략하였다.)가 사후에 염라왕이 되었다는 전설이 정사 속에 기록되는 것은 당시 중국에 염라왕의 영향이 막대하였음을 보여준다.

돈황의 변문變文[당나라 시대 說唱文學의 일종, 산문과 운문을 섞어 불경고사, 민간전설, 역사

中國四大閻王

중국 4대염왕은 한금호, 범중엄, 구준, 그리고 포증이다. 그러나 고대에 가장 이름이 높았던 중국의 염왕은 포공 포청천이다. 포공은 포증인데, 북송시대의 대신이다.

고사 등을 기록하였다.] 중에는 한권의 『한금호 화본韓擒虎話本』이 있다. 한금호가 병사를 이끌고 나가 진나라를 격파하여 진숙보陳叔寶를 산 채로 잡고, 임무를 맡아 사신으로 파견되어 높은 활솜씨를 자랑하며 선우單于의 군왕과 신하를 떨게 하는 이야기 등을 적고 있는 것이다. 훗날 5도장군五道將軍은 하늘의 명을 받들고 와서 한금호를 음사陰司의 주인으로 만든다. 한금호는 3일의 휴가를 청하고, 수隋나라 문제文帝는 성대한 고별연을 베푼다. 3일째 되는 날, 홀연히 자색옷을 입은 사람과 붉은 옷을 입은 사람이 구름을 타고 전각 앞으로 내려와 "천조지부天曹地府에서 대왕을 모시러 왔습니다."라고 하였다. 그리하여 한금호는 황상과 제신, 집안 식솔들과 이별하고 음간陰間에 이르러 즉시 임무를 맡아 하기 시작하였다.

한금호는 비록 한 사람의 용맹한 장군이긴 하지만, 그가 이끌었던 부대의 군기는 그리 좋지 못하였으니, 그가 염왕을 맡은 것은 합격점을 받을 만한 것이 되지 못하였다.

비교해서 말하자면, 구준과 범중엄이 사후에 염왕이 되는 전설은, 한금호의 경우보다 이상적인 측면이 많다. 구준은 북송시대의 유명한 재상으로 위인이 강건하고 방정하였으며 요나라에 저항하는 것에 주력하였다. 일찍이 형부를 맡아 운영한 적이 있으니 염왕으로서의 조건에도 부합한다고 하겠다. 널리 알려진 『양가장楊家將』의 고사 중

像 通 子 韓

에는 "구준이 신발을 등에 지다."는 이야기는 인구에 회자되었는데, 그는 크게 인심을 사로잡는 인물이었다. 구준이 사후에 명계의 주인이 되었다는 것은 사람들의 바램과도 부합되는 것이다. 그러므로 『송인일사회편宋人軼事滙編』 5권에는 구준이 "마땅히 천하의 주인이 되었으니, 염부제왕(염라왕)이다."라는 이야기가 기록되게 되었다. 심지어 어떤 사람은 역사驛舍의 옆에 구준의 초상을 걸고 위쪽에 "지금은 염라왕이되었다."고 적어 놓기까지 하였다. 『통속편通俗篇』은 염라왕 구준이 당시에 환영받았던 정황을 적어두고 있다. 이것으로 그의인기를 상상하여 볼 수 있을 것이다.

범중엄은 북송시대의 명신인데 일찍이 용도각 직학사龍圖閣直學士를 지냈으므로 '용도노자龍圖老子'로 존숭되었다. 범중엄은 정직하고 바른말을 꺼리지 않고 하여 권세가와 존귀한 이들에게 죄를 얻는 것을 두려워하지 않았다. 그는 '천하의 근심을 앞서서 근심한다.'고 하는 것으로 청사에 이름을 남겼다. 송나라 사람 공명지龔明之는 『중오기문中吳紀聞』에서 "범문정공范文正公(범중엄范仲淹) 역시 염라왕이 되었다."는 전설을 기록하여 놓고있다.

그러나 고대에 가장 이름이 높았던 중국의 염왕은 포공 포청천包公包靑天이다. 포공은 포증包拯인데, 북송시대의 대신이다. 용도각 직학사龍圖閣直學士, 개봉지부開封知府를 역임하였다. 강건하고 방정하여 바른말은 무엇이라도 감추지 않고 하였으며, 권세가와 귀인을 두려워하지 않았고, 법을 엄격하고 준엄하게 집행하여 여러 번 억울한 옥사문제를 해결하였던 것으로 세상에 이름이 높았다. 포공은 중국 고대에서 가장 이름이 높은 청백리였다. 그의 판결과 관련된 고사는 광범하게 유전된다. 장편소설 『포공안包公案』은 포공이 판결한 이야기를 다 모아놓은 것이다. 원나라와 명나라 시대에는 포공 연극이 많이 나타났는데, 오늘날까지 전하여진다. 『진향연秦香蓮』은 사람들이 좋아하는 것이다. 포증이 염왕으로 되었다는 이야기는 송나라 시대에 이미 유행하였다. 당시에는 '청탁을 받지마라. 염라왕 포노가 있다.'는 속설까지 있었다.

저명한 장편의 의협판결소설인 『삼협오의三俠五義』 중에서 포공은 '이묘환 태자狸猫換太子'를 심문한다. 첫 번째 심문 때 교묘하게 삼라전森羅殿을 설치해 놓고 염라의 복장으로 곽괴郭槐의 자백을 받는 장면을 연출한다. 또한 '유선침游仙枕'[꿈에 선인이 되어 노니는 것]으로, 음조지부에 갈 수 있다는 이야기도 있었다. 그러므로 민간에서는 포증이 '낮에는 사람을 판결하고, 밤에는 음간을 판결한다.'는 말들이 떠돌았다. 전통 희극인 『찰판관鍘判官』에서는 포공이 음조陰曹로 내려가서 음산陰山을 탐방하고 사사롭게 법을 행한 판관에게 작두형을 행하는 이야기가 있다. 사천四川 풍도豊都의 민간에서는 아직도 포공이 사후에 음조대신이 되어 공정무사하게 민간에 이익을 주고 그 폐해를 없애는 일을 한다는 이야기가 전해져 오고 있다. 염라천자를 도와 뇌물을 받는 관원들을 없애는 '음율陰律'을 행한다는 것이다.

5도장군

산서 포현에는 유명한 동악묘가 있다. 동악대제천제왕東嶽大帝天齊王을 모신 곳이다. 동악묘 앞산 허리에는 긴 무지개 도로가 양측으로 뻗어 있는데, 토지사土地祠 하나와 장군묘將軍廟 하나가 좌우로 대치하고 서 있는 모습을 보여준다. 그 장군사에 모시고 있는 것은 5도장군이다.

도교에서 이야기하는 바에 의하면 5도장군은 동악대제에게 속한 신인데, 세상 사람들의 생사生死와 영록榮祿을 관장하는 일을 돕는 것이 중요한 기능이다. 그의 지위는 판관보다 높은데, 음간의 대신이다. 5도장군은 고전소설 속에 많이 나온다.

『성세항언醒世恒言』 속의 「뇨번루다정주승선鬧樊樓多情周勝仙」 같은 부분에서는 주승선周勝仙이 범이랑范二郎에게 상처를 입어 죽는다. 그러나 주승선의 혼은 범이랑과 즐겁게 어울린다. 후에 설공목薛孔目의 판결로 범이랑은 뇌성영牢城營으로 유배가 된다. 이날 밤, 그는 5도장군이 그의 판결이 잘못되었다고 힐책하는 꿈을 꾼다. 설공목은 급히 판결을 바로잡고, 범이랑을 무죄 석방한다. 이것은 본래 주승선이 5도장군을 배알하고 이 일을 주관하여 달라고 청을 올린 탓이다. 이 후, 범이랑은 항상 5도장군의 묘당에 나아가 소지제배燒紙祭拜[종이를 사르면서 제를 올리는 것]하면서 구원하여준 은혜를 잊지 않았다.

이곳의 5도장군은 염라왕을 대신하여 세상사람들의 수명을 결정할 수 있는 것 같다.

五道將軍

도교에서 이야기하는 바에 의하면 5도장군은 동악대제에게 속한 신인데, 세상 사람들의 생사와 영록을 관장하는 일을 돕는 것이 중요한 기능이다. 그의 지위는 판관보다 높은데, 음간의 대신이다. 5도장군은 고전소설 속에 많이 나온다. 5도장군은 동악묘 안에서 모셔지고 있는 경우를 제외하고 자기 스스로의 5도장군묘, 5도묘 등을 갖는다.

그러나 염라왕과 다른 점은 5도장군에게는 동정심이 많다는 것이다. 그는 약자를 도와 자신의 이상을 실현하게 만들어 준다. 그는 정의감을 갖고 있는 명계의 신인 것이다.

5도장군이 도신盜神이라는 설도 있다. '5도'의 의미가 『장자莊子』「거협편胠篋篇」의 다음과 같은 일절에서 나온다는 것이다. "도적에게도 도가 있다. 망령되게 방안에 감추어진 것을 가지려는 뜻을 품는 것은 '성'이다. 훔칠 때 먼저 들어가는 것은 '용'이다. 훔치고 나서 나중에 나오는 것은 '의'이다. 훔칠 수 있을지 없을지를 아는 것은 '지'이다. 훔친 것을 공평하게 나누는 것은 '인'이다." 5도장군을 도신으로 보는 설이 있기 때문에 그것을 '5도장군五盜將軍'이라고 쓰고 다섯 명의 유명한 도적 두평杜平, 이사李思, 임안任安, 손립孫立, 경언정耿彦正 등을 드는 사람도 있다. 그들은 죽은 후 그 음혼이 흩어지지 않고 자신이 활동하던 지역에서 숭배되었다. 어떤 늙은 백성은 도둑맞을 것을 걱정하여 그들에게 제를 올리며 그들의 수하가 인정을 베풀어 주기를 기도하기도 한다. 그러나 5도를 도신으로 보는 의식은 크게 유행하지는 못하였다.

5도장군은 동악묘 안에서 모셔지고 있는 경우를 제외하고 자기 스스로의 5도장군묘五道將軍廟, 5도묘五道廟 등을 갖는다.

성황

    성황은 고을을 수호하는 신이다. '황隍'은 본래 성을 보호하는 물 없는 해자를 의미한다. 옛날 사람들이 성을 쌓은 것은 안에 사는 사람들을 안전하게 보호하기 위한 것이다. 그러므로 높고 큰 성벽과 성루, 성문을 만들고, 성을 수호하는 물길인 성호城壕[성의 해자城宇]를 설치하는 것이다. 옛날 사람들은 인간의 생활은 안전이나 위험과 밀접하게 연관되어 있는 것이므로 모든 경우에 신이 있어야 한다고 생각하였다. 그리하여 성과 황은 인간화, 신격화 되어 성시를 수호하는 신으로 탄생된다. 도교는 성황을 자기들 신성의 계보 속으로 받아들여 흉악한 일을 제거하고 나라와 강역을 보호하는 신으로 만들었으며, 아울러 음간의 망혼을 관리하고 통제하는 역할까지 수행하게 한다.

    전하는 이야기에 의하면 명明나라 태조太祖 주원장朱元璋은 토지묘土地廟 안에서 탄생하였다고 한다. 그러므로 그는 토지묘나 그 상사라 할 수 있는 성황에 대해 아주 공경하는 마음을 가지고 있었다. 그는 경성과 기타 여러 큰 도시의 성황신을 왕으로 봉하고 정1품의 직위를 내려 인간세상의 태사太師, 태부太傅, 태보太保 등 3공三公이나 좌우승상左右丞相과 급수가 같게 대우하였다. 그는 또 각 부나 주, 현의 성황을 공公, 후侯, 백伯 등으로 봉하였고, 각지의 성황묘를 중건하여 그 규격을 당지 관청의 아문과 완전히 같게 하였으며, 성황신의 직급에 따라 면류冕旒와 곤복袞服을 차등 있게 제정하여 분배하였다.

城隍

성황은 사람들의 마음속에 음간의 장관으로 자리 잡고 있다. 그러므로 각지의 성황당에는 항상 인귀, 즉 세상을 떠난 영웅이나 명신들로 가득하다. 그들을 당지의 성황당에 가득 채워놓는 것은 그들의 영령이 생시와 똑같은 기능을 하여 백성들을 보호하고 사악한 것들을 격퇴해 줄 것이라는 희망 때문이다.

이렇게 하여 각지의 정부는 '양陽', '음陰' 두 개의 아문을 갖게 되었다.

서안 성황묘 같은 것은 명明나라 태조太祖 홍무년간洪武年間에 건립한 것인데, 아주 장관이다. 청나라 시대에 또 명나라 진왕부秦王府의 벽돌, 기와, 목재를 뜯어 옮겨 더욱 크게 중건하였다. 그 규모와 기세는 각 지역의 성황묘와는 비할 바가 아니다. 묘당의 대문 입구에는 5칸 규모의 큰 패루가 있고, 패루牌樓의 아래에는 철사자鐵獅子 하나가 마주보고 있으며, 패루의 뒤에도 또 철사자 한 마리가 마주보는 모습이다. 2문 안의 대원大院에는 희루戲樓 하나가 있다. 패루 앞에는 원래 동사자銅獅子 하나가 마주보고 있었고, 패루의 후면에는 또 철사자 한 마리가 마주보고 있는 배치였었다. 대전은 7칸 규모인데, 웅장한 건축물이다. 그 형식은 송, 명 시대 궁전과 방불한 것이다. 묘당 안의 동서도원東西道院은 도사들이 거주하는 곳이다. 최초에는 4궁만 있었으나 후에 점차 증축되어 22궁에 이르렀다. 당시에 이 묘당이 얼마나 성황盛況하였는지를 알 수 있을 것이다.

대전의 정중앙에는 성황신이 있고, 양쪽 옆으로는 판관判官, 우두牛頭, 마면馬面, 흑백무상黑白無常 등의 귀졸鬼卒들이 있다. 그리고 지옥의 소상地獄塑像 하나가 있는데 음산하고 공포스러운 모습이다.

성황은 사람들의 마음속에 음간의 장관으로 자리 잡고 있다. 그러므로 각지의 성황당에는 항상 인귀, 즉 세상을 떠난 영웅이나 명신들로 가득하다. 그들을 당지의 성황당에 가득 채워놓는 것은 그들의 영령이 생시와 똑같은 기능을 하여 백성들을 보호하고 사악한 것들을 격퇴해 줄 것이라는 희망 때문이다. 그들 중 가장 저명한 것으로는 다음의 사람들이 있다.

회계會稽(절강浙江 소흥紹興) 성황은 방왕龐王이다. 방왕은 당나라 시대의 대장으로 백성들에게 많은 공덕을 쌓아 당지의 백성들이 성황신으로 옹립하였다.

남령南寧, 계림桂林의 성황은 소함蘇緘이다. 소함은 송나라 시대에 옹주邕州(남령南寧)의 지사知府였다. 교지족交趾族이 침범하여 왔을 때 소함은 사졸들의 앞에 서서 저항하다가 중과부적으로 순국하였다. 후에 교지인들이 계주桂州(계림桂林)을 공격했을 때 송나라의 대군이 북쪽으로부터 들어와 '소함 성황이 병사들을 독려하여 원수를 갚는다.'고 함성을 질러대자 교지의 병사들은 놀라서 소굴로 도망쳐 버렸다. 이리하여 남령과 계림의 백성들은 소함을 성황으로 세우게 되었다.

항주杭州 성황은 주신周新이다. 주신은 명明나라 영락永樂 시대에 절강안찰사浙江按察使로 임명되었다. 위인이 강직하고 아첨을 하지 못하여서 사람들은 '생면냉철生面冷鐵'이라고 불렀다. 후에 간신의 모함을 받아 죽는다. 청나라 시대의 소설 『서호습유西湖拾遺』 속에는 「주안찰절옥성신周按察折獄成神」[주 안찰사가 옥을 깨고 신이 됨]이라는 고사가 실려 있다.

상해 성황은 진유백秦裕伯이다. 진유백의 혼령이 나타나 상해 백성을 구하여서 성황으로 모셔졌다고 전한다.

북경 성황은 문천상文天祥과 양초산楊椒山이다. 문천상은 저명한 민족영웅이다. 양초산은 명나라 시대의 대신인데 간악한 재상 엄숭嚴嵩의 탄핵을 받아 하옥되고 혼탁한 임금과 간악한 신하의 수중에서 죽어갔다. 주신과 더불어서 명나라 시대 조정 관료 중에서 강직한 성품으로 유명하다.

4대판관

중국 각지의 동악묘東岳廟, 염왕묘閻王廟, 성황묘城隍廟 안에는 판관 역할을 하는 신상을 적지 않게 갖추고 있다. 판관은 삼라전森羅殿 안 염왕의 중요한 조수이다. 판관의 숫자는 적지 않은데, 직무상으로 나누어 본다면 형판관刑判官, 선부판관善簿判官, 악부판관惡簿判官, 그리고 생사부판관生死簿判官이 있다. 그들은 각각 음율사陰律司, 상선사賞善司, 벌악사罰惡司, 사찰사査察司를 관장한다. 그 중 생사부판관이 수석판관이며, 가장 큰 권력을 갖는다. 이 수석판관으로 불렸던 근거가 남아 있는 것은 최부군崔府君 최각崔珏이다. 최판관은 위의 각 묘당 안에 한 자리를 차지하고 있는 것 외에도 자기 자신의 묘당을 가지고 있기도 하다. 그것은 산서山西 능천현陵川縣 찰의진札義鎭의 최부군묘崔府君廟이다.

최부군묘는 또 현응왕묘顯應王廟라고도 한다. 처음 당나라 시대에 지어졌고, 역사 속에서 내내 증건 되었다. 가장 특징적인 것은 산문 건축이다. 산문 앞은 평평한 대좌가 도드라지게 세워져 있고 양쪽 옆으로는 돌계단이 대치하고 있으며 좌우로 회랑이 만들어져 있다. 산문은 그 중앙에 높게 서 있는데 문 옆에는 또 어깨문이 각각 하나씩 붙어 있다. 문루는 수려한 모습인데, 조각이 정밀하게 되어 있는 것이 일반적인 묘당의 경우와는 아주 다르다. 산문은 금나라 시대 건물인데 두층으로 나누어진다. 아래층은 벽돌로 쌓은 높은 대좌이다. 이렇게 높은 대좌 위에 자리 잡고 있는 문루나 전각은 돈황벽화

판관의 일반적인 형상은 다음과 같다. 머리에는 부드러운 시사모를 쓰고, 몸에는 원령홍포를 걸쳤다. 허리에는 소뿔로 만든 큰 띠를 두르고, 발에는 한 켤레 왜두조화를 신고, 긴 얼굴에 수염이 빰까지 뒤덮고 있으며, 한 쌍의 둥근 눈을 부릅뜨고, 좌측 손에는 선악부를 들고, 우측 손에는 생사필을 든 모습이다.

敦煌壁畫 중에 보이는데 실물로서는 만나기가 극히 어려운 것이다. 묘당 안에는 아직까지도 희대戲臺 하나가 남아 있는데, 후전後殿을 바라보고 있는 것으로 신에게 잔을 올리는 곳이다. 후전은 부군전으로, 최각을 모시고 있다.

방지方志[지방지]의 기록에 의하면, 최각은 자字가 원정元靖으로 악평樂平(지금의 산서山西 석양昔陽) 사람이다. 당唐나라 정관貞觀 년간에 진사가 되었고 산서山西의 장자현령長子縣令으로 나가서 백성들에게 공덕을 쌓았다. 이것이 최부군묘를 세워 제사를 올리게 된 이유이다. 또 다른 이야기도 있다. 최각이 부양滏陽(지금의 하남河北 자현磁縣) 현령縣令으로 나갔다가 사후에 신이 되어서 '유명을 주관主幽冥'하게 되고 음간陰間에서 판관을 담당하게 되어 세상에서 최부군이라 부르게 되었다는 것이다. '부군府君'이라는 것은 신에 대한 경칭이다.

최부군의 혼령이 나타나 도와주었던 주요한 사례

로는 남송 초에 강왕康王이 목숨을 구해 도망하게 하여준 일을 들 수 있다. 근거자료에 의하면 강왕 조구趙构는 북방으로부터 남쪽으로 도망할 때 감당할 수 없을 정도로 피로하여 최부군 묘당을 보고는 들어가 잠이 들었다고 한다. 그런데 홀연히 꿈속에 한 신이 나타나 그에게 말하였다. "금나라 병사들이 추격해 오니 빨리 도망을 하여라. 문 밖에 이미 좋은 말을 준비해 두었다." 강왕은 황급히 말에 올라타 도망을 하여 황하를 건넜다. 말이 더 이상 움직이질 않아 살펴보니 바로 묘당 안에 있던 진흙말이었다. 이것이 그 유명한 '진흙말이 강왕을 건너게 해 주었다.'는 이야기이다. 조구는 남쪽으로 강을 건넌 후 임안臨安(지금의 항주杭州)에서 즉위를 한다. 이 사람이 송나라 고종高宗이다. 그는 특별히 임안에 최부군묘를 건설하여 '현위顯衛'라는 편액을 내렸다. 이 일은 『송인일사회편宋人軼事滙編』에 수록되어 있다. 이 일은 사실 조구의 무리가 자신들을 높이기 위해 만들어 낸 신화에 불과하다.

최판관은 신마소설에 나타나는 중요한 존재이다. 『서유기』에서 최판관은 사사로이 생사부를 바꾸어 당 태종의 수명을 20년 연장시켜 준다. 그는 인간의 제왕에게 아첨하는 음관으로 비판된다. 『3보태감서양기三寶太監西洋記』에서 최판관은 아름다운 부인을 빼앗는 호색의 무리로 나타난다. 그는 후에 5괴에 사로잡혀 무너진 것이라고 호도하여 일장의 '5괴노판五鬼鬧判'이라는 희극을 연출한다. 그러나 최각은 『찰판관釗判官』에 나오는 판관 장보張保에 비교하여 보면, 악귀로 분류되기는 어려운 존재라고 하겠다.

판관의 일반적인 형상은 다음과 같다. 머리에는 부드러운 시사모翅紗帽를 쓰고, 몸에는 원령홍포圓領紅袍를 걸쳤다. 허리에는 소뿔로 만든 큰 띠를 두르고, 발에는 한 켤레 왜두조화歪頭皁靴를 신고, 긴 얼굴에 수염이 뺨까지 뒤덮고 있으며, 한 쌍의 둥근 눈을 부릅뜨고, 좌측 손에는 선악부善惡簿를 들고, 우측 손에는 생사필生死筆을 든 모습이다. 민간의 전설에는 귀혼鬼魂은 무상귀無常鬼에게 붙잡혀 명계로 들어간 후 같이 판관 앞에 이르러 심판을 받는다고 한다. 판관이 심사할 때 그 한 면을 통해 귀신의 생전에 지은 모든 죄를 다 비춰 볼 수 있는 '법보法寶'를 사용하는데, 이것은 '얼경孽鏡'이라고 한다. 5대五代시대 손광헌孫光憲의 『북몽쇄언일문北夢瑣言逸文』의 3권에는 다음과 같은 이야기가 있다.

청성靑城 보원산寶圓山의 승려 언선彦先은 종적을 감추어 산을 떠나 촉주蜀州로 가다가 중간에 천왕원天王院에 머물다 갑자기 죽었다. 언선의 혼령은 붙잡혀서 어떤 관청에 이르렀고, 왕을 보기 전에 먼저 판관을 만났다. 판관이 그의 죄를 힐책하자 언선은 부정한다. 판관은 돼지 발 하나를 언선에게 주고, 언선은 사양하다가 어쩌지 못하고 억지로 그것을 받는다. 받아보니 그것은 거울이었다. 비추어보니 자기모습이 거울 속에 나타났고, 전에 그가 행했던 온갖 난잡한 일들이 낱낱이 보였다. 언선은 수치심에 사로잡혀 거울을 놓을 수 조차 없었다.

판관의 이 보패寶貝는 인간세상의 모든 형구보다도 효율적이다. 이 보패만 있으면 장부에 적힌 일을 인정하지 않는 귀혼을 두렵게 만드는 것은 일도 아니다. 풍도豐都 천자전天子殿 위에는 한 개의 얼경孽鏡이 높이 매달려 있는데 '조요경照妖鏡'이라고 한다. 천자전의 제단 앞에는 얼경대가 있었다. 이 대좌 위에는 2척 직경의 동제거울이 하나 놓여 있었다. 전설에 의하면 이 경은 사람이 생전에 범한 죄罪孽와 내세의 모습을 비춰볼 수 있다고 한다. 옛날에 어떤 현령이 이 거울에 자신을 비춰 보니 거울 속에 살찐 돼지 하나가 나타난 적이 있다고 한다. 현령이 그 연유를 묻자 묘축廟祝은 "1세의 탐관이 9세이면 돼지로 변하는 것입니다."라고 말하였다. 현령은 수치심에 분노하여 사람을 시켜 새와 개의 피로 거울을 더럽혔다. 생각해 보건대 이 현령은 마음속에 귀신을 품고 있던 것이라고 하겠다. 만약 마음속에 부끄러움이 없었다면 어찌 이렇게 기운의 평정이 깨트려질 수 있었을 것인가.

종구

사천四川 풍도豊都 '귀성鬼城' 천자전天子殿 왼쪽 옆으로는 종구전이 있다. 전각 안에 모신 주신은 민간 전설 속에서 전문적으로 귀신을 잡고 귀신을 참살하고 귀신을 먹는 귀왕 종구이다. 종구의 성가는 당唐 명황明皇 이융기李隆基와 밀접한 연관이 있다.

전하는 이야기에 의하면, 어느 해인가 당 명황이 여산교장驪山校場으로부터 궁으로 돌아왔을 때, 갑자기 중병에 들었다. 어의들은 1개월여 동안을 고치려고 부지런히 노력하였으나 병세를 호전시키지 못하였다. 어느 날 깊은 밤에 명황은 소의 코를 한 작은 귀신이 한쪽 발에는 신을 신고 다른 한쪽 발은 맨발을 한 채 그 신발을 허리에 매단 모습으로 나타난 꿈을 꾸었다. 이 작은 귀신은 양귀비楊貴妃의 자향낭紫香囊과 명황의 옥적玉笛 훔쳐 달아나고 있었다. 이융기는 그것을 보고 크게 노하여 큰 소리로 꾸짖었다. 이때 돌연히 큰 귀신이 나타났다. 큰 귀신은 머리에는 찢어진 관을 쓰고, 몸에는 남포를 걸쳤으며, 허리에는 각대를 차고 한 발로 작은 귀신을 밟고 서 있었다. 큰 귀신은 손가락으로 작은 귀신의 눈알을 뽑고, 작은 귀신을 두 갈래로 찢어 먹었다. 당 명황은 황급히 큰 귀신에게 이름을 물었다. 큰 귀신은 앞으로 와서 말하였다. "신은 종남진사終南進士 종구입니다. 과거에 응시했으나 합격하지 못하여 전각 계단에 머리를 찧어 죽었습니다. 사후에 귀왕鬼王이 되어 천하의 모든 악귀와 요마를 제거하겠다는 서원을 하였지요."

종구는 역사상 실존인물이 아니다. 종구는 원래 고대에 귀신을 쫓을 때 쓰던 방망이, 종규로부터 비롯된다. 역사를 통하여 와전이 거듭되어서 요사스러운 마귀를 쫓아낼 때 썼던 종규가 점차 인격화되어 나갔고, 종남진사로 변하였으며, 결국 종구가 귀신을 잡는다는 전설을 만들어낸 것이니, 종구의 역사 속 변모 과정은 진실로 강한 희극성을 띄는 것이라고 하겠다.

　　당 명황은 꿈에서 깨어나자 바로 병이 나았다. 그리하여 화가 오도자吳道子를 불러 꿈에서 본 것에 의거해서 '종구촉귀도鍾馗捉鬼圖'를 그리게 하였다. 그림이 완성된 후 이융기는 눈을 빛내며 반나절 동안이나 살펴보고 나서 말하였다. "설마 선생이 나를 따라 잠시 꿈 속에 나타난 것인가요? 그림이 어찌 이렇게 똑같을 수 있단 말인가!" 명황은 즉시 오도자에게 많은 상을 내리고 이 그림을 후재문后宰門에 걸어 요귀를 진압하고 사마를 구축하도록 하였다. 당 명황이 적극적으로 추숭함에 따라 종구는 귀신을 물리치는 문신의 지위를 확립하게 되었다.

　　청나라 시대의 소설 『참귀전斬鬼傳』과 『평귀전平鬼傳』 안에 보이는 종구의 내력에는 여러 곡절이 덧붙여진다. 책 속에서는 그가 섬서陝西 종남산終南山에 살았던 수재秀才이다. 추악한 용모로 태어나 사람들이 피하였으나 그 재능은 도리어 무리 중에서 뛰어났다. 어떤 해인가 그는 서울로 올라가서 시험에 응시하여 문장에 붓을 더할 것도 없는 일필휘지로 급제하였다. 시험관 한유韓愈와 육지陸贄는 답안지를 살펴보고 책상을 치며 탄성을 발하지 않을 수 없어서 장원으로 첫머리에 낙점하였다. 불행하게도 당나라 덕종은 용모를 살펴보고 사람을 썼기 때문에 종구를 한번 살펴보고는 아주 마음에 들어하지 않았고, 신뢰하였던 간신 노기盧杞의 아첨하는 말을 듣고 종구를 조정에서 쫓아내려 하였다. 종구는 우뢰처럼 화를 내며 그 자리에서 자진하여 죽었다. 당 덕종은 후회가 막심하여 노기를 유배시키고 종구를 '구마대신驅魔大神'으로 봉하여 천하를 편력하며 요망하고 사악한 귀신들을 참살하게 하였다. 종구는 귀신들을 제거하는데 커다란 공을 세워 옥제로부터 '구마제군驅魔帝君'으로 봉해졌다.

민간에서는 아직도 '종구가매鍾馗嫁妹' 전설이 유행한다. 종구에게는 동향의 친구 두평杜平이 있었는데, 선을 행하고 보시를 하기를 즐겨하는 성품이었다. 그는 은자를 내어 종구가 시험을 치러 가는 것을 도왔다. 종구는 용모가 추악하다 하여 황제가 장원자격을 빼앗자 분노를 이기지 못하여 계단에 머리를 찧어 죽었다. 그를 따라서 같이 응시하러 올라왔던 두평은 종구를 훌륭하게 안장하였다. 종구는 귀왕鬼王이 된 후, 생전에 두평이 베풀어준 은혜에 보답하고자 친히 귀졸鬼卒들을 이끌고 제석 때 집으로 돌아가 누이동생을 두평에게 시집을 보냈다. 이것이 유명한 '종구가 누이를 시집보냈다.'는 이야기이다. '종구가 누이를 시집보낸 이야기'는 고대의 그림과 희극의 중요한 소재 중 하나로 쓰여 사람들에게 많은 환영을 받았다.

사실을 말하자면, 종구는 역사상 실존인물이 아니다. 종구는 원래 고대에 귀신을 쫓을 때 쓰던 방망이, 종규終葵로부터 비롯된다. 역사를 통하여 와전이 거듭되어서 요사스러운 마귀를 쫓아낼 때 썼던 종규가 점차 인격화되어 나갔고, 종남진사로 변하였으며, 결국 종구가 귀신을 잡는다는 전설을 만들어낸 것이니, 종구의 역사 속 변모 과정은 진실로 강한 희극성을 띄는 것이라고 하겠다.

종구가 귀신을 누르고 사악한 것들을 피하게 하는 신명이 된 이후, 그를 그린 그림은 궁정에서 민간까지 광범하게 받아들여졌다. 춘절에 종구의 그림을 그려 붙이는 것 외에도 단오절에 그를 불러내 사악한 것을 피하는 도구로 쓰는 풍습도 있었다. 종구는 역대 화가들의 총애를 입어 세상에 전해지는 종구 그림 중 유명한 것만도 수를 헤아릴 수 없을 정도로 많다.

분노를 이기지 못하여 눈을 부릅뜨고 흉맹한 모습으로 두려움을 느끼게 하는 종구 이외에 부드러운 얼굴에 즐거움을 담고 있는 눈, 온화한 분위기가 가득한 종구의 초상도 있다. 이런 그림들은 위쪽에 항상 박쥐나 거미가 같이 그려져 있곤 하다. 이것은 복을 비는 종구 초상이다. '편복蝙蝠'의 '복蝠'은 '복福'과 음이 같다. 그림 속에 편복이 그려지는 의미는 '행복내림幸福來臨'[행복이 가까이 주어졌다.]이라는 것이다. 종구의 머리 위에 지주蜘蛛를 그리는 것 역시 의미가 이것과 같다. 지주는 민간에서 '희주아喜蛛兒'라고도 불려진다. '희주아'가 허공으로부터 내려오는 것은 '희종천강喜從天降'[즐거움이 하늘로부터 내려옴.]의 의미이다. 이런 것들은 모두 사람들의 복을 비는 의식과 연결되어 있는 것이다.

토지

토지는 속칭 토지공土地公, 토지야土地爺라고 부르는데, 계급이 아주 낮아서 사람들과 가장 가까이 있는 것이다. 백성들은 그들을 허물없는 친구 자리에 배치하여 토지파土地婆, 토지내내土地奶奶라고 부른다. 토지야는 지위가 비록 낮긴 하지만 도리어 실제 사실에 밝다. 『서유기』 안에서는 악당이 '토지'를 잡아 기를 뽑아내고, 호인도 '토지'를 잡아 기를 뽑아낸다. 그러나 관건이 되는 것은 시각時刻이다. 손대성孫大聖은 가는 곳 마다 '토지'로부터 중요한 소식을 얻는다. '천선배天仙配' 안의 토지공공은 중매인의 모습을 갖춘다. 이것은 사랑받을 만한 일이다.

토지신은 아주 오랜 옛날 사람들이 토지를 숭배한 것으로부터 기인한다. 옛 사람들은 토지를 아주 공경하였다. 토지가 있어서 농업이 있게 되고, 입고 먹는 것이 있게 되었다. 토지는 사람들이 의衣, 식食, 주住, 행行으로 살아가게 하는 가장 기본적인 바탕이니, 인류의 '의식부모衣食父母'인 것이다. 최초의 토지신은 사신社神이다. '사社'의 본래 의미는 '시토示土', '토지를 제사드림祭祀土地'이다. 옛 사람들은 '사라는 것은 토지의 신이니 5곡五谷(五穀)을 생산할 수 있다.'고 말하였다.

인간사회의 발전을 따라서 통일왕조가 출현하게 되고, 대지의 추상화를 통해 나타난 신은 '후토황지지后土皇地祇'로 존숭되기에 이른다. 후토는 천제에 대응되는 것으로 토

土地

토지신은 아주 오랜 옛날 사람들이 토지를 숭배한 것으로부터 기인한다. 옛 사람들은 토지를 아주 공경하였다. 토지가 있어서 농업이 있게 되고, 입고 먹는 것이 있게 되었다. 후토는 천제에 대응되는 것으로 토지를 총괄하는 국가 차원의 큰 신인데, 도교의 '4어四御' 중 하나이고, 국가의 제사를 받는다. 그러나 지방이나 향리의 촌사村社에서도 지역성을 띄는 토지신을 받들어 모셨고, 이것들도 인격화의 과정을 걸어 나갔다.

지를 총괄하는 국가 차원의 큰 신인데, 도교의 '4어四御' 중 하나이고, 국가의 제사를 받는다. 그러나 지방이나 향리의 촌사村社에서도 지역성을 띄는 토지신을 받들어 모셨고, 이것들도 인격화의 과정을 걸어 나갔다.

옛 사람들은 어떤 인귀人鬼, 즉 세상을 떠난 유명한 사람들을 당 지역의 토지야土地爺로 받들어 모셨다. 3국시대의 종산鍾山(지금의 남경南京)지역 토지신은 이름이 장자문莊子文이었고, 한나라 말기의 녜형禰衡은 항주杭州 조산爪山의 토지야가 되었다. 어떤 현의 관청에서는 소하蕭何, 조참曹參을 토지로 모시고, 조정에서 그 위상이 강화된 한림원翰林院과 이부吏部는 한유韓愈를 토지신으로 받들어 모신다. 남송 시대의 임안臨安(지금의

음관명리 **703**

항주(杭州) 태학太學에 모셔진 토지야는 민족영웅 악비岳飛이다.

그러나 광대한 중국대륙에서 천이나 만의 숫자를 헤아리는 토지야 중 유명하고 실제적인 권능을 행사하였던 것은 몇 되지 않고, 대부분 일반적인 토지야였다. 일반적인 토지묘는 아주 적은 규모이며, 묘당 안의 토지야는 진흙으로 빚었거나 돌을 깎아 만든 모습이다. 그들은 장포長袍를 입고 오모烏帽를 썼으며, 자비로운 얼굴에 즐거움 가득한 눈, 은빛 수염을 나부끼는 백발노옹의 모습이다. 그의 옆을 지키는 노부인은 토지내내이다.

토지신은 다만 한 지역, 한 영역을 관리하는 작은 신이다. 촌리나 장원의 수호신으로 만들어지는 것이다. 그러나 어떤 지역에서는 대토지를 관장하기도 한다. 이를테면 중경重慶에는 '총토지總土地'(지금은 81로八十一路 근로항勤勞巷으로 개칭되었다.)라는 거리가 있는데,

이곳은 중경 총토지야의 공관이 있던 곳이다. 흥미있는 것은 이 묘당 안에는 총토지야 이외에 다른 소토지야, 토지내내 등이 30여 위나 있다는 것이다. 이것은 어찌 된 일인가? 원래 이 총토지신은 위명이 쟁쟁한 당나라 시대의 저명한 문학가 한유이다. 전하는 바에 의하면, 한韓 대인大人이 총토지신에 오른 후 직무를 부지런히 수행하여 각지를 시찰하면서 제대로 일을 하지 못하는 토지신들을 소환해서 그의 총토지부에 데리고 돌아와 재교육을 하고 좋은 토지신으로 개혁하여 다시 임지로 보낸다고 한다. 저 삼십 몇 위의 토지공공과 토지파파는 모두 여기에서 '폐문사과閉門思過'[문을 걸고 허물을 생각한다.]하고 있는 것이다.

음간의 행정조직을 살펴보면, 대체적으로 다음과 같은 배열을 갖는다고 하겠다. 최고 주재자는 지장왕이다. 그러나 실제의 최고 통치자는 동악대제이다. 10대염왕은 최고 실권 인물이다. 그들의 옆에서는 5도장군과 각종판관 등 고급 명관들이 보좌하고 있다. 그 아래로는 각지의 주, 부, 현의 성황이 있다. 현 성황의 수하로는 각 촌과 리의 토지신이 있다. 이들은 음간의 가장 아래층을 이루는 저급한 작은 관리들이니, 양간陽間[인간세상, 현실세상]의 지보地保[청조와 중화민국 초기의 지방자치 제도 상에서 마을의 치안 담당자] 부류라고 하겠다.

옛날 중국에는 사람이 죽은 후 집안사람들이 토지묘에 가서 토지야를 향해 '보고報告'하고, 상사를 다 치른 후에는 다시 문서를 만들어서 현의 성황에 가 양간의 호구를 '주쇄注鎖'[말소하다.]하는 지방이 있었다.

지두부인과 혈하대장군

옛날에 음조지부의 사정을 전문적으로 소개하여 민간에서 광범하게 읽혀졌던 통속적인 책으로 『보력보초寶曆寶鈔』가 있었다. 이 책 속에는 특별히 귀성鬼城 '풍도酆都'의 개략적인 정황을 묘사하고 있는 부분이 있다.

풍도대제가 거주하는 어전의 우측으로는 전적으로 원을 품고 죽은 이의 망혼을 받아들이는 '왕사성枉死城'이 있고, 좌측으로는 '혈오지血汚池'가 있다. '혈오지'는 또한 '혈지지옥血池地獄'이라고도 한다. 어떤 사람이 죽은 후 혈지지옥에 떨어지는가? 책 속에는 다음의 몇 조항이 기록되어 있다.

첫째, 남녀를 막론하고 생전에 새나 짐승을 도축하기를 좋아하였으며, 도축할 때 피를 주방도구, 부뚜막 대좌, 신을 모신 묘당, 불당, 경전이나 책, 글자가 쓰인 종이 등이나 일체의 제사 용기에 묻게 한 사람은 혈지지옥에 떨어진다.

둘째, 노비와 종복을 학대하고 구타하여 피를 흘리게 한 자는 이 지옥에 떨어진다.

셋째, 타인의 위난을 보고 수수방관하거나, 위험에 처한 사람을 구하지 않은 자는 이 지옥에 떨어진다.

넷째, 은혜를 잊고 의리를 배반하거나 심지어 은혜를 원수로 갚는 사람은 이 지옥에

池頭夫人和血河大將軍

지두부인은 단독으로 모셔지지 않는 것이 일반적이다. 항상 지장암 안의 낭낭묘에 다른 신명들과 같이 받들어지는 것이다. 대북의 용산사에서는 지두부인이 마조, 주생낭낭과 함께 후전後殿에 모셔진다. 지두부인의 경우와 다른 것은 여기서 내하교와 혈지하를 지키는 것이 남자 신명이라는 점이다. 그는 '혈하대장군'이라고 부른다.

떨어진다.

다섯째, 남녀가 즐거움을 나눌 때 신의 앞이나 부처의 뒤를 돌아보지 않고, 혹은 일진(즉 5월 14일 밤, 5월 15일 밤, 8월 초사흘, 10월 초10일 등 모두 4일)을 가리지 않고 금기를 범하면서 교접을 한 자는 이 지옥에 떨어진다.

여섯째, 임산부가 난산으로 죽거나 혹은 출산 후 20일을 채우지 않았을 때 속옷을 빨아 햇빛이 비치는 높은 곳이나 사람들이 통행하는 도로 위 하늘에 널어 말리거나, 출산 후에 자기가 아끼던 닭이나 오리 같은 가금류를 죽였을 때에는 이 혈지지옥에 떨어진다.

이상의 조건들은 당연히 미신에 속하는 것으로 반드시 진실이라 할 수는 없다. 그러나 저 노복을 학살하거나 은혜를 원수로 갚는 악도들이 지옥에 떨어지는 것은 정리상으로 말할 때 설득력이 있는 것이라고 하겠다. 저 사랑을 나눌 때 금기일을 범한다던가 도축할 때 부뚜막 대좌를 더럽히는 경우에는 혈지지옥에 떨어진다는 것은 아주 가소로운 것이고 거짓이라고 할 수 있다. 가장 이해되지 않고, 가장 사람들이 용인하기 어려운 것은 산부를 경시하거나 악독하게 저주하는 것이다.

자고이래로 부녀들은 아이를 낳아 기르는 중요한 임무(당연히 남자가 없이는 할 수 없는 일이다.)를 담당하여 인류 또는 민족의 번영을 위하여 커다란 공헌을 하고 희생을 치른다. '모친'이라는 글자는 인류에게 가장 위대하고 가장 성결한 단어이다. 말로 표현할 수 없을 정도로 오묘한 것은 수천 년의 봉건적 전통 속에서 부녀들의 낳고 기르는 일을 더럽고 불결한 것, 신령을 더럽히는 것으로 간주하여 왔다는 점이다. 아주 오랜 옛날에는 부녀들이 숲 속의 들판이나 측간 안에서 출산을 하였기 때문이다. 산과의 기술이 원시에는 낙후되어 있어 고대의 부녀들은 난산으로 죽는 경우가 적지 않았다. 그녀들은 사회와 가정을 위하여 목숨을 바치는 헌신을 하는 것이다. 그런데도 도리어 그녀들을 지옥에 떨어뜨리려 하다니! 이러한 이야기를 만들어낸 '이론가'들이 누구인지 모르겠지만, 생각할 수 조차 없는 일인데, 그들은 어떻게 이런 이야기를 세상에 내 놓은 것인가. 그들은 저 존재할 수 없는 손후아(손오공)처럼 돌머리에서 빠져 나온 것인가? 이 거짓 군자는 진정 은혜를 잊고 의리를 배반하는 자들, 은혜를 원수로 갚는 자들이라고 하겠다.

　　산부가 닭을 먹어 자신의 보신을 하고 자식에게 영양 공급을 하는 것은 살계를 범한 것이기는 하지만, 그렇다고 해서 지옥에 떨어진다는 것은 이치에 맞는 이야기가 아니다. 세상에는 절대적으로 공정하거나 합리적인 것은 없다. 우리들이 생활을 영위하여 나가는 이 세계는 본래 불공정한 것이다. 새는 벌레를 먹으니, 벌레의 입장에서 본다면 불공정한 것이다. 거미는 파리를 먹으니, 파리의 입장에서 보면 불공정하다 하겠다. 만약 인간이 닭, 오리, 물고기, 짐승고기를 먹는 것을 살생이라고 하고 불공정하다고 한다면, 이것은 황당하고 가소로운 일이고 허위에 지나지 않는다. 다시 말하자면, 남자들이 닭을 먹는 것은 그릇된 일이라고 말할 것이 없는데 산부만 출산 후 닭을 먹으면 죄가 되고 지옥에 떨어져 내린다는 것은 무슨 이치인 것인가?

전적으로 도리에 맞는 생각이 아니고, 조금치도 이치를 담고 있는 것이 아닌데, 이러한 이야기가 도리어 무수한 선남선녀를 미혹시키고 있는 것이다. 『옥력보초玉歷寶鈔』에서는 혈오지血汚池에 한 명의 '전옥장典獄長'을 배치하는데, 여성으로 '지두부인池頭夫人'이라고 불린다. 옛날에는 출산 시에 많은 부녀들이 지두부인에게 기도하였다. 특별히 난산을 겪고 있는 경우에는 더욱 지두부인에게 열심히 기도하여 그녀를 구해주고 잘못을 너그럽게 용서하여 주기를 희망한다. 요행히 죽음을 모면하더라도 장래에 죽었을 때 혈오지에 빠져 고통을 당할 것을 걱정하기 때문에 지두부인에게 가서 소원을 들어 달라고 빌게 되는 것이다.

지두부인은 단독으로 모셔지지 않는 것이 일반적이다. 항상 지장암地藏庵 안의 낭낭묘娘娘廟에 다른 신명들과 같이 받들어지는 것이다. 대북臺北의 용산사龍山寺에서는 지두부인이 마조媽祖, 주생낭낭注生娘娘과 함께 후전後殿에 모셔진다. 용산사는 대북의 3대 고찰 중 하나인데 불교, 도교, 유교의 제신들이 한 방에 모셔져 있으며, 영향력이 큰 절이다.

위와 같은 관념이 탄생하게 된 데에는 『혈분경血盆經』의 영향이 크게 작용하였다. 『혈분경』은 또 『여인혈분경女人血盆經』, 『불설대장혈분경佛說大藏血盆經』이라고도 하는데, 부녀가 출산할 때 일을 중심적으로 이야기 한다. 출산시 흘린 피가 토지와 산하를 널리 더럽히는데, 선남신녀들이 잘못 이 물을 사용하여 차를 끓여 여러 성신들을 공양하게 되면 신명과 제불에게 죄를 짓게 되므로, 피를 흘린 부녀들을 붙잡아 혈지지옥에 집어넣어 산발한 머리를 가르고, 큰 칼을 씌우고 수갑을 채워 지옥에서 각종 형벌을 받도록 해야 한다고 이 책에서는 적고 있다.

그러면 산부들은 어떻게 하여야 해탈할 수 있는가? 아이와 여인이 다만 부처를 믿고 경을 낭송하며, '혈분재血盆齋'를 3년에 60일 지키고, 마지막으로 여러 스님들을 청하여

'혈분승회血盆勝會'를 열어 이 『혈분경』을 낭송하면 산부의 귀혼이 금방 고해로부터 벗어나 부처의 세상에 환생하게 된다.

『혈분경』은 일찍이 당나라 시대에 이미 출현하였다. 그러나 이것은 틀림없는 위경으로, 불문에서는 인정하지 않는다. 비록 이것이 위조품이긴 하지만 도리어 광범하게 유행하여, 부녀 신도들이 아주 많았다. 고전 명작인 『금병매』, 『홍루몽』 속에는 산부가 『혈분경』을 낭송하는 장면이 다같이 묘사되어 있다.

사천 풍도 '귀성'은 사람들이 음조지부를 형상화한 것이다. 이곳에는 명나라 시대 蜀촉 헌왕獻王 주춘朱椿(명 태조 주원장의 제 11자이다.)이 산허리에 건설한 료양전寮陽殿이 있다. 이 집은 주춘이 사천에 주둔하여 있을 때 풍도에서 머물던 행궁이다. 전각의 앞에는 서로 연결되어 있는 3개의 석공교石拱橋가 있다. 다리는 아주 좁아서 4척 정도이고, 꽃을 조각한 난간을 갖추고 있다. 이 다리의 원명은 '통선교通仙橋'인데, 전각 앞에 있는 장식한 다리이다. 다리 아래에는 푸른 물이 가득 담긴 돌 연못이 있다. 풍도는 '귀도鬼都'의 성격이 덧붙여진 후 음조지부의 모습에 부응하여 통선교를 '내하교奈河橋'로 개칭하고, 다리 아래에 있는 물웅덩이는 '혈하지血下池'라는 이름을 붙여 혈지지옥을 암시하게 되었다.

미신에서는 사람이 사후 그 귀혼이 음조지부, 귀국 풍도에 갈 때 '내하교'는 귀국에 들어가는 첫 번째 관문이 된다고 말한다. 다리 아래 혈하 속에는 벌레와 뱀이 가득하여서, 생전에 분수에 맞게 살고 선을 행한 사람만이 순조롭게 다리를 건널 수 있고, 생전에 악을 행한 사람들은 다리 아래로 떨어져 벌레와 뱀의 먹이가 된다. 『서유기』 제 10편 속에는 당 태종이 지부에 들어갔을 때의 이야기를 하면서 내하교, 혈오하에 대해 상세하게 묘사하고, 아울러 다음과 같은 시를 덧붙이고 있다.

때때로 귀신이 통곡하고 신명이 노호하면
핏물 속엔 만장 높이의 파랑이 이네
무수한 우두 마면의 귀졸들
흉악한 얼굴로 내하교를 지키네

옛날에 많은 선남신녀善男信女들이 풍도에 가서 신명을 배알할 때에는 내하교 앞에서 소지 분향하고 금전과 공물을 바치며 사후에 신명과 부처가 이 다리를 건널 수 있게 도와달라고 빌곤 하였다. 묘당 안에 사는 승려들은 공돈을 벌 생각으로 향회香會 기간이 되면 고의적으로 청석교青石橋 위에 오동나무 기름, 오리알 흰자위 등을 발라서 다리를 건너는 분향객, 특히 노인이나 발이 작은 여인들이 걷기 어렵게 만들어 놓곤 하였다. 다리 위에서 넘어지게 되면 두려움에 떨며 재앙을 떨쳐낼 금전을 내놓을 것이기 때문이다. 이 다리 위에서 넘어지는 일은 내하교奈河橋와 혈지하血池河에 신비적인 색채를 첨가하여 준다. 과거에는 음력 10월 16일이 되면 혈하전血河殿에서 '혈하대회血河大會'를 열었다. 부녀들은 남자아이와 여자아이를 낳아 기름에 있어서 신명을 더럽힌 것을 염려하여 모두가 이곳에 와서 참회하고 기도를 올렸다.

지두부인池頭夫人의 경우와 다른 것은 여기서 내하교와 혈지하를 지키는 것이 남자 신명이라는 점이다. 그는 '혈하대장군血河大將軍'이라고 부른다. 그의 양쪽 옆으로는 흑과 백의 두 작은 신이 있는데, 일유신日游神, 야유신夜游神이라고 부른다.

신명은 사람이 만들어 내고, 요괴는 사람으로 인해 흥하게 된다. 수천 년 동안 인류는 실제로는 자기 자신을 진정으로 인식하지 못하고 자기의 운명을 신명에게 맡겨왔다.

흑백무상

　사천四川 귀성鬼城 풍도豊都의 옥황전玉皇殿 뒤에는 무상전無常殿이 있다. 이 전각 안에 모셔진 소상은 무상無常, 무상낭낭無常娘娘, 보산대왕保山大王이다. 보산대왕은 '만수지왕万獸之王'이라고도 불린다. 이것은 전적으로 산 중의 야수를 관리하고 사람과 가축을 안전하게 보호하는 산신이다. '무상'은 이른바 음간 소신 중의 하나이다.

　민간의 미신에서는 사람이 죽을 때 염왕이 무상귀無常鬼를 파견하여 혼령을 수습하여 간다고 한다. 그렇기 때문에 무상귀는 또 '구혼귀勾魂鬼'[혼을 구금하는 귀신]라고도 한다. 무상은 흑무상黑無常과 백무상白無常 두 종류가 있다. 옛날 사람은 시에서 "어느 날 아침 무상이 당신을 찾아오면, 검의 숲을 만들고 도의 산을 이루어도 놓여날 수 없어라"라고 노래하였다. 무상이 사람에게 해를 끼친다는 점을 알 수 있게 하는 구절이다.

　불교에도 무상사자無常使者의 이야기가 있는데, 탈혼귀奪魂鬼, 탈정귀奪精鬼, 박백귀縛魄鬼의 세 종류로 나뉜다. 무상은 전문적으로 혼을 구금하는 권능을 행사한다. 그렇기 때문에 누구라도 그를 본다면 침상에 누워 그대로 임종하고야 마는 것이다. 무상은 아주 공포스러운 모습으로 그려진다. 흰 옷을 입고, 높은 모자를 쓰고, 긴 머리칼을 산발하여 흩날리고, 입에는 길게 혀를 빼 문 형상이다.

　무상귀 이야기가 민간에 널리 유행한 이후, 명나라나 청나라의 기록 중에는 무상의

黑白無常

사천 귀성 풍도의 옥황전 뒤에는 무상전이 있다. 이 전각 안에 모셔진 소상은 무상, 무상낭낭, 보산대왕이다. 보산대왕은 '만수지왕'이라고도 불린다. 이것은 전적으로 산 중의 야수를 관리하고 사람과 가축을 안전하게 보호하는 산신이다. '무상'은 이른바 음간 소신 중의 하나이다.

전설이 많이 나타난다. 청나라 시대의 『취다지괴醉茶志怪』 속에는 다음과 같은 이야기가 있다.

곽수재郭秀才는 친구 집에서 취하도록 하시고 밤이 늦어서 집으로 돌아오다가 길에서 소무상을 만난다. 아주 왜소하여 10여세 아이와도 같았는데 흰 옷에 높은 모자를 썼으며 묘당의 진흙인형 같은 형상이었다. 곽수재는 놀라 펄쩍 뛰며 소리쳐 야단을 친다. "너는 뉘 집 아이이기에 야밤에 여기서 사람을 놀래키는 것이냐? 내가 너의 부모에게 너를 한 번 혼내 주라고 해야겠다." 그 아이는 움직이는 듯 마는 듯 할 뿐이었다. 곽수재는 거리 하나를 다 간 후에야 그것이 소무상귀였음을 깨달았다. 술이 확 깨면서 다리가 떨려 촌보도 발을 떼어놓을 수가 없었다. 한참 후, 야경꾼의 도움을 받아 그는 집으로 돌아올 수 있었다.

책 속에는 또한 어떤 사람이 무상귀를 만나고 나서 얼마 되지 않아 사망한 일이 기록되어 있다. 생기가 발랄한 사람이었는데 살이 끼어들었다는 이야기이다. 실제로 작자가 전해들은 그렇고 그런 이야기를 적어 놓은 것에 불과하다. 그리고 이러한 여기저기

서 전해 들었다는 이야기는 만든 사람이 스스로 북치고 장구치고 한 결과물이다.

옛날 강남에는 다음과 같은 미신적 습속이 있었다. 어른이 타계한 이후 자손들은 사자를 모신 상 앞에 무릎을 꿇고 망자를 송별하는데, 사람이 많고 적은 것은 관계가 없고, 무상귀가 와서 '구혼'할 수 있도록 기다리고는 있어야 한다. 저녁때는 '무상귀를 보내는 과정'을 거쳐야 하는데, 술과 음식을 차려 무상에게 제를 올리는 것이다. 죽은 이를 영당으로 모신 다음에는 사자를 모신 상 위에 깔았던 짚 같은 것들은 태워 없애야 하는데, 이것은 '무상의 짚풀을 태운다.'고 한다.

과거에는 각지의 성황묘나 동악묘에서 무상의 모습을 볼 수 있었다. 그들은 쇠사슬을 높이 쳐들고 흉상을 뚜렷하게 노출한다. 심한 경우에는 묘당 안에 암실, 즉 이른바 '음세간'을 두는 것도 있었다. 음산한 공포를 느끼게 하여 사람들이 놀라 떨게 하려는 의도였다. 묘당의 실내에는 기관을 장치하여 사람들이 한 발짝 옮길 때마다 목판이 하나씩 나타나는데, 나무에 조각된 무상귀가 흉맹한 모습으로 달려들어, 놀라 자빠질 정도로 사람들을 무섭게 만들었다. 사람들은 자신들이 만들어낸 귀신의 앞에서 혼백이 빠져 나가 전전긍긍하며 슬퍼하고 탄식하는 것이다. 그러나 이러한 무상을 두려워하지 않는 사람도 있었다. 유명한 고전소설 『홍루몽』 속에는 무상귀를 조롱하는 구절이 나온다. 진종秦鐘이 임종할 때 자기를 묶어가는 귀노야에게 은혜를 베풀어 주기를 애걸하였으나 귀졸은 허락하지 않는다. 그러나 그는 보옥을 가져왔다는 말을 듣자 바로 얼굴을 바꾸어 버린다. 이 귀졸은 이익을 좇은 무리였던 것이다. 중국의 문화적 전통은 '귀신은 공경하지만 가까이 하지 않는다.'는 것이다. 귀신에 대해서는 항상 믿음과 불신 사

이에 위치하는 것이다. 악귀는 비록 악한 존재이지만 속설에는 도리어 '신귀가 악인을 떨게 한다.'고 하였다. 비단 여기서 그치는 것이 아니라, 사람들은 항상 무상악귀가 자신들을 위해 오락거리를 제공하게까지 만든다. 영신새회迎神賽會[새회賽會, 의장을 갖추고 풍물을 울리며 고을의 신상을 모시고 나와 동네를 돌던 마을 축제]에서는 사람들이 각종 무상귀 분장을 하고 나오는 것이다. '성황출순城隍出巡', 혹은 '분회화扮會貨'('주회走會', 또는 '화회花會'라고도 하는데, 바로 분장을 하고 연극을 하는 무리이다.)에는 항상 사람들이 보고 즐기는 '조무상調無常'이 출연하게 마련이다. 백무상은 머리에 흰 모자를 쓰고, 몸에는 흰 도포를 걸치고, 손에는 파초선을 하나 든 모습이다. 흑무상은 머리에 검은 모자를 쓰고, 몸에는 검은 도포를 쓰고, 손에는 쇠줄을 들은 모습이다. 백무상은 체포증을 가지고 체포 명령을 내리며, 흑무상은 사람을 잡아 묶는다. 백무상은 파초선을 크게 펼쳐 흔들며, 흑무상은 몸을 빠르게 번쩍이듯 움직인다. 이 외에도 청년이 분장하는 백무상수白無常嫂도 있다. 그녀의 머리에는 번쩍이는 금비녀를 꽂았고 두 귀에는 옥 귀걸이가 달랑거리며 매달려 있으며 백 줄로 누빈 옷을 떨쳐입었다. 손에는 대홍라大紅羅 수건을 들었고, 한편으로 백무상과 같이 어울려 웃으면서 다른 한편으로는 흑무상과 어울려 재잘댄다. 또 어린아이 분장을 하는 소무상도 있다. 생기발랄한 모습으로 몸에는 베 짤 때 쓰는 북 같이 생긴 것을 입고 있다. 이들 크고 작은 남녀 무상들은 해학적인 모습으로 웃음을 자아낸다. 이미 귀신의 분위기는 그들과는 상관이 없는 것이 되어 버렸다. 이들 유명한 희극의 배역들은 관중들의 지대한 관심의 표적이 되어 있다.

　남방의 어떤 지역에서는 과거에 민간에서 '배호간야拜胡干爺' 미신을 행하였었다. 자녀들이 오래 살지 못할 것을 걱정한 부모들이 사람의 '간야랑'에게 재물을 써서 예배하고 자녀들을 무상귀에게 맡기는 것을 속칭 '배호간야'라고 한다. 무상은 전문적으로 사람의 혼령을 붙잡아 가는 역할을 하는데, 만약 자녀들을 무상귀에게 맡긴다면 '호간야胡干爺'가 손속에 사정을 두어 자연히 그 혼을 붙잡아 갈 수 없을 것이므로 자녀들은 순조롭게 성장을 하여 장수를 누리게 될 것이라고 생각하는 것이다. 세속에서는 '무상無常'의 본래 의미를 깨닫지 못하고, 그 성이 '호胡'('무無'와 음이 비슷하다.)라고 와전되어 '호간야'라고도 불렸다. 자식을 무상에게 맡기는 방법은 어떠한가? 부모가 백포로 만든 새 적삼을 가지고 묘당으로 가서 '호간야'의 옛 의복과 바꾼다. 소주燒酒, 소병燒餠, 은정銀鋌[화폐(돈)나 보물을 뜻함.]을 공양하고 옛 옷을 불사른다. 묘당안의 화상이나 도사가 맡기는 자녀의 이름을 적어 놓는다. 매년 7월의 호간야 생일에 부모는 맡긴 자녀와 함께 가서 절하면서 감사를 올리는데, 16세에 이르러 성인이 되면 그만 둔다.

우두마면

    사천四川 풍도산豊都山(평도산平都山이라고도 함.)의 가장 높은 지점에는 천자전天子殿이 있다. 이곳은 이른바 '귀국유도鬼國幽都'의 최고 권력기관이다. 여기에는 한 무리 음간의 귀신들이 무리를 지어 있어서 사람들을 두렵게 한다. 그 중에서도 우두마면과 흑백무상은 사람들에게 가장 많이 알려져 있는 것들이다.

    천자전 안으로 들어가면 귀졸인 우두마면이 앞에 엎드려 있고, 판관야차判官夜叉들이 둘러서 있으며, 일유신日游神과 야유신夜游神은 늠름한 자태를 뽐내고 있고, 눈을 치뜨고 혀를 빼문 흑백무상들이 얼굴을 치켜들고 앞을 향해 서 있는 것을 볼 수 있다. 흑무상의 높은 모자 위에는 '정재촉니正在捉你'[바로 너를 잡고 있다.]라는 글자가 쓰여 있다. 백무상의 높은 모자 위에는 '니야래료你也來了'[너도 왔느냐.]라는 글자가 보인다. 가슴을 내민 백면판관白面判官은 손에 『윤회생사부輪回生死簿』를 들고 차가운 표정으로 중생들을 주시하고 있다. 커다란 음양신은 제왕복을 단정하게 입고 앉아 있는데, 아주 위엄이 있는 모습이다.

    우두牛頭와 마면은 이른바 음조지부 중의 귀졸인데, 수량이 가장 많은 것들이다. 이 두 종류의 작은 귀신은 불교에서 비롯된다. 우두는 또 아방阿傍이나 또 다른 글자의 아방阿防으로 불리는데, 그 형상은 소의 머리에 사람의 몸을 하고, 손에 강차鋼叉[쇠스랑 모

우두와 마면은 이른바 음조지부 중의 귀졸인데, 수량이 가장 많은 것들이다. 이 두 종류의 작은 귀신은 불교에서 비롯된다. 우두는 또 아방으로 불리는데, 그 형상은 소의 머리에 사람의 몸을 하고, 손에 강차를 들고 있다. 그의 능력은 산을 밀고 갈 수 있을 정도이다.

양의 무기를 들고 있다. 그의 능력은 산을 밀고 갈 수 있을 정도이다. 『철성니우경鐵城泥犁經』에 의하면, 아방은 사람으로 살고 있던 때에 부모에게 불효하였기 때문에, 사후에 음간에서 우두인신의 모습으로 변해 귀졸이 되어서 순라를 도는 일과 도망한 죄인을 체포하는 일을 담당하게 되었다고 한다. 마면은 또 마두나찰이라고도 하는데 마두귀이다. 마두인신馬頭人身의 형상을 하고 있는데, 우두와 오래 짝을 이루어 인간세상의 아문에서 하인들이 하는 것과 같은 역할을 수행한다.

우두와 마면은 지옥에서 숫자가 제일 많은데, 백만에 이른다. 『법원주림法苑珠林』2권은 다음과 같이 말한다.

염라왕은 옛날에 비사국왕毗沙國王이었다. 유타維陀의 여생왕如生王과의 전쟁에서 적의 병력을 당하지 못하여 서원을 하여 지옥의 주인이 되었다. 신하 18인의 보좌를 받아 백만의 무리를 영도한다. 머리에 뿔과 귀가 달려 있고(우두귀牛頭鬼를 말한다.) 모두 분노와 슬픔을 간직하고 있다. 다같이 '뒤에서 마땅히 받들고 도와서 이 죄인들을 다스리리라'라는 서원을 하였다. 비사왕이 바로 지금의 염라왕이다. 백만의 무리는 모든 아방阿防(우두)이 여기 속한다.

牛頭

馬面

여기에는 다만 백만의 우두귀만이 제시되고 있다. 이것은 불교에서는 처음에 우두만을 갖추고 있었고, "마면은 후인들이 우두의 짝으로 배치한 것"(청淸, 유월兪樾, 『다향실삼초茶香室三鈔』)이기 때문이다. 중국인들은 대칭, 짝을 이루는 것을 아주 좋아한다. '우두'가 있으니 거기 '마면'을 가져다 짝을 이루어 내는 것은 아주 합리적인 일이다.

민간의 미신을 살펴보면, 우두귀는 인간 속에 섞여 지낸다. 『이견병지夷堅丙志』13권에는 우두귀가 좋아하는 것이 적혀 있다. 이 우두의 옥졸은 명을 받들어서 명부命符를 가지고 인간세상 속으로 들어와 사람을 붙잡아 간다. 이들이 신중하지 못하여 명부를 잃어버리면 교체할 방법이 따로 없으며, 감히 명계冥界로 돌아가지 못하고 인간세상의 귀신 속에 섞여 들어간다. 그들은 비록 인간의 모습으로 변하더라도 결국 귀신 출신이므로 귀신의 모양을 아주 잃지는 않으며 사람들에 의해 '장귀자張鬼子'라고 불린다. 그들은 인간 세상에 한 번 섞여 들면 20년을 지낸다. 장학정張學正이라는 사람이 있었는데, 위인이 각박하고 탐욕스러웠다. 수재秀才들은 그에게 한이 사무쳐서 장귀자를 찾아서 깊은 밤에 귀졸들을 모아 이 학정노야를 놀래키려 하였다. 장귀자는 두말없이 찬동하였다. 그는 본래 철두철미한 성격의 우두귀졸이었다. 그는 귀졸들을 모아들일 것도 없이 심야에 장학정의 집을 찾아갔다. "장귀자는 그 모습을 드러내어 두 개의 뿔을 가진 머리를 흔들었다. 장노[학정을 가리킨다.]는 놀라 소리치다 그대로 죽어 버렸다." 장귀자는 원래 모습을 드러내 학정이 놀라 죽자 즐겁게 그 혼을 데리고 귀신의 세상으로 돌아갔다.

사람과 귀신이 세상 속에서 뒤섞여 산다는 이야기는 민간에서 아주 유행하게 된다. 과거에 세상을 바로잡고자 하는 뜻을 품었던 많은 선비들은 이러한 점을 이용하여 암흑의 현실을 깨트리려고 하는 마음 속 생각을 드러내기도 한다. 명나라 말기 청나라 초기의 저명한 문학자들은 장원으로 돌아가 청나라 조정의 통치자들에게 협력하지 않는 경우가 있었다. 그들은 집의 주련에 다음과 같은 구절을 적어 놓곤 하였다.

두 사람이 안락한 집에 몸을 맡기니, 처는 아주 총명하고, 부는 아주 불가사의 하여라,

사방으로 유명의 땅과 접촉하고 있으니 인간이 어찌 적막에 빠져들 수 있으며 귀신이 어찌 많다할 것인가.

맹파신

　사천四川 풍도豊都는 '귀성鬼城'의 존재로 세상에 이름을 떨치고 있다. 이 양의 세계陽世에 있는 음조지부 안에는[陰曹地府間] 이른바 음의 세계의 귀신陰間鬼神 중에 없는 것이 없는데, 맹파신은 그 중에서도 유명하다.

　대웅보전 앞 긴 화랑의 동쪽 끝에는 맹파신의 조상이 하나 있다. 그녀는 노파의 모습을 하고 있는데, 머리에는 작은 상투를 틀고 몸에는 화의花衣를 걸쳤으며 한 손에는 차 항아리를 잡고 다른 손에는 차 그릇을 들고 있는 것이, 생명을 의탁하려는 '죄 지은 귀신들'을 불러들여, "맹파차나 한잔 들게"라고 하는 듯한 모습이다. 옥황전의 좌측으로 그리 멀리 떨어지지 않은 곳에는 맹파루가 있다. 이것은 음간의 '맹파정孟婆亭' 전설에 의거하여 건립한 것이다.

　『염왕경閻王經』에 의하면 각 종류의 귀신들은 각 전각에서 순서에 의거하여 형벌을 받은 다음에 최후로 제10전第十殿에 이르러서 전륜왕轉輪王과 만나게 된다. 이 10전은 전적으로 탄생을 관장한다. 무릇 양의 세상으로 보내질 존재들은 모두 먼저 맹파신에게 와서 보고를 하여야 한다. 맹파신은 '미혼탕迷魂湯' 한 그릇을 쏟아 부어 그들의 전생 기억을 지운 후에 내보낸다. 이 맹파신은 음간의 최후 관문을 파수보는 존재이니, '6도 윤회六道輪回'의 과정에서 없으면 안되는 작은 귀신인 것이다.

사천 풍도는 '귀성'의 존재로 세상에 이름을 떨치고 있다. 이 양의 세계에 있는 음조지부 안에는 이른바 음의 세계의 귀신 중에 없는 것이 없는데, 맹파신은 그 중에서도 유명하다. 대웅보전 앞 긴 화랑의 동쪽 끝에는 맹파신의 조상이 하나 있다. 그녀는 노파의 모습을 하고 있는데, 머리에는 작은 상투를 틀고 몸에는 화의를 걸쳤으며 한 손에는 차 항아리를 잡고 다른 손에는 차 그릇을 들고 있는 것이, 생명을 의탁하려는 '죄 지은 귀신들'을 불러들여, "맹파차나 한잔 들게"라고 하는 듯한 모습이다.

『옥력지보초玉歷至寶鈔』에 의하면, 맹파는 전한시대의 사람인데, 글을 알고 예에 밝았으며, 불경 읽기를 좋아하였다고 한다. 무릇 이 존재는 "과거의 일은 생각하지 말고, 미래의 일은 걱정하지 않으며, 세상을 살면서 오직 살계를 범하지 말고 깨끗한 음식만을 먹도록 권하는 자"인 것이다. 그녀는 81세를 살았는데, 학발에 동안鶴髮童顔을 유지하였고, 죽을 때까지 혼인하지 않았다. 그녀의 성이 '맹'이므로 사람들은 그녀를 '맹파아내'라고 높여 불렀다. 이 '맹파아내孟婆阿奶'는 훗날 입산수도하여 명계의 신이 되었다.

염왕은 음간에서 출생하여 나가는 사람들이 전세의 인과와 지옥의 진상을 이해하여 '음간의 기밀'을 누설하는 것을 아주 염려하였다. 그리하여 맹파를 중시하여 그녀에게 '맹파정'을 지어 주고 그녀가 주인이 되어 윤회 전생하는 귀혼들에게 '미혼탕' 한 그릇을 주어 철저하게 전생의 기억을 잊게 만드는 일을 전담시켰다. '미혼탕'은 인간세상의 어떤 약물을 써서 술 같은 탕을 만든 것인데, 단맛, 쓴맛, 매운맛, 신맛, 짠맛의 5미를 갖추었다. 귀혼들은 여기에 이르면 반드시 '미혼탕'을 다 마신 뒤에야 통행할 수 있다. 일반적으로 귀혼들은 여기에 이르러 미혼탕을 마시지 않는 경우가 없었지만, 교활한 귀혼이 있어서 끝내 마시지 않으려 한다면 어떻게 할 것인가? 이것은 쉽게 이야기 할 수 있는 문제이다. 이러할 때면 그들의 다리 아래서 돌연 갈고리가 튀어나와 두 다리를 걸고 위에서는 귀신 관리가 동관으로 후려치면서 소리치니, 어떻게 감히 명을 쫓지 않을 수 있었겠는가?

'미혼탕迷魂湯'은 또 '맹파탕孟婆湯', '맹파차孟婆茶'라고도 한다. 맹파는 음간에서 특별히 염왕의 은총을 입어 다방을 열었는데, 이 다방은 '맹파점孟婆店'이라고도 한다. 맹파와 그가 특별히 제조한 '맹파탕'(미혼탕)은 민간에 커다란 영향을 끼쳤는데, 적지 않은 문학작품에 이것이 등장한다.

재미있는 것은 교묘하게 미혼탕 마시는 것을 피하여서 환생한 후 전생의 인연과 후

사가 역력히 뒤엉켜 새롭게 나타나는 경우이다. 청나라 시대의 『기원기소기寄園寄所寄』는 선부宣府의 도지휘都指揮 호진胡縉에 대한 이야기를 적고 있다. 그의 작은 부인이 돌연히 죽었는데, 같은 시간에 80리 밖에 있는 노인의 집에서 여자아이가 태어난다. 여자아이는 나면서 말을 할 줄 알았는데, 사람들에게 이렇게 말을 한다. "나는 호지휘의 둘째 부인이다." 사람들은 그녀가 호진의 작은부인이 혼령을 맡겨 태어난 것임을 알 수 있었으므로 그녀를 '전세낭前世娘'이라고 불렀다. 이 '전세낭'은 사람들에게 음간의 정황을 말하여 주었고, 그것은 세간

에 널리 알려졌다. 그녀의 이야기는 다음과 같았다. "환생을 하기 전에는 모두 미혼탕을 마신다. 나도 미혼탕을 마시려고 하는데 갑자기 개 한 마리가 뛰쳐나와 미혼탕을 엎어버렸다. 나는 미혼탕을 마시지 않고 혼란 중에 그곳을 통과하여 나왔으므로 전생의 일을 기억하고 있는 것이다." 전생의 일을 모두 기억하고 있으므로, 그녀는 번거로울 수밖에 없었다. 어떤 사람이 자기의 전생을 후생에서 분명히 알고 명백하게 기억하고 있다면 사는데 무슨 매력이 있을 것인가?

맹파와 미혼탕이라는 것들은 어떤 이론가들이 꾸며낸 것이라고 보는 것이 마땅하다. 이것은 선을 장려하고 선전하기 위한 것이 분명하다. 역사적으로는 3국三國시대의 화타華陀가 마취약인 '마비탕麻沸湯'을 발명한 일이 있다. 『수호전』 중에서 인육만두人肉饅頭를 파는 손이낭孫二娘은 제대로 알지도 못하면서 몽한약蒙汗藥을 써서 많은 사람들을 마취시킨다. 마취약의 발명과 창조는 중국이 인류에게 끼친 커다란 공적이라 할 수 있을 것이다.

찾아보기

중국의 삼백신

초판1쇄 발행 ㅣ 2013년 6월 10일

지은이 마서전   옮긴이 윤천근

펴낸이 홍기원
주간 박호원
총괄 홍종화
디자인 정춘경
편집 오경희·조정화·오성현·신나래
    정고은·김정하·김민영·김선아
관리 박정대·최기엽

펴낸곳 민속원   출판등록 제18-1호
주소 서울 마포구 대흥동 337-25   전화 02) 804-3320, 805-3320, 806-3320(代)   팩스 02) 802-3346
이메일 minsok1@chollian.net, minsokwon@naver.com
홈페이지 www.minsokwon.com

ISBN   978-89-285-0464-0
S E T   978-89-285-0359-9   94380